Claus Hant
Hitler
Die wenig bekannten Fakten

Claus Hant

HITLER

Die wenig bekannten Fakten

bookmundo

Bookmundo
Delftestraat 33
3013AE Rotterdam
Coverfoto: Popperfoto via Getty Images
Coverdesign: Andrea Tanksley
Korrektorat: Anne-Marie Wachs
Lektorat: Matthias Oesterheld, Wolf S. Schneider
Satz: Hardy Kettlitz
ISBN 9789403604152
www.hitlerfakten.de
Die Deutsche Nationalbibliothek verzeichnet diese Publikation in der Deutschen Nationalbibliografie.

Still a man hears what he wants to hear
and disregards the rest.

Paul Simon, The Boxer

INHALT

EINLEITUNG

Im September 2016 wurde an der Universität Tübingen ein Symposium abgehalten. Veranstalter war der *Verband der Historiker und Historikerinnen Deutschlands* (VDH). Das Thema der Konferenz ließ sich mit einem einzigen Wort benennen: Hitler. Der Bericht, der den Ablauf der Veranstaltung wiedergibt, beginnt mit der Feststellung, dass Hitler für die Historiker ein »mysterium tremendum et fascinosum« sei.[1] So ein Mysterium ist keine Kleinigkeit. Es ist ein Geheimnis, das jede menschliche Vernunft übersteigt.[2]

Wie bitte?, fragt der geschichtswissenschaftliche Laie. Hitler – ein Geheimnis? Haben sich die Historiker denn nicht jahrzehntelang eingehend mit dieser Person beschäftigt? Was soll zu Hitler noch Neues gesagt werden, das nicht schon seit Langem in den unzähligen Hitler-Publikationen und -Dokumentationen breitgetreten wurde?

Tatsächlich scheint es, als sei das Thema ›Hitler‹ bis ins letzte Detail ergründet. Aber diese Auffassung wird offenbar ausgerechnet von denjenigen, die es doch eigentlich am allerbesten wissen müssten, nämlich von den Historikern, nicht geteilt. Tatsächlich bleibt auch bei den meisten Laien, egal wie viele Hitler-Biografien sie studiert haben mögen, am Ende ein unbefriedigender Eindruck zurück. Die einzelnen Punkte von Hitlers Leben sind zwar alle akribisch erforscht, doch wenn die Biografen diese Punkte miteinander verbinden, will sich ein schlüssiges Bild der Person und ihrer Geschichte nicht einstellen. Irgendetwas passt nicht zusammen. Doch ein »missing link« lässt sich nirgendwo entdecken. Das ist ungewöhnlich, und ungewöhnlich sind auch die Spuren, die Hitler in der Geschichte hinterlassen hat.

Könnte es sein, dass ein Begreifen dieser ungewöhnlichen historischen Gestalt möglich wird, wenn man sich bei deren

Untersuchung einer ungewöhnlichen Methode bedient? Diesen Versuch möchte ich mit meinem Buch unternehmen. Es ist ein historisches Sachbuch, wurde aber nicht von einem Historiker geschrieben, sondern von einem Drehbuchautor. Für die andere, erweiterte Perspektive, die dieser Text präsentiert, ist die Arbeitsweise des Drehbuchautors nicht nur hilfreich, sondern notwendig. Denn was in dem vorliegenden Text in erster Linie ergründet werden soll, ist das Selbstverständnis Adolf Hitlers. Wenn es gelingt zu verstehen, oder zumindest zu erahnen, wie dieser Mensch sich selbst verstanden hat, dann wird es möglich zu begreifen, warum er in gewissen Situationen so und nicht anders agiert hat. Damit nähert man sich aber auch einem sehr viel tieferen Verstehen seiner Geschichte und seiner Wirkung.

Das Selbstverständnis des Protagonisten steht für einen Drehbuchautor grundsätzlich immer im Mittelpunkt seiner Arbeit. Denn bevor ich eine Geschichte erzählen kann, muss ich das Selbstverständnis meines Protagonisten genauestens kennen. Das Selbstverständnis erfüllt die Charaktereigenschaften des Protagonisten mit Sinn, welche seine Handlungen antreiben, die wiederum den Plot erzeugen. So lässt sich jede Geschichte verstehen als das nach außen gewendete Selbstverständnis des Protagonisten. Man könnte auch sagen: Das Selbstverständnis des Protagonisten und seine Geschichte sind zwei Seiten derselben Medaille. Das gilt für fiktionale Geschichten genauso wie für die Geschichten, von denen die Historiker berichten.

Das Faktenmaterial, das die Grundlage meiner Arbeit zu diesem Buch darstellte, unterscheidet sich in nichts von dem Material, das ein Historiker seiner Arbeit zugrunde legt. Sorgfältige Recherche war auch für meine Arbeit die Grundvoraussetzung. Der Unterschied besteht in der Art und Weise, in der das Wissen, das durch die Recherche gewonnen wurde, verarbeitet wird. Während der Historiker, der »Geschichte-Erzähler«, seinen Protagonisten und dessen Handlungen von außen betrachtet, lese ich als »Geschichten-Erzähler« gewisse Dokumente, die mit dem Protagonisten persönlich zu tun haben, aus dessen Perspektive. Ich versetze mich also in die Lage des Protagonisten und nähere mich auf diese Weise seinem Selbstverständnis. Dass diese vollkommen andere Herangehensweise an einen wichtigen Teil des Faktenmaterials zu einem fundamental anderen Ergebnis führt als die Herangehensweise des Historikers, belegt dieses Buch.

Mein Text unterscheidet sich auch aus einem weiteren Grund von anderen Arbeiten. Er folgt nicht ein weiteres Mal dem plattgewalzten Lebensweg des Diktators von der bedrückenden Kindheit in Fischlham, Lambach und Linz über die ärmlichen Jahre in Wien und München bis zum Selbstmord im Bunker. Der Inhalt des Buches ist auch nicht auf einen einzigen Bereich aus diesem Leben beschränkt, wie etwa »Hitlers Freunde«, »Hitlers Frauen« oder »Hitlers Finanzen«. Im Fokus stehen Fakten, die mit Hitlers Selbstverständnis zu tun haben, und Zusammenhänge, die im Strudel der Informationsflut zu Hitler oft untergehen und daher kaum bekannt sind. Dabei beleuchtet mein Buch vor allem gerade auch diejenigen Aspekte, bei denen ich aufgrund meiner Recherchen zu der Auffassung gekommen bin, dass die vorherrschende Darstellung mit den Erkenntnissen der aktuellen Forschung nicht übereinstimmt. Die einzelnen Kapitel folgen keinem linearen Bezug; sie sind wie Teile eines Puzzles zu verstehen, dessen Zusammenhang sich dem Leser erst am Ende des Buches erschließen wird. Damit das Lesen unterhaltsam bleibt, habe ich Kurioses und Skurriles nicht ausgespart.

In seinen *Anmerkungen zu Hitler* (1978) hat Sebastian Haffner die große Frage der Hitler-Forschung mit Worten zusammengefasst, die auch heute noch gerne zitiert werden:

»Man kann suchen, solange man will, man findet in der Geschichte nichts Vergleichbares. (...) Niemals erweist sich derselbe Mensch als scheinbar hoffnungsloser Stümper, dann ebenso lange Zeit als scheinbar genialer Könner und dann wiederum, diesmal nicht nur scheinbar, als hoffnungsloser Stümper. Das will erklärt sein.«

Ein Teil der Antwort auf Haffners Frage findet sich, wie wir sehen werden, in der jahrzehntelangen schiefen und oft regelrecht erfundenen Darstellung der Person Hitlers sowohl in der populärwissenschaftlichen wie auch in der akademischen Literatur. Als Hitler seine Laufbahn antrat, war er in vielerlei Hinsicht eben gerade nicht der »hoffnungslose Stümper«, als den man ihn auch heute noch gerne beschreibt. Was bleibt, ist die Frage nach Hitlers »Genie«. Schließlich beruhte sein außergewöhnlicher Erfolg auf der Tatsache, dass viele Menschen etwas Geniales in ihm sehen konnten. Und das waren nicht nur die »leicht verführbaren Massen«. Es waren – gerade auch in den entscheidenden Anfangsjahren seiner Karriere – hochgebildete, kritische und intelligente Einzelpersonen. Was war es, das Hitler in den Augen dieser Menschen zu etwas »Besonderem« gemacht hat? Will man diese Frage beantworten, muss man fundamentale Annahmen der Hitler-Forschung einer vorurteilsfreien Prüfung unterziehen. Forschungsergebnisse, die zur Zeit Sebastian Haffners unbekannt waren, weisen hier den Weg und helfen, die entscheidenden Zusammenhänge zu entschlüsseln. Wenn sich am Ende meines Buches die Teile des Puzzles zu einem Bild zusammenfügen, wird erkennbar, dass das »mysterium tremendum et fascinosum« nicht die Person Hitler ist, sondern etwas, was weit darüber hinausweist.

HINTERGRUND

Den Anstoß zur Beschäftigung mit Adolf Hitler hat mir Hollywood gegeben. Das erstaunt zunächst nicht, denn schließlich hat Hitler der US-Filmindustrie zu unzähligen Blockbustern verholfen. Auch die Dokumentarfilmer sind Hitler zu Dank verpflichtet. Allabendlich spaziert der Mann mit dem Schnauzbart durch unzählige Dokumentarfilme des amerikanischen Fernsehens, oft auf mehreren Kanälen gleichzeitig.

Als ich in Los Angeles in der Filmindustrie gearbeitet habe, waren fast alle meine amerikanischen Freunde in der einen oder anderen Form ebenfalls dort beschäftigt. Der tägliche hautnahe Kontakt mit dieser gigantischen Illusions-Fabrik hatte viele meiner Freunde immun gemacht für den Glauben daran, dass die Medien so etwas wie Wahrheit verbreiten, lange bevor die Parole von den »Fake News« die Runde machte. Sarah und Jeff zum Beispiel waren beide bei Disney im Story Department beschäftigt. Als wir einmal abends beisammensaßen, wurde im Fernsehen eine Hitler-Doku gezeigt. Es waren die üblichen Bilder von Aufmärschen, begeisterten Massen und Krieg. Begleitet war das Filmmaterial von den Kommentaren prominenter Historiker im Studio, die Hitler als intellektuell unbedarft und kulturell ahnungslos porträtierten. Erstaunt stellte ich fest, dass weder Sarah noch Jeff diesen Fachleuten auch nur ein einziges Wort glaubten. Hitler habe das 20. Jahrhundert geprägt wie kein anderer Mensch, sagten sie. Wäre Hitler tatsächlich intellektuell unterbelichtet gewesen, wäre ihm das niemals gelungen. Sarah und Jeff waren davon überzeugt, dass es sich bei der Darstellung Hitlers um einen »Spin«, ein bewusstes Täuschungsmanöver, handelte. Sarah sagte: »Wenn du bei Disney arbeitest, dann weißt du, wie gefälschte Mythen fabriziert werden.« Für mich war dieser Kommentar vor allem Eins: überraschend. Das Hitler-Bild der Historiker – ein »gefälschter Mythos«? So etwas hatte ich in Deutschland nie gehört. Entsprechende Äußerungen kommen dort höchstens aus der hintersten tiefbraunen Ecke. Aber meine amerikanischen Freunde waren freiheitlich-liberal gesinnte Menschen, unendlich weit entfernt von irgendeiner Dritte-Reich-Nostalgie.

Ich selbst hatte, bevor ich begann, in Los Angeles zu arbeiten, seit meinem Abitur vorwiegend im Ausland gelebt. Was ich während der Schulzeit über Hitler im Fernsehen gesehen und in Büchern und Zeitungen gelesen hatte, war aber derart umfassend gewesen, dass alles, was mit seiner Person zu tun hatte, für mich schon seit langer Zeit »durch« und »gegessen« war. Zumal immer dann, wenn in den Medien etwas angeblich »Neues« über ihn berichtet wurde, dieser Bericht am Ende eben doch nichts wirklich Neues zum Inhalt hatte. Alles, was ich seit meiner Schulzeit über Hitler gehört oder gelesen hatte, waren immer nur Varianten derselben altbekannten Geschichte gewesen. Seit Jahrzehnten wird diese Angelegenheit in den deutschen Medien mit einer derartigen Beharrlichkeit durchgekaut, dass selbst der hungrigste Medienkonsument irgendwann übersättigt ist und das Interesse verliert. Mit meinem Desinteresse an der Hitler-Thematik war ich damals ganz sicher nicht allein. Wahrscheinlich ging es vielen Deutschen genauso wie mir, und ich nehme an, dass sich das auch bis heute nicht geändert hat.

Es waren schließlich aber nicht Sarah und Jeff, die mich dazu angeregt haben, Hitler genauer zu erforschen. Den Anstoß dazu hat meine Freundin Harriet gegeben. Sie hatte in Wien studiert und, wohl aufgrund ihrer jüdischen Herkunft, begonnen, sich für das Leben des jungen Hitler zu interessieren. Harriet kannte Details, die mir unbekannt waren, und während unserer langen Spaziergänge durch Los Feliz tauchten Fragen zu gewissen Ungereimtheiten auf, zu denen wir beide die Antworten nur allzu gerne gekannt hätten. Mein Geschichten-Erzähler-Instinkt sagte mir, dass in dem Leben des österreichischen Beamtensohnes vielleicht doch etwas Interessantes - möglicherweise vielleicht sogar etwas sehr Interessantes - verborgen sein könnte.

Ich begann also zu recherchieren und suchte, immer wenn ich in Deutschland war, entsprechende Spezial-Bibliotheken auf. Je länger ich recherchierte, umso klarer wurde mir, dass die Überpräsenz Hitlers in den Medien einen falschen Eindruck erweckt. Hitler ist nicht, wie man meinen könnte, »abschließend erforscht« und somit bei den Historikern eben gerade nicht »durch« und »gegessen«. Im Gegenteil: Wie in der Einleitung erwähnt, ist Hitler für die Geschichtswissenschaft ein gravierendes und bis heute ungelöstes Forschungsproblem. Im Verlauf dieses Textes wird deutlich werden, worin dieses Problem im Einzelnen besteht.

Im Mittelpunkt meiner Recherchen stand der Mensch Adolf Hitler mit dem Fokus auf dessen Selbstverständnis. Um das Selbstverständnis einer historischen Figur zu ergründen, muss man fähig sein, sich in die Lage dieser Figur zu versetzen. Grundvoraussetzung dazu ist Empathie, d.h. Einfühlungsvermögen und Mitgefühl. Das ist bei einer Figur wie Hitler nicht einfach, da man hier, vor dem Hintergrund seiner Taten, unwillkürlich den Impuls verspürt, sich distanzieren zu wollen. Die Distanz darf aber nicht so weit gehen, dass es an Empathie fehlt. Denn ohne Empathie ist das Erfassen eines Menschen unmöglich. An diesem Punkt brachte meine persönliche Lebenssituation einen Vorteil mit sich, der es mir wesentlich erleichtert bzw. überhaupt erst ermöglicht hat, die bei dieser Art der Arbeit unverzichtbare Empathie aufzubringen: Weit über die Hälfte meines Lebens habe ich außerhalb Deutschlands verbracht.

Wer in Deutschland zu Hause ist, weiß, dass das Thema ›Hitler‹ hier von einer ganz besonderen Aura umgeben ist.

So allgegenwärtig Hitler in den Medien auch ist, seine Person ist kein Thema, das man erörtert – jedenfalls nicht öffentlich. Um Hitler wird in der deutschen Öffentlichkeit ein gewaltiger Bogen gemacht, und Äußerungen zu seiner Person sind ausschließlich Historikern und anderen Fachleuten vorbehalten, die in der Thematik geschult sind. Wer als Nicht-Fachmann in die unangenehme Lage gerät, sich öffentlich zu Hitler äußern zu müssen, der tut gut daran, jedes Wort auf die Goldwaage zu legen. Ist man hier nicht auf der Hut und lässt man sich zu einer unbedachten Äußerung hinreißen, so kann das höchst unangenehme Konsequenzen haben. Im folgenden Kapitel komme ich noch einmal darauf zurück.

Als »deutschem Ausländer« sind mir der öffentliche Eiertanz und die daraus resultierende Befangenheit im Zusammenhang mit der Person Hitlers natürlich vertraut, aber ich teile die Befangenheit nicht. Die »Schere im Kopf«, die Zensurinstanz, die man als Deutscher im Zusammenhang mit Hitler unbewusst verinnerlicht hat und die einen davor bewahrt, »gefährliche« Gedanken zu denken, noch bevor man in Versuchung gerät, sie auszusprechen, diese Zensurinstanz funktioniert bei mir ebenso wenig wie bei einem anderen Ausländer. Nur daher war es mir möglich, mich als Deutscher und Nicht-Historiker überhaupt mit dieser Materie beschäftigen zu können und dabei auch noch Einfühlungsvermögen und Mitgefühl für meinen Protagonisten an den Tag zu legen, ohne von warnenden inneren Stimmen geplagt zu werden. So hat es mir der kosmopolitische Hintergrund meines Lebens erlaubt, das einschlägige Material mit dem unverstellten Blick eines Nicht-Deutschen analysieren zu können. Da ich aber in der deutschen Sprache und Kultur immer noch genügend verwurzelt bin, war ich in der Lage, die entsprechenden historischen Dokumente mit dem notwendigen sprachlichen Feingefühl einschätzen zu können.

Rasch wurde mir klar, dass der Mensch, dessen Selbstverständnis ich ergründen wollte, hinter der Fassade von NS-Propaganda und Gegenpropaganda auf der Strecke geblieben war. Zwischen Legende und Karikatur ist der Mensch Hitler verschwunden. Erst nach eingehenden Recherchen, die sich über viele Jahre erstreckten, tauchte aus dem Nebel von Verklärung und Verdammung ein Mensch auf: der Fokus meiner Arbeit. Ihren vorläufigen Abschluss fand meine Beschäftigung mit dem Thema im Jahr 2010 mit der Veröffentlichung von *Young Hitler*, einer »Non-Fiction Novel«, die bei *Quartet Books*, London, erschienen ist. In diesem semifiktionalen Text erzähle ich die erste Lebenshälfte Hitlers. Das vorliegende Buch ist hingegen ein Sachbuch. Es beinhaltet die Quintessenz meiner Recherchen und umfasst Hitlers gesamtes Leben, wobei auch die neuere und neueste wissenschaftliche Forschung berücksichtigt ist.

Das Faktenmaterial zum Thema Hitler ist gewaltig und die Hitler-Forschung hat sich innerhalb der Geschichtswissenschaften inzwischen zu einer eigenen Disziplin ausgewachsen. Monografien, Aufsätze, Handbücher und Dissertationen analysieren Hitlers Vorlieben und Abneigungen, seine psychischen und physischen Probleme, seine Freunde und Feinde, seine Vorfahren, seine Vorbilder, seine politischen und privaten Entscheidungen. Reisen, Wohnorte, Tagesabläufe, die benutzten Verkehrsmittel und die eingenommenen Medikamente – alles in diesem Leben wurde minutiös erforscht. Und dennoch: Die wissenschaftliche Literatur, die sich mit seiner Person beschäftigt, wächst beständig weiter an. Das Meer der Veröffentlichungen wird mit jedem Jahr größer und ist inzwischen zu einem Ozean angeschwollen, dessen Ausmaße kaum noch messbar sind. Dieser Ozean geht über in die vollkommen unüberschaubaren Fluten der populärwissenschaftlichen Hitler-Literatur.

Taucht man in diesen Gewässern, so begegnet einem neben einer Unmenge akribisch erforschter Fakten viel Unausgegorenes. Nicht wenige Texte stammen von Forschern, die des Deutschen kaum mächtig sind und nicht wissen, was sich hinter der Kurrentschrift verbirgt, die aber dennoch glauben, etwas zum Thema beitragen zu müssen. Von deutschen Autoren wiederum wird viel Volkspädagogik betrieben, um vermeintlich naive Nicht-Historiker mit gefällig reduzierten Geschichtsdarstellungen »aufzuklären«. Befreit von der Last realer Komplexität, geht es in diesen Darstellungen nicht um Erkenntnis, sondern um Wirkung: ein betreutes Denken, das meist nur dürftig mit Fakten unterfüttert ist und in erster Linie aus Meinung besteht. Quellenmaterial wird unterschlagen oder bewusst falsch interpretiert, um gewisse Thesen zu stützen, und eine Fülle von Darstellungen gefällt sich darin, dieselben altbekannten Inhalte ein wenig zu variieren, um sie mantraartig zu wiederholen. Aus diesen geglätteten Erzählweisen sind im Laufe der Zeit Legenden entstanden, die beständig abgeschrieben werden, sodass der Eindruck entsteht, dass es sich dabei um Fakten handelt, die dann nicht selten auch von wissenschaftlich arbeitenden Autoren übernommen werden. Viele akademische Forscher haben darüber hinaus in Bezug auf Hitlers Person einen Tunnelblick entwickelt, der sie nur noch den Aspekt ihrer Untersuchung sehen lässt und den ganzen Menschen vergisst.

Allgemein geht der Trend, gerade auch bei Historikern, in Richtung »Histotainment«, und bei vielen Darstellungen ist unschwer zu erkennen, dass cleveres Marketing der Ausgangspunkt der Bemühungen war und nicht etwa wissenschaftliche Neugierde. Historische Gemeinplätze werden wiedergekäut und in einer Mogelpackung als »neu« und »überraschend« verkauft, oder man produziert »sensationelle« Thesen, die man mithilfe von nicht vorhandenen Belegen zu untermauern versucht. Periphere Ereignisse werden in den Mittelpunkt des Geschehens gerückt, und Forschungsergebnisse, die einer »sensationellen« These widersprechen, werden kleingeredet oder schlicht ignoriert. Alle paar Jahre erscheinen zudem auch noch neue Hitler-Biografien, deren Autoren inzwischen Theaterregisseuren gleichen, die nicht müde werden, dasselbe altbekannte Stück beharrlich aufs Neue zu inszenieren.

Zwischen enorm viel Überflüssigem und Unlesbarem finden sich aber auch heute noch bemerkenswerte wissenschaftliche Entdeckungen.

Auf diese Entdeckungen kam es mir an. Die akademische Hitler-Forschung der vergangenen Jahrzehnte hat ohne Zweifel Gewaltiges geleistet. Und die akribischen Recherchen neuerer und neuester Forschungen haben den Fundus an wertvollem Wissen wesentlich ergänzt und erweitert. Das hat meine Arbeit überhaupt erst ermöglicht. Selbstverständlich bin ich nur ein Zwerg auf den Schultern von Riesen. Noch dazu bin ich ein Zwerg, der auf den Schultern der Historiker-Giganten eigentlich überhaupt nichts verloren hat. Ich bin Drehbuchautor, ein Laie, ein Hobby-Forscher. Das hat allerdings auch seine Vorteile. Anders als spezialisierte Historiker bin ich nicht gefangen im dichten Gestrüpp von Debatten über belanglose Details. Und ich bin nicht gezwungen, falsche Rücksichten zu nehmen, sondern kann es mir erlauben, im Zweifelsfall meinem eigenen Verstand mehr zu vertrauen als der wissenschaftlichen Orthodoxie. Wo es mir notwendig erschien, habe ich das aus meiner Sicht Wesentliche vom Unwesentlichen befreit. Denn der Fokus meiner Recherche war niemals nur der einzelne Baum, sondern immer der ganze Wald. Vor allem die Freiheit zu beurteilen, welche Darstellungen welcher Zeitzeugen ich als glaubwürdig erachte und welche nicht, war mir wichtig.

So sind beispielsweise Hitlers *Tischgespräche im Führerhauptquartier* (1951) und *Monologe im Führerhauptquartier*

(1980) sicherlich von dem Bemühen der Adjutanten Henry Picker und Heinrich Heim getragen, die Worte Hitlers möglichst exakt wiederzugeben. Die Texte wurden aber von Hitler niemals autorisiert. Seine Äußerungen wurden von den Protokollanten nachträglich aus dem Gedächtnis aufgezeichnet, sie wurden hinterher editiert und zum Teil redigiert und Manipulation kann nicht ausgeschlossen werden.[1] Diese von vielen Historikern als Hitler-O-Ton zitierten Texte habe ich nur in denjenigen Fällen herangezogen, in denen sich Belege für ähnliche Aussagen Hitlers auch noch an weiteren Stellen finden lassen. Und ich habe sie immer als Wiedergabe des Protokollanten gekennzeichnet.

Eine gewaltige Widersprüchlichkeit hinsichtlich des Quellenmaterials offenbart sich bei der Charakterisierung von Hitlers Person. Hier existieren zu demselben Aspekt oft diametral entgegengesetzte Versionen. Diese unterschiedlichen Darstellungen sind, wie alle Berichte von Zeitzeugen, abhängig davon, was die jeweilige Person aus ihrer Perspektive überhaupt in der Lage war zu erfassen. Darüber hinaus sind diese Texte aber auch noch dadurch gefärbt, dass viele Zeitzeugen ihre persönliche Rolle im Zusammenhang mit Hitler entsprechend darstellen wollten, abhängig davon, ob sie ihre Aussagen während Hitlers Regierungszeit oder danach gemacht haben.

Gerade in den ausgedehnten Gebieten der Memoirenliteratur muss man die Absicht der Autoren im Blick haben. Manche Texte, wie beispielsweise *In Hitlers Schatten*[2] (2005), wo die Aufzeichnungen von Hitlers dienstältestem Adjutanten Julius Schaub wiedergegeben sind, erweisen sich als wenig ergiebig, da die Autoren aus Treue zu Hitler gerade diejenigen Themen ausklammern, die aufschlussreich wären. Andere Zeitzeugen, wie Leni Riefenstahl in ihren *Memoiren* (1987), zeichnen ein unkritisches – man könnte auch sagen: ehrliches – Bild von Hitler. Aber das sind nur ganz wenige. Von 1937 bis zu Hitlers letztem Besuch im Juli 1944 gehörte Maria von Below, zusammen mit ihrem Mann Nicolaus von Below, zu Hitlers engsten Vertrauten auf dem *Berghof*. Maria von Belows Aufzeichnungen aus dem Jahr 1986 könnten sicherlich einen interessanten Einblick in die Vorstellungswelt der Gäste des *Berghofs* vermitteln, sie wurden aber niemals veröffentlicht. Sie habe aufschreiben wollen, »was man nicht mehr zu erzählen wage«, hatte Maria von Below erklärt. Heute befindet sich ihr Text im Privatarchiv ihres Sohnes Claus Dirk von Below.[3] Nachdem Claus Dirk von Below der Historikerin Heike B. Görtemaker Einsicht in die Aufzeichnungen seiner Mutter gewährt hatte, zitierte sie den Text in sehr begrenztem Umfang in ihrem Buch *Hitlers Hofstaat* (2019). Die verstorbene Autorin habe »hartnäckig an ihrer Vorstellung von einer vermeintlich heilen Welt auf dem *Berghof*« festgehalten, urteilte die Historikerin.[4]

Renommierte Verlage wollen keine Texte veröffentlichen, die positive oder auch nur normale Eigenschaften Hitlers erwähnen oder aus denen gar eine gewisse Faszination herausgelesen werden kann. Derartiges wird in Deutschland sofort in die Ecke »rechte Schundliteratur« verwiesen. Ist ein Text von einem Feuilletonisten erst einmal mit diesem Brandzeichen versehen, lassen alle anderen Feuilletonredaktionen die Finger davon. Ab sofort liest man keine einzige Besprechung mehr und es scheint, als habe es das Buch nie gegeben. Folglich lässt es sich auch kaum mehr verkaufen. So kommt es, dass Erinnerungen, welche Hitler so schildern, wie er von dem jeweiligen Zeitzeugen tatsächlich erlebt wurde, von wenigen Ausnahmen abgesehen, kaum jemals eine breitere Öffentlichkeit erreicht haben.

Weiteste Verbreitung hat dagegen die überwiegende Mehrzahl der Darstellungen gefunden. Die Autoren dieser Berichte haben versucht, die eigene Nähe zu Hitler zu entschuldigen. Das taten sie, indem sie ihn jetzt, nachdem alles vorbei war, kritisierten, wo immer sie konnten, ihn abschätzig beurteilten, ihn mit Sarkasmus übergossen oder in den düstersten Farben porträtierten. Hier entstand eine ganze Gattung von Selbstrechtfertigungsliteratur, in der diese Kronzeugen, um sich zu distanzieren, Hitler neu erfanden. Albert Speer, Hitlers Architekt, der mit seinen *Erinnerungen* (1969) zum Bestsellerautor avancierte, ist hier an vorderster Stelle zu nennen. Und so, wie Albert Speer von dem Historiker und Journalisten Joachim Fest und dem Verleger Wolf J. Siedler bei der Abfassung seiner Hitler-Neuerfindung betreut wurde, genauso griffen andere Journalisten und Historiker anderen Selbstrechtfertigungsliteraten bei der Abfassung ihrer Texte nur allzu gerne unter die Arme und gaben deren Berichten und dem darin enthaltenen Hitler-Bild seine Form und ein scheinbar authentisches Flair. Die Selbstrechtfertigungs-, Neuerfindungs- und Lügengeschichten der »Eingeweihten« aus Hitlers allernächster Umgebung hat die Geschichtsschreibung jahrzehntelang beharrlich zitiert. Durch die akribische Untersuchung von Magnus Brechtken aus dem Jahr 2017 ist Albert Speer heute in vielerlei Hinsicht der Lüge überführt. Das ändert aber nichts an der Tatsache, dass Speers vermeintlich wahrheitsgetreuer Bericht, ebenso wie die Berichte anderer Selbstrechtfertigungsliteraten, die wesentliche Grundlage der wissenschaftlichen Literatur darstellen, bei der die Person Hitlers im Mittelpunkt steht. Auf dieser Basis ist, beruhend auf einem gegenwartstauglichen Opportunismus, ein historisch-wissenschaftliches Zerrbild von Hitler entstanden.

Will man die Persönlichkeit Hitlers näher ergründen, ist nicht zuletzt er selbst eine wichtige Quelle. In Wort und Schrift hat er sich zu den verschiedensten Themen geäußert, auch zu seiner Person. Wie alle Politiker aller Zeiten hat Hitler sehr viel gelogen. Und er hat die Wahrheit gesagt. Hin und wieder. Die Tatsache, dass Hitler viele Verfälschungen,

Verdrehungen, Beschönigungen usw. nachgewiesen werden konnten, hat dazu geführt, dass ihn die Forschung als notorischen Lügner eingestuft hat. Das aber wiederum hat die Wahrnehmung der Forschung getrübt, und es wurden und werden Fälschungen auch dort gesehen, wo alles dafür spricht, dass Hitlers Bekundungen den Tatsachen entsprechen.

Viele Jahre lang war ich mit der Analyse von historischen Dokumenten und Sekundärliteratur beschäftigt. Hierbei musste ich die Fakten oft von Klischees befreien. Diese lange eingeübten Denkfiguren haben den Blick auf die Person, um die es geht, gewaltig getrübt. Sie beruhen zum großen Teil auf den oben genannten höchst zweifelhaften und tendenziösen Berichten, die durch jahrzehntelanges, beständiges Wiederholen inzwischen allgemein als »wahr« akzeptiert sind. Das Vorhandene musste ich also mit einer gesunden Portion Misstrauen erforschen und dabei gleichzeitig ergebnisoffen bleiben. Und ich musste mich jenseits der üblichen Denkgewohnheiten bewegen und bereit sein, auch das Unmögliche zu denken. Auf der Grundlage von wenig bekannten Forschungsergebnissen entstand eine neue Sicht auf seit Langem erforschte Fakten und ließ ein verändertes Bild entstehen. Als dann die Ergebnisse neuerer und neuester Forschung zu einem Verdacht führten, der sich durch kürzlich bekanntgewordene Dokumente in Gewissheit verwandelte, stand das Bild, das üblicherweise von Hitler gezeichnet wird und das zunächst natürlich auch in mir vorhanden war, plötzlich auf dem Kopf. Oder soll ich vielleicht besser sagen, dass das gewohnte Hitler-Bild auf einmal vom Kopf auf die Füße gestellt war?

Bei meinen Recherchen im Dschungel der Nachkriegslegenden hat mir Hintergrundwissen aus erster Hand sehr geholfen. Mein Vater[5] war zweiundzwanzig Jahre alt, als der Zweite Weltkrieg begann. Als angehender Journalist hat er die politischen Entwicklungen während der Hitlerzeit mit wachem Verstand verfolgt. Aber auch wenn er mir von kleinen alltäglichen Begebenheiten erzählte, waren das wichtige Informationen, weil sie mir halfen, ein Gefühl für das Leben in dieser Zeit zu entwickeln. So erzählte mir mein Vater zum Beispiel von seiner Überraschung, als der Briefträger, der ihn seit Jahren mit »Guten Morgen!« begrüßt hatte, plötzlich zur Begrüßung den Arm hob und »Heil Hitler!« murmelte. Auch dass mit einem Mal immer mehr Menschen damit anfingen, ihre Briefe, die sie seit jeher »Mit freundlichen Grüßen« beendet hatten, mit »Heil Hitler!« zu unterzeichnen, hat mir mein Vater erzählt. Auf meine Frage sagte er mir, dass niemand dazu gezwungen wurde, dass die Menschen es taten, einfach nur, weil es allgemein üblich war.

Nach dem Krieg war mein Vater einer der wenigen »unbelasteten« Journalisten. Von den amerikanischen Besatzern wurde er in die USA eingeladen und durfte Präsident Truman im Weißen Haus besuchen. Die Amerikaner hatten ihn dazu ausersehen mitzuhelfen, die Deutschen nach der Indoktrination durch das NS-Regime nun gemäß der Werte einer westlichen Demokratie politisch neu zu programmieren. In der Nachkriegszeit war mein Vater dann beim *Bayerischen Rundfunk* tätig, der damals noch *Radio München* hieß. Die Kommentare und Erinnerungen meines Vaters haben es mir ermöglicht, Zeitdokumente besser einschätzen und beurteilen zu können. Geholfen hat mir dabei auch meine Erfahrung als kritischer Leser. Mein Leben lang habe ich zu den verschiedensten Themen Texte gelesen, vor allem wissenschaftliche und journalistische. Durch die intensive Beschäftigung mit dem geschriebenen Wort entstand mit der Zeit ein Gefühl dafür, welcher Text plausibel, bzw. »wahr« klingt und welcher nicht. Natürlich kann ich mich täuschen. Aber wenn es darum geht, Wahres von Unwahrem zu unterscheiden, gibt es oft keine andere Möglichkeit, als dem eigenen inneren »Bullshit-Detektor« zu vertrauen. Und genauso, wie ich selbst mein Urteil darüber zu treffen hatte, welcher Information ich Glauben schenke und welcher nicht, lade ich meine Leser dazu ein, dasselbe beim kritischen Lesen meines Buches zu tun.

PERSÖNLICHKEITSBILD

Einen Menschen, der die Verantwortung trägt für Leiden in unvorstellbarem Ausmaß, mag man nicht in positiven Farben porträtieren. Dementsprechend ist das Bild, das die Chronisten nach dem Ende des Zweiten Weltkrieges von Hitler gezeichnet haben, ausnahmslos abwertend, düster und schwarz. So ist Hitler zum »Goldstandard des Bösen« (*Financial Times*) geworden.

Seinen Ursprung hat unser heutiges Hitler-Bild in der Kriegspropaganda der Siegermächte. Als Anführer des Feindes wurde Hitler bereits während des Krieges von seinen alliierten Gegnern als ein grausamer Bösewicht dargestellt, der ausschließlich negative Eigenschaften besaß. Als der Krieg vorbei war, wurde dieses Bild von den besiegten Deutschen übernommen. Am Anfang geschah das auf Befehl der Besatzer. Deutsche Journalisten und Medienschaffende waren von den Alliierten in der unmittelbaren Nachkriegszeit beauftragt, das Hitler-Bild der Siegermächte nun auch in Deutschland populär zu machen. Die deutschen Meinungsmacher für dieses Hitler-Porträt zu gewinnen, war kein Problem. Die penetrante Führer-Verklärung der NS-Propaganda war den deutschen Medienschaffenden ebenso wie den Historikern der Nachkriegsjahre noch in lebhafter Erinnerung und die Erleichterung, sich nun endlich davon befreien zu können, war groß. Eifrig machte man sich daran, das glorreiche Führer-Porträt des NS-Staates zu zertrümmern. Alles, was auch nur im Entferntesten daran erinnerte, wurde mit beißendem Sarkasmus bedacht.

Während der ersten Jahrzehnte nach dem Ende des Krieges waren in Deutschland aber auch einige (sehr wenige) Stimmen zu vernehmen, die zwar nicht unbedingt alles gut fanden, was sie selbst während der Hitlerjahre erlebt hatten, die aber doch deutlich zum Ausdruck brachten, dass sie die »starke Hand« und andere angeblich positive Qualitäten Hitlers vermissten. Von der überwiegenden Mehrheit wurden die Äußerungen dieser »Ewiggestrigen« mit Verachtung gegeißelt, und bei der großen Mehrheit der Nachkriegs-Deutschen entstand das Gefühl, verbunden zu sein in der Ablehnung von Versionen der Hitler-Erzählung, die der allgemein verbreiteten Darstellung widersprachen. Berichte, die nicht zu diesem Hitler-Bild passten, wurden zu Lügenmärchen erklärt. Ob es sich dabei tatsächlich um solche handelte, wurde nicht näher untersucht. Darstellungen, die Hitler nicht als eine durch und durch negative Figur zeigten, provozierten sofort eine heftige allergische Reaktion. Jeder Versuch, das allgemein anerkannte Hitler-Bild korrigieren zu wollen, erregte Verdacht.

Die instinktive Abwehr, die allein schon die Erwähnung des Namens »Hitler« während der Jahrzehnte nach dem Krieg bei den meisten Deutschen reflexartig hervorrief, ist verständlich. Die Folgen seiner Herrschaft waren katastrophal, und niemand, der seine Sinne beieinander hatte, wollte in dem traumatisierten Land auch nur ein einziges gutes Haar an dem gescheiterten Führer entdecken. Wer sich während der Zeit des Hitlerregimes selbst mitschuldig gemacht hatte, der hatte ein zusätzliches Motiv, Hitler zu verteufeln. Indem das »Böse« an den Chef weitergereicht wurde, erklärte man sich selbst zum unschuldigen Opfer.

In der selektiven Betrachtung der Nachkriegsjahre wurde Hitler nicht dargestellt als ein vielschichtiges menschliches Wesen, mit unterschiedlichen und möglicherweise widersprüchlichen Charakterfacetten. Stattdessen wurde er als eine eindimensionale Scherenschnitt-Figur präsentiert. Dieses Bild bestand aus Inhalten, die in schlüssigen und kausal verknüpften Sequenzen wiedergegeben waren. Durch Anordnung, Hintanstellen, Weglassen oder Betonung gewisser Elemente war die Deutung in der Darstellung bereits enthalten. Erfundene atmosphärische Details rundeten das vermeintlich authentische Porträt ab. So wurde Hitlers Person in eine eindeutige Erzählform gepackt, die von der überwiegenden Mehrheit der Nachkriegs-Deutschen als allein legitim angesehen wurde.

Manche Historiker weigerten sich, Hitlers Namen auszuschreiben, und schrieben stattdessen über einen mit »H.« apostrophierten Politiker. Sprach man über Hitler, so nannte man ihn ein »Individuum«, eine »Figur«, eine »Unperson« oder ein »Monster«. Einen »Menschen« wagte man ihn nicht zu nennen. »Was soll er denn sonst gewesen sein?«, grollte der Literaturkritiker Marcel Reich-Ranicki verärgert in einer Fernsehdebatte im Jahr 2004. »Soll man Hitler etwa als Elefant oder Kamel zeigen?« Als Überlebender des Warschauer Ghettos durfte Reich-Ranicki es sich erlauben, diese deutsche Sprachregelung als das zu benennen, was sie war: grotesk. Geändert hat das nichts. Wer Hitler heute in der deutschen Öffentlichkeit einen Menschen nennt, der wird immer noch mit großem Misstrauen beäugt.

Im Lauf der Jahre verfestigte sich der gesellschaftliche Konsens. Die Stimmen der Ewiggestrigen waren immer seltener zu vernehmen und die Medien präsentierten das allgemein anerkannte Bild Hitlers in simpler Reinheit und mit großer Beharrlichkeit immer wieder aufs Neue. So war Hitler in den deutschen Medien zwar fortwährend präsent, aber ein besonderes Interesse erregte das nicht. Warum auch? Alle glaubten ja zu wissen, wer Hitler war, und teilten dieselbe Auffassung. Interessant wurde es nur, wenn einem Prominenten in der Öffentlichkeit ein Ausrutscher passierte und er etwas äußerte, was dem allgemein akzeptierten Bild nicht entsprach. In so einem Fall ließ die bissig-sarkastische Reaktion nicht auf sich warten. So kam es, dass Hitler aus dem gesellschaftlichen Diskurs verschwand. Zu dem historischen

Hitler äußerte man sich in der Öffentlichkeit nur als ein in der Thematik geschulter Fachmann, ansonsten hielt man in Deutschland dazu besser den Mund.

Je seltener der historische Hitler zu einem Gegenstand öffentlicher Erörterung wurde, umso lauter war in den folgenden Jahren der Aufschrei, wenn sich eine Person des öffentlichen Lebens dann doch in einem unbesonnenen Moment mit einem Hitler-Kommentar verplapperte und in die Nesseln setzte. Bis heute ist die gesellschaftliche Ächtung in so einem Fall vorprogrammiert. Dem »Hitler-Apologeten« wird eine »gefährliche Störung der öffentlichen Debatte« vorgeworfen. Volkspädagogen äußern sich besorgt über den angeblichen »Beitrag zur Legendenbildung« und die Hohepriester der öffentlichen Meinung verdächtigen den ungeschickten Prominenten, ein »Rechtsaußen« zu sein, oder Schlimmeres. Wer dann nicht sofort zurückrudert, reumütig zu Kreuze kriecht und sich selbst der schlimmsten Untat bezichtigt, ist der Rache der Selbstgerechten schutzlos ausgeliefert. Und die ist ebenso gnadenlos wie unwiderruflich. Der »Revisionist« wird als inakzeptabel gebrandmarkt, er wird medial abgeschaltet und in der Öffentlichkeit hört man nie wieder etwas von ihm. Wer sein Geld vor einem solchen Sündenfall bei den großen deutschen Medien verdient hatte, der muss danach entweder ins Internet ausweichen oder sich ein neues Betätigungsfeld suchen. Über das Hitler-Narrativ ist so mit der Zeit ein gesellschaftlicher Konsens entstanden, der besagt, dass daran auf gar keinen Fall gerüttelt werden darf. Damit war »Hitler« zu einem Tabu geworden, mit allem, was dazugehört.

Die Sieger hatten also Hitlers »wirkliches« Bild vorgezeichnet, und die Verlierer waren nur allzu gerne bereit gewesen, dieses Bild nicht nur für historisch wahr zu erklären, sondern auch noch für unantastbar. Dem von den Deutschen im Dritten Reich als Genie gefeierten Führer wurde nun, ein paar Jahre später, von demselben Volk bescheinigt, ausschließlich negative Eigenschaften besessen zu haben. Hitlers historischer ›Negativruhm‹ steht in einem so gewaltigen Gegensatz zu dem Glorienschein, der ihn zu seinen Lebzeiten umgab, dass sich in der gesamten europäischen Geschichte weder im Mittelalter noch in der Neuzeit ein vergleichbarer Herrscher finden lässt. Verschiedene Autoren haben darauf hingewiesen, dass Hitler selbst hier, in seinem Scheitern, alles Vergleichbare in den Schatten stellt.

Im Deutschland des 21. Jahrhunderts bekämpfen nun nach den Söhnen und Enkeln die Urenkel das Ungeheuer, mit dem ihre Urgroßväter nicht fertiggeworden sind. Jedes Jahr erscheinen neue Sachbücher und TV-Dokumentationen, in denen zu spät geborene Widerstandskämpfer ihre Landsleute darüber aufklären, wer Hitler »wirklich« war: eine blasse Figur mit angedichtetem Charisma, ein untalentierter Schreiberling, ein ignoranter Kunstschwätzer, ein raffgieriger Steuervermeider, ein humorloser Kuchenverschlinger ohne soziale Kompetenz, ein beziehungsunfähiger Langschläfer ohne Privatleben, ein ungebildeter Windbeutel, ein sexuell Pervertierter, ein emotionsloser unfähiger Kunstmaler, ein politischer Opportunist, ein medikamentensüchtiger Hypochonder oder ein soldatischer Drückeberger – egal welcher Aspekt die Autoren beschäftigt: Hitler war nicht nur abgrundtief böse, er war außerdem auch noch eine vollkommene Niete. Sogar seinen Hund hatte er falsch erzogen.

Damit alle Deutschen in einer kollektiven Trance den Führer ihrer Vorfahren in der korrekten Weise wahrnehmen können, wird das Bild des abgrundtief bösen Versagers von Medienmissionaren als »historisch belegt« in die Welt posaunt. Dabei wird man das Gefühl nicht los, dass deren Selbstgerechtigkeit im umgekehrt proportionalen Verhältnis zu ihrer Sachkenntnis steht. Aber verhandelbar ist hier nichts. Hitlers Eigenschaften werden mit seinen Taten gleichgesetzt, und wer es wagt, etwas Positives an Hitlers Persönlichkeit zu entdecken, dem wird unterstellt, er billige dessen Verbrechen. Es ist tatsächlich so, wie es der Publizist Johannes Gross richtig beobachtet hat: »Je länger das Dritte Reich zurückliegt, umso mehr nimmt der Widerstand gegen Hitler und die Seinen zu.«

Und so wird das Bild vom Monster-Versager bis heute vom Exportweltmeister Deutschland in jede Ecke der Welt geliefert. Die beständige Wiederholung hat dazu geführt, dass man dieses Hitler-Bild überall auf der Welt mit der Realität verwechselt und gar nicht auf die Idee kommt, dessen Richtigkeit zu überprüfen – wer sollte schließlich besser über Hitler Bescheid wissen als die Deutschen?

Nun widerspricht es aber jeder Lebenserfahrung, dass es einen Menschen geben soll, der auf jedem Gebiet ausschließlich negative Eigenschaften besitzt. Wir alle wissen sehr wohl, dass auch die Bösen ihre guten Seiten haben. An diese ungemütliche, aber entscheidend wichtige Tatsache wird jeder Drehbuchautor während der ersten Etappen seiner Ausbildung erinnert. Wer einen fiktionalen Bösewicht erschaffen will, der muss diesem Charakter auch positive Facetten geben. Wenn diese fehlen, dann ist dem Publikum sehr schnell klar, dass es an der Nase herumgeführt wird und eine Figur für real halten soll, die es in der wirklichen Welt nicht gibt. »Der Pate«, Don Corleone, Chef aller Mafiosi, ist ein zig-facher Mörder. Er hat aber auch etwas Liebenswertes: Don Corleone ist ein Familienmensch, jemand, der bereit ist, alles für seine Familie zu tun. Hätte dem Paten diese positive Eigenschaft gefehlt und hätte ihn sein Autor, Mario Puzo, nur als einen durch und durch negativen Bösewicht gezeichnet, Don Corleone hätte es niemals dazu gebracht, eine der bekanntesten Figuren der Trivialliteratur und des Filmes zu werden. Während das Publikum in der Fiktion an einem eindimensionalen Bösewicht rasch das Interesse verliert, scheint das bei dem Hitlerporträt, das die Medien dem Publikum seit dem Ende des Krieges als real verkaufen, genau umgekehrt zu sein. Je länger sein Tod zurückliegt, umso mehr hat Hitler weltweit an Faszination gewonnen. Ob das vielleicht damit zu tun hat, dass das Publikum spürt, dass ihm etwas vorenthalten bleibt?

Vor dem Hintergrund der monströsen Taten, für die Hitler in letzter Instanz die Verantwortung trägt, ist der Wunsch, ihn ausschließlich negativ darzustellen, nur allzu verständlich. Zu einem Erkenntnisgewinn trägt das allerdings nicht bei. Und eine »Legendenbildung« konnte es nicht verhindern. Im Gegenteil: Mehr denn je ist Hitler heute zu einer Legende geworden, verkörpert er doch das »absolut Böse« ebenso wie das »Unbegreifliche«. Damit ersetzt Hitler den Teufel früherer Epochen und hat so weltweit eine Art pseudoreligiöse Bedeutung erlangt. Dass die Verkünder dieser wenig intelligenten Teufels-Darstellung den Hitler-Mythos erneut erschaffen, haben sie nicht erkannt. Der Mythos des »absolut Bösen« besitzt eine Faszination, die längst zu einem politischen Bumerang geworden ist. Zwar wird diese Faszination in Deutschland nur von einer verschwindend kleinen extrem rechten Szene geteilt, aber weitaus größere konservativ-national gesinnte Kreise verbindet das dumpfe Gefühl, bei der Berichterstattung zum Thema ›Hitler‹ von medialen Volkserziehern belogen zu werden. Dass die hieraus resultierende Wut gefährliche Dimensionen annehmen kann, scheinen die Verantwortlichen nicht zu erkennen. Und so hat die sicherlich oft naive, gut gemeinte Bemühung, beim Thema ›Hitler‹ nur ja nichts falsch zu machen, dazu geführt, genau den »Ungeist« überhaupt erst entstehen zu lassen, den man eigentlich hatte abwehren wollen.

Ein Tabu lässt keine Diskussion zu und die Debatte, die eigentlich erfunden wurde, um alle klüger zu machen, findet nicht statt. Das Schweigen lädt aber automatisch das mit

Macht auf, worüber nicht gesprochen werden darf. Daher ist das Hitler-Bild in Deutschland mit den Jahren nicht etwa langsam verblasst, wie es eigentlich zu erwarten wäre, sondern es hat im Gegenteil eine immer mächtigere Wirkkraft entfaltet. Seine Lebensenergie erhält die mächtige Monster-Ikone dadurch, dass kaum ein Tag vergeht, an dem ihr Name nicht von irgendeinem Politiker oder Medienschaffenden beschworen wird. Während man sich zu dem historischen Hitler als Laie in der Öffentlichkeit besser nicht äußert, ist sein Name dennoch in aller Munde. Vertreter der verschiedenen politischen Lager versuchen damit zu punkten, dass sie ihren Widersachern vorwerfen, Hitler-Methoden anzuwenden, Hitler-Aussprüche getan zu haben, Hitlers Ziele verwirklichen zu wollen oder überhaupt wie Hitler zu sein. Die Vergangenheit wird zur Gegenwart erklärt, und auf diese Weise findet Hitler seinen Weg in den politischen Diskurs der Cyber-Communities. Im Schattenreich der sozialen Netzwerke wird das Monster aufgebläht durch die Irrtümer und die Unwissenheit, die Leichtgläubigkeit, den Zynismus, die Intoleranz, die Rachegelüste und die Selbstgerechtigkeit der dort herumgeisternden User. Analog zu den Politikern werfen diese in hasserfüllten Kommentaren und Blogs einander dann ebenfalls vor, Hitlerbärte zu tragen. Adolf Hitler ist dadurch höchst aktuell und modern geblieben und beherrscht und durchdringt viele politische Debatten im Deutschland des 21. Jahrhunderts. In der Vorstellungswelt der politikinteressierten Deutschen sind Hitlers Person, und alles was sich damit verbindet, heute zwar auf andere Weise, aber erneut mit einer ähnlich allumfassenden Präsenz vertreten wie der Politiker Hitler, der deren Großväter und Urgroßväter beherrscht hatte.

Auf Ausländer wirkt die deutsche Hitler-Besessenheit reichlich unverständlich und grotesk. Aber so absurd dieses Phänomen von außen betrachtet auch erscheint – das politische Klima in Deutschland wird von gegenseitigen Hitler-Anklagen zunehmend vergiftet. In gewissen psychisch gestörten Menschen erzeugt diese gesellschaftliche Störung eine Resonanz, die sie veranlasst, im Namen Hitlers und seiner Ideen mörderische Taten zu begehen. Die darauffolgende kollektive Angstreaktion und die Rachegefühle blähen das Monster weiter auf und vergrößern seine Macht. Das wiederum hat zur Folge, dass Hitler in der politischen Diskussion noch gnadenloser eingesetzt wird und dort eine noch verheerendere Wirkung entfaltet.

Wer vor diesem Hintergrund als Laie den Versuch unternimmt, das historische Hitler-Bild kritisch zu hinterfragen, der setzt sich dem Vorwurf aus, unverantwortlich und gewissenlos zu handeln. Dabei kann in einer derartigen Situation nur eine einzige Medizin wirksam helfen: rücksichtslose Aufklärung und, wenn nötig, die Schlachtung heiliger Kühe. In der akademischen Forschung genießt das Schlachten heiliger Kühe allerdings kein hohes Ansehen. Im Gegenteil. Will man als Historiker seinen Ruf nicht gefährden, wird man heiligen Kühen Respekt zollen und es nicht wagen sie anzutasten. Ein Außenseiter, der nicht im Elfenbeinturm der Geschichtswissenschaften gefangen ist, tut sich hier wesentlich leichter.

Hitler ist ein Mensch, der bereits vor langer Zeit aufgehört hat zu leben. Und er ist eine Gestalt der Geschichte, nicht der Gegenwart. Diese beiden Wahrheiten sind ebenso simpel wie unbestreitbar. Dennoch haben sie viele Feinde, denn auf der heißen Luft, die das aufgeblähte Monster verströmt, lassen sich alle Arten von politischen Süppchen kochen. Wird dem aufgeblasenen Monster eine Injektion heilender Vernunft verpasst, indem man den historischen Hitler mit der gebotenen Objektivität untersucht, entweicht die giftige Luft. Ist die erst einmal raus, taugt Hitler nicht mehr als Schreckensgespenst, das auch heute noch in der Lage ist, Angst und Terror zu verbreiten. Die aufgewühlte

Kollektivpsyche kann zur Besinnung kommen und erkennen, dass das 21. Jahrhundert kein geeigneter Zeitpunkt ist, um in der Vergangenheit zu leben. Tun wir also das Notwendige: Befreien wir uns von Vorstellungen, die der Prüfung durch den gesunden Menschenverstand nicht standhalten. Ordnen wir die Forschungsergebnisse der Geschichtswissenschaft in einer Weise, die der Vernunft Rechnung trägt. Eine vorurteilsfreie Herangehensweise ist hierbei die zwingend notwendige Voraussetzung.

Unterzieht man die allgemein verbreitete Hitler-Erzählung einer Analyse, wird rasch klar, dass durch beständige Wiederholung ein Narrativ entstanden ist, das eine Diskussion ausschließt, weil es auf »Fakten« beruht. Belegen lassen sich diese »Fakten« mit den negativen Darstellungen von Hitlers Person in der bereits erwähnten umfangreichen Selbstrechtfertigungsliteratur, die nach dem Zweiten Weltkrieg entstand. Hier wollten Menschen, die Hitler persönlich gut oder sehr gut gekannt hatten, demonstrieren, dass sie gelernt hatten, ihn nach dem Ende des Krieges anders, nämlich negativ, zu beurteilen, und haben ein entsprechendes Bild von ihm gezeichnet. Andere Kronzeugen haben ein Eingeständnis eigener Schuld vermieden, indem sie Hitler als einen übermächtigen Bösewicht porträtiert haben, dem sie selbst hilflos ausgeliefert gewesen waren.

Dass Historiker nur allzu gerne bereit waren, diese negativen Darstellungen Hitlers ungeprüft zu übernehmen, hat seinen Grund in einer »Wissenschaft«, die den Gegenstand ihrer Untersuchung bereits be-urteilt, das heißt: verurteilt hatte, bevor sie mit dessen Untersuchung begann. Die allermeisten Historiker der vergangenen Jahrzehnte, insbesondere diejenigen mit deutschem Reisepass, waren nicht in der Lage, das, was sie selbst politisch und menschlich für richtig bzw. falsch hielten, von dem zu trennen, was sie als Wissenschaftler zu untersuchen hatten. Und so fühlten sie sich gezwungen, ihre Abscheu zu zeigen, indem sie Hitler in beinahe jedem Satz ihrer Abhandlungen verteufelten und denunzierten. Auf einer derartigen Grundlage kann wissenschaftliches Erkennen und damit letztendlich ein »Begreifen« aber niemals gelingen. Denn: Vor-urteile trüben den Blick und stehen der Erkenntnis im Weg. Nicht umsonst ist Objektivität in der Wissenschaft oberstes Gebot. Objektivität heißt aber eben genau das: den Forschungsgegenstand ohne Vor-urteil zu betrachten.

Für die Geschichtsschreibung gilt derselbe Grundsatz, der auch für die Gerichtsbarkeit gilt, und der lautet: »audiatur et altera pars«. Der Richter muss alle Seiten anhören. Nicht nur der Staatsanwalt darf zu Wort kommen, auch der Verteidiger muss gehört werden. Genauso muss der Historiker alles verfügbare Quellenmaterial prüfen, egal von welcher Seite es kommt. Die Arbeit des um Aufrichtigkeit bemühten Geschichtsforschers besteht darin herauszufiltern, welchen Quellen er Glaubwürdigkeit zubilligt und welchen nicht. Das entscheidet darüber, welche Berichte oder welche Kombination davon schwerpunktmäßig zitiert werden, um zu einer Darstellung zu gelangen, die den tatsächlichen Gegebenheiten am ehesten entspricht. Dabei spielt der zentrale Grundsatz der Aufklärung eine wichtige Rolle, der besagt, dass man den Mut haben muss, sich des eigenen Verstandes zu bedienen. Denkschablonen sind hier wenig hilfreich. Wer seine Forschung mit der Prämisse beginnt, dass nur diejenigen Zeitzeugen, die Hitler negativ eingeschätzt haben, die Wahrheit sagen, während alle anderen lügen, der diskreditiert sein Forschungsergebnis durch Voreingenommenheit. Historiker, die ihre Arbeit auf der Grundlage einer vorgefassten Meinung beginnen und Darstellungen ignorieren, die nicht dazu passen, bilden nur einen Teil der Wirklichkeit ab. So entsteht ein tendenziöses Geschichtsbild und schlimmstenfalls eine Geschichtsfälschung.

Da ist es hilfreich, dass sich in jüngerer Zeit in der historischen Forschung eine Wende abzeichnet. Neuere akademische Untersuchungen besinnen sich, nicht zuletzt auch in Deutschland, immer häufiger auf das, was bei Arbeiten mit wissenschaftlichem Anspruch eigentlich eine Selbstverständlichkeit sein sollte. Zunehmend fühlt man sich dem Gebot der wissenschaftlichen Objektivität verpflichtet, und die Einäugigkeit der Vergangenheit weicht einer präziseren Wahrnehmung.

Der Sprung aus dem Elfenbeinturm der Geschichtswissenschaften in die Dokumentationen des Fernsehens ist diesem Wandel bislang allerdings kaum gelungen, und so ist das monolithische Monster in der kollektiven Wahrnehmung unverändert lebendig. Auch viele Forscher können sich in ihren wissenschaftlichen Arbeiten negative Kommentare zur Person Hitlers immer noch nicht vollkommen verkneifen, seien diese nun explizit ausgesprochen oder implizit vorausgesetzt. Abwertende Urteile, Denunziationen, Verteufelungen und die damit einhergehende Trübung des Blicks finden sich in der akademischen Literatur aber immer seltener. Und so beginnt heute eine neue Generation von deutschen Historikern, Adolf Hitler mit einem schärferen Blick zu erforschen, als das in der Zeit seit dem Zweiten Weltkrieg jemals der Fall war. Viele von ihnen sind in diesem Buch mehrfach zitiert, und die Liste derer, die dazuzählen, ist zu lang um sie an dieser Stelle alle namentlich aufführen zu können.

Dass immer mehr Akademiker in der Lage sind, die Scheuklappen der Vergangenheit abzulegen, hat dazu geführt, dass der Wissenschaft in letzter Zeit in verschiedener Hinsicht ein tieferes Verstehen der Person Hitlers gelungen ist. Wissenschaftliche Entwicklung vollzieht sich aber immer auf den Grundlagen der Erkenntnisse der Vergangenheit. Und herausfinden lässt sich nur das, was die Suchlogik zulässt.

Daher prägen die tendenziösen und falschen Darstellungen der Vergangenheit die Ergebnisse der historischen Forschung trotz allem bis in die heutige Zeit.

INTELLEKT

> »Ich las damals unendlich viel, und zwar gründlich. (...) In wenigen Jahren schuf ich mir damit die Grundlagen meines Wissens, von denen ich auch heute noch zehre.«
>
> Adolf Hitler, *Mein Kampf*

In der alliierten Propaganda des Zweiten Weltkrieges firmierte Hitler als »Anstreicher«. Dieser bewusst falsch wiedergegebene berufliche Hintergrund sollte den Eindruck eines begrenzten geistigen Horizonts erwecken. Zwar behaupten heute nur noch wenige, Hitler sei ein Anstreicher gewesen, die herrschende Meinung ist aber nach wie vor von der Auffassung geprägt, dass es sich bei Hitler um einen »ungebildeten Bierkeller-Demagogen« gehandelt habe.[1]

Die Legasthenie, die sich in Hitlers frühen Briefen findet, wird als Beweis für die These von seinem niedrigen Bildungsniveau angeführt. Für Fremdsprachen hat er sich nicht interessiert. Seine Kenntnisse im Englischen und im Französischen waren rudimentär. Auch die Tatsache, dass Hitler seine Realschulausbildung abbrach und daher lediglich über einen Volksschulabschluss verfügte, wird als Beleg für seine mangelnde Bildung präsentiert. Unbestreitbar waren Hitlers schulische Leistungen dürftig. Das erste Realschuljahr musste er wiederholen, und auch in den drei folgenden Jahren bewegten sich seine Noten am unteren Ende der Leistungsskala.[2] Lediglich im Turnen und im Zeichnen hatte Hitler eine »1«, Beurteilungen, die sein späterer Lebensweg bestätigen sollte. Immerhin konnte sich der junge Hitler mit seinen Fähigkeiten als Maler durch den Verkauf von Zeichnungen und Aquarellen in Wien und München vor dem Ersten Weltkrieg mehrere Jahre lang finanziell über Wasser halten. Und im Ersten Weltkrieg wurde dem Frontsoldaten von seinen Vorgesetzten körperliche Ausdauer und Geschicklichkeit bescheinigt. Im Jahr 1905 hätte der 16-jährige Hitler nach einer bestandenen Wiederholungsprüfung zwar auf der Realschule bleiben können, doch er zog es vor, seine schulische Ausbildung abzubrechen, mit einem »elementaren Hass«, wie sein Wiener Jugendfreund Kubizek berichtet.[3]

Die Frage ist: Kann Hitlers Schulabbruch tatsächlich als Beleg für einen begrenzten geistigen Horizont dienen? Ein Desinteresse an geistigen Inhalten kann man dem jungen Hitler jedenfalls nicht attestieren. Zur selben Zeit, als der 16-Jährige sich entschied, die Realschule zu verlassen, war er in Linz in drei Bibliotheken gleichzeitig eingeschrieben.[4] Und von der darauf folgenden gemeinsamen Zeit in Wien berichtet sein Jugendfreund Kubizek: »So war es bei meinem Freunde: Bücher, immer wieder Bücher! Ich kann mir Adolf gar nicht ohne Bücher vorstellen. Daheim stapelte er sie um sich auf. Er musste ein Buch, das ihn beschäftigte, immer um sich haben. (...) Wenn er daheim fort ging, hatte er mindestens ein Buch unter dem Arm. (...) Bücher waren seine Welt.«[5] Kubizek berichtet, dass der 18-jährige Hitler in Wien das Privatstudium fortgesetzt hat, das er während der Schulzeit in Linz begonnen hatte. Unsystematisch verschlang Hitler in Wien Bücher mit deutschen Heldensagen, Geschichten aus dem Wilden Westen von Karl May und J.F. Cooper sowie Werke der Weltliteratur von Dante bis Goethe und Shakespeare. Fiktionales habe den jungen Hitler allerdings nur am Rande interessiert, berichtet Kubizek; sein vorrangiges Interesse habe Sachbüchern gegolten. Insbesondere für Kunst, Philosophie und Geschichte habe sich Hitler interessiert. Laut Kubizek besuchte Hitler die Hofbibliothek in Wien so oft, dass er ihn fragte, »ob er sich denn vorgenommen habe, die ganze Bibliothek auszulesen, wofür ich natürlich nur grob angefahren wurde.«[6]

Kubizeks Angaben haben Zeitzeugen aus späterer Zeit bestätigt. So hat Hitler offenbar auch in München in den Jahren 1912 und 1913 außerordentlich viel gelesen. Seine Zimmerwirtin, Frau Popp, wurde gefragt, ob Hitler jemals Frauen mit auf sein Zimmer gebracht habe. Frau Popp antwortete, dass sie Hitler niemals mit einer Frau gesehen habe, aber immer mit Büchern. Auch ihr Sohn bestätigte, dass Hitler ständig Bücher aus Büchereien auslieh. Und Hitlers Münchner Zimmergenosse, Rudolf Häusler, beklagte sich darüber, dass Hitler immer bis drei oder vier Uhr nachts las.[7] Als Soldat im Ersten Weltkrieg habe Hitler jede freie Minute mit Lesen verbracht, erinnerte sich sein Kriegskamerad Heinrich Lugauer.[8] Diese Beobachtung wurde von Hitlers unmittelbarem Vorgesetzten Karl Lippert bestätigt.[9] Auch der Telefonist Hans Bauer und Hitlers Meldegänger Kollege Jackl Weiß erinnerten sich an dessen Lesewut.[10] Vor diesem Hintergrund erscheint die These, dass Hitlers Schulabbruch auf dessen begrenzten geistigen Horizont zurückzuführen sei, fragwürdig. Bei seinen mangelhaften schulischen Leistungen scheint es sich vielmehr vorrangig um einen Widerstand gegen die provinzbürgerlichen Vorstellungen der Eltern, insbesondere des Vaters, gehandelt zu haben. Als Hitler die Realschule verließ, hatte er dreißig Mal unentschuldigt gefehlt.[11]

An einer Schulung seines Intellekts war der junge Hitler nicht interessiert. Alles, was mit schulischem Zwang zusammenhing, lehnte er vehement ab. Folgt man dem Bericht seines Freundes Kubizek, so hat sich Hitler schon sehr früh als Künstler-Genie begriffen und wollte seine Kreativität nicht durch »Schulmeisterei« eingeengt sehen. Auch in seinem späteren Leben hat Hitler von akademischer Ausbildung wenig gehalten und sie mehrfach geringschätzig als »Kathederwissenschaft« bezeichnet. »Auf gewissen Gebieten«, wird Hitler beim Mittagessen am 17. Februar 1942 in der Wolfsschanze von seinem Protokollanten zitiert, »wirkt jede professorale Wissenschaft verheerend: sie führt vom Instinkt weg.«[12]

Dass ausgerechnet der Mann, der dafür bekannt ist, Bücher verbrennen zu lassen, ein Büchernarr gewesen sein soll, wurde von den Biografen jahrzehntelang ins Reich der Legende verwiesen. Sein spärliches Wissen habe Hitler aus Zeitungsartikeln gewonnen, und an Büchern habe er allenfalls Karl Mays *Winnetou* gelesen, hieß es. In TV-Dokumentationen wird diese Behauptung bis heute gerne verbreitet. Dabei lassen die Ergebnisse der historischen Forschung keinen Zweifel: Hitler muss ein ähnlicher Büchernarr gewesen sein wie sein großes Idol Richard Wagner. Vor allem auf dem Gebiet der bildenden Künste hatte sich Hitler ein enormes Wissen angelesen. Seine Lesewut hat sich aber auch auf andere Bereiche des geistigen Lebens erstreckt. Christa Schroeder, die langjährige Sekretärin Hitlers, erinnerte sich: »Diese Leidenschaft, Bücher zu lesen und sich ihre verschiedensten Stoffe anzueignen, brachte ihn dazu, seine Kenntnisse auf fast alle Gebiete der Literatur und Wissenschaft auszudehnen. Ich war jedes Mal erstaunt, mit welcher Genauigkeit er sich in der geographischen Beschreibung eines Gebietes erging oder über Kunstgeschichte sprach oder sich gar über komplizierte technische Gegenstände ausließ.«[13] Vor seiner Exekution in Nürnberg erinnerte sich Hans Frank, der Generalgouverneur im besetzten Polen, dass Hitler erwähnt hatte, während des Ersten Weltkrieges die Werke von Homer und Arthur Schopenhauer bei sich gehabt zu haben.[14] Als Dr. Friedrich Krohn Hitler zwischen 1919 und 1921 gestattete, seine völkische Bibliothek zu benutzen, lieh sich Hitler in dieser Zeit mehr als 100 Bücher bei ihm aus.[15] Auch das Jahr 1924, das Hitler wegen seines Putschversuches im Gefängnis von Landsberg verbrachte, nutzte er zum intensiven Lesen. Freunde und Bekannte versorgten den Häftling mit Lesestoff. Dazu gehörten nach Angaben von Hitlers Rechtsanwalt Hans

Frank unter anderem die Historiker Ranke und Treitschke, sowie Nietzsche und Marx. »Landsberg«, so Hitler zu Hans Frank, »war meine Hochschule auf Staatskosten.« Dort habe er alles gelesen, was er in die Finger bekam.[16]

Nach 1920 begann Hitler, eine eigene Bibliothek zusammenzustellen, die sich innerhalb weniger Jahre rasch vergrößerte. In seiner Steuererklärung von 1925 gab Hitler an, kein Eigentum zu besitzen, außer einem Schreibtisch und zwei Schränken mit Büchern. Fünf Jahre später beliefen sich seine Ausgaben für Buchkäufe bereits auf 1.692 Mark – der größte Abschreibungsposten nach Ausgaben für Reisen und Transport.[17] Im Oktober 1934 schloss Hitler eine Brandversicherung mit der Gladbacher Feuerversicherung für seine 6-Zimmer-Wohnung am Prinzregentenplatz in München ab. Darin schätzte Hitler seine Bibliothek auf 6.000 Bände.[18] Neben den Büchern in München besaß Hitler eine weitere Bibliothek in seinem Alpendomizil, dem *Berghof* in Berchtesgaden. Nachweise über den Umfang dieser Bibliothek gibt es nicht, ihre Existenz ist aber durch Fotografien von Hitlers Arbeitszimmer auf dem Obersalzberg nachgewiesen.[19] Journalisten, die Hitler auf dem *Berghof* besuchten, berichteten ebenfalls von Bücherwänden in seinen Privaträumen. Eine dritte Bibliothek besaß Hitler als Reichskanzler in der Reichskanzlei in Berlin. Dort sammelte er Bücher, die ihm geschenkt wurden, und Bücher, die er selbst einkaufen ließ. K.W. Krause, Hitlers Kammerdiener, berichtet: »Hitler besaß eine Bibliothek von mehreren tausend Bänden. (…) Sein Wissen erwarb er sich durch viel Lesen. (…) Kam ein deutsches Buch heraus, so wurde es (Hitler, d. Verf.) von mir (dem Kammerdiener, d. Verf.) vorgelegt. Ich hatte mit einer großen Buchhandlung in Berlin einen Vertrag abgeschlossen, um jedes Buch sofort zugestellt zu bekommen. (…) Hitler gab die Bücher, die ihm vorgelegt wurden, am nächsten Morgen zurück oder ließ sie in seine Bibliothek einreihen.«[20]

Während der letzten Kriegstage gingen Hitlers Bibliotheken in Flammen auf oder sie wurden geplündert. Ein Restbestand von 3.000 Bänden wurde von der US-Armee beschlagnahmt. Auch von diesen Büchern gingen viele verloren.[21] In seinem Buch *Hitler's Private Library* (2009) hat Timothy W. Ryback die 1280 Bücher, die von Hitlers Sammlung noch erhalten sind und die heute in den USA lagern, einer genaueren Untersuchung unterzogen. Er schätzt, dass Hitler zum Zeitpunkt seines Todes etwa 16.000 Bücher besaß.[22] Unter den noch vorhandenen Büchern Hitlers fand Ryback ein Buch über die Architektur Berlins von Max Osborn. Der 26-jährige Hitler hatte dieses Buch im November 1915 in Fournes erstanden, wo er mit seinem Regiment während des Ersten Weltkrieges eine Zeit lang stationiert war. »Wenn ein Gefreiter an der Front im November 1915 vier Mark für ein Buch über die kulturellen Schätze Berlins ausgibt, zu einem Zeitpunkt, zu dem Zigaretten, Schnaps und Frauen für eine unmittelbarere und greifbarere Ablenkung leicht verfügbar waren, kann das als ein Akt ästhetischer Transzendenz gewertet werden«, kommentiert Ryback den Erwerb dieses Buches durch Hitler.[23] Das unstrukturierte, unsystematische Studium von Büchern aller Art hat Hitler während seines ganzen Lebens gepflegt. Ernst »Putzi« Hanfstaengl, ein früher Anhänger und späterer Gegner Hitlers, war nach dem Ersten Weltkrieg eng mit ihm befreundet. Er berichtet: »Welch ein Bücherfresser er war, bekam meine Bibliothek zu spüren.«[24] Im Bayerischen Hauptstaatsarchiv in München befinden sich Pläne, die eine Erweiterung von Hitlers Alpendomizil, dem *Berghof*, vorsahen. Dort hatte Hitler Regalwände für 61.000 Bücher geplant.[25]

Ernst Hanfstaengl war ein kultivierter, akademisch gebildeter und aufgeklärter Geist. Er stammte aus einer Münchner Familie, deren Mitglieder weltweites Renommee als Kunstdruck-Experten genossen, und besaß mütterlicherseits amerikanische Vorfahren. Er war der kulturellen Ostküsten-Elite der Vereinigten Staaten verbunden, hatte in Harvard studiert und dort den späteren US-Präsidenten Franklin D. Roosevelt als Kommilitonen kennengelernt. 1922 begegnete er Hitler in München und wurde rasch, nicht zuletzt wegen seiner außergewöhnlichen Fähigkeiten als Klavierspieler, zu einem engen Vertrauten und Freund des jungen Parteichefs. Auch mit Churchills Sohn Randolph war Hanfstaengl befreundet. Als dessen Vater 1932 eine Woche lang in München weilte, organisierte Hanfstaengl zusammen mit Randolph ein Treffen zwischen Winston Churchill und Hitler. Hitler sagte aber im letzten Moment ab, sodass diese historische Begegnung nicht stattfinden konnte.[26] Nach Hitlers Machtübernahme wurde Hanfstaengl Auslandspressechef, verlor aber rasch Hitlers Gunst, wohl, weil er zu viel Kritik geübt hatte. 1937 musste Hanfstaengl um sein Leben fürchten und floh nach England. Auf Vermittlung seines Studienfreundes Franklin D. Roosevelt, der ja inzwischen US-Präsident war, versorgte das »Schwein erster Klasse« (Goebbels) den amerikanischen Geheimdienst ab 1939 mit Informationen über Hitler. Naiv war Hanfstaengl sicherlich nicht, und man darf wohl annehmen, dass der weltgewandte promovierte Historiker in der Lage war, die intellektuellen Qualitäten seiner Mitmenschen zutreffend zu beurteilen. Nach dem Krieg erinnerte er sich: »Hitler war weder ungebildet noch gesellschaftlich ungelenk (...)«.[27] Mit dem gängigen Hitler-Bild stimmt diese Aussage nicht überein, was dazu geführt hat, dass sie kaum zitiert wird. Aber warum? Warum sollte dieser Mann Hitler nach dem Krieg Bildung attestieren, wenn es diese nicht gab?

In den 20er-Jahren hatte Hanfstaengl Hitlers Kenntnisse auf seinem Spezialgebiet, der deutschen Genremalerei des 19. Jahrhunderts, derart bemerkenswert gefunden, dass er ihn Helene Bechstein vorstellte. Ihr gehörten Anteile an der legendären Klavierfabrik, und sie war von Hitler so angetan, dass sie versuchte, ihre Tochter Liselotte mit ihm zu verheiraten. Auch andere Mitglieder der Münchner Kulturelite waren während der frühen 20er-Jahre von Hitler beeindruckt. Dabei waren es nicht seine politischen Ansichten, die Hitler zu gesellschaftlichem Erfolg verhalfen, sondern vielmehr sein enormes Wissen auf kulturellem Gebiet. Insbesondere mit seinen detaillierten Kenntnissen über alles, was mit bildender Kunst zusammenhing, nahm Hitler Münchens beste Kreise für sich ein. Er vermittelte den Eindruck, als würde er nicht nur verbal für das Echte und Authentische in der Kunst eintreten, er schien es auch zu verkörpern. Mit seinem selbstsicheren Auftreten, angetrieben von einer inspirierenden Dynamik, wirkte der Künstler-Politiker wie ein Fleisch und Blut gewordener Gegenentwurf zu der Welt der Moderne, die den meisten konservativen Intellektuellen orientierungslos erscheinen. Dass Hitler aus kleinstbürgerlichen Verhältnissen stammen sollte, wollten viele nicht glauben, und der Anführer der krakeelenden »Kleine-Leute-Partei« galt rasch in den Salons von Münchens bester Gesellschaft als Sensation.

Auch Elsa Bruckmann, eine geborene Prinzessin Cantacuzino, war fasziniert. Sie war mit Hugo Bruckmann verheiratet, dessen Verlag erfolgreiche und ambitionierte Publikationen zur deutschen Kunst- und Kulturgeschichte herausgab. Die Bruckmanns führten ein großes Haus, und ihr Salon im Prinz-Georg-Palais am Karolinenplatz galt als »einzigartiger geistiger Mittelpunkt« der bayerischen Landeshauptstadt. So wie andere Menschen Kunstgegenstände sammeln, so versammelten die Bruckmanns geistreiche, intelligente und intellektuell anregende Menschen in ihrem Salon. Freitags war der »Jour fixe«, an dem sich die tonangebenden Künstler und Denker der damaligen Zeit im Haus der Bruckmanns begegneten.[28] Die erhalten gebliebenen Gästelisten lesen sich wie ein Who's who der deutschen Geistesgeschichte des frühen 20. Jahrhunderts. In ihrem Salon hatten die Bruckmanns neben vielen anderen Rainer Maria Rilke, Hugo von Hofmannsthal, Stefan George, Thomas Mann, Walther Rathenau, Alfred Pringsheim, Harry Graf Kessler, Max Reinhardt und Oswald Spengler als Gäste begrüßt. Nun war Adolf Hitler ihr Gast. Charmant umwarb Hitler seine Gastgeberin und konnte sich schon bald, nach Hofmannsthal und Rilke, zum engsten persönlichen Freundeskreis der Fürstin rechnen.

Als Hitler Elsa Bruckmann in den frühen 20er-Jahren kennenlernte, war er außerhalb Münchens so gut wie unbekannt. Die Frage ist: Warum hat die Fürstin dem Führer einer unbedeutenden politischen Splitterpartei ihre ganz besondere Beachtung geschenkt?[29] Elsa Bruckmann hat selbst bekundet, dass sie sich für Hitlers politische Vision begeisterte und seine ungewisse politische Zukunft daher mit materiellen Zuwendungen unterstützte. Aber hätte sich eine enge Freundschaft zwischen den beiden entwickeln können, wenn Hitler intellektuell uninteressant und »ungebildet« gewesen wäre? Ist es vorstellbar, dass die Freundin eines Rainer Maria Rilke daran interessiert war, ihre Abende mit einem unbedarften Bierkeller-Demagogen zu verbringen? Wenn ihr Hitlers politische Visionen zusagten, hätte es nicht genügt, ihn und seine Partei finanziell zu unterstützen, sich den geistigen Tiefflieger aber ansonsten vom Leibe zu halten? Das hat die Fürstin aber, nach allem, was wir wissen, eben gerade nicht getan. Im Gegenteil: auf intensive Gespräche mit Hitler scheint die Grande Dame der Münchner Kulturszene geradezu versessen gewesen zu sein.

Hitler fehlte eine akademische Ausbildung und damit die Möglichkeit, über seine Kenntnisse in der Weise zu sprechen, wie sie an höheren Schulen und auf Universitäten eingeübt wird. Dennoch war der belesene Autodidakt aber offenbar durchaus in der Lage, seinen akademisch gebildeten

Gesprächspartnern auf Augenhöhe zu begegnen. Die Stringenz von Hitlers Gedankenführung haben in späteren Jahren sowohl der US-Präsident Herbert Hoover als auch der Historiker Arnold J. Toynbee nach persönlichen Treffen betont.[30]

Und nicht nur auf den Gebieten der bildenden Künste, der Architektur und der Musik war Hitler, unterstützt von seinem exzellenten Gedächtnis, bestens informiert. Auch auf anderen Gebieten verfügte er über umfangreiche Detailkenntnisse, und der Eindruck, den Hitler mit seinem beinahe enzyklopädischen Wissen zu machen verstand, muss beträchtlich gewesen sein.[31]

Hitler war aber nicht nur extrem belesen, er vertrat auch Ideen, die zu jener Zeit originär wirkten. Seine Vision einer Kunst der Zukunft, die das Leben wieder als Ganzes wahrnehmen würde und nicht nur in Splittern, einer Kunst, welche die Welt vom Materialismus befreit, das klang im Milieu von Deutschlands kultureller Elite vertraut und innovativ zugleich und ließ den jungen Parteiführer als einen interessanten kulturellen Querdenker erscheinen. Auch ist das Bild, dass man mit Hitler in privatem Kreis kein normales Gespräch führen konnte, weil er permanent nur monologisierte, wohl nicht zutreffend. Neben anderen Zeitzeugen, wie dem Kammerdiener Karl W. Krause, hat das vor allem auch Traudl Junge bestritten, Hitlers Sekretärin, die von der Geschichtswissenschaft als überwiegend glaubwürdig eingeschätzt wird. In ihrem Buch *Bis zur letzten Stunde* (2002) beschreibt sie einen Hitler, der sogar als Reichskanzler und Gastgeber auf dem *Berghof* keineswegs immer nur darauf aus war, das alleinige Wort zu führen. Seine berüchtigten Monologe habe er nur nachts am Kamin gehalten. Ansonsten sei Hitler laut Junge bestrebt gewesen, seine Gäste in Konversationen zu verwickeln, wobei er Geist und Esprit bewies und es an Humor niemals fehlen ließ. Dass Hitler Humor besaß, ist wenig bekannt. Davon hat, neben anderen

Zeitzeugen, in späterer Zeit auch der britische Außenminister Anthony Eden berichtet. Als Sympathisant Hitlers war Eden nicht bekannt, und man darf dem gebildeten Briten wohl ein gewisses Gespür auf diesem Gebiet zubilligen.[32]

Sich Gesellschaftsabende vorzustellen, bei denen Hitler akademisch gebildete Gesprächspartner in eine mit Geist und Witz geführte Unterhaltung über kulturelle Themen verwickelt, fällt allerdings schwer. Die permanente Wiederholung angeblicher »Fakten« besitzt eine enorme Macht, und das seit dem Ende des Zweiten Weltkriegs beständig beschworene Bild des ewig monologisierenden und niveaulosen Demagogen macht es so gut wie unmöglich, sich Hitler als einen Mann mit Esprit vorstellen zu können.

OKKULTISMUS

Die »okkulten Wissenschaften«, wie die Esoterik im 19. Jahrhundert genannt wurde, erlebten zu der Zeit eine Blüte, als der junge Hitler in Wien seinem »Privatstudium« nachging. Im Windschatten des großen internationalen Erfolges der Werke der russisch-britischen Mystikerin Helena Petrovna Blavatsky (1831–1891) entwickelte sich die esoterische Literatur zu einem Verkaufsschlager und auf dem Buchmarkt erschien eine Flut von Publikationen zum Thema Magie und Mystik. In den deutschsprachigen Gebieten Österreich-Ungarns war die Ariosophie unter Esoterikern populär. Das war die Lehre des Guido von List (1848–1919), der die These der Eugenik von der Überlegenheit der arischen Rasse mit esoterischen Ideen verband. Die durch Guido von List propagierte Einheit von Esoterik und völkisch-nationalem Rassismus hatte zur Folge, dass in deutsch-nationalen Zeitungen auch Guido von List und andere ariosophische Mystiker zu Wort kamen. Dass der deutsch-national gesinnte junge Hitler in Wien mit diesen Ideen in Kontakt gekommen ist, kann als sicher angenommen werden.[1] Unter den vielen Büchern, die Hitler in Wien gelesen hat, haben sich mit ziemlicher Sicherheit auch einige der damals populären esoterischen Werke befunden, insbesondere auch die Schriften des Guido von List.[2]

Unmittelbar nach dem Ersten Weltkrieg knüpfte Hitler in München enge freundschaftliche Verbindungen zu verschiedenen Mitgliedern der ariosophischen Thule-Gesellschaft. Dietrich Eckart, Rudolf Heß und Alfred Rosenberg kamen alle aus dem engeren Umkreis der Thule-Gesellschaft oder waren Mitglieder. Der sehr viel ältere Dietrich Eckart, den Hitler als seinen »Polarstern« bezeichnete und dem er den 2. Band von *Mein Kampf* gewidmet hat, hat Gedichte hinterlassen, die von fernöstlicher Mystik inspiriert sind. Von Rudolf Heß, dem späteren ›Stellvertreter des Führers‹, ist bekannt, dass er sich intensiv mit Astrologie beschäftigt hat. Auch Alfred Rosenberg, der ›Nazi-Philosoph‹, der im Zweiten Weltkrieg Minister für die besetzten Gebiete der Sowjetunion wurde, interessierte sich für Mystik und war von hinduistischen Gedanken beeinflusst. Neben den ehemaligen Thule-Leuten gab es aber auch noch andere Männer in Hitlers unmittelbarer Umgebung, die esoterische Vorlieben hatten: Walther Darre, Minister für Ernährung und Landwirtschaft, hatte sich als Schriftsteller mit der mythischen Vorzeit der deutschen Geschichte befasst. In den frühen 20er-Jahren schrieb Darre für das ariosophische Journal *Die Sonne*, dessen Autoren in Verbindung zum Thule-Kreis standen.[3] Darre war auch ein Gründungsmitglied der Forschungsgemeinschaft Ahnenerbe e. V., einer Vereinigung, die das Geheimwissen der Arier erforschte. Dass der Geografieprofessor Karl Haushofer und enge Freund des Führerstellvertreters Rudolf Heß sich mit Esoterik beschäftigt hat, wird zwar häufig behauptet, lässt sich aber nicht nachweisen. Haushofer war entscheidend am Zustandekommen der Allianz zwischen Deutschland und Japan beteiligt. Er galt als Autorität auf dem Gebiet der asiatischen Literatur und Mystik, für eine Verbindung Haushofers zu östlichen Geheimbünden, die von verschiedenen Autoren behauptet wird, fehlt aber jeder Beleg. Vollkommen anders liegen die Dinge beim SS-Führer Heinrich Himmler. Dass sich Himmler intensiv mit Esoterik beschäftigt hat, ist vielfach belegt. Die SS-Spitze hat er nach dem Vorbild esoterischer Geheimbünde organisiert. Die Wewelsburg bei Paderborn sollte das Zentrum eines ganzen Netzes von Ordensburgen im eroberten Osten werden und wurde auf Befehl Himmlers zu einer esoterischen Einweihungsstätte umgebaut. Eine diesbezügliche Symbolik ist in Wandreliefs und Mosaiken einiger Säle auch heute noch zu erkennen.[4] Über die von Himmler gegründete Forschungsgemeinschaft Ahnenerbe e.V. gelangte esoterisches Gedankengut auch in die deutschen Natur- und Geisteswissenschaften. Sein Ahnenerbe e.V. finanzierte die Erforschung von esoterischen Überlieferungen nicht nur in Deutschland, sondern auch im besetzten Frankreich, in Tibet und in Indien.[5]

Die große Anzahl von esoterisch gesinnten Mitstreitern in Hitlers nächster Umgebung ist auffallend. Aber macht ihn das selbst zu einem Esoteriker? Allem Anschein nach nicht. In Hitlers akribisch dokumentierten Äußerungen von sechsundzwanzig Jahren gibt es nichts, was darauf hinweist, dass er sich für Esoterik interessiert haben könnte. Im Gegenteil: Esoteriker hat er mit Spott überzogen. Das haben mehrere Zeitzeugen unabhängig voneinander bestätigt. Im kleinen Kreis habe er häufig über »Himmlers germanische Brauchtums- und Kräuterweisheiten« gespottet, berichtete der NS-Funktionär Reinhard Spitzy.[6] »Das ist eine Sache für alte und hysterische Weiber«, hat Hitler laut seinem Adjutanten Schaub über Esoterik geurteilt. »Im politischen Leben haben derlei Dinge nichts zu suchen. Sie sind allesamt Unsinn. Sie sind Volksverdummung. Ich verbiete das.«[7] Schaub hat berichtet, dass über alles, was mit Esoterik zusammenhing, in Hitlers Gegenwart nicht gesprochen wurde, weil sein Widerwille dagegen nur allzu bekannt war. Auch in verschiedenen öffentlichen Äußerungen wird Hitlers kompromisslose Ablehnung von »mystisch veranlagten okkulten Jenseitsforschern« deutlich, insbesondere auch in seiner »Kulturrede« von 1938, die in dem Kapitel *Gedankenwelt* wiedergegeben ist. Es bleibt die Frage, wie die auffallend große Anzahl von Esoterikern in Hitlers allernächster Nähe vor diesem Hintergrund zu erklären ist.

Erklärungsbedürftig sind auch die Forschungsergebnisse des bereits erwähnten Autors Timothy W. Ryback. Ryback ist Historiker und Journalist. Seine Artikel wurden in *The Atlantic*

Monthly, The New Yorker, The Wall Street Journal und in *The New York Times* publiziert. Rybacks Buch *Hitlers Private Library* (2009) ist in der Liste der weltbesten Sachbücher der *Washington Post* enthalten und wurde in 25 Sprachen übersetzt. In diesem Buch schildert Ryback seine Erforschung derjenigen Bücher, die von Hitlers Bibliothek erhalten geblieben sind.[8] Bei seiner Untersuchung ist Ryback den »intellektuellen Fußspuren« nachgegangen, die Hitler beim Lesen von Büchern durch Anmerkungen, Unterstreichungen, Ausrufezeichen etc. hinterlassen hat. Der größte Teil von Hitlers Bibliothek ging in den Nachkriegswirren verloren. Die meisten der erhalten gebliebenen Bücher sind Widmungsexemplare der Autoren und Geschenke, die Hitler zu seinem Geburtstag und anlässlich anderer Festtage von Kampfgenossen, Funktionären, Verehrern und politischen Trittbrettfahrern erhalten hat. Viele Bücher hat er wohl nie aufgeschlagen, andere sind offensichtlich gelesen und weisen Randbemerkungen in Hitlers Schrift sowie Unterstreichungen auf. Ryback stellte fest, dass sich unter den Büchern auffallend viele (circa 145) Titel befinden, die religiöse und spirituelle Themen zum Inhalt haben.[9] Von westlicher Esoterik über christliche Werke bis hin zu östlichem Mystizismus ist unter Hitlers Büchern alles vertreten – die Lehren von Jesus finden sich in seiner Bibliothek ebenso wie die Vorhersagen des Nostradamus. Ein Buch, das besonders viele Randbemerkungen und Unterstreichungen aufweist, stammt von Ernst Schertl und trägt den Titel: *Magie: Geschichte, Theorie und Praxis* (1923). Besonders angemerkt ist in diesem Buch unter anderem der Satz: »Wer keinen dämonischen Samen in sich trägt, wird niemals eine neue Welt gebären.« Interessant sind in diesem Zusammenhang auch die acht Bände des Philosophen Johann Gottlieb Fichte (1762–1814), die eine Widmung der Regisseurin Leni Riefenstahl vom 20. Juni 1933 aufweisen (»Meinem lieben Führer in tiefster Verehrung«). Ryback berichtet, dass in den Fichte-Büchern eine Stelle besonders auffallend markiert ist. Die Sätze sind unterstrichen, zusätzlich befindet sich eine Markierung am Rand, die außerdem noch mit einem Ausrufezeichen versehen ist. In dem Absatz beschreibt Fichte die heilige Dreieinigkeit auf folgende Weise: Den Vater definiert er als »universelle Kraft«, den Sohn als die »physische Ausgestaltung dieser Kraft« und den Heiligen Geist als einen Ausdruck des »Lichtes der Vernunft«. An anderer Stelle fragt Fichte: »Woher bezog Jesus die Macht, die seine Anhänger für alle Ewigkeit an ihn band?« Die Antwort versah Hitler mit einem besonders dicken Strich: »Durch seine absolute Identifikation mit Gott.« Auch die folgende Stelle ist von Hitler besonders auffallend hervorgehoben: »Ich und der Vater sind Eins. Einfach ausgedrückt in zwei gleichlautenden Sätzen: Sein Leben ist meins. Mein Leben ist seins. Meine Arbeit ist seine Arbeit und seine Arbeit ist meine Arbeit.« »Falls sich Hitler tatsächlich so eingehend mit spirituellen Themen befasst hat, wie seine Bücher und deren Randnotizen nahelegen, was war dann das Ziel dieses Strebens?«, fragt Ryback. Die Frage lässt der Forscher in seinem Buch unbeantwortet.

Bemerkenswert sind die Erkenntnisse Rybacks auf jeden Fall. Scheinen sie doch im Gegensatz zu stehen zu Hitlers wiederholt bekundeter strikter Ablehnung von allem, was mit Esoterik zu tun hat. Und dann gibt es da auch noch Hitlers Identifikation mit Christus, die, vor allem zu Beginn seiner Karriere, in vielen seiner öffentlichen und nicht-öffentlichen Äußerungen anklingt. Auch sein unerschütterlicher Glaube an seine göttliche Mission, den Hitler bis zum Ende seines Lebens bekundet hat, ist in diesem Zusammenhang zu nennen. Wie passt das alles zusammen? Wie passt das damit zusammen, dass sich Hitler immer als Vertreter eines aufgeklärten und rationalen Zeitalters präsentiert hat? Um hier zu einer Antwort zu kommen, ist es notwendig, weitere Teile des Puzzles von Hitlers Leben genauer zu untersuchen.

RICHARD WAGNER
RICHARD WAGNER
RICHARD WAGNER

»Ein Feuer war entzündet, aus dessen Glut dereinst das Schwert kommen muß, das dem germanischen Siegfried die Freiheit, der deutschen Nation das Leben wiedergewinnen soll.«[1]

Was Hitler hier in *Mein Kampf,* ganz im Stil Richard Wagners, wie eine germanische Heldensage verkündet, ist im Grunde eine eher profane Begebenheit: Er schildert, wie er im Münchner Hofbräuhaus das Parteiprogramm der NSDAP bekannt gegeben hat. Aber nicht nur gewisse Stellen in *Mein Kampf* erinnern an Richard Wagner. Spuren des Komponisten finden sich überall in Hitlers Leben. Der tapfer kämpfende Siegfried war in vielen von Hitlers Reden eine beliebte Metapher. Oft und gerne hat sich Hitler auch auf Begriffe bezogen, die in Wagners Werken eine Rolle spielen. Am 30. Mai 1929 kündigt er, um nur ein Beispiel zu nennen, im *Illustrierten Beobachter* an, dass er »Alberichs Herrschaft«, den Parlamentszwergen und der Golddiktatur, eine »Götterdämmerung« bescheren werde. Auch die Musik Richard Wagners lässt sich aus Hitlers Leben nicht wegdenken. Im Dritten Reich war Wagners Musik allgegenwärtig. Die Kriegsberichterstattung im Radio wurde häufig mit Wagner-Musik untermalt, und Wagners »Walküren-Ritt« war die Begleitmusik, wenn in den Wochenschauen im Kino Panzerschlachten und Luftwaffenangriffe zu sehen waren. Auf den Nürnberger Reichsparteitagen war die *Rienzi*-Ouvertüre der musikalische Mittelpunkt, und die bombastischen Inszenierungen der Parteitage erinnerten ebenso wie andere bedeutende Massenveranstaltungen im Dritten Reich an Inszenierungen der Opern von Richard Wagner. Genau wie bei Wagner wurde das Publikum überwältigt durch eine Darbietung, die aus Bewegung, Musik und Text bestand. Genauso wie bei Wagner sollte die Choreografie des Regimes die Massen mit einer symbolreichen Inszenierung verzaubern. Und während Wagner für die Aufführung seiner Werke in Bayreuth extra einen geeigneten Resonanzraum und eine Pilgerstätte, das »Festspielhaus«, erbauen ließ, begann Hitlers Architekt Speer in Nürnberg damit, für die Versammlungen der Zukunft ein Gebäude zu errichten, das von seinen Ausmaßen her derart gigantisch war, dass es in der neueren europäischen Baugeschichte dazu nichts Vergleichbares gibt. Speer sagte später, er habe sich bei der Planung vom Kolosseum in Rom inspirieren lassen.

Der Historiker Wolfram Pyta ist sich mit anderen NS-Forschern darin einig, dass Hitler, genauso wie Wagner, die Menschen mithilfe einer technisch durchdachten Groß- und Massenregie emotional überwältigen wollte und dass die Choreografie der NS-Großveranstaltungen darauf angelegt war, den Verstand auszuschalten, um das Publikum emotional lenken zu können. Hitler hatte keine Ausbildung als Dramatiker. Er besaß aber ein intuitives Wissen um dramaturgische Gesetzmäßigkeiten. In seinem Buch *Hitler: Der Künstler als Politiker und Feldherr. Eine Herrschaftsanalyse* (2015) weist Wolfram Pyta nach, dass Hitler durch seine eingehende Kenntnis der Opern Richard Wagners gelernt hatte, mit welchen dramaturgischen und technischen Mitteln Emotionen erzeugt und unterstützt werden und wie man seine Zuschauer emotional gefangen nimmt.[2] Und wie bei der Inszenierung einer Oper arbeitete Hitler bei der Planung seiner Massen-Choreografie mit entsprechenden Fachleuten zusammen, etwa mit dem Architekten und Bühnenbildner Benno von Arent. Hitlers Fähigkeiten als Dramaturg und Regisseur waren für seinen Erfolg bei der Mobilisierung der Massen von entscheidender Bedeutung. Großveranstaltungen und Parteitage folgten einer von ihm persönlich festgelegten und dramaturgisch genau durchdachten Inszenierung. Sie waren angelegt als Choreografie zwischen dem Führer und seinem Volk, oft mit der Rede des Führers als dramatischem Höhepunkt. Und auch Hitlers Reden folgten dramaturgischen Gesetzen und waren bewusst inszeniert. Gestik und Mimik übte Hitler vor dem Spiegel ein, und er trainierte seine Auftritte mit der Hilfe des Opernsängers Paul Devrient. Mit seinen übergroßen Gebärden erinnert Hitler daher nicht ohne Grund an einen Operndarsteller. »Man pilgerte zu Hitler«, so erinnerte sich später Ernst »Putzi« Hanfstaengl, »wie zu einem grandiosen Theaterereignis.«

Während bei Wagner orchestrale Leitmotive wiederholt werden, wiederholte Hitler gewisse Schlüsselworte und gab seinen Reden damit einen gefühlten Zusammenhang. Rhythmus, Melodik, Dynamik, Stimmlage und Betonung sprachen bei Hitlers Reden die Emotionen seiner Zuhörer an. Das war bei der Musik Richard Wagners nicht anders. Dabei war behutsames Vorgehen weder nach Wagners noch nach Hitlers Geschmack. Wagner gefallen die dröhnende Pauke und die lärmende Trompete. Das Laute wirkt bei Wagner aber nur deshalb so überwältigend, weil es in Wagners Musik auch leise und gefühlvolle Passagen gibt. Das Leise wiederum wird vor dem Lauten plötzlich ganz anders hörbar. Genauso waren auch Hitlers Reden immer wieder unterbrochen von leisen und langsameren Abschnitten, oft mit ironischen Zwischenbemerkungen und Scherzen, die seinen Zuhörern Entspannung verschafften. So wie Wagner zu Beginn ätherische Geigen erklingen lässt, so begannen die Reden Hitlers kaum hörbar und leise, er erfühlte die Stimmung im Saal, ließ gezielt eine Bemerkung fallen und dann noch eine, und erst als er damit die Zustimmung in seine Richtung gelenkt hatte, wurden seine Haltung und die Wahl seiner Worte bestimmter. Lautstärke und Tempo steigerten sich und folgten einem genau dosierten Crescendo. Von einem Höhepunkt zum nächsten peitschten sich die Worte empor, Schicht für Schicht, bis auf einmal mächtige Parolen erklangen, so als seien es Fanfaren vom jüngsten Gericht, und die Rede in einem gewaltigen und mitreißenden Höhepunkt kulminierte. Wie Wagner in seiner Musik ließ Hitler seine Zuhörer in seinen Reden versinken und ertrinken, bis sie am Ende das Gefühl hatten, gestärkt und belebt wieder herauszukommen. Die heute gezeigten TV-Dokumentationen, in denen nur die letzten Momente von Hitlers Reden zusammengeschnitten sind, zeigen einen unkontrolliert brüllenden Mann und lassen den Zuschauer irritiert zurück. So bleibt Hitlers Wirkung unverständlich. Genauso unverständlich wie die Wirkung von Wagners Musik erscheinen würde, wären hier nur die lauten und dröhnenden Sequenzen aneinandergereiht.

Es erstaunt nicht, dass das Dritte Reich von zahlreichen Autoren als eine Art Hitler'sche Version einer Wagner-Oper gedeutet wird. Die Blutrituale von Hitlers SA, ihre Blutfahnen und Blutzeugen erinnern an Parzifal. Die triumphalen Massenrituale vor gigantischen Mahnmalen, das rote Fahnenmeer, die Paraden mit Trommelwirbel und Standarten, die feierlichen Gesänge, die Massenschwüre, die Fackelzüge und die Fahnenappelle, die nächtlichen Aufmärsche unter Albert Speers Lichtdom auf dem Zeppelinfeld, die Choreografie marschierender Einheiten, die unter lodernden Feuerbecken das Hakenkreuz nachbildeten – all das evozierte die rauschhafte Magie der Wagner'schen Kunst. Und ebenso wie die Opern Richard Wagners standen die Massenrituale des Dritten Reichs im demonstrativen Widerspruch zur vernunftbetonten modernen Welt des 20. Jahrhunderts. Die Verzauberung der Massen hat entscheidend zu Hitlers Erfolg beigetragen, möglicherweise sehr viel mehr als die Inhalte seines politischen Programms. »Von 1934 an kann man in vielfacher Hinsicht nachweisen, wie sehr die Inszenierung, die Choreographie der Reichsparteitage sich an Wagner'schen Bühneneffekten orientiert hat«, stellte der Wagner-Forscher Hans Rudolf Vaget fest.[3]

Thomas Mann hat Richard Wagners Kunst einen »mit äußerster Willenskraft ins Monumentale getriebenen Dilettantismus« bescheinigt. Mit denselben Worten lassen sich auch Hitlers Inszenierungen zutreffend charakterisieren. Wobei, wohlgemerkt, bei keinem der beiden das Ergebnis ihrer Bemühungen als Dilettantismus bezeichnet werden kann.

Unter der Überschrift »Wagner-Verehrung« beschreibt Hitler in *Mein Kampf* den Eindruck, den die Oper *Lohengrin* auf ihn gemacht hat, als er sie mit zwölf Jahren zum ersten Mal sah: »Mit einem Schlage war ich gefesselt«. Damit war eine lebenslange Passion begründet. Hitlers Jugendfreund Kubizek berichtet: »Von der Stunde an, da Richard Wagner in sein Leben trat, ließ ihn der Genius dieses Mannes nicht mehr los.«[4] Eindrücke aus der Kindheit oder der Pubertät sind oft von einer Intensität, die alles Spätere überstrahlt. So muss es auch für Hitler gewesen sein, denn es gab für ihn »keine herrlichere Äußerung des deutschen Geistes als die unsterblichen Werke« Richard Wagners, der von ihm in *Mein Kampf* als »großer Kämpfer« und »großer Reformator« gepriesen wird. Hitlers Wagner-Verehrung wurde von seiner Umgebung entsprechend gewürdigt. Zu seinem 50. Geburtstag erhielt er, finanziert durch 750.000 Reichsmark der deutschen Industrie, mehrere Original-Partituren von der Reichswirtschaftskammer als Geschenk. Richard Wagner hatte sie ursprünglich einem anderen Herrscher geschenkt: König Ludwig II. von Bayern. Aus dessen Nachlass hatte man sie aufgekauft und Hitler zum Geschenk gemacht. Noch am 6. April 1945 fuhren der Regisseur Wieland Wagner und dessen Schwager Bodo Lafferentz in das brennende Berlin, um die unersetzlichen Originale aus der umkämpften Hauptstadt zu retten. Aber zu Hitler konnten sie nicht mehr vordringen, und so hat er die Partituren des geliebten Richard Wagner in seine ganz persönliche »Götterdämmerung« mitgenommen. Die Richard-Wagner-Forschung trifft dieser Verlust in besonderer Weise, da sich die Urfassungen der Partituren und Skizzen aus Hitlers Besitz mangels Kopie nicht mehr rekonstruieren lassen.[5]

Richard Wagner hat aber nicht nur Opern komponiert, sondern auch eine große Anzahl von Tagebüchern, Briefe, Aufsätze und Essays verfasst. Laut Kubizek war Hitler mit all dem vertraut. »Er eignete sich die Persönlichkeit Richard Wagners an, ja, erwarb ihn so vollkommen für sich, als könne dieser ein Teil seines eigenen Wesens werden. (...) Er las seine Aufzeichnungen, Briefe, Tagebücher, seine Selbstdarstellung, seine Bekenntnisse. Immer tiefer drang er in das Leben dieses Mannes ein.«[6] In seinen schriftlichen Äußerungen ist Wagner häufig widersprüchlich gewesen, aber durch seine Aufzeichnungen ziehen sich doch gewisse Motive, die an Hitlers Weltanschauung erinnern. Zwei Schriften, die Hitler in- und auswendig kannte, waren »Die Kunst der Revolution« und »Das Kunstwerk der Zukunft«. Sie entstanden im Zusammenhang mit Wagners Aktivitäten im Umfeld der Revolution 1848 und propagieren die Utopie einer noch zu schaffenden neuen Gesellschaft, bei der die Grenzen zwischen Kunst, Religion und Politik aufgelöst sind. Die große Menschheitsrevolution, die diese neue Gesellschaft hervorbringen soll, setze, laut Wagner, den »Untergang des Bestehenden« voraus, die »Vernichtung des bestehenden Staates«, der zu einem verachtenswerten Schutzmittel der Privilegierten geworden sei. Andere Themen, die Wagner beschäftigt haben und die an Hitler erinnern, sind: das Ideal einer Gesellschaft der Edlen und Gleichen ohne Klassenunterschiede, die radikale Ablehnung des Materialismus,

Hass auf die dekadente westliche Zivilisation, die Sehnsucht nach Aufbruch und Umsturz, eine behauptete Homogenität der »deutschen Rasse«, die Hoffnung auf ein Ende der »grauenhaften Weltanarchie«, die romantische Sehnsucht nach einem einfachen Leben im Einklang mit der Natur und die Vorstellung, dass man die Welt zerstören muss, um sie zu retten. Von kathartischen Befreiungsvisionen und hasserfüllten Vernichtungsfantasien waren beide beseelt. Auch die rabiate Art, mit der Wagner seine Ziele erreichen wollte, erinnert an Hitler. Wagner schrieb, er wolle »zerschlagen«, »zerstören«, »ausrotten«, und: »ich schicke unter die Guillotine alles, die besten Köpfe, wenn sie diesem Hauptzwecke hinderlich sind«.[7]

Verbindungen zum Gedankengut des rassistischen Vordenkers Gobineau lassen sich bei Richard Wagner ebenfalls nachweisen. In den *Bayreuther Blättern* erschien auf Veranlassung Wagners eine detaillierte Zusammenfassung des Gobineau'schen »Essai sur l'inégalité des races humaines«. Wagner hatte Gobineau 1876 in Rom persönlich kennengelernt und die beiden verband seitdem eine Freundschaft. Wichtige Aspekte der Gobineau'schen Rassenlehre teilte Wagner allerdings nicht, zumindest nicht immer. Wagners Auffassungen sind hier, wie bei anderen Themen auch, widersprüchlich. So war er zum Beispiel nicht davon überzeugt, dass, wie Gobineau meinte, die Vermischung der Rassen notwendigerweise zum Untergang der Menschheit führen müsse. Durch die »Rassenmischung« könne auch, spekulierte Wagner, eine qualitativ neue Spezies entstehen, die aufgrund »einer allgemeinen moralischen Übereinstimmung« Träger des Kunstwerks der Zukunft sein könnte.[8] Im Gegensatz zu Gobineau war Wagner auch bekennender Antisemit. Den Aufsatz *Das Judenthum in der Musik* (1850) schrieb er zunächst anonym, um »das unwillkürlich Abstoßende, welches die Persönlichkeit und das Wesen der Juden für uns hat, zu erklären.« Wie wichtig Richard Wagner selbst seine Hetzschrift war, zeigt eine weitere Veröffentlichung derselben, angereichert durch zusätzliche Gehässigkeiten, neunzehn Jahre später. Seine Schrift schließt mit folgenden Worten an die Juden: »Aber bedenkt, daß nur Eines eure Erlösung von dem auf euch lastenden Fluche sein kann: die Erlösung Ahasvers (der ewige Jude, d. Verf.), – der Untergang!«[9] Auch in Wagners *Regenerationsschriften* (1880), die kurz vor seinem Tod erschienen, finden sich boshafte antisemitische Passagen. Und auch in seinen privaten Briefen kommt Wagner immer wieder auf die Juden zu sprechen und vergleicht sie dort mit der »Pest«, mit »Ratten«, »Mäusen«, »Warzen«, »einem Schwarm Fliegen« und mit »Trichinen«.[10] Ein augenzwinkernder Antisemitismus war in den gebildeten Kreisen Europas zur damaligen Zeit eine gesellschaftlich akzeptierte Selbstverständlichkeit, aber der Antisemitismus von Richard Wagner war in seiner Gehässigkeit besonders extrem. Als Hitler während der letzten Phase des Ersten Weltkriegs zum fanatischen Antisemiten wurde, haben ihn die diesbezüglichen Auffassungen des »Meisters«, wie Hitler ihn selbst tituliert hat, ganz sicher bestätigt. Aber dass Hitler nicht zum Antisemiten geworden wäre, hätte Wagner hier eine andere Auffassung vertreten, ist kaum anzunehmen.

Im August 1859 schrieb Wagner an Mathilde Wesendonck: »Nun denken Sie, meine Musik, die mit ihren feinen, feinen, geheimnisvoll-flüssigen Säften durch die subtilsten Poren der Empfindung eindringt, um dort alles zu überwältigen, was irgendwie Klugheit und selbstbesorgte Erhaltungskraft sich ausnimmt, alles hinwegschwemmt, was zum Wahn der Persönlichkeit gehört, und nur den wunderbar erhabenen Seufzer des Ohnmachtsbekenntnisses übrigläßt.« Wagner war sich also sehr wohl bewusst, dass seine Musik in der Lage war, bei seinen Zuhörern den klaren Verstand auszuschalten. Aber heißt das, dass er seine Zuhörer ideologisch manipulieren wollte, während sie »ohnmächtig« seiner Musik lauschten? War Wagner ein politischer Propagandist, der mithilfe seiner Musik auf dem Seelenklavier des Publikums spielte? Um diese Frage tobt heute ein Glaubenskrieg zwischen Wagnerianern und Wagner-Gegnern. War der Komponist Wagner nur ein Mitarbeiter des politischen Wagner? War der Künstler ein Erfüllungsgehilfe des Privatmannes und Antisemiten? Hat Wagner seine Musik als Vehikel seiner Weltanschauung benutzt? Waren seine Opern Träger einer Ideologie? War Wagner ein künstlerischer Terrorist, der unter dem Deckmantel der Kunst eine brutale Vernichtungsideologie propagierte? Oder war er ein genialer Kunstrevolutionär, ein idealistischer Weltenreformer, ein Menschheitsbeglücker und musikalischer Magier? Hatte Wagner nichts mit Hitlers Ideologie zu tun und wollte nur umgekehrt Hitler etwas mit Wagner zu tun haben? Oder war Hitler ein »Geschöpf aus der ideologischen Hexenküche Wagners«? Hat sich Wagner dem Dritten Reich geradezu aufgedrängt, weil durch seine »Mischung von Barbarismus und Raffinement« »viel Hitler in Wagner« ist, wie der kritische Wagner-Anhänger Thomas Mann meinte? Oder wurde Wagner von Hitler »missbraucht«, wie Wagner-Enthusiasten behaupten? Natürlich kann man Richard Wagners Werke antisemitisch interpretieren, und Antisemiten wie Hitler haben das mit Sicherheit auch getan. Aber einen Beweis dafür, dass Wagner selbst seine Werke in dieser Weise gedeutet hat, gibt es nicht. Wie bei allen großen Kunstwerken gibt es auch bei Wagner eine Fülle von möglichen Interpretationen. Die verbissene Gelehrtendiskussion jedenfalls, die sich seit dem Zweiten Weltkrieg um Richard Wagners Werk rankt, wird niemals endgültig zu entscheiden sein.

Einen direkten Kontakt zur Familie Richard Wagners knüpfte Hitler im September 1923. Nach Kriegstotengedenken und Fahnenweihe hielt er in der Markgräflichen Halle von

Bayreuth zum »Deutschen Tag« eine Rede, die unter dem Motto stand: »Siegfriedsgeist ist es, der uns not tut«. Am nächsten Tag traf Hitler dann seinen ganz persönlichen Siegfried: Siegfried Wagner, den Sohn Richard Wagners und dessen Frau Winifred. Die Wagners hatten den jungen Parteichef zu einem Besuch in Richard Wagners *Villa Wahnfried* eingeladen. Unmittelbar nach seiner Rede hatte Hitler bereits den Bestsellerautor und Rassentheoretiker Houston Stewart Chamberlain und dessen Frau Eva kennengelernt, die Tochter Richard Wagners, mit der Chamberlain seit 15 Jahren verheiratet war.[11] Chamberlains Hauptwerk, *Die Grundlagen des 19. Jahrhunderts*, hatte Hitlers *Völkischer Beobachter* als »Evangelium der nationalsozialistischen Bewegung« gefeiert. Wie zu erwarten, entwickelte sich zwischen Hitler und Chamberlain rasch eine innige Verbundenheit, und auch Richard Wagners Frau Cosima, eine entschiedene Antisemitin, mochte Hitler sofort. Hitler muss auf die Wagners einen gewaltigen Eindruck gemacht haben: ein Politiker, der alle Werke Richard Wagners bis ins letzte Detail kannte, dem der frühe, unvollendete Dramenentwurf *Wieland der Schmied* genauso vertraut war wie der *Parzifal*, Wagners Alterswerk. Und dieser Parteichef hatte auch noch sämtliche Aufzeichnungen gelesen, die Wagner als politischer Provokateur und Revoluzzer verfasst hatte! Und lange Passagen konnte er fehlerfrei zitieren! Im Haus *Wahnfried* war man sich einig: Mit diesem einfachen Mann aus dem Volk, der in kurzen Lederhosen, Wollsocken und einem bunt karierten Hemd in der *Villa Wahnfried* erschien, war der »Retter Deutschlands« gekommen. Voller Ehrfurcht betrachtete Hitler die Reliquien des »Meisters« im Haus *Wahnfried* und stand lange Zeit stumm vor der Gruft Wagners im Garten des Hauses. Es dauerte nicht lang und »er gehörte sozusagen zur Familie«, wie Winifred Wagner es später formulierte. Hitler spielte mit Richard Wagners Enkeln Wieland, Friedelind, Wolfgang und Verena und mit den Hunden der Wagners. Er ließ die gemeinsamen privaten Momente von den Enkeln fotografieren und filmen, er nahm sie mit auf Ausflüge in seinem Kompressor-Mercedes und las ihnen Gutenachtgeschichten vor. Man duzte sich und nannte Hitler liebevoll »Wolf« (Hitlers selbst gewähltes Pseudonym und Kosename).

Einen Monat nach der ersten Begegnung waren die Wagners beim Putschversuch Hitlers in München dabei. Sie marschierten zwar nicht mit, warteten aber in ihrem Hotel auf die Erfolgsmeldung. Für den Abend hatte Siegfried Wagner ein Konzert geplant, mit dem der gelungene Umsturz gefeiert werden sollte. Dass das Konzert ausfallen musste und Hitler verhaftet wurde, ließ die Verbindung zu den Wagners nicht abreißen. Die Gefängnisaufsicht hatte Hitler gestattet, ein Grammofon mit in die Zelle nehmen zu dürfen, und aus Bayreuth kamen Schallplatten mit Wagners Musik. Die heroischen Klänge haben Hitler angeblich inspiriert, als er *Mein Kampf* während seiner Haft in Landsberg schrieb. Als das Buch im Entwurf vorlag, sollen Chamberlain und seine Frau Eva für »Wolf« die Druckfahnen korrigiert haben. Das jedenfalls hat der Historiker Karl Alexander von Müller in seinen Memoiren berichtet. Das Festspielhaus in Bayreuth wurde während Hitlers Haft zu einem Zentrum völkisch-nationaler Gesinnung. Auf dem Festspielhügel marschierten völkische Verbände, Hakenkreuzfahnen säumten den Weg, und vor den Vorstellungen wurde eine Petition für die Freilassung Hitlers herumgereicht.[12]

Nach Verbüßung seiner Haft war Hitler bei den Bayreuther Festspielen ein Ehrengast, der vom Wagner-Clan mit einem derart glanzvollen Festspiel-Staatsakt hofiert wurde, dass man hätte meinen können, er habe die Macht in Deutschland bereits übernommen. Sechs Jahre nach Hitlers erstem Besuch in der Wahnfriedstraße Nummer 1 kam er seinem Idol Richard Wagner im Jahr 1929 auch noch auf andere

Weise näher: Er bezog eine Wohnung am Münchner Prinzregentenplatz 16, schräg gegenüber vom Prinzregententheater, das mit amphitheatralischem Zuschauerraum und verdecktem Orchester, dem »mystischen Abgrund«, als Wagner-Festspielhaus konzipiert war. In der luxuriösen 9-Zimmer-Wohnung hatte zuvor Richard Wagners Tochter Isolde mit ihrer Familie gelebt. Hitler ließ dort eine gewaltige marmorne Wagner-Büste aufstellen und quartierte seine Nichte Geli Raubal ein, die er zu einer Wagner-Sängerin ausbilden lassen wollte.

Als Hitler 1933 die Macht übernahm, wehte über der *Villa Wahnfried* die größte Hakenkreuzflagge von Bayreuth, und Hitlers Besuche auf dem Bayreuther Hügel wurden zu wichtigen Ritualen des NS-Staates. Dass Hitler im Zusammenhang mit Wagners Kunst selbst seinen heiligsten Grundsätzen untreu werden konnte, zeigt eine Begebenheit, welche die Journalistin Bella Fromm in ihrem Buch *Als Hitler mir die Hand küsste* (1993) beschreibt. Von der Stimme des Kammersängers Max Lorenz, der in Bayreuth den Siegfried vortrug, war Hitler derart begeistert gewesen, dass er die »Rassenschande« einer jüdischen Ehefrau übersah. Die Ehe von Lorenz musste nicht aufgelöst werden. Und während Nichtariern der Zutritt zu Theatern untersagt war, forderte Hitler die jüdische Ehefrau von Lorenz sogar eigens dazu auf, Bayreuth zu besuchen. Es habe »eine Menge ähnlicher Geschichten« gegeben, berichtet Bella Fromm über Hitlers völlig untypische Toleranz im Zusammenhang mit Wagner-Aufführungen.

Nachdem Hitler Reichskanzler geworden war, besuchten Winifred Wagner und ihre Kinder den »Wolf« oft in Berlin und auf seinem *Berghof*. Für die Zukunft der Festspiele am grünen Hügel gab Reichskanzler Hitler der finanziell klammen Festspiel-Chefin Winifred eine Existenzgarantie. »In Bayreuth«, so Hitler, »wurde das geistige Schwert geschmiedet, mit dem wir fechten.«[13] Wagners Enkel Franz Wilhelm Beidler hat Hitlers Bemerkung später bestätigt: Bayreuth sei von Anfang an in erster Linie »eine Kultstätte mit weltanschaulicher Mission« gewesen. Tatsächlich stimmte der »Bayreuther Kreis«, der sich nach dem Tod Richard Wagners am grünen Hügel um die leiblichen Erben des Komponisten geschart hatte, in weiten Teilen mit der Ideologie Hitlers überein. Und genauso wie Wagner in der Kunst, so war auch Hitler in der Politik immer bestrebt, die ausschließliche Ausrichtung auf seinen steuernden Genius durchzusetzen. Inwieweit Hitlers politische Vorstellungen aber konkret von den oft widersprüchlichen weltanschaulichen Ansichten Richard Wagners geprägt waren, das bleibt Spekulation.

Auch ob Richard Wagner für Hitler in persönlicher Hinsicht ein Vorbild gewesen ist, lässt sich mit letzter Sicherheit nicht sagen. Beide hat die Vorahnung eines frühen Todes geplagt und angetrieben. Beide haben sich selbst immer wieder in Schwierigkeiten gebracht und damit existenzielle Krisen heraufbeschworen. Und beide hat das Gefühl einer utopischen Sehnsucht nach dem Wiedererlangen eines verlorenen Paradieses erfüllt. Ob Hitlers Vegetarismus auf Wagner zurückgeht, ist umstritten, aber sicher ist, dass er sich, ebenso wie Wagner, schon in jungen Jahren als Genie verstand, welches die bestehende Ordnung herausforderte und das eine bürgerliche Arbeit zum Zweck des Lebensunterhalts vehement ablehnte. Die Unbeirrtheit, mit der Wagner seinen Weg gegangen war, ohne sich durch Verfolgung, Geldmangel und Ablehnung einschüchtern zu lassen, hatte für Hitler, laut seinem Jugendfreund Kubizek, Vorbildfunktion. Auch die Sehnsucht nach Größe hat Hitler mit Wagner geteilt, genauso wie dessen monumentales Selbstbewusstsein, dessen ungebremstes Geltungsbedürfnis und dessen Narzissmus. Keiner von beiden hatte Skrupel, wenn es um das Erreichen ihrer Ziele ging. Keiner hat sich gescheut, dazu alle zulässigen und unzulässigen Mittel einzusetzen.

Beide haben sich als Revolutionäre verstanden und haben in Palästen gewohnt. Beide konnten, wenn sie es wollten, sehr charmant sein, und beide vermittelten ihrer Umgebung das Gefühl, ohne sie verloren zu sein. Ähnlich wie Wagner, so glaubte auch Hitler einen selbstverständlichen Anspruch auf umfassende Aufmerksamkeit zu haben. »Die Welt ist mir schuldig, was ich brauche!« – Dieser Satz stammt von Richard Wagner, er könnte aber auch von Hitler stammen, denn Selbstanbeter waren sie beide. Thomas Mann beschrieb Wagner mit folgenden Worten: »Wagner, das Pumpgenie, der luxusbedürftige Revolutionär, der namenlos unbescheidene, nur von sich erfüllte, ewig monologisierende, die Welt über alles belehrende Propagandist und Schauspieler seiner selbst«. Da erinnert vieles an Hitler.

Vor allem aber hat der »Meister« durch seine Kunst die Vorstellungswelt des österreichischen Beamtensohnes geprägt wie niemand sonst. Darin liegt die enorme Bedeutung Richard Wagners: Für Hitlers Selbstverständnis hat Wagners Kunst *die* entscheidende Rolle gespielt. Der Wagner-Experte Hans Rudolf Vaget kommt in seinem Buch *Wehvolles Erbe* (2017) zu dem Schluss, dass Hitlers Persönlichkeitsbildung aufs Engste mit Wagners Opernschaffen zusammenhängt.[14] »Wie ein Rausch, eine Ekstase«, beschreibt Kubizek die Wirkung, die Wagners Opern auf seinen Freund ausübten. »Wagner zu hören war für ihn nicht das, was man einen Theaterbesuch nannte, sondern eine Möglichkeit, sich in jenen außergewöhnlichen Zustand zu versetzen, in den er beim Anhören der Musik Richard Wagners geriet, in jenes Sichselbstvergessen, jenes in ein mystisches Traumland Entschweben, dessen er bedurfte, um die ungeheuren Spannungen seines eruptiven Wesens zu ertragen.«[15] Mit seiner Begeisterung für Richard Wagner war Hitler nicht allein. Um die Jahrhundertwende galt Wagner als der bedeutendste Komponist der Epoche. »Jeder junge Mensch war damals

Wagnerianer. Er war es, bevor er noch einen einzigen Takt seiner Musik gehört hatte«, kommentierte der österreichische Schriftsteller Hermann Bahr den Wagner-Kult, der nach dem Tod des Komponisten rasch aufblühte und jahrzehntelang vor allem die Jugend begeisterte. Wagner war der ganz große Popstar der damaligen Zeit. Seine Opern waren für diesen Kult wie geschaffen: Die apokalyptische Weltenerzählung des *Rings* überwältigte das Publikum und der musikalisch überhöhte Liebestaumel des *Tristan* sprengte jede Konvention und überbot alles zuvor Dagewesene. Unzählige Tristanerlebnisse jugendlicher Opernbesucher waren die Folge. Ähnlich wie das zuvor schon bei Goethes Werther der Fall gewesen war, sahen sich zahlreiche junge Menschen in ihrer Überspanntheit gezwungen, nicht nur in ihrem persönlichen Leben, sondern auch in ihrem Tod einem Kunstwerk zu folgen. Wagners einzigartiger, fantastisch-genialer Rausch-Traum von Leidenschaft und Glanz, Herrschaft und Macht und von heroischem Untergang wurde konsumiert wie eine Droge, ein Rauschmittel. »Blau von opiatischer, narkotischer Wirkung« hat Wagner-Feind Nietzsche dessen Musik verhöhnt, und in der Tat: Richard Wagner war die »Drogenmusik« der damaligen Zeit. In den Jahren, in denen Hitler in Wien lebte, also von 1907 bis 1913, gab es an der Hofoper laut Hans Rudolf Vaget 426 Wagner-Aufführungen und zusätzlich noch Wagner-Darbietungen an der Volksoper. Hitler hat später gesagt, er habe während seiner Jugendjahre in Wien allein *Tristan und Isolde* mehr als 30 bis 40 Mal an der Hofoper gesehen. Die Aufzeichnungen von Hitlers Sekretärin Christa Schroeder in dem Buch *Er war mein Chef* (1985) besagen, dass Hitler Teilen der Musik aus dem *Ring des Nibelungen* auf Schallplatten weit über hundert Mal mit geschlossenen Augen gelauscht hat. Im Lauf seines Lebens hat Hitler sämtliche Wagner-Opern mehrfach und in verschiedenen Inszenierungen gesehen. Hans Rudolf

Vaget kommentierte das mit der Feststellung, dass Hitler »ein rein rezeptiver Kunstkonsum von unbegrenzter, aber auch undisziplinierter Empfindungsstärke« bescheinigt werden müsse.[16] Mit anderen Worten: Hitler hat von der »Droge« Wagner vor allem als Heranwachsender, aber auch im Erwachsenenalter eine Überdosis konsumiert. Das hat seine Persönlichkeit entscheidend geprägt. Nachdem der jugendliche Hitler im Stehparkett der Linzer Oper zum ersten Mal eine *Rienzi*-Aufführung erlebt hatte, war er laut Kubizek im »Zustand völliger Entrückung« bis in die Morgenstunden den Linzer Freinberg hinaufgestiegen. Noch Jahrzehnte später konnte sich Hitler an diese Begebenheit erinnern und hat sie mit den Worten kommentiert: »In jener Stunde begann es!«

Wie die dreifache Überschrift dieses Kapitels andeutet, ist es unmöglich, den Einfluss, den die Kunst Richard Wagners auf die Persönlichkeit Hitlers hatte, zu überschätzen. In Bezug auf Wagner glich Hitler einem Heroin-Junkie, der sein ganzes Geld für seine Suchtdroge ausgibt. Während seiner Zeit in Wien investierte der 19-Jährige den Großteil seines bescheidenen Erbes ohne Gedanken an seine finanzielle Zukunft in Opernkarten. Das intellektuell-dekadente »Fin-de-Sciècle-Wien« mag er für Momente während seiner Opernbesuche erschnuppert haben. Aber dann verließ er die glamouröse Welt der Wiener Hofoper und kehrte zurück in sein ärmliches persönliches Leben. Er war zu Hause im Wien der kleinen Leute, der Zukurzgekommenen, der Männerheimbewohner. Das waren die Menschen, die ihre traditionellen Werte im »Rassenbabylon« Wiens bedroht sahen. Die Moderne machte ihnen Angst, weil sie ihnen zu »internationalistisch« erschien, und von der intellektuellen Elite fühlten sie sich verraten. Den Intellektuellen warfen sie vor, dass sie zwar die Bigotterie der christlichen Kirchen anprangerten, aber tatenlos zusahen, wie immer mehr Flüchtlinge aus dem Osten die Stadt überschwemmten. Hitler kannte diese Ängste und hat sie geteilt, aber sein Inneres war erfüllt von etwas anderem: von der glanzvollen und gewaltigen Dramatik Wagner'scher Opern. Wagners Kunst wies den Weg zur Erlösung, und so mag der junge Hitler schon damals davon geträumt haben, eines Tages eine heldenhafte Erlöserrolle zu spielen.

Als er kurze Zeit später in den Ersten Weltkrieg zog, ähnelte seine eigene Situation einer Wagner-Oper schon sehr viel mehr. »Ein Freiheitskampf war angebrochen, wie die Erde noch keinen gewaltigeren bisher gesehen«, jubelte Hitler in *Mein Kampf*, als er den Ausbruch des Krieges beschrieb.[17] Endlich, schrieb er, »begann nun auch für mich die unvergeßlichste und größte Zeit meines irdischen Lebens. Gegenüber den Ereignissen dieses gewaltigsten Ringens fiel alles Vergangene in ein schales Nichts zurück.«[18] Im Krieg konnte sich Hitler als Held fühlen, der genau wie der Held einer Wagner-Oper ausgezogen war in einen Kampf, »wo alle Spielerei zu Ende ist, und die unerbittliche Hand der Schicksalsgöttin Völker und Menschen zu wägen beginnt auf Wahrheit und Bestand ihrer Gesinnung.«[19] Wie eine Wagner-Oper war das Leben an der Front geprägt von Aggression und Euphorie und von Kampf um Sein oder Nichtsein. Und wie in der Oper wurde auch hier gesungen und gestorben zugleich. Zumindest in Hitlers Darstellung. Sein erstes Gefecht beschrieb Hitler wie folgt: »Und mit fiebrigen Augen zog es nun jeden nach vorne, immer schneller, bis plötzlich über Rübenfelder und Hecken hinweg der Kampf einsetzte, der Kampf Mann gegen Mann. Aus der Ferne aber drangen die Klänge eines Liedes an unser Ohr und kamen immer näher und näher, sprangen über von Kompagnie zu Kompagnie, und da, als der Tod gerade geschäftig hineingriff in unsere Reihen, da erreichte das Lied auch uns, und wir gaben es nun wieder weiter: Deutschland, Deutschland über alles, über alles in der Welt!«[20] So wie diesen Moment gab es an der Front viele Ereignisse, die es Hitler erlaubten, die eigene Kriegs-Situation mit den verinnerlichten dramatisch-musikalischen Bildern Wagners aufzuladen. Es fällt nicht schwer, sich vorzustellen, wie sich auf diese Weise gewisse Kriegserlebnisse für den Gefreiten Hitler zu einem kolossalen hypnotischen und überlebensgroßen Ereignis verdichtet haben.

Der Krieg hatte Hitler gelehrt, dass er für etwas da zu sein hatte, das größer war als er selbst, genauso wie die Helden Richard Wagners. Nach dem Ende des Krieges hat Hitler seine Heldenrolle nicht mehr verlassen. Er war nun beseelt von dem Glauben, seinem Volk den verdienten Sieg doch noch bescheren zu müssen, und sein nun folgender Heldenkampf war geprägt von den Motiven aus Wagners Opern. Die Welt wurde gelenkt von einem unerforschlichen Schicksal und Blut besiegelte den Schwur der Helden. Treue war oberstes Gebot und Verrat wurde mit dem Tod bestraft. Geld- und Goldgier wurden zum Fluch und führten ins Unglück. Und genau wie ein Held Richard Wagners fand Hitler seinen Antagonisten und war beseelt vom Kampf gegen ihn. Eine Versöhnung mit diesem Feind war, wie bei Wagner, unmöglich, denn: »Mit dem Juden gibt es kein Paktieren, sondern nur das harte Entweder – Oder.«[21] Wie ein Held Richard Wagners kämpfte Hitler um Sein oder Nichtsein, kämpfte einen Kampf um Leben und Tod. Bei Wagner wird der tapfer kämpfende Held am Ende mit dem Sieg belohnt. Seine eigentliche Erfüllung findet der Held aber im Tod, der ein rauschhaftes, beseligendes Sich-Verströmen im All ist. Walhalla ist das große Ziel. »In des Welt-Atems wehendem All – ertrinken, versinken, unbewusst – höchste Lust!«, stöhnt Isolde, als sie sterbend auf Tristans Leiche sinkt. Wie die Helden Richard Wagners war Hitler bis zuletzt erfüllt vom Glauben an den Sieg und zugleich von einer unbezähmbaren Lust am Untergang und der Sehnsucht nach dem Moment, an dem die Welt zum Himmel aufsteigt.

Wie bei Richard Wagner, so standen auch in Hitlers Welt Gut und Böse einander in ewiger Feindschaft gegenüber. Es war dieser unversöhnliche Antagonismus, von dem Hitlers Politikverständnis geprägt war. Koalitionen, Mehrheitsentscheidungen und Menschenrechte hatten in dieser Welt keinen Platz. Weder Kompromisse noch Politik als Kunst des Möglichen waren Hitlers Sache. Seine Politik war auch nicht auf ein realitätsbezogenes Ziel ausgerichtet, sie orientierte sich vielmehr an einer Wagner'schen Erlösungsvision. Als Führer des Volkes war Hitler einzig und allein seiner Berufung verpflichtet. Er sah sich als Auserwählter, der mit gottähnlichen Kräften herrschte und Heldentaten vollbrachte. Hans Frank, der Generalgouverneur von Polen, zitierte Hitler mit den Worten: »Aus Parsifal baue ich mir meine Religion (...) im Heldengewand allein kann man Gott dienen«.[22] Tatsächlich hatte der Tiroler Maler Hubert Lanzinger Hitler als Parzifal in einer Ritterrüstung als Bannerträger gemalt. Ab 1938 war dieses Hitler-Porträt auf Postkarten im gesamten deutschen Reich erhältlich. Hitler sah sich aber nicht nur als Parsifal, den Erlöser. Auch in anderen Bühnengestalten Wagners erkannte er sich wieder. Er wurde zu Rienzi, dem unverheirateten Volkstribun, der sein Leben seiner Braut, Rom, geweiht hatte, er war Lohengrin, der Helfer und Beschützer, und er war der edle Ritter Stolzing und der Drachentöter Siegfried in einer Person. Der Drache, das waren seine Feinde, allen voran das Weltjudentum. Wie Parsifal, Stolzing, Tannhäuser und Tristan sah sich Hitler als vom Schicksal Berufener, der auserwählt ist, ein besonderes Leben zu leben. Als Führer war er »Volkstribun« (Rienzi) und »Erlöser« (Parsifal) zugleich. Seinen Russlandfeldzug verstand Hitler als Kreuzzug gegen das jüdisch-slawisch-asiatische Untermenschentum. Der von ihm gewählte Deckname »Barbarossa« weist zu dem sagenumwobenen deutsch-römischen Kaiser Friedrich I., der auch schon Wagner fasziniert hatte. 1871 schwärmte

Wagner von dieser Figur und von ihrer »großartigen, barbarischen, erhabenen, ja göttlichen Unwissenheit«. Wagners Barbarossa-Oper blieb ein Fragment, Hitler hatte sich vorgenommen, seinen »Barbarossa« zu vollenden. Wie die meisten von Wagners Helden blieb er kinderlos und sah sich am Ende, genauso wie viele von Wagners Helden, von Verrat und Intrige umgeben.

Am Ende des Dritten Reiches mag sich Hitler dann auch für Wotan gehalten haben, der in der *Götterdämmerung* das Flammenmeer entzündet, in dem die Welten versinken. Und natürlich finden in sich in Hitlers Ende – erneut – Hinweise auf Rienzi, der am Ende seiner blutigen Laufbahn zusammen mit dem brennenden Kapitol im Inferno des Feuertodes versinkt. Das feige Volk hatte sich seiner als nicht würdig erwiesen. Am Ende verflucht Rienzi das »elende« Rom, »unwert dieses Mannes«: »Verflucht, vertilgt sei diese Stadt! / Vermod're und verdorre, Rom! / So will es dein entartet Volk!« Da ist der »Nerobefehl« vorgezeichnet, mit dem Hitler am Ende im Bunker befahl, die Überlebensgrundlagen Deutschlands zu zerstören. Hatte sich doch dieses Volk als »das Schwächere erwiesen«. Sowohl Rudolf Augstein, der Begründer des *Spiegel*, wie auch der amerikanische Außenminister und Diplomat Henry Kissinger haben es für möglich gehalten, dass Hitlers Unterbewusstsein schon zu Beginn seiner Laufbahn als Reichskanzler auf den Untergang und das Ende in der Reichskanzlei hinsteuerte. Zu einer ähnlichen Einschätzung kam Joachim Fest in seiner Hitler-Biografie (1973): »Der Ruhm jedenfalls, den er sein Leben lang gesucht hatte, war niemals nur der eines Staatsmanns gewesen, des Herrschers über einen autoritären Wohlfahrtsstaat oder der des großen Feldherrn. Für jede dieser Rollen war, neben vielem anderen, zu viel Wagner und zu viel Untergangsverlangen in ihm.« Dass Hitlers Leben wie eine Abfolge von Szenen erscheint, die dem Geist Richard Wagners entsprungen sein könnten, ist die zwangsläufige Konsequenz der prägenden Rolle, die Wagners Werk in Hitlers Bewusstsein gespielt hat. In seiner Selbstwahrnehmung hat er sich wohl als eine Kunst-Figur Richard Wagners verstanden.

Ein Motiv, das in Wagners Opern von größter Bedeutung ist, ist die Unmöglichkeit, auf dieser Welt die »große Liebe« leben zu können. Die »große Liebe« ist für Wagner nur möglich in der Entsagung oder im Tod. Ganz in diesem Sinn heiratete Hitler Eva Braun, um kurz danach gemeinsam mit ihr in den Tod zu gehen. Während rundherum das Dritte Reich in einer gewaltig-grausamen *Götterdämmerung* versank, gab Hitler Regieanweisungen für eine letzte, perfekte Inszenierung: seine Trauung, die nach Mitternacht im Bunker von Berlin stattfinden sollte. Ein Modesalon wurde beauftragt, die Trauungsroben für Hitler und Eva Braun zu liefern, und ein Kurier schlug sich über die Trümmer der Hauptstadt hinweg durch zum Führerbunker, um die bestellten Gewänder zu liefern.[23] Auch die gesetzlich vorgeschriebenen Formalitäten mussten erfüllt sein. Obwohl die im Bunker anwesenden NS-Größen Joseph Goebbels oder Martin Bormann die Trauung unter den gegebenen Umständen Kraft ihres Amtes problemlos hätten vornehmen können, bestand Hitler auf einem zugelassenen Standesbeamten, der einen regulären Trauschein ausstellen konnte. Boten wurden ausgesandt, um mitten in der Nacht in der umkämpften und brennenden Stadt den von Hitler gewünschten Bürokraten zu finden. Es dauerte einige Zeit, aber schließlich war tatsächlich ein Gauamtsleiter zur Stelle, der das Paar vorschriftsmäßig fragen würde, ob es arischer Abstammung sei und frei von Erbkrankheiten. In seiner Volkssturmuniform wurde der Mann zu dem Paar geführt, das er trauen sollte. Er hieß – so wollte es das unerforschliche Schicksal – »Wagner«.[24]

Nach dem Krieg hat Hitlers Leibfotograf Heinrich Hoffmann behauptet, dass die charakteristische Käfer-Urform des Volkswagens auf einen zeichnerischen Entwurf Hitlers zurückgehe. Nachgewiesen ist das allerdings nicht, und diese Behauptung entspricht wohl auch, wenn überhaupt, nur teilweise den Tatsachen. Zutreffend ist, dass Hitler die treibende Kraft hinter der Vision war, ein erschwingliches Fahrzeug für die Massen zu bauen, den »Volkswagen« eben, der ursprünglich KDF-Wagen (Kraft-durch-Freude-Wagen) heißen sollte. Zu Beginn der Entwicklung mag Hitler einen eigenen Modell-Entwurf beigesteuert haben, aber das endgültige Design stammte dann doch von Ferdinand Porsche, Erwin Komenda und anderen. Während seiner nächtlichen Tischgespräche hat Hitler berichtet, dass er der Daimler-Benz-Zentrale Design-Entwürfe für neue Modelle habe zukommen lassen. Inwieweit man bei der Firma die Ideen des Führers berücksichtigt hat, ist nicht bekannt.

Vielfach belegt ist, dass Hitler sein Leben lang zeichnerische Entwürfe in großer Anzahl gefertigt hat. Hitlers Adjutant Julius Schaub hat berichtet, dass Hitler bereits während seiner Haft in Landsberg Entwürfe für einen »Volkswagen« angefertigt habe, ebenso wie Pläne für Einfamilienhäuser für Arbeiter, welche die Mietskasernen in Zukunft ersetzen sollten.[1] Während seiner Zeit als Reichskanzler sollen nach Berichten verschiedener Zeitzeugen an manchen Tagen zwanzig bis dreißig Design-Entwürfe in Hitlers Büro entstanden sein. Albert Speer erinnerte sich, dass Hitler als Reichskanzler Szenenbilder für Opern entwarf und sie dem Bühnenbildner Benno von Arent zur Anregung gab. Speer berichtet, dass Hitler kolorierte Entwürfe für sämtliche Akte von *Tristan und Isolde* angefertigt habe, ein anderes Mal für alle Szenen des *Ring des Nibelungen.* Obwohl Hitler in dieser Zeit einen sehr gedrängten Terminkalender hatte, habe er drei Wochen lang Nacht für Nacht darüber gesessen.

Als Hitler mit 19 Jahren in Wien lebte, muss er von einem ähnlichen Schaffensdrang erfüllt gewesen sein. Er malte Aquarelle, fertigte Architekturskizzen an, verfasste Theaterstücke und schrieb Novellen. Das alles machte er gleichzeitig und arbeitete an seinen Werken oft bis in die frühen Morgenstunden hinein. Das hat August Kubizek in seinen Erinnerungen *Adolf Hitler, mein Jugendfreund* (1953) über das mehrmonatige Zusammenleben mit dem jungen Hitler in einer Wiener Studentenbude berichtet. Eines Tages erwähnte der Musikstudent Kubizek beiläufig, er habe im Konservatorium erfahren, dass sich in Richard Wagners Hinterlassenschaft der Entwurf zu einem Musikdrama befand, das *Wieland der Schmied* betitelt gewesen sei. Die Legende von Wieland, der in der Lage war, Schwerter zu schmieden, die Metall zerteilen können, taucht in verschiedenen germanischen Sagen auf. König Nidur, der den begabten Schmied nicht ziehen lassen will, lähmt Wielands Beine, indem er ihm die Sehnen durchtrennen lässt. Daraufhin tötet Wieland die beiden Söhne des Königs und arbeitet deren Schädel in Pokale ein, die Nidur für seine Tafel geordert hat. Am Ende befreit sich Wieland aus seiner Gefangenschaft, indem er Flügel schmiedet, sich damit in die Lüfte erhebt und entflieht. Im Dramenentwurf Wagners vermischen sich Elemente der Wielandlegende mit der Siegfriedsage.

Hitlers Idee war, die Arbeit Wagners zu vollenden und aus der Nidurlegende eine Oper zu machen. Am Klavier versuchte Hitler, ein Vorspiel zu der Oper zu »komponieren«, und Kubizek schrieb auf, was ihm sein Freund vorspielte. Hitler »komponierte« aber nicht nur, er dichtete auch die Handlung und plante die Szenenbilder und die Kostüme. Zu Beginn schwebte Hitler vor, für das Orchester nur diejenigen

Instrumente zuzulassen, die aufgrund von Ausgrabungen als Instrumente der Germanen nachgewiesen waren, also: Trommeln, Rasseln, Flöten, Luren und Harfen. Auf Kubizeks wiederholtes Anraten hin entschied sich Hitler am Ende dann aber doch aus pragmatischen Gründen dafür, statt germanischer Instrumente moderne zu verwenden, allerdings nur solche, die den Instrumenten der Germanenzeit ähnlich waren. Von den drei Walküren, die Hitler erschaffen hatte und die durch die Luft schweben konnten, wollte er sich aber nicht abbringen lassen. Die technischen Schwierigkeiten, die eine Umsetzung bedeuten würde, kümmerten Hitler nicht. Darum mussten sich andere kümmern, nicht er, der Komponist. Kubizek berichtet, dass Hitler so eifrig an seiner Oper arbeitete, als »hätte ihm ein ungeduldiger Operndirektor einen viel zu nahen Termin gestellt«. Weil ihm die Arbeit mit Stift und Feder zu langsam ging, zeichnete er mit Kohle. Nächtelang war er wach, aß nichts und trank kaum. Aber immer, wenn Kubizek Hitlers »Komposition« auf dem Flügel wiedergab, war dieser damit nicht zufrieden. Sie arbeiteten viele Tage und Nächte nur an dem Vorspiel, doch Hitlers Ansprüche waren einfach zu hoch für seine Fähigkeiten als Komponist.

Auch wenn die Ergebnisse kläglich waren: Kubizek bewunderte die unbedingte Hingabe seines Freundes an »das Schöne, das Erhabene, das Große der Kunst«. Als Kubizek seine Erinnerungen vierzig Jahre später niederschrieb, war ihm als Inhalt der Oper immer noch der »Gesamteindruck eines von wilden, entfesselten Leidenschaften vorwärts gepeitschten Geschehens« gegenwärtig. Was aus der Oper wurde, daran konnte sich Kubizek nicht mehr erinnern. Eine andere Obsession musste Hitler ergriffen haben, vermutete er, und er habe die Oper wohl aufgegeben.

Als Komponist hat sich Hitler danach nie mehr wieder versucht, und auch Dramen oder Novellen hat er nach seiner

Wiener Zeit nicht mehr verfasst. Was ihn ein Leben lang weiter beschäftigt hat, waren zeichnerische Entwürfe verschiedenster Art. Vor allem hat er Architekturpläne, Pläne für Städtebau und Möbeldesign entworfen. Viele der Möbel in seinen Büros und Privaträumen waren auf der Grundlage seiner Entwürfe hergestellt worden. Der Umbau der Parteizentrale in München wurde von Hitler entscheidend mitgestaltet, ebenso wie das Kanzlerpalais in Berlin, der Münchner Königsplatz und viele andere öffentliche Bauten, deren Erscheinungsbild ihm am Herzen lag. Auch im Verfallszustand sollten die von Hitler in Auftrag gegebenen Bauten noch demonstrieren, wer hier gebaut hatte. Gemeinsam mit seinem Architekten Albert Speer entwickelte er das »Ruinengesetz«, das bestimmte, dass die wichtigsten Bauten des Reiches so zu konstruieren seien, dass sie die Zeiten ebenso lange überdauern würden wie das Pantheon oder das Kolosseum.[2] Der Umbau seines Landhauses am Obersalzberg in den *Berghof*, einer Alpenresidenz mit dreißig Räumen, wurde von Hitler in eigener Regie geplant. Laut dem US-amerikanischen Journalisten und Biografen Nerin E. Gun hatte Hitler geäußert, er wolle sein ursprüngliches Alpenhaus *Wachenfeld* so umbauen, »wie man eine Kathedrale um eine Kapelle herumbaut«. Für die maßstabsgerechte Aufzeichnung von Grundriss, Schnitten und Ansichten lieh er sich von Albert Speer ein Reißbrett und eine Reißschiene aus. Fremde Hilfe lehnte er ab.[3] Auch der Westwall, die Verteidigungslinie, die Hitler ab 1936 an der französischen Grenze errichten ließ, beschäftigte seine kreative Phantasie. Sein Adjutant Nicolaus von Below hat das wie folgt geschildert: »Nicht nur sein Interesse für das Bauen, nicht nur seine Grundveranlagung als Architekt und Künstler beeinflußten Hitlers lebhaften Einsatz für den Bau des Westwalles, sondern es war die Passion eines Erfinders, die ihn immer weiter trieb. Er skizzierte laufend neue Bunkertypen oder Teile davon und tüftelte immer andere Möglichkeiten für den Einsatz verschiedener Waffen aus. Seine lebhafte Phantasie brachte ihn immer auf neue Ideen und die Pionierstäbe am Westwall zur Verzweiflung.«[4] Hitlers Kammerdiener Heinz Linge beschrieb dessen Büro wie folgt: »Vor dem Kriege hatte ich manchmal den Eindruck, nicht beim Führer und Reichskanzler, sondern im Hause eines großen und viel beschäftigten Architekten und Baumeisters beschäftigt zu sein. Skizzen von Bauwerken, Grundrisse, Berechnungen, Bauentwürfe aller Art, Lineale, Farbstifte und allerlei andere Architekten-Utensilien lagen ständig auf seinem Tisch, und immer wieder griff Hitler nach ihnen, änderte und korrigierte die Entwürfe, schlug in Fachbüchern nach und verglich. (...) Ob wir in Berlin, in München oder auf dem Berghof wohnten, bauen war stets Hitlers intensivstes Anliegen. (...) Augsburg, Bayreuth, Berlin, Breslau, Dresden, Düsseldorf, Graz, Hamburg, Linz, München, Münster, Oldenburg, Posen, Nürnberg, Duisburg, Saarbrücken, Hannover, Köln, Innsbruck, Königsberg, Stettin, Weimar und Würzburg wurden von Hitler zu Neugestaltungsstädten erklärt. Danzig, Wuppertal, Bremen und Memel kamen Anfang 1941 noch dazu. Allein diese Projekte, die vom Tisch Hitlers ausgingen (...), waren von Ausmaßen, die ein normales Vorstellungsvermögen überschreiten mußten.«[5]

Die Beschäftigung mit kreativen Projekten schien Hitler mit Energie aufzuladen, mochte er zuvor auch noch so abgespannt gewesen sein. Das haben mehrere Zeitzeugen übereinstimmend berichtet. Am 27. April 1942 erläuterte Hitler dem Gauleiter Oberdonau seine Umbaupläne für die zukünftige Kulturmetropole Linz. Eine Brücke über die Donau war nach Plänen, die er als 17-Jähriger gezeichnet hatte, bereits gebaut worden. Aber das war nur der Anfang. Hitler wollte die österreichische Kleinstadt in das kulturelle Mekka eines »Europa der neuen Weltordnung« verwandeln.

Die Einwohnerzahl sollte sich vervierfachen, und repräsentative Gebäude sollten breite Boulevards säumen. Zuallererst sei er Architekt und Baumeister, erklärte Hitler seinem Gauleiter. Seine militärischen Operationen würden ihm nicht so gut gelingen, wäre er nicht primär Künstler.[6] Dass Hitlers künstlerische Interessen im Generalstab auf wenig Verständnis stießen, belegt eine Äußerung von Generalstabsoffizier Gerhard Boldt: »Auf der anderen Seite fand er genügend Zeit, sich mit den unwichtigsten Dingen zu beschäftigen. Staatsgeschäfte und militärische Entscheidungen über Leben und Tod von Tausenden mussten liegenbleiben, wenn es sich darum handelte, einen neuen Orden zu zeichnen. (...) Auch konnte er sich stundenlang mit seinen phantastischen Plänen für den Umbau der Reichshauptstadt und anderer deutscher Großstädte beschäftigen.«[7] Auch während seiner letzten Tage in Berlin beschäftigten Hitler noch die städtebaulichen Planungen für Linz. Ein Foto, das weite Verbreitung fand, zeigt Hitler 1945 sitzend vor einem Modell seiner Heimatstadt im Keller der Neuen Reichskanzlei, nur ein paar Schritte von seinem Bunker entfernt. Sein Architekt Hermann Giesler hat berichtet, dass er oft alleine lange und gedankenverloren vor dem Modell der Linzer Planung gesessen sei. Seine kreativen Interessen haben Hitler noch bis in den Bunker begleitet, so hat er dorthin verschiedene Bücher über Opernhausarchitektur und ein Skizzenbuch mit Aquarellen mitgenommen.[8]

Was Hitler überlebt hat, sind die von ihm gestalteten Symbole seiner Herrschaft. Nicht nur bei der Ausgestaltung des Hakenkreuzes hatte er das entscheidende letzte Wort. Auch die Standarten und Abzeichen der SA und der NSDAP stammen aus seiner Feder, ebenso wie viele militärische Orden. Der Parteiadler der NSDAP, der Adler des Dritten Reiches und die Eichenlaubkränze in Verbindung mit unterschiedlichen Darstellungen des Hakenkreuzes gehen alle auf seine Entwürfe zurück. Damit war Hitler nicht nur der Chefideologe seiner Partei, er war auch ihr Chefdesigner. Als Reichskanzler wurde er auch noch zum Chefdesigner des Staates und schließlich der Chefdesigner der Armee. Hoheitszeichen, die nicht aus Hitlers Feder stammten, wie die SS-Runen, mussten vom Chefdesigner genehmigt werden, ebenso wie die Uniformen der Wehrmacht, die von Hugo Boss geschneidert wurden und bei deren Gestaltung neben anderen auch der Modeunternehmer James Cloppenburg mitgewirkt hat.[9] Verewigt sind die Uniformen und die ehrfurchtgebietenden Hoheitszeichen aus Hitlers Designwerkstatt in unzähligen Hollywoodfilmen bis heute.

NIETZSCHE

Als Leni Riefenstahl Hitler am ersten Weihnachtsfeiertag 1935 in seiner Münchner Wohnung besuchte, fragte sie ihn nach seiner Lieblingslektüre. »Schopenhauer – er war mein Lehrer«, habe Hitler spontan geantwortet. »Nicht Nietzsche?«, fragte Riefenstahl überrascht, da es damals allgemein hieß, Hitler sei Nietzsche-Anhänger. »Nein«, antwortete Hitler, »mit Nietzsche kann ich nicht viel anfangen. Er ist mehr Künstler als Philosoph. Er hat nicht den glasklaren Verstand wie Schopenhauer. Natürlich schätze ich Nietzsche als Genie, er schreibt vielleicht die schönste Sprache, die die deutsche Literatur heute aufzuweisen hat, aber er ist nicht mein Leitbild.«[1]

Dass Hitler mit Nietzsches Werk vertraut war, ist anzunehmen, denn es gibt keinen Grund, warum seine Lesemanie ausgerechnet vor Nietzsches Schriften haltgemacht haben sollte. Eine Begeisterung für den Philosophen lässt sich bei ihm aber tatsächlich nicht nachweisen. Die Begründung, die er Leni Riefenstahl gab, klingt plausibel, denn Hitler legte Wert auf eine klare Systematik. Gerade diese ist aber im Werk Friedrich Nietzsches nicht vorhanden. Nietzsche hat kein geschlossenes philosophisches Gebäude hinterlassen, sondern poetische Aphorismen, deren Interpretation sehr viel mit dem Vorverständnis des Lesers zu tun hat. Zwar gibt es Bezeichnungen in Nietzsches Schriften, die Hitler zugesagt haben mögen, so etwa den Begriff der »jüdisch-christlichen Sklavenmoral«. Aber in Hitlers Weltanschauung verkehrt sich der Sinn des von Nietzsche Gemeinten oft ins Gegenteil. So steht Nietzsches Philosophie denn auch in krassem Gegensatz zu Hitlers Weltsicht. Nicht nur, dass Nietzsches Antirationalismus im Widerspruch steht zu Hitlers pseudorationaler Weltbetrachtung, Nietzsche hat auch immer wieder darauf verwiesen, dass er sich in erster Linie als »Weltbürger« sah und nicht als Deutscher. Mit den Fremdenphobien der Deutschnationalen hatte Nietzsche nichts gemein. Dementsprechend bezeichnete er 1884 die erste Strophe der deutschen Nationalhymne, in der »Deutschland über alles« erhoben wird, als die »blödsinnigste Parole der Welt«.[2] Auch für einen »starken Staat« konnte sich der Individualist Nietzsche nicht begeistern. Er war im Gegenteil der Auffassung, dass der Staat dem Menschen die letzten Reste seiner Freiheit raubt.

Dass Nietzsche kein Antisemit war und im Gegenteil Antisemiten zutiefst verachtete, hat die Nietzsche-Forschung seit Langem belegt. Nicht nur, dass Nietzsche sich selbst immer wieder als Anti-Anti-Semit bezeichnete, auch von den Menschen, die ihm nahestanden, forderte er ein klares Bekenntnis in diese Richtung. »Von seinem antisemitischen Verleger trennt er sich, und die Heirat seiner Schwester mit dem Antisemiten Förster führt zu einem offenen Familienzwist. (...) In einem Brief an Overbeck rechnet er es dem jungen Kaiser Wilhelm hoch an, dass dieser sich bei seiner Thronbesteigung sogleich der antisemitischen Ratgeber der Krone entledigt hat.«[3] »Die Juden haben Geist«, schrieb Nietzsche.[4] Und an anderer Stelle schrieb er: »Unangenehme, ja gefährliche Eigenschaften hat jede Nation, jeder Mensch; es ist grausam zu verlangen, dass der Jude eine Ausnahme machen soll (...) Trotzdem möchte ich wissen, wie viel man bei einer Gesamtabrechnung einem Volke nachsehen muss, welches, nicht ohne unser aller Schuld, die leidvollste Geschichte unter allen Völkern gehabt hat, und dem man den edelsten Menschen (Christus), den reinsten Weisen (Spinoza), das mächtigste Buch und das wirkungsvollste Sittengesetz der Welt verdankt.«[5] Und selbst als sein Geist schon reichlich verwirrt war, schrieb Nietzsche noch mit zitternder Hand die Worte nieder: »Ich will alle Antisemiten erschießen lassen.«[6]

Dass Nietzsche von einer breiten Öffentlichkeit immer noch als ein maßgeblicher Wegbereiter des Nationalsozialismus wahrgenommen wird, hat viel damit zu tun, dass er den Begriff des »Übermenschen« geprägt hat.[7] Sowohl von den Nationalsozialisten als auch von deren Gegnern wurde der »Übermensch« mit dem arischen Rasseideal gleichgesetzt. Diese Interpretation hat aber nichts mit dem zu tun, was Nietzsche selbst unter dem Begriff verstand. Nietzsches »Übermensch« ist ein Mensch, der »diese Welt« überwunden hat, der nicht mehr in ihr verhaftet ist, und der sich damit »jenseits von Gut und Böse« befindet. Der »Übermensch« ist ein Mensch von »furchtbarer Güte«, sagt Nietzsche in *Also sprach Zarathustra*. Nur über die Liebe ist es dem Menschen nach Nietzsches Auffassung möglich, zu diesem höchsten Seinszustand zu gelangen. Am ehesten ist Nietzsches »Übermensch« mit Buddha vergleichbar, und es gibt Äußerungen von Nietzsche, die nahelegen, dass er im Buddhismus tatsächlich einen möglichen Weg sah, um zu einem »Übermenschen« zu werden. Alles in Nietzsches Philosophie spricht dagegen, dass er mit dem »Übermenschen« ein biologisch gezüchtetes Großwesen gemeint haben könnte, wie es den rassistischen Philosophen Gobineau oder Chamberlain vorschwebte. Im Gegenteil finden sich in Nietzsches Schriften viele Belege dafür, dass er den Rassismus und alles, was damit zusammenhing, kategorisch ablehnte. »›Mit keinem umgehen, der an den Rassenschwindel glaubt‹, heißt eine seiner zahllosen Notizen zum Thema.«[8]

Neben dem Begriff des »Übermenschen« gibt es auch noch eine Reihe anderer Formulierungen, die ohne ein entsprechendes Vorwissen leicht als faschistisch missverstanden werden können, so zum Beispiel der »Wille zur Macht«, der »starke Mensch« etc. Großen Schaden richtete auch Nietzsches Schwester Elisabeth Förster-Nietzsche an. Als Nachlassverwalterin ihres Bruders trug sie im Dritten Reich erheblich mit dazu bei, dass Nietzsches Philosophie im Sinne des Nationalsozialismus umgedeutet werden konnte. Um Nietzsches Texte der herrschenden Ideologie anzupassen, manipulierte Elisabeth Förster-Nietzsche viele Schriften ihres Bruders und schreckte auch vor Fälschungen nicht zurück.[9]

GEDÄCHTNIS

Am 4. Oktober 1941 hatte Hitler das neue Rüstungsbuch des Waffenamtes erhalten und als Bettlektüre benutzt. Am nächsten Morgen wunderte sich der Heeresadjutant Major Engel: »Unvorstellbar, dass der Führer sage und schreibe alle Zahlen, die in diesem grausamen Zahlenbuch drinstanden, lückenlos beherrschte und diese ihm plastisch ganz klar vor Augen standen - das ging bis zur Produktion von Pistolenmunition.«[1]

Hitlers außergewöhnliches Erinnerungsvermögen war bereits dessen Jugendfreund Kubizek in Wien aufgefallen. Kubizek berichtet, dass ihm Hitler des Öfteren »auswendig den Text eines Briefes oder einer Aufzeichnung von Richard Wagner vortrug. (...) Was er sich einmal auf diese Weise (durch Bücherlesen, der Verf.) angeeignet hatte, das saß sorgfältig eingeordnet und registriert in seinem Gedächtnis. Ein Griff - und es stand wieder bereit - und zwar so getreu, als hätte er es eben erst gelesen (...) Fast schien es so, daß mit der Menge des aufgenommenen Materials das Gedächtnis immer besser wurde.«[2] Henry Picker, der Hitlers *Tischgespräche* (1974) im Führerhauptquartier aus dem Gedächtnis aufgezeichnet hat, bestätigte Kubizeks Schilderung: »Eine Eigenschaft Hitlers, die alle - auch die ihm nicht Verfallenen - immer aufs Neue verblüfft hat, war sein stupendes Gedächtnis, das auch Unwesentliches exakt festzuhalten vermochte und alles aufspeicherte, was jemals in seinen Gesichtskreis getreten war.« Natürlich kannte auch Hitlers langjährige Sekretärin Christa Schroeder diese Eigenschaft ihres Chefs. An mehreren Stellen ihrer Erinnerungen kommt sie auf sein »Schubladengedächtnis« zu sprechen. »Hitler behielt nicht nur Namen, Bücher und Zahlen, sondern besonders leicht auch die Gesichter seiner Mitmenschen in Erinnerung. Er entsann sich genau der Zeit, des Raumes und der Umstände, unter denen er einem Menschen begegnet war. (...) Mit seinen Eindrücken von Theaterstücken und Filmen war es nicht anders. Bis in jede Einzelheit erzählte er uns von Stücken, die er als junger Mann in Wien gesehen hatte. Er erwähnte die Namen der Schauspieler und wußte noch genau, wenn sie von der Kritik jener Zeit abfällig behandelt worden waren. Sehr oft habe ich mich gefragt, wie ein menschliches Gehirn so viele Dinge und Tatsachen aufspeichern konnte.«[3]

Winifred Wagner berichtete, dass sich Hitlers Erinnerungsvermögen auch auf das Gebiet der Musik erstreckte. Bei einer Aufführung des *Lohengrin* in Bayreuth 1936 sei ihm sofort aufgefallen, dass der Tenor eine Passage der Gralserzählung sang, die üblicherweise gestrichen war.[4] Da sich Hitler als junger Mann für Theaterarchitektur interessiert hatte, wusste er über die Ausgestaltung bedeutender Theaterbauten Bescheid. Albert Speer stellte erstaunt fest, dass Hitler mit »verblüffender Detailkenntnis« die Größe der Bühnenöffnung, die Tiefe und Höhe der Bühne und die Zahl der Zuschauerplätze von allen wichtigen Theatern Europas aus dem Stegreif aufsagen konnte. Als Hitler nach dem Frankreich-Feldzug im Jahr 1940, als 51-Jähriger, die Pariser Oper besuchte, wunderten sich seine Begleiter, dass Hitler, der noch nie zuvor in Paris gewesen war, jede Tür und jeden Aufgang kannte.[5] Als er eine fehlende Loge monierte, erklärte der verblüffte Leiter der Führung, dass die von Hitler vermisste Loge vor vielen Jahren bei Umbauarbeiten beseitigt worden sei.[6] Aber auch andere Themenbereiche hatte Hitlers Gedächtnis aufgesogen. In seinem Buch *Zwischen Weißem und Braunem Haus* (1970) schildert Ernst »Putzi« Hanfstaengl, wie er mit Hitler im Jahr 1923 das *Zeughaus*, ein militärhistorisches Museum in Berlin, besucht hat. Dabei schleppte ihn Hitler vom einen Ende des Museums zum anderen und erklärte die dort ausgestellten Waffen, Kriegstrophäen und

Uniformen mit einem Detailwissen, das »einem pflichteifrigen Museumsführer alle Ehre gemacht hätte.«

Da Hitler extrem viel und schnell las, kam im Laufe der Zeit ein gewaltiger Fundus an Faktenwissen zusammen, ein Wissen, auf das er, unterstützt durch sein hervorragendes Gedächtnis, jederzeit zurückgreifen konnte. Es fällt nicht schwer, sich vorzustellen, dass Hitler seine Gesprächspartner mit seinem schier unbegrenzten Wissen enorm zu beeindrucken wusste. Hitler verstärkte den Eindruck noch, indem er, wie seine Sekretärin Christa Schroeder berichtete, häufig den Anschein erweckte, dass alles, was er sagte, das Ergebnis eigener Überlegungen sei. Christa Schroeder erinnerte sich, dass Hitler am Anfang ihrer Tätigkeit eine »geradezu philosophische Abhandlung« vorgetragen habe. »Zu meinem Erstaunen stellte ich fest, dass das nur die Wiedergabe einer Seite von Schopenhauer war, die ich kurz vorher selber gelesen hatte.«[7] Hitlers Kammerdiener Heinz Linge berichtete über die abendlichen Gespräche am Kamin im *Berghof* Folgendes: »Kam es zu Streitfragen, musste ich Lexika oder Geschichtswerke holen, wobei Hitler, dessen Gedächtnis geradezu unglaublich war, meist aus dem Stegreif in den meisten Fällen nicht nur den jeweiligen Band, sondern auch die entsprechenden Stellen aus dem Kopf angab. Da die »Themenstellungen« keineswegs immer von ihm ausgingen, war ausgeschlossen, dass er sich unmittelbar zuvor womöglich präpariert hatte.«[8]

Auch bei seinen Reden wurde Hitler von seinem Gedächtnis unterstützt. Hier fallen vor allem die vielen exakten Zahlenangaben auf, mit denen er seinen Zuhörern imponierte. Max Domarus, der Herausgeber von Hitlers Reden zwischen 1932 und 1945, sprach von einer »Zahlenmanie« Hitlers.[9] In einer Rede vor Schülern im Allgäu im Jahr 1937 erwähnte Hitler aus dem Stegreif die Bevölkerungszahlen und Größe des Englischen Empires (34.000.000 qkm und

445.000.000 Menschen) und Russlands (23.000.000qkm und 150.000.000 bis 175.000.000 Menschen). Danach folgten die exakten Angaben für Frankreich, die USA, China, Belgien, Holland, Spanien, Portugal, Brasilien, Japan und Italien.[10] Der Generalstabschef des Heeres, Halder, erinnerte sich an eine Besprechung im Februar 1941, bei der Hitler jede russische Jahresproduktion an Panzern seit den 20er-Jahren aus dem Gedächtnis wiedergab.[11] Albert Speer, Hitlers Architekt und Rüstungsminister, beschrieb dasselbe Phänomen. Er berichtete, dass Hitler »sämtliche Waffen und Munitionsarten mit ihren Kalibern, Rohrlängen und Schußweiten« auswendig kannte, ebenso »die Lagerbestände der wichtigsten Rüstungsgegenstände« sowie »deren monatliche Produktion.« [12] Auch Hitlers Marineadjutant Karl-Jesko von Puttkammer war von den Detailkenntnissen seines Chefs überrascht. »Er kannte fast jedes Schiff aller bedeutenden Kriegsmarinen der Welt und hatte genaue Angaben über deren Größe, Geschwindigkeit, Bewaffnung und Panzerung im Kopf. Ebenso beherrschte er die Leistungsfähigkeit der Waffen, insbesondere der Geschütze, ihre Reichweite, Durchschlagskraft usw.«[13] Luftwaffenchef Göring bestätigte die Aussage von Puttkammers als Gefangener in Nürnberg: »Die Armierung, Panzerung, Geschwindigkeit und den Tiefgang fast aller bedeutenden Kriegsschiffe der Welt hatte er im Kopf. Er konnte aus dem Handgelenk diese Daten zum Beispiel für einen brasilianischen Kreuzer angeben.«[14]

Im Führerhauptquartier fürchtete man die Gedächtnisleistungen des Chefs. Offiziere, die Hitler Meldung zu machen hatten, passten genauestens auf, dass das von ihnen Vorgetragene exakt mit dem übereinstimmte, was sie zu einem früheren Zeitpunkt ausgeführt hatten. Widersprüche fielen Hitler immer sofort auf. In seinem Buch *Der letzte Zeuge* (2008) berichtete Hitlers Leibwächter Rochus Misch: »Wenn immer es bei einem Wortgefecht (im Wehrmachtsführungsstab,

d. Verf.) darum ging, was er (Hitler, d. Verf.) irgendwann einmal befohlen oder geäußert hatte – er behielt, sofern man es nachprüfen konnte, am Ende immer recht. Es mochte Jahre her sein, er erinnerte sich an alles. So es sie gab, ließ er sich dann alte Papiere heraussuchen und konnte sie seinem Gegenüber triumphierend präsentieren. Hitler hatte ein fotografisches Gedächtnis. Auch Lesestoff bewältigte er im Handumdrehen. Gab es keine Unterlagen, konnte Hitler nicht beweisen, dass er sich richtig entsann. Mit der Anordnung zum Mitstenographieren wollte er nun verhindern, dass man ihm das Wort im Mund herumdrehte und ein für alle Mal die lästigen und endlosen Diskussionen darüber beenden, wer-was-wann in welchem Zusammenhang gesagt hatte.«[15] Den Bericht von Rochus Misch bestätigte Generaloberst Heinz Guderian: »Er (Hitler, d. Verf.) überraschte immer wieder durch die zutreffende Wiedergabe des Gelesenen oder bei Vorträgen Gehörten. ›Vor sechs Wochen haben Sie mir etwas ganz anderes gesagt!‹, war eine gefürchtete Redewendung des Obersten Befehlshabers der Wehrmacht, denn er kontrollierte bei Widerspruch die ihm gemachten Angaben anhand der bei jeder Besprechung angefertigten Stenogramme.«[16]

In seinem Buch *Homo Hitler* (1999) kommt Manfred Koch-Hillebrecht zu dem Schluss, dass Hitler ein Eidetiker (Savant) gewesen sein muss, das heißt, dass er fähig war, Wahrnehmungsbilder abbildgetreu zu speichern. Eidetiker betrachten beispielsweise eine Telefonbuchseite ein paar Sekunden lang, »fotografieren« sie innerlich und können später sämtliche Telefonnummern von dem im Gedächtnis gespeicherten Bild ablesen. Diese Fähigkeit ist bei Kindern häufiger vorhanden als bei Erwachsenen und sie kommt bei Männern häufiger vor als bei Frauen. Auch Autisten haben häufig eine eidetische Wahrnehmung.[17]

Nach dem Erscheinen des Buches *Young Hitler* (2010) äußerte sich der Neuropsychologe Professor Jordan Grafman von der Nothwestern University, USA, zu einigen der im Buch genannten Forschungsergebnisse. Hitlers fotografisches Gedächtnis hat er wie folgt kommentiert: »Ein überlegenes fotografisches Gedächtnis hat üblicherweise seinen Preis. Während man sich an die Details einer gewissen Begebenheit mit unglaublicher Genauigkeit erinnern kann, mag man Probleme damit haben, das Wesentliche einer Situation zu erfassen (Man kann den Wald vor Bäumen nicht sehen.).[18]

SCHOPENHAUER

Hitler war immer bemüht, den Eindruck zu erwecken, dass alle seine Überlegungen aus eigener Erkenntnis stammten. Folglich hat er zu den geistigen Quellen, die ihn beeinflusst haben, kaum etwas gesagt. Mit einer Ausnahme: Arthur Schopenhauer (1788-1860). Den Philosophen hat Hitler häufig erwähnt und zitiert. Eine Büste Schopenhauers, die auf Hitlers Schreibtisch auf dem *Berghof* stand, verlieh seiner Verehrung des Philosophen offenkundigen Ausdruck.[1] Hans Frank, Generalgouverneur des besetzten Polens, erinnerte sich vor seiner Hinrichtung in Nürnberg, dass Hitler seinen eigenen Angaben zufolge während des Ersten Weltkrieges unter anderem Schopenhauers Werk *Die Welt als Wille und Vorstellung* bei sich gehabt habe.[2] Auch als junger Parteiführer hat sich Hitler offenbar für Schopenhauer begeistert. Ernst »Putzi« Hanfstaengl hat berichtet, dass Schopenhauer damals Hitlers »philosophischer Abgott« gewesen sei.[3] Seine Begeisterung für den Philosophen teile Hitler mit Dietrich Eckart, dem engen Gefährten der frühen Jahre seiner Karriere.[4] Die Filmemacherin Leni Riefenstahl konnte sich erinnern, dass sich Hitler ihr gegenüber sogar als »Schopenhauers Schüler« bezeichnet hat.[5] Dass Hitler laut dem Bericht seiner Sekretärin aus Schopenhauers Werken wortwörtlich zitiert hat, ist im Kapitel »Gedächtnis« erwähnt.[6] Hitlers Adjutant Schaub hat berichtet, dass Hitler während des Zweiten Weltkrieges immer einen Band Schopenhauers bei sich gehabt habe.[7]

Dass sich Hitler intensiv mit Schopenhauer beschäftigt hat, liegt nahe, denn auch für den von Hitler leidenschaftlich verehrten Richard Wagner war Schopenhauer die wichtigste Quelle philosophischer Inspiration. In einem Brief an Franz Liszt vom Dezember 1854 nennt Wagner die Philosophie

Schopenhauers ein »Himmelsgeschenk«. Erst Schopenhauers Philosophie, schreibt Wagner, habe ihn die Bedeutung seines eigenen Werkes voll erkennen lassen.[8] Thomas Mann zufolge wurde die Philosophie Schopenhauers gegen Ende des 19. Jahrhunderts zur »Künstlerphilosophie par excellence«. Ihre Blütezeit erlebten Schopenhauers Gedanken also gerade in dem Moment, als der junge Hitler in Wien seinem autodidaktischen »Studium« nachging. Das mag dazu beigetragen haben, dass sich Hitler mit den Gedanken Schopenhauers intensiver beschäftigt hat als mit den Theorien anderer Philosophen.

Die Philosophie Schopenhauers geht davon aus, dass die Wirklichkeit zweigeteilt ist. Zum einen besteht sie aus dem animalischen und chaotischen Drang zum Leben (dem Willen) und zum anderen aus dem Konzept, mit dem der Einzelne die Wirklichkeit betrachtet (der Vorstellung). Die Menschen sind sowohl dem Willen, der durch sie wirkt, als auch ihrer Vorstellung verhaftet und damit Gefangene einer Existenz, in der Vorstellung und Wille niemals voll übereinstimmen und die sie daher als leidvoll erfahren. Zeitweilige Linderung des Leidens gewährt die Kunst, insbesondere die Musik. Eine endgültige Erlösung vom Leiden gibt es für die überwiegende Mehrheit der Menschen aber nur durch den Tod. Einigen wenigen Auserwählten ist es gegeben, Erlösung bereits zu Lebzeiten zu erfahren: den Mystikern. Damit meint Schopenhauer den »großen Einzelnen«, der sich selbst erkennt. Indem er sich seines Wollens bewusst wird und es überwindet, ist er nicht mehr daran gekettet, ebenso wenig wie an seine Vorstellung. Indem der Mystiker Wille und Vorstellung transzendiert, erreicht er das Nirwana, einen Bewusstseinszustand »jenseits« dieser Welt. (Der Künstler erreicht nur eine Vorstufe dessen.) Der Vorstellung (d.h. dem Denken in Konzepten) erscheint das Nirwana als ein »Nichts«, dem Mystiker hingegen erscheint es als »Alles«, als eine Beziehungsfülle, die ihn zu der Erkenntnis führt, dass alles mit allem verbunden ist.[9] Durch die Erkenntnis des Verbundenseins weiß der Mystiker, dass der Folterer und der Gefolterte, der Täter und das Opfer, beides entgegengesetzte Erfahrungen innerhalb eines einzigen universellen Bewusstseins sind. Das Wissen um die Verbundenheit aller Menschen führt dazu, dass das Handeln des Mystikers anderen gegenüber ausschließlich von Mitleid bestimmt ist. »Mitleid« versteht Schopenhauer nicht im Sinn von »leidtun«, sondern im Sinn von mit-leiden, mit-fühlen, also Empathie. Mitleid, sagt Schopenhauer, ist ein Gefühl, zu dem jeder Mensch fähig ist. Indem der Mensch Mitleid empfindet, hat er einen Kompass für sein Verhalten anderen gegenüber. Damit entfällt für Schopenhauer die Notwendigkeit moralischer Vorschriften und Gesetze. An moralische Vorschriften und Gesetze fühlte sich auch Hitler nicht gebunden. Im Gegensatz zu Schopenhauer hat Hitler aber wiederholt zum Ausdruck gebracht, dass man kein Mitleid haben dürfe »mit Leuten, denen das Schicksal bestimmt habe zu Grunde zu gehen.«[10]

Dem Buddhismus stand Schopenhauer sehr nahe, und letztendlich geht es bei seiner Philosophie, ähnlich wie im Buddhismus, um die Überwindung des Leidens: Derjenige, der erkannt hat, dass alles Individuelle nur ein »Schatten« des echten Wesens der Welt ist, verliert das Interesse für die eigenen Begierden und Sehnsüchte, die von »Wille« und »Vorstellung« diktiert sind und die in den Bereich der »Schatten« gehören. Den Begriff des »Willens« hat Hitler oft verwendet. So taucht der Willensbegriff zum Beispiel auch im Titel des NS-Propaganda-Films *Triumph des Willens* auf. Die Übereinstimmung mit Schopenhauer ist aber nur eine scheinbare, die sich aus der Verwendung desselben Wortes ergibt. Zwar ist sowohl bei Hitler als auch bei Schopenhauer »der Wille« die Kraft, die alles bewegt. Bei Schopenhauer ist »der Wille« aber chaotisch und kann vom Menschen niemals verstanden werden. »Der Wille«, von dem Hitler spricht, hat dagegen eine klare Richtung. Diese Richtung ist vorgegeben durch die Evolution, die Hitler rassistisch-eugenisch interpretiert hat.

Mit seiner Evolutionstheorie, die er in seinem Buch *On the Origin of The Species* (1859) beschreibt, hat Charles Darwin das moderne wissenschaftliche Weltbild bis heute entscheidend geprägt. Die Vertreter der Eugenik beriefen sich auf Darwin und erweckten dadurch den Anschein, dass Rassismus und Euthanasie die logische Konsequenz wissenschaftlicher Erkenntnisse seien. Hitler ging noch einen Schritt weiter und erhob das Gesetz der Evolution zu einem göttlichen Gesetz. Diesem göttlichen Gesetz glaubte er dadurch Geltung verschaffen zu müssen, dass er seinen Staat auf den Grundlagen der Vorstellungen der Eugenik organisierte. Wenn SS-Leute Massenmorde an »Minderrassigen« befahlen und ausführten, so waren sie mit Hitler davon überzeugt, »im Sinne des allmächtigen Schöpfers« zu handeln.[11]

Darwins Werk *On the Origin of the Species* erschien ein Jahr vor Schopenhauers Tod im Jahr 1860. Später haben Evolutionstheoretiker darüber spekuliert, wie Schopenhauers Philosophie wohl ausgesehen hätte, wenn ihm Darwins Theorie bekannt gewesen wäre. Auch Hitler mag sich diese Frage gestellt haben. Möglicherweise hat er geglaubt, dass sich Schopenhauers Lehre vom unerklärlichen und nicht zu fassenden »Willen« mit Hilfe von Darwins Evolutionstheorie weiterentwickeln lasse. Eine zielgerichtete Bewegung des »Willens«, etwa im Sinne der Evolution, ist aber genau das, was Schopenhauer verneint hat. Nach Schopenhauers Definition ist der »Wille« richtungslos, blind, chaotisch und jenseits von jedem menschlichen Konzept. Darwins Lehre von der Evolution ist ein Konzept, geboren in dem Teil der Wirklichkeit, die Schopenhauer als »Vorstellung« bezeichnet. Der »Kampf ums Dasein«, das »Überleben des am besten

Angepassten« – alles das sind Konzepte, Vorstellungen, die für Schopenhauer dazu da sind, um überwunden zu werden. Eine »Weiterentwicklung« seiner Lehre mit Hilfe der Evolutionstheorie Darwins ist unmöglich.

Rassismus und Euthanasie stehen darüber hinaus in klarem Widerspruch zu Schopenhauers Auffassung von der Einheit des Seins. Dementsprechend haben diese Anschauungen in seiner Philosophie auch keinen Platz. Für das Judentum hatte Schopenhauer zwar nicht besonders viel übrig, aber eindeutige antisemitische Äußerungen, wie sie sich bei Voltaire, Kant und anderen bedeutenden Philosophen nachweisen lassen, finden sich bei Schopenhauer nicht. Schopenhauer bezeichnete die Juden lediglich abschätzig als ein »fremdes, orientalisches Volk« und kritisierte deren »barbarische« Einstellung den Tieren gegenüber. In *Mein Kampf* wird Schopenhauer allerdings von Hitler als antisemitischer Gesinnungsgenosse zitiert. Schopenhauer habe geäußert, dass der Jude der »große Meister im Lügen« sei, behauptet Hitler.[12] Aber der »große Meister im Lügen« war hier wohl ein anderer. Jedenfalls lässt sich der in *Mein Kampf* zitierte Satz bei Schopenhauer nicht nachweisen.[13]

Mit seiner »Weltanschauung« hat Hitler also nicht etwa auf Schopenhauers Philosophie aufgebaut oder diese gar weiterentwickelt. Er könnte aber, wie er das mit anderen Denkern auch getan hat, gewisse Versatzstücke aus Schopenhauers Philosophie übernommen haben, um diese in seine Weltanschauung einzubauen. Schopenhauers Auffassung, dass »ein glückliches Leben unmöglich« sei und dass »das Höchste, was der Mensch erlangen kann, ein heroischer Lebenslauf ist«, könnte Hitler als Bestätigung seines eigenen Lebens empfunden haben. Möglich ist auch, dass Hitler sich bei seiner Ablehnung des Christentums von Schopenhauer hat inspirieren lassen. Auch die Wertschätzung eines asketischen Lebensstils, Schopenhauers Einstellung zum Tod, seine

Ideen zur Funktion von Kunst, insbesondere von Musik, die Anerkennung der »animalischen« Natur des Menschen ... alles das, oder einiges davon, könnte Hitler übernommen haben. Andere wichtige Positionen Schopenhauers, vor allem seine Mitleidsethik, hat Hitler ignoriert.

AUGEN

Albert Speer, Hitlers Architekt und Rüstungsminister, schildert in seinen *Erinnerungen* (1969) Folgendes: »Es war im Frühjahr 1931, im Zusammenhang mit dem so genannten Stennes-Putsch, einer Art Revolte der Berliner SA. Nachdem Hitler Stennes abgesetzt hatte, befahl er alle Mitglieder der SA und der angeschlossenen Verbände zum Appell in den Sportpalast. Überraschenderweise hielt Hitler keine Rede, sondern vollzog ein eindrucksvolles Ritual. Er trat in die Reihen der Uniformierten, es wurde atemlos still. Dann begann er, die Kolonnen abzuschreiten. Im riesigen Rund waren nur die Schritte zu hören. Es dauerte Stunden. Endlich kam er in meine Reihe. Seine Augen waren starr auf die Angetretenen gerichtet, er schien jeden durch seinen Blick verpflichten zu wollen. Als er zu mir kam, hatte ich den Eindruck, dass mich ein paar weit geöffnete Augen für eine unermessliche Zeit in Besitz nahmen.«[1]

Auch dem österreichischen Kronprinz Otto von Habsburg, einem entschiedenen Gegner des Nationalsozialismus, war die Wirkung von Hitlers Augen aufgefallen: »Einmal habe ich ihn gesehen, bei einer Großkundgebung auf dem Bülowplatz in Berlin. Hitler hat die Leute hypnotisiert. Als er kam, hatte jeder das Gefühl, Hitler schaue ihn persönlich an. Diese Dämonie des Blicks war eine große Kraft. Ich sah Kommunisten, die die Versammlung stören wollten. Doch Hitler zog sie mit seinem Blick in Bann – sie unterließen es.«[2] Hitlers Finanzminister, Schwerin von Krosigk, berichtete von Hitlers »Suggestionskraft, durch die er den Einzelnen ebenso bezwang wie die Masse.«[3] Kurt Lüdecke, ein früher Vertrauter Hitlers, der nach der Machtübernahme in die USA emigrierte, war der Auffassung: »Der ganze Mann war in seinen Augen, seinen klaren, offenen, dominierenden, hellblauen Augen konzentriert.«[4] Hitlers Leibfotograf, Heinrich Hoffmann, bestätigte diesen Eindruck: »Faszinierend waren seine blauen Augen, die auf keinen ihren Eindruck verfehlten.«[5] William Lyon Mackenzie King, Kanadas Ministerpräsident während 22 Jahren, berichtete nach einem Besuch bei Hitler im Jahr 1937: »Seine Augen haben mich am meisten beeindruckt. Sie hatten eine liquide Eigenschaft, die auf eine scharfe Wahrnehmung und tiefes Mitgefühl hindeutet.«[6]

In einem Polizeibericht über eine NS-Bezirksversammlung am 28.4.1925 in München hieß es: »Hitler machte hierauf seinen üblichen Rundgang durch den Saal, indem er jedem einzelnen die Hand drückte und dabei scharf in die Augen sah.«[7] Ein Interviewer notierte im Jahr 1931: »Jetzt verstehe ich auch, warum diese Leute von seinen hypnotischen Augen sprechen.«[8] Auch den britischen Historiker Hugh R. Trevor-Roper beschäftigte die »Faszination, die von seinen Augen ausging und die so viele scheinbar nüchterne Menschen behext hatte ...«[9] Trevor-Roper bezieht sich damit auf die zahllosen Berichte, die die hypnotische Kraft von Hitlers Augen zum Gegenstand haben. In seinem Buch ... *daß ihr mich gefunden habt* (1978) zählt der US-Historiker Rudolph Binion folgende Personen auf, die nach eigenen Angaben in den Bann von Hitlers Augen gerieten: »Karl Dönitz, Joachim v. Ribbentrop, Ernst Kaltenbrunner, Constantin Hierl, Paul von Hindenburg, Franz von Papen, Werner von Blomberg, Hjalmar Schacht, Hans Frank, Ernst Hanfstaengl ...«[10] Weiter zitiert Binion die Aussagen verschiedener unbekannter Zeitzeugen. Ein Markthelfer gab zu Protokoll: »Unvergessen wird mir die Stunde bleiben, in der es mir vergönnt war, dem Führer Adolf Hitler auf dem Reichsjugendtag in Potsdam 1932 ins Auge sehen zu können ... Mein Leben habe ich diesem Mann aus dem Volke bis zum letzten Atemzug verschrieben.«[11] Eine Fabrikarbeiterin: »Ein leuchtendes Feuer brannte in seinen Augen.«[12] Ein Verwaltungsbeamter: »Wer Adolf Hitler einmal ins Auge sehen durfte, ist ihm und seiner Idee und damit seinem Volke und seinem Vaterlande restlos verfallen und ergeben und auch das Letzte und Höchste zu opfern bereit.«[13]

Auffallend blau waren Hitlers Augen wohl von Anfang an gewesen. Francisca Pointecker, die Hebamme, die Hitler zur Welt brachte, gab zu Protokoll: »das Kind sei schwächlich, dunkelhaarig und auffallend blauäugig gewesen.«[14] Aber weder die Zeitzeugen in Wien noch seine Kameraden im Ersten Weltkrieg berichteten von einer besonderen Wirkung von Hitlers Augen.[15] Die »zwingende Kraft« dieser Augen trat offenbar erst nach 1918 in Erscheinung.

EUGENIK

Zu Beginn des 20. Jahrhunderts kam es zu einem Wettlauf um die endgültige Aufteilung der Welt. Die Nationen des Westens, allen voran England und Frankreich, setzten alles daran, ihre Kolonialreiche zu erweitern. Dass die Beherrschung der Kolonialvölker auf deren eigene rassisch bedingte Minderwertigkeit zurückzuführen sei – diese Auffassung wurde von der überwiegenden Mehrheit der Europäer und Amerikaner während der ersten Jahrzehnte des 20. Jahrhunderts »weitgehend einhellig für richtig gehalten«.[1] Bestätigt wurde der Glaube an die Überlegenheit der weißen (arischen) Rasse von den Theorien der Eugenik, bzw. der Rassenkunde. Diese Theorien besagten, dass es biologische Naturgesetze sind, die bestimmen, dass die »weiße Rasse« allen anderen Rassen überlegen ist. Es ist sicher kein Zufall, dass die Eugenik ausgerechnet zu dem Zeitpunkt zunehmend zum Gegenstand wissenschaftlicher Forschung wurde, als die koloniale Ausbreitung Europas auf ihren Höhepunkt zustrebte. Denn mit Hilfe der Eugenik bekam die Unterdrückung rassisch »minderwertiger« Völker einen wissenschaftlich-biologischen Anstrich und konnte nun als »naturnotwendig« begründet werden.

Maßgeblicher Vordenker aller Rassentheorien ist der französische Diplomat und Historiker Arthur de Gobineau (1816–1882). In seiner Rassenhierarchie stand die »weiße Rasse« an höchster Stelle, da sie angeblich ein »besonderes, kulturförderndes Blut« besaß. Dieses Blut garantiere seinen Besitzern ein »Monopol der Schönheit, der Intelligenz und der Kraft«, was ihnen die Erschaffung menschlicher Kultur ermögliche. Die kulturbegründenden Eigenschaften der »weißen Rasse« wurden laut Gobineau durch Vererbung weitergegeben. Die Neigung der »weißen Rasse« zu

Eroberung, Migration und Bevölkerungsvermehrung führe aber notgedrungen zur Vermischung mit den »schwarzen und gelben Rassen, die Gobineau als »kulturunfähig« bezeichnete. Je mehr der Drang nach Exklusivität (»Repulsion«) durch den Drang nach Eroberung (»Attraktion«) abgelöst werde, umso mehr vermische sich die hochwertige »weiße Rasse« mit minderwertigen Rassen. Dies habe langfristig den Untergang der hochwertigen »weißen Rasse« zur Folge. Denn je mehr das ›leitende Racenelement‹ (die »weiße Rasse«) sich in den Elementen anderer Rassen auflöse, je geringer also der Anteil an arischem Blut würde, desto schwächer müsse dessen kulturschaffende Kraft werden. Durch Vermischung der »weißen Rasse« mit weniger hochstehenden »Rassen« sei somit langfristig der Untergang der »weißen Rasse« vorgezeichnet. Und auch für die Menschheit insgesamt sei diese Entwicklung fatal, behauptete Gobineau. Durch die allgemeine Nivellierung würden sich alle Menschen immer mehr gleichen. Auf das Zeitalter der »Götter und Heroen« folge dann die »Ära der Einheit«. Dies wäre das »Ende der Kultur«, das »Ende des Wachstums« und das »Ende der Geschichte«. »Die Völker, nein, die Menschenheerden, werden alsdann, von düsterer Schlafsucht übermannt, empfindungslos in ihrer Nichtigkeit dahinleben, wie die wiederkäuenden Büffel in den stagnirenden Pfützen der pontinischen Sümpfe.«[2]

Gobineau war, wie andere Rassisten nach ihm auch, kein Antisemit, er rechnete die Semiten aber zu den tiefer stehenden Rassen. Der englische Psychologe und Naturforscher Sir Francis Galton (1822–1911), ein Halb-Cousin Darwins, kombinierte Gobineaus Ideen mit Darwins Erkenntnissen bezüglich der Evolution und behauptete, dass die Unterdrückung bzw. Ausrottung der »schwächeren« Rasse durch die »stärkere« der Höherentwicklung der Menschheit diene. Nur wenn die »weiße Rasse« die anderen Rassen dominiere und sich mit ihnen nicht vermische, seien Fortschritt und Zivilisation auf Dauer möglich. Galton, der, 1909 vom König geadelt, häufig als Vater des »Sozialdarwinismus« bezeichnet wird, entwickelte Pläne zur Höherzüchtung der britischen Rasse und forderte ein schmerzfreies »Eliminieren« der Behinderten und unheilbar Kranken. Die Fortpflanzung derjenigen, die besonders »positive« rassische Merkmale aufwiesen, sollte nach Galtons Vorstellungen gefördert werden. Seine Konzepte fasste er unter dem Begriff Eugenik zusammen.

Die Eugenik lieferte nicht nur der europäischen Kolonialpolitik eine willkommene Rechtfertigung. Sie proklamierte darüber hinaus, dass die wichtigste Aufgabe des Menschen darin bestehe, die Höherentwicklung der eigenen Art selbst in die Hand zu nehmen. Würde man die Gesellschaft nach rassischen Gesichtspunkten gestalten, so hätte das für die Zukunft gesündere, intelligentere und moralisch höher stehende Individuen zur Folge. Die nächste, rassisch schon verbesserte Generation könnte dann mit ihren verbesserten Möglichkeiten eine weitere Optimierung in die Wege leiten – und so weiter, bis irgendwann ein paradiesischer Zustand höchster gesellschaftlicher und individueller Entwicklung erreicht wäre. Der Verfall der westlichen Kultur, den viele Intellektuelle um die Jahrhundertwende auszumachen glaubten, wäre aufgehalten und die westliche Kultur könnte gesünder als jemals zuvor neu erblühen. Die gesamte Menschheitsgeschichte schien plötzlich ein einziges großes Ziel zu haben. Die Weltorientierung, die mit dem Untergang des mittelalterlich-christlichen Weltbildes verloren gegangen war, schien auf einmal wieder vorhanden. Die Verheißungen der Eugenik wurden in allen Teilen der westlichen Welt zunehmend zur Kenntnis genommen. Eugenik wurde gepriesen als eine selbstverständliche und alternativlose Weltanschauung, der sich verantwortungsbewusste Menschen nicht verschließen durften. Vor allem dann nicht, wenn sie nicht nur an sich selbst, sondern an ihre Kinder und Kindeskinder dachten. Konservativ und bürgerlich gesinnte Menschen begannen, ebenso wie Sozialisten, Progressive und Liberale, von der vermeintlich edlen Utopie einer rassisch optimierten Zukunft zu träumen. Das hohe Ziel einer verbesserten Menschheit schien zu erfordern, dass heute gehandelt wurde, um der Welt von morgen eine verbesserte Überlebenschance zu ermöglichen. Weltverbesserer, Gutmenschen und Philanthropen sprachen davon, dass die »hoch stehenden« Rassen von den »tief stehenden« zu trennen seien und dass »unwertes Leben« beendet werden müsse. Begleitet war diese Entwicklung von einem militanten Journalismus, der sich für den »Kampf ums Dasein im Völkerleben« begeisterte und der behauptete, dass dieser Kampf ebenso notwendig wie heilsam sei, da er der Höherentwicklung der Menschheit diene.

Zu der Zeit, als der junge Hitler in Wien seinem »Privatstudium« nachging, erlebten die Rassentheorien in den Gesellschaften des Westens gerade ihre erste Blüte, und die Eugenik wurde von den Vertretern verschiedenster politischer Lager als zukunftsweisende Lösung gesellschaftlicher Probleme gepriesen. Es wurden Maßnahmen erdacht, deren Ziel es war, die rassische Qualität des eigenen Volkes zu verbessern. Und es wurden Modelle entworfen, die es ermöglichen sollten, die westlichen Gesellschaften nach rassischen Gesichtspunkten neu zu ordnen. Vor allem Naturwissenschaftler begeisterten sich für diesen neuen Zweig der Anthropologie, und an renommierten Universitäten und Forschungsinstituten begann man den Themenkreis »Rasse« und alles, was damit zusammenhing, zu erforschen. Der Anspruch auf soziale und politische Chancengleichheit wurde von der Eugenik verneint. An dessen Stelle trat die scheinbar biologisch fundierte Forderung nach rassischer Auslese. Für viele rational denkende Intellektuelle besaßen diese Ideen mehr Überzeugungskraft als das humanitäre Postulat individueller Menschenrechte. Überall in der westlichen Welt wurden Rassentheorien, die später im Dritten Reich ihre Verwirklichung fanden, zum Allgemeingut der Bildungsbürger. Rassistische Ideale erschienen wissenschaftlich und fortschrittlich. Sie waren deshalb nicht nur gesellschaftsfähig, sondern sie wurden in den ersten Jahrzehnten des 20. Jahrhunderts in weiten Kreisen der westlichen Gesellschaft als richtungsweisend angesehen. Rassismus war hip und modern.

Ein besonders einflussreicher Rassentheoretiker der Jahrhundertwende war der britische Admiralssohn, Biologe und Philosoph Houston Stewart Chamberlain (1855–1927). In seinem Buch *Die Grundlagen des 19. Jahrhunderts* erklärte er den Kampf der Rassen zu der entscheidenden Kraft, welche die Kulturentwicklung und den Geschichtsverlauf der Menschheit diktierte. Das Scheitern von Imperien und den Untergang von Kulturen stellte Chamberlain als Folge der Rassenvermischung dar. Gefährlich für den Westen schätzte Chamberlain insbesondere die Vermischung der arischen Rasse mit der jüdischen ein. Die jüdische Rasse war der arischen laut Chamberlain genau entgegengesetzt. Jede positive Qualität der kulturschaffenden Arier hatte ihre Entsprechung in einer eben solchen negativen Qualität bei den kulturzersetzenden Juden. Chamberlain listete historische und ethnologische »Belege« auf, die den Niedergang großer Reiche von der Völkerwanderung bis in die Gegenwart aus einer Steigerung des semitischen Blutanteils erklärten. Auch das arisch-römische Weltreich war laut Chamberlain aufgrund von Rassenvermischung mit fremdem Blut untergegangen. Laut Chamberlain hatten die Römer ihre Toleranz gegenüber anderen Rassen und insbesondere gegenüber den Juden mit ihrem Untergang bezahlt. Damit der »weißen Rasse« im Europa der Gegenwart dieses Schicksal erspart bleibe, sprach sich Chamberlain für den Schutz der »weißen Rasse« durch strikte Rassentrennung aus. Um die Zukunft der »weißen Rasse« darüber hinaus positiv zu beeinflussen und um deren Herrschaft für die kommenden Jahrhunderte zu zementieren, plädierte Chamberlain für menschliche Rassenzucht. »Entstehen die so genannten (...) ›edlen‹ Tierrassen (...) durch Zufall und Promiskuität? (...) Nein, sie entstehen durch geschlechtliche Zuchtwahl und durch strenge Reinhaltung der Rasse. (...) Crossing obliterates characters.«[3] Dass Hitler persönlich dem Rasseideal des blonden, hochgewachsenen Ariers nicht so recht entsprach, konnte er mit Hilfe der Theorien von H. S. Chamberlain recht gut erklären. Nach Chamberlain waren zwar die Arier die einzig kulturschöpfende Rasse, doch die Griechen und Römer waren ihnen verwandt, da sie »unter dem Einfluss nordischer Stämme«, die sich in Italien und Griechenland niedergelassen hätten, kulturschöpferische Fähigkeiten entwickelt hätten. Er sei ein »mediterraner Mensch«, behauptete Hitler konsequenterweise im internen Kreis.[4]

Die Höherzüchtung der menschlichen Gesellschaft hatte zuvor auch schon Ernst Haeckel (1834–1919) beschäftigt, einen international renommierten deutschen Mediziner und Zoologen. Haeckels technisch-wissenschaftliche Schriften und seine populären Bestseller gehörten zum grundlegenden Lesestoff der akademisch gebildeten europäischen Elite, und Haeckel erlangte im späten 19. Jahrhundert eine über Europa hinausgehende internationale Bedeutung.[5] Chamberlain verband nun in seinem Buch die Thesen von Haeckel, Gobineau und Galton zu einer neuen, eigenen Interpretation weltpolitischer und kulturgeschichtlicher Entwicklungen. Damit befriedigte Chamberlains Philosophie den Wunsch nach einer umfassenden Erklärung der Welt und vermittelte zugleich die Hoffnung, dass auf der Basis rassischer Erneuerung die Übel, die die westliche Zivilisation angeblich befallen hatten, beseitigt werden konnten. Die Ideen der Eugenik in Verbindung mit einem wissenschaftlich-philosophisch begründeten Antisemitismus fanden durch Chamberlains Buch ihren Eingang in den bildungsbürgerlichen Mainstream überall in Europa. In Deutschland und Österreich wurde Chamberlains Buch zuerst veröffentlicht, erzielte die höchsten Auflagen und galt als besonders bedeutendes und zukunftsweisendes Werk. Aber auch in England, wo Chamberlains Buch 1911 erschien, wurde sein Werk viel gelesen und durchweg positiv aufgenommen. Die Literaturbeilage der Londoner *Times* nannte Chamberlains Werk »eines der wirklich bedeutenden Bücher«, und der Dramatiker George Bernhard Shaw erhob es in der linken *Fabian News* zu einem »historischen Meisterwerk«. In den USA verfasste Präsident Theodore Roosevelt eine positive Buchkritik, und die Universitäten Johns Hopkins und Yale luden Chamberlain in die USA zu Vorlesungen ein. Die Einladungen in die USA schlug Chamberlain aus, nahm dafür aber die Einladung eines anderen begeisterten Lesers an: die des deutschen Kaisers. Chamberlain traf Kaiser Wilhelm II. auf einem seiner Schlösser, und es entstand eine enge geistige Verbundenheit zwischen den beiden Männern. Die Korrespondenz der beiden riss bis zu Chamberlains Tod nicht ab. In mehrseitigen Briefen erörterten sie die Bedrohung des Kaiserreiches durch die »gelbe Gefahr«, durch »schwarze Horden« und durch das »Slawentum« ebenso wie die Schritte, die im Kampf gegen »Rom« (Papsttum) und »Jerusalem« (Judentum) zu unternehmen seien. In einem Brief an den Kaiser von 1906 betonte Chamberlain, dass es die »heilige Aufgabe« deutscher Weltpolitik sein müsse, die höheren Rassen vor den niederen Rassen zu schützen.[6] In einem anderen Brief beschwor er Wilhelm II., alles dafür zu tun, damit Deutschland zur führenden Weltmacht werde. Das liege nicht nur im Interesse Deutschlands, sondern im Interesse der ganzen

Welt.[7] Chamberlain hatte dem deutschen Kaiser geschrieben, es gelte, das Reich »aus der zermalmenden Umarmung der Juden ... zu erlösen«. Die kaiserliche Ansicht dazu findet sich in verschiedenen Briefen und Äußerungen von Wilhelm II., der der Meinung war, es gebe zu viele Juden in seinem Land, »sie müssen ausgemerzt werden«.[8] Wilhelm II. ließ Chamberlains Buch zur Pflichtlektüre für Schullehrer erklären, es wurde zum Bestseller und erlebte bis zum Jahr 1934 allein in Deutschland 24 Auflagen. Jahrzehntelang gehörte das Buch mit dem sperrigen Titel *Die Grundlagen des 19. Jahrhunderts* zu den am meisten gelesenen Büchern in Deutschland.[9]

Aber nicht nur Chamberlain machte die Eugenik im Westen populär. Überall in Europa forderten Sozialreformer zu Beginn des 20. Jahrhunderts die Schaffung einer rassisch optimierten Gesellschaft, aus der fremde Ethnien auszugliedern waren und in der geistig oder körperlich Behinderte keinen Platz hatten. Der Neurologe Paolo Mantegazza hatte an der Universität von Florenz bereits 1870 den ersten europäischen Lehrstuhl für Rassenkunde eingerichtet. Der Anthropologe Guiseppe Sergi, der die Sterilisation erblich Minderwertiger propagierte, gründete 1893 in Rom ein rassenkundliches Institut. Dort entwarf er die Theorie einer »mediterranen Rasse«, die allen anderen Rassen, einschließlich der Arier, überlegen sei. In Oslo gründete der norwegische Chemiker Alfred Mjoen 1906 eine rassenhygienische Vereinigung. Mit seinem ›Programm für Rassenhygiene‹ lieferte Alfred Mjoen Gutachten für Beratungen im norwegischen Reichstag, die 1919 zu einem Ehehygiene-Gesetz und 1934 zu einem Sterilisations-Gesetz führten. In der Schweiz setzten sich um die Jahrhundertwende renommierte Biologen und Ärzte wie Ernst Rüdin, Eugen Bleuler, Hans Wolfgang Mayer und Manfred Bleuler für die Ziele der Eugenik ein. Der Schweizer Neurologe Auguste Forel war bis 1898 Direktor der Psychiatrischen Universitätsklinik Zürich und veranlasste dort die ersten Sterilisationen in Europa aus sozialen Gründen. Auf Grundlage der wissenschaftlichen Arbeiten Forels und anderer Schweizer Eugeniker wurde 1928 im Kanton Waadt ein Gesetz zur Sterilisation Geisteskranker verabschiedet. In Russland übte das Buch des Chirurgen Wassili Florinski Die *Vervollkommnung und das Aussterben des Menschengeschlechts* (1866) großen Einfluss aus, allerdings erst, als es mehrere Jahrzehnte nach seinem ersten Erscheinen neu aufgelegt wurde. Neben dem Buch von Florinski sorgten die Werke von Konstantin Mereschkowski, Jewgeni Schlepilewski und Übersetzungen ausländischer Eugeniker dafür, dass die Eugenik auch in Russland populär wurde. 1917 wurde auch in Moskau ein Institut für Eugenik gegründet.[10] In Deutschland organisierte der Psychiater Robert Sommer in den Jahren 1908 und 1912 in Gießen Eugenik-Kongresse. Der Anthropologe Eugen Fischer, der Hygieniker Friedrich Lenz und andere begannen zu dieser Zeit, an deutschen Hochschulen Kurse zum Thema Eugenik zu halten, was in den 20er-Jahren zur Gründung von Instituten für Rassenhygiene an den Universitäten von Berlin und München führte. In Leipzig veröffentlichte ein Psychiater im Jahr 1920 zusammen mit einem Juristen ein Buch mit dem Titel: »Die Freigabe der Vernichtung lebensunwerten Lebens. Ihr Maß und ihre Form«. In Paris wurde 1912 die *Société Française d'Eugénique* gegründet, die für die Ziele der Eugenik warb. Im selben Jahr wurde der französische Chirurg Alexis Carrel für seine Forschungen auf dem Gebiet der Organtransplantation mit dem Nobelpreis ausgezeichnet. In seinem Werk *L'homme, cet inconnu* (1935) propagierte er die schmerzlose Tötung von Behinderten. Für Mörder, Räuber und Kindesentführer empfahl er »kleine Anstalten für schmerzlose Tötung, wo es die dazu geeigneten Gase gibt.« Das Buch wurde in 19 Sprachen übersetzt und mit mehr als einer Million verkauften Exemplaren zu einem Weltbestseller.[11] In Stockholm wurde 1910 die Schwedische

Rassenhygiene-Gesellschaft gegründet und in Lund die Gregor-Mendel-Gesellschaft, aufgrund deren Vorarbeit im Parlament Gesetze zur »Ehehygiene« verabschiedet wurden. An der Universität Uppsala wurde 1921 ein rassenbiologisches Institut gegründet. In Dänemark konstituierte sich 1903 ein anthropologisches Komitee, das später in der Dänischen Eugenischen Kommission aufging. Gesellschaften, die den Zielen der Eugenik verpflichtet waren, entstanden auch in Argentinien (1912), Kuba (1912) und Brasilien (1919), was in diesen Ländern dazu führte, dass Ehehygiene-Gesetze und andere eugenische Maßnahmen eingeführt wurden. Überall in der westlichen Welt wurde die Eugenik rasch zu einem allgemein akzeptierten und angesehenen Forschungsgebiet. In England feierten führende Evolutionswissenschaftler die Eugenik als das »Kronjuwel« im Reich der Humanwissenschaften. Und in Zentral- und Südosteuropa wurde die Eugenik als Basis des nationalen Selbstverständnisses gepriesen, was durch entsprechende Zeitungsberichte belegt ist.[12]

Im Jahr 1912, als der junge Hitler in Wien seine Zeit mit Lesen und Bildermalen verbrachte, organisierte die *British Eugenics Education Society* in London ihre erste Eugenik-Konferenz.[13] Der Sohn von Charles Darwin, Major Leonard Darwin, führte den Vorsitz. Der Miterfinder des Telefons, Alexander Graham Bell, war einer der Direktoren. Zahlreiche Nobelpreisträger unterstützten die Konferenz mit ihrer Reputation. Unter den 400 Teilnehmern befanden sich, neben vielen anderen Prominenten, der ehemalige britische Premierminister Lord Balfour, der oberste britische Richter Lord Alverstone, Winston Churchill als Marineminister und Sir William Osler, der damals bekannteste Mediziner im englischsprachigen Raum, der auch heute noch häufig als »Vater der modernen Medizin« bezeichnet wird. Als sich der junge Hitler in Wien für Eugenik interessierte, war das also nicht etwa ein verschrobenes Interesse für ein abseitiges

Randgebiet. Im Gegenteil. Rassismus verbunden mit »Rassenhygiene« war sowohl bei der akademischen Elite als auch in den Salons der adeligen und bürgerlichen Welt ganz Europas eine zentrale Thematik, ein Gesprächsgegenstand, bei dem der informierte Zeitgenosse demonstrieren konnte, dass er mit den innovativen geistigen Strömungen seiner Zeit vertraut war.

Auch wenn die Rassenlehren in Europa populär waren, so hatten sie dort zunächst nur geringfügige praktische Auswirkungen. Das war in den USA anders. Die staatlichen Ausrottungsmaßnahmen gegen die Indianer wurden von den europäischen Rassisten lebhaft begrüßt, ebenso wie die Diskriminierung der Schwarzen. Strikte Einwanderungsbestimmungen mit Intelligenztests wurden als eine Absicherung Nordamerikas gegen ein Absinken der rassischen Qualität verstanden. Darüber hinaus war Zwangssterilisation nach den Prinzipien der Eugenik in vielen amerikanischen Bundesstaaten seit dem Beginn des 20. Jahrhunderts gängige Praxis. Obdachlosenasyle, Gefängnisse, Krankenhäuser und Armensiedlungen wurden von Eugenik-Ermittlern durchforstet und die Bewohner daraufhin untersucht, ob sie ein Anrecht auf Fortpflanzung hatten. Die Gruppe der Untersuchten umfasste geistig und körperlich Behinderte, Alkoholiker, Epileptiker, Kriminelle, Arbeitsscheue, Unmoralische und jeden, den die Eugenik-Ermittler zu begutachten wünschten. Wer als »erbkrank« eingestuft wurde, war der Willkür sogenannter »Erbgesundheitsgerichte« hilflos ausgeliefert. Die Gerichte entschieden über Zwangssterilisation bzw. die Einweisung in eine Anstalt für sozial Minderwertige. Euthanasie, das Beenden »lebensunwerten« Lebens, war zwar noch nicht Gesetz, es gab aber lebhafte Debatten darüber, da Rassenhygiene in immer mehr Bundesstaaten der USA als eine zentrale Mission der Politik verstanden wurde.[14] Harvard, Princeton, Johns Hopkins,

Stanford, Yale - sämtliche US-Elite-Universitäten hatten sich der Förderung der Eugenik verschrieben. Gefördert wurden Eugenik-Projekte darüber hinaus von der *National Academy of Sciences*, der *American Medical Association* und dem *National Research Council*. Die Höherzüchtung der Nordamerikaner war das erklärte Ziel. Die Stiftungen der Rockefellers, Harrimans, Fords, Du Ponts und Carnegies unterstützten die Eugenik-Bewegung mit ihrem Reichtum.[15] Aus Sicht der europäischen Sozialdarwinisten waren die Verhältnisse in den USA vorbildlich, und sie forderten, dass man auch in Europa endlich dem gesunden Menschenverstand folge und den Prinzipien der »Rassenhygiene« rechtliche Geltung verschaffe. Anerkennend schreibt Hitler dazu in *Mein Kampf*: »Der rassisch reine und unvermischt gebliebene Germane des amerikanischen Kontinents ist zum Herrn desselben aufgestiegen.«[16]

Als Hitler 20 Jahre nach seiner Wiener »Studienzeit« als Reichskanzler an der Spitze des deutschen Staates stand, war sein Eintreten für die rassische Hochzüchtung der eigenen Nation und für die Reinerhaltung des Blutes vor allem eines: modern. Mit seiner Politik setzte Hitler die Ziele der Eugenik konsequent um, Ziele, für die zu jener Zeit viele prominente Persönlichkeiten eintraten. In England waren das unter vielen anderen: Julian Huxley (Politik), John Maynard Keynes (Ökonomie), D.H. Lawrence (Literatur), Bertrand Russell (Philosophie), William Beveridge (Ökonomie), Marie Stopes (Frauenrechte), George Bernhard Shaw (Theater) und H.G. Wells (Literatur). Zu der Eugenik-Bewegung der USA zählten neben vielen anderen Prominenten auch Teddy Roosevelt (26. Präsident der USA), Woodrow Wilson (28. Präsident der USA), Alexander Graham Bell (Telefon), John H. Kellogg (Cornflakes), Luther Burbank (Biologie), John D. Rockefeller (Öl), Leland Stanford (Universitäts-Gründer), Margaret Sanger (Frauenrechte) und J.P. Morgan Jr. (Finanzen). »An der Überlegenheit einer Rasse gegenüber der anderen kann kaum ein Zweifel bestehen« (»There can be little doubt of the superiority of one race to another«), erklärte Bertrand Russell in seinem Buch *Marriage and Morals* (1929). Für Großbritannien forderte er verschiedenfarbige Fortpflanzungs-Lizenzen. Das Blut mit der besten Qualität sollte auf diese Weise gefördert und die Vermehrung der »feeble-minded, idiots and imbecils« sollte hart bestraft werden. H.G. Wells sprach von »ungebildeten Schwärmen minderwertiger Bürger« (»ill-trained swarms of inferior citizens«), Theodore Roosevelt erklärte, dass »es nicht Aufgabe der Gesellschaft sei, den Degenerierten zu gestatten, sich fortzupflanzen«. (»Society has no business to permit degenerates to reproduce their kind.«), Luther Burbank forderte: »Hört auf, den Verbrechern und Schwächlingen zu erlauben, sich fortzupflanzen.« (»Stop permitting criminals and weaklings to reproduce.«) Auch George Bernhard Shaw war Eugenik-Aktivist: »Nur die Eugenik ist in der Lage, die Menschheit zu retten«. (»Only eugenics can save mankind.«)

Gegner gab es nur wenige. Schließlich waren sich alle Fachwissenschaftler einig: Wenn nicht schleunigst etwas getan werde, dann sei schon in wenigen Generationen die rassische Qualität der westlichen Nationen auf ein Niveau gesunken, das eine Umkehr unmöglich mache. Die weiße Rasse werde untergehen und die gesamte Menschheit mit in den Abgrund ziehen. Die Folge sei das »Ende der Geschichte« und das »Ende der Kultur«, also genau das, was der Eugenik Vordenker Gobineau im 19. Jahrhundert prophezeit hatte. Für die Eugenik-Bewegung des beginnenden 20. Jahrhunderts stand nicht weniger auf dem Spiel als das Überleben der Menschheit. Die Ergebnisse der Forschung waren eindeutig und die Lage war hochdramatisch: Die Titanic befand sich auf Kollisionskurs, und dass sich das Problem »irgendwie von selbst« lösen würde, war mit jedem neuen Tag und mit jeder neuen Forschungsveröffentlichung weniger wahrscheinlich.

Die Brisanz einer sich am Horizont angeblich glasklar abzeichnenden zukünftigen Menschheitskatastrophe führte dazu, dass sich die Eugenik-Bewegung durch eine besondere Unerbittlichkeit auszeichnete, wenn sie radikale Rettungsmaßnahmen propagierte. Die Eugeniker forderten die Entscheidungsträger auf, endlich eine Politik zu machen, die auf wissenschaftlichen Beweisen beruhte. Es gab nur zwei Möglichkeiten: entweder »aufschieben und aussterben« oder »handeln und aufblühen«. Jeder verantwortungsbewusste Bürger war aufgerufen, den dringend notwendigen Wandel hin zu einer Gesellschaft, die das Gedeihen der eigenen Rasse als vorrangiges Ziel erkannt hatte, zu unterstützen. Und zwar umgehend, denn das Ganze war ein Wettlauf gegen die Zeit. Die wenigen Kritiker, die sich weigerten zu glauben, dass die Menschheit mithilfe der Eugenik gerettet werden müsste, wurden als Reaktionäre beschimpft, die nur an sich selbst dachten. Aufgrund ihrer Bequemlichkeit seien sie unwillig, den dringend zu ergreifenden Maßnahmen den benötigten Raum zu geben. Eugenik-Leugner, die vor Panikmache warnten oder gar die Wissenschaftlichkeit der Eugenik bezweifelten, wurden als realitätsblinde Ignoranten an den Pranger gestellt. Man warf ihnen vor, dass sie mit ihrem Widerstand gegen durchgreifende staatliche Maßnahmen das Überleben künftiger Generationen gefährdeten.[17]

Als der NS-Staat damit begann, Hitlers Weltanschauung mit Zwangssterilisationen Wirklichkeit werden zu lassen, war die Zwangssterilisation geistig behinderter Menschen nicht nur in den USA gängige Praxis. Auch in Belgien, Brasilien, Kanada, Japan und Schweden[18] wurden zu dieser Zeit, zum Teil schon seit vielen Jahren, Zwangssterilisationen praktiziert.[19] Viele der neuen deutschen Gesetze und Verfahren orientierten sich an den Regelungen, die es in mehreren US-Bundesstaaten bereits seit Jahrzehnten gab. Das *Gesetz zur Verhütung erbkranken Nachwuchses* vom 14. Juli

1933, das die erzwungene Sterilisation von vermeintlich Erbkranken in Deutschland vorsah, entsprach bis in die Details den gesetzlichen Regelungen, die in den USA bereits 1927 vom Obersten Gerichtshof bestätigt worden waren.[20] Auch bei Rassengesetzen war man in den USA Deutschland voraus. Im US-Staat Virginia hatte der *Racial Integrity Act* seit 1924 Gesetzeskraft, der sexuelle Beziehungen zwischen Schwarzen und Weißen untersagte. Das Nürnberger *Blutschutzgesetz* von 1935 war vom selben Geist geprägt. Neben Schwarzen untersagte das Gesetz auch Zigeunern und Juden den Geschlechtsverkehr mit »Deutschblütigen«.[21]

Von der rasanten Umsetzung eugenischer und rassistischer Prinzipien im Deutschland Hitlers waren die amerikanischen Eugenik-Befürworter schockiert. Den Schock löste aber zunächst nicht die gnadenlose Politik Hitlers aus, sondern die US-amerikanischen Eugeniker hatten das Gefühl, plötzlich von Deutschland aus ihrer Vorreiterposition verdrängt worden zu sein. »Die Deutschen schlagen uns mit unseren eigenen Waffen«, beschwerte sich Joseph DeJarnette, der Leiter des *Virginia's Western State Hospital*, im Jahr 1934 in der *Richmond Times*. Und Leon Whitney, der Geschäftsführer der *American Eugenics Society*, stellte fest: »Während wir uns um die Sache herumgedrückt haben ... haben die Deutschen Nägel mit Köpfen gemacht.«[22] Die Rockefeller-Stiftung finanzierte Eugenik-Forschung nicht nur in den USA, sondern auch in Deutschland. Auch nach dem Erlass der Nürnberger Rassengesetze im Jahr 1935 wurde diese Finanzierung fortgesetzt, und sie erfolgte sogar noch im Jahr 1939, als der Zweite Weltkrieg ausbrach.[23]

Bis zum Jahr 1945 hatte man in den USA mehr als 45.000 geistig behinderte und anderweitig für »unfit« erklärte Menschen zwangsweise sterilisiert. Dennoch hatte es nach dem Zweiten Weltkrieg den Anschein, als sei die Eugenik eine rein deutsche Erfindung gewesen. In den USA und in Großbritannien schien es nach dem Ende des Krieges plötzlich, als habe die Eugenik-Bewegung dort niemals existiert. Sämtliche Eugenik-Befürworter der USA und Großbritanniens waren mit einem Schlag verstummt und niemand wollte sich für so etwas jemals eingesetzt haben. Die Biografien der Prominenten erwähnten das Eintreten ihrer Protagonisten für die Eugenik, wenn überhaupt, nur in Nebensätzen. In den meisten Fällen wurden die mit einem Mal unappetitlich gewordenen Auffassungen verschwiegen. Von heute auf morgen war die Eugenik auch an sämtlichen westlichen Universitäten kein akademisches Unterrichtsfach mehr, und ebenso sang- und klanglos wurde sie aus allen Forschungs- und Förderungsprogrammen gestrichen. Der urplötzliche Verzicht auf dic kurz zuvor noch mit marktschreierischem Eifer gepriesene »Wissenschaft« fiel den Eliten des Westens allerdings nicht allzu schwer. Schließlich war mit dem Ende des Zweiten Weltkriegs auch die Epoche der Kolonisation zu Ende gegangen. Ein pseudowissenschaftliches Deckmäntelchen für die Unterdrückung fremder Völker durch die weiße Herrenrasse wurde nicht mehr benötigt.

FRAUEN

Bei einem Tischgespräch in der *Wolfsschanze* hat sich Hitler am 26.1.1942 laut seinem Protokollanten Henry Picker folgendermaßen geäußert: »(…) Dann später in Braunschweig! Da habe ich mir nachher die bittersten Vorwürfe gemacht. Allen meinen Herren ist es gegangen wie mir: ein blondes Ding kam auf mich zugesprungen zum Wagen, um mir einen Blumenstrauß zu überreichen. Jeder hat sich des Vorgangs erinnert, aber keiner war auf den Gedanken gekommen, das Mädchen nach seiner Adresse zu fragen, daß ich ihm ein Dankwort hätte schreiben können. Blond und groß und wunderbar! Aber wie das so geht: Volksgedränge um und um. Und eilig war es auch, es tut mir jetzt noch leid.«[1] Das klingt nicht wie der Asket, zu dem die NS-Propaganda den Führer stilisiert hatte. Es klingt aber auch nicht wie ein Mann, der kein natürliches Verhältnis zu Frauen gehabt hätte. Genau das haben mehrere Zeitzeugen aber später behauptet. Daneben gab es immer auch schon die Version, dass Hitler Frauen geradezu verschlungen haben soll. Ein anonymes Flugblatt, das Hitler-Gegner innerhalb seiner Partei 1921 verfassten, warf ihm »seinen übermäßigen Damenverkehr« vor.[2]

Rankten sich schon zu Hitlers Lebzeiten in seinem engsten Umfeld die unterschiedlichsten Legenden um sein Liebesleben, so öffnete der gemeinsame Suizid mit Eva Braun die Schleusentore für den »Klatsch von tausend Jahren«, wie der Literaturwissenschaftler Marcel Atze treffend formuliert hat. Hitler-Forscher aller Kontinente überboten einander mit Spekulationen zweideutiger Natur. Von der Berghof-Edel-Kitsch-Saga bis zur Bunker-Schnulze wurde alles produziert, was der Markt hergab. Und auch weniger romantische Genres wurden bedient: Es entstanden Mythen um die Perversionen des Führers und Legenden von den »Mätressen des Bösen«.

Historisch belegt und unstrittig ist, dass Hitler enge Freundschaften zu Damen unterhielt, die wesentlich älter waren als er selbst. Diese Frauen bemutterten ihn und verschafften ihm finanzielle und andere Vorteile. »Ich wollte, er wäre mein Sohn«, wird Helene Bechstein, die Frau des millionenschweren Klavierfabrikanten Carl Bechstein, von dem Hitler-Biografen Konrad Heiden zitiert. Am 27. Mai 1924 bestätigte sie gemäß dem Vernehmungsprotokoll der Münchner Polizeidirektion, Hitler habe von ihr erhebliche Zuwendungen erhalten. Frau Bechstein: »Ich habe ihm einige Kunstgegenstände zur Verwertung gegeben, mit der Bemerkung, daß er damit machen könne, was er wolle. Es handelt sich bei diesen Kunstgegenständen um solche von höherem Wert.« Die Wertgegenstände, die Hitler von Frau Bechstein und anderen Verehrerinnen erhielt, hat er wohl zum großen Teil in seine Partei investiert. In einem Darlehens- und Überweisungsvertrag, den der Geschäftsführer der NSDAP in Hitlers Auftrag mit dem Berliner Kaffeefabrikanten Richard Frank im Sommer 1923 schloss, heißt es zum Beispiel: »Als Sicherheit für das Darlehen von 60.000 Schweizer Franken überträgt Herr Adolf Hitler an Herrn Richard Frank das Eigentum an den bei dem Bankhaus Heinrich Eckert in München hinterlegten Wertgegenständen: einen Smaragdanhänger mit Platin und Brillanten mit Platinkettchen, einen Rubinring in Platin mit Brillanten, einen Brillantring (Solitaire), Brillanten in Silber gefasst, Ring 14 Kar. Gold ...«[3] Zu den spendablen älteren Damen, die Hitler bemutterten, zählte auch seine Wandergefährtin, Baronin Claire von Abegg. Sie schenkte ihm nicht nur Geld und Kunstgegenstände. Am 3. April 1923 berichtete die »Münchner Post«, dass die Baronin der Partei ihres Zöglings gleich ihr ganzes Haus überlassen hatte.[4] Die Baronin blieb ebenso im Hintergrund wie die begüterte Opernsängerin Maria Wutz, die Hitler und seine Partei in der Anfangszeit zusammen mit ihrem Mann mit hohen Geldbeträgen großzügig unterstützte.

Persönlich brauchte Hitler zu Beginn seiner Karriere nicht besonders viel Geld, denn er lebte bescheiden. Er wohnte in einem einfachen Zimmer zur Untermiete, legte keinen Wert auf teures Essen und trug laut übereinstimmenden Zeugenberichten fast zwei Jahre lang immer denselben abgewetzten blauen Anzug und denselben Trenchcoat. Er hatte aber, in einer Zeit allgemeiner wirtschaftlicher Not, immer Geld in der Tasche: Operntickets, Kinobesuche, Blumen für die Damen, Essenseinladungen – nichts war für ihn ein Problem, und das hatte er seinen »mütterlichen Freundinnen« zu verdanken. Zu diesen zählte auch die zuvor erwähnte Grande Dame der Münchner Kulturszene Elsa Bruckmann. Auch Erna Hanfstaengl, Ernst Hanfstaengls ältere Schwester, gehörte zu dem Kreis gebildeter Damen, die den jungen Parteiführer förderten und verehrten. Elsa Bruckmann und Erna Hanfstaengl führten Hitler in Münchens bessere Kreise ein, während die Berliner Salonière Viktoria von Dirksen, eine weitere »mütterliche Freundin«, den jungen Parteichef mit den Spitzen der Berliner Gesellschaft bekannt machte. Carola Hoffmann, die 60-Jährige Witwe eines Münchner Schuldirektors, unterstützte Hitler mit eigenem Geld, ebenso wie Gertrud von Seidlitz, die wohlhabende Besitzerin einer finnischen Papierfabrik, die darüber hinaus auch noch andere Geldgeber für Hitler und seine Partei gewann. Es waren aber wohl nicht nur wirtschaftliche Vorteile, die Hitler die Nähe von älteren, mütterlichen Freundinnen suchen ließ. Zu reiferen Frauen hatte er sich auch schon in der Vergangenheit hingezogen gefühlt. Mit Frau Zakreys, seiner Vermieterin in Wien, hatte der junge Hitler ein ebenso inniges Verhältnis gepflegt wie mit der Frau des Schneidermeisters Popp, bei dem er vor dem Ersten Weltkrieg in München ein Zimmer gemietet hatte. Dass Hitler die Nähe zu wesentlich älteren Frauen suchte, mag auf den frühen Tod der geliebten Mutter zurückzuführen sein. Auf eine sexuelle Natur der Beziehungen Hitlers zu seinen »mütterlichen Freundinnen« findet sich kein Hinweis. Und auch mit den Frauen, die Hitler bewunderte, weil sie sich in ihrem Beruf bewiesen hatten, hat es wohl keine sexuellen Kontakte gegeben. Dazu zählten unter anderen: die Regisseurin Leni Riefenstahl, die Chefin von Bayreuth Winifred Wagner und die Innenarchitektin Gerdy Troost.

Als der junge Hitler um die Jahrhundertwende in Wien lebte, machten Heranwachsende dort üblicherweise ihre ersten erotischen Erfahrungen mit dem anderen Geschlecht im Bordell. Ob das auch bei Hitler der Fall war, ist fraglich. Sein Jugendfreund und Zimmergenosse Kubizek berichtet von einem nächtlichen Ausflug der beiden zur Siebensterngasse, wo Prostituierte ihre Dienste anboten. Die Initiative zu diesem Ausflug sei, so Kubizek, von Hitler ausgegangen. Hitler habe die Prostituierten und Freier interessiert beobachtet und danach die »Verführungskünste der Dirnen« verurteilt. Kubizek erwähnt auch ein paar Nächte, an denen Hitler nicht nach Hause kam. Ansonsten weiß Kubizek nichts zu berichten, was auf einen Besuch seines Freundes bei Prostituierten schließen lässt. Auch eine Jugendliebe oder eine Mädchenfreundschaft Hitlers erwähnt Kubizek während ihrer gemeinsamen Zeit in Wien nicht. Die schwärmerische Verliebtheit, die der 16-jährige Hitler für Stefanie Isak empfunden hat, als er und Kubizek noch in Linz lebten, ist der einzige Hinweis Kubizeks auf ein Interesse des jungen Hitler am anderen Geschlecht. Dieser Schwarm blieb allerdings auf ein reines Beobachten beschränkt. Den Mut, die angehimmelte Stefanie anzusprechen, hatte der junge Hitler nicht.

Während der Zeit im Wiener Männerheim und auch danach, in München, hatte Hitler offenbar ebenfalls keine Beziehung zu Frauen. Jedenfalls konnte sich keiner der Zeitzeugen daran erinnern, Hitler jemals in weiblicher Begleitung gesehen zu haben. Seine spärlichen finanziellen Ressourcen hat Hitler in Operntickets investiert, für Prostituierte blieb da nichts übrig, und käuflicher Sex war schon von daher keine Option. Während der vier Jahre, die Hitler danach als Soldat im Ersten Weltkrieg diente, ergibt sich ein ähnliches Bild. Von den Kondomen, die die deutsche Heeresleitung reichlich ausgeben ließ, scheint Hitler keinen Gebrauch gemacht zu haben. Seine Kriegskameraden berichten übereinstimmend, dass er wohl niemals eines der vielen Bordelle aufgesucht hat, die sich hinter den Frontlinien wildwuchernd vermehrten. Die Geschichte, dass Hitler in Frankreich einen Sohn gezeugt habe, ist mit an Sicherheit grenzender Wahrscheinlichkeit eine Erfindung. Für die Behauptung des Franzosen Jean-Marie Loret-Frizon, Hitlers Sohn zu sein, gibt es nicht einen einzigen stichhaltigen Beweis, aber viele Indizien, die dagegen sprechen.

Als Hitler nach 1918 plötzlich sein Einzelgängertum aufgab und zu einer öffentlichen Figur wurde, wurden seine Begegnungen mit Frauen von Freunden wie Feinden aufmerksam registriert und sind daher gut belegt. Hitlers Wiener Charme, der niemals in Zweideutigkeiten abglitt, und seine selbstbewusste, charismatische Ausstrahlung machten es ihm leicht, nicht nur reife Frauen für sich zu gewinnen. In den Salons der Münchner Elite entpuppte sich der Mann mit dem martialischen öffentlichen Image als einfühlsamer und kenntnisreicher Kunstliebhaber. Manchmal wirkte er weltfremd und konnte sich rührend unbeholfen benehmen, wie Parzifal. Dann wieder gab er sich betont unkonventionell. Seine Auftritte im Frack und Trenchcoat, in Kombination mit Pistolenhalfter und Nilpferdpeitsche verschafften ihm das schrille Image einer Polit-Pop-Ikone. Kein Wunder, dass es reihenweise hübsche junge Frauen gab, die auf ihn versessen waren.

Vor seiner Zeit als Parteichef scheint Hitler keine einzige engere Beziehung zu einer Frau gehabt zu haben. Daher ist es gut möglich, dass er noch ›Jungfrau‹ war, als er in den

20er-Jahren Freundschaften mit Geli Raubal, »Mizzi« Reiter und Eva Braun einging. Diese Frauen waren alle sehr viel jünger als er. Hitler war 37, die Berchtesgadener Modistin »Mizzi« Maria Reiter erst 16, als sich die beiden in Berchtesgaden zum ersten Mal begegneten. Seine Nichte Geli Raubal war 19 Jahre jünger als er, und von Eva Braun trennten ihn 23 Jahre. Die Vorliebe für Frauen, die entweder sehr viel jünger oder sehr viel älter waren als er selbst, teilte Hitler mit seinem Vater. Dessen erste Frau Anna war 14 Jahre älter gewesen als er, während Klara, Hitlers Mutter, 23 Jahre jünger war als der Vater. Dass Hitler eine gewisse Art von jugendlicher, unbefangener Weiblichkeit sehr zu schätzen wusste, hat er im privaten Kreis häufiger geäußert: »Ich kann neben jungen Frauen sitzen, die mich völlig kalt lassen, die ich gar nicht empfinde, ja, die mich sogar stören, (...) und dann wieder so ein Mädel wie die kleine Hoffmann oder die Geli, bei denen werde ich froh und heiter, und wenn ich ihre vielleicht törichten Plaudereien eine Stunde lang angehört habe – oder sie brauchen überhaupt nur neben mir zu sitzen – dann ist alle Müdigkeit und Unlust weg (...)«[5] In der Tat gab es außer seiner Nichte Geli und seiner späteren Ehefrau Eva Braun jede Menge »junger Dinger« im Leben des Parteiführers in den 20er-Jahren. Und auch als er Reichskanzler war, ließ er sich gerne von attraktiven jungen Damen umschwärmen. Hatte es schon während der Zeit seines Aufstiegs an interessierten jungen Frauen keinen Mangel gegeben, so lagen ihm nach 1933 die meisten Frauen und Mädchen des ganzen Landes zu Füßen. Eine gewaltige Anzahl von Briefen, die an Hitler persönlich gerichtet waren und die über die Jahre in der Reichskanzlei eintrafen, waren Liebesbriefe von Frauen. Der Erfolg, den Hitler bei den Frauen hatte, war nicht nur bei den Wahlen von großer Bedeutung. Von Frauen umschwärmt zu sein, kam auch Hitlers persönlichen Neigungen entgegen. Seine langjährige Sekretärin Christa Schroeder hat berichtet, dass der »Augenmensch« Hitler für weibliche Schönheit eine große Schwäche hatte. Sein Kammerdiener Heinz Linge sprach von »einer fröhlichen Schwäche aller normalen Männer.«[6]

Attraktive Frauen, insbesondere Künstlerinnen, die ihn begeisterten, hofierte er als Reichskanzler charmant und lud sie in seinen »privaten Kreis« auf den *Berghof* ein. Sein Kammerdiener Karl W. Krause hat das in seinem Buch *Zehn Jahre Tag und Nacht. Kammerdiener bei Hitler* (1949) wie folgt beschrieben: »Fiel dort, wo wir hinkamen, ein besonders schönes Mädchen auf, so musste sich meistens Brückner nach deren Anschrift erkundigen. Dann wurde die Dame einmal nach München, Berlin oder auf den Obersalzberg zum Kaffee eingeladen, nur damit er sich einmal eine Stunde mit ihr unterhalten konnte.« Darüber hinaus gab es seit dem Beginn von Hitlers Karriere jede Menge von persönlichen »Eroberungen«. Alle zeichneten sich durch Anmut und Schönheit aus. Stimmten die Proportionen, dann konnte sich Hitler für üppigere Damen genauso begeistern wie für die schlanken, für kleine Frauen ebenso wie für große, für dunkelhaarige genauso wie für Blondinen. Da gab es Sabine Offermann, eine Wagnersängerin aus Bayreuth, Susi Liptauer, eine vollschlanke Wienerin, die er in Berchtesgaden kennengelernt hatte, Inge und Lola Epp, zwei Kabarett-Tänzerinnen und Aktmodelle der Münchner Kunstakademie, Eleonore Bauer (»Schwester Pia«), die beim Putschversuch im November 1923 mit dabei war, die Eiskunstläuferin Martha Mayerhans, die britische Studentin der Kunstgeschichte Unity Mitford und die hochattraktive Jenny Haug, eine Schwester seines Chauffeurs, die Hitler in den 20er-Jahren als Leibwächterin mit Lederjacke und Pistole im Schulterhalfter bei nächtlichen Ausflügen in Münchner Bars und Restaurants begleitete. Später gab es Sigrid von Laffert, die auffallend hübsche Tochter eines mecklenburgischen Aristokraten, die

Berliner Opernsängerin Gretl Slezak, die »Wiener Filmschönheitskönigin« Betty Bird, die geschiedene Stephanie Prinzessin von Hohenlohe und die Filmschauspielerinnen Gretl Theimer und Anny Ondra. Auch die kokette Tochter des amerikanischen Botschafters in Berlin, Martha Dodd, soll mit dem Reichskanzler ein ungewöhnlich inniges Verhältnis gepflegt haben. »Seine« Damen bedachte Hitler über Jahre und oft Jahrzehnte mit Aufmerksamkeiten und Geschenken. Brauchten sie berufliche oder finanzielle Hilfe, war er diskret und anonym zur Stelle. Sein loyal-verschwiegener Chefadjutant Julius Schaub erledigte das alles für ihn.

Aber welcher Art war die Beziehung, die Hitler zu diesen Frauen unterhielt? Was geschah nach den gemeinsam verbrachten Gesellschaftsabenden? Was geschah zwischen Hitler und Maria »Mizzi« Reiter, die 1927 einen Selbstmordversuch machte, angeblich wegen ihrer Liebe zu Hitler?[7] Sie blieb nicht die Einzige, die Hitler als Grund für einen Selbstmordversuch nannte. Susi Liptauer, Unity Mitford, Martha Dodd und Eva Braun wollten sich alle wegen Hitler umbringen. Hitlers Nichte »Geli« Raubal, die er 1927 zu sich nach München holte, erschoss sich, nach einem heftigen Streit, am 18. September 1931.

Ob es zwischen Hitler und den unzähligen »Mädels« in seinem Leben zu sexuellen Kontakten gekommen ist, darüber gehen die Meinungen der Chronisten auseinander. Und auch die engsten Vertrauten Hitlers waren diesbezüglich unterschiedlicher Auffassung. Ernst »Putzi« Hanfstaengl sagte später, dass Hitler ein derartiger Egomane gewesen sei, dass er nicht einmal das »bißchen Zuwendung« für einen anderen Menschen aufbringen konnte, der beim Sex verlangt wird. Hitlers Architekt Albert Speer war anderer Meinung. Er sagte, dass Hitler Eva Braun für die »Regulierung seines Hormonhaushaltes« schon gebraucht habe.[8] Auch Hitlers langjährige Sekretärin Christa Schroeder hat sich über das Sexualleben ihres Chefs Gedanken gemacht: »Hitler liebte zweifelsohne die Gesellschaft von schönen Frauen und wurde von ihnen inspiriert. Er brauchte Erotik, aber keinen Sex (...) Hitler sah gerne schöne Frauen um sich, aber eine gewisse Scheu, ja Angst, sich zu blamieren, hielt ihn vor Abenteuern mit Frauen zurück. (...) Wenn man diese Scheu, die ihn aus Angst vor Krankheiten oder aus Angst, sich zu kompromittieren, vor Abenteuern mit schönen Frauen zurückhielt, als unnormal bezeichnen will, dann war er unnormal.«[9]

Zu berücksichtigen ist dabei, dass sich Hitlers Verhalten mit gewissen Vorstellungen deckte, die zu Beginn des 20. Jahrhunderts en vogue waren. Die Trennung von Eros und Sex wurde damals als höchst erstrebenswert angesehen. Nicht nur Hitlers Lieblings-Philosoph, der asketische Arthur Schopenhauer, hatte eine freiwillige sexuelle Abstinenz empfohlen. Auch der während Hitlers Wiener »Studienzeit« viel diskutierte Philosoph Otto Weininger sah in sexueller Enthaltsamkeit ein erstrebenswertes Ideal. Liebe und sexuelle Lust waren für Weininger zwei einander »völlig ausschließende, ja entgegengesetzte Zustände«. Geschlechtlichkeit gehörte für ihn in das »Reich der Säue«. Wahre Liebe hingegen zeigte sich laut Weininger dann, wenn ein Liebespaar, das sich wirklich auf ewig gefunden hatte, gemeinsam in den Tod ging anstatt ins Brautbett. Das sei der absolute Beweis des Höheren. Wagners *Tristan und Isolde* waren für Weininger das große Vorbild, und auch Hitler mag sich bei seiner Beziehung zu Eva Braun in der Nachfolge von Richard Wagners Helden gewähnt haben. Der Verwalter des *Berghofs*, Herbert Döhring, berichtete Jahrzehnte später einem Fernsehteam, Hitlers Sexualverhalten genauer untersucht zu haben. »Wir haben damals in den Betten herumspioniert«, gestand der Waffen-SS-Mann. Gefunden habe er aber nichts. Döhring habe daher vermutet, dass das Verhältnis Hitlers zu der 23 Jahre jüngeren Eva Braun ein rein platonisches gewesen sein müsse.[10]

Am 16.3.2005 veröffentlichte *Der Spiegel* einen Bericht über *Das Buch Hitler*, in dem der Historiker Matthias Uhl ein Dossier des russischen Geheimdienstes ausgewertet hat. Dem Dossier lagen die Aussagen von Hitlers Adjutanten Otto Günsche und Hitlers Kammerdiener Heinz Linge zugrunde, die diese in russischer Gefangenschaft gemacht hatten. Zum Verhältnis von Hitler und Eva Braun wird ein Vorabdruck aus der *Bild Zeitung* zitiert. Dort heißt es: »Als Hitler die Stimme seiner Geliebten vernimmt, eilt er ihr freudig entgegen. Hitler führt sie in sein Arbeitszimmer, wo heiße Schokolade und Tee, Cognac, Pralinen, Obst und gekühlter Champagner bereitstehen. Stundenlang gehen beide im Zimmer auf und ab.« Zu einer Liebesnacht kommt es jedoch nicht: Hitler lese wie üblich die Abendzeitung, während Eva die Pralinen nasche. »Erst nach Mitternacht zieht sich Hitler in sein Schlafzimmer zurück. Eva begibt sich in das für sie vorbereitete Zimmer«, beschreibt der Bericht das Ende des gemeinsamen Abends. Auch die Sekretärin Christa Schroeder glaubte, dass Hitlers wilde Ehe mit Eva Braun so wild nicht gewesen ist. Die Freundschaft mit Eva Braun sei lediglich eine »Schutzbeziehung« gewesen, vermutete sie. Mit dieser Beziehung habe Hitler seinem engeren Kreis eine nicht vorhandene »geschlechtliche Männlichkeit« vorgaukeln wollen.[11]

Wenn es aber diese »geschlechtliche Männlichkeit« nicht gab, was gab es dann? War Hitler »pervers«, wie manche Autoren vermuten? Sie berichten von manischem Masturbationsverhalten, von exkretorischen Perversionen und von Sado-Masochismus. Das alles ist allerdings reine Spekulation, ebenso wie die Vermutung, dass Hitler homosexuell gewesen sei, wofür sich nicht ein einziger stichhaltiger Beweis finden lässt. Von seinen politischen Feinden wurde Hitler nach 1920 sehr aufmerksam beobachtet, und ein sexuelles Verhältnis zu einem Mann wäre wohl kaum unentdeckt geblieben. Dass Hitler die »gleichgeschlechtliche Liebe« für ein Zeichen hochgradiger Dekadenz hielt, hat er mehrfach geäußert. Sie zuzulassen, bedeutete für ihn den »Anfang des Verfalls eines Volkes.«[12] Eine unterschwellige homosexuelle Komponente lässt sich trotz alledem nicht vollkommen ausschließen. Schließlich umgab sich Hitler gerne mit schlanken, blonden, großen Adjutanten, und hat den größten Teil seines Lebens in Männergesellschaften verbracht.

Anfang 1931 lernte Hitler in Berlin im Hotel Kaiserhof Magda Quandt kennen. Die attraktive, gebildete Frau hatte sich kurz zuvor von dem Großindustriellen Günther Quandt getrennt. Sofort begann Hitler mit ihr einen heftigen Flirt. Aber dann musste er erkennen, dass die elegante Frau Quandt bereits mit dem damaligen Gauleiter von Berlin, Joseph Goebbels, liiert war. Hitler lud beide in sein Haus am Obersalzberg ein, zu einem Zeitpunkt, zu dem es dort noch kein fließendes Wasser gab.[13] Bei der Hochzeit des Paares im Dezember 1931 war Hitler Trauzeuge und danach der Hausfreund beider Eheleute. Hielt sich Hitler in Berlin auf, dann verbrachte er viele Abende in der Wohnung der Goebbels, und bei Staatsempfängen fungierte die kultivierte blonde Magda häufig als seine Tischdame. Als ehemalige Frau des millionenschweren Günther Quandt war sie es gewohnt, Repräsentationspflichten zu übernehmen, und war bei den offiziellen Essen im *Haus des Reichskanzlers* in der Wilhelmstraße 77 meistens an Hitlers Seite. Nur wenn die Gattin des Propagandaministers nicht zur Verfügung stand, ließ sich Hitler von Ilse Heß, Emmy Göring oder Annelies von Ribbentrop begleiten.[14] Als sich Goebbels im Herbst 1938 wegen einer Affäre mit der Schauspielerin Linda Baarova scheiden lassen wollte, legte Hitler sein Veto ein, verhinderte damit die Trennung und konnte so der Hausfreund beider Goebbels bleiben.

Eine Frau, die Hitler nach übereinstimmender Bekundung glaubwürdiger Zeitzeugen innig geliebt und tief verehrt hat, ist seine Mutter Klara gewesen. Außer ihr waren die wichtigsten Frauen in seinem Leben Geli Raubal und Eva Braun. Geli war die Tochter von Hitlers Halbschwester Angela, die ihm in seinem Haus am Obersalzberg den Haushalt führte. Als Geli 1927 nach München kam, um Medizin zu studieren, brachte Hitler, der Gelis Onkel und Vormund zugleich war, seine Nichte zunächst in einer Pension unter und besorgte ihr dann ein Zimmer in der Thierschstraße, gleich neben dem Haus, in dem er selbst ein Zimmer gemietet hatte. Von nun an wurde die hübsche dunkelhaarige Geli ständig an Hitlers Seite gesehen: im Café Heck, im Carlton Tea Room, im Café Stephanie, im Prinzregenten Café und in der Osteria, Hitlers italienischem Lieblingsrestaurant. Überall, wo sich Hitler mit Freunden und Bekannten traf, sah man den aufgekratzten, lebenslustigen Teenager an seiner Seite. Gelis teure Kleider und ihren erlesenen Schmuck finanzierte Hitler mit Zuwendungen, die er von seinen »mütterlichen Freundinnen« erhalten hatte. Kurz nachdem Geli in München angekommen war, brach sie ihr Medizinstudium ab und begann auf Kosten Hitlers eine Ausbildung zur Opernsängerin. Als Hitler Ende 1929 eine Luxuswohnung am Prinzregentenplatz bezog, erhielt Geli dort ein Zimmer. Dass das Verhältnis zwischen Onkel und Nichte weit über eine rein verwandtschaftliche Beziehung hinauszugehen schien, war auch Parteifreunden nicht verborgen geblieben, und es wurde gemunkelt, Hitler wolle seine Nichte heiraten. In seiner Familie wäre das nichts Ungewöhnliches gewesen, schließlich hatte Hitlers Vater mit päpstlicher Erlaubnis ebenfalls seine Nichte geheiratet. Auf Gerüchte, die sein Verhältnis zu Geli betrafen, reagierte Hitler verärgert und betonte bei jeder sich bietenden Gelegenheit, dass er lediglich Gelis Onkel und keinesfalls ihr Geliebter sei. Aber seiner Umgebung blieb nicht verborgen, wie genau er Geli überwachte und dass er ihr wegen jeder Kleinigkeit immer sofort heftige Eifersuchtsszenen machte. Als Hitlers Chauffeur, der Uhrmacher Emil Maurice, Interesse an Geli zeigte, wurde er von Hitler vorübergehend beurlaubt und musste versprechen, mindestens ein Jahr lang keinen Kontakt zu Geli zu haben. Während Hitler in ganz Deutschland unterwegs war und oft jeden Tag in einer anderen Stadt Reden hielt, lebte Geli in der Münchner Luxuswohnung wie in einem goldenen Käfig. Alleine ausgehen durfte sie nicht. Hitlers Haushälterin, Frau Anni Winter, passte auf sie auf. Die Wohnung verlassen durfte Geli nur in ihrer Begleitung oder zusammen mit den Frauen von Hitlers Freunden. Ilse Heß war eine dieser Begleiterinnen. In einem erst kürzlich freigegebenen Brief vom Ende der 60er-Jahre hatte Ilse Heß behauptet, dass Hitlers Beziehung zu seiner Stiefnichte eine Liebesbeziehung war. Zusammen mit ihrem Mann verband sie Ende der 20er-Jahre ein besonders enges und freundschaftliches Verhältnis mit Hitler, und sie besaß intime Kenntnisse über sein Privatleben.[15] Immer wieder gab es heftigen Streit zwischen dem Teenager und dem Onkel. Als Hitler am 18. September 1931 zu einer Reise nach Hamburg aufbrach und Geli damit drohte, München verlassen zu wollen, kam es zwischen den beiden erneut zu einer lautstarken Auseinandersetzung. Drei Stunden nach Hitlers Abreise war in dem Haus ein Schuss zu hören. Gelis Zimmertür war versperrt und die Hausbesorgerin rief einen Schlosser an. Als der Schlosser die Türe aufbrach, war Geli schon tot. Sie hatte sich mit ihrer Walther 6,35 in die Lunge geschossen und war verblutet. Die Pistole führte Geli auf Geheiß Hitlers immer mit sich. Als Hitler dazukam, ermittelte bereits die Polizei. Das Ergebnis der Untersuchung ließ an einem Selbstmord keinen Zweifel. Hitlers Gegner versuchten dennoch, den Fall für sich auszuschlachten. Die Nichte sei von ihrem Onkel geschwängert worden und habe ein Kind erwartet, hieß es. Deshalb habe er sie ermordet.

Als sich Geli das Leben nahm, befand sich Hitler mitten im Kampf um die Macht im Land und in seiner Partei. Der Tod der geliebten Nichte traf ihn aber so schwer, dass er alle Verpflichtungen absagte und sich tagelang zurückzog. Freunde erklärten später, dass Hitler ihren Tod nicht habe verwinden können und dass er nahe daran gewesen sei, sich selbst ebenfalls umzubringen. Als Geli Raubal fünf Tage nach ihrem Tod auf dem Wiener Zentralfriedhof beigesetzt wurde, erschien Hitler nicht zur Beerdigung, da er kein Aufsehen erregen wollte.[16] Erst drei Tage nach der Beisetzung besuchte er Gelis Grab. Nach dem Besuch in Wien nahm Hitler sein normales Leben wieder auf. Gelis Zimmer in seiner Münchner Wohnung aber ließ er versperren. Nichts durfte dort verändert werden und niemand durfte das Zimmer ohne seine Genehmigung betreten. Oft schloss er sich in den folgenden Jahren alleine dort stundenlang ein. Nach den übereinstimmenden Aussagen von Joseph Goebbels und Heinrich Hoffmann soll Hitler auch noch in den Jahren nach Gelis Tod wegen deren Selbstmord unter schweren Depressionen gelitten haben.[17]

Den Münchner Bildhauer Ferdinand Liebermann beauftragte Hitler mit der Herstellung einer Bronzebüste von Geli, die er zunächst in Gelis Zimmer und später in seinem Büro in der *Neuen Reichskanzlei* aufstellen ließ. Der Maler Adolf Ziegler malte in Hitlers Auftrag ein Porträt von Geli, das in der Wohnhalle im *Berghof* an einem zentralen Platz aufgehängt wurde und das täglich mit frischen Blumen geschmückt war. Leni Riefenstahl berichtet in ihren *Memoiren* von einem Besuch in Hitlers Münchner Wohnung am ersten Weihnachtsfeiertag 1935. Der Gastgeber habe sie in ein verschlossenes Zimmer geführt, wo sie die blumengeschmückte Büste eines Mädchens gesehen habe. »›Dieses Mädchen‹, sagte er und deutete dabei auf die Büste, ›ist Geli, meine Nichte. Ich habe sie sehr geliebt – sie war die einzige Frau, die ich hätte heiraten können. Aber das Schicksal wollte es nicht.‹«[18]

Auch bei einer weiteren Begegnung mit Riefenstahl im Juni 1938 kam Hitler auf seine Nichte Geli Raubal zu sprechen. Seine Liebe zu Geli sei verantwortlich dafür, dass er nur noch vegetarische Kost zu sich nehme. »Als ich sie verlor, habe ich tagelang nichts mehr gegessen, seitdem sträubt sich mein Magen gegen jede Art von Fleisch.«[19] Hitler wiederholte, dass Geli die einzige Frau gewesen sei, die er hätte heiraten können.[20] Riefenstahl berichtet, sie habe Ende 1944 von der Frau des Chefadjutanten von Hitler, Julius Schaub, erfahren, dass sich Geli Raubal umgebracht habe, nachdem sie am Abend zuvor einen Liebesbrief von Eva Braun in Hitlers Manteltasche entdeckt hatte. Frau Schaub hatte Geli nach einem Theaterbesuch in die gemeinsame Wohnung gebracht. Im Gang der Wohnung habe ein Mantel Hitlers gehangen. Geli habe in die Manteltasche gegriffen und den Brief entdeckt. Nachdem sie ihn gelesen hatte, sei sie kreideweiß geworden und habe Frau Schaub den Brief gereicht. Es sei ein überschwänglicher Liebesbrief von Eva Braun gewesen.[21]

Im Januar 1937 besuchte Joachim von Ribbentrop, damals deutscher Botschafter in London, Hitler auf dem *Berghof*. Begleitet wurde Ribbentrop von seinem Adjutanten Reinhard Spitzy. Für Spitzy, einen 24-jährigen Militärpiloten, war es ein »ganz großer Eindruck«, den *Berghof*, diesen »legendären Ort«, zum ersten Mal betreten zu dürfen. Er verehrte Hitler und »himmelte« ihn an. Erstarrt vor Ehrfurcht stand Spitzy mit seiner Aktentasche in der großen Wohnhalle »wie eine Statue« an der Wand, während Hitler und Ribbentrop, ins Gespräch vertieft, zwei Stunden lang vor ihm auf und ab gingen. Plötzlich schaute eine junge Frau mit blonden Locken zur Tür herein und ermahnte Hitler, mit seinen Gästen »doch endlich« zum Essen zu kommen. Es sei »höchste Zeit«, man könne nicht länger warten. Schockiert überlegte Spitzy, wer es wagen könne, »so mit dem Führer zu sprechen«. Nach dem

Essen klärte ihn Hitlers Adjutant Brückner darüber auf, dass auch der Führer ein »Recht auf Privatleben« habe. Spitzy möge über alles Gesehene und Gehörte schweigen, es am besten vergessen. Der junge Gefolgsmann war erschüttert, dass sein Abgott Hitler, den er »in Askese wähnte, erhaben über Sex und Lust, sich ein schlichtes weibliches Wesen erkoren hatte«.[22]

Während seiner gesamten Regierungszeit blieb Hitlers Beziehung zu Eva Braun ein gut gehütetes Geheimnis. Zwar war ihre Beziehung allein durch die Verbindungstür offensichtlich, die sich zwischen der kleinen Wohnung von Eva Braun und den Gemächern von Hitler auf dem *Berghof* befand. Aber thematisiert haben die beiden ihre Beziehung vor Dritten niemals, und sie verhielten sich auch im vertrauten Kreis nicht wie Geliebte. Im äußersten Fall tätschelte Hitler Eva Brauns Hand. Beide seien, so erklärte Speer im Mai 1978 gegenüber Joachim Fest, »überaus prüde« gewesen.[23] Dass es mehr als »nur« eine Freundschaft war, die Hitler mit Eva Braun verband, war allen Bewohnern des *Berghofs* klar. Hitlers engster, innerster Kreis wusste, dass an der Seite des Führers eine junge Frau lebte, deren Haare blondiert waren, die täglich mehrfach ihre Kleider wechselte, die stets geschminkt erschien und die damit überhaupt nicht dem nationalsozialistischen Ideal des »natürlichen, bodenständigen deutschen Mädchens« entsprach.[24] Der Umstand, dass ausgerechnet der Führer in »ungeordneten Verhältnissen« lebte, war zwar Anlass für Tuscheleien auch außerhalb des Sperrbezirks, der den *Berghof* umgab, aber in der deutschen Öffentlichkeit wurden diese Gerüchte niemals bekannt. Der Außenwelt gegenüber wurde Eva Brauns Aufenthalt in der Nähe Hitlers immer mit ihren Aufgaben als seine »Hauswirtschafterin«, beziehungsweise seine »Privatsekretärin«, begründet.[25]

Als Hitler Eva Braun im Oktober 1929 zum ersten Mal begegnete, war er ein 40 Jahre alter Junggeselle und sie war ein 17-jähriges Lehrmädchen. Kurz zuvor hatte Eva Braun in dem Fotogeschäft, das Hitlers Leibfotograf Heinrich Hoffmann in München-Schwabing unterhielt, eine Lehrstelle als Fotolaborantin angetreten. Hoffmann hatte die Laborantin Hitler vorgestellt, der sie »ständig mit den Augen verschlungen« habe.[26] Von diesem Moment an bedachte Hitler die ehemalige Klosterschülerin bei jedem seiner häufigen Besuche in dem Atelier mit Komplimenten und kleinen Geschenken. Später erinnerte sich Henriette von Schirach, die Tochter Heinrich Hoffmanns, an den Beginn der Bekanntschaft zwischen Hitler und Eva Braun. Hitler habe dem Mädchen »so reizende Komplimente machen« können: »Darf ich Sie in die Oper einladen, Fräulein Eva?«, habe er etwa gefragt. »Sehen Sie, ich bin immer von Männern umgeben, da weiß ich das Glück zu schätzen, mit einer Frau zusammen zu sein.«[27] Wegen der leidenschaftlichen Beziehung, die Hitler mit seiner Nichte Geli Raubal verband, kam es während der ersten beiden Jahre seiner Bekanntschaft mit Eva Braun nur zu wenigen Einladungen. Doch auch schon zu Lebzeiten von Geli lud Hitler Eva Braun zu Picknickausflügen ein und nahm sie mit in die Oper, ins Kino oder in Restaurants.[28] Auf Eva Braun, die aus kleinbürgerlichen Verhältnissen stammte, hat die »große Welt«, in der der Parteiführer lebte, vermutlich einen gewaltigen Eindruck gemacht. Nach dem Tod von Geli Raubal wurde Hitler sehr viel häufiger mit Eva Braun zusammen gesehen als zuvor. Doch ebenso wie im Fall von Geli verbat sich Hitler jegliche Nachfragen und betonte, dass es für ihn kein Privatleben gäbe, da er ausschließlich nur für die Partei und die Politik lebe. Otto Wagener, der erste Stabschef der SA, erinnerte sich an die Beteuerung Hitlers, der ihm damals erklärte habe, er könne keine Ehe eingehen: »Ich habe eine andere Braut: Deutschland! Ich bin verheiratet: mit dem deutschen Volk, mit seinem Schicksal! (...) Nein, ich kann nicht heiraten, ich darf es nicht.«[29]

Etwa ein halbes Jahr nach dem Tod von Geli Raubal, Anfang 1932, gab es wohl eine weitere Intensivierung in dem Verhältnis zwischen Hitler und Eva Braun. Nach einem Theaterbesuch, anlässlich des Geburtstages von Eva Braun am 6. Februar, sollen sie die Nacht gemeinsam in Hitlers Wohnung verbracht haben.[30] 1932 wusste Hitler, dass die Macht zum Greifen nahe war. Das ganze Jahr über war er in Deutschland unterwegs, um Wahlkampfreden zu halten. In Berlin, München, Hamburg, Nürnberg und anderen Städten ging er mit vielen Frauen aus, und seine Treffen mit Eva Braun wurden seltener. Eva Braun fühlte sich vernachlässigt. Zwar bekam sie von Hitler hin und wieder ein Schmuckstück geschenkt oder ein Kuvert mit Geldscheinen zugesteckt, aber das änderte nichts daran, dass sie das Gefühl hatte, dass sich Hitler immer weniger für sie interessierte. In der zweiten Hälfte des Jahres 1932 versuchte sich die 20-jährige Eva mit der Pistole ihres Vaters zu erschießen. Ob dieser Selbstmordversuch Mitte August 1932 stattfand oder am 1. November, wie eine andere Version nahelegt, ob Eva Braun sich in die Herzgegend schoss oder versucht hat, die Halsschlagader zu treffen, ist heute nicht mehr feststellbar. Gesichert scheint lediglich, dass sie nach der Tat von dem Chirurgen Dr. Plate behandelt wurde, einem Schwager Heinrich Hoffmanns.[31] Heinrich Hoffmann schrieb nach Kriegsende, dass Hitler ihm nach dem Selbstmordversuch von Eva Braun gesagt habe, dass er »aus dem Vorfall ersähe, dass das Mädchen ihn wirklich liebe« und er »die moralische Verpflichtung fühle, für sie zu sorgen.«[32] Falls Eva Braun diesen Selbstmordversuch begangen hatte, um Hitler enger an sich zu binden, so hatte sie damit Erfolg. Aus der lockeren Verbindung wurde nun ein immer innigeres Verhältnis. Der Liebestod war ja auch, gemäß den Vorstellungen, die in der damaligen Zeit viele Menschen teilten, der allerhöchste Liebesbeweis. In der darauffolgenden Silvesternacht 1933, die Hitler zusammen mit Rudolf Heß, Heinrich Hoffmann und deren Frauen bei Ernst Hanfstaengl verbrachte, durfte sich Eva Braun in das Gästebuch der Hanfstaengls eintragen. Damit war die Fotolaborantin jetzt in den kleinen Kreis um Hitler »offiziell« aufgenommen.[33] Am Neujahrstag, dem 1. Januar 1933, war Eva Braun unter Hitlers Begleitern, als dieser mit seiner Entourage im Münchner Nationaltheater eine Aufführung von Richard Wagners *Die Meistersinger von Nürnberg* besuchte.[34] Ab 1933 wurden Besuche von Eva Braun in Hitlers Münchner Wohnung zur Regel. Dies erklärte Hitlers Haushälterin Anni Winter nach Kriegsende in einem Verhör. Anni Walter wohnte ebenfalls in der Wohnung am Prinzregentenplatz und gab zu Protokoll, Eva Braun »war jedes Mal, wenn Hitler da war, auch da«. Sie sei »manchmal nachts noch nach Hause gebracht« worden, habe aber bisweilen »auch im Hause« geschlafen.[35] Spätestens ab 1934 war Eva Braun dann auch regelmäßig zu Gast auf dem Obersalzberg.[36] Trotz alldem war Eva Braun aber offenbar immer noch unglücklich. Am 28. Mai 1935 unternahm sie einen weiteren Selbstmordversuch, diesmal nicht mit einer Pistole, sondern mit einer Überdosis Schlaftabletten. Ihr zweiter Selbstmordversuch war noch erfolgreicher als der erste. Hitler war nun zweifelsfrei klar, dass er Evas Position an seiner Seite stärken musste, wenn er nicht riskieren wollte, dass sich eine zweite Frau aus seiner nächsten Umgebung das Leben nahm. Über seinen Vertrauten und Freund Heinrich Hoffmann mietete Hitler für Eva Braun eine Wohnung in Münchens Widenmayerstraße, nur wenige Minuten entfernt von seiner eigenen Wohnung. Am 9. August 1935 verließ Eva Braun ihr Elternhaus und bezog diese Wohnung gemeinsam mit ihrer Schwester Gretl und einem ungarischen Hausmädchen.[37] Wenige Monate später kaufte Hitler für Eva Braun ein kleines Haus in der Wasserburgerstraße 12 (heute Delpstraße), wieder unter dem Deckmantel des Heinrich Hoffmann, der es als Strohmann erwarb. Das Häuschen, das Eva Braun zusammen mit ihrer Schwester Gretl und einer Haushaltshilfe bewohnte, lag in Altbogenhausen, Münchens bester Wohngegend, fünf Gehminuten von Hitlers Wohnung entfernt. In Altbogenhausen wohnten neben Eva Braun auch noch weitere Personen aus Hitlers näherem Umfeld, unter anderen sein Verlagschef Max Amann, sein Adjutant Julius Schaub, sein Architekt Hermann Geisler und sein Leibfotograf Heinrich Hoffmann. Zum Einzug bekam Eva Braun von Hitler einen Mercedes mit Chauffeur zur Verfügung gestellt. Der Wagen stand in einer Garage der Münchner Mercedes-Vertretung, und der Chauffeur hielt sich ständig auf Abruf für Eva Braun bereit.

Offiziell durfte Eva Braun als seine Freundin allerdings nach wie vor nicht in Erscheinung treten. Ihr wahrer Status blieb auch weiterhin geheim. Begleitete sie Hitler auf seinen Reisen, so reiste sie immer im Tross seiner Mitarbeiter und galt offiziell als seine Privatsekretärin. Wenn sie Hitler in der Reichskanzlei in Berlin besuchte, kam sie durch den Diensteingang herein und blieb so unbemerkt.[38] Die Rolle der »First Lady« wurde bei dienstlichen Empfängen nach wie vor von Magda Goebbels übernommen. Eva Braun durfte aber ab jetzt auch bei öffentlichen Veranstaltungen dabei sein, von denen sie Hitler bis dahin strikt ferngehalten hatte. Beim Reichsparteitag 1935 saß Eva Braun zum ersten Mal auf der Tribüne der Ehrengäste, zusammen mit Magda Goebbels und Emmy Göring. Eva Braun hatte nun erreicht, was sie wollte: Sie war zu einem festen Bestandteil des engsten Kreises um Hitler geworden. Gemeinsam mit Hitler ist Eva Braun während der 12 Jahre seiner Regierungszeit wohl nur auf einem einzigen offiziellen Pressefoto zu sehen. Das Bild entstand im Februar 1936 während der Olympischen Winterspiele in Garmisch-Partenkirchen. Eva Braun ist in der zweiten Reihe hinter Hitler sitzend zu erkennen.[39] Frauen hatten Hitler in nicht unerheblichem Ausmaß gewählt, und eine Ehe mit Eva

Braun hätte seiner Beliebtheit beim weiblichen Geschlecht möglicherweise geschadet. Ein weiterer Grund für Hitler, keine Ehe mit Eva Braun einzugehen, mag darin bestanden haben, dass er die rechtlichen und zeitlichen Ansprüche einer Ehefrau fürchtete. In diesem Sinne hatte er sich laut Henry Picker im Januar 1942 bei seinen Tischgesprächen in der *Wolfsschanze* geäußert: »Das ist das Schlimme an der Ehe: Sie schafft Rechtsansprüche! Da ist es schon viel richtiger, eine Geliebte zu haben. Die Last fällt weg, und alles bleibt ein Geschenk.«[40] Vor allem aber sah die Inszenierung des Führers als deutschem Messias keine Frau vor. In den Augen seiner Anhänger wäre Hitler durch eine Ehe zu einem gewöhnlichen Sterblichen geworden und seine Behauptung, dass er mit »Deutschland verheiratet« sei, wäre widerlegt gewesen. So hatte Eva Braun den Status einer ganz besonderen Mätresse. War es doch keine Ehefrau, der sie verschwiegen wurde, sondern ein ganzes Land.

Ende 1935 veröffentlichte eine tschechische Zeitung ein Bild, das Eva Braun auf dem *Berghof* zeigte und den Titel trug: »Hitlers Pompadour«. Das Bild war in Deutschland gesperrt, aber Evas Vater Fritz erfuhr dennoch davon. Zwischen dem Gewerbeschullehrer und seiner Tochter kam es daraufhin zu einem heftigen Streit. Der Grund war nicht die Person Hitlers oder dessen Politik, sondern vielmehr die Tatsache, dass die streng katholischen Eltern von Eva Braun eine Liebesbeziehung ohne Ehe kategorisch ablehnten. Das war auch der Grund dafür, dass das Verhältnis zwischen Evas Eltern und Hitler immer sehr distanziert blieb. Zwar lud Hitler die Eltern häufig auf den *Berghof* ein, und gehorsam nahmen diese die Einladungen des Führers auch an – aber ein vertrautes Verhältnis wollte sich dennoch nicht einstellen. Auf Reisen, die Hitler Eva Braun spendiert hatte, nahm diese des Öfteren auch ihre Mutter mit. Ein wenig mögen die Reisen der Mutter geholfen haben, sich über das illegitime Verhältnis ihrer Tochter hinwegzutrösten. Aber die Distanz zu Hitler blieb bestehen.

Nach Eva Brauns zweitem Selbstmordversuch kam es im selben Jahr auf dem *Berghof* zu Auseinandersetzungen zwischen Eva Braun und Hitlers Halbschwester Angela Raubal, die dort den Haushalt führte. Hitler bezog klar Position für seine Geliebte und verabschiedete seine Schwester. Damit war Eva Braun auf dem *Berghof* nun die unangefochtene Herrin. Die Auseinandersetzung mit Hitlers Schwester hatte der *Berghof*-Entourage klar demonstriert, dass jeder, der sich mit Eva Braun anlegte, Gefahr lief, vom *Berghof* verbannt zu werden. Als unangefochtene Herrin des *Berghofs* konnte Eva Braun dort nun so lange und so oft wohnen, wie sie wollte, und sie konnte selbst Freunde und deren Kinder oder Familienmitglieder auf den *Berghof* einladen. Nach und nach wuchs sie in ihre neue Rolle hinein und empfing Hitler und seine privaten Gäste wie die Hausherrin. An der Seite Hitlers hatte sich die Fotolaborantin in eine Dame mit Stil verwandelt. Offiziell firmierte sie aber immer noch wahlweise als Hitlers Hauswirtschafterin oder als seine Privatsekretärin. Beim Eintreffen offizieller Besucher oder ausländischer Gäste zog sie sich stets in ihr Zimmer zurück und blieb unsichtbar. Anfang 1939 erhielt Eva Braun auch noch eigene Räume in der sogenannten »Führerwohnung« in der Alten Reichskanzlei. Die Möbel waren von Albert Speer eigens dafür entworfen worden. Auch Eva Brauns Freundinnen Herta Schneider und Marion Schönmann erhielten, als Sekretärinnen getarnt, Besucherausweise.[41] »Offenbar war diese Unterbringung Eva Brauns deshalb möglich geworden, weil nach 1939 alle repräsentativen Veranstaltungen ausschließlich in dem neuen, eigens dafür errichteten Gebäude in der Wilhelmstraße/Ecke Voßstraße stattfanden.«[42] In Berlin hatte Hitler nur wenig Zeit für seine Freundin und traf sie lediglich manchmal zum Mittagessen im kleinen Kreis. So hat Eva Braun ihre Berlin-Aufenthalte zu ausgedehnten Shoppingtouren genutzt sowie zu Theater- und Kinobesuchen, bei denen sie sich von ihren Freundinnen begleiten ließ.[43] Besuche in der *Wolfsschanze* oder anderen militärischen Hauptquartieren waren Eva Braun während des Krieges strikt untersagt. Von der *Wolfsschanze* aus hat Hitler Eva Braun aber wohl jeden Abend gegen 22 Uhr in München oder am *Berghof* angerufen.[44] Die Kriegszeit verbrachte Eva Braun in ihrem Haus in München und am Obersalzberg oder sie reiste, begleitet von Freundinnen, Verwandten oder Damen des engsten *Berghof*-Kreises, nach Italien.[45]

Nach 1942 scheint Eva Brauns Selbstbewusstsein zugenommen zu haben. So habe sie offen ihren Unwillen gezeigt, »wenn Hitler nach beendeter Mahlzeit über eines seiner Lieblingsthemen weiter debattierte, statt die Tafel aufzuheben.« Hitler habe dann »kurzerhand seine Monologe beendet«, berichten die Aufzeichnungen von Hitlers Sekretärin Christa Schroeder in dem Buch *Er war mein Chef* (1985). Während der letzten Kriegsjahre verzichteten Hitler und Eva Braun auch auf das förmliche »Sie« und begannen sich nun sogar vor Dritten zu duzen. Mehr und mehr führten sie eine Beziehung wie langjährig vertraute Eheleute. Als Hinweis auf die gewachsene Bedeutung von Eva Braun mag die Bemerkung Martin Bormanns gelten, der im November 1942 zu Traudl Junge sagte, sie habe die besten Aussichten, Hitlers Sekretärin zu werden, weil sie Eva Braun ähnlich sähe.[46] In seinem für die Öffentlichkeit gedachten *Tagebuch* erwähnt Goebbels Eva Braun zum ersten Mal am 25. Juni 1943. Sie habe den »besten Eindruck« auf ihn gemacht, schreibt er, und werde dem Führer sicherlich »eine wertvolle Stütze sein«. Da er Eva Braun bis zu diesem Zeitpunkt verschwiegen hatte, mag dies als ein Indiz für ihre gewachsene Bedeutung gewertet werden. Gegenüber Ernst Hanfstaengl und anderen Zeitzeugen hat sich Hitler, wenn er von seinem Alter sprach, immer ähnlich geäußert. Er wolle sich im Alter nach Linz zurückziehen, hatte er gesagt, und dorthin wolle er nur Eva Braun mitnehmen. In die Planungen für den Umbau von Linz zur *Kulturhauptstadt des Führers* hat er Eva Braun, wohl nicht zuletzt aus diesem Grund, mit einbezogen. Die enge emotionale Verbindung zwischen Hitler und seiner Geliebten bestätigte Hitlers Vertrauter Albert Speer bei seinem Verhör durch alliierte Offiziere im Sommer 1945. Speer erklärte, dass Eva Braun Hitler »sehr viel« bedeutet habe. Dieser habe von ihr »mit großer Achtung und innerer Verehrung« gesprochen. Eva Braun sei für Hitler die »Frau, die er liebte«, gewesen.[47]

So wie alle Frauen und »Mädels« in seiner Nähe hat Hitler auch seine »Hauptfrau« Eva Braun großzügig beschenkt. An Geld fehlte es ihr nie, und von Anfang an erhielt sie Schmuck und Kleider von ihm. Zu ihrem Geburtstag am 6. Februar 1939 bekam sie den Prototyp eines Volkswagens geschenkt, ein paar Jahre später folgte ein Mercedes-Cabriolet. Immer wieder beschenkte Hitler seine Geliebte auch mit Reisen – nach Italien oder zu den Fjorden Norwegens. Auf diese Reisen durfte Eva Braun mitnehmen, wen immer sie mochte. Meistens war ihre Schwester Gretl mit dabei, häufig ihre engsten Freundinnen und manchmal auch ihre Mutter.[48] Eva Braun war eine begeisterte Hobbyfotografin und ließ sich auch selbst gerne ablichten. Ein Foto zeigt sie in einer damals politisch höchst unkorrekten Pose: Mit schwarz geschminktem Gesicht mimt sie den jüdischen Schauspieler Al Jolson in seiner Rolle als schwarzer amerikanischer Jazz-Sänger. Eva Brauns Fotoalben und Filme zeigen eine lebensfrohe, sportliche und extrovertierte Frau, die im Badeanzug posierte und die ihre Schwester sogar beim Nacktbaden filmte. Auf ihre Umgebung wirkte Eva Braun weiblich, lebhaft und spontan, manchmal auch launisch und kapriziös. So soll sie, wenn sie ein Gesprächsthema nicht interessierte, die Gelangweilte gespielt oder eine Migräne vorgetäuscht haben. Vorwiegend hat sich Eva Braun aber wohl von ihrer sonnigen Seite gezeigt und war

Gästen gegenüber freundlich und aufgeschlossen. Sie war eine begeisterte Tänzerin, interessierte sich für ihre beiden Hunde und für gutes Essen, außerdem für Mode, Kinofilme, Sport und Wandern. Für intellektuelle Themen konnte sie sich nicht erwärmen. Später haben Hitlers Begleitarzt Hanskarl von Hasselbach und andere *Berghof*-Bewohner Eva Braun für das angeblich niedrige geistige Niveau vieler Gespräche auf dem *Berghof* verantwortlich gemacht. Ob diesen kritischen Stimmen geglaubt werden kann, die nach Hitlers Ableben eine möglichst große Distanz zu Hitlers *Berghof*-Kreis demonstrieren wollten, erscheint allerdings fraglich.

Ähnlich wie Hitler liebte es Eva Braun, immer von demselben kleinen Kreis verlässlicher Freunde umgeben zu sein. Bei Eva Braun waren das in erster Linie ihre Schwester Gretl sowie einige wenige Freundinnen, mit denen sie seit ihrer Schulzeit befreundet war. Was sie mit Hitler teilte, war ihre Vorliebe für gewohnte Alltags-Rituale, ihr Sinn für das Schöne, ihre Loyalität alten Freunden gegenüber, ihre Verschwiegenheit und ihr Desinteresse an erotischen Abenteuern. Im Gegensatz zu Hitler liebte sie es, ins Ausland zu reisen, was dazu führte, dass sie von Himmler im Geheimen überwacht wurde.[49] Am 20. Juli 1944 war Eva Braun mit ihrer Freundin Herta Schneider an einem See beim Baden, als sie erfuhr, dass auf Hitler ein Attentat verübt worden war. Als sie Hitler nach mehreren vergeblichen Versuchen endlich telefonisch erreicht hatte, habe sie zu ihm gesagt: »Ich liebe dich. Gott schütze dich.« Nach dem Gespräch habe sie vor Freude geweint.[50] Als Hitler im Oktober 1944, während er noch an den Folgen des Attentats laborierte, zusätzlich von einer Gelbsucht befallen wurde, machte Eva Braun in München ihr Testament. Mehrfach hatte sie zuvor geäußert, dass sie sich das Leben nehmen werde, falls Hitler etwas zustoßen sollte. Die Aufzählung ihrer Besitztümer, die sie ihren Freundinnen und ihrer Familie vermachte, füllte mehrere Seiten.

Pelzmäntel, Brillanten, Kleider und Schuhe wurden sorgsam verteilt. Ihr Mercedes-Cabriolet 3.2 (Garage Obersalzberg) sollte ihr Vater erhalten.[51] Die Silvesternacht 1945 verbrachten Hitler und Eva Braun in der Reichskanzlei in Berlin. Zu ihrem 33. Geburtstag am 6. Februar war Eva Braun dann wieder in München. Zuvor hatte Hitler sie gebeten, sich auf den *Berghof* zu begeben, und hatte es ihr verboten, noch einmal zu ihm zurück in das umkämpfte Berlin zu kommen. Doch Eva Braun entschied sich dafür, Hitler nicht alleine zu lassen. Es war klar, dass die Reise nach Berlin ihren Tod bedeuten würde, aber Eva Braun ließ sich von niemandem umstimmen. Am 20. April, als russische Soldaten die Berliner Stadtgrenze erreichten, feierte man im Bunker Hitlers 56. Geburtstag. Traudl Junge hat berichtet, dass Eva Braun, als Hitler sich zurückgezogen hatte, weiter feierte und mit jedem tanzte, »der ihr über den Weg lief«. Getanzt wurde zu den Klängen des Schlagers *Blutrote Rosen*.

Über die Verbindung von Hitler und Eva Braun ist sehr viel geschrieben worden, und die Meinungen dazu gehen weit auseinander. Ob und welche Absichten und Hintergedanken bei der Beziehung der lebenslustigen jungen Frau und dem Diktator eine Rolle gespielt haben, das wird immer Spekulation bleiben. Während Hitler Eva Brauns Art von Weiblichkeit sicherlich schätzte und den Rahmen vorgab, innerhalb dessen sich die Beziehung abzuspielen hatte, wusste Eva Braun ihre Interessen an einem unbeschwerten Leben mit Partys, Sport, Reisen und Fotografieren selbstbewusst durchzusetzen. Dass Eva Braun auf dem *Berghof* während Hitlers Abwesenheit Cocktail-Abende mit viel Tanz und Musik feierte, kann dem Diktator nicht verborgen geblieben sein. Auch dass sie während Hitlers häufigen Abwesenheiten in München Tanzklubs aufsuchte und sich dort bis spät in die Nacht hinein vergnügte, wird Hitler bekannt gewesen sein und nicht nur dem Kreis seiner Bediensteten.[52] Und auch auf ihren Urlaubsreisen ging Eva Braun, nach Aussagen von Albert Speer, schon mal bis in die späte Nacht hinein alleine zum Tanzen. Diese Freiheiten hatte sich Eva Braun offenbar errungen. Auch ihre sonntäglichen Kirchenbesuche in Berchtesgaden wurden von Hitler toleriert.[53]

Politische Aussagen sind von Eva Braun nicht überliefert. Aber dass die Frau, die fast die Hälfte ihres Lebens an Hitlers Seite verbracht hat, in zentralen politischen Fragen eine von Hitler abweichende Auffassung vertreten hätte, ist schwer vorstellbar. Sehr viel wahrscheinlicher ist, dass sie sich für Politik nicht interessiert hat. Letztlich haben wohl beide die Treue und Loyalität des jeweils anderen geschätzt. Möglicherweise kann die Beziehung der beiden so einfach beschrieben werden, wie Herta Schneider das getan hat. Herta Schneider war eine der engsten Freundinnen von Eva Braun und hatte die vielleicht intimsten Kenntnisse über deren Beziehung zu Hitler. Vor einer Münchner Spruchkammer erklärte Herta Schneider im Jahr 1949: »Eva Braun liebte ihn sehr und er liebte sie auch.«[54] Heike B. Görtemaker hat dem Leben Eva Brauns ein Buch gewidmet: *Eva Braun. Leben mit Hitler* (2010). Da es zu Eva Braun aber so gut wie kein Quellenmaterial gibt, konnte auch H.B. Görtemaker zu dem Verhältnis zwischen Hitler und seiner Geliebten keine Erkenntnisse liefern, die die Bekundung von Herta Schneider widerlegt hätten. Was aufgrund übereinstimmender Aussagen mehrerer Zeitzeugen festzustehen scheint, ist, dass Hitlers langjährige Beziehung zu seiner Mätresse am Ende einem eheähnlichen Verhältnis glich. In seinem Buch *Hitlers Liste* (2003) hat Anton Joachimsthaler die Freundschaften des Diktators anhand von Geschenklisten und anderem Quellenmaterial im Detail rekonstruiert. Sein Buch ist die bisher wohl genaueste Untersuchung über Hitlers Liebesleben. Zusammenfassend zitiert Joachimsthaler Ulrich Schlie mit den Worten: »(...) In den Jahren der deutschen Diktatur war das Privatleben des

Führers gegen neugierige Blicke seiner gewöhnlichen Volksgenossen hermetisch abgeschirmt worden. Es bewahrheitete sich wieder einmal der Grundsatz, dass, je weniger man weiß, umso größer die Neugierde und umso heftiger die Spekulationen sind. Als sich nach Kriegsende Zug um Zug der Vorhang über den Privatgemächern Adolf Hitlers hob, war die Enttäuschung groß. Die Sensationen blieben aus. Das Geheimnis bestand darin, dass es keines gab.«[55]

Mit diesen Worten könnte man das Kapitel *Frauen* beschließen, gäbe es zu dem Thema nicht doch ein Geheimnis. Dieses Geheimnis wurde erst in jüngerer Zeit gelüftet, und es war weder Heike B. Görtemaker noch Anton Joachimsthaler zu dem Zeitpunkt bekannt, als diese sich mit Hitlers Liebesleben befasst haben. Das Geheimnis lag, verborgen zwischen ausrangiertem Geschirr und verblichenen Groschenromanen, auf Deutschlands größtem Flohmarkt, dem Nürnberger »Trempelmarkt«. Was da von einem nichtsahnenden Flohmarktverkäufer angeboten wurde, hatte es in sich: Es waren Hitlers Personalakten aus der Festung von Landsberg, dem Gefängnis, in dem Hitler nach seinem misslungenen Putsch einsaß. Seit den 50er-Jahren galten Hitlers Gefängnisakten als verschollen. Der damalige Leiter des Gefängnisses hatte sie, wie sich herausstellte, entwendet und in seinem Haus aufbewahrt. Als das Haus nach seinem Tod entrümpelt wurde, fand Hitlers Akte ihren Weg zum Nürnberger Flohmarkt. Im Juni 2010 bot dann ein Fürther Auktionshaus auf einer Versteigerung über »500 Papierobjekte aus Hitlers Haft in Landsberg« an. Viele Sammler aus dem In- und Ausland interessierten sich für die verschollen geglaubte Gefangenenakte Hitlers. Auch Stephen Spielberg soll sich nach Zeitungsberichten unter den Interessenten befunden haben. Aber der bayerische Staat war ebenfalls über den Fund informiert. Das Fürther Auktionshaus hatte der Bayerischen Archivverwaltung eine CD-ROM mit 762 Aufnahmen der Dokumente zur Echtheitsprüfung übersandt. Nachdem die Echtheit der historisch bedeutsamen Papiere festgestellt war, wurde Prof. Dr. Peter Fleischmann, Chef des Staatsarchivs in München, aktiv und erwirkte eine gerichtliche Verfügung »zum Schutz deutschen Kulturguts«. Damit konnte ein Verkauf von Hitlers Gefängnisakte ins Ausland im letzten Moment noch verhindert werden. Die Dokumente wurden vom Bayerischen Staat beschlagnahmt und dem zuständigen Staatsarchiv in München übergeben. Dort wertete Fleischmann die Haftpapiere Hitlers aus und veröffentlichte sie als kommentierte Edition in dem Buch *Hitler als Häftling* (2015).

Die Akte belegt, dass sich Hitler des Wohlwollens der Anstaltsleitung erfreute und dass er während seines Gefängnisaufenthalts in Landsberg auffallend viele Privilegien genoss. Das war allerdings schon immer bekannt gewesen und keinesfalls eine Sensation. Die Sensation entdeckte Fleischmann in einem Untersuchungsbericht, den der Amtsarzt Dr. Josef Birnsteiner am 12. November 1923 in das Aufnahmebuch für Schutzhaft-, Untersuchungshaft- und Festungshaftgefangene eintrug. Der offensichtlich mit den nationalen Ideen Hitlers sympathisierende Dr. Birnsteiner trug als Hitlers Beruf »Künstler, zuletzt Schriftsteller« ein. Bei dem Häftling sei keine »krankhafte Geistestätigkeit« festzustellen, vermerkte der Arzt, wohl aber eine »hervorragende Rednergabe« sowie eine »Begeisterung für ein großes, geeinigtes Deutschland«. Hitlers Gesamtzustand bezeichnete er als »gesund, kräftig«. Körpergewicht: 78 Kilogramm. Er vermerkte einen ausgekugelten Arm, und dann folgte sie, die Sensation: ›rechtsseitiger Kryptorchismus‹ notierte der Mediziner. Zwei Worte, die geeignet sind, viele Legenden, die sich um Hitlers Sexualverhalten ranken, mit einem Schlag zu entkräften. Zwei Worte, die es aber auch möglich machen, manche Seltsamkeiten in Hitlers Verhalten zu erklären.

Rechtsseitiger Kryptorchismus bedeutet nichts anderes, als dass Hitler der rechte Hoden fehlte. Es handelt sich dabei um eine Missbildung, die sich im frühen Kindesalter einstellt, wenn der Hoden nicht durch den Hodenleiter in den Hodensack wandert, sondern stattdessen im Hodenleiter steckenbleibt. Abgesehen von einem erhöhten Tumorrisiko sind die gesundheitlichen Folgen undramatisch, wenn der gesunde Hoden voll funktionsfähig ist und Fruchtbarkeit und Hormonbildung für den verkümmerten Hoden mit übernimmt. Ist das nicht der Fall, können Unfruchtbarkeit und Hormonstörungen die Folge sein. Neu ist die Geschichte von Hitlers missgebildetem Geschlechtsteil keineswegs. Da gibt es den Bericht von Eugen Wasner, der mit Hitler zusammen die Volksschule besucht hatte und der seinen Kameraden 1943 an der Ostfront erzählte, Hitler habe als Kind bei dem Versuch, einem Ziegenbock ins Maul zu pinkeln, seinen halben »Zippedäus« verloren. Das Zentralgericht des Heeres in Berlin urteilte, dass sich Wasner mit seiner Behauptung der Wehrkraftzersetzung schuldig gemacht habe, verurteilte ihn zum Tode und ließ ihn hinrichten.[56] Dass Hitlers Geschlechtsteil verkümmert gewesen sei, hatten auch Kameraden erzählt, die gemeinsam mit Hitler im Ersten Weltkrieg gedient hatten. Das haben der Hitler-Vertraute Ernst »Putzi« Hanfstaengl, sein Vorgesetzter nach dem Ersten Weltkrieg, Hauptmann Karl Mayr, und andere Zeitzeugen berichtet. Am 19. November 2008 veröffentliche die *Bild Zeitung* einen Bericht darüber, dass Hitler einen Hoden verloren habe, als er im Ersten Weltkrieg durch einen Granatensplitter am linken Oberschenkel verletzt wurde. Am selben Tag erschien in der britischen Boulevardzeitung *The Sun* ein Artikel mit der Überschrift: *Hitler only had one ball.* Beide Artikel bezogen sich auf die Aussage eines Militärarztes, der Hitler nach seiner Verletzung angeblich behandelt hatte. Auch der sowjetische Gerichtsmediziner Dr. Faust Jossifowitsch Schkarawski, der die verkohlten Reste von Hitlers Leiche angeblich am 8. Mai 1945 im Leichenschauhaus der Klink Buch obduziert hat, hatte eine Hoden-Anomalie bei der Leiche festgestellt. Als dieser Bericht 1968 von den Russen veröffentlich wurde, wurde das, ebenso wie die anderen Berichte über Hitlers angeblich missgebildetes Geschlechtsteil, kaum zur Kenntnis genommen. Dem Feind die Manneskraft abzusprechen, hat Tradition, und so wurden diese Gerüchte von der akademischen Geschichtsschreibung, wenn überhaupt, nur am Rande erwähnt. 1939 dichtete der britische Journalist Toby O'Brien einen Liedtext, der lautete: *Hitler has only got one ball.* Bei britischen Soldaten erfreute sich der Text, der zu der Melodie des *River Kwai* Marsches gesungen wurde, großer Beliebtheit. Da kaum anzunehmen ist, dass O'Brien hellseherische Gaben besessen hat, hat ihn wohl der britische Geheimdienst inspiriert, dem dieses intime Detail des feindlichen Diktators bekannt gewesen sein muss.

Waren aber bislang die Berichte über Hitlers reduzierte Männlichkeit nicht überprüfbar, so liegt nun, mit dem Untersuchungsbefund aus Landsberg, ein aussagekräftiges medizinisches Dokument vor. Da nichts darauf hinweist, dass der untersuchende Arzt ein Hitler-Gegner gewesen ist, gibt es keinen Grund anzunehmen, dass er in seinem Bericht einen falschen Befund vermerkt haben könnte, um Hitler möglicherweise zu schaden. Was aber folgt aus dem Eintrag des Mediziners in Hitlers Akte? Zunächst ist nun wohl davon auszugehen, dass der sowjetische Gerichtsmediziner Schkarawski im Mai 1945 tatsächlich die verkohlten Reste von Hitlers Leiche zur Untersuchung vorgelegen haben und diese nicht, wie andere Berichte wissen wollen, in einer Zigarrenkiste aus der Reichskanzlei geschmuggelt wurden. Darüber hinaus hat die Entdeckung von Landsberg zur Folge, dass man alle Berichte, die Hitler ein perverses Sexualverhalten unterstellt hatten, nun getrost in der Kategorie »Unsinn« abheften kann.

Diese oft als »sensationell« bezeichneten Berichte basierten auf den Erklärungen von Damen, die mit Hitler ein sexuelles Erlebnis gehabt haben wollten. Wären diese Damen Hitler aber tatsächlich in der von ihnen behaupteten Art und Weise nahegekommen, so hätten sie den fehlenden Hoden bemerken müssen. Dieser wird aber in keinem der Berichte über die angeblichen Perversionen Hitlers jemals erwähnt.

Die Entdeckung von Landsberg erklärt auch vieles von dem, was bislang im Zusammenhang mit Hitlers Verhalten als seltsam oder wenig verständlich erschien. Ein Kryptorchismus bedeutet nicht, dass die Fähigkeit zur Erektion und damit die Potenz notwendigerweise eingeschränkt sein müssen. Aber auch wenn der fehlende Hoden nicht mit Impotenz gleichzusetzen ist, so kann ein verkümmertes männliches Geschlechtsteil dennoch schwerwiegende psychische Folgen haben. Beim Entkleiden ist der Makel offensichtlich, was ein neurotisches Schamgefühl zur Folge haben kann. Bei Hitler war das offensichtlich der Fall: Sein Beharren darauf, sich in der Öffentlichkeit niemals anders als in voller Bekleidung zu zeigen, dass er Röntgenaufnahmen seines Körpers verweigerte, dass er Schneidern verbot, an ihm Maß zu nehmen und dass er sich zu Massagen nach dem Attentat vom 20. Juli 1944 nur unter der Bedingung bereit erklärte, dass er seine Unterhosen anbehalten könne – alles das ist jetzt nur allzu verständlich. Hitlers ungewöhnlich prüdes Verhalten ist vielen Zeitzeugen aufgefallen, unter anderen auch Ernst Hanfstaengl. Dieser wunderte sich über Hitlers »geradezu altjüngferliche Abneigung, sich unbekleidet zu zeigen«. Er bezog sich dabei auf Hanni Morell, die Frau von Hitlers Leibarzt, die gesagt haben soll, dass körperliche Untersuchungen bei Hitler aus diesem Grund unmöglich gewesen seien.[57] Verschiedenen Autoren ist die Gewohnheit Hitlers aufgefallen, seine Hände auf Fotos vor dem Geschlechtsteil zu verschränken, und sie haben das als Hinweis auf sexuelle

Probleme interpretiert. Die Entdeckung von Landsberg bestätigt nun diese Vermutungen. Dass Hitler, der sich für weibliche Schönheit begeisterte, die Nähe von attraktiven Frauen suchte, gleichzeitig aber jedem intimen Zusammensein auswich, wird vor dem Hintergrund seiner Missbildung verständlich. Hätte er sich vor einer Frau unbekleidet gezeigt, so hätte sie den Mangel an Männlichkeit registrieren müssen und Hitler hätte sich ihrer Verschwiegenheit ausgeliefert. Dass er das nicht riskieren wollte, ist verständlich.

Da eine Impotenz nicht die zwingende Folge eines Kryptorchismus ist, kann man davon auch bei Hitler nicht automatisch ausgehen. Fest steht aber, dass sich bei Hitler keine Anzeichen für einen besonders ausgeprägten Geschlechtstrieb finden lassen. Für Hitlers politische Karriere war sein geringes oder nicht vorhandenes sexuelles Interesse ein nicht zu unterschätzender Vorteil. Die Gründe hatte ihm ein Anhänger der ersten Stunde, sein getreuer Dietrich Eckart, geliefert: Infolge der Gefallenen des Weltkrieges seien die Frauen bei Weitem in der Überzahl. Wer Deutschland einmal führen wolle, könne nur mit Hilfe der Frauen zur Macht gelangen. Über den ersehnten »Retter Deutschlands« soll Eckart gesagt haben, noch bevor er Hitler kennengelernt hatte: »Er muss Junggeselle sein. Dann kriegen wir die Weiber.«[58] Die Entdeckung von Landsberg mag auch die Ansicht verschiedener Forscher stützen, die behauptet haben, dass die Ekstase der Massen Hitler das gab, was ihm auf sexuellem Gebiet fehlte. Sollte das tatsächlich der Fall gewesen sein, so muss Hitlers Behauptung, dass er »mit Deutschland verheiratet« sei, möglicherweise wörtlicher genommen werden als bislang allgemein vermutet.

KUNST

Das erste Staatsgebäude, das Hitler als Reichskanzler in Auftrag gab, war der Kunst gewidmet: das Haus der Deutschen Kunst in München. Zur Eröffnung am 18. Juli 1937 kamen mehrere Zehntausend Besucher. Deutsche Künstler waren auf Kosten der Reichsregierung eingeladen, und alles, was Rang und Namen hatte, erschien: Bildhauer, Maler, Filmemacher, Architekten, Schriftsteller, Theaterleute, Schauspieler, Opernsänger, Bühnenbildner, Operettenstars und Dirigenten. Ganz München hatte sich in einen »feenhaften Sommernachtstraum« verwandelt, berichtet Leni Riefenstahl in ihren Memoiren. Im Englischen Garten hatten Künstler die Bäume mit bunten Stoffballons dekoriert, Girlanden und Fahnen schmückten die Stadt, ein Festzug mit dem Thema »2000 Jahre deutsche Kultur«, bewegte sich durch die Straßen und in Nymphenburg wurde eine »Nacht der Amazonen« gefeiert. 20.000 Zuschauer wohnten der mit Fanfarenklängen und Feuerwerk gestalteten Aufführung bei. Hitlers Duzfreund, der Pferdenarr Christian Weber, hatte das Spektakel organisiert.[1] 2000 Darsteller, 700 Pferde und 340 berittene Fackelträger waren aufgeboten und modernste Unterwasser-Lichttechnik aus den USA erleuchtete die Springbrunnen des Schlosses, als Dutzende von Revuetänzerinnen daran vorbeiritten, »die nichts als Silberfarbe am Leib trugen«.[2]

Die erste *Große Deutsche Kunstausstellung* sollte im Haus der Deutschen Kunst einen »Querschnitt des deutschen Kunstschaffens der Gegenwart« zeigen. Die Ausstellungsstücke hatte eine Jury unter 15.000 eingereichten Kunstwerken ausgesucht. Als Hitler am 5. Juni zusammen mit Goebbels zur Vorbesichtigung erschien, kam es zum Eklat, den Goebbels in seinem Tagebuch wie folgt beschreibt: »Man hat hier Stücke aufgehängt, die einem direkt das Grausen beibringen. (...) Der Führer tobt vor Wut.«[3]

Dadaismus, Kubismus, Surrealismus und Expressionismus, also die gesamte avantgardistische Moderne, lehnte Hitler als »dekadent«, »internationalistisch« und »verjudet« ab. Die Jury wurde von Hitler umgehend entlassen und durch seinen Leibfotografen Heinrich Hoffmann ersetzt. Dieser sonderte verfemte Exponate aus und ließ Fehlendes durch Kunstwerke ersetzen, die dem Führer genehm waren. »Modernism is now verboten«, kommentierte die *New York Times* in einem Bericht über die Ausstellung am 25. Juli 1937.

Ab August 1937 begannen Beauftragte des Regimes damit, alle Kunstwerke der Moderne in sämtlichen deutschen Museen und Ausstellungen zu beschlagnahmen. Hitler persönlich hatte das angeordnet, denn Kunst war Chefsache im Dritten Reich. »Undeutsche« Kunstwerke müssten beseitigt werden, erklärte der Führer, und so wurden etwa 20.000 Exponate entweder öffentlich verbrannt oder anderweitig vernichtet. Was sich zu Geld machen ließ, wurde ins Ausland verkauft. Ein 1938 erlassenes »Gesetz über Einziehung von Erzeugnissen entarteter Kunst« legalisierte nachträglich die entschädigungslose Beschlagnahme der entsprechenden Kunstwerke. Namhafte Künstler wie Max Beckmann, Käthe Kollwitz, Otto Dix, Max Ernst, Paul Klee und Wassily Kandinsky wurden verspottet und verfemt. Viele Kunstprofessoren, Ausstellungsleiter und Museumsdirektoren wurden entlassen. 1400 Künstler erhielten Berufs- und Malverbote. Wollten sie sich weiterhin öffentlich als Künstler betätigen, waren sie gezwungen, ins Ausland zu gehen.

Es ist nicht verwunderlich, dass Hitler heute allgemein als kulturloser Barbar porträtiert wird. Beleuchtet man aber die Beziehung Hitlers zur Kunst genauer, entsteht ein seltsam widersprüchliches Bild. Die Kunsthistorikerin Birgit Schwarz hat in diesem Zusammenhang in ihrem Buch *Geniewahn:*

Hitler und die Kunst (2009) die Aufzeichnungen des italienischen Archäologen und Kunsthistorikers Ranuccio Bianchi Bandinelli ausgewertet.[4] Bandinelli galt nach dem Krieg als einer der bedeutendsten Geisteswissenschaftler Italiens. In seinen Tagebüchern findet sich seine Einschätzung von Hitlers Beziehung zur Kunst. Anlass dafür war ein Staatsbesuch des deutschen Reichskanzlers in Italien im Jahr 1938. Auf persönlichen Wunsch Hitlers standen die bedeutendsten Kunstgalerien von Rom, Florenz und Neapel auf dem Programm. Aufgrund seiner Deutschkenntnisse hatte Bandinelli den Auftrag, den deutschen Diktator und seine Entourage zu begleiten. Als die Gesandten Hitlers während der Vorbereitung des Besuches den »Kunstsinn« des Führers gerühmt hatten, hatte Bandinelli Aufschneidereien vermutet. Aber nachdem er gemeinsam mit Hitler viele Stunden in Galerien und Museen zugebracht hatte, sah er sich gezwungen, seine Einschätzung zu revidieren. Er attestierte Hitler, laut Birgit Schwarz, »ein Sensorium für Malerei, und zwar durchaus für deren spezifische künstlerische Qualitäten.« Dass Bandinelli Hitler Kunstverstand zubilligte, hatte sicher auch damit etwas zu tun, dass Hitlers Lesehunger nicht zuletzt auch kunsthistorische Lektüre umfasst hat.[5] Vor allem aber war Bandinelli beeindruckt von Hitlers Verhalten während der Galeriebesuche. Mit der Betrachtung der Werke von Michelangelo, Raffael, Tizian, Rubens, Veronese und Tintoretto verbrachte der deutsche Diktator außergewöhnlich viel Zeit. Vom Anblick der Gemälde war er offenbar sehr berührt, und Bandinelli entnahm Hitlers Reaktionen, dass seine Leidenschaft für die Malerei echt war und nicht etwa nur aufgesetzt. Birgit Schwarz misst der Einschätzung Bandinellis erhebliche Bedeutung bei, denn er war fachlich kompetent und psychologisch einfühlsam. Politische Sympathien sind bei ihm ausgeschlossen. 1943 nahmen ihn die Faschisten in Geiselhaft und 1944 wurde er Mitglied der kommunistischen Partei.

War Hitlers Begeisterung für die Kunst also nicht bloße Selbstdarstellung mit Propagandaeffekt, wie die meisten Hitler-Biografen vermutet haben? Sollen wir Goebbels Behauptung Glauben schenken, der geschrieben hatte, die Malerei sei Hitlers »geheime, nie rostende Liebe«?[6] Aber wie passt das zusammen mit dem Befehl zur Vernichtung der Kunstwerke der Moderne?

So unverständlich Hitlers Kampf gegen die Kunst der Moderne aus heutiger Sicht erscheint, er befand sich damit innerhalb einer Denktradition, die im Deutschland des frühen 20. Jahrhunderts von erheblichem Gewicht war. Im Jahr 1890 hatte der Schriftsteller und Philosoph Julius Langbehn unter einem Pseudonym das Werk *Rembrandt als Erzieher* veröffentlicht. In nur zwei Jahren erlebte das Buch 39 Auflagen, und Langbehns Auffassungen wurden in der deutschen Kulturszene zu einer maßgeblichen Position. In seinem Buch machte Langbehn die Moderne mit ihrem Intellektualismus, Rationalismus und Liberalismus für den angeblichen Verfall der deutschen Kultur verantwortlich. Gesunden könne die kranke Gegenwart laut Langbehn nur durch eine Rückbesinnung auf die nationale Kunst nach dem Vorbild des »Niederdeutschen« Rembrandt. Indem Langbehn eine Erneuerung Deutschlands mithilfe der Kunst propagierte, gab er ihr einen politisch-nationalen Auftrag, eine Vorstellung, die sich bei Hitler wiederfindet. Im Dritten Reich erfuhr das Buch Lengbehns eine erneute Popularität und spielte nach 1933 in der Kunsterziehung eine wichtige Rolle. Friedrich Pecht, ein Kunstexperte, Maler und Schriftsteller, war ein weiterer namhafter Vertreter der Auffassung, dass die Kunst politisch-nationalen Zwecken zu dienen habe. Mit einem vierbändigen Werk hatte Pecht am Ende des 19. Jahrhunderts die Grundlage für eine nationale Kunstgeschichtsschreibung gelegt und war, auch wegen anderer Buchveröffentlichungen, als Kunstexperte allgemein anerkannt. In seinen Veröffentlichungen vertrat Pecht mit Nachdruck die These, dass die Kunst ihren Beitrag zur »geistigen Volksgesundheit« zu leisten habe. Einflussreich waren Pechts Thesen vor allem deshalb, weil er auch für das Feuilleton bedeutender Zeitungen tätig war und dort weit über 1500 Artikel veröffentlichte. Außerdem gab er die Zeitschrift *Kunst für Alle* heraus, die um die Jahrhundertwende weite Verbreitung fand. Als der kunstinteressierte junge Hitler in Wien seinem Privatstudium nachging, sind ihm sicherlich die Veröffentlichungen von Pecht und Langbehn nicht verborgen geblieben.[7] Ganz im Sinne von Pecht, Langbehn und anderen Vertretern dieser Denkrichtung begründete Hitler sein Vorgehen gegen die Kunst der Moderne damit, dass der Staat »unser Volk und sein Leben von all jenen Einflüssen zu befreien (hat, d. Verf.), die für unser Dasein verderblich sind.«[8] Hitlers »unerbittlicher Säuberungskrieg« gegen die »sogenannte moderne Kunst« ging allerdings weit über das hinaus, was Langbehn, Pecht und anderen Vertretern dieser Denkrichtung vorgeschwebt haben mochte.

In seiner Rede zur Eröffnung vom Haus der Deutschen Kunst hat Hitler erklärt, was bildende Kunst für ihn bedeutet, beziehungsweise, was sie sein sollte. Die beständige Wiederholung gewisser Schlagwörter und Phrasen, so sagte er, sei der Grund dafür, dass es zu einer Verwirrung der Ansichten über das Wesen der Kunst gekommen sei. Viele Menschen, die sich mit Kunst beschäftigten, seien dadurch unsicher geworden und folgten nicht mehr ihrem »gesunden Menschenverstand und Instinkt«. »Teils aus Unsicherheit, teils aber auch aus Feigheit« hätten sie es nicht mehr gewagt, »gegen den dauernden Strom solcher Phrasenflüsse ernstlich und offen anzukämpfen«. So sei es gelungen, »die natürlichen Auffassungen über das Wesen und die Aufgaben der Kunst sowie deren Zweck allmählich zu verwirren« und das »allgemeine gesunde Empfinden auf diesem Gebiete«[9] zu zerstören. Hitler erklärte weiter, dass der Maßstab für das ›Wertvolle‹ in der Kunst nicht das ›Vergängliche‹ sein könne, sondern nur das ›Ewige‹. Und das ›Ewige‹ sei, in der Flut der Erscheinungen, das Volk. Kunst, die das Attribut ›wertvoll‹ verdiene, sei also nicht in der Zeit begründet, in der sie entsteht, sondern in dem Volk, das sie hervorbringt. ›Ewige‹ und damit ›wertvolle‹ Kunst sei daher zwangsläufig national.

Die Gleichsetzung des ›Ewigen‹ mit dem ›Nationalen‹ findet sich bei Hitler nicht nur in Bezug auf die Kunst. Sie ist ein fester Bestandteil seiner Weltsicht. Zweifellos waren für ihn das ›Ewige‹ und das ›Nationale‹ austauschbare Begriffe. Hier wird in der Tat *das* Leitmotiv deutlich, welches sein gesamtes Denken, Handeln und Fühlen bestimmt hat. Diese Apotheose, diese Vergöttlichung der Nation, wirkt auf uns Heutige befremdlich und geradezu grotesk. Aber auch schon damals konnten kritische Geister, nicht nur im Ausland, sondern auch in Deutschland, über Hitlers diesbezügliche Äußerungen nur den Kopf schütteln. Unternimmt man den Versuch, Hitler begreifen zu wollen, dann stellt sich die Frage, wie er zu dieser Überzeugung gelangen konnte. Wie konnte sich der Glaube an eine gottgleiche Nation derart tief in Hitlers Persönlichkeit eingraben, so tief, dass nach 1918 sein gesamtes Leben davon durchdrungen und bestimmt war? Auf dem Weg zur Beantwortung dieser Frage werden wir zunächst Hitlers Verhältnis zur Kunst noch ein wenig genauer beleuchten.

Wie die »ewige« deutsche Kunst auszusehen habe, darüber hat sich Hitler nur sehr vage geäußert. Sie müsse »klar« und »wahr« sein, sagte er in seiner Eröffnungsrede von 1937. In seiner ›Kulturrede‹ auf dem Nürnberger Parteitag 1934 hatte er von »neuen Methoden« und einem »kristallklaren Funktionalismus« gesprochen. So wenig er, wohl bewusst, festgelegt hat, wie die deutsche Gegenwartskunst beschaffen sein sollte, umso deutlicher hat er geäußert, wie sie keinesfalls aussehen dürfe: Die ›Moderne‹ mit ihren »unnatürlichen Schmierereien und Klecksereien« war für Hitler eine »kulturlose Narretei«. Aber auch für die Kunstauffassung der völkischen »Rückwärtse« konnte er sich nicht begeistern. Über deren kitschig-romantische Vorstellungen hat er sich wiederholt lustig gemacht. In seiner ›Kulturrede‹ von 1934 sagte er, dass er sich gegen die völkischen Traditionalisten verwahren müsse, »die meinen, eine ›teutsche Kunst‹ aus der krausen Welt ihrer eigenen romantischen Vorstellung der nationalsozialistischen Revolution als verpflichtendes Erbe für die Zukunft mitgeben zu können«.

Hitlers erklärtes Ziel war es, den Boden zu bereiten für das Erscheinen nationaler »Künstlergenies«, die in der Lage sein sollten, die Kunst auf den rechten Weg zu führen und welche (wieder) eine Kunst hervorbringen würden, die das Prädikat ›ewig‹ verdiente. Aufgabe des Staates dabei war, die Voraussetzungen zu schaffen und dafür zu sorgen, dass »rassische Verunreinigung« der Vergangenheit angehörte. Unter den reinrassigen arischen Künstlern der Zukunft würden sich dann diese »Sterne am Himmel unseres deutschen Kunstschaffens« zeigen können und ihr Genie unter Beweis stellen. In Akademien und Werkstätten großer Künstler sollten Studenten die Möglichkeit erhalten, ihr Handwerk zu erlernen. Das Einüben der Technik des Malens, detailgetreues Zeichnen und Formstudium waren erste Schritte, die zur Gesundung der Kunst führen sollten. Aus dieser realitätsorientierten Nachahmungsarbeit sollte dann das künstlerische Genie entspringen. Ungeklärt blieb, wie das Ganze mit der autodidaktischen Fortbildung zu vereinbaren war, die bei Hitler so hoch im Kurs stand. Schulmeisterei behinderte ja, nach seiner häufig geäußerten Auffassung, das wahre Genie in seiner Entfaltung. Hitler muss auch klar gewesen sein, dass die von ihm erträumte kulturelle Hochblüte, die ja aus einer rassischen Höherentwicklung hervorgehen sollte, kurzfristig nicht zu erreichen war. Ein derartiger Prozess würde in jedem Fall mehrere Generationen umspannen. Dennoch scheint er schon für die unmittelbare Gegenwart hochgespannte Erwartungen gehabt zu haben. Jedenfalls sagte er in seiner Rede zur Eröffnung vom Haus der Deutschen Kunst: »(...) das neue deutsche Reich (wird) eine unerhörte Blüte der deutschen Kunst veranlassen.« Dass in den folgenden Jahren dann aber das Erscheinen der »unvergänglichen, gottbegnadeten Künstler großer Zeiten« auf sich warten ließ und dass die in der alljährlichen *Großen Deutschen Kunstausstellung* gezeigten Werke seinen Qualitätsansprüchen nicht gerecht wurden, scheint Hitler tief enttäuscht zu haben. Das berichten übereinstimmend verschiedene Zeitzeugen. Reichspressesprecher Otto Dietrich erinnerte sich nach dem Krieg: »In der Malerei hat er nach der ›Reinigung‹ trotz aller erdenklichen Bemühungen keine Blüte hervorzubringen vermocht. (...) Das hat er selbst im internen Kreis festgestellt – ohne dass er diese Meinung nach außen dringen ließ.«[10]

Bei sich selbst hatte Hitler schon als Jugendlicher geglaubt, ein Talent für Malerei entdecken zu können, und war seitdem davon überzeugt gewesen, einmal ein berühmter Maler zu werden. Als sein Linzer Nachbar Presemayer zu bedenken gab, dass er weder über die nötigen finanziellen Mittel noch über persönliche Beziehungen verfüge, antwortete der junge Hitler: »Makart und Rubens haben sich auch aus ärmlichen Verhältnissen hochgearbeitet.«[11] Auch die Erinnerungen seines Jugendfreundes August Kubizek belegen, dass der junge Hitler fest davon überzeugt war, dass er eines Tages zu den Künstlern gehören würde, deren Namen die ganze Welt kennt. Dass Hitler in Wien zweimal die Aufnahmeprüfung der Kunstakademie nicht bestand, führte nicht etwa dazu, dass er sich selbst als gescheitert betrachtete. Sein Scheitern bestärkte ihn im Gegenteil in dem Glauben, ein Genie zu sein. Hitlers Maler-Heroe Hans Makart war von der Wiener

Akademie nach einem Jahr ebenfalls als untalentiert abqualifiziert und nach Hause geschickt worden, der von Hitler hochverehrte Maler Anselm Feuerbach hatte dem »ignoranten« Wien auch frustriert den Rücken gekehrt, genauso wie die Maler Edward von Steinle und Moritz von Schwind und natürlich der von Hitler vergötterte Richard Wagner. Die berühmten Vorbilder ermöglichten es Hitler, sich selbst einer Tradition von Genies zurechnen zu können, die das ignorante Wien abgelehnt hatte. Dass er in dem »Verkannt-Sein« geradezu eine Bestätigung von Genialität sah, hat Hitler mehrfach geäußert. Im Mai 1942 sagte er laut dem Gedächtnisprotokoll von Henry Picker in kleinem Kreis: »Wenn unsere Schulmeister das angehende oder nachmalige Genie in der Regel nicht erkennen, sondern in der Regel sogar als untalentiert ablehnten, (...) so liegt das daran, dass sich in ein Genie wohl nur ein Genie ganz hineinversetzen kann.«[12]

Da Hitler kaum Angaben über die Bücher gemacht hat, die er gelesen hat, als er in Wien seinem Privatstudium nachging, ist man auf Mutmaßungen angewiesen. Mit an Sicherheit grenzender Wahrscheinlichkeit kann man aber wohl annehmen, dass der lesehungrige angehende Künstler sowohl in Linz als auch in Wien und später in München Bücher über Kunst und Künstlerbiografien gelesen hat. Das noch erhaltene Buch aus Hitlers Bibliothek von Max Osborn über die Architektur Berlins, das er 1915 als Soldat an der Front erwarb, weist jedenfalls in diese Richtung. Der Kunsthistorikerin Birgit Schwarz fiel in diesem Zusammenhang auf, dass Hitler in einem Lebenslauf von 1921 angegeben hat, er habe in Wien vor allem Kunstgeschichte, Kulturgeschichte und Baugeschichte »studiert« (womit Hitler Selbststudium meint) und sich nur nebenbei mit politischen Problemen beschäftigt. »Diese klare Gewichtung seiner damaligen Interessen wiegt schwer«, bemerkt Schwarz, »denn der Lebenslauf umreißt seine Entwicklung zum Parteiführer.«[13]

In *Mein Kampf* schreibt Hitler, dass er nach der missglückten Aufnahmeprüfung an der Kunstakademie die Absicht gehabt habe, Baumeister zu werden. Das war keineswegs ein Eingeständnis einer Niederlage. Im Gegenteil: Auch Rubens, Caspar David Friedrich und andere von Hitler geschätzte Malerfürsten hatten sich mit Architektur beschäftigt. Um Architektur studieren zu können, hätte Hitler allerdings einen Schulabschluss vorweisen müssen, den er nicht besaß. Er erwähnt dieses Problem zwar in *Mein Kampf*, geht aber nicht darauf ein, ob er jemals vorgehabt hatte, den fehlenden Schulabschluss nachzuholen. Fakt ist, dass sich unter den erhalten gebliebenen Arbeiten Hitlers aus der Wiener Zeit vor allem Architekturzeichnungen finden. Sein Freund Kubizek berichtet davon, dass der junge Hitler Pläne für Museen, Sternwarten und Brücken gezeichnet habe. Auch die Planung geräumiger und komfortabler Arbeiterwohnungen habe ihn beschäftigt. Besonders eingehend habe er sich mit Theaterarchitektur befasst und sei davon überzeugt gewesen, in der Zukunft bedeutende Theaterbauten zu entwerfen.[14] Ob sich Hitler, als er vor dem Ersten Weltkrieg in München lebte, tatsächlich »privat« an der Ausschreibung zum Neubau der Königlichen Oper in Berlin beteiligt hat, wie er später in privater Runde anklingen ließ, ist nicht mehr zu ermitteln. Feststeht, dass er als Reichskanzler plante, Deutschland in ein Land der Theater, Opernhäuser und Museen zu verwandeln. Jede deutsche Stadt sollte mindestens eine Gemäldegalerie erhalten. Die Berliner Museumsinsel sollte um sechs (!) Museen erweitert werden und auch die Münchner Museumslandschaft sollte erheblich anwachsen. An Theatern und Opernhäusern waren in jeder größeren Stadt mindestens jeweils zwei vorgesehen, für Berlin hatte Hitler fünf (!) neue Opernhäuser geplant. Als die Opernhäuser von Berlin und München während des Krieges in Flammen aufgingen, setzte er durch, dass mitten im Bombenhagel mit deren Wiederaufbau begonnen wurde.[15]

Viele von Hitlers eigenen Malereien gingen in den Wirren der unmittelbaren Nachkriegszeit verloren. Von den Aquarellen, die er gemalt hat, während er in Wien lebte, sind nur noch wenige Arbeiten erhalten. Es sind überwiegend Stadtansichten, aquarelliert im Schnellverfahren, aber handwerklich immerhin so gekonnt, dass er sie an Bilderrahmenhändler verkaufen konnte. Die Rahmenhändler konnten ihre Bilderrahmen besser zusammen mit Bildern verkaufen, da die Kunden dadurch sofort sehen konnten, wie die jeweiligen Rahmen wirkten. Die Erlöse waren mit den Preisen, die Galerien bezahlten, in keiner Weise zu vergleichen, waren aber immerhin hoch genug, um es Hitler zu ermöglichen, sich als Arbeitsloser in Wien finanziell über Wasser zu halten, nachdem er sein Erbe aufgebraucht hatte. Im Jahr 1913 verließ Hitler Wien und ging nach München. Damit tat er dasselbe, was vor ihm auch schon sein Maler-Vorbild Hans Makart und der »Meister« Richard Wagner getan hatten: Sie hatten Wien verlassen, waren nach München gegangen, und München hatte ihnen dann große Erfolge beschert. Auch in München malte Hitler brave, naturalistische Stadtansichten wie das Hofbräuhaus, den Viktualienmarkt, das Sendlinger Tor oder den Alten Hof. Und es gelang ihm auch hier, für seine Aquarelle und Zeichnungen bei Rahmenhändlern und Souvenirverkäufern akzeptable Preise zu erzielen. Dies ist insofern bemerkenswert, als der Konkurrenzdruck in München groß war. Die bayerische Landeshauptstadt zog Künstler aus dem gesamten Deutschen Reich an. Zu der Zeit, zu der Hitler in München wohnte, lebte ein Viertel aller deutschen Maler in der Stadt.

In München wohnte Hitler im Stadtteil Schwabing, wo sich, vergleichbar mit London oder Paris, seit der Jahrhundertwende eine bedeutende Bohème-Szene gebildet hatte.

In Schwabing lebten Künstler, Literaten, Maler, Weltverbesserer, Gesundheitsapostel und Anarchisten aus dem Deutschen Reich und aus vielen anderen Teilen der Welt. In der Literatur, die sich mit dem Leben des jungen Hitler vor dem Ersten Weltkrieg beschäftigt, wird er häufig als Bohémien dargestellt, der nur so viel arbeitete, dass es zum Überleben reichte, und der ansonsten in Cafés herumsaß und planlos in den Tag hineinlebte. Wäre das tatsächlich der Fall gewesen, dann wäre aber nicht zu erklären, wie er zu dem umfangreichen Wissen auf kulturellem Gebiet gekommen sein soll, mit dem er nach dem Ersten Weltkrieg als junger Parteiführer die Elite des Münchner Großbürgertums beeindrucken konnte. Dass Hitler in Wien und in München vor dem Ersten Weltkrieg ein Faulenzerdasein geführt hat, kann man von daher wohl ausschließen. Vielmehr scheinen seine eigenen Angaben zuzutreffen, sowie die Berichte von denjenigen Zeitzeugen, die erklärt haben, dass Hitler in München viel Zeit in Bibliotheken verbrachte oder sich zu Hause dem Studium von Büchern widmete.[16]

Hitler hat später behauptet, dass er geplant habe, sich in München bei einem renommierten Architekturbüro als Zeichner zu bewerben.[17] Ob das tatsächlich so war, ist nicht feststellbar. In seiner polizeilichen Anmeldung von 1913 in München nannte er jedenfalls als Beruf: »Architekturmaler«. Eine Anstellung als Zeichner in einem Architekturbüro wäre auch ohne Studium der Architektur möglich gewesen und erscheint insofern als realistisch. Realistischer jedenfalls als der in *Mein Kampf* erwähnte »Baumeister«. Es mag sein, dass er, als er *Mein Kampf* schrieb, bereits ahnte, dass das Berufsziel »Baumeister« in Zukunft einmal nützlich sein könnte. Von der NS-Propaganda jedenfalls wurde der »Baumeister« später nur allzu gerne aufgegriffen. Schließlich war Hitler ja inzwischen vom Schicksal dazu auserkoren, der »Baumeister« einer ganzen Nation zu sein. Mit dem in *Mein Kampf* genannten »Baumeister« mag auch zusammenhängen, dass die Architektur in der NS-Hierarchie der Kunstgattungen zur ›Führerin der Künste‹ erklärt wurde und dass die Architektur des Dritten Reiches als ›gebauter Nationalsozialismus‹ galt.[18]

Was immer Hitler in München geplant oder nicht geplant haben mochte – es wurde vom Ersten Weltkrieg unterbrochen. Auch als Gefreiter schuf er in den Jahren 1914 bis 1918 an der Front Aquarelle und Kohlezeichnungen, von denen einige erhalten geblieben sind. Nach dem Beginn seiner politischen Karriere im Jahr 1919 malte er weiterhin Aquarelle, entwarf nun aber auch für seine Partei, die NSDAP, Fahnen, Hoheitszeichen und Standarten, die unter den Mitgliedern der Bewegung große Anerkennung fanden. Auch bei der stilistischen Ausgestaltung der Hakenkreuzfahne hatte er das entscheidende letzte Wort.[19] Als Reichskanzler und Oberbefehlshaber der Wehrmacht entwarf Hitler Symbole des Staates und militärische Orden. Daneben entwarf er Szenenbilder von Opern, Möbeldesign und private Architekturpläne. Intensiv beschäftigt hat er sich auch mit der Planung öffentlicher Bauten, genauso wie er das bereits als junger Mann in Wien getan hatte. Während der Zeit seiner Haft 1924, als er an *Mein Kampf* arbeitete, entwarf er zugleich Pläne für öffentliche Gebäude, die seinem Architekten Albert Speer später als Anregung dienten. Insbesondere gehörte dazu der Plan für ein Deutsches Nationalmuseum, das 60 Räume umfassen sollte und als Galerie für die Maler des 19. Jahrhunderts gedacht war.[20] Verschiedene Zeitzeugen, unter anderen Ernst ›Putzi‹ Hanfstaengl, berichten, dass Hitler wie besessen darauf war, Kunstmuseen, Galerien und Ausstellungen zu besuchen. Stundenlang hielt er es in den Gemäldeausstellungen aus, oft zum Leidwesen seiner weniger geduldigen Begleiter. Dabei interessierte er sich besonders für die italienische Renaissance, den Klassizismus, die Kunst des Frühbarocks und natürlich für sein Spezialgebiet, die Genremalerei des 19. Jahrhunderts. Während des anfangs erwähnten Staatsbesuchs

1938 in Italien besuchte er gemeinsam mit Mussolini den Palazzo Pitti in Florenz. Geschlagene vier Stunden verbrachte Hitler vor den dort ausgestellten Kunstwerken. Für den Duce wurde der Galeriebesuch zur Qual, und er soll gestöhnt haben: »Tutti questi quadri!« (»Alle diese Bilder!«)[21]

Nach dem Ersten Weltkrieg nahm die Politik zwar den Hauptteil von Hitlers Zeit in Anspruch, aber in seinem Selbstverständnis blieb Hitler auch als Politiker ein Künstler. Ein Künstler, der begonnen hatte, die politische Wirklichkeit einer ganzen Nation neu zu formen. »Der Staatsmann ist auch ein Künstler, für ihn ist das Volk nichts anderes, als was für den Bildhauer der Stein ist«, meinte denn auch Joseph Goebbels in seinem Roman *Michael* (1929).[22] Kunst wird häufig als Fähigkeit definiert, menschliche Leidenschaften zu erwecken. Gemäß dieser Definition ist Hitler auch als Politiker ein Künstler geblieben, beziehungsweise hier tatsächlich zu einem bedeutenden Künstler geworden. Er selbst scheint das allerdings nicht immer in dieser Weise verstanden zu haben. Als Hitler die Galleria Borghese verließ, die er beim Staatsbesuch in Italien besichtigt hatte, sagte er: »Manchmal tut es mir leid, Politiker geworden zu sein.«[23] Ähnliches hat er bei verschiedenen Gelegenheiten geäußert. In seinem Selbstverständnis hatte er, der Künstler, die politische »Mission« nur deswegen antreten müssen, weil ihm das von einer höheren Macht befohlen worden war. Am 11. August 1939 empfing Hitler den Hohen Kommissar des Völkerbundes in der Freien Stadt Danzig, Carl J. Burckhardt, auf dem *Berghof*. Burckhardt berichtet, dass Hitler auf der Terrasse stehend zu ihm gesagt habe: »Wie glücklich bin ich, wenn ich hier bin. (…) Ach wie gerne würde ich hier bleiben und als Künstler arbeiten.« Burckhardt antwortete: »Das liegt doch ganz in Ihrer Hand.« Worauf Hitler zusammengezuckt sei und mit verzerrtem Gesichtsausdruck geantwortet habe: »Nein, nicht mehr.«[24]

Dass sich Hitler selbst aber dennoch vorrangig als Künstler begriffen hat, zeigen auch seine privaten Finanzen. An einem regelmäßigen ›bürgerlichen‹ Einkommen war er nicht interessiert. Obwohl ihm als Parteiführer ein Gehalt zugestanden hätte, hat er, auch in Zeiten, die für ihn persönlich finanziell schwierig waren, immer darauf verzichtet. Sein Gehalt als Reichskanzler und die mit dem Amt verbundene hohe Aufwandsentschädigung nahm er, zumindest in den ersten Jahren, nicht in Anspruch. Auch als Verleger – Hitler gehörte ja der Franz Eher Verlag – ließ er sich nicht bezahlen.[25] Hitler zog es vor, sich – wie ein Künstler eben – von reichen Gönnern unterstützen zu lassen. Und er ließ sich als Autor bezahlen: Für seine wöchentlichen politischen Kommentare in dem von ihm herausgegebenen *Illustrierten Beobachter* kassierte er Spitzenhonorare, und als Verfasser von *Mein Kampf* verdiente er nach 1933 Millionen. Seine politischen Ämter seien, sagte er, »Ehrenämter«, und für die beanspruche er kein Honorar. Einen gewissen Vorteil hatten die »Ehrenämter« für den Künstler allerdings schon. Die Steuerbehörden waren nämlich zu der Auffassung gelangt, dass er als Kanzler und Präsident in einer Person keine Steuern zu bezahlen habe. Auf dem Konto, auf dem sich seine Autoren-Tantiemen ansammelten, lagen zum Zeitpunkt seines Todes noch sieben Millionen Mark, die er nicht abgerufen hatte. Und das trotz der enormen Ausgaben für seine private Gemäldesammlung.[26]

An Bürotätigkeit und Aktenstudium war der Künstler Hitler auch dann nicht interessiert, als er das höchste Amt im Staat innehatte. Sein Wirtschaftsberater Otto Wagener erinnerte sich in dem Buch *Hitler aus nächster Nähe* (1978), dass Hitler mit Blei- und Farbstiften Skizzen angefertigt habe, während ihm Untergebene Bericht erstatteten. Schriftliche Notizen hat sich Hitler laut Wagener niemals gemacht. Auch seine Gedanken hielt er nicht schriftlich fest. Das mag damit zu tun haben, dass Hitler ein »Sprechdenker« war. »Er entwarf, indem er sprach«, erinnerte sich Otto Wagener, »er durchdachte, indem er redete.« An Sitzungen nahm Hitler häufig nicht teil, auch wichtige Verabredungen hielt er oft nicht ein, und er war, vor allem in der Anfangszeit seiner politischen Karriere, die Unpünktlichkeit in Person. Dennoch trifft die in verschiedenen Biografien auftauchende Behauptung nicht zu, dass Hitler aufgrund seines Lebensstils zu konzentrierter Arbeit nicht fähig gewesen sei. Was ihm selbst wichtig erschien, darauf konnte er sich sehr diszipliniert konzentrieren. »Die Arbeitsleistung war dann ganz gewaltig«, schrieb sein ehemaliger Adjutant Fritz Wiedemann in seinem Buch *Der Mann, der Feldherr werden wollte* (1964), »er arbeitete dann auch die halben Nächte durch.« Ghostwriter hat Hitler niemals beschäftigt, und wenn es darum ging, eine wichtige Rede vorzubereiten, dann zog er sich oft tagelang zurück. Das Ergebnis seiner Überlegungen diktierte er dann seinen Sekretärinnen. Auch bei den Lagebesprechungen während des Krieges zeigte er große Ausdauer und ließ keine Minute aus, obwohl die Besprechungen oft viele Stunden dauerten.

Den bürokratischen Routinepflichten seines Amtes konnte der Künstler-Politiker aber nichts abgewinnen, und so delegierte er von Anfang an die Verwaltungsarbeit, die mit Staats- und Parteigeschäften verbunden war. Vier (!) Kanzleien arbeiteten in Berlin ausschließlich für ihn: die Reichskanzlei unter Hans Heinrich Lammers, die Kanzlei des Führers unter Philip Bouhler, die Parteikanzlei unter Rudolf Heß und Martin Bormann und die Präsidialkanzlei unter Otto Meißner. Regierungs- und Parteibüros mied er, so gut er konnte. Sehr viel lieber hielt er sich auf Bauplätzen auf und traf Künstler und Architekten in ihren Ateliers. Gespräche und Verhandlungen führte er am liebsten in seiner Alpenresidenz am Obersalzberg. Wurde sein extravaganter Regierungsstil in seiner Gegenwart auch nur erwähnt, reagierte er mit der gereizten Empfindlichkeit eines Filmstars. Die Künstlerpersönlichkeit Hitlers ist auch Thomas Mann nicht verborgen geblieben. In seinem Essay *Bruder Hitler* beschrieb er den Diktator 1938 als Künstler-Bruder, der sich mit »revolutionärem Instinkt« immer wieder neu beweisen muss und der, wie jeder Künstler, Züge des Undefinierbaren, der Bohème und der Faulheit aufweist. Thomas Mann bezeichnete Hitler als einen »unangenehmen Verwandten«, von dem er am Ende gestehen musste, dass er nicht umhin könne, ihm »eine gewisse angewiderte Bewunderung entgegenzubringen.«

Als junger Parteiführer traf sich Hitler mit Gleichgesinnten bevorzugt in Schwabinger Künstlerkneipen. Birgit Schwarz spricht von »einem regelrechten Schwabing-Kult der frühen NSDAP«. Das Fotohaus Hoffmann befand sich an der Ecke Amalienstraße/Theresienstraße, direkt über dem Café Stephanie, einem beliebten Treffpunkt der führenden NSDAP-Politiker. Vor dem Ersten Weltkrieg hatten sich dort noch Heinrich Mann, Erich Mühsam und Eduard Graf von Keyserling beim Kaffee getroffen. Auch Paul Klee war zu dieser Zeit häufig im Café Stephanie zu Gast gewesen.[27] Heinrich Hoffmann, Hitlers Leibfotograf, erinnerte sich: »Rein menschlich mochte Hitler die sorglosen Künstler Schwabings, ja, er fühlte sich zu ihnen hingezogen. Wenn ich meine Schwabinger Erinnerungen auskramte, war er mit Leib und Seele bei der Sache und konnte herzlich lachen.«[28] Dass sich die frühe NSDAP im Künstlermilieu tummelte, ist nicht verwunderlich, befanden sich doch außer Hitler bemerkenswert viele weitere Künstler unter den Mitstreitern der ersten Stunde. Alfred Rosenberg, Baldur von Schirach, Hans Frank und Werner Funk waren junge Männer in den Zwanzigern, die allesamt künstlerische Ambitionen hatten. Dietrich Eckart, der zwanzig Jahre ältere Bewunderer Hitlers, war als Dichter und Schriftsteller durch eine Nachdichtung von Ibsens *Peer Gynt* bekannt geworden, und Ernst ›Putzi‹ Hanfstaengl, den Hitler in den frühen Zwanzigerjahren kennenlernte, war Spross einer erfolgreichen Kunsthändlerfamilie. Die Hanfstaengls hatten ihr Geld mit Kunstdrucken verdient, die sie erfolgreich in die USA exportiert hatten. Ihre Verkaufsschlager waren deutsche Genre- und Landschaftsmaler des 19. Jahrhunderts, Künstler, die auch Hitler ganz besonders verehrte.[29]

Nach der Machtübernahme 1933 war die NS-Propaganda bemüht, den ›Künstler‹ Hitler verstärkt im Bewusstsein der Massen lebendig werden zu lassen. In verschiedenen Publikationen wurde Hitler als »künstlerischer Mensch« und »Kunstfreund« gefeiert. Darüber hinaus sollten seine frühen Aquarelle seine Genialität als Maler unter Beweis stellen. 1935 gab Heinrich Hoffmann eine Bildmappe mit sechs Aquarellen und einer Zeichnung Hitlers aus der Zeit des Ersten Weltkriegs heraus. Im Vorwort bejubelte ein Münchner Kunstprofessor Hitlers Malerei und erklärte sie zum »intimen, trauten und beseelten, ja zum dichterischen Erlebnis«. Und weiter erklärte er: »Der Baumeister des Dritten Reiches beschämt die damalige Wiener Akademie«. 1936 wurden einige der Aquarelle von Hoffmann in ein Zigarettenbilderalbum aufgenommen, das im Deutschen Reich weite Verbreitung fand. Und am 19. April 1936, einen Tag vor dem Geburtstag des Führers, titelte der *Völkische Beobachter* auf der ersten Seite: »Kunst als Grundlage politischer Schöpfungskraft: Die Aquarelle des Führers«.[30] Zu diesem Zeitpunkt muss Hitler klar geworden sein, dass die NS-Propagandamaschine den Bogen überspannt hatte. Schließlich waren die meisten seiner Arbeiten aus der Wiener und Münchner Zeit Kopien von Postkarten und Fotos gewesen und keine eigenen kreativen Schöpfungen. Sein Genie-Image bestätigten diese Malereien nicht, im Gegenteil. Sie widerlegten es geradezu. Denn ein Genie ist eben gerade kein Nachahmer, sondern ein Original, ein einmaliger Schöpfer.

Die Bedeutungslosigkeit seiner Werke war Hitler immer bewusst gewesen. Er hatte mehrfach geäußert, dass er von seinen frühen Malereien wenig halte, dass er sie nur »zum Broterwerb« gemalt habe.[31] Um sein ›Genie‹-Image nicht durch die unbedeutenden Bilder zu gefährden, wies Hitler das Hauptarchiv der Münchner NSDAP an, alle seine Malereien aufzukaufen. Auch alle Fälschungen, die schon damals in großer Anzahl von seinen Bildern gefertigt worden waren, sollten eingezogen werden. Die Partei erfüllte umgehend den Wunsch ihres Führers und die Bilder, echte wie falsche, verschwanden rasch aus dem Handel. Im Juni 1937 bestimmte Hitler, dass über seine Werke nicht mehr berichtet werden durfte, und im September erließ Goebbels ein generelles Ausstellungsverbot. Damit war, neben den Vertretern der avantgardistischen Moderne, nun auch der Maler Hitler aus dem offiziellen Deutschland verbannt.

Im Jahr 1929 verließ Hitler seine Künstler-Behausung mit Linoleumboden, Bett und Bücherregal in der Münchner Thierschstraße. Die Diskrepanz zwischen seinem Status als politischer Führer mit Mercedes-Kompressor-Limousine inklusive Chauffeur und dem ärmlichen Untermiet-Zimmer war zu groß geworden. Seine Gönnerin Elsa Bruckmann unterstützte Hitler bei der Anmietung einer Wohnung am Prinzregentenplatz, Münchens bester Lage. Auch die Privatschatulle des Großindustriellen Fritz Thyssen soll, ebenso wie beim Kauf des Mercedes, beim Wohnungswechsel behilflich gewesen sein.[32] Mit seiner neuen, repräsentativen Adresse konnte Hitler auch bei bürgerlichen Kreisen punkten, die er nun vermehrt ansprach. Die Verkaufszahlen seines Buches *Mein Kampf* bewegten sich zu dieser Zeit zwar noch immer nur recht schleppend nach oben, aber die Einnahmen, die er als Buchautor erzielte, reichten immerhin aus, um mit dem Anlegen einer privaten Gemäldesammlung zu beginnen. Als die Auflage seines Buches in den kommenden Jahren nach oben schoss und ihn zum Millionär machte, konnte er auch wertvollere Gemälde ankaufen. Durch Zukäufe und Geschenke verfügte er innerhalb weniger Jahre über eine nicht unbedeutende Kunstsammlung, wie zwei Folianten belegen, welche die Hauptwerke aus seinem Besitz auflisten.[33] In Hitlers Sammlung finden sich viele unterschiedliche Stilrichtungen, sodass sich sein Geschmack nicht auf einen einzigen Stil eingrenzen lässt. Für das Klischee vom spießbürgerlichen Dilettanten, der sich ausschließlich für weinselige Mönche, röhrende Hirsche und ähnliche naturalistisch-gemütvolle Sujets begeistern konnte, findet sich kein Beleg. Den Schwerpunkt von Hitlers privater Sammlung bildeten Gemälde deutscher Maler des 19. Jahrhunderts unter besonderer Berücksichtigung verkannter Künstler, mit denen er sich aufgrund seiner eigenen Geschichte verbunden fühlte. Aber auch Maler anderer Epochen waren in seiner Sammlung Paris Bordone, Peter Paul Rubens und Lucas Cranach gehörten dazu, ebenso wie Carl Spitzweg, Hans Makart, Anselm Feuerbach, Rudolf Epp, Carl von Piloty und Caspar David Friedrich. Weiterhin: Giovanni Paolo Pannini, Canaletto, Ferdinand Georg Waldmüller, Arnold Böcklin, Moritz von Schwind, Wilhelm Leibl, Adolph von Menzel, Franz von Defregger, Heinrich Birkel, Eduard von Grützner, Franz von Stuck, Wilhelm Löwith, Friedrich August Kaulbach, Edward von Steinle, Franz von Lenbach und andere. Öffentlich trat Hitler allerdings nicht als Sammler auf, da dies im Widerspruch zu seinem selbstlosen, asketischen Führerimage gestanden hätte. Freunde, wie sein ebenfalls kunstbegeisterter Leibfotograf Heinrich Hoffmann, und speziell beauftragte Kunsthändler hielten für ihn in Galerien und auf Versteigerungen nach geeigneten Objekten Ausschau. Hitlers private Sammlung verteilte sich auf seine Münchner Wohnung, die Berliner Dienstwohnung und auf seine Alpenresidenz, den *Berghof*. Bezahlt hat er seine Sammlung offenbar ausschließlich mit eigenen, privaten Mitteln. Jedenfalls fanden sich über den Erwerb seiner Gemälde weder in der Reichskanzlei noch unter den Akten Bormanns Zahlungsnachweise.[34] Die Belege für seine Aufkäufe dürften sich unter seinen privaten Unterlagen befunden haben, die bei Kriegsende von seinem Adjutanten Schaub vernichtet wurden.

Wo immer Hitler sich länger aufhielt – er war umgeben von Kunst. Im *Berghof* hingen, neben anderen Gemälden, Anselm Feuerbachs *Nanna,* Paris Bordones *Venus und Amor, Römische Ruinen* von Giovanni Paolo Pannini, *Petrus im Boot* von Rubens und Canalettos *Santa Maria della Salute*. Lucas Cranachs *Eva, den Paradiesapfel pflückend* und sein *Honigdieb* schmückten das Wohnzimmer der Münchner Wohnung, Böcklins *Toteninsel* hing im Empfangssaal des Reichskanzlerpalais, und im Arbeitszimmer seiner Münchner Parteizentrale hingen unter anderem Carl Spitzwegs *Ständchen* und Adolph Menzels *Friedrich der Große auf Reisen*. Während des Krieges begleitete Hitler ein Porträt Friedrich des Großen in alle seine militärischen Hauptquartiere.[35] Ein Landschaftsgemälde, ein Stillleben und eine Madonna mit Kind haben Hitler bis in den Bunker begleitet. Und natürlich das Porträt von Friedrich dem Großen. Der Alte Fritz hatte im Bunker den Ehrenplatz über seinem Schreibtisch.[36] Welchen Umfang Hitlers private Gemäldesammlung bei seinem Ableben genau hatte, ist heute nicht mehr feststellbar. Inventarnummern, die bei der Umsiedlung der Gemälde während der letzten Kriegsmonate aus Luftschutzgründen angelegt wurden, deuten darauf hin, dass es sich um eine hohe dreistellige Anzahl von Gemälden gehandelt haben dürfte.

Aber nicht nur privat hat Hitler Bilder gesammelt. Werke von bedeutenden Künstlern ließ er auch mit Mitteln des Reiches oder der Partei für die Parteizentrale in München und für die Reichskanzlei in Berlin anschaffen. Darunter befanden sich auch sogenannte ›Totenmasken‹ von Personen, die Hitler besonders verehrte. Die Abdrücke des Gesichts, die von den Toten kurz nach deren Ableben gemacht worden waren, stammten von Friedrich dem Großen, Richard Wagner und Houston Steward Chamberlain.[37] In dem Bemühen, deutsche Künstler durch Aufkäufe ihrer Werke zum Schaffen anzuregen, hat sich Hitler außerdem während seiner gesamten Amtszeit als Kunstmäzen betätigt. Bei der ersten *Großen Deutschen Kunstausstellung* anlässlich der Eröffnung vom Münchner Haus der Deutschen Kunst kaufte er zum Beispiel Gemälde für gut eine halbe Million Reichsmark.[38] Durch den Bildhauer Arno Breker ist folgender Ausspruch von Hitler überliefert: »Meine Künstler sollen leben wie die Fürsten und nicht in Dachkammern hausen, wie es ihrer romantischen Vorstellung vom Künstlerdasein wahrscheinlich vorschwebt.«[39] Für den Einkauf von Kunstwerken standen Hitler neben Reichsmitteln die schier unbegrenzten Mittel des sogenannten Kulturfonds zur Verfügung. In ihn flossen die gewaltigen Summen der von Gustav Krupp initiierten *Adolf-Hitler-Spende der deutschen Wirtschaft*, an der alle größeren deutschen Unternehmen mit einer gewissen Quote beteiligt waren und über die Hitler persönlich verfügen konnte. Spenden, die Hitler persönlich von wohlhabenden privaten Gönnern erhielt, sowie testamentarisch vermachtes Vermögen begüterter Anhänger flossen ebenfalls in seinen Kulturfonds. Außerdem gingen dort auch die Gelder ein, welche die Reichspost durch Sonderbriefmarken-Verkäufe erzielte.[40] 1938 ließ Hitler den milliardenschweren Kulturfonds aus seinem persönlichen Vermögen aussondern und in eine Stiftung umwandeln. Über die Verwendung der Gelder konnte er alleine bestimmen und war damit in der Lage, in märchenhaftem Umfang Kunst zu erwerben, Bauprojekte zu finanzieren, Theater, Museen und Opernhäuser zu subventionieren sowie bedürftige Künstler, Parteigenossen und Freunde zu unterstützen. Der Kulturfonds finanzierte auch den Ankauf von Kunstwerken wenig bekannter Künstler, die auf Veranlassung Hitlers jedes Jahr für hohe Millionenbeträge eingekauft und in öffentlichen Gebäuden ausgestellt wurden. Insbesondere finanzierte der Kulturfonds auch das ›Führermuseum‹ in Linz, dessen Aufbau Hitler im Mai 1939 in Auftrag gegeben hatte. Bis August 1944 hatte er für Gemälde-Aufkäufe für sein Linzer Museum gut 100 Millionen Reichsmark ausgegeben.[41]

In dem Linzer Museum sollte eine noch zu schaffende bedeutende europäische Kunstsammlung ihren Platz finden. In einer mehrgeschossigen Gemäldegalerie mit der Grundfläche eines Fußballplatzes wollte Hitler von den alten Meistern bis zum 19. Jahrhundert nur »das Beste« ausstellen lassen, wobei er sich selbst bei allen Entscheidungen, die das Museum betrafen, das letzte Wort vorbehalten hatte. Wegen des Krieges kam das Gebäude über das Planungsstadium allerdings nicht hinaus. Es waren aber bereits im Jahr 1941 von einem renommierten Experten mehr als 1000 Gemälde für das Linzer Museum zusammengetragen worden, die in zwanzig Bildbänden dokumentiert sind. Unter den Kunstwerken befanden sich auch Gemälde, die Hitler persönlich geschenkt worden waren, so wie etwa *Die Pest in Florenz*, ein Hauptwerk von Hans Makart, das er von Mussolini erhalten hatte. Vieles stammte aus dem Besitz von Juden, die ihre Gemälde bei der Auswanderung zurücklassen mussten. Insbesondere gehörten dazu Werke aus der Sammlung der beiden Rothschild-Brüder aus Österreich, einer der bedeutendsten Kunstsammlungen Europas. Alphonse Rothschild hatte Österreich kurz vor dem Einmarsch der Wehrmacht verlassen. Sein Bruder Louis wurde von der Gestapo verhaftet und in deren Wiener Hauptquartier, dem Hotel Metropol, interniert. Er durfte erst ausreisen, nachdem er seinen gesamten Besitz, deklariert als »Reichsfluchtsteuer«, dem Großdeutschen Reich überschrieben hatte.[42] Das »höchste Lösegeld der Weltgeschichte« umfasste auch die Kunstsammlung der

Rothschilds. Diese wurde »unter den Schutz des Reiches gestellt« und ging, so wie alle anderen enteigneten jüdischen Kunstschätze aus Österreich, in die persönliche Verfügungsgewalt Hitlers über. Dieser bestimmte, dass die in Österreich enteigneten Kunstwerke auf Galerien und Museen in ganz Österreich aufzuteilen seien, wobei er für sein zukünftiges Linzer ›Führermuseum‹ 122 Filetstücke heraussuchen ließ: das Beste von Holbein, Cranach, Van Dyck, Watteau, Rembrandt, Hals, Goya, Tintoretto, Vermeer, Fragonard, Boucher und anderen weltberühmten Malern.[43]

Zuständig für die Beschlagnahme und Enteignung von Kunstsammlungen politisch, rassisch und religiös Verfolgter waren die Finanzämter. Sie erfüllten ihre Aufgabe gründlich und gnadenlos und bedienten sich in erster Linie bei den Kunstsammlungen von Juden. Speziell geschaffene Gesetze und Verordnungen dienten der Finanzverwaltung als Grundlage für den staatlichen Raubzug. Das exakte Ausmaß des Kunstraubes ist heute nicht mehr feststellbar. Schätzungen gehen von weit über einer halben Million Kunstwerken aus. Ab 1940 sicherte sich Hitler per Führererlass den Erstzugriff auf sämtliche eingezogenen Kunstsammlungen für sein Linzer Museum. Der ›Führervorbehalt‹ galt damit nicht mehr nur in Österreich, sondern im gesamten Deutschen Reich sowie in den eroberten Gebieten. Während die erlesensten Stücke der geraubten Kunst für Linz verwahrt wurden, verteilte man den Rest auf andere deutsche Museen.

Kunstsammler aus der Führungsriege der Nationalsozialisten, wie etwa Hermann Göring, bedienten sich auch privat eifrig bei den im staatlichen Auftrag geraubten Kunstschätzen. Ob das für Hitler und dessen private Gemäldesammlung ebenfalls zutraf, ist bis heute nicht abschließend geklärt. Möglicherweise hat sich Hitler als Privatmann den allzu leichten Griff in die staatlich angehäufte Beute tatsächlich verboten. Schließlich hätte das in offensichtlichem

Widerspruch zu seiner häufig geäußerten Verdammung von persönlicher Bereicherung als Motiv für politisches Handeln gestanden. Ab Ende der Dreißigerjahre scheint Hitler allerdings sowieso nicht mehr privat gesammelt zu haben. Das jedenfalls hat Hitlers Leibfotograf und Kunstberater Heinrich Hoffmann berichtet, den J. Petropoulos in seinem Buch *Kunstraub und Sammelwahn* (1999) zitiert. Hitlers Sammelleidenschaft habe sich nach Beginn des Krieges nur noch auf das Anhäufen von Kunstwerken für das geplante Linzer Museum gerichtet. Und hier war Raubkunst in großem Ausmaß vertreten. Schätzungen über den Umfang der Sammlung im Jahr 1945 gehen von mehr als 5.000 Gemälden aus. Damit hätte Hitler in seinem Führermuseum fünfmal so viele Kunstwerke ausstellen können wie der damalige Louvre.

Auf dem internationalen Kunstmarkt tauchten in den Jahrzehnten nach dem Krieg immer wieder einzelne Gemälde oder ganze Sammlungen auf, die während des Dritten Reiches in staatlichem Auftrag geraubt worden waren. Von den Medien wurde und wird hierüber ausführlich berichtet, sodass der staatliche Kunstraub während der NS-Zeit weitgehend bekannt ist. Sehr viel weniger bekannt ist, dass Hitler Kunst nicht nur im großen Stil rauben ließ, sondern dass er Kunst auch in gewaltigem Ausmaß eingekauft und großzügig dafür bezahlt hat.

Einkaufen ließ Hitler für sein Linzer Museum in erster Linie bei deutschen Museen und Gemäldesammlungen, aber auch über den internationalen Kunsthandel ließ er durch Vermittler und Sub-Agenten für große Summen viele spektakuläre Einkäufe tätigen. Dabei schaute er nicht auf den Preis, und einige seiner Agenten konnten durch ihre Geschäfte mit dem Reichskanzler beeindruckende Reichtümer ansammeln. Ihre Provisionen waren oft unverschämt hoch, wurden von Hitler aber niemals beanstandet. Im Jahr 1940 wurde Vermeers *Der Maler in seinem Atelier* für 1.650.000 Reichsmark angekauft und 1941 *Leda mit dem Schwan* aus der Schule Leonardo da Vincis. Für das Da-Vinci-Gemälde aus der Sammlung der Marchesa Spiridon ließ Hitler 1.333.000 Reichsmark anweisen. Auch für Gemälde von Rembrandt, Canaletto, Rubens, Breughel, Uhde, Steen, Ruisdael und anderer großer Maler wurden von Hitlers Beauftragten gewaltige Summen bezahlt. Über die neutrale Schweiz gelang es Hitlers Kunstagenten sogar während des Krieges, in Großbritannien einzukaufen, wo sie für ihren Auftraggeber einen Canaletto, einen Rubens und einen Van Dyck erstanden.[44] Noch im Oktober 1944 lehnte Hitler es ab, die Mittel für die Ankäufe zu begrenzen, und so wurde bis zu den allerletzten Tagen des Dritten Reiches in Hitlers Auftrag Kunst eingekauft. Am 6. April 1945 gingen noch fünf Handzeichnungen von Wilhelm von Kobell ein.[45]

Leni Riefenstahl erwähnt in ihren Memoiren, dass Hitler im Frühjahr 1944 davon gesprochen habe, dass Spezialisten von ihm beauftragt seien, von allen öffentlichen Skulpturen, allen Kirchen und allen bedeutenden historischen Gebäuden Fotografien anzufertigen, nach denen bei Kriegsende alles naturgetreu nachgebildet werden solle. »Deutschland«, hatte er zu Leni Riefenstahl stolz gesagt, »wird schöner denn je aus den Trümmern entstehen.«[46] Im Rahmen dieser Fotokampagne wurden 40.000 Farbdias von 485 Bauwerken hergestellt. In vielen Fällen waren dies die letzten und oft auch einzigen farbigen Aufnahmen der Gebäude, und sie waren in der Tat oft unentbehrlich bei der Rekonstruktion nach dem Krieg.[47] Im selben Jahr, 1944, wurde der Katalog der achten und letzten *Großen Deutschen Kunstausstellung* gedruckt. Die Auflage betrug, zu Zeiten enormer Papierknappheit, unglaubliche 100.000 Stück. Und sogar für 1945 war eine weitere Ausstellung in Planung.[48]

Gegen Ende des Krieges hatte Hitler vor allem ein Ziel: die Rettung seiner Linzer Gemäldesammlung und seiner privat gesammelten Gemälde. Alles, was mit dieser Rettungsaktion zusammenhing, organisierte der Reichskanzler persönlich, und untergeordnete Dienststellen waren angewiesen, mit der Reichskanzlei direkt Verbindung zu halten. Während Hitler seine Generäle antrieb, für den Endsieg zu kämpfen, kümmerte er sich gleichzeitig um jedes Detail der Kunst-Rettung. Höchstpersönlich und über die zuständigen Instanzen hinweg kontrollierte er alles, was mit der sicheren Einlagerung der Kunstwerke im Zusammenhang stand. Für Depots ordnete er Tarnanstriche an und befahl andere Sicherungsmaßnahmen. Und immer wieder ließ er die Kunstwerke vor den vorrückenden Truppen der Alliierten in Sicherheit bringen. Ein gewaltiger Stab von Denkmalpflegern, Restauratoren, Kunstexperten, Transportarbeitern und Sekretärinnen war während der letzten Kriegsmonate mit nichts anderem beschäftigt, als fortwährend Depots zu sichern, zu räumen und neue einzurichten. Inmitten von sich zurückziehenden deutschen Truppenkontingenten und permanent eskalierenden Luftangriffen mit ausgebombten Zivilisten, Flüchtlingen und Verletzten, Treibstoff- und Ersatzteilknappheit sowie zunehmend funktionsuntüchtigen Kommunikationssystemen stellte der Transport der zum Teil großformatigen Gemälde die Beteiligten vor eine kaum zu bewältigende Aufgabe. Aber Hitler setzte seine Rettungsaktion mit der gewohnten Hartnäckigkeit durch. Er telegrafierte, kontrollierte und befahl. Während das Dritte Reich rundherum in Flammen aufging, wurde die aufwändige Rettungsmaßnahme planmäßig durchgeführt.

Am Ende landeten die meisten Gemälde von Hitlers Sammlungen, zusammen mit Tausenden anderer wertvoller Bilder aus deutschen Museen und Galerien, in einem Salzbergwerk 100 Kilometer südwestlich von Linz. Bis Ende April 1945 wurden dort 1.687 Bilder aus Hitlers Sammlungen eingelagert, darunter Michelangelos *Brügger Madonna* und der *Genter Altar* sowie Werke von Rembrandt, Dürer, Brueghel, Vermeer, Rubens,

Tintoretto und anderen. Formate, die nicht durch die Stollen passten, kamen in den Gewölben eines nahe gelegenen Schlosses unter. Wertvolle Kunstgewerbearbeiten aus Edelmetall, Bergkristall und Elfenbein fanden in den Stahltresoren eines benachbarten Klosters eine vorübergehende Heimat. Als Hitler erfuhr, dass der zuständige Gauleiter acht Fliegerbomben von je 500 Kilogramm in das Salzbergwerk hatte bringen lassen, um die Kunstwerke bei Annäherung des Feindes zerstören zu können, pfiff er den eifrigen Vollstrecker zurück. Hitler befahl, dass die Kunstwerke nicht zerstört werden durften. Lediglich die Zugänge zu dem Stollen sollten gesprengt werden. Der Befehl Hitlers wurde nach dessen Ableben nach einigem Kompetenzgerangel dann auch so umgesetzt.[49] Hitlers Befehl ist bemerkenswert. Zeigt er doch, dass am Ende seine Liebe zur Malerei über seinen Vernichtungswillen triumphierte. Die Kunstsammlungen Hitlers kamen denn auch fast komplett unversehrt durch den Krieg. Verluste durch Bombenschäden gab es keine. Dass dennoch viele von Hitlers Kunstwerken heute verschollen sind, liegt an späteren Diebstählen und Plünderungen.[50]

Einige von Hitlers Lieblingsbildern waren von seiner Rettungsaktion allerdings nicht erfasst. Sie waren auf dem *Berghof* verblieben, wohl deshalb, weil sie gehängt werden sollten, falls er, wie ursprünglich geplant, am 20. April 1945 dort seinen Geburtstag gefeiert hätte. Als der Großdeutsche Rundfunk am 1. Mai Hitlers Tod meldete, die SS den *Berghof* verließ und die Bevölkerung damit begann, Hitlers Domizil zu plündern, ließ Hitlers Sekretärin Christa Schroeder den Großteil der Gemälde aus dem *Berghof*-Bunker in ein nahe gelegenes Schloss transportieren. Nach 1945 wurden diese Gemälde Hitlers zusammen mit deutscher Kriegsbeute zum Teil von den amerikanischen Besatzern an Polen restituiert und zum Teil gestohlen.

Hitlers Lieblingsbild *Nanna* von Anselm Feuerbach packte Christa Schroeder in ihren Koffer und hatte es noch bei sich, als sie bei Mannheim von US-Soldaten aufgegriffen wurde. Da es sich bei dem Gemälde um eine rechtlich unanfechtbare private Erwerbung Hitlers handelte, ging das Gemälde in den 60er-Jahren in den Besitz der Bundesrepublik Deutschland über und befindet sich heute im Museum für Kunst und Kulturgeschichte in Dortmund.[51]

FAMILIE

Hitlers Vorfahren sowohl väterlicher- als auch mütterlicherseits stammten aus dem Waldviertel, einer zurückgebliebenen Region im österreichisch-ungarischen Kaiserreich. Väterlicherseits kamen Hitlers Vorfahren aus Döllersheim und Strones. Sein Vater Alois wurde dort geboren, ebenso wie seine Großmutter Anna Maria. Für Hitlers Familiengeschichte war die Gegend zweifellos von großer Bedeutung.

Nach dem Anschluss Österreichs an das Deutsche Reich versah die Post der Stadt Döllersheim ihre Briefstempel mit der stolzen Aufschrift *Vaterstadt des Führers*. Zur Überraschung der Postbediensteten wurde der Stempel aber von höherer Stelle umgehend verboten. Auch die Bürger von Strones, wo Hitlers Vater und seine Großmutter geboren waren, erwartete eine Überraschung: Wenige Monate nach dem Anschluss erhielten sie den Befehl, ihre Häuser und Wohnungen zu räumen. Dasselbe Schicksal widerfuhr auch den Einwohnern von Klein-Motten, wo die Großmutter gestorben war. Auch die Döllersheimer, die ihren Kirchplatz bereits in Adolf-Hitler-Platz umbenannt hatten, mussten ihre Stadt verlassen. Insgesamt wurden 2002 Menschen umgesiedelt und 419 Gebäude komplett geräumt, da der Führer beschlossen hatte, Strones, Döllersheim und Umgebung in Westeuropas größten Truppenübungsplatz zu verwandeln. Die Armee nahm die Orte unter Beschuss und Artilleriegranaten verwandelten die Geburtsstätten von Hitlers Vorfahren in ein Trümmerfeld. Der Friedhof, auf dem Hitlers Großmutter begraben war, verschwand unter dem Schutt der Döllersheimer Kirche.[1]

Verschiedene Forscher haben vermutet, dass Hitler mit seinem Vorgehen seinen Hass auf den Vater ausgelebt hat. Zeitzeugen haben berichtet, dass Hitlers Vater, der Zollbeamte

Alois Hitler, ein »rabiater Choleriker« gewesen sei. Freunde scheint der »launenhafte Besserwisser und Geizhals« kaum gehabt zu haben. Nachts kam er oft betrunken nach Hause und schlug entweder seine Frau oder eines der Kinder. Angeblich hat Alois Hitler seinen Sohn Adolf mit einer Peitsche geschlagen, einer Peitsche, wie sie später auch der junge Parteiführer immer bei sich trug. Adolfs Schwester Paula berichtete: »Er (Adolf Hitler, d. Verf.) hat jeden Abend seine Tracht Prügel gekriegt.«[2] In *Mein Kampf* ist davon nichts zu lesen. Hitler charakterisiert seinen Vater dort lediglich als »pflichtgetreuen Staatsbeamten«. Allerdings erwähnt Hitler auch, dass es zwischen ihm und seinem Vater zu Konflikten kam, weil der Vater darauf bestand, dass der Sohn die Beamtenlaufbahn einschlagen sollte, während der junge Hitler es sich in den Kopf gesetzt hatte, Kunstmaler zu werden. Im kleinen Kreis hat Hitler als Reichskanzler dazu gesagt: »Meinen Vater habe ich nicht geliebt, dafür umso mehr gefürchtet. Er war jähzornig und schlug sofort zu.«[3] Dass Adolf Hitler genug Gründe hatte, seinem Vater gegenüber negative Gefühle zu hegen, steht außer Zweifel. Für die Zerstörung der Orte der väterlichen Vorfahren könnte aber auch noch ein anderer Grund eine Rolle gespielt haben: die ungeklärte Abstammung des Vaters.

Als Hitlers Vater Alois 1837 in Strones bei Döllersheim zur Welt kam, weigerte sich die Mutter des Kindes, Anna Maria Schicklgruber, den Namen des Kindsvaters preiszugeben, und Alois erhielt den Namen der Mutter. Mit 39 Jahren änderte Alois Schicklgruber dann seinen Namen in ›Hitler‹. Grund dafür mag gewesen sein, dass Alois, der inzwischen Karriere als Zollbeamter gemacht hatte, den Makel einer unehelichen Geburt beseitigen wollte. Jedenfalls erschien Alois Schicklgruber mit drei Zeugen beim Pfarrer Zahnschirm in Döllersheim und ließ Johann Georg Hiedler zu seinem Vater erklären, den Mann, den seine Mutter fünf Jahre nach seiner Geburt geheiratet hatte. Zu dem Zeitpunkt, an dem Alois seinen Namen änderte, war seine Mutter bereits 29 Jahre tot, der angebliche Vater, ein Müllergeselle, war 19 Jahre zuvor gestorben. Johann Nepomuk Hüttler, der Bruder des angeblichen Vaters, bestätigte, dass sich Johann Georg ihm gegenüber als der Vater von Alois bekannt habe. Bei Pfarrer Zahnschirm wurde dann aus ›Hiedler‹ und ›Hüttler‹, wohl durch einen Hörfehler, im Taufbuch der Name ›Hitler‹, und das war von diesem Moment an der Name von Adolf Hitlers Vater.

Die Forschung geht heute davon aus, dass der leibliche Vater von Alois Hitler nicht Johann Georg, sondern Johann Nepomuk Hüttler gewesen ist. Dieser Mann war aber zugleich der Großvater von Hitlers Mutter. Die ungeklärte Herkunft des Vaters muss dem Rassisten Adolf Hitler nicht nur wegen des Inzestverdachts sehr unangenehm gewesen sein. Schließlich legten er und seine Partei größten Wert auf einen eindeutigen Nachweis der Abstammung. Beamter konnte im Dritten Reich nur werden, wer seine Abstammung von »arischen« Eltern und Großeltern zweifelsfrei nachweisen konnte. Für jemanden wie Hitler, für den die Frage der Abstammung eine dermaßen große weltanschauliche Bedeutung besaß, muss die eigene ungeklärte Herkunft einen schweren Makel dargestellt haben.

Tatsächlich machte Hitlers Stammbaum ab 1932 Schlagzeilen in der in- und ausländischen Presse. »Hitlers Judentum notariell bestätigt«, lautete eine Schlagzeile des *Wiener Extrablatt* im Juli 1933, und das österreichische *Abendblatt* meldete: »Sensationelle Spuren der Juden Hitler in Wien«.[4] Genüsslich zitierten Hitlers Gegner jüdisch klingende Namen in Hitlers angeblichem Stammbaum. Andere behaupteten, Juden mit dem Namen ›Hitler‹ in Prag entdeckt zu haben, und von Hitlers Vater hieß es nach dem Zweiten Weltkrieg, er sei in Wahrheit weder der Sohn Hiedlers noch der Sohn Hüttlers gewesen, sondern der Sohn eines jüdischen Kaufmanns namens Frankenberger. Darüber hinaus gab es Vermutungen, die besagten, dass Hitlers Großvater ein Spross der Rothschild-Familie gewesen sei. Alle diese Theorien wurden von der Geschichtsforschung eingehend untersucht und gelten inzwischen als widerlegt. Dass sich Hitler seiner Abstammung nicht sicher war, könnte aber die Zerstörung von Strones und Umgebung erklären und auch die Tatsache, dass die Gestapo nach dem Anschluss Österreichs sofort nach allem fahndete, was mit Hitlers Person zu tun hatte: Alle Dokumente über Vorfahren und Familie, Hitlers Schulzeugnisse und sonstigen Schuldokumente, alles, was mit dem Hausarzt Dr. Bloch zu tun hatte, und überhaupt alle Dokumente, die sich über sein persönliches Leben auffinden ließen – alles wurde von der Gestapo beschlagnahmt.[5]

Hitler-Biograf Joachim Fest kommt zu der Feststellung: »Die eigene Person zu verhüllen wie zu verklären, war eine der Grundanstrengungen seines Lebens. Kaum eine Erscheinung der Geschichte hat sich so gewaltsam, mit so pedantisch anmutender Konsequenz stilisiert und im Persönlichen unauffindbar gemacht.«[6]

Hitlers Manie, Persönliches zu »korrigieren«, mag damit zu tun haben, dass ihm bewusst war, dass er als Legende in die Geschichte eingehen würde. An dieser Legende hat er bereits zu Lebzeiten eifrig gefeilt. Hitlers Bemühungen um die Stilisierung seiner Person bekamen einige Bewohner seines »Ahnengaus« deutlich zu spüren. Das offizielle Namensverzeichnis »Oberdonau« von 1942 nennt nur noch einen »Hitler«, nämlich »Adolf Hitler, Reichskanzler«. Fünf andere Personen, die zufälligerweise denselben Nachnamen gehabt hatten wie er, waren von den Behörden gezwungen worden, ihren Namen in »Hietler« zu ändern.[7]

Als Adolf Hitler 1889 in Braunau am Inn als viertes Kind von Klara Hitler zur Welt kam, war er Klaras erstes überlebendes Kind. Drei weitere Kinder waren kurz nach der Geburt gestorben. Ein Grund für die schwächliche Gesundheit der Kinder (ein weiterer Bruder Adolfs, der nach ihm zur Welt kam, starb ebenfalls) könnte die enge Verwandtschaft zwischen Klara und Alois gewesen sein: Die sehr viel jüngere Klara war die Halbnichte ihres Mannes und soll auch noch während der Ehe »Onkel« zu ihm gesagt haben. Bevor Alois Hitler Klara heiratete, war er schon zwei Mal verheiratet gewesen. Noch zu Lebzeiten der ersten Frau hatte seine zweite Frau ein Kind von ihm erwartet, und während die zweite Ehefrau noch lebte, erwartete seine dritte Frau Klara bereits ihr erstes Kind von Alois. Sieben Jahre nach Adolfs Geburt kam seine Schwester Paula zur Welt. Aus seinen früheren Ehen brachte Alois zwei Kinder mit in die Familie: Alois und Angela. Mit den vier Kindern zogen die Eltern mehrfach um, das Familienleben war alles andere als harmonisch und es kam häufig zu schweren Konflikten. Adolf Hitlers Halbbruder Alois war erst 14 Jahre alt, als er sein Zuhause nach einem heftigen Streit mit dem Vater auf immer verließ. Danach musste Adolf die Prügel des Vaters allein einstecken.

Der Vater misshandelte Adolf, von der Mutter wurde er verzogen. Klara Hitler las ihrem einzigen überlebenden Sohn jeden Wunsch von den Augen ab, und dementsprechend vergötterte Adolf seine Mutter. Das änderte sich auch nicht, als er Reichskanzler war. Sein Diener Karl Krause erinnerte sich: »Ein Foto seiner Mutter hatte er auf dem Nachttisch stehen, die stand auf seinem Schreibtisch, in der Bibliothek und im Arbeitszimmer.«[8] Als der Vater 1903 starb, wohnte die Familie in Linz. Hitler war 14 Jahre alt, und zum ersten Mal kehrte so etwas wie ›Frieden‹ in der Familie ein. Allerdings verschlechterten sich Adolfs Leistungen in der Schule rapide und seine Mutter war schließlich gezwungen, ihn von der Schule zu nehmen. Im Jahr 1907 wurde Klara Hitler wegen Brustkrebs operiert. Zeitzeugen bestätigen, dass sich Adolf während dieser Zeit besonders aufopfernd um seine Mutter gekümmert hat. Als sie im selben Jahr, drei Tage vor

Weihnachten, starb, erfüllte das den jungen Hitler mit tiefer Trauer. Der jüdische Arzt, Dr. Bloch, der Hitlers Mutter bis zu ihrem Tod behandelte, erinnerte sich noch Jahrzehnte später, im amerikanischen Exil, »er habe niemand in seiner Laufbahn so leiderfüllt gesehen wie Adolf Hitler.«[9]

Während Hitler nach Wien ging, am Ersten Weltkrieg teilnahm und danach seine politische Karriere begann, lebte seine Schwester Paula zurückgezogen, zuerst in Linz, dann in Wien. Seit 1908 hatte sie von ihrem Bruder nichts mehr gehört. Zwölf Jahre später, im Jahr 1921, meldete sich der aufstrebende Parteiführer Hitler bei seiner Schwester, danach hatten die beiden sporadisch per Brief und per Telefon Kontakt. Persönlich begegneten sie sich erst 1936 bei der Winterolympiade in Garmisch. Anlässlich dieser Begegnung verabredete Hitler mit seiner Schwester, dass diese den Namen »Wolf« annehmen sollte, um keine unnötige Aufmerksamkeit auf sich zu ziehen. Hitler ließ Paula, die weiterhin zurückgezogen in Wien lebte, eine Pension von zuerst 250 Mark und später 500 Mark monatlich zukommen. An Weihnachten erhielt sie jedes Jahr 3.000 Mark von ihm.[10] Der Kontakt zwischen den Geschwistern blieb bis zu Hitlers Ableben auf wenige Briefe und Telefonate beschränkt.

1945 wurde Paula in Hitlers Auftrag von der SS nach Berchtesgaden gebracht, wo sie von US-Truppen festgenommen und interniert wurde. Sie wurde aber bald wieder auf freien Fuß gesetzt, da sie weder Parteimitglied noch in anderer Weise politisch tätig gewesen war. Paula lebte fortan in Berchtesgaden, unterstützt von staatlicher Fürsorge. Mizzi Reiter, eine frühe Freundin Hitlers, soll sie bis zu ihrem Tod gepflegt haben. In Interviews gab Paula Hitler zu verstehen, dass sie ihrem Bruder keine persönliche Schuld anlaste, da ihm »auf dem Schachbrett des Herrn nur eine Rolle zugewiesen war.«[11] Im Jahr 1957 begann Paula, die sich inzwischen wieder ›Hitler‹ nannte, eine gerichtliche Auseinandersetzung mit dem Bayerischen Staat um das Erbe ihres Bruders. Das Ende des Rechtsstreits erlebte sie nicht mehr. Sie starb am 1. Juni 1960 in Berchtesgaden und wurde dort auch beigesetzt.

In *Mein Kampf* finden Hitlers Geschwister keine Erwähnung, und von einem Kontakt zwischen Hitler und seinem Halbbruder Alois ist nichts bekannt. Hitlers Halbschwester Angela heiratete, während ihr Bruder in Wien lebte, und hieß danach Raubal, ebenso wie ihre Tochter Geli. Als Geli 1931 Selbstmord beging, war deren Mutter Angela in Hitlers *Haus Wachenfeld*, das nach Umbauten zum *Berghof* wurde, als Hausverwalterin tätig. Nach einem Streit mit Eva Braun musste Angela Raubal das Haus am Obersalzberg aber Ende 1935 verlassen. Sie starb 1949 in Dresden. Außer Geli hatte Angela Raubal zwei weitere Kinder: Leo und Elfriede. Beide sind bereits verstorben, hatten aber jeweils einen Sohn. Die beiden Söhne Peter Raubal und Heiner Hochegger sind 1931 beziehungsweise 1945 geboren.

Ein weiterer Hitler, dessen Ahnenreihe bis in die heutige Zeit reicht, ist Adolfs Halbbruder Alois. Nachdem Alois mit 14 Jahren die Familie verlassen hatte, arbeitete er in verschiedenen europäischen Ländern in der Gastronomie, unter anderem in England und Irland, wo er 1910 die Irin Bridget Dowling heiratete. Während der NS-Zeit betrieb er ein Weinlokal am Wittenbergplatz in Berlin. Dass man beim Bruder des asketischen Führers Wein trinken konnte, sprach sich schnell herum, und das Lokal war ein kommerzieller Erfolg. Patrick Hitler, der Sohn Alois Hitlers, bat seinen berühmten Onkel um Hilfe, die ihm dieser auch insoweit gewährte, als er ihm zunächst eine mäßig bezahlte Anstellung als Buchhalter bei der Reichskreditbank beschaffte und danach eine Anstellung bei Opel in Rüsselsheim. Keiner der Jobs brachte Patrick jedoch in den Genuss des Luxuslebens, das er sich erträumt hatte. Anders als etwa Napoleon oder andere Diktatoren war Hitler für Vetternwirtschaft nicht zu haben. Als

Patrick in Rüsselsheim mit seinem Familiennamen protzte und sein Onkel davon erfuhr, war er den Job bei Opel sofort wieder los. Sein Versuch, den berühmten Onkel danach mit Enthüllungen aus der Familiengeschickte zu erpressen, misslang. Verbittert kehrte Patrick nach England zurück. Von dort reiste er in die USA, wo er Interviews gab mit dem Tenor ›Warum ich meinen Onkel hasse‹. Er wurde Marinesoldat, nannte sich zunächst »Hiller«, dann »Stewart-Houston« und starb 1987 im Alter von 76 Jahren in Patchogue, Long Island. Geheiratet hatte er 1947 eine gebürtige Deutsche und mit ihr vier Söhne gezeugt, von denen drei heute noch leben. Seinem 1949 erstgeborenen Sohn gab er die Vornamen Alex und Adolf. Der Historiker John Toland berichtet, dass dieser Sohn wieder den Namen ›Hitler‹ angenommen habe und heute als ›Adolf Hitler‹ auf Long Island lebe.[12] Ein Bericht des *Spiegel* aus dem Jahr 2018 widerspricht dieser Version. Dem *Spiegel* zufolge leben die Söhne Patrick Hitlers – Adolf, Louis und Brian – auf Long Island und tragen, ebenso wie ihr Vater, den Namen ›Stewart-Houston‹.[13]

Im Gegensatz zu anderen Themen, die in Verbindung mit Hitler stehen, gibt es nur wenige Recherchen und Veröffentlichungen zu den Nachfahren seiner Familie. Möglicherweise spielt hier der Mythos vom »absolut Bösen« eine Rolle. Dass sich die Gene Hitlers bis in die Gegenwart hinein vererbt haben und auch noch in die Zukunft weitergegeben werden, dieser Erkenntnis möchte man möglicherweise aus dem Weg gehen.

GEDANKENWELT

Als Martin Bormann, der mächtige Sekretär Hitlers, von seinem kleinen Sohn gefragt wurde, was »Nationalsozialismus« sei, antwortete er: »Nationalsozialismus ist der Wille des Führers! Punkt!«

Unter den Historikern und Politologen, die sich näher mit Hitlers ideologischen Vorstellungen befasst haben, gibt es nicht wenige, die Bormann zustimmen würden. Sie sehen im Nationalsozialismus lediglich ein Konstrukt, das es Hitler ermöglichte, Macht auszuüben. Einige sagen, dass der Begriff »Nationalsozialismus« irreführend sei und dass man eigentlich von »Hitlerismus« sprechen müsse. Andere sind der Auffassung, dass der Begriff »Nationalsozialismus« nur ein Etikett sei, das es Hitler erlaubt habe, seine zusammengelesenen Ideen zu einem politischen Programm zu erklären. Weitgehende Übereinstimmung besteht darin, dass ein Nationalsozialismus ohne Hitler nicht denkbar ist und auch, dass der Nationalsozialismus »zu Ende gedacht« war, als Hitler nach dem Ersten Weltkrieg in München seine ersten Reden hielt. Als er seine Ideen sechs Jahre später in *Mein Kampf* niederschrieb, waren sie beeinflusst durch Dietrich Eckart und andere, aber zu dem, was Hitler in seinen ersten Reden geäußert hatte, war nichts grundsätzlich Neues hinzugekommen. Auch während der NS-Herrschaft kam es nicht zu einer Vertiefung oder Ausarbeitung der Ideologie. Das einzige programmatische Werk der NS-Bewegung, *Der Mythus des 20. Jahrhunderts* (1930), geschrieben vom NS-»Philosophen« Alfred Rosenberg, fand Hitlers Zustimmung nicht. Er bezeichnete den Inhalt des Buches als »Rosenbergs Privatmeinung«.

In *Mein Kampf* schreibt Hitler zum Thema »Ideologie«, dass die Menschen »ihr höheres Dasein nicht den Ideen einiger verrückter Ideologen, sondern der Erkenntnis und rücksichtslosen Anwendung eherner Naturgesetze verdanken.«[1] An anderer Stelle in *Mein Kampf* heißt es: »Zu einer abstrakt richtigen geistigen Vorstellung, die der Programmatiker zu verkünden hat, muß sich die praktische Erkenntnis des Politikers gesellen. Zum Erforscher der Wahrheit hat sich der Kenner der Volkspsyche zu gesellen, um aus dem Reiche des Ewig-Wahren und Idealen das menschlich Mögliche für kleine Sterbliche herauszuholen und Gestalt werden zu lassen.«[2] Was der Politiker Hitler als »menschlich Mögliches« Gestalt werden ließ, ist bekannt. Es bleibt die Frage, wie die »abstrakt richtige geistige Vorstellung« denn nun eigentlich genau beschaffen war, die der »Programmatiker« Hitler als »Erforscher der Wahrheit« gefunden zu haben glaubte. Das »eherne Naturgesetz«, das jenseits von den »Ideen einiger verrückter Ideologen« alles beherrscht, beschrieb Hitler in *Mein Kampf* wie folgt: »Jede Kreuzung zweier nicht ganz gleich hoher Wesen gibt als Produkt ein Mittelding zwischen der Höhe der beiden Eltern. Das heißt also: das Junge wird höher stehen als die rassisch niedrigere Hälfte des Elternpaares, allein nicht so hoch wie die höhere. Folglich wird es im Kampf gegen diese höhere später unterliegen. Solche Paarung widerspricht aber dem Willen der Natur zur Höherzüchtung des Lebens überhaupt. Die Voraussetzung hierzu liegt nicht im Verbinden von Höher- und Minderwertigem, sondern im restlosen Siege des ersteren. Der Stärkere hat zu herrschen und sich nicht mit dem Schwächeren zu verschmelzen, um so die eigene Größe zu opfern. Nur der geborene Schwächling kann dies als grausam empfinden, dafür aber ist er auch nur ein schwacher und beschränkter Mensch; denn würde dieses Gesetz nicht herrschen, wäre ja jede vorstellbare Höherentwicklung aller organischen Lebewesen unvorstellbar.«[3]

Hitler übernahm hier die Auffassung von Chamberlain und anderen rassistischen Philosophen und Eugenikern, die behaupteten, dass die Vermischung von »höheren« Rassen mit »niedrigen« Rassen der Höherentwicklung der Menschheit im Weg stehe. Die Rassenvermischung zu verhindern und damit die Höherentwicklung des Menschen in die eigene Hand zu nehmen, war Ziel und Mittelpunkt von Hitlers ›Lehre‹. Das belegt auch die folgende Passage aus *Mein Kampf:* »Alles auf dieser Erde ist zu bessern. Jede Niederlage kann zum Vater eines späteren Sieges werden. Jeder verlorene Krieg zur Ursache einer späteren Erhebung, jede Not zur Befruchtung menschlicher Energie, und aus jeder Unterdrückung vermögen die Kräfte zu einer neuen seelischen Wiedergeburt zu kommen – solange das Blut rein erhalten bleibt. Die verlorene Blutsreinheit allein zerstört das innere Glück für immer, senkt den Menschen für ewig nieder, und die Folgen sind niemals mehr aus Körper und Geist zu beseitigen. Wenn man dieser einzigen Frage gegenüber alle anderen Probleme des Lebens prüft, dann wird man erst sehen, wie lächerlich klein sie, hiervon gemessen, sind. Sie alle sind zeitlich beschränkt – die Frage der Blutsreinerhaltung oder Nichtreinerhaltung aber wird bestehen, solange es Menschen gibt.«[4] Dass einem Staat, der diese »ewige Wahrheit« durchsetzte, die Weltherrschaft in den Schoß fallen musste, war für Hitler selbstverständlich: »Ein Staat, der im Zeitalter der Rassenvergiftung sich der Pflege seiner besten rassischen Elemente widmet, muß eines Tages zum Herrn der Erde werden.«[5] Aber: »Indem der Mensch versucht, sich gegen die eiserne Logik der Natur aufzubäumen, gerät er in Kampf mit den Grundsätzen, denen auch er selber sein Dasein als Mensch allein verdankt. So muß sein Handeln gegen die Natur zu seinem eigenen Untergang führen.«[6] Es gab also nur ein Entweder-oder. Entweder es entstand ein Staat, der eine »biologische Politik« betrieb und der »ewigen Natur« unter die Arme griff, um die Evolution mithilfe von Rassengesetzen voranzubringen, oder die Menschheit würde in nicht allzu ferner Zukunft im »allgemeinen Rassenbrei« zugrunde gehen. Hitler kämpfte seinen Kampf also nicht nur für Deutschland, sondern, so glaubte er, im Interesse der gesamten Menschheit. Henry Picker berichtet, dass Hitler im Führerhauptquertier gesagt haben soll: »Ich strebe einen Zustand an, in dem jeder Einzelne weiß: er lebt und stirbt für die Erhaltung seiner Art.«[7]

»Rassenpflege« war die eine Hälfte des »granitenen Fundamentes« von Hitlers »germanischem Staat deutscher Nation«.[8] Der andere Teil war das »aristokratische Prinzip der Natur«, das »eherne Gesetz der Notwendigkeit und des Rechtes des Sieges des Besten und Stärkeren.«[9] Auch dieses »Gesetz« hat Hitler von den Sozialdarwinisten übernommen, die Darwins Erkenntnisse über Pflanzen und Tiere auf menschliche Individuen und Völker übertragen hatten. Aus diesen beiden »Naturgesetzen«, dem Recht des Stärkeren und der Notwendigkeit der Reinhaltung des Blutes, lassen sich alle weiteren Vorstellungen Hitlers ableiten, sein Antisemitismus ebenso wie die »Landgewinnung im Osten«, wo Kolonien reinrassiger Arier entstehen sollten. Auch seine Ablehnung der »westlichen Demokratien« führte Hitler auf das Recht des Stärkeren zurück. Seiner Auffassung nach stellte das System der parlamentarischen Demokratie eine widernatürliche »Entartung« dar. Es verstieß gegen »das aristokratische Prinzip der Natur«, da »das parlamentarische Prinzip der Majoritätsbestimmung die Autorität der Person ablehnt und an deren Stelle die Zahl des jeweiligen Haufens setzt.«[10] An die Stelle der »westlichen Demokratie« tritt bei Hitler die »germanische Demokratie«, wo »der Führergesetzgeber« direkt vom Volk gewählt wird. Ist der Führer einmal vom Volk bestimmt, muss er seine Entscheidungen nicht mehr von einem Parlament oder Ähnlichem absegnen lassen. Er folgt, da ihm keine menschliche Autorität übergeordnet ist, nur noch der »göttlichen Vorsehung«. Als

»göttliches Werkzeug« hat der Führer eine Sonderbeziehung zu Gott, und sein Handeln und seine Entscheidungen haben ihren Ursprung im Göttlichen. Um den Willen der »göttlichen Vorsehung« zu verwirklichen, setzt der Führer dann »starke« Führerpersönlichkeiten ein. Diese setzen wiederum »Führer« ein, und so weiter. Es entsteht eine Pyramide von oben. Niemand wird mehr von »unten«, von einem Haufen von »Schwächlingen«, gewählt, die »sich in Komitees und Parlamenten herumdrücken«, sondern jeder Führer wird von oben bestimmt. Er kann dann Autorität nach unten ausüben, ohne Rücksichten auf »Wählerinteressen« nehmen zu müssen. Unbestechlich und frei kann er »dem Höchsten«, dem »Führergesetzgeber« dienen. Der »Führergesetzgeber« aber ist von der Vorsehung gelenkt, und so sind die Befehle, die die unteren Führer von oben erhalten, letztlich göttlicher Natur. Damit entfällt die Notwendigkeit, sich über den Inhalt dieser Befehle Gedanken machen zu müssen. Wer die Befehle seines jeweiligen Führers nicht ausführt oder wer sie kritisiert, der stellt sich damit letztlich gegen den »Führergesetzgeber« an der Spitze der Pyramide und damit in allerletzter Instanz gegen Gott. So wird bei Hitler aus dem »Vorrecht des Stärkeren« das »Führerprinzip«.[11]

In ähnlicher Weise scheinbar schlüssig und zwingend führt Hitler alle seine politischen Ideen, bis hin zur Tagespolitik, auf die beiden oben erwähnten »ehernen Naturgesetze« zurück. Sogar den Ausgang eines zukünftigen Krieges mit Russland glaubte er in dieser Weise vorhersagen zu können. In *Mein Kampf* schrieb er, dass ein Krieg gegen Russland siegreich verlaufen werde, da Russland vor dem Untergang stehe. Die alte germanische Führungsschicht sei in Russland durch eine neue, jüdische ersetzt worden. Die Juden aber seien, als moralisch am tiefsten stehende Rasse, nicht in der Lage, einen Staat zu organisieren und zu erhalten. Daher werde »das Ende der Judenherrschaft in Rußland auch das Ende Rußlands als Staat sein. Wir sind vom Schicksal ausersehen, Zeugen einer Kraftprobe zu werden, die die gewaltigste Bestätigung für die Richtigkeit der völkischen Rassentheorie sein wird.«[12] Der Krieg gegen Russland lieferte allerdings nicht das »naturgesetzlich« vorhergesagte Ergebnis, und Hitlers völkische Rassentheorie wurde unter einem gewaltigen Trümmerhaufen begraben.

Die Hypothesen der Sozialdarwinisten und Eugeniker, auf die Hitlers Lehre zurückgeht, waren vom Szientismus und vom Rationalismus geprägt. Diese geistigen Strömungen beriefen sich auf wissenschaftlich begründete Daten und logische Argumente, die folgerichtig aufeinander aufbauten und die durch rationale Schlussfolgerungen hinreichend begründet zu sein schienen. Es war ein Denken, das während der ersten Hälfte des 20. Jahrhunderts in den Gesellschaften des Westens vorherrschend war, und es schien, als ob Hitlers Weltanschauung diesen »modernen« geistigen Strömungen entsprach. Aber die Übereinstimmung war nur eine scheinbare. Szientismus und Rationalismus akzeptieren einzig und alleine die Anwendung wissenschaftlicher Methoden und den Einsatz menschlicher Vernunft als Quellen von Erkenntnis. Religiöse Offenbarungen und Überlieferungen haben in diesen Systemen keinen Platz. Das war bei Hitler anders. Seine scheinbar so rationale und auf »Naturgesetzen« beruhende Weltanschauung hatte ihre höchste Begründung in Gott. Dieser Gott hatte, laut Hitler, die Naturgesetze erschaffen, insbesondere diejenigen, welche die Eugenik entdeckt zu haben glaubte. Dementsprechend heißt es in *Mein Kampf*: »Völker, die sich bastardieren oder bastardieren lassen, sündigen gegen den Willen der ewigen Vorsehung.«[13] Und an anderer Stelle schreibt Hitler: »Die ewige Natur rächt unerbittlich die Übertretung ihrer Gebote. So glaube ich heute im Sinne des allmächtigen Schöpfers zu handeln: Indem ich mich des Juden erwehre, kämpfe ich für das Werk des Herrn.«[14]

Dass Hitler ein Atheist gewesen wäre, wie später häufig behauptet wurde, lässt sich weder aus *Mein Kampf* herauslesen, noch kann man das seinen Reden entnehmen, wo er sich häufig auf den »göttlichen Willen«, den »Willen der Vorsehung«, den »allmächtigen Schöpfer« und so weiter berief.[15] Atheismus hätte sich für Hitler schon allein deshalb verboten, da dieser in den Augen der Antisemiten eine typisch jüdische Geisteshaltung darstellte. Der Atheismus, behaupteten sie, sei die natürliche Konsequenz der jüdischen Unfähigkeit zu »höheren«, »metaphysischen« Empfindungen. Hitler hat wiederholt davon gesprochen, dass er sich als ein »Werkzeug« Gottes verstand und ließ in seinen Reden anklingen, dass er als Führer eine Sonderbeziehung zu Gott unterhielt. Folglich war Gott im Nationalsozialismus immer präsent. Dass auf den Koppelschlössern von Hitlers Soldaten »Gott mit uns« stand, war da nur konsequent.[16]

Der Führer war gekommen, um die Welt wachzurütteln und sie an Gottes wahre Absicht zu erinnern: die Höherentwicklung des Menschen. »Wer die Hand an das höchste Ebenbild des Herrn (den Arier, der Verf.) zu legen wagt, frevelt am gütigen Schöpfer dieses Wunders und hilft mit an der Vertreibung aus dem Paradies«, erklärt Hitler in *Mein Kampf*.[17] Und nicht nur für sich selbst, sondern auch für seine Bewegung nahm er in Anspruch, von Gott gesegnet zu sein. Am 12.3.1926 beendete Hitler eine Rede auf einer NSDAP-Versammlung in München mit den Worten: »Keine Macht wird sich dieser Entwicklung entgegenstellen können, solange der allmächtige Gott mit seinem Segen über der Bewegung steht. Heil!«[18] Und am 18.3.1926 erklärte er, ebenfalls auf einer Parteiversammlung: »In den schwersten Zeiten hat mich der Segen Gottes nicht verlassen, und auch über unserer Bewegung ruht dieser Segen.«[19] Im Widerspruch dazu stand Hitlers Behauptung, dass es sich bei seiner Lehre um eine rein politisch-weltliche Angelegenheit handle, die mit

Religion nichts zu tun habe. In *Mein Kampf* schreibt er dazu: »Politische Parteien haben mit religiösen Problemen, solange sie nicht als volksfremd die Sitte und Moral der eigenen Rasse untergraben, nichts zu schaffen; genau so wie Religion nicht mit politischem Parteiunfug zu verquicken ist.«[20] Und an anderer Stelle heißt es: »Dem politischen Führer haben religiöse Lehren und Einrichtungen seines Volkes immer unantastbar zu sein, sonst darf er nicht Politiker sein, sondern soll Reformator werden, wenn er das Zeug hierzu besitzt!«[21]

Als Reichspräsident Hindenburg am 7.8.1934 beerdigt wurde, empfand Hitler die Rede des Geistlichen als unpassend. Dies war der Anlass für seine Verfügung, dass in Zukunft bei derartigen Gelegenheiten der Staatsakt und der kirchliche Akt strikt zu trennen seien, was dann in der Folgezeit auch so umgesetzt wurde.[22] So präsentierte Hitler seinen Nationalsozialismus als ein durch und durch rationales Konstrukt. Da seine Lehre aber ihre letzte Begründung in Gott fand, handelte es sich dabei zweifellos um eine theistische Lehre und keinesfalls um eine atheistische.

Hitlers Anhänger hatten zwar den Eindruck, dass der Nationalsozialismus eine rein politische Angelegenheit sei, sie glaubten aber, dass ihm christliche Wertvorstellungen zugrunde lagen. Diesen Eindruck wusste Hitler dadurch zu erwecken, dass er sich bei der Verkündung seiner Lehre der Terminologie des Christentums bediente. Die Worte seiner Regierungserklärung vom 1. Februar 1933 erinnern an ein christliches Gebet: »Möge der allmächtige Gott unsere Arbeit in seine Gnade nehmen, unseren Willen recht gestalten, unsere Einsicht segnen und uns mit dem Vertrauen unseres Volkes beglücken!«[23] Daneben stand aber immer wieder auch die Behauptung Hitlers, dass der Nationalsozialismus eben keine religiöse, sondern eine rein weltlich-politische Angelegenheit sei. »Für kultische Handlungen sind wir nicht zuständig, sondern die Kirchen«, sagte er 1938 zum Beispiel in einer Rede.[24] Und in der Tat muss man schon sehr genau hinhören, um zu verstehen, dass hier jemand, der sich als rein weltlich-politischer Führer ausgibt, versucht, unter Umgehung des Radarschirms der christlichen Kirchen seine eigene religiöse Heilslehre zu verkünden. Die Kirchen kritisierte Hitler zwar, er brachte sich aber niemals in einen direkten Gegensatz zu ihnen. Zumindest nicht in seinen öffentlichen Äußerungen.[25] Auf diese Weise ging er einer Konfrontation mit den Kirchen bewusst aus dem Weg. Gleichzeitig nahm er aber für sich in Anspruch, den »Willen des Herren« nicht nur zu kennen, sondern sogar dazu berufen zu sein, diesen göttlichen Willen zu vollstrecken.[26] Am 27. Juni 1937 verkündete Hitler: »So schwach der einzelne Mensch in seinem ganzen Wesen und Handeln am Ende doch ist gegenüber der allmächtigen Vorsehung und ihrem Willen, so unermeßlich stark wird er in dem Augenblick, in dem er im Sinne dieser Vorsehung handelt! Dann strömt auf ihn jene Kraft hernieder, die alle großen Erscheinungen der Welt ausgezeichnet hat.«[27]

Dass Hitler trotz seiner christlich-religiösen Sprache christliche Vorstellungen keinesfalls teilte, das hat er im kleinen Kreis wiederholt sehr deutlich zu erkennen gegeben. So soll er laut Henry Picker am 11.11.1941 beim Abendessen in der Wolfsschanze gesagt haben: »Heute kann niemand mehr die Lehre der Kirche ernst nehmen, der mit der Naturforschung vertraut ist: Was im Widerspruch steht zu den Naturgesetzen, kann nicht von Gott sein, und der liebe Gott macht mit dem Blitzstrahl auch vor den Kirchen nicht halt.«[28] Bei anderer Gelegenheit sagte er laut Henry Picker Folgendes: »Der größte Volksschaden sind unsere Pfarrer beider Konfessionen. Ich kann ihnen jetzt die Antwort nicht geben, aber alles kommt in mein großes Notizbuch. Es wird der Augenblick kommen, da ich mit ihnen abrechne ohne langes Federlesen. (...) Denn um die grundsätzliche Lösung kommen wir nicht herum. (...) Wie der Hexenwahn beseitigt werden mußte, so muß auch dieser Rest beseitigt werden.«[29] Solange Hitler seine Macht ausbaute, musste er eine Auseinandersetzung mit den Kirchen vermeiden. Bereits 1928 schrieb er dazu in einem Brief: »In einer Zeit, in der vielleicht wenige Jahre entscheidend sind für das Leben und die Zukunft unseres Volkes überhaupt, wird die nationalsozialistische Bewegung (...) durch die Verquickung mit religiösen Problemen innerlich geschwächt.«[30] Zur selben Zeit erklärte er dem legendären General des Ersten Weltkrieges Erich Ludendorff: »Eure Exzellenz können es sich leisten, ihren Gegnern vorher anzukündigen, daß Sie sie totschlagen wollen. Ich aber brauche zum Aufbau einer großen politischen Bewegung die Katholiken Bayerns ebenso wie die Protestanten Preußens!«[31] Vierzehn Jahre später hat sich Hitler ähnlich geäußert. In einem Brief, den seine Sekretärin Christa Schroeder an ihre Freundin Johanna Nusser aus der *Wolfsschanze* geschrieben hat, teilte sie mit, dass der »Chef« der Meinung sei, gegen die Kirchen könne man »zur Zeit nichts unternehmen«, erst »nach dem Kriege«.[32]

Zwar hat Hitler wiederholt betont, dass nur sein unbeirrbarer »Glaube« und der »allmächtige Gott« es möglich gemacht hätten, dass Millionen von Menschen seiner »fanatischen Weltanschauung« (*Mein Kampf*) gefolgt sind. Gleichzeitig beschwor er aber »eherne Naturgesetze« sowie die »kalte Vernunft« und legte Wert darauf zu betonen, kein »Jenseitsforscher« zu sein. Auf diese Weise gelang es ihm, von einer Gesellschaft ernst genommen zu werden, die vom rationalen Denken geprägt war. Hitlers Behauptung, »lediglich« ein Politiker zu sein, haben die meisten seiner Zeitgenossen für bare Münze genommen, und die meisten Historiker und Politologen folgen Hitler in dieser Hinsicht bis heute. Dass Hitlers Selbstdarstellung als rein weltlicher Herrscher nicht seinem Selbstbild entsprach und dass er sich im Gegenteil als der Verkünder einer neuen Religion sah, ist bis heute eine Außenseitermeinung geblieben. Die Analyse von Hitlers diesbezüglichen Äußerungen lässt aber keinen Zweifel: Seine Zielsetzung ging weit über die Politik hinaus. Bereits zu Lebzeiten Hitlers wurde diese Tatsache von derjenigen Institution erkannt, die für religiöse Konkurrenzunternehmen seit Jahrhunderten ein äußerst feines Gespür entwickelt hat: von der katholischen Kirche.

In der auf Deutsch verfassten Enzyklika *Mit brennender Sorge – über die Lage der katholischen Kirche im Deutschen Reich* vom 14.3.1937 ist nachzulesen, dass man im Vatikan nicht den geringsten Zweifel daran hatte, dass hier ein vorgeblich weltlicher Herrscher den Versuch machte, eine neue Religion zu etablieren. In der Enzyklika nannte Papst Pius XI. Hitlers religiöse Ambitionen unverblümt beim Namen: »Wer die Rasse, oder das Volk (...) zur höchsten Norm aller, auch der religiösen Werte macht und sie mit Götzenkult vergöttert, der verkehrt und fälscht die gottgeschaffene und gottbefohlene Ordnung der Dinge. (...) Nur oberflächliche Geister können der Irrlehre verfallen, (...) Gott, den Schöpfer aller Welt, (...) in die Grenze eines einzelnen Volkes, in die blutmäßige Enge einer einzelnen Rasse einkerkern zu wollen.« Auch auf die angebliche Sonderbeziehung Hitlers zu Gott ging die Enzyklika ein: »Der im Evangelium Jesu Christi erreichte Höhepunkt der Offenbarung ist endgültig, ist verpflichtend für immer. Diese Offenbarung kennt keine Nachträge durch Menschenhand, kennt erst recht keinen Ersatz und keine Ablösung durch die willkürlichen »Offenbarungen«, die gewisse Wortführer der Gegenwart aus dem sogenannten Mythus von Blut und Rasse herleiten wollen. (...) Seitdem Christus der Gesalbte das Werk der Erlösung vollbracht, (...) seitdem ist kein anderer Name unter dem Himmel den Menschen gegeben, durch den sie selig werden können, als der Name Jesus. Kein Mensch – möge auch alles Wissen, alles Können, alle äußerliche Macht der Erde in ihm verkörpert sein – kann einen anderen Grund legen als den, der in Christus bereits gelegt ist. Wer in sakrilegischer Verkennung der zwischen Gott und Geschöpf, zwischen dem Gottmenschen und den Menschenkindern klaffenden Wesensunterschiede irgendeinen Sterblichen, und wäre er der Größte aller Zeiten, neben Christus zu stellen wagt, oder gar über Ihn und gegen Ihn, der muß sich sagen lassen, daß er ein Wahnprophet ist.« Es war klar: ein Nebeneinander mit der katholischen Kirche konnte es für Hitler und seine Lehre nur kurzfristig geben. Nach einer siegreichen Beendigung des Krieges wäre die Koexistenz mit den Kirchen beendet gewesen und Hitler hätte »die letzte große Aufgabe unserer Zeit« in Angriff nehmen können: »das Kirchenproblem noch zu klären.«[33] Das sah Hitler als seine »eigentliche Aufgabe« an, denn: »Erst dann wird die deutsche Nation ganz gesichert sein.«[34]

Dass das kommende Hitler'sche Zeitalter lediglich von einer äußeren politischen Ordnung getragen sein könnte, glaubte Hitler nicht. Sein »Tausendjähriges Reich«, das die Jahrtausende des Christentums ablösen sollte, wollte er auf seiner Heilslehre begründen. Zur Durchsetzung dieser Lehre heißt es in *Mein Kampf*: »Die Größe jeder gewaltigen Organisation als Verkörperung einer Idee auf dieser Welt liegt im religiösen Fanatismus, in der sie sich unduldsam gegen alles andere, fanatisch überzeugt vom eigenen Recht, durchsetzt. Wenn eine Idee an sich richtig ist und, in solcher Weise gerüstet, den Kampf auf dieser Erde aufnimmt, ist sie unbesiegbar und jede Verfolgung wird nur zu ihrer inneren Stärkung führen.« Im folgenden Satz verweist Hitler auf den Erfolg des Christentums und erklärt, dass dessen Methoden auch bei der Durchsetzung seiner eigenen Lehre anzuwenden seien: »Die Größe des Christentums lag nicht in versuchten Vergleichsverhandlungen mit etwa ähnlich gearteten philosophischen Meinungen der Antike, sondern in der unerbittlichen fanatischen Verkündung und Vertretung der eigenen Lehre.«[35]

Wie die von der »Vorsehung« und der »Naturwissenschaft« gleichermaßen abgesegnete Heilslehre, diese ›Evolutionsreligion‹, in ihrem Endstadium genau ausgesehen hätte, das hat die Menschheit nie erfahren. Auch Hitler selbst war sich darüber wohl nicht im Klaren. Fest stand aber, was er ablehnte: einerseits eine atheistisch-materialistische Weltsicht, die er als »jüdisch« verneinte, andererseits aber auch das neuheidnisch-mystische Weltbild, dem unter anderen Himmler und Rosenberg nachträumten. Über diesbezügliche Schwärmereien hat Hitler sowohl in *Mein Kampf* wie auch in seinen Reden und in privater Runde gespottet.[36] Auch ein, wie immer geartetes, »positives Christentum« kam für Hitler nicht infrage. Als christlicher Reformator hat er sich nicht gesehen.[37] In seinen Reden wird ersichtlich, wie er seine eigenen Ideale der christlichen Lehre gleichsam »aufpfropfte«. Ebenso, wie die katholische Kirche ihre Klöster und Kirchen ganz bewusst an den Orten errichtet hatte, an denen sich zuvor heidnische Kultstätten befunden hatten, um damit die Kraft des heidnischen Glaubens für sich zu vereinnahmen, genauso nutzte auch Hitler die Kraft, die gewissen christlichen Begriffen innewohnt, für seine neue Heilslehre. In seinen Reden verwendete er Begriffe wie »Glaube«, »Wille des Herren«, »göttliche Gebote«, »Sünde«, »Paradies« etc., die christlich belegt waren, und nutzte sie dann aber für seine eigenen Ziele und Ideale. Diese Taktik war dem Vatikan ebenfalls nicht entgangen. In der Enzyklika von 1937 wird mehrfach sehr deutlich davor gewarnt. Unter anderem heißt es dort: »Gottgläubig ist nicht, wer das Wort Gottes rednerisch gebraucht, sondern nur, wer mit diesem hehren Wort den wahren und würdigen Gottesbegriff verbindet. (...) Wer in pantheistischer Verschwommenheit Gott mit dem Weltall gleichsetzt, Gott in der Welt verweltlicht und die Welt in Gott vergöttlicht, gehört nicht zu den Gottgläubigen.(...) Wer nach angeblich altgermanisch-vorchristlicher Vorstellung das düstere unpersönliche Schicksal an die Stelle des persönlichen Gottes rückt, leugnet Gottes Weisheit und Vorsehung (...) Ein solcher kann nicht beanspruchen, zu den Gottgläubigen gerechnet zu werden. (...) Habet acht, Ehrwürdige Brüder, auf den in Rede und Schrift zunehmenden Mißbrauch, den dreimal heiligen Gottesnamen anzuwenden als sinnleere Etikette für irgendein mehr oder minder willkürliches Gebilde menschlichen Suchens und Sehnens. (...) Ein besonders wachsames Auge, Ehrwürdige Brüder, werdet Ihr haben, wenn religiöse Grundbegriffe ihres Wesensinhaltes beraubt und in einem profanen Sinne umgedeutet werden. (...) Offenbarung im christlichen Sinn ist das Wort Gottes an die Menschen. Dieses gleiche Wort zu gebrauchen für die ›Einflüsterungen‹ von Blut und Rasse, für die Ausstrahlungen der Geschichte eines Volkes, ist in jedem Fall verwirrend. Solch falsche Münze verdient nicht, in den Sprachschatz eines gläubigen Christen überzugehen.«

In einer Nacht-und-Nebel-Aktion ließ der Vatikan 300.000 Kopien der päpstlichen Enzyklika unter Deutschlands Priestern verteilen, die diese dann vor ihren Gemeinden verlasen. Als die Gestapo die Texte kurz darauf in einer groß angelegten Aktion in ganz Deutschland beschlagnahmte, kam sie zu spät. Fast überall war der Inhalt der Enzyklika bereits bekannt. Gefürchtete weitergehende Maßnahmen des NS-Staates blieben dann aber aus, und auch zu einem Bruch der diplomatischen Beziehungen zwischen dem Dritten Reich und dem Vatikan kam es nicht. Das Regime strafte die Enzyklika mit Nichtbeachtung, und in der staatlich gelenkten Presse war nichts darüber zu lesen. Als Hitler ein Jahr später Rom besuchte, vermied der Papst ein Zusammentreffen mit seinem Gegenspieler, indem er kurz vor dessen Ankunft in sein Sommerschloss Castelgandolfo umzog.

Mit der Enzyklika von 1937 hatte Pius XI. unverblümt kundgetan, dass er sich von der angeblich »rein politischen«

Agenda der Hitlerbewegung nicht in die Irre führen ließ. Die Behauptungen des Führers hatten es nicht vermocht, den Vatikan darüber hinwegzutäuschen, dass sich das Dritte Reich von Anfang an am Vorbild der christlichen Kirchen orientiert und eine quasi-religiöse Neuformierung des öffentlichen Lebens betrieben hatte. Jährlich wiederkehrende NS-Gedenktage strukturierten den Kalender in derselben Weise wie die christlichen Feiertage. Mit Ritualen wie Fahnenweihen (Einsegnung), Heldengedenken (Heiligenverehrung), Aufmärschen (Prozessionen), Hitlergruß (Kreuzzeichen), Fackelzügen und so weiter hatte der NS-Staat christliche Traditionen verformt und in seine Herrschaftspraxis übernommen. Im Gegensatz zur Religion der Kirchen hatte Hitlers Heilslehre den Anspruch, das Endziel der Menschheitsgeschichte, eine rassisch vollkommene Gesellschaft, selbst herstellen zu können. Da dieses Ziel ein göttliches war, durften bei dessen Durchsetzung alle Mittel, einschließlich Gewalt, angewendet werden. Originalton Joseph Goebbels: »Sie werden niemals Millionen von Menschen finden, die für ein Wirtschaftsprogramm ihr Leben lassen. Aber Millionen von Menschen werden einmal bereit sein, für ein Evangelium zu fallen.«[38] Im Jahr 1925 umschrieb Goebbels das Wesen nationalsozialistischer Politik dahingehend, dass sie nicht »die Kunst des Möglichen ist. Was wir wollen, ist nach den Gesetzen der Mechanik unerreichbar und unerfüllbar. Wir wissen das. Und dennoch handeln wir nach der Erkenntnis, weil wir an das Wunder, an das Unmögliche und Unerreichbare glauben. Für uns ist die Politik das Wunder des Unmöglichen.«[39] Hitlers Lehre vereinte beides: den Glauben an »das Wunder des Unmöglichen« und die »kalte Vernunft« (*Mein Kampf*). Seine Aufgabe sei es, so Hitler laut dem Protokollanten eines Tischgesprächs während des Krieges, einen »Kultus der Vernunft«[40] zu erschaffen. Dazu passt seine Vision von Sternwarten, die in der Zukunft Kirchengebäude ersetzen sollten. Davon hatte schon der 18-jährige Hitler seinem Jugendfreund August Kubizek in Wien vorgeschwärmt. 1942 griff Hitler diese Idee im kleinen Kreis erneut auf. »Klassisch, so schön wie nur etwas«, solle die Sternwarte werden, durch die er die Kirche auf dem Linzer Pöstling-Berg ersetzen lassen wolle. Dort solle neben dem Planetarium eine Forschungsstätte entstehen sowie ein Raum mit Skulpturen all derer, die mit dazu beigetragen hatten, den »Aberglauben« – womit das Christentum gemeint war – zu beseitigen. »In der Zukunft werden jeden Sonntag Zehntausende von Menschen durchgehen und alle werden erfüllt sein von der Größe dieses Universums.«[41] Dass die Vernunft im wissenschaftlichen Zeitalter am Ende den Sieg über den christlichen Glauben davontragen würde, darüber bestand für Hitler nicht der geringste Zweifel. »Wenn erst einmal das Wissen um das Universum sich verbreitet, wenn der Großteil der Menschen sich klar darüber wird, dass die Sterne nicht Leuchtkörper sind, sondern Welten, vielleicht belebte Welten, wie die unsere, dann wird die Lehre des Christentums völlig ad absurdum geführt.«[42]

Hitlers Beschwörung der Vernunft auf der einen und seine religiöse Sprache auf der anderen Seite spiegelt die Krise einer Gesellschaft, die aus der Evolutionslehre Darwins und der Schöpfungsgeschichte der Bibel kein sinnvolles Gesamtbild zu erschaffen vermag. Hitlers Er-»Lösung« bestand darin, dass er den unversöhnlichen Gegensatz zwischen der Vernunft und dem Heiligen für nicht existent erklärte. Gott und Vernunft waren in Hitlers Lehre keine Gegensätze, sondern zwei Seiten derselben Medaille. Die Evolution, beziehungsweise das, was Hitler darunter verstand, war eben nicht nur eine rein wissenschaftlich-rationale Gesetzmäßigkeit, die Evolution war zugleich ein Gebot Gottes, dem der Mensch zu folgen, zu dienen und dem er zu gehorchen hatte. Verstieß der Mensch gegen dieses Gebot, wurde er bestraft

(Blutsvermischung=Untergang), setzte er das göttliche Gebot gegen Widerstände, Verführungen usw. durch, folgte die Belohnung (Blutsreinhaltung=Höherentwicklung).

Hitlers Lehre hatte also weder etwas mit Atheismus zu tun noch mit dem Christentum. Sie war auch nicht von neuheidnisch-völkischen Vorstellungen geprägt. Zwar haben Himmler und andere versucht, während des Dritten Reiches einen mystisch-neogermanischen Kult ins Leben zu rufen, aber Hitlers Lehre war eine andere. Sie stand nicht im Gegensatz zum Rationalismus, sondern Hitler sah in ihr vielmehr dessen höchsten Ausdruck. Er selbst hat das immer wieder erklärt, nirgends jedoch so deutlich wie in seiner »Kulturrede« aus dem Jahr 1938, die im Folgenden gekürzt wiedergegeben ist: »Der Nationalsozialismus ist eine kühle Wirklichkeitslehre schärfster wissenschaftlicher Erkenntnisse und ihrer gedanklichen Ausprägung. Indem wir für diese Lehre das Herz unseres Volkes erschlossen haben und erschließen, wünschen wir nicht, es mit einem Mystizismus zu erfüllen, der außerhalb des Zweckes und Zieles unserer Lehre liegt. (...) Denn der Nationalsozialismus ist eben keine kultische Bewegung, sondern eine aus ausschließlich rassischen Erkenntnissen erwachsene völkisch-politische Lehre. In ihrem Sinne liegt kein mystischer Kult, sondern die Pflege und Führung des blutbestimmten Volkes. Wir haben daher auch keine Kulträume, sondern Versammlungs- und Aufmarschplätze. Wir haben keine Kulthaine, sondern Sportarenen und Spielwiesen. (...) Das Einschleichen mystisch veranlagter okkulter Jenseitsforscher darf daher in der Bewegung nicht geduldet werden. (...) An der Spitze unseres Programms steht nicht das geheimnisvolle Ahnen, sondern das klare Erkennen und damit das offene Bekenntnis. Indem wir aber in den Mittelpunkt dieser Erkenntnis und dieses Bekenntnisses die Erhaltung und damit Fortsicherung eines von Gott geschaffenen Wesens stellen, dienen wir damit der

Erhaltung eines göttlichen Werkes und damit der Erfüllung eines göttlichen Willens, und zwar nicht im geheimnisvollen Dämmerschein einer neuen Kultstätte, sondern vor dem offenen Antlitz des Herren. (...) Unser Kult heißt ausschließlich: Pflege des Natürlichen und damit auch des göttlich Gewollten. Unsere Demut ist die bedingungslose Verbeugung vor den uns Menschen bekannt werdenden göttlichen Gesetzen des Daseins und ihrer Respektierung.«[43]

In dieser Rede zeigt sich besonders deutlich, was auch andere Hitler-Reden durchscheinen lassen: eine diesseitige, weltliche ›Religiosität‹, eine »Religion der Vernunft«, die in den von den Nationalsozialisten geschaffenen (und noch zu schaffenden) Ritualen und den entsprechenden (naturwissenschaftlichen) Sakralbauten ihren Ausdruck finden sollte. Die politische Herrschaft, die ja schon bestand, hätte sich dann in der Zukunft mit der Verkündung einer »Vernunft-Religion« verbunden, und zwar in der Person Hitlers. Das Ergebnis wäre ein moderner, westlicher »Gottesstaat« gewesen, an deren Spitze der Staatsgründer gestanden hätte, der zugleich der Religionsstifter gewesen wäre.

WIEN

Hitler war 18 Jahre alt, als er in Wien mit seinem »Privatstudium« begann. Es bestand darin, dass er sich in Wiens Bibliotheken große Mengen von Büchern zu den unterschiedlichsten Themen auslieh und diese anschließend verschlang. August Kubizek, sein Linzer Jugendfreund, wird von der Geschichtswissenschaft als weitgehend glaubwürdig eingeschätzt. Neun Monate lang teilte er sich mit Hitler eine Wiener Studentenbude und hat Hitlers gewaltigen Bücherkonsum bestätigt. Zeit zum Lesen hatte Hitler genug, denn der Besuch der Kunstakademie, an der er Malerei hatte studieren wollen, war ihm nach einer gescheiterten Aufnahmeprüfung im Jahr 1907 verwehrt. In *Mein Kampf* schreibt Hitler dazu: »In dieser Zeit bildete sich mir ein Weltbild und eine Weltanschauung, die zum granitenen Fundament meines derzeitigen Handelns wurden. Ich habe zu dem, was ich mir so einst schuf, nur weniges hinzulernen müssen, zu ändern brauchte ich nichts. Im Gegenteil.«[1]

Forscher, die das Leben des jungen Hitler untersucht haben, konnten nichts entdecken, was der Behauptung Hitlers widerspricht. Zum Antisemiten ist Hitler wohl noch nicht in Wien geworden, wie er in *Mein Kampf* behauptet, sondern erst später, und seine Begegnung mit Dietrich Eckart und anderen sowie die geopolitischen Ideen von Karl Haushofer haben Hitlers Vorstellungen sicherlich in den frühen 20er-Jahren zusätzlich beeinflusst. Aber die entscheidenden Teile seiner Weltanschauung hat Hitler aus Wien mitgebracht. Unterschiedliche Thesen von Philosophen, Biologen, Historikern und Eugenikern verband der eklektisch denkende Hitler miteinander und stellte daraus einen neuen Zusammenhang her, eben seine »Weltanschauung«. Darüber hinaus finden sich in Hitlers Weltbild auch viele Gedanken wieder, die damals in rechts-nationalen Kreisen in Wien en vogue waren. Seine Beobachtung der führenden Wiener Politiker und seine Analyse der politischen und gesellschaftlichen Verhältnisse im damaligen Wien haben diese Weltanschauung abgerundet. Nicht zuletzt hat der ungezügelte Konsum der Opern von Richard Wagner an der Wiener Hofoper das Denken und die Persönlichkeit Hitlers in entscheidender Weise geformt. Wenn Hitler in *Mein Kampf* schreibt, dass die Zeit in Wien seine »Schule« gewesen sei, so entspricht dies wohl den Tatsachen.

Am 18. November 1908 verließ Hitler plötzlich das Untermietzimmer, dass er mit seinem Linzer Jugendfreund geteilt hatte, ohne sich von seinem Freund zu verabschieden. Der Grund dafür lag wahrscheinlich darin, dass er dem Freund sein erneutes Scheitern bei einer zweiten Aufnahmeprüfung an der Akademie nicht eingestehen wollte. Danach war Hitler ein Jahr lang an zwei Adressen in Wien polizeilich gemeldet. Von Anfang September 1909 bis zum Februar 1910 liegt von ihm keine polizeiliche Anmeldung vor. Mehrere Jahrzehnte lang ist die historische Lehrmeinung den Angaben des Stadtstreichers Reinhold Hanisch gefolgt, der behauptet hatte, dass Hitler während der Wintermonate 1909/1910 in Obdachlosenasylen gehaust hat und gemeinsam mit ihm Armenausspeisungen besuchte.

Inzwischen gibt es aber auch andere Auffassungen. Hanisch war ein mehrfach vorbestrafter Betrüger, seine Angaben sind heute nicht mehr überprüfbar. Erwiesen ist, dass Hitler als junger Mann immer auf ein gepflegtes Äußeres Wert gelegt hat. Bis zum September 1909 verfügte er sogar über die passende Kleidung zum Besuch der Wiener Hofoper. Dass er innerhalb von wenigen Wochen zu einem abgerissenen Bettler mutiert sein soll, gibt zumindest zu Zweifeln Anlass. Gegen Hitlers Aufenthalt in einem Obdachlosenasyl spricht auch, dass er eine panische Angst vor ansteckenden Krankheiten hatte. Es war aber allgemein bekannt, dass in den Wiener Asylen die Tuberkulose grassierte, die damals, vor der Entdeckung des Penicillins, eine tödliche Gefahr darstellte. Auch dass Hitler Armenausspeisungen besucht haben soll, erscheint wenig plausibel. Hitler bezog eine Waisenrente von 25 Kronen monatlich, und viele Restaurants boten zu dieser Zeit in Wien für 40 Heller einen »vorzüglichen Mittagstisch« an.

Die Tatsache, dass es zwischen September 1909 und Februar 1910 keine polizeiliche Meldung Hitlers gibt, mag darauf zurückzuführen sein, dass beim Wiener Meldearchiv nicht alle Meldezettel aus dieser Zeit vollständig erhalten sind. Möglicherweise hat Hitler tatsächlich in der fraglichen Zeit in der Simon-Denk-Gasse 1 und in der Humboldtgasse 36 gewohnt. Das jedenfalls hat später die NS-Propaganda behauptet. Von beiden Häusern existieren Fotos aus dem Jahr 1938 in der Wiener Nationalbibliothek, wo sie als Wohnorte Hitlers ausgewiesen sind. Nach dem Anschluss Österreichs wurden die unansehnlichen Mietskasernen von der NSDAP in ›Führer-Gedenkstätten‹ verwandelt. Hakenkreuzfahnen hingen aus den Fenstern und vor dem Eingang, der mit einem Führer-Porträt geschmückt war, hielten Hitlerjungen Wache. Die Simon-Denk-Gasse war darüber hinaus in einem »Hitlergedenkbuch« abgebildet, das in zehntausendfacher Auflage erschien und im gesamten deutschen Reich Verbreitung fand. ›Führer-Gedenkstätten‹ wurden von der NSDAP sehr genau überprüft. Die Simon-Denk-Gasse und die Humboldtgasse wären die einzigen falsch bezeichneten Lokalitäten.[2]

Wie die Wintermonate 1909/1910 für Hitler tatsächlich ausgesehen haben, wird die Forschung möglicherweise nie mehr zweifelsfrei ermitteln können. Erwiesen ist, dass es Hitler und Hanisch gelang, Hitlers Fähigkeiten als Kunstmaler zu Geld zu machen. Hitler kopierte Postkarten, die Hanisch dann in Gasthäusern verkaufte. Außerdem fertigte Hitler Bilder für Rahmenhändler an, die diese als Ausstellungsstücke für den Rahmenverkauf verwendeten. Mit dem Geld aus dem Bilderverkauf mieteten sich Hitler und Hanisch im Frühjahr 1910 in einem Männerwohnheim im Arbeiterbezirk Brigittenau ein und bezogen dort einfache, aber saubere und warme ›Einzelkabinen‹. Dort wohnte Hitler während der nächsten drei Jahre, bis er am 24. Mai 1913 das Männerheim verließ. Wien war ihm inzwischen verhasst, da hier niemand sein Genie wahrnehmen wollte. So verließ er die Stadt, um sich gemeinsam mit dem Männerheim-Kollegen Rudolf Häusler, einem arbeitslosen Kaufmann, in München niederzulassen.[3]

In Wien hat Hitler fünf Jahre lang ein ärmliches und unbedeutendes Dasein gefristet. Dieses Los hat er mit unzähligen anderen jungen Menschen geteilt, die um die Jahrhundertwende aus der Provinz in die Donaumetropole geströmt waren, weil sie sich dort ein besseres Leben erhofften. Die Welt des jungen Hitler in Wien war geprägt von einem übermäßigen Konsum von Wagner-Opern, von umfangreichen kreativen Experimenten auf verschiedenen Gebieten der Kunst, von einem Desinteresse an bürgerlichen Vorstellungen von Status und finanziellem Erfolg und von einer gewaltigen Lesewut. Kein Forscher, der sich mit Hitlers Wiener Jahren näher beschäftigt hat, war in der Lage, schlüssig zu erklären, wie es möglich war, dass daraus der Treibsatz einer unvergleichlichen politischen Karriere entstehen konnte.

BLOCKADE

Mit Beginn des Ersten Weltkrieges fühlte sich England an bestehende internationale Vereinbarungen nicht mehr gebunden. Unter Verletzung des geltenden Seekriegsrechts blockierte Großbritannien die gesamte Nordsee. Weite Minenfelder wurden angelegt und England weigerte sich, Rücksicht auf die Sicherheit der neutralen Handelsschifffahrt zu nehmen. Alle nutzbaren Güter, einschließlich Lebensmitteln, wurden zu »contraband of war« erklärt und neutrale Handelsschiffe wurden beschlagnahmt. Auch der Protest der US-Regierung gegen die völkerrechtswidrige Politik konnte England nicht umstimmen. Rechtswidrig oder nicht – die Briten hielten an ihrer Politik fest, die das Ziel hatte, die deutsche Zivilbevölkerung auszuhungern. Winston Churchill, zum Zeitpunkt der Blockade Erster Lord der britischen Admiralität, hat die Strategie der britischen Politik in seinem Buch *The World Crisis* (1931) treffend wiedergegeben: »Die britische Blockade behandelte ganz Deutschland wie eine belagerte Festung und beabsichtigte zugegebenermaßen, die gesamte Bevölkerung – Männer, Frauen und Kinder, alte und junge, Verwundete und Gesunde – durch Hungern zu unterwerfen.«[1]

Für die Bevölkerung Deutschlands und Österreichs hatte die »Hungerblockade« verheerende Folgen. Im »Kohlrübenwinter« 1916/17 erreichten die Versorgungsschwierigkeiten ihren Höhepunkt. Danach herrschte bis in das Jahr 1919 hinein ein Zustand permanenter Unterversorgung. Der Schriftsteller Stefan Zweig berichtete, dass hungernde Menschen auf Bahnhöfen stehende Eisenbahnwagons aufbrachen und nach Essbarem durchsuchten. Frauen und Kinder aus der Stadt stahlen nachts den Bauern Kartoffeln vom Feld. Besitzer von Hunden und Katzen ließen die Tiere nicht mehr auf die

Straße, weil sie befürchten mussten, dass sie in einem Kochtopf landeten.[2] Ab 1917 traten die ersten Hungerkrankheiten auf. »Ödeme, (…) Tuberkulose und rachitische Knochenveränderungen bei Kindern wurden in allen größeren Städten und Industrieregionen beobachtet (…). Neben Schulkindern und Jugendlichen litten vor allem alte Menschen und chronisch Kranke unter der Lebensmittelnot.«[3] Den deutschen Gesundheitsbehörden zufolge starben bis zum Ende des Krieges im November 1918 über 730.000 Zivilisten[4], vor allem Alte, Kranke und kleine Kinder, an den Folgen der Unterernährung. Mit dem Ziel, die deutsche Regierung zur Unterschrift unter den Versailler Friedensvertrag zu zwingen, erhielt England die Hungerblockade auch noch mehrere Monate nach dem Ende des Krieges aufrecht. 100.000 weitere Todesopfer waren die Folge.[5]

Wer Geld hatte, der konnte sich auf dem Schwarzmarkt mit Lebensmitteln eindecken. Zu Krankheiten und Todesfällen kam es daher ausschließlich unter den sozial Schwachen, was die Klassengegensätze enorm verschärfte. Ein Komitee amerikanischer Frauen, die im Auftrag von Herbert Hoover, Chef der Kriegsfürsorge und späterer US-Präsident, durch Deutschland reisten, berichtete im Juli 1919: »Wenn die Bedingungen weiter bestehen, die wir in Deutschland gesehen haben, wird eine Generation in Mitteleuropa aufwachsen, die körperlich und psychisch derart geschädigt sein wird, daß sie für die ganze Welt zur Gefahr wird.«[6]

Aus britischer Sicht war die Blockade ein voller Erfolg. Außenminister David Lloyd George erklärte sie rückblickend zu dem »entscheidenden Faktor für den Sieg der Alliierten«.[7] Tatsächlich führte die Hungerblockade dazu, dass sich in der deutschen Bevölkerung zunehmend eine kriegsfeindliche Stimmung ausbreitete und die Kritik am wilhelminischen Obrigkeitsstaat immer wütender wurde. Die verschärften Klassengegensätze führen zu immer häufigeren gewalttätigen Auseinandersetzungen zwischen verfeindeten politischen Gruppen. Streiks in Betrieben, die kriegswichtiges Material herstellten, waren an der Tagesordnung, es kam zu »Brotkrawallen«, und in vielen Städten herrschte eine vorrevolutionäre Stimmung. Dass immer mehr Verzweifelte in der Heimat immer lauter nach einem »Frieden um jeden Preis« riefen, blieb auch den Soldaten an der Front nicht verborgen, und die Moral der kämpfenden Truppe sank auf einen nie zuvor gekannten Tiefststand. Selbstverletzungen, Desertationen und Befehlsverweigerungen nahmen bei den Mannschaften rapide zu, und auch der Durchhaltewille der Offiziere wurde mit jedem Tag schwächer. Der Zusammenbruch der militärischen Disziplin kulminierte in Aufständen von Matrosen, die nicht mehr gewillt waren, sich im Kampf gegen die Royal Navy verheizen zu lassen. Immer mehr Soldaten schlossen sich den Aufständischen an, was das Ende der Monarchie einläutete und dazu führte, dass am 9. November 1918 die Republik ausgerufen wurde. Unmittelbar danach unterzeichnete Deutschland den Waffenstillstand.

Ohne Zweifel hatte die Hungerblockade einen wichtigen Anteil an der Beendigung des Krieges, sie hatte allerdings auch noch eine andere Auswirkung: Nachträglich wurde sie zu einer mächtigen Propagandawaffe Hitlers. Da die Hungerblockade in vielen deutschen Familien Opfer gefordert hatte, blieb sie, vor allem in den Großstädten, noch lange in Erinnerung, und Hitler konnte, wenn er sie erwähnte, bei seinen Zuhörern auch noch viele Jahre später wütende Reaktionen provozieren. Die Tatsache, dass die völkerrechtswidrige Seeblockade auch noch nach dem Waffenstillstand vom 11. November 1918 aufrechterhalten worden war, um der deutschen Regierung die Unterschrift unter den Versailler Vertrag abzupressen, war vielen Deutschen in lebhafter Erinnerung geblieben. Es fiel Hitler nicht schwer, seine

Zuhörer davon zu überzeugen, was von einem Vertrag zu halten war, der unter derartigen Bedingungen unterzeichnet worden war.[8]

STURMABTEILUNG

Es war ein Mittwoch, an dem Hitler seine engsten Vertrauten zusammentrommelte. Gemeinsam zog er mit ihnen am Abend des 14. September 1921 zu einer Versammlung des Bayernbundes, um sie mit Pfeifkonzerten und Zwischenrufen zu stören. Der Bayernbund trat für eine größere Eigenständigkeit Bayerns innerhalb des deutschen Reiches ein, was für Hitler »Landesverrat« bedeutete. Als der Leiter des Bayernbundes, der Ingenieur Otto Ballerstedt, mit seiner Rede begann, hielt es Hitler auf seinem Sitz nicht länger aus. Er sprang auf und rannte zur Bühne, gefolgt von dem Journalisten Hermann Esser, dem Kaufmann Oskar Körner, dem Pferdehändler Christian Weber, dem Uhrmacher Emil Maurice, dem Metzgergesellen Ulrich Graf und dem Studenten Rudolf Heß. Die Männer rissen Ballerstedt vom Podium und Hitler prügelte mit beiden Fäusten auf den Ingenieur ein.

Wegen Körperverletzung kam Hitler vor Gericht und wurde zu einer Geldstrafe von 1000 Reichsmark und zu 100 Tagen Gefängnis verurteilt. Im Gefängnis von Stadelheim verbüßte Hitler einen Monat seiner Strafe, die Reststrafe wurde zur Bewährung ausgesetzt. Über die Ereignisse wurde in der Münchner Presse ausführlich berichtet. Hitlers Beliebtheit bei seinen Anhängern schadete der Gewaltakt aber nicht, im Gegenteil. Mit Genugtuung nahmen seine Parteigenossen zur Kenntnis, dass der Chef der Partei seine Gegner nicht nur in seinen Reden rücksichtslos angriff, sondern seinen Worten auch Taten folgen ließ.

Dass Hitler bei gewalttätigen Auseinandersetzungen mit dem politischen Gegner nicht davor zurückschreckte, selbst einzugreifen, war in der Partei allgemein bekannt. Während seiner Reden flogen oft Maßkrüge und kommunistische Schlägertrupps machten sich lautstark bemerkbar.

Wenn dann Saalschlachten folgten, mischte Hitler gerne an vorderster Front mit. Der propagandistische Wert seines ungewöhnlichen Auftretens als Parteichef war beträchtlich. Indem Hitler den Prügeleien nicht aus dem Weg ging, sondern mitprügelte, unterschied er sich publikumswirksam von den »Schwätzern«, den »hochgebildeten Feiglingen« und den »Parlamentswürstchen«, als die er seine politischen Gegner oft verspottete.

Im rauen politischen Klima der Nachkriegsjahre in München hatte Hitler frühzeitig damit begonnen, eine schlagkräftige Saalschutztruppe aufzustellen. In einem Polizeiprotokoll über eine Kundgebung der NSDAP am 5.9.1920 im Münchner Kindlkeller vor über 3.000 Zuhörern berichtete der Kriminalkommissar Karl Angst von einer gut organisierten Ordnertruppe, die Hakenkreuz-Armbinden trug.[1] Anfangs bestand Hitlers Saalschutz vorwiegend aus Soldaten, mit denen er persönlich bekannt war. Sie hatten die Grausamkeiten der Grabenkämpfe des Ersten Weltkriegs erlebt und waren nicht zimperlich. Störer wurden von der Truppe mit größter Brutalität zum Schweigen gebracht und aus dem Saal geschleift. Wehrten sie sich, wurden sie krankenhausreif geschlagen. Im November 1920 formte Hitlers Chauffeur, der Uhrmacher Emil Maurice, aus dieser Truppe die Turn- und Sportabteilung der NSDAP. Ein Jahr später erhielt sie den Namen Sturmabteilung (SA). Kern der Truppe waren Mitglieder des rechtsnationalen Freikorps Bund Oberland.[2] Als Parteivorsitzender hatte Hitler zwar den Oberbefehl über die SA, deren Aufbau und Ausbildung überließ er aber hochrangigen Militärs. An der Spitze der SA stand am Anfang der Leutnant Hans Ulrich Klintzsch, danach Hermann Göring, der im Ersten Weltkrieg Oberleutnant gewesen war, nach ihm folgte der ehemalige Freikorpsführer und Weltkriegs-Hauptmann Franz Pfeffer von Salomon und ab 1931 der Weltkriegs-Hauptmann und ehemalige Ordonanzoffizier Ernst Röhm.

Die SA war nicht nur für den Saalschutz eigener Veranstaltungen zuständig. In ziviler Tarnung, aber manchmal auch mit Armbinden uniformiert, traten SA-Leute häufig als gut organisierte Stör-und Schlägertrupps bei den Kundgebungen politischer Gegner auf. Da die Münchner Polizei unter der Leitung von Ernst Pöhner und Wilhelm Frick die Gewalt ›vaterländischer‹ Gruppen duldete, blieben die gewalttätigen Übergriffe der SA meist ohne strafrechtliche Konsequenzen.

Im Kräftespiel nationaler Verbände wurde die SA rasch zu einem bedeutenden Faktor. Das lag an ihren Führern, die bei der Armee hohes Ansehen genossen, und daran, dass die Mitglieder der SA eine militärische Ausbildung erhielten.[3] Als am 16. August 1922 auf dem Münchner Königsplatz eine Kundgebung vaterländischer Verbände stattfand, trat die SA zum ersten Mal mit einer Formation von 800 Mann und mit einer eigenen Fahne öffentlich in Erscheinung. Bei diesem Anlass zeigte sich die SA als nationaler Wehrverband und war von den anderen paramilitärischen Verbänden als ebenbürtig anerkannt. Auf der Kundgebung sprach Hitler gleichberechtigt neben den anderen Verbandsführern.[4]

Zwei Monate später, am 14. Oktober 1922, mietete Hitler einen Sonderzug, der etwa 800 Münchner Parteigenossen und SA-Leute zum *Deutschen Tag* nach Coburg brachte. Hitler wurde begleitet von seinen engsten Kampfgefährten und Bewachern Ulrich Graf, Julius Schaub, Christian Weber, Hermann Esser, Max Amann, Dietrich Eckart, Alfred Rosenberg und Wilhelm Brückner.[5] Hitlers späterer Leibfotograf Heinrich Hoffmann war ebenfalls mit dabei und setzte die Reise fotografisch in Szene.[6] Die mitreisenden SA-Leute trugen zivile Kleidung, bayerische Trachten oder Uniformen des Bund Oberland. Was die SA als zusammengehörige Truppe nach außen hin kenntlich machte, war die ›Kampfbinde‹: eine schwarz-weiß-rote Armbinde mit dem Hakenkreuz.

An jedem Bahnhof, an dem neue SA-Kontingente zustiegen, sorgte die Truppe mit ihrem straffen militärischen Auftreten für Aufsehen. Die meisten Menschen außerhalb Münchens hatten die Kampftruppe von Hitlers Partei zuvor noch niemals gesehen.

Der *Deutsche Tag* in Coburg wurde mit Festveranstaltungen, Aufmärschen unterschiedlicher Verbände und Feldgottesdiensten begangen. Die Teilnahme des Herzogs von Coburg, einem Enkel der britischen Königin Victoria, sowie dessen Frau als Ehrengäste, ließ die Veranstaltung zu einem offiziellen Ereignis werden. Ranghohe Offiziere, hohe Beamte und Repräsentanten der lokalen Behörden nahmen ebenfalls teil.

Hitler war eingeladen worden, mit einer kleinen Abordnung anzureisen. Da der *Deutsche Tag* von Coburg der NSDAP eine günstige Gelegenheit zur Selbstdarstellung bot, war Hitler der Einladung gerne gefolgt.[7] Als der Sonderzug der NSDAP in Coburg eintraf, war das Erstaunen der Veranstalter über die Anzahl von Hitlers Begleitern groß. Ein Polizeihauptmann erschien und befahl, dass sich Hitler mit seinem Trupp ohne Musik und mit eingerollten Fahnen unauffällig und locker gruppiert vom Hauptbahnhof zum Versammlungsort, dem Coburger Hofbräuhaus, begeben sollte. Eine gewalttätige Auseinandersetzung mit den Feinden der NSDAP sollte dadurch vermieden werden. Hitler ignorierte aber den Befehl des erstaunten Hauptmanns, ließ seine Leute in Truppenformation antreten und im Gleichschritt losmarschieren. Hinter den Trägern der Standarten marschierte Hitler gemeinsam mit seinen engsten Vertrauten in erster Reihe und führte den Zug an. Als sich Hitlers Trupp mit wehenden Hakenkreuzfahnen und zu den Klängen der SA-eigenen Musikkapelle in die Stadt bewegte, begannen Kommunisten, Sozialisten, Gewerkschaftler und Unabhängige gegen die Marschmusik anzuschreien. Als Steine geworfen wurden, gab Hitler, der sich zu dieser Zeit gerne mit Jesus verglich, der die Geldwechsler aus dem Tempel vertrieben hatte, mit seiner Peitsche das Signal zum Angriff. Es folgte eine blutige Straßenschlacht, bei der auch Hitler selbst kräftig mitmischte, während die SA-Musiker mit ihren Instrumenten auf ihre Gegner einschlugen.[8] Die Polizei versuchte, beide Gruppen zu trennen, und ging zunächst gegen alle Kämpfer gleichermaßen vor. Als sich dann aber die SA als stärker erwies, gingen schließlich nur noch Kommunisten zu Boden. Die Prügelei endete mit einem eindeutigen Sieg der zahlenmäßig weit unterlegenen SA, vor der sich die wütende, feindliche Menge hastig zurückzog.

Es hieß, die Kommunisten würden sich neu formieren und dann die Entscheidungsschlacht suchen. In der Stadt verteilten die Linken Handzettel mit Aufrufen zu einer ›Volksdemonstration‹ am folgenden Tag. Die Zahl der kommunistischen Arbeiter und Gewerkschaftler in der Stadt wurde auf weit über 10.000 geschätzt. Eilig forderte Hitler aus München und anderen Städten Verstärkung an, aber am Ende des Tages waren unter der Hakenkreuzfahne nur etwa 1500 Anhänger versammelt. Trotz der zahlenmäßigen Unterlegenheit marschierte Hitler mit seinen Anhängern und der SA am folgenden Tag zu dem Platz, wo die ›Volksdemonstration‹ geplant war. Als sie dort ankamen, war die Überraschung groß: Von den Gegnern war nichts zu sehen und die ›Volksdemonstration‹ blieb aus. Stattdessen wurden Hitler und seine Truppe von Coburger Bürgern mit Hoch-Rufen und Beifall gefeiert.

Hitlers SA hatte ihre Feuerprobe bestanden. Sie hatte, wie Hitler behauptete, Coburg »befreit«. »Die Bedeutung dieses Tages konnte in seinen Folgen zunächst gar nicht voll eingeschätzt werden«, schreibt Hitler dazu in *Mein Kampf*. Und in der Tat: der *Deutsche Tag* von Coburg führte dazu, dass Hitlers Popularität gewaltig anstieg. Zum ersten Mal waren seine Partei und die SA außerhalb Münchens in der

Öffentlichkeit aufgetreten. Indem sich die NSDAP gegen die sozialistische Arbeiterschaft eines ganzen Bezirks siegreich durchgesetzt hatte, hatte sie sich beim Bürgertum als Bollwerk gegen die Linke empfohlen. Auch für viele Völkische war diese aufsehenerregende Demonstration der Stärke der Anlass, zur NSDAP hinüberzuwechseln. Hitler hatte klargestellt, dass er sich von seinen linken Gegnern nicht einschüchtern ließ, sondern im Gegenteil bereit war, zurückzuschlagen. Und er hatte vor einer breiten Öffentlichkeit bewiesen, dass er anders war als andere Politiker. Dass er, wenn es zum Schwur kam, auch bereit war, sein Leben und seine Gesundheit einzusetzen.

Der erste Auftritt der NSDAP im bayerischen Norden war zu einem Exempel des kämpferischen Nationalsozialismus geworden, und die Fotos von Heinrich Hoffmann trugen dazu bei, dass der *Deutsche Tag* von Coburg noch lange in Erinnerung blieb. Im verklärenden Licht des nationalsozialistischen Mythos wurde der *Deutsche Tag* von Coburg zum glanzvollen Beispiel der heldenhaften Frühgeschichte der Bewegung und »Coburg« wurde zum Synonym des Kerns nationalsozialistischer Selbstdarstellung. Die Bedeutung der SA als Kampftruppe bei der Errichtung eines neuen Staates war nun öffentlich demonstriert, und die SA-Leute erhielten eine einheitliche Uniform. Am linken Arm wurde die ›Kampfbinde‹ getragen, dazu trug man ab jetzt graue Skimützen, graue Hemden und graue Windjacken.[9]

Ein Jahr nach dem *Deutschen Tag* in Coburg, am 8. November 1923, stürmte Hitler gemeinsam mit dem Chef der SA, Hermann Göring, und mehreren weiteren SA-Leuten in eine Versammlung politischer Prominenz in München. Um sich Gehör zu verschaffen, schoss Hitler mit seiner Pistole in die Decke, erklärte die bayerische Regierung für abgesetzt und forderte dazu auf, die deutsche Regierung in Berlin zu stürzen. Hitlers SA war zu diesem Zeitpunkt auf etwa 2000

Mann angewachsen und war an den Vorbereitungen zu dem geplanten Putsch maßgeblich beteiligt gewesen. Unter den Schüssen der bayerischen Polizei fielen aber am folgenden Tag 14 Putschisten, Hitler wurde verletzt und musste einsehen, dass sein Putsch gescheitert war.

Nachdem Hitler aus der Haft, die er wegen dem Putsch zu verbüßen hatte, vorzeitig entlassen worden war, stellte er eineinhalb Jahre später, im Februar 1925, die SA neu auf. Die neue SA erhielt nun braune Uniformen, die den Kaki-Uniformen britischer Kolonialtruppen nachempfunden waren. Ursprünglich war der Stoff der Uniformen für die kaiserlichen Besatzungstruppen der deutschen Kolonien gedacht gewesen. Die Bestände waren aber nun, da Deutschland seine Kolonien verloren hatte, obsolet geworden, und Hitlers Partei hatte sie günstig erwerben können. Dass Deutschland nun langsam selbst zu einer Kolonie von braun uniformierten Besatzern wurde, erschloss sich einer Mehrheit erst sehr viel später.

Die Mitgliederzahlen der SA stiegen nach 1925 rasant an, und die Sturmabteilung wurde zum unverzichtbaren Rückgrat der Machtstruktur der NS-Bewegung. Ende 1930 war die Anzahl der SA-Leute auf über 100.000 Mann angewachsen. Hitler kommandierte damit die größte Privatarmee der Welt, deren Einkleidung inzwischen die Modefirma Hugo Boss übernommen hatte.[10] Als Hitler 1933 die Regierung übernahm, war seine Privatarmee weit über 3 Millionen Mann stark.

Bei der Machtübernahme hatte die SA aber keine Rolle gespielt, denn Hitler war auf legalem Weg Reichskanzler geworden. Diese Entwicklung war für viele SA-Leute eine Enttäuschung, und auch Hitlers Nähe zur deutschen Großindustrie fand bei den häufig antikapitalistisch gesinnten SA-Führern keine Gegenliebe. Lautstark forderten sie ihre »deutsche Revolution« ein. Mit größter Brutalität, eigenmächtig und meist ohne Befehl aus Berlin gingen regionale

SA-Verbände nach Hitlers Machtübernahme gegen den politischen Gegner vor. 80.000 Menschen, vor allem Kommunisten, aber auch Juden und andere missliebige Personen, wurden in behelfsmäßige SA-Lager gesperrt und zum Teil bestialisch gefoltert. Etwa 500 bis 600 Gefangene kamen dabei ums Leben. Diese Morde waren allerdings nur in den betroffenen Familien bekannt und blieben einer breiteren Öffentlichkeit verborgen. Nicht verborgen blieb das zunehmend tyrannische Auftreten von SA-Männern überall in Deutschland. Sie sagten »Spießern, Bonzen und Schreiberseelen« den Kampf an, und ihre Arroganz und ihr provokantes Verhalten erregten selbst den Zorn von überzeugten Anhängern der NSDAP. Von allen Seiten hagelte es Beschwerden: Handel, Verwaltung und Industrie protestierten in der Reichskanzlei gegen die immer unerträglicher werdenden Übergriffe der SA. Daraufhin rief Hitler seine Leute zur Mäßigung auf. Am 10.3.1933 befahl er: »Belästigungen einzelner Personen, Behinderungen von Autos und Störungen des Geschäftslebens haben grundsätzlich zu unterbleiben.«[11] Doch bei den SA-Leuten zeigte Hitlers Ermahnung kaum Wirkung.

Zur gleichen Zeit drohte SA-Chef Ernst Röhm, dafür zu sorgen, dass »die deutsche Revolution« nicht einschlafe und erklärte, dass er beabsichtige, die Reichswehr in seine zahlenmäßig weitaus größere Volksmiliz einzugliedern. Damit alarmierte er die Spitze der deutschen Armee, die auf keinen Fall unter Röhms Kontrolle geraten wollte. Röhm war einer der wenigen Duzfreunde Hitlers. Im Ersten Weltkrieg hatte er als Offizier schwere Gesichtsverletzungen davongetragen und hatte sich im nachrevolutionären München zwischen dem Kriegsministerium und verschiedenen Freikorps-Verbänden bewegt. Als »Maschinengewehrkönig« hatte er Zugriff auf geheime Waffendepots gehabt und war gerade in der Anfangszeit der Partei für Hitler ein unverzichtbarer Partner gewesen.

Als sich die Spannungen zwischen Röhm und der Reichswehrführung verschärften, war klar, dass Hitler entscheiden musste, wer in dieser Auseinandersetzung die Oberhand behielt: seine Parteiarmee oder die Armee des Staates, den er lenkte. Hitler entschied sich für die Reichswehr und verpflichtete Röhm dazu, die Macht der SA zu begrenzen. Röhm ging zwar auf die Forderung ein, aber hinter Hitlers Rücken wurde in der SA jetzt von einer »zweiten, eigentlichen« Revolution gesprochen. Der »Hampelmann« (Hitler) sollte verschwinden und dem »wirklichen Führer« Platz machen. Konservative politische Kreise wiederum verbündeten sich mit Teilen der Reichswehrführung gegen Hitler. Der war jetzt von zwei Seiten gefährdet. Sowohl ein Putsch der Reichswehr zusammen mit den Konservativen als auch ein SA-Putsch waren nicht ausgeschlossen. Hitler musste handeln – oder untergehen.

Hitler entschloss sich zu handeln. Und zwar nicht von seinem Schreibtisch aus, so wie man das von einem Regierungschef eigentlich erwarten würde. Nein, auch bei dieser Gelegenheit handelte Hitler höchstpersönlich. Bewaffnet mit seiner Peitsche, stürmte der deutsche Reichskanzler am 30. Juni 1934 um sieben Uhr morgens in das Hotel Hanselbauer in Bad Wiessee am Tegernsee, lief zu dem Zimmer, in dem Ernst Röhm schlief, und erklärte ihn für verhaftet. Danach setzten sich unter dem Codewort »Kolibri« im ganzen Reich Mordkommandos in Bewegung, die führende SA-Leute ermordeten und bei dieser Gelegenheit gleich auch noch ein paar andere politische Gegner umbrachten. Röhm wurde im Gefängnis erschossen. Von den perfekt organisierten Morden bekam kaum jemand etwas mit. »›Außenstehende‹, meldete der Korrespondent der *Basler Nachrichten* im Extra-Blatt am Abend des 30. Juni, hätten nur an der ›zeitweise ganz ungewöhnlichen Verstopfung des Automobilverkehrs‹ merken können, dass etwas im Gange war, ›was nicht zum normalen Straßenbetrieb‹ einer Großstadt gehörte.«[12]

Die Morde wurden von der SS ausgeführt, die als Hitlers persönliche Leibgarde aus der SA herausgewachsen war. Auf Befehl Görings wurden die polizeilichen Unterlagen über die ›Nacht der langen Messer‹ vernichtet, sodass die genaue Zahl der Opfer nicht feststeht. Schätzungen gehen davon aus, dass 150 bis 200 Personen Hitlers Mordbefehl zum Opfer fielen.[13] Die *London Times* kommentierte die Ereignisse, indem sie feststellte, dass Deutschland aufgehört habe, ein modernes europäisches Land zu sein, und dass das Land ins Mittelalter zurückgefallen sei.[14]

Dass die staatliche Mordaktion eine gewaltige Zäsur darstellte, wurde aber in dieser Deutlichkeit nur im Ausland wahrgenommen. Die zuständigen deutschen Stellen (Staatsanwaltschaften, Polizei, Gerichte) reagierten nicht. Seit seinem Machtantritt hatte Hitler bis zu diesem Zeitpunkt zwar rassistische Parolen verkündet, aber das alltägliche Leben in Deutschland war davon unberührt geblieben. Von den Lagern der SA wusste die Öffentlichkeit nichts, und die unautorisierten »Entgleisungen« der Sturmabteilung wurden von der Regierung missbilligt. Hitler hatte sich nach seinem Regierungsantritt friedfertig und gesetzestreu gegeben, und es hatte den Anschein gehabt, als habe der deutsche Rechtsstaat nicht aufgehört zu funktionieren. Das war vielen Hitler-Gegnern wie eine Bestätigung der Hoffnung erschienen, dass alles doch nicht so schlimm kommen würde wie befürchtet. Politiker aller Schattierungen glaubten, die NSDAP werde sich zu einer normalen parlamentarischen Partei entwickeln[15], und sogar Juden und Kommunisten waren der Ansicht, »mit Hitler könne man reden.«[16] Nach der ›Nacht der langen Messer‹ war dieser Einschätzung aber jede Basis entzogen. Es war nun nicht mehr zu leugnen, dass mit Hitler ein Mann an die Spitze des Staates gekommen war, der mit seinen Rivalen auf eine Art und Weise verfuhr, die man sonst nur aus amerikanischen Gangsterfilmen kannte. Dass Hitlers Verhalten auch in anderer Hinsicht an solche Filme erinnerte, hat sein Kammerdiener Karl W. Krause in seinem Buch *Zehn Jahre Tag und Nacht. Kammerdiener bei Hitler* (1949) beschrieben: »Hitler selbst trug stets eine Pistole, die kleine »Walther 6.35«, und zwar in der Hosengesäßtasche. Bei offiziellen Fahrten und auch Überlandfahrten führte er in der Manteltasche eine 7,65 Pistole Marke Stock mit sich. Er verlangte, daß im Wagen jeder eine Schusswaffe bereit habe. Im Auto selbst waren (so an den Türen) noch einzelne Taschen angebracht, in denen 08-Pistolen steckten.« Menschen, die sich wie Mafiosi verhalten, werden in der politischen Sphäre allerdings nicht Gangster genannt, sondern heißen dort Revolutionäre. Und als Revolutionär hat sich Hitler immer auch selbst bezeichnet. Allerdings war er ein Revolutionär ganz besonderer Art. War er doch nicht infolge von Barrikadenkämpfen an die Macht gekommen. Er und seine Anhänger hatten die alten Machthaber nicht durch einen blutigen Umsturz gewaltsam beseitigt. Nein, Hitler war gemäß der Regeln einer demokratischen Verfassung legal zum Regierungschef ernannt worden. Mit seiner Ernennung zum Reichskanzler hatte Hitlers »legale Revolution« ihren Anfang genommen. Danach hat er Institutionen, die eigentlich neutrale Bewahrer des Systems sein sollten, Schritt für Schritt für seine Zwecke vereinnahmt. Die Staatsbürokratie hat er systematisch für seine politischen Ziele instrumentalisiert. Sämtliche demokratischen Abläufe hat er nach und nach beseitigt, wirkungslos gemacht und ausgehöhlt. Der Rechtsstaat wurde zu einem Staat, in dem nur noch seine Partei recht hatte. Aber die Fassade blieb erhalten. Die Verfassung der Weimarer Demokratie galt bis zum Ende des Krieges.

Hitler hatte eine Form des Staatstreichs kreiert, die bis dahin unbekannt war. Er war der Kopf einer neuen Art von

Revolution, einer Revolution, die sich von den bis dahin bekannten blutigen und chaotischen Revolutionen wie der Französischen oder der bolschewistischen grundlegend unterschied. Der Sehnsucht der Bürger nach Ruhe und Ordnung hatte Hitler Rechnung getragen und ein blutiges revolutionäres Chaos war ausgeblieben. Mit der ›Nacht der langen Messer‹ hatte sich nun allerdings gezeigt, dass auch Hitlers Revolution keineswegs unblutig war und dass sie sich ebenfalls über bestehende Gesetze rücksichtslos hinwegsetzte. Hitlers Mordaktion hatte aber ausgerechnet diejenigen aus seiner Bewegung getroffen, die als besonders gewalttätig und gesetzlos galten und die daher in ganz Deutschland in besonderem Ausmaß verhasst waren. Mit diesen »unerträglichen Zeitgenossen« hatte Hitler kurzen Prozess gemacht, was paradoxerweise gerade auch diejenigen begrüßten, denen der Rechtsstaat am Herzen lag. Sogar der Reichspräsident erteilte seinen Segen. In einem Telegramm an Hitler begrüßte Hindenburg dessen »entschlossenes Zugreifen«.[17]

Da die Ausschaltung der SA von allen Seiten mit großer Erleichterung aufgenommen wurde, fiel es Hitler nicht schwer, die Morde der SS nachträglich durch ein »Notwehrgesetz« absegnen zu lassen. Der hundertfache Mord war nun durch den Schein verfassungsmäßiger Legalität gedeckt und die unautorisierten Übergriffe der SA waren gestoppt, was es vielen Hitler-Gegnern ermöglichte, den Kopf noch tiefer in den Sand zu stecken. Hitler sei der Garant einer ruhigen Entwicklung, ein Verfechter der Legalität und ein Damm gegen die radikalen Elemente seiner Partei, hieß es nun. Vor allem auch Hitlers Gegner in der Armee waren Gefangene dieser Selbsttäuschung und wurden durch ihr Wunschdenken gelähmt. Seine »legale Revolution« hatte Hitler mit der »Nacht der langen Messer« um einen entscheidenden Schritt vorangebracht, hatte sich doch sein Staat das Recht verschafft, morden zu können, ohne dafür zur Rechenschaft gezogen zu werden. Für Hitler war das Ganze ein enormer Erfolg. Die weithin verhasste SA hatte er ausgeschaltet, was seine Beliebtheit weiter erhöhte. Zugleich hatte er allen demonstriert, dass er auch vor Mord nicht zurückschreckte und dass derjenige, der sich gegen ihn stellte, sein Leben riskierte. Nicht nur seine Gegner in der SA, sondern auch seine Feinde unter den Konservativen und in der Reichswehr hatte er durch sein frühzeitiges und entschlossenes Handeln mit einem Zug schachmatt gesetzt. Zwar hatte er die Führung seiner Privatarmee geopfert, war dadurch aber zum vollkommen unumstrittenen Alleinherrscher im Staat geworden. Drei Monate später, am 30. September 1934, schrieb er an Alda Klein, eine Bekannte aus München: »Ich glaube, mein Leben ist der größte Roman der Weltgeschichte!«[18]

In den folgenden Monaten wurde die SA »gesäubert«. Disziplinarverfahren wurden eröffnet, und viele SA-Leute wurden aus der Organisation ausgeschlossen. Danach stieg die SS zum maßgeblichen Terror- und Disziplinierungsorgan des Staates auf. Die SS kontrollierte die Polizei und die Konzentrationslager und organisierte die Verbrechen an Roma, Sinti, Juden, Slawen, Regimegegnern und Kriegsgefangenen. Die SA dagegen war zu Hitlers Tanzbär geworden. Sie hielt Paraden ab und schlug nur dann zu, wenn es dem Herren genehm war, etwa in der Reichskristallnacht, in der SA-Leute 1938 jüdische Wohnungen und Geschäfte zerstörten, Synagogen in Brand setzten und Hunderte von Juden ermordeten. Ansonsten war die SA nicht viel mehr als das, was sie zu ihrem Beginn vorgegeben hatte zu sein: ein Turn- und Sportklub.

TODFEINDE

Mehr als die Hälfte seines Lebens war Hitler höchstwahrscheinlich kein Antisemit. So unglaublich das klingt, als junger Mann scheint Hitler tatsächlich keine antisemitischen Gefühle gehegt zu haben. Ein Geheimnis ist das nicht, der Geschichtswissenschaft ist das seit Langem bekannt, und es wurde in vielen Veröffentlichungen detailliert untersucht. Erstaunlich wirkt dieses Detail der Biografie Hitlers nur deshalb, weil sich die Geschichtsschreibung fast ausschließlich mit seiner zweiten Lebenshälfte beschäftigt hat, in der er bekanntermaßen bis zu seinem Ende vom Hass auf die Juden erfüllt war. Sein Testament, das er am 29. April 1945 um 4 Uhr morgens im Bunker von Berlin, kurz vor seinem Selbstmord, verfasste, endet mit dem Befehl, »(...) zum unbarmherzigen Widerstand gegen den Weltvergifter aller Völker, das internationale Judentum.«[1] In *Mein Kampf* schreibt Hitler, dass er bereits als 20-Jähriger, in den Jahren, in denen er als mittelloser Künstler in Wien lebte, zum »fanatischen Antisemiten« geworden sei. Aber diese Behauptung entspricht wohl nicht den Tatsachen. Die extrem judenfeindliche Stimmung, die in Wien damals vorherrschte, scheint der junge Hitler nicht geteilt zu haben.

Die Judenfeindlichkeit im Wien des beginnenden 20. Jahrhunderts war zwar im deutschen Sprachraum zu dieser Zeit einzigartig, aber als europäisches Phänomen keineswegs eine Ausnahme. Judenfeindlichkeit war in Europa eher die Regel als die Ausnahme. Jahrhundertlang waren die europäischen Juden von Ausgrenzung, Unterdrückung und Verfolgung betroffen, denn die christliche Mehrheit hegte ihnen gegenüber schwere religiöse Vorurteile. Der ›religiöse Antisemitismus‹ klagte die Juden an, den Sohn Gottes ans Kreuz geschlagen zu haben. Der Feind Gottes, der Teufel, wurde häufig mit jüdischen Gesichtszügen dargestellt, und dementsprechend radikal war die europäische Judenverfolgung, sobald sich dafür ein Anlass bot. Weniger verbreitet war der ›spirituelle Antisemitismus‹, der von Mystikern und Anhängern der Gnosis vertreten wurde. Dieser basierte auf der Vorstellung, dass der Gott der Juden die materielle Welt erschaffen hatte, die Welt der Materie aber nach gnostischer Auffassung ein Gefängnis des Lichts war. Daher war der Schöpfer ›dieser Welt‹ in Wahrheit der Teufel. So wurden die Juden für die ›spirituellen Antisemiten‹ zu Teufelsanbetern.

Mit welchem religiösen Argument die Ablehnung der Juden aber auch immer begründet wurde, der Auslöser ihrer Verfolgung war meist wirtschaftlicher Natur. Ging es mit der Wirtschaft bergab, suchte man die Schuld für die allgemeine Misere bei den schwächsten Mitgliedern der Gesellschaft, den Minderheiten. In Europa waren das meistens die Juden. Auch wenn Kriege geführt wurden, kam es häufig zu Gewaltexzessen, bei denen Juden die Opfer waren. In ruhigeren Zeiten waren die bürgerlichen Rechte der ›teuflischen Juden‹ beschränkt. Ein Handwerk durften sie oft nicht ausüben und waren gezwungen, sich als Händler und Geldverleiher zu betätigen. Das wiederum führte dazu, dass Juden als Wucherer und Halsabschneider verschrien waren.

Mit dem anbrechenden 19. Jahrhundert begann sich die Lage der Juden in Europa zu bessern. In Frankreich erlangten die Juden während der Revolution im Jahr 1791 volle Bürgerrechte, und auch in Deutschland, Österreich-Ungarn und England wurden die Juden gegen Mitte des 19. Jahrhunderts zu gleichberechtigten Bürgern. Juden, die ihre Traditionen aufgaben, wurden voll in die bürgerliche Gesellschaft integriert. Mit ihren Arbeiten auf kulturellem und wissenschaftlichem Gebiet leisteten sie wichtige Beiträge zur gesellschaftlichen Entwicklung. Politisch engagierten sich die Juden meistens bei den Parteien, die für die Rechte von Minderheiten eintraten: bei den Liberalen und den Sozialdemokraten. Da die Integration auch zu vermehrten Kontakten auf persönlicher Ebene führte, gerieten die jahrhundertealten Vorurteile in Vergessenheit. Ein intellektuell bemäntelter Antisemitismus wurde von Einzelnen zwar auch weiterhin noch gerne zur Schau getragen, gesellschaftlich spielte das aber keine Rolle, und der politische Antisemitismus wurde zu einer unbedeutenden Außenseiterposition – allerdings nur eine Zeit lang.

Gegen Ende des 19. Jahrhunderts kam es zu mehreren Auswanderungswellen von Juden aus Russland und Osteuropa. Auslöser waren blutige Ausschreitungen, für deren Bezeichnung sich das russische Wort ›Pogrom‹ international durchgesetzt hat. Diese Anfälle von mörderischer Raserei endeten immer mit dem Raub von jüdischem Besitz, den die nicht-jüdische Bevölkerung unter sich aufteilte. Die Angriffe kamen nicht überraschend, waren immer von langer Hand vorbereitet, gut ausgerüstet und staatlich sanktioniert. Hunderttausende von osteuropäischen und russischen Juden fielen diesen blutigen Pogromen zum Opfer und wurden ermordet. Die jüdischen Flüchtlinge, die in der Folge in großer Zahl in West- und Mitteleuropa eintrafen, ließen die alten Vorurteile rasch erneut aufleben, und plötzlich war die vergessen geglaubte anti-jüdische Stimmung wieder lebendig. Von Budapest bis Athen, von London bis Wien, von Paris bis Warschau, überall in Europa war gegen Ende des 19. Jahrhunderts der Antisemitismus erneut auf dem Vormarsch. In einem offenen Brief an den britischen Premierminister, der im Mai 1904 in *The Times* veröffentlicht wurde, prangerte der jüdische Schriftsteller Zangwill die zunehmende Anzahl von Gewalttaten gegen Juden in Großbritannien mit deutlichen Worten an. Antisemitische Schriften waren in Großbritannien weit verbreitet, und darin wurde behauptet, dass die Interessen der jüdischen Hochfinanz denen des Empires entgegengesetzt seien. Als Beweis wurde der Krieg gegen die Buren an der Südspitze Afrikas angeführt. In den letzten Jahrzehnten des 19. Jahrhunderts kämpften dort die Nachfahren europäischer Siedler gegen die englische Kolonialmacht. Die Buren waren mit modernsten deutschen Waffen ausgestattet, und diese Waffen, behaupteten die britischen Antisemiten, seien von jüdischen Geldgebern finanziert worden. Weiter behaupteten die britischen Antisemiten, dass Juden die entgegengesetzten Eigenschaften aufweisen würden, die Engländer normalerweise auszeichneten. Diese These vertrat auch Houston Stewart Chamberlain in seinem viel beachteten Buch *Die Grundlagen des 19. Jahrhunderts*, das 1911 in Großbritannien erschien. Der Begriff ›jüdisch‹ wurde als Synonym für ›unenglisch‹ und ›fremd‹ verwendet und schloss alles das aus, was man unter ›national‹ und ›patriotisch‹ verstand. Wohlhabende britische Juden sahen sich aufgrund der antisemitischen Stimmung veranlasst, ihre Herkunft hinter englischen und schottischen Adelsnamen zu verbergen, und viele britische Familien änderten ihre deutsch-jüdisch klingenden Namen in englische Namen um.[2] Auch in Frankreich war der Antisemitismus nicht ausgestorben. Wie hasserfüllt und weit verbreitet der französische Antisemitismus tatsächlich war, zeigte sich deutlich im Jahr 1894. Ausgelöst durch einen Prozess gegen den jüdischen Artillerie-Hauptmann Alfred Dreyfus, der wegen Landesverrats angeklagt war, kam es in ganz Frankreich zu anti-jüdischen Protesten. Parolen wie »Kauft niemals beim Juden!« oder »Frankreich den Franzosen!« wurden in vielen Städten an Häuserwände und Ladenfenster geschmiert. In der *Financial Times* berichtete Simon Schama unlängst über Vorschläge zur Lösung der »Judenfrage«, die zu dieser Zeit von antisemitischen Wortführern wie Edouard Drumond und dessen Gefolgsleuten verbreitet wurden: Medizinstudenten sollten Vivisektion an Juden vornehmen, die Artillerie sollte Juden für Zielübungen einsetzen oder Juden sollten zu Hundefutter verarbeitet werden. In Paris forderten Demonstranten entweder die Deportation oder den Tod aller Juden, und im ganzen Land kam es zu gewalttätigen Ausschreitungen, die manche Beobachter an die Pogrome im zaristischen Russland erinnerten.[3]

Der plötzlich wieder aufgeflammte Hass schlug in West- und Mitteleuropa nicht nur den osteuropäischen Flüchtlingen entgegen, sondern bedrohte auch diejenigen Juden, die gesellschaftlich integriert waren. Hier hatte sich innerhalb des Judentums eine Elite herausgebildet, die sich erfolgreich an die liberal-kapitalistische Gesellschaftsordnung angepasst hatte, die im Zuge der Industrialisierung aus der alten Feudalgesellschaft hervorgegangen war. Diese Elite bestand aus unorthodoxen Juden, die gesellschaftlich wichtige Positionen einnahmen. Nicht-jüdische Ärzte, Rechtsanwälte und Geschäftsleute sahen sich plötzlich überall von »raffgierigen« jüdischen Konkurrenten umgeben. Die Mehrheit bekam Angst vor der Minderheit, und als nun in gewissen europäischen Ballungszentren große Mengen ostjüdischer Flüchtlinge eintrafen und die sozialen Spannungen verschärften, erschienen plötzlich alle Juden als eine ernst zu nehmende Bedrohung.

Von kirchlichen und konservativen Kreisen wurde der wiedererwachte europäische Antisemitismus kräftig geschürt. Als Vorkämpfer des Liberalismus waren die Juden den Konservativen schon immer ein Dorn im Auge gewesen. Sie machten die Juden jetzt verantwortlich für den angeblichen Verfall von Sitten und Moral. Für alles, was den Konservativen politisch und kulturell missfiel, trugen plötzlich die Juden die Verantwortung: Individualismus, Weltbürgertum, Sozialismus, Pazifismus, Materialismus, Anarchismus, Nihilismus, Freihandel, Kommunismus, Rationalismus, Atheismus und weibliche Emanzipation galten nun als jüdische Erfindungen. Dem christlich-konservativen Bürgertum erschienen die Juden als Haupt-Nutznießer der Moderne und als deren Schöpfer zugleich. Genauso wie die Antisemiten in England begannen nun auch die Antisemiten der anderen europäischen Nationen, in den Juden einen ihnen fremden Menschentypus zu sehen. Nicht mehr nur die Religion war es, die die Juden von ihren Mitbürgern unterschied, sondern man behauptete jetzt, eine grundsätzliche Wesensverschiedenheit feststellen zu können. Der Volkscharakter der Franzosen, Deutschen, Russen und Osteuropäer war ›edel‹, d.h. national, idealistisch und selbstlos, während der Volkscharakter der Juden ›verdorben‹ war, d.h. unpatriotisch, unmoralisch, materialistisch und nur auf den eigenen Vorteil bedacht.

Im deutschsprachigen Raum gab es nur eine einzige Stadt, in welcher der Antisemitismus eine wichtige Rolle spielte: Wien. Dass die »Judenfrage« ausgerechnet hier vehement diskutiert wurde, lag daran, dass die Zahl der Juden in Wien um die Jahrhundertwende sprunghaft angestiegen war. In der Mitte des 19. Jahrhunderts hatten in Wien nur wenig mehr als 6.000 Juden gelebt. 1910 lag ihre Anzahl bei über 175.000. Während der Antisemitismus in Wien zu einer bedeutenden politischen Strömung wurde, blieb er in Deutschland bis zum Ende des Ersten Weltkrieges politisch bedeutungslos. Politische Antisemiten gab es im deutschen Sprachraum nur wenige, und daher spielten sie hier, mit Ausnahme von Wien, gesellschaftlich keine Rolle. Die politische Bedeutungslosigkeit der Antisemiten war allerdings verbunden mit einer ganz besonderen Radikalität. Gewisse Scharfmacher in Deutschland und Österreich hatten nämlich eine völlig neue Form des Antisemitismus erfunden: den ›rassischen Antisemitismus‹. Die Wesensverschiedenheit zwischen Juden und Nicht-Juden, welche die britischen Antisemiten als Erste festgestellt zu haben glaubten, deuteten die ›rassischen Antisemiten‹, zu denen später auch Hitler zählte, als zwangsläufige Folge der niedrigen Qualität ihrer »rassischen« Eigenschaften. Mit anderen Worten: Die angeblich negativen Eigenschaften der Juden waren in ihrem Blut begründet. Die große Gefahr der Juden lag gemäß dieser Vorstellungen nun darin, dass sie die rassische Qualität derjenigen Völker herabminderten, mit denen sie sich vermischten. Wilhelm Marr (1819–1904) Eugen Dühring (1833–1921) und Theodor Fritsch (1853–1933) warnten in ihren Schriften eindringlich vor der Gefahr, die das jüdische Blut für die arische Herrenrasse darstellte. Mit dem rassischen Antisemitismus hatte man einen Weg gefunden, der es erlaubte, die alten Vorurteile in einem zeitgemäßen, scheinbar »wissenschaftlichen« Gewand zu präsentieren. Gleichzeitig war der rassische Antisemitismus radikaler als die religiöse und die spirituelle Variante, denn die Taufe war nun keine rettende Option mehr. Um das Blut der eigenen Rasse vor der Vermischung mit jüdischem Blut zu schützen, mussten Juden gettoisiert oder außer Landes gebracht werden – Möglichkeiten, die in einigen völkisch-nationalen Grüppchen im ausgehenden 19. Jahrhundert eifrig debattiert wurden.

Der junge Hitler lebte knappe sechs Jahre lang in Wien, wo die alteingesessenen, assimilierten Wiener Juden nicht weiter auffielen. Das war bei den ostjüdischen Flüchtlingen anders: Sie trugen Schläfenlocken, Kippa und Kaftan und sprachen Jiddisch, Russisch oder Polnisch. Zwar versuchten sich die einheimischen ›deutschen Juden‹ von den ›Ostjuden‹ abzugrenzen und es war sogar die Rede von einem ›antisemitischem Judentum‹, aber das alles spielte für die Rassenantisemiten keine Rolle. Für das arische Blut waren alle Juden gefährlich, egal wie angepasst und »deutschbewusst« sie auch sein mochten. Und auch die religiösen Antisemiten, wie etwa der von Hitler geschätzte christsoziale Wiener Bürgermeister Lueger, machten gegen alle Juden Stimmung, egal ob sie aus Petersburg oder aus Wien stammten. »Nieder mit dem Terrorismus des Judentums«, forderte die Partei des Bürgermeisters, und das konservative *Deutsche Volksblatt* schrieb im

Jahr 1905: »Wer führt die Sozialdemokratie? Die Juden Adler und Ellenbogen! Wer assistiert diesen in der Öffentlichkeit? Die ganze jüdische Presse! Und wer gibt das Geld her? Die jüdische Hochfinanz!«[4] Auf einer Wahlversammlung sagte Lueger in Anspielung auf die Pogrome in Russland: »Wir in Wien sind Antisemiten, aber zu Mord und Totschlag sind wir gewiss nicht geschaffen. Wenn aber die Juden unser Vaterland bedrohen sollten, dann werden auch wir keine Gnade kennen.«[5] Das ›Judenproblem‹ wurde von den verschiedenen antisemitischen Fraktionen intensiv öffentlich debattiert, und so war jeder, der, wie Hitler, um die Jahrhundertwende in Wien lebte, mit den Argumenten der Antisemiten vertraut, gleichgültig, welchen Standpunkt er diesbezüglich selbst einnehmen mochte.

Im völkischen Lager, dem sich der junge Hitler zugehörig fühlte, waren die Antisemiten zwar in besonders großer Anzahl vertreten, aber nicht jeder Völkisch-Nationale war automatisch ein Antisemit. Auch der junge Hitler wohl nicht. Jedenfalls konnte sich keiner der Zeitzeugen aus Wien, die von der historischen Forschung als verlässlich eingestuft werden, an judenfeindliche Bemerkungen Hitlers erinnern. Die vorherrschende antisemitische Stimmung in der Stadt habe er nicht geteilt, berichten sie übereinstimmend. »Vielmehr soll er die Juden wegen ihres Widerstandes gegen Verfolgungen bewundert, Heines Lyrik und die Musik Mendelssohns und Offenbachs gelobt und den Standpunkt vertreten haben, die Juden seien die erste zivilisierte Nation gewesen, denn sie hätten den Polytheismus zugunsten des Glaubens an einen Gott aufgegeben. Auch habe er eher Christen als Juden für den Wucher verantwortlich gemacht und die übliche antisemitische Beschuldigung jüdischer Ritualmorde als Unsinn bezeichnet.«[6] Während Hitler im Männerheim wohnte, habe er in Diskussionen »die Jesuiten« und »die Roten« scharf verurteilt, die Juden aber überhaupt nicht erwähnt, berichtete der Zeitzeuge Karl Honisch.[7] Auch Rudolf Häusler, der Männerheimbewohner, mit dem Hitler 1913 nach München ging, konnte sich an keine antisemitischen Äußerungen Hitlers erinnern, als ihn seine Tochter später danach befragte.[8] Und auch vor seiner Zeit im Männerheim scheint Hitler keine antisemitischen Gefühle gehegt zu haben. Als er noch mit August Kubizek zusammenwohnte, nahm ihn dieser zu einem Hausmusikabend der wohlhabenden jüdischen Familie Jahoda mit. Danach äußerte sich Hitler ausgesprochen positiv über die Gastgeber und meldete keinerlei antisemitische Kritik an. Als der 16-jährige Hitler in Linz lebte, hatte er mit Juden offenbar auch kein Problem. Er schwärmte damals aus der Ferne für ein Mädchen, deren Familienname ihm nicht verborgen geblieben sein konnte. Franz Jetzinger fiel 1956 auf: »(…) daß der Familienname der Stefanie typisch jüdisch klang (Isak); sie schrieb mir: ›Des Namens wegen wurde ich oft für eine Jüdin gehalten‹. Adolf konnte unmöglich wissen, daß sie keine war, trotzdem wollte er sie heiraten; mit seinem Judenhaß kann es demnach damals nicht weit her gewesen sein.«[9] Im Widerspruch zu dem kompromisslosen Antisemitismus, für den Hitler später bekannt war, steht auch die Tatsache, dass er Dr. Bloch, dem jüdischen Arzt, der seine Mutter bis zu deren Tod behandelt hatte, während seiner Wiener Zeit ein Aquarell schenkte. Hitler schrieb Dr. Bloch auch mehrere Postkarten aus Wien und bekundete ihm seine tiefe Dankbarkeit.[10] Bloch bestätigte später im amerikanischen Exil, dass er überzeugt sei, dass Hitler damals kein Antisemit war. Hitlers überschwänglich positive Einstellung zu dem jüdischen Dirigenten Gustav Mahler ist ein weiteres Indiz in diese Richtung.[11]

Auffallend ist auch die große Anzahl von Juden, mit denen Hitler während seiner Zeit in Wien freundschaftlich verkehrte, sowie seine überwiegend jüdischen Geschäftspartner. Während Juden zu dieser Zeit etwa 8–10% der Bevölkerung

Wiens ausmachten, gingen Hitlers Kontakte zu Juden weit über deren Anteil an der Bevölkerung hinaus. Drei Jahre lang lebte Hitler in Wien vom Verkauf der von ihm gemalten Aquarelle und Zeichnungen. Seine Abnehmer waren in erster Linie jüdische Händler: Morgenstern, Landsberger und Altenberg. Den ausgesprochen guten Kontakt zwischen Hitler und Morgenstern bezeugte der Kunsthändler Peter Jahn, der später im Auftrag der NSDAP in Wien nach Hitler-Bildern forschte. Morgenstern vermittelte den jungen Maler auch an Privatkunden weiter, so an den jüdischen Rechtsanwalt Dr. Joseph Feingold, der Hitler ebenfalls förderte. Nicht nur, dass sich der Händler Altenberg an antisemitische Äußerungen Hitlers nicht erinnern konnte, Hitler scheint jüdische Geschäftspartner bevorzugt zu haben. Hitlers Männerhaus-Kollege Rudolf Hanisch erinnerte sich, dass Hitler oft gesagt habe, dass »man nur mit den Juden Geschäfte machen könne, weil sie bereit waren, ein Risiko einzugehen.« Hanischs Aussage wird von einem weiteren anonym gebliebenen Männerheimbewohner vom Frühjahr 1912 bestätigt: »Mit Juden hat sich Hitler äußerst gut vertragen und sagte einmal, sie seien ein kluges Volk, das besser zusammenhält als die Deutschen.«[12] Als sich Hitler von Hanisch betrogen fühlte, ergriff der jüdische Männerheimkollege Siegfried Löffner für Hitler Partei und zeigte Hanisch bei der Polizei an. Ein weiterer guter jüdischer Freund Hitlers während der Männerheimzeit war ein jüdischer Kupferputzer namens Joseph Neumann. Auch zu dem einäugigen jüdischen Schlosser Simon Robinson unterhielt Hitler freundschaftliche Beziehungen, was Robinson dazu veranlasste, Hitler mit Geld zu unterstützen, das er von seiner Invalidenrente bezog. Rudolf Redlich aus Mähren wird als weiterer jüdischer Freund Hitlers genannt. Dass Hitler durch seine vielfältigen Verbindungen zu Juden in den Augen der Wiener Antisemiten zu einem »Judenknecht« wurde, scheint Hitler nicht gestört zu haben.[13]

Wenn Hitler in *Mein Kampf* behauptet, er sei in Wien »vom schwächlichen Weltbürger zum fanatischen Antisemiten geworden«[14], so weicht diese Darstellung also erheblich von den Erkenntnissen der Forschung ab. Das ist nicht ungewöhnlich. Auch andere Behauptungen, die Hitler in *Mein Kampf* aufgestellt hat, haben der Überprüfung durch die historischen Wissenschaften nicht standgehalten. *Mein Kampf* wurde zu Propagandazwecken verfasst und ist eine ›biografische Fiktion‹. Der Text ist mit vielen Erfindungen ausgeschmückt und zielt darauf ab, eine politische Wirkung zu erzielen, indem er Hitlers politische Ansichten mit einer dazu passenden Darstellung seiner Lebensgeschichte verknüpft. In seiner Darstellung verschmelzen sein Leben und die Geschichte Deutschlands zu einem Ganzen, wodurch Hitler zu demonstrieren versucht, dass er vom Schicksal zur Rolle des Führers vorherbestimmt ist. Hätte er eingestanden, dass er die Wende zum Antisemiten erst gegen Ende des Ersten Weltkriegs vollzogen hat (was die heute vorherrschende Auffassung der historischen Forschung ist), dann hätte das seine Führerqualitäten in Frage gestellt. Dann hätte er nämlich genau die Wende mitvollzogen, die zur damaligen Zeit viele aus der völkisch-nationalen Bewegung erfasste. Diejenigen nämlich, die bis dahin keine antisemitischen Gefühle gehegt hatten, wandelten sich gegen Ende des Krieges zu den in *Mein Kampf* erwähnten »fanatischen Antisemiten«.

Virulent verbreitete sich der Antisemitismus im völkischen Lager ab dem ›Steckrüben-Winter‹ von 1916/17, als in Deutschland die Versorgungslage prekär wurde und Hunger und Mangelerscheinungen an der Tagesordnung waren. Die Schuld für die katastrophale Versorgungslage gab man im völkischen Lager jüdischen Schiebern und Spekulanten, die die deutsche Heimatfront ausbluten wollten, um Deutschland zu schaden, und die damit auch noch Geld verdienten. Die Zunahme des Antisemitismus blieb zunächst zwar fast ausschließlich auf die völkische Bewegung beschränkt, wurde dort aber geradezu eine politische Mode. Dass sich Hitler von dieser politischen Modebewegung hatte anstecken lassen, passt aber nicht zu dem Bild vom souveränen Führer, der seinen Anhängern voranschreitet und ihnen den Weg weist. Zum Bild des weitsichtigen Führers passte es sehr viel besser, wenn er schon als junger Mann in diesem wichtigen Punkt seiner Weltanschauung der Masse voraus war. Dass Hitler in *Mein Kampf* aber immerhin »ängstlich drückende Gedanken«, eine »tiefste Beklommenheit« und einen »inneren Seelenkampf« einräumt, was die »Judenfrage« betrifft, mag daher rühren, dass er natürlich ganz genau wusste, wie es um seine angeblich »unverrückbare Haltung« gegenüber dem »internationalen Volksvergifter« in den Wiener Tagen tatsächlich bestellt gewesen war. Er musste damit rechnen, dass sich Zeitzeugen melden würden, die seine Behauptung widerlegten. Indem er selbst eine anfänglich ambivalente Einstellung zugab, nahm er damit etwaigen unangenehmen Enthüllungen von vorneherein den Wind aus den Segeln.

Warum aber war Hitler in Wien kein Antisemit und hat sich offenbar auch nicht zum Antisemitismus bekehren lassen? Das ist in der Tat sehr erstaunlich. Schließlich war Judenhetze damals in Wien nicht etwa nur bei vielen Vertretern des völkischen Lagers populär. Auch der von Hitler verehrte Bürgermeister der Stadt vertrat judenfeindliche Ansichten. Und auch in den Publikationen der verschiedenen Rassentheoretiker, von denen Hitler in Wien einige gelesen haben dürfte, spielte der Antisemitismus oft eine wichtige Rolle. Vergessen darf man auch nicht die vielen gehässigen antisemitischen Passagen in Richard Wagners Schriften, die der von Wagner begeisterte Hitler in Wien intensiv studiert hat. Die Frage ist: Warum hat sich Hitler von alldem nicht beeinflussen lassen? Als »kritischer Querdenker«, als der er sich selbst sein Leben lang verstand, mag es Hitler widerstrebt haben, sich in diesem Punkt der Mehrheitsmeinung im völkisch-konservativen Lager anzuschließen. Es ist auch versucht worden, Hitlers Einstellung dadurch zu erklären, dass sein Antisemitismus in Wien möglicherweise noch so schwach ausgeprägt war, dass dieser vor dem Hintergrund der allgemeinen Judenhetze nicht weiter aufgefallen ist. Eine andere Erklärung besteht darin, dass Hitler der Auffassung gewesen sein könnte, der Kampf gegen die »slawische Gefahr« habe Vorrang gegenüber der Auseinandersetzung mit den Juden. Diese Position vertrat zum Beispiel die Wiener Deutschradikale Partei des Karl Hermann Wolf, den Hitler sehr schätzte. Wolf war, wie andere Rassisten auch, der Meinung, dass »alle Deutschen im bedrohten Land zusammenhalten müssen, egal ob Juden oder Christen.«[15] Wolf wurde von Hitler auf dem Nürnberger Parteitag 1937 empfangen, und Hitler hat bei diesem Anlass Wolfs Verdienste in »anerkennenden Worten« gewürdigt. Als sich Wolfs Gesundheitszustand verschlechterte, erhielt er ab Juni 1938 einen monatlichen Ehrensold des Führers. Nach seinem Tod 1941 wurde Wolf mit einem feierlichen Begräbnis durch die NSDAP geehrt und in einem Ehrengrab auf dem Wiener Zentralfriedhof beigesetzt.

Was auch immer der Grund für Hitlers Zurückhaltung in Wien und während des Krieges gewesen sein mag, nach dem Krieg, in München, war davon nichts mehr zu spüren. Von Anfang an sind seine Reden von einem fanatischen Antisemitismus geprägt, und es ist offensichtlich, dass er sich, wenn er auch selbst in Wien noch keine antisemitischen Positionen vertreten hatte, die Argumente der Wiener Antisemiten und der Rassentheoretiker sehr genau gemerkt hatte.

Will man den Zeitpunkt von Hitlers Wende zum fanatischen Antisemiten genauer eingrenzen, so zeigt sich, dass am 5. Februar 1915 davon noch keine Rede war. An diesem Tag hat Hitler von der Front an den Justizassessor Ernst Hepp, einen Bekannten aus München, geschrieben. Dieser Brief ist Hitlers klarstes politisches Bekenntnis während der Kriegszeit. Nachdem er ausführlich von einem Sturmangriff auf britische Stellungen berichtet hat, kommt Hitler auf seine Hoffnung für die Zukunft zu sprechen: »Ich denke so oft an München, und jeder von uns hat nur den einen Wunsch, daß es bald zur endgültigen Abrechnung mit der Bande (d.h. den Briten) kommen möge, zum Daraufgehen, koste es was es wolle, und daß die, die von uns das Glück besitzen werden, die Heimat wiederzusehen, sie reiner und von der Fremdländerei gereinigter finden werden, daß durch die Opfer und Leiden, die nun täglich so viele Hunderttausende von uns bringen, daß durch den Strom von Blut, der hier Tag für Tag fließt gegen eine internationale Welt von Feinden, nicht nur Deutschlands Feinde im Äußeren zerschmettert werden, sondern daß auch unser innerer Internationalismus zerbricht. Das wäre mehr wert als aller Ländergewinn.«[16]

Der Wunsch Hitlers, dass Deutschland nach einem Sieg »reiner« und weniger kosmopolitisch werden möge, wurde zu dieser Zeit von vielen konservativ und national gesinnten Politikern in Deutschland und Österreich geteilt. Diese Auffassung vertrat auch die protestantische Kirche, wenn sie an der Front und in der Heimat den Sinn des Krieges erklärte. Der Kampf würde Deutschland reinigen, hieß es. Die korrupte und gespaltene Gesellschaft würde durch den Krieg radikal erneuert werden.[17] Kein Wort verliert Hitler in seinem Brief über die Juden. Hitler war aber auch als junger Mann niemand, der mit seiner Meinung hinter dem Berg hielt. Hätte er schon 1915 eine antisemitische Einstellung vertreten, so hätte er diese seinem Münchner Bekannten gegenüber ganz sicher geäußert. Dass Hitler in seiner Vision eines Deutschlands der Zukunft die Juden mit keinem Wort erwähnt, kann nur heißen, dass er zu diesem Zeitpunkt noch keinen antisemitischen Standpunkt vertrat. Diesen Eindruck hatte auch

Fritz Wiedemann, der als Oberleutnant Hitlers Vorgesetzter gewesen war.[18] Und in der Tat gibt es keinen einzigen Zeitzeugen, der von der historischen Forschung als glaubwürdig angesehen wird, der bestätigt hätte, dass sich Hitler während seiner Zeit als Soldat an der Front antisemitisch geäußert habe.[19]

Nachdem der Historiker Thomas Weber im Jahr 2010 sein Buch *Hitler's First War* veröffentlich hatte, meldete sich der Sohn von Bernhard Lustig bei ihm. Lustig hatte im Ersten Weltkrieg zusammen mit Hitler im selben Regiment gedient. Im Jahr 1933 war Lustig nach Palästina ausgewandert. Während der gemeinsamen Zeit an der Front hatte Lustig Hitler persönlich kennengelernt und mehrfach mit ihm gesprochen. Seinem Sohn hatte er auf dessen Fragen geantwortet, dass er in keinem dieser Gespräche eine antisemitische Einstellung Hitlers habe feststellen können. Noch im Sommer 1918 war Hitlers Antisemitismus entweder überhaupt nicht vorhanden oder zumindest nicht deutlich erkennbar. Wäre Hitler als glühender Antisemit bekannt gewesen, so ist kaum vorstellbar, dass ihm das EK I verliehen worden wäre. Für einen Gefreiten wie Hitler war das EK I eine höchst seltene Auszeichnung. Dass Hitler in dieser ganz besonderen Weise geehrt wurde, wäre unmöglich gewesen, wenn die Führung seines Regiments das nicht einhellig befürwortet hätte. Neuere Forschungen scheinen zu belegen, dass der Anstoß für die Verleihung nicht vom Regimentsadjutanten Hugo Gutmann ausgegangen ist, wie bisher vermutet.[20] Als ranghöchster Jude in Hitlers Regiment hätte Gutmann aber sicherlich von seiner Möglichkeit Gebrauch gemacht, die Auszeichnung zu verhindern, falls bekannt gewesen wäre, dass es sich bei Hitler um einen fanatischen Antisemiten handelte.

Wann aber wurde Hitler zum Antisemiten? Sein erster dokumentierter Angriff auf die Juden datiert vom 25.8.1919, neun Monate nach dem Ende des Krieges. Hitler sprach damals in der Nähe von München vor Soldaten der Reichswehr. Er war Mitglied eines Trupps, der im Rahmen eines Aufklärungsprogramms des Heeres die Aufgabe hatte, die »bolschewistisch verseuchten« Soldaten im Sinne der deutsch-nationalen Reichswehr umzuerziehen. Antisemitismus stand nicht auf dem Programm, was Hitler aber nicht davon abhielt, den Soldaten zu erklären, dass die Juden für die Niederlage Deutschlands verantwortlich seien. Adolf Gemlich aus Ulm wandte sich daraufhin schriftlich an den Chef des Aufklärungsprogramms, Hauptmann Karl Mayr, und fragte, wie er die Position der Regierung einschätze in Bezug auf die Gefahr, die von den Juden ausgehe. Hauptmann Mayr wies Hitler an, eine schriftliche Antwort zu verfassen. Am 16. September 1919 gab Hitler daraufhin sein erstes schriftliches antisemitisches Bekenntnis ab. In dem Schreiben heißt es, dass das Ziel einer starken nationalen Regierung sein müsse, die Macht jüdischer Kreise durch Gesetze einzuschränken und in letzter Konsequenz alle Juden aus Deutschland zu entfernen.[21]

Es liegt nahe zu vermuten, dass sich Hitlers Wandel zum Antisemiten in den letzten Kriegsmonaten vollzog. Im gesamten völkischen Lager hatte der Antisemitismus mit jedem Tag, mit dem sich der Krieg seinem Ende entgegenschleppte, an Schärfe gewonnen. So erklärte beispielsweise Heinrich Class, der Vorsitzende des Alldeutschen Verbandes: »Ich werde vor keinem Mittel zurückschrecken und mich in dieser Hinsicht (bezogen auf die Judenpolitik, der Verf.) an den Ausspruch Heinrich von Kleists, der auf die Franzosen gemünzt war, halten: schlagt sie tot, das Weltgericht fragt Euch nach den Gründen nicht!«[22] Dass sich der radikale Antisemitismus im völkisch-nationalen Milieu mit großer Vehemenz ausbreitete, lag vor allem an den sich in völkischen Kreisen lawinenartig verbreitenden Theorien von der jüdischen Weltverschwörung. Diese Welt-Verschwörungs-Theorien besagten, dass Sozialismus und Kommunismus jüdische Erfindungen seien, die dazu dienten, die herrschende Ordnung zu unterminieren und den Juden Macht über die naiven und hilflosen Völker zu verschaffen. Der Kapitalismus, hieß es, diene demselben Zweck und helfe jüdischen Bankiers und Börsenspekulanten, die Welt mithilfe von Finanzoperationen zu regieren. Die Theorie von der großen jüdischen Weltverschwörung machte es möglich, die unterschiedlichsten politischen Ereignisse auf einfache Art zu erklären: Kapitalismus und Marxismus waren in Wahrheit geheime Verbündete, denen es letztlich nur darum ging, eine jüdische Weltherrschaft zu errichten. Der Weltkrieg, so hieß es, sei von jüdischer Seite initiiert worden, um Deutschland ins Chaos zu stürzen und zu beherrschen.

In den letzten Kriegsjahren erschienen in Deutschland viele Publikationen, die die jüdische Weltverschwörung zum Thema hatten und die bei den Völkisch-Nationalen weite Verbreitung fanden. *Die Rede des Rabbi*, zum Beispiel, erschien im Januar 1918 in der rechten Zeitschrift *Deutsche Erneuerung*. Andere Publikationen dieser Art waren *Judas Schuldbuch, eine deutsche Abrechnung* von Wilhelm Meister oder *Weltfreimaurerei, Weltrevolution, Weltrepublik, eine Untersuchung über Ursprung und Endziele des Weltkrieges* von Dr. F. Wichtl. Innerhalb eines Jahres erreichten allein diese beiden Schriften eine Auflage von über 50.000 Exemplaren.[23] Den Verschwörungstheorien zufolge agierte das jüdische Volk wie eine Geheimgesellschaft, jeder an dem Platz, den er innerhalb der Gesellschaft einnahm. Hatte die jüdische Hochfinanz die deutsche Niederlage mit der Hilfe jüdischer Politiker orchestriert, um sich zu bereichern, leisteten einfache jüdische Bürger ihren Beitrag zur Niederlage als Drückeberger, Defätisten und Saboteure.[24]

Hitler mag während seines Fronturlaubs im September 1918 in Berlin auf eine der Schriften gestoßen sein, die für die katastrophale Lage an der Front und in der Heimat eine simple und einleuchtende Erklärung hatten: die große jüdische Verschwörung. Angestachelt durch die »eindeutigen Beweise«, wurden viele aus dem völkischen Lager während dieser Zeit zu fanatischen Antisemiten. Hitler wohl auch.

Versuchen wir, uns für einen Moment in die Situation des Soldaten Hitler zu versetzen. Was mag er im September 1918 gefühlt und gedacht haben? Er, der von Wagner Besessene, war ein paar Wochen zuvor an der Front mit dem EK I geehrt worden. Er hatte die höchste Tapferkeitsauszeichnung des Heeres erhalten, er, der Gefreite! Da hatte er die Chöre der Rheintöchter gehört und hatte erlebt, wie er gottgleich die Hand ausstreckte, um Walhall in Besitz zu nehmen. Aber dann war das alles vor seinen Augen zerfallen, hatte sich aufgelöst, und er war mit seiner Einheit in Ypern gelegen. Irgendwo hinter den Gräben. Sie hatten auf Verpflegung gewartet, und als die nicht kam, hatten sie eines der Pferde geschlachtet. Seine Uniform hatte gestunken, und wieder war keine Post aus der Heimat gekommen und keine Munition. Der Kampfgeist, der sein Regiment zusammengeschweißt hatte, war verflogen. Dafür lauerten jetzt überall Deserteure und Defätisten. Dann, endlich: Heimaturlaub.

Zwei Wochen Berlin. Mein Gott! Wie sehr hatte sich hier alles verändert! Auf den Straßen geballte Fäuste und Demonstrationen. Wütende Frauen, die nach Brot riefen. Kommunisten, die rote Fahnen schwenkten. Junge Burschen, die, anstatt an der Front zu kämpfen, ein sofortiges Ende des Krieges herbeischrien, um jeden Preis. Was war nur geschehen? Wie konnte es sein, dass sein Volk in diese erbärmliche Lage geraten war? Das Volk mit der höchsten Kultur und dem reinsten Blut! Das edelste aller Völker! Dem es vorherbestimmt war, die Welt zu beherrschen. Das sagten alle. Darwin. Die Wissenschaft. Aber wie war dieser jämmerliche Zustand dann zu erklären? Ein Kamerad drückt ihm eine Schrift in die Hand. Fiebrig beginnt er zu lesen. Und während er liest, offenbart sich ihm eine grauenvolle Gewissheit. Er kommt sich vor wie der Astronom, der bemerkt hat, dass etwas nicht stimmt. Dass die Kreise, die gewisse Himmelskörper beschreiben, andere sind als diejenigen, die er errechnet hat. Aber jetzt, in diesem Moment, hat er die Lösung! Jetzt kennt er den Grund: ein unsichtbarer Planet! Dem Auge verborgen, aber von so großer Masse, dass er die sichtbaren Planeten auf ihre Bahn zwingt. Genau wie die Juden. Sie sind es, die die Geschicke der Völker lenken!!![25] Seit Urzeiten. Aus dem Verborgenen heraus. Die Juden sind die unsichtbare, treibende Kraft der Weltgeschichte. Sie sind es, die Kriege anzetteln und Völker ins Unglück stürzen! Das Judentum ist die dämonische Macht, die sich hinter Alberichs Herrschaft verbirgt! Er muss das Kunstwerk des Meisters nur richtig interpretieren, dann offenbart sich, wer dieser böse, nagende Wurm der Menschheit in Wirklichkeit ist: der verlogene Heuchler, der ewige Blutegel, der Parasit, der Schmarotzer von Geburt, der Blutsverderber, der Weltvergifter, der Todfeind: der Jude.

SYMBOL

Ob auf Briefmarken, Fahnen oder als Deckenfresken öffentlicher Gebäude: Im offiziellen Deutschland war das Hakenkreuz nach 1933 allgegenwärtig. Im Jahr 1935, zwei Jahre nach ihrer Machtübernahme, erklärten die Nationalsozialisten dann das Hakenkreuz auch zum Hoheitszeichen des Deutschen Reichs. Gleichzeitig wurde die Hakenkreuzfahne zur alleinigen Nationalflagge.

Hitler war mit dem Hakenkreuz bereits im Alter von sechs Jahren zum ersten Mal in Kontakt gekommen. Er besuchte die Volksschule im Kloster Lambach in Österreich, wo sich das Symbol auch heute noch an verschiedenen Stellen in Stein gemeißelt findet. Das Zeichen gehörte zum Wappen eines ehemaligen Abtes. Laut Auskunft der Mönche, die vom Autor dazu befragt wurden, ist das Emblem allerdings kein Abbild der Swastika, sondern eine Darstellung von gekreuzten Zimmermannsnägeln, die den Beruf des Abtes symbolisieren. Wie es zur Verwendung dieses Symbols durch die Nazi-Partei kam, ist ein viel diskutiertes Thema, das zu weitreichenden Spekulationen geführt hat. Einige Forscher haben behauptet, dass Hitler die Swastika als Parteisymbol gewählt hat, weil ihm dieses Zeichen in seiner Kindheit in Lambach begegnet war. Dies ist aber sicherlich eine der eher unwahrscheinlicheren Hypothesen zu dieser Frage.

Die Swastika ist eines der ältesten Ideogramme. Das Wort ›Swastika‹ ist ein Begriff aus dem Sanskrit, der bedeutet: ›Es ist gut‹ im Sinn von ›so sei es‹.[1] Swastikas fanden Verwendung in den Kulturen der Tibeter, der Chinesen, der Inder, der Japaner und bei den nordamerikanischen Indianern. Die ältesten dieser Symbole wurden im Tal des Euphrat und Tigris gefunden und im Indus-Tal. Einige von ihnen sind älter als 3.000 Jahre. In Nordeuropa wurden Swastikas von den Kelten verwendet. Sie kommen auf Steinen vor aus der Zeit von ca. 1000 vor Christus, oft in Kombination mit anderen Kreuzstrukturen. In ihrer langen Geschichte hat die Swastika viele unterschiedliche Formen angenommen: aufrecht oder schräg stehend, mit geraden oder gebogenen Haken, die Enden im Uhrzeigersinn nach rechts weisend oder gegen denselben gerichtet. Zur Bedeutung der Swastika gibt es die unterschiedlichsten Auffassungen. Einige Autoren behaupten, dass die gegen den Uhrzeigersinn gerichtete Swastika (das NS-Symbol) Unglück und Zerstörung symbolisiert, während die sich entgegengesetzt drehende Variante Glück und Überfluss bedeutet. Diese Auffassung lässt aber die positiven Bedeutungen außer Acht, welche die gegen den Uhrzeigersinn gerichtete Swastika in vielen Kulturen besitzt. Beide Varianten der Swastika treten in unterschiedlichen Zusammenhängen auf und können oft nur in Beziehung zueinander gedeutet werden. Aufgrund der vielen unterschiedlichen Bedeutungszusammenhänge, in denen Swastikas verwendet werden, ist es nicht möglich, einer der beiden Varianten eine eindeutig positive oder negative Bedeutung zu geben.

In der germanischen Volkskunst war die Swastika mit unterschiedlichen Bedeutungen assoziiert. In Skandinavien und im Baltikum wurde das Symbol mit dem Donnergott in Verbindung gebracht und entweder »Hamarsmark« (Hammerzeichen) oder »Thorshamar« (Thorshammer) genannt. Bei den Indogermanen symbolisierte die Swastika vermutlich die Sonne. Diese Deutung wurde auch von den Nationalsozialisten übernommen, die die Swastika als »Lichtzeichen« interpretierten. Im Zuge der Christianisierung ging die Swastika als Symbol in Europa verloren und war bis zum Ende des 19. Jahrhunderts in Deutschland nahezu unbekannt. Unter der Bezeichnung »Hakenkreuz« wurde die Swastika im deutschen Sprachraum von dem österreichischen Mystiker Guido von List (1848–1919) erneut bekannt gemacht. Lists esoterische Rassenlehre, die »Ariosophie«, spielte, wie wir sehen werden, bei der Entstehung der Hitler-Bewegung eine entscheidende Rolle. Im Kapitel *Okkultismus* wurde bereits kurz auf die Ariosophie Lists eingegangen, im nachfolgenden Kapitel *Prophet* findet sich eine ausführlichere Darstellung.

In seinem Buch *Das Geheimnis der Runen* bezeichnete List die Swastika als das Symbol für das »höchste Wissen von der Urzeugung des Alls«.[2] List nahm die Swastika in sein Runenalphabet auf, obwohl sie kein Bestandteil der wissenschaftlich bestätigten Runenreihen ist. Auf Inschriften wurde das Hakenkreuz lediglich neben Runen gefunden (wie andere Symbole auch). Wie List dazu kam, die Swastika in sein Runen-Alphabet aufzunehmen, darüber gibt er in seinem Buch keine Auskunft. Einige Forscher haben vermutet, dass List die Swastika von der russisch-britischen Mystikerin H. P. Blavatsky (1831–1891) übernommen hat. Blavatsky hatte die Swastika im Emblem ihrer theosophischen Bewegung verwendet, wohl deswegen, weil sich das Symbol im Hinduismus ebenso findet wie im Buddhismus.[3]

Ende des 19. Jahrhunderts diente die Swastika (eingeführt durch Guido von List) zunächst als ein geheimes Erkennungszeichen unter den Anhängern verschiedener ariosophischer Gruppen. Die Swastika wurde aber schon bald darauf auch offen von größeren deutsch-völkischen Vereinigungen als Wappen verwendet.[4] So war die Swastika das offizielle Symbol des Deutschen Turnerbundes, der Wandervogel-Bewegung sowie einiger Freikorps-Einheiten nach dem Ersten Weltkrieg.[5] Von den deutsch-völkischen Organisationen wurde die Swastika sowohl im Uhrzeigersinn als auch gegen den Uhrzeigersinn verwendet. Eine Festlegung auf einen der beiden Typen gab es nicht.

Die Swastika (zusammen mit einem Dolch) war auch das Zeichen der Münchner Thule-Gesellschaft.[6] Die Thule-Gesellschaft orientierte sich an der ariosophischen Lehre des Guido von List und war auch politisch aktiv. Von der Thule-Gesellschaft wurde die DAP (Deutsche Arbeiterpartei) gegründet, die unter Hitler zur NSDAP wurde.[7] Im Kapitel *Thule* wird darauf näher eingegangen.

Im Mai 1919, also vier Monate bevor Hitler zum ersten Mal mit der DAP in Kontakt kam, verfasste der Starnberger Zahnarzt Friedrich Krohn für die Partei eine Denkschrift unter dem Titel: *Ist das Hakenkreuz als Symbol nationalsozialistischer Parteien geeignet?* Krohn, ein Mitglied der DAP und des Germanenordens, pflegte enge Kontakte zur Thule-Gesellschaft. Ihren Mitgliedern und den Mitgliedern der DAP stellte Krohn seine Sammlung von über 2.500 Büchern, die völkische Themen zum Inhalt hatten, zur Verfügung. Nach seinem Parteieintritt hat auch Hitler regen Gebrauch von Krohns Sammlung gemacht.[8] In einer Befragung nach dem Krieg gab Friedrich Krohn an, dass er als Parteisymbol eine Swastika mit gebogenen Armen (wie die der Thule-Gesellschaft) vorgeschlagen hatte, die jedoch nicht gegen den Uhrzeigersinn gerichtet war (wie die Swastika der Thule-Gesellschaft und der NSDAP), sondern in die entgegengesetzte Richtung wies. Die Farbgebung war schwarz auf einem weißen Hintergrund in einem roten Kreis. Laut Krohn übernahm Hitler dessen Farbgebung, behielt aber die Drehrichtung der Swastika der Thule-Gesellschaft bei und änderte die gebogenen Arme in gerade. Hitlers Swastika mit gegen den Uhrzeigersinn gerichteten, geraden Armen wurde dann zum Symbol der NS-Bewegung. Auf der Gründungsversammlung der Starnberger NSDAP im Mai 1920 hatte das von Hitler modifizierte Parteisymbol seinen ersten öffentlichen Auftritt.[9]

Hitlers Schilderung dieser Begebenheit in *Mein Kampf* deckt sich weitgehend mit der Darstellung von Krohn und weicht davon lediglich in einigen Details ab. Auffallend ist, dass Hitler die in diesem Zusammenhang maßgebliche Thule-Gesellschaft unerwähnt lässt. Da aber die Thule-Gesellschaft die Swastika im Emblem führte und Friedrich Krohn enge Beziehungen zur Thule-Gesellschaft pflegte, gibt es keinen Grund anzunehmen, dass Krohn von anderer Seite bei seiner Schöpfung inspiriert worden war. Letztlich führt die Spur der Swastika als NS-Symbol also zur Thule-Gesellschaft und zu deren geistigem Vater, Guido von List. Die Bedeutung beider für Hitlers Karriere wird in den folgenden Kapiteln erläutert.

VERSAILLES

Die Vertreter der Siegermächte des Ersten Weltkrieges kamen am 18. Januar 1919 im Spiegelsaal von Versailles zusammen, um über die Bedingungen eines Friedensvertrages mit Deutschland zu verhandeln. Das Datum und der Ort waren bewusst gewählt. Der 18. Januar war der Geburtstag des Deutschen Reichs, das an diesem Tag im Jahr 1871, ebenfalls im Spiegelsaal von Versailles, gegründet worden war. Die Demütigung wurde in Deutschland natürlich sofort als solche verstanden. Als weitere schwere Demütigung wurde empfunden, dass die Siegermächte untereinander verhandelten und eine deutsche Delegation zu den Verhandlungen nicht zugelassen war.

Trotz dieser negativen Vorzeichen glaubten weite Kreise der deutschen Bevölkerung an einen fairen Frieden, einen »Frieden ohne Besiegte«, so wie ihn US-Präsident Wilson versprochen hatte. Als jedoch drei Monate später, am 7. Mai 1919, die Bedingungen des Vertrages in Deutschland bekannt wurden, war das Entsetzen groß. Deutschland sollte 13 Prozent seines Gebietes verlieren, wo 10 Prozent der deutschen Bevölkerung, d.h. 7 Millionen Deutsche, lebten. Durch diese Gebietsverluste verringerten sich die deutsche Getreideernte um 17% und der Viehbestand um 12%. Außerdem sollte Deutschland alle seine Kolonien an die Alliierten abtreten.[1] In 440 Artikeln legte der Vertrag bis ins kleinste Detail fest, was von Deutschland erwartet wurde. Neben vielem anderen sah der Vertrag vor, dass 75% des deutschen Eisenerzes, 68 % der Zinkvorkommen, 26 % der deutschen Steinkohle und 40% der deutschen Hochöfen in Zukunft den Alliierten gehören sollten. Auch fast seine gesamte Handelsflotte sollte Deutschland an die Alliierten abgeben, außerdem 5.000 Lokomotiven, 136.000 Waggons und 130.000 landwirtschaftliche

Maschinen. Privates deutsches Vermögen im Gebiet der Alliierten wurde für verfallen erklärt. Mit derart drakonischen Forderungen hatte man in Deutschland nicht gerechnet. Als besonders infam wurde die Forderung empfunden, dass Deutschland 50.000 Pferde und 135.000 Milchkühe und Rinder abgeben sollte, zu einem Zeitpunkt, zu dem England seine Seeblockade aufrechterhielt und in Deutschland Hunderttausende an den Folgen von Unterernährung starben. Der von Deutschland und Österreich angestrebte Zusammenschluss wurde durch den Versailler Vertrag untersagt, und, anstatt das neue demokratische Deutschland in die Gemeinschaft der demokratischen Nationen aufzunehmen, demütigten die alliierten Sieger die Deutschen, indem sie ihnen die Mitgliedschaft im neu gegründeten Völkerbund verweigerten. England kündigte an, die völkerrechtswidrige Seeblockade solange aufrechtzuerhalten, bis die deutsche Regierung den Versailler Vertrag unterschrieben hätte. Es erstaunt nicht, dass die überwältigende Mehrheit der Deutschen den »Friedensvertrag« als Erpressung empfand und vehement ablehnte.[2]

Die Bedingungen der Siegermächte wurden noch weiter dadurch verschärft, dass der Vertrag Deutschland und seinen Alliierten die alleinige Schuld am Ersten Weltkrieg anlastete. Die einseitig festgestellte Alleinschuld hatte desaströse finanzielle Konsequenzen, denn sie begründete Forderungen nach gewaltigen Reparationszahlungen. Die Reparationszahlungen sollten nicht nur die Schäden wiedergutmachen, die den Siegermächten durch den Krieg entstanden waren, sie sollten darüber hinaus auch noch die Militärausgaben der Alliierten finanzieren. Da die Siegermächte die Höhe ihrer Forderungen nicht abschließend festlegen wollten, sollte von deutscher Seite ein Blankoscheck unterschrieben werden, der mit Sicherheit eine astronomische Summe erwarten ließ, die auch noch kommende Generationen belasten würde. Die angebliche Alleinschuld begründete auch die Auflage, dass Deutschland verpflichtet war, militärisch abzurüsten, während die Siegermächte weiter aufrüsten konnten. Die drakonischen Forderungen der Sieger ließen bei der deutschen Bevölkerung keinen Zweifel: Bei Annahme des Vertrages würde Deutschland auf Generationen hinaus in finanzieller und militärischer Knechtschaft der Siegermächte leben müssen.

Als die deutsche Regierung Gegenvorschläge zu machen versuchte, wurden diese vom Tisch gewischt und eine knappe Frist gesetzt: Entweder die deutsche Regierung unterschrieb, oder alliierte Truppen würden das Land besetzen. In Deutschland brach ein Sturm der Entrüstung aus. Von einem »Verhandlungsfrieden« konnte keine Rede sein. Die angebliche Alleinschuld wurde als »Kriegsschuldlüge« bezeichnet und nahezu alle politischen Parteien nannten den Vertrag von Versailles ein »Diktat«, das nicht unterschrieben werden dürfe. Die Regierung trat zurück, da sie die Verantwortung für die Annahme des Vertrages nicht übernehmen wollte.

Schließlich setzte sich dann aber doch die Auffassung durch, dass es zur Annahme des Vertrages keine Alternative gab. Einer Besetzung durch die Alliierten hätte das politisch zersplitterte Land kaum ernsthaften Widerstand entgegensetzen können. Kurz vor dem Ablauf des Ultimatums wurde der Vertrag am 28. Juni 1919 von der deutschen Seite unter Protest unterschrieben. Am 9. Juli 1919 wurde er von der Nationalversammlung in Weimar ratifiziert. Unterschrift und Ratifizierung änderten aber nichts an dem Konsens einer allgemeinen Ablehnung quer durch alle Parteien. Selbst radikale Pazifisten und Feinde des preußischen Militarismus wie der Schriftsteller Kurt Tucholsky sprachen von einem »Vernichtungsfrieden«.

Die Folge der Ratifizierung des Vertrages war die Erkenntnis, dass der Krieg nun endgültig und unwiderruflich verloren war. Zuvor hatten viele Deutsche noch gehofft, dass es möglich sein könnte, diesen »Frieden« abzulehnen. Nachdem sich auch diese Hoffnung zerschlagen hatte, war nun das Ausmaß der Katastrophe offensichtlich. Ob diese Erkenntnis zu *der* entscheidenden politischen Radikalisierung Hitlers geführt hat, wie der Historiker Thomas Weber in seinem Buch *Wie Adolf Hitler zum Nazi wurde* (2016) zu belegen versucht hat, ist umstritten.[3] Umstritten ist auch, ob Deutschland und seine Alliierten die Hauptverantwortung für den Ausbruch des Ersten Weltkriegs trugen oder nicht. Was mit Sicherheit feststeht, ist, dass die Ratifizierung des Versailler Vertrages durch Weimar denjenigen Kräften in Deutschland einen gewaltigen Aufschwung verschaffte, die sich gegen die junge Weimarer Demokratie verschworen hatten. Nicht wenige Historiker sind der Auffassung, dass die Machtübernahme Hitlers eine direkte Folge des »Knebelungsfriedens« von Versailles war. Erst die Ablehnung des Vertrages, die alle Parteien und alle politischen Lager einte, habe die Basis für eine Massenbewegung geschaffen, deren erklärtes Ziel darin bestand, Deutschland aus den Fesseln dieses Vertrages zu befreien.

Die sowieso schon instabilen politischen Verhältnisse der jungen deutschen Republik waren durch die Ratifizierung des Versailler Vertrages mit einem Schlag noch prekärer geworden. Verheerende Auswirkungen hatte bereits die Dolchstoßlegende gehabt, die der starke Mann der obersten Heeresleitung Erich von Ludendorff[4] in die Welt gesetzt hatte. »Dem unbesiegten Heer«, so behauptete der General, hätten die Revolutionäre in der Heimat durch den Sturz der Regierung den Dolch in den Rücken gestoßen. Nur deshalb habe Deutschland den Krieg verloren. Auf den ersten Blick machte diese Darstellung Sinn. Tatsächlich waren ja zum Zeitpunkt des Waffenstillstandes große Gebiete im Osten von Deutschland besetzt und auch im Westen standen Millionen deutscher Soldaten im Feindesland. Russland und die Ukraine waren besiegt und Italien war kampfunfähig. Wieso ein Krieg unter derartigen Umständen verloren sein sollte, war für viele Deutsche nicht nachvollziehbar. Dass die militärische Lage im Westen für Deutschland aussichtlos war, konnten damals nur wenige erkennen, und so erschien die Parole der nationalistischen Redner vom »gestohlenen Sieg« durchaus realistisch. Kaum zu bestreiten war auch die Behauptung, dass, wenn schon Friedensverhandlungen geführt wurden, Deutschland ohne Revolution in einer sehr viel besseren Verhandlungsposition gewesen wäre. Vor diesem Hintergrund erstaunt nicht, dass die Behauptung, die »Novemberverbrecher« hätten das militärisch überlegene Deutschland zu einem fatalen Waffenstillstand gezwungen, in weiten Kreisen der Bevölkerung Gehör fand, nicht nur im extrem rechten Lager.

Die drakonischen Bedingungen des Versailler Vertrages vergifteten das politische Klima in Deutschland nun zusätzlich. Die wirtschaftlichen Schwierigkeiten wurden jetzt nicht mehr dem Krieg angelastet, sondern Versailles und einer deutschen Regierung, die den Vertrag unterschrieben hatte. Weite Teile der deutschen Bevölkerung hatten das Gefühl, dass das Land mit falschen Versprechungen in einen »Schandfrieden« gelockt worden war. Man fühlte sich nicht nur von den Alliierten betrogen, sondern auch von den eigenen Politikern. Nationalistische Redner sprachen von einem zweiten Dolchstoß, von einem zweiten Verrat an den Deutschen durch die Politik. Im rechten Lager machten Morddrohungen an den Verantwortlichen die Runde und Aufforderungen zu einer Revanche an den erpresserischen Alliierten.

Die Bedingungen des Vertrages und die Umstände seines Zustandekommens wurden schon damals als »Startschuss für einen kommenden Krieg« bezeichnet. Der Schriftsteller

Berthold Brecht nannte den Versailler Vertrag einen »Waffenstillstand in einem Dreißigjährigen europäischen Krieg«. Die Weisheit des Machiavelli jedenfalls, die da lautet, dass man einen Gegner, den man nicht völlig besiegen kann, nicht erniedrigen darf, haben die Siegermächte von 1918 nicht beachtet.

BEOBACHTER

An der Front zeichnete sich die bevorstehende Niederlage des deutschen Heeres im Sommer 1918 immer deutlicher ab, und in der Heimat war die Lage katastrophal. Hunger war an der Tagesordnung, Krankheiten breiteten sich aus und Hunderttausende starben an den Folgen von Unterernährung. Zu dieser Zeit leistete sich ein Esoteriker und Weltenbummler in München einen besonderen Luxus: Er kaufte die Lizenz für die Herausgabe einer Zeitung. Der Mann war als Rudolf Glauer auf die Welt gekommen, nannte sich seit einer Adoption aber Rudolf von Sebottendorff. Geld schien für Sebottendorff keine Rolle zu spielen. 5.000 Reichsmark ließ er sich im August 1918 die Herausgeberlizenz kosten. Einen Monat später bezahlte er weitere 120.000 Reichsmark für die Übernahme des Verlages. Der Verlag hieß Franz Eher Verlag und die Zeitung hieß *Münchner Beobachter.* Beides wurde von der Witwe des verstorbenen Besitzers verkauft. Als Inhaber der Geschäftsanteile ließ Sebottendorff seine Schwester und seine Geliebte eintragen.[1]

Die Zeitung umfasste vier Seiten und verbreitete Nachrichten aus München und Umgebung. Geld ließ sich mit dem auflagenschwachen Vorstadtblättchen nicht verdienen, schon gar nicht zu einer Zeit, zu der die Münchner jeden Pfennig umdrehten, um am Schwarzmarkt etwas Essbares zu erstehen. Warum also kaufte Sebottendorff diese Zeitung? Und mit welchem Geld? Kurz zuvor hatte er im besten und teuersten Hotel der Stadt, dem Vier Jahreszeiten, Versammlungs- und Klubräume angemietet. Hier amtierte er als Vorsitzender eines Vereins, dem Mitglieder der besseren Münchner Gesellschaft angehörten. Nach außen hin war die Thule-Gesellschaft ein schöngeistiger Zirkel und organisierte Lesungen, Vorträge und Musikveranstaltungen. Tatsächlich verbarg sich aber hinter der biederen Kulisse eine rechtsradikale Organisation.[2]

Kurz nachdem Sebottendorff den *Münchner Beobachter* erworben hatte, übernahmen die Kommunisten in München die Macht. Sebottendorff ergänzte den Namen der Zeitung um die Bezeichnung *Sportblatt* und leitete die Redaktion. Als Vorstadt-Sportblättchen getarnt, versteckte Sebottendorff nun zwischen Nachrichten über Pferderennen und Fußball Mitteilungen, die an die Feinde der kommunistischen Regierung gerichtet waren. Tatsächlich gelang es der Thule-Gesellschaft, die Zensur der Kommunisten zu umgehen. Mithilfe des *Münchner Beobachters* koordinierte sie die heimliche Zusammenarbeit mit verschiedenen anderen völkisch-nationalen Gruppen, Verbänden, Parteien und Vereinen in der Stadt. Ziel der konspirativen Bemühungen war der Sturz der kommunistischen Münchner Regierung.

Im Mai 1919 gelang es der Thule-Gesellschaft und ihren Verbündeten, gemeinsam mit Teilen der Reichswehr und rechten Freikorps-Verbänden, die Kommunisten zu stürzen. Danach wurde München de facto von rechten Militärs beherrscht. Eine Tarnung war für den »vaterländischen« *Beobachter* nun nicht mehr notwendig. Und so änderte die Zeitung im August 1919 ihren Namen. Sie nannte sich nun: *Völkischer Beobachter*. Am 17. Dezember 1920 verkaufte Sebottendorff die Zeitung an Hitler.[3] Die Gründe für den Verkauf der Zeitung an Hitler liegen im Dunkeln. Einige Autoren vermuten, dass Sebotendorff in Geldnöten war, andere behaupten, er habe das Interesse verloren, wieder andere glauben, dass es der Wille gewisser Thule-Mitglieder war, dass Hitler ihre Zeitung übernahm. Fest steht, dass der Erwerb des *Völkischen Beobachters* für Hitler von enormer Bedeutung war. Beabsichtigte er doch, die in viele kleine Parteien, Organisationen und Grüppchen zersplitterte nationale Rechte in einer einzigen Partei, seiner NSDAP, zu einer machtvollen »Bewegung«

zusammenzuschweißen. Um das zu erreichen, benötigte er eine Plattform, von der aus er die rechte Szene für seine Vorstellungen gewinnen konnte. Der *Völkische Beobachter* bot hierfür ideale Voraussetzungen: Als Organ der Thule-Gesellschaft hatte die Zeitung zum erfolgreichen Sturz der Kommunisten beigetragen. In rechten Kreisen besaß sie von daher einen gewissen Nimbus und war als »Marke« etabliert. Sie bezeichnete sich als »über den (rechten) Parteien stehend« und brachte regelmäßig Kolumnen *Aus der Bewegung* und *Aus völkischen Parteien*. Den Ankauf der Zeitung finanzierte Hitler zunächst mit mehreren Darlehen, dann gewann er Sponsoren, die es ihm ermöglichten, alle Darlehen vollständig zurückzuzahlen. Am 16. November 1921 erschien Hitler auf dem Registergericht in München und erklärte, alle Anteile am Eher Verlag und damit am *Völkischen Beobachter* zu besitzen. Er war jetzt Alleinherrscher im Verlag und konnte die Zusammensetzung der Redaktion seines »Kampfblatts« unbeeinflusst von anderen bestimmen. Die weitere Entwicklung ist im Folgenden zusammenfassend beschrieben.[4]

Die Aufgabe des *Völkischen Beobachters* bestand zunächst darin, Versammlungen und Sprechabende der NSDAP anzukündigen und deren politische Auffassungen populär zu machen. Am 6. März 1921 erklärte Hitler, wie er sich seine Zeitung vorstellte: »Wir wollen das Volk aufregen. Und nicht nur aufregen, aufpeitschen wollen wir es. Wir wollen den Kampf predigen, den unerbittlichen Kampf gegen diese ganze parlamentarische Brut, dieses ganze System.« Und so war es dann auch: der *Völkische Beobachter* machte durch einen raubeinig polternden Ton auf sich aufmerksam und war voller Beschimpfungen und Beleidigungen. »›Dümmer wie Katzen und schlecht wie ein Jude‹ fand der *Völkische Beobachter* die Reichsregierung. Die Außenpolitik Deutschlands wurde zum ›Weltmeisterschaftsbauchrutscher‹ erklärt. Unerschöpflich waren die Synonyme, mit denen der *Völkische Beobachter* die

Weimarer Demokratie bezeichnete: ›Allerweltstrottelregierung‹, ›Lumpenrepublik‹, ›parlamentarische Kloake‹, ›Leithammel‹.«[5] Anzeigen wegen Beleidigung und Verurteilungen durch die Gerichte blieben nicht aus, aber das nahmen die Zeitungsmacher in Kauf. Hauptsache war: Beim Publikum kam der aggressive Stil an. Und das war der Fall. Die Zeiten waren hart, und viele Deutsche hatten das Gefühl, ihr Land werde von den Alliierten erpresst und von der eigenen Politik verraten. Im *Völkischen Beobachter* fand die Wut ihr Ventil. Das dreispaltige Wochenblatt wurde zur sechsspaltigen Tageszeitung im Großformat, und die Auflage stieg: Hatte sie 1921 noch bei 8.000 Stück gelegen, so lag sie 1923 schon bei 30.000 Stück und erreichte Ende 1930 sagenhafte 100.000 Exemplare. In nur neun Jahren war aus dem Vorstadtblättchen eine der auflagenstärksten Tageszeitungen Deutschlands geworden.

Als Hitler 1933 an die Macht kam, wurde sein »Kampfblatt« zur offiziellen Stimme der deutschen Regierung. Der *Völkische Beobachter* war nun Pflichtlektüre an Schulen, Universitäten und Behörden. Schon bald lag die Auflage bei weit über einer Million Exemplaren. Das änderte freilich nichts an dem rüpelhaften Stil des Parteiorgans der NSDAP. Nach wie vor wurde gehetzt, beleidigt und gebrüllt. Die vulgäre Sprache des Blattes stieß viele Leser ab, und der Chefredakteur Wilhelm Weiß versuchte mehrfach, den plakathaften Radaustil seiner Zeitung aufzugeben, hatte damit aber nur wenig Erfolg. Genauso wenig Erfolg hatte er mit dem Versuch, die einseitige Berichterstattung der Zeitung zu ändern. Weiß war selbstverständlich ein überzeugter Nationalsozialist, er war aber gleichzeitig zu sehr Journalist, als dass er sich mit dem Trott eines ergebenen Parteiblattes abfinden wollte. Doch jedes Mal, wenn Weiß versuchte, das Niveau des Blattes zu heben, indem er eine gewisse Meinungsvielfalt zuließ, wurde er zurückgepfiffen. Die eigene Zeitung wurde von der Partei genauestens beäugt, und mehrmals sah sich Weiß dem Vorwurf ausgesetzt, zu viel Kritik am Regime zuzulassen. Seiner Entlassung konnte er nur knapp entgehen. Linientreue Berichterstattung war das Gebot der Stunde, und regimekritische Redakteure waren gezwungen, in die unpolitische Redaktion des Feuilletons abzuwandern. Als der Partei die Kommentare ihrer Zeitung zum Krieg als »zu objektiv« missfielen, stellte der *Völkische Beobachter* die Kommentierung militärischer Ereignisse vollständig ein. Erst 1943 lebten die Kommentare wieder auf. »Der *Neuen Zürcher Zeitung* fiel auf, dass der Chef des *Völkischen Beobachters* zu den wenigen Journalisten Adolf Hitlers gehörte, die ein fast ungeschminktes Bild der Kriegslage gaben.«[6]

Um Geld war es Hitler nicht gegangen, als er 1920 den Verlag und die Zeitung gekauft hatte. Nichtsdestotrotz war er als Verleger geschäftlich äußerst erfolgreich. Zum Zeitpunkt der Kapitulation war sein Eher Verlag ein millionenschwerer Medienkonzern. »Das Unternehmen produzierte in knapp zwanzig Jahren 1247 Erst- und 2045 Neuauflagen insgesamt 132 Millionen Bücher, darunter allein über sechs Millionen Exemplare von Hitlers *Mein Kampf*«.[7] Max Amann, der den Verlag in Hitlers Auftrag geführt hatte, wurde in Prozessen nach dem Krieg zu den Finanzen des Unternehmens befragt. Dabei stellte sich heraus, dass sowohl er selbst als auch Hitler durch die glänzenden Geschäfte des Verlages zu Multimillionären geworden waren.[8]

An der Person von Max Amann zeigen sich zwei Eigenschaften Hitlers, die zu seinem Erfolg beigetragen haben: sein feines Gespür bei Personalentscheidungen und seine Managerqualitäten. Mit Max Amann war Hitler bekannt, da dieser im Ersten Weltkrieg sein Vorgesetzter gewesen war. Nur wenige Monate nachdem Hitler den Franz Eher Verlag erworben hatte, übertrug er dem gelernten Kaufmannsgehilfen Amann die geschäftliche Leitung des Verlages und damit auch die Verwaltung seiner eigenen Tantiemen. Nachdem er die Aufgabe an Amann delegiert hatte, ließ Hitler ihm freie Bahn und verzichtete auf weitere Einflussnahmen.

Trotz teilweiser Konfiszierung lebte Max Amann auch noch nach dem Krieg von seinem ansehnlichen Vermögen, bevor er in den Fünfzigerjahren verstarb, als »ehemaliger Reichsleiter«, wie die Traueranzeige stolz vermerkte.[9]

TIERE

Nach der Machtübernahme bestand eine der ersten diktatorischen Maßnahmen Hitlers darin, Schlachttiere unter staatlichen Schutz zu stellen. Die Strafrechtsnovelle vom 26. Mai 1933 regelte, welche Maßnahmen zu ergreifen seien, damit »unnötige Aufregung und Schmerzen« von Tieren bei der Schlachtung vermieden würden.[1] Ebenfalls im Jahr 1933 gab Hermann Göring in seiner Eigenschaft als preußischer Ministerpräsident einen Erlass heraus, der die Vivisektion von Tieren verbot. »Personen, die trotz des Verbotes die Vivisektion veranlassen, durchführen oder sich daran beteiligen, werden ins Konzentrationslager abgeführt«, hieß es dazu in einer Mitteilung der Reichspressestelle der NSDAP. Das Wort »Konzentrationslager« tauchte hier erstmals in einem offiziellen Text auf. In einer Radioansprache sagte Göring über seinen Erlass: »Seit Jahren geht der Kampf gegen die Vivisektion. Viel wurde darüber geredet und in wissenschaftlichen und unwissenschaftlichen Formen gestritten, doch nichts wurde getan. Die nationalsozialistische Regierung war sich vom ersten Tage ab klar darüber, dass mit energischen Mitteln hiergegen vorgegangen werden müsse (...) Für den deutschen Menschen sind die Tiere nicht nur Lebewesen im organischen Sinne, sondern Geschöpfe, die ein eigenes Empfindungsleben führen, die Schmerz empfinden, Freude, Treue und Anhänglichkeit zeigen. Niemals hätte es dem Volksempfinden entsprochen, das Tier einer leblosen, toten und unempfindlichen Sache gleichzusetzen, das Tier nur als ein empfindungs- und seelenloses Objekt der Ausbeutung zu betrachten, als ein Hilfsmittel der Arbeit, das man vielleicht aus Gründen der Nützlichkeit gebrauchen und aus ebensolchen Nützlichkeitsgründen quälen oder vernichten kann.«[2]

Ursprünglich wollte Hitler sämtliche Tierversuche im gesamten Reich verbieten lassen. Dadurch wäre die deutsche medizinische Forschung aber international ins Hintertreffen geraten. Daher blieben Tierversuche schließlich dann doch auch weiterhin erlaubt. Ihre Durchführung wurde aber eingeschränkt, detailliert geregelt und mithilfe eines Registers genau kontrolliert. Versuche mit Tieren waren jetzt nur noch zulässig, wenn die Tiere vor dem Versuch betäubt wurden. Versuche an höher entwickelten Tieren (Pferden, Hunden, Affen, Katzen) waren nur noch gestattet, wenn »durch Versuche an anderen Tieren der beabsichtigte Zweck nicht erreicht werden kann.« (§ 7 Abs. 5) Wer sich nicht an die Vorschriften hielt, dem drohten bis zu zwei Jahre Gefängnis.

Ohne vorherige Debatte ließ Hitler am 24. November 1933 vom Reichstag das Reichstierschutzgesetz verabschieden. Dieses erste deutsche Tierschutzgesetz räumte den Tieren in Deutschland mehr Rechte ein als in jedem anderen Land der Welt. In der Präambel war erstmals gesetzlich festgelegt, dass Tiere als Lebewesen zu behandeln seien und nicht mehr nur als eine Sache. Unterschrieben wurde das Gesetz nicht nur von den zuständigen Ministern, sondern auch von Hitler persönlich. Am 3. Juli 1934, zur selben Zeit, als Hitler im Zug der ›Nacht der langen Messer‹ mehr als 150 politische Gegner ermorden ließ, wurde aus Tierschutzgründen die Jagd neu geregelt und das Jagen zu Pferd und mit Hunden verboten. Die offizielle NS-Biografie von Erich Gritzbach zitiert aus diesem Anlass den Reichsjägermeister Hermann Göring mit den Worten: »Wer Tiere quält, verletzt die Gefühle des deutschen Volkes.«[3]

Die Gesetze zum Schutz der Tiere verschafften den Nationalsozialisten weltweites Ansehen. Als oberster Tierschützer Deutschlands erhielt Hitler 1934 von der Eichelberger Humane Award Foundation in Seattle (USA) die Goldmedaille für seine besonderen Verdienste um den Schutz der Tiere. Von einem

Komitee gegen Tierversuche in New York nahm der deutsche Botschafter im selben Jahr eine Ehrenurkunde für Hitler entgegen. Bei der internationalen Tierschutzversammlung, die 1935 in Brüssel stattfand, wurde das Reichstierschutzgesetz als Meilenstein gefeiert. Auch das Reichsjagdgesetz galt als ein gewaltiger zivilisatorischer Fortschritt. Diese Einschätzung hat das Dritte Reich überlebt. Auch nach dem Krieg befanden juristische Kommentatoren, dass die Regelungen der NS-Gesetzgeber eine hohe Achtung vor dem Leben der Tiere widerspiegelten und dass sie für die damalige Zeit als bahnbrechend anzusehen seien.[4] Nicht zuletzt wurden mit den NS-Gesetzen die Grundlagen für das auch heute noch geltende deutsche Tierschutzrecht geschaffen.

Der NS Staat wertete Tiere aber nicht nur juristisch höher, als es in anderen Staaten üblich war; die Nationalsozialisten sorgten auch für die konsequente Umsetzung ihrer Gesetze. Die Einhaltung der neuen Vorschriften wurde von den zuständigen Behörden genauestens überwacht, und speziell ausgebildete Tierschutzanwälte unterstützten die Behörden bei ihrer Arbeit. »Die Misshandlung und Quälerei von Tieren wurde bis tief in die Kriegszeit vom Staatsapparat streng verfolgt und geahndet. Teilweise befasste sich sogar das Militär mit dem Tierschutz«, stellt der Rechtshistoriker Stefan Dirscherl fest.[5] »Wandernde Tierschauen« auf Volksfesten erhielten keinen Gewerbeschein mehr und waren damit praktisch verboten. Zirkusunternehmen wurden in Bezug auf Behandlung, Ernährung und Pflege der Tiere streng überwacht und Schlachtviehtransporte waren durch spezielle Tierschutz-Verordnungen detailliert geregelt. Selbst für die wissenschaftliche Vogelberingung gab es eine eigene Verordnung. Das Brieftauben-Gesetz vom 1. Oktober 1938 legte fest, dass die fahrlässige Tötung oder Verletzung von Brieftauben mit bis zu zwei Jahren Gefängnis bestraft werden konnte.[6] Auch das Baurecht wurde angepasst und sah vor, dass die Stallungen landwirtschaftlicher Betriebe »artgerecht« beschaffen sein mussten, was durch die Baupolizei und den Reichstierschutzbund kontrolliert wurde. Strafbar war nun sogar, wenn durch schlecht schließbare Türen der Wind durch den Stall blies.[7]

Im Jahr 1935 wurden die Tageszeitungen von der Reichspressestelle der NSDAP angewiesen, dem Tierschutz in der Berichterstattung mehr Raum zu geben. Daraufhin wurde über Gerichtsverfahren gegen Tierquäler ausführlich berichtet. Teilweise wurden die Täter als ›Volksschädlinge‹ bezeichnet, ein Begriff, der üblicherweise für Staatsfeinde und Landesverräter Verwendung fand. Im Jahr 1934 erhielt ein 66-jähriger Mann, der Fröschen die Schenkel abgeschnitten hatte, ohne sie vorher getötet zu haben, 6 Monate Gefängnis.[8] Während der Kriegszeit wäre seine Strafe möglicherweise noch wesentlich höher ausgefallen. Tierschutzdelikte fielen nach dem 5. September 1939 unter die »Verordnung gegen Volksschädlinge«. Diese sah vor, dass auch Bagatelldelikte vor »Sondergerichten« verhandelt werden konnten. Hier wurden wesentlich höhere Strafen verhängt, da nun auch noch ein Kriegswirtschaftsverbrechen vorlag.[9] Ein Arbeiter in der Region Tilsit wurde während der Kriegszeit zu vier Jahren Zuchthaus verurteilt, weil er eine Kuh mit einer Axt schwer verletzt hatte. Ein anderer Arbeiter wurde als Volksschädling zum Tode verurteilt, weil er aus Rache mehrere Schweine seines Arbeitgebers mit einer arsenhaltigen Flüssigkeit getötet hatte.[10] 2.608 Personen wurden wegen Zuwiderhandlung gegen das *Reichstierschutzgesetz* im Jahr 1934 rechtskräftig verurteilt. Für 1933–1941 verzeichnet eine Statistik 25.537 Verurteilungen.[11] Der im staatlichen Auftrag betriebene Tierschutz ging so weit, dass 1942 eine Verordnung erlassen werden musste, welche Gartenbesitzern ein »erhöhtes Notwehrrecht« gegen »Raubwild, Kaninchen und Drosseln« einräumte.[12]

In der deutschen Öffentlichkeit genoss der Tierschutz in den ersten Jahrzehnten des 20. Jahrhunderts kein besonders hohes Ansehen. Tier- und Naturschützer wurden als Sektierer angesehen und galten als versponnene Außenseiter.[13] Hitler tat alles, um das zu ändern und den Tierschutzgedanken populär zu machen. Der Schutz der Tiere sollte aus innerer Überzeugung erfolgen und nicht aus bloßer Angst vor Strafen. Tierschutz, verkündete das NS-Regime, sei für Deutsche eine ethische Selbstverständlichkeit. Gerne wurde der Philosoph Leonard Nelson (1882–1927) zitiert, der die Achtung vor den Rechten der Tiere als »untrüglichen Maßstab für die Rechtlichkeit des Geistes einer Gesellschaft« angesehen hatte. Auch die schwedische Literatur-Preisträgerin Selma Lagerlöf zitierte man in diesem Zusammenhang. Sie hatte den Tierschutz zum Gradmesser der Kulturstufe eines Volkes erklärt: »Ein warmes Gefühl für das Leiden der Tiere ist immer ein Zeichen hoher Zivilisation.«[14] Hitler wurde im Zusammenhang mit dem Tierschutz mit einem Satz aus einer Rede zitiert, die er vor der Deutschen Arbeitsfront in Berlin am 10. Mai 1933 gehalten hatte: »Ich habe mich immer zu der Auffassung bekannt, dass es nichts Schöneres gibt, als Anwalt derer zu sein, die sich selbst nicht gut verteidigen können.«

Wochenschauen im Kino und Radiosendungen hatten den Schutz der Tiere zum Inhalt, und an den tierärztlichen Ausbildungsstätten der Universitäten wurde ein Unterrichtsfach ›Tierschutz‹ geschaffen. Der Tierarzt wurde »zum Anwalt der stummen, wehrlosen Tiere« erklärt.[15] Bei der Hitlerjugend war der Tierschutz ein zentrales Anliegen und staatliche Stellen gaben Theaterstücke für Kinder in Auftrag, deren erklärtes Ziel darin bestand, den Kindern zu vermitteln, dass Tiere ›beseelte Mitgeschöpfe‹ seien und keine Sachen. Ab 1938 wurde der Tierschutz als Unterrichtsfach an allen höheren Schulen eingeführt. Außerdem wurden mit staatlicher Unterstützung Plakate, Postkarten, Merkblätter und Zeitschriften herausgegeben, die den Schutz der Tiere propagierten. Ein beliebtes Weihnachtsgeschenk für Kinder war der Reichstierschutzkalender, der viele bunte Bilder und Tiergeschichten enthielt. Der 24. November, der Tag der Verabschiedung des Tierschutzgesetzes, wurde zum Reichstierschutztag erklärt. An diesem Tag war der Tierschutz an den Schulen das beherrschende Thema. Außerdem wurden öffentliche Feierstunden abgehalten und in den Kinos wurden Tierfilme gezeigt. Tierschutzwochen mit Lichtbildvorträgen hielten die Schulen darüber hinaus während des ganzen Jahres ab. Sogar eine eigene Tierschutz-Jugendzeitung erschien.

Mit großem Eifer verbreitete die NS-Propagandamaschine Fotos, auf denen der Führer mit seinen Schäferhunden und mit anderen Tieren zu sehen war. Auch Postkarten, die Hitler mit Tieren zeigten, waren im deutschen Reich weit verbreitet. Ein bekanntes Motiv zeigte Hitler beim Füttern von zwei Rehkitzen mit dem begleitenden Text: *Der Führer als Tierfreund*. Hitlers Tierliebe war aber nicht nur Propaganda. Pelzmäntel lehnte Hitler aus Tierschutzgründen vehement ab, und so hatte er Eva Braun die Anschaffung von Pelzen während der ersten Jahre ihrer Beziehung strikt untersagt. Allerdings blieb Eva Braun hartnäckig und konnte erreichen, dass Hitler in späteren Jahren dann doch den einen oder anderen Pelz bei ihr tolerierte.[16]

Besonders zu Hunden hatte Hitler ein inniges Verhältnis. Im Ersten Weltkrieg war er als Soldat erst wenige Monate an der Front, als sich ein weißer Terrier hinter die deutschen Linien verirrte. Vermutlich hatte der Hund einem englischen Offizier gehört. Hitler fing den »Deserteur« ein, und schon nach kurzer Zeit hatte der Terrier seinen neuen Herren akzeptiert. Hitler nannte ihn Fuchsl, und der Hund war von nun an nicht nur tagsüber ständig an seiner Seite, sondern schlief auch nachts neben seinem Strohsack. Hitler brachte seinem Hund alle möglichen Kunststücke bei und ließ ihn auch auf mehreren Fotos ablichten, auf denen Hitler zusammen mit seinen Kriegskameraden zu sehen ist. Drei Jahre lang waren Hitler und sein Hund unzertrennlich. Im August 1917, als Hitler in der Nähe von Colmar stationiert war, durchwühlte ein Unbekannter seinen Rucksack und stahl seine Malutensilien. Auch Fuchsl verschwand und Hitler sah ihn nicht wieder. Hitlers Schäferhund »Blondi«, den ihm sein Sekretär Martin Bormann geschenkt hatte, begleitete ihn auch während seiner letzten Tage im Bunker von Berlin. Am 29. April 1945, nach seiner Heirat mit Eva Braun, erprobte Hitler die Wirksamkeit seiner Zyankali-Kapseln zunächst an seinem Hund. Sie wirkten.[17]

Dass Hitler Vegetarier war, ist vielfach belegt. »Ich esse alles, was die Natur freiwillig hergibt«, soll er gesagt haben. »Obst, Gemüse, Pflanzenfett. Ich bitte mir alles zu ersparen, was Tiere nur unfreiwillig hergeben: Fleisch, Milch und Käse. Vom Tier also nur die Eier.«[18] Ob Hitlers Vegetarismus auf seine Tierliebe zurückzuführen ist, ist umstritten. Mehrfach belegt ist, dass er es liebte, sich über seine fleischessende Entourage lustig zu machen. Fleischbrühe hat er bei gemeinsamen Essen verächtlich als »Leichentee« bezeichnet und bei entsprechender Gelegenheit hat er seine Tischgäste auch gerne mit blutrünstigen Anekdoten aus Schlachthöfen unterhalten. Am 11.11. 1941 soll er im kleinen Kreis Folgendes geäußert haben: »Es tut einem oft leid, dass man in einer Zeit lebt, in welcher einem noch nicht bewusst ist, wie die neue Welt aussehen wird. Eines aber kann ich den Fleischessern sagen: Die neue Welt wird vegetarisch sein!«[19]

Neben Hitler selbst waren auch auffallend viele Mitglieder seiner Regierung Vegetarier. Führerstellvertreter Rudolf Heß war Vegetarier, Nichtraucher und Antialkoholiker, und Joseph Goebbels bezeichnete den Fleischverzehr als eine Perversion der menschlichen Natur, die zu überwinden sei.[20]

Auch Heinrich Himmler ernährte sich vegetarisch. Er war überzeugter Rohköstler und befahl, dass in SS-Kasernen und Konzentrationslagern Kräutergärten angelegt werden sollten.[21] Nach dem Krieg plante Himmler, den Tierschutzverbänden Polizeibefugnisse einzuräumen. »Es hat mich sehr interessiert zu erfahren«, sagte Himmler, »daß noch heute die buddhistischen Mönche, wenn sie abends durch den Wald gehen, ein Glöckchen bei sich tragen, um die Tiere des Waldes, die sie zertreten könnten, zum Ausweichen zu veranlassen, damit ihnen kein Schaden zugefügt wird. Bei uns aber wird auf jeder Schnecke herumgetrampelt. Jeder Wurm wird zertreten.«[22]

Dass sich ausgerechnet Heinrich Himmler als oberster Vollstrecker nationalsozialistischer Massenmorde für den Schutz der Tiere aussprach, erscheint paradox. Manche Historiker haben erklärt, der Tierschutz sei für Hitler und andere führende Nationalsozialisten nur ein Propagandawerkzeug gewesen und keinesfalls ein ernst gemeintes Anliegen. So schreibt zum Beispiel die Historikerin Edeltraud Klueting: »Dass die menschenverachtende Ideologie unter dem Deckmantel der Tierliebe versteckt wurde, muss jedoch deutlich herausgestellt werden.«[23] Die Historikerin kommt hier aber zu einer Fehleinschätzung, welche die ideologischen Zusammenhänge verkennt. Hitlers Tierliebe war nicht vorgetäuscht. Es handelte sich dabei auch nicht nur um einen rein propagandistischen Akt. Hitlers Tierliebe war authentisch, genauso authentisch wie sein Rassenhass. Dass das NS-Regime hilflose Tiere unter seinen Schutz stellte, hilflose Kinder und Behinderte aber gnadenlos ermordete, erscheint nur auf den ersten Blick widersprüchlich. Führt man sich die Gedankenwelt Hitlers vor Augen, ist es aber nur konsequent, denn Rassenhass, Eugenik und Tierliebe entsprangen derselben Ideologie. Die Tiere waren als Teil der »ewigen Natur« zu schützen. Genauso musste diese »ewige Natur« aber auch vor »entartetem« und »widernatürlichem« Leben geschützt werden. Behinderte, Juden, Slawen, Sinti und Roma standen der »natürlichen« Höherentwicklung der Menschheit nach der Auffassung Hitlers im Weg und mussten daher »entfernt« werden.

JAHRESZEITEN

»Der Reichsführer-SS wünscht, dass alle SS-Führer bei einem Aufenthalt in München in dem Hotel ›Vier Jahreszeiten‹ absteigen. Für Veranstaltungen der Partei in München ist für alle Gäste des Reichsführers-SS für die Zukunft das Hotel ›Vier Jahreszeiten‹ zu berücksichtigen.«

Befehl des Chef Rasse- und Siedlungshauptamt-SS vom 17.2.1936[1]

Die Leitbilder Heinrich Himmlers waren Soldatentum und rassische Auslese. Er experimentierte mit Heilkräutern und war überzeugter Rohköstler und Vegetarier. Als Führer der SS war Himmler in letzter Instanz verantwortlich für die Befehle des RuSHA. Das Hotel ›Vier Jahreszeiten‹ war in München das erste Haus am Platz, ein Nobelhotel in dem die nationale und internationale Wirtschaftselite verkehrte. Dass der asketische Himmler darauf bestand, seine Gäste und Untergebenen ausgerechnet in einem bourgeoisen Luxushotel unterzubringen, erscheint auf den ersten Blick befremdlich. Befasst man sich aber näher mit der Geschichte des Hotels, so wird Himmlers Befehl verständlich. War das Vier Jahreszeiten doch »die Gebärmutter« des Nationalsozialismus. Hier wurden die geistigen Fäden gesponnen, die zur Geburt der NSDAP führten. Hier hatte die Thule-Gesellschaft ihren Sitz gehabt, die bei der Entstehung des Nationalsozialismus eine entscheidende Rolle gespielt hat.[2]

Hitler war immer darauf bedacht, dass die Verbindung zwischen ihm und der Thule-Gesellschaft nicht bekannt wurde. Weder öffentlich noch privat hat er die Thule-Gesellschaft im Zusammenhang mit den Anfängen seiner »Bewegung« erwähnt. Ein Buch, das Rudolf von Sebottendorff, der ehemalige

Leiter der Thule-Gesellschaft, im Jahr 1933 publizierte und das die Bedeutung der Thule-Gesellschaft für Hitler zum Inhalt hatte, wurde von den NS-Behörden verboten und eingezogen. Die Bedeutung des Vier Jahreszeiten für die ›Bewegung‹ war daher auch unter Nationalsozialisten kaum bekannt. Himmler, der größtes Interesse an esoterischem Wissen hatte, wusste aber natürlich davon. Denn die Thule-Gesellschaft hatte nicht nur politische Ziele verfolgt. In ihrem innersten Kern war sie eine geheime esoterische Logenbruderschaft gewesen. Auf diesen Umstand wird in den folgenden Kapiteln noch näher einzugehen sein.

›Kraftplätze‹, an denen sich angeblich gewisse feinstoffliche Energien bündeln, spielen in der Esoterik seit jeher eine bedeutende Rolle. Denkbar ist, dass der Esoteriker Himmler in dem Vier Jahreszeiten einen solchen Kraftplatz sah, aufgeladen mit den Energien der Geburtshelfer der NS-Bewegung, der Thule-Gesellschaft.

Vom August 1918 an hatte die Thule-Gesellschaft das Nobelhotel zum Zentrum ihrer Aktivitäten erkoren. Die Vereinigung hatte Vortragsäle angemietet, in denen bis zu 300 Personen Platz fanden, sowie mehrere kleinere »Klubräume«, die für das Sekretariat und die nicht-öffentlichen Veranstaltungen zur Verfügung standen. Sämtliche von der Thule-Gesellschaft angemieteten Räume waren geschmückt mit deren Symbol: Einem Hakenkreuz und einem Dolch.

Mit dem Ende des Ersten Weltkrieges begann für München und das Vier Jahreszeiten eine schwere Zeit. Hunger, Terror und wechselnde kommunistische Regierungen beherrschten die Stadt. Während auf den umliegenden Straßen der Schwarzmarkt blühte und Gesetzlosigkeit, Raub und Totschlag an der Tagesordnung waren, bot das Vier Jahreszeiten zwar noch immer den wilhelminischen Prunk und die gediegene Atmosphäre eines Luxushotels, aber Gäste blieben aus. Vor dem Beginn des Krieges waren in dem Hotel so unterschiedliche Prominente abgestiegen wie der US-Presse-Zar Joseph Pulitzer, der Auto-Baron Henry Ford oder der König von Siam. Nur wenige Wochen bevor ihre Ermordung im Jahr 1914 den Ersten Weltkrieg auslöste, waren der österreichische Kronprinz Franz Ferdinand und seine Frau Sophie von Hohenberg im Vier Jahreszeiten zu Gast gewesen. Aber nun, nachdem der Krieg verloren war und München von politischem Chaos beherrscht wurde, ließen sich ausländische Besucher nicht blicken. Und auch wohlhabende Deutsche verzichteten während dieser unsicheren Zeiten lieber auf Besuche in fremden Städten.

Zu der Zeit, als sich die Mitglieder der Thule-Gesellschaft im Vier Jahreszeiten eingemietet hatten, war das Hotel kaum besucht. Während der Herrschaft der verschiedenen linken Regierungen in München zwischen November 1918 und Mai 1919 organisierte die Thule-Gesellschaft im Vier Jahreszeiten konspirative Treffen mit dem Ziel, die kommunistische Münchner Regierung zu stürzen. In dem Hotel wurden von den Thule-Mitgliedern Waffen gelagert und es wurden Bündnisse mit anderen Gegnern der kommunistischen Herrscher geschmiedet. So wurde das Hotel zu dem geheimen Zentrum der Münchner Gegenrevolution. Im Zuge Zuge einer Durchsuchung des Hotels durch die Rote Armee der Regierung wurden mehrere Thule-Mitglieder verhaftet. Die Erschießung der Verhafteten durch die roten Garden lieferte rechten Agitatoren in der Zeit nach der Revolution willkommene Propaganda-Munition.[3] Besitzer waren in der Zeit unmittelbar nach dem Ersten Weltkrieg die Brüder Adolf und Max Obermayer. Die Gebrüder Walterspiel, die in der Literatur häufig als Besitzer genannt sind, übernahmen das Hotel erst zu einem späteren Zeitpunkt. Inwieweit die Obermayers die Aktivitäten der Thule-Gesellschaft persönlich unterstützten, ist heute nicht mehr feststellbar.

Von der bewegten Geschichte des Hotels Vier Jahreszeiten erfährt der Gast heute nichts. Die Webseite des Hotels klammert Geschichtliches fast vollkommen aus. Lediglich das Datum der Erbauung (1858) ist dort genannt. Auch im Wikipedia-Eintrag zum Vier Jahreszeiten findet die historisch bedeutsame Zeit unmittelbar nach dem Ersten Weltkrieg kaum Beachtung. Zwei knappe Sätze sind alles, was es darüber zu lesen gibt. So ist die Bedeutung des Ortes bis zur heutigen Zeit okkult = verborgen, geheim, unsichtbar, dunkel ... geblieben.

BEGEISTERUNG

Die Parole »am deutschen Wesen soll die Welt genesen« ist keine Erfindung Hitlers oder der Nationalsozialisten. Sie geht zurück auf ein Gedicht von Emanuel Geibel aus dem Jahr 1861. Zu dieser Zeit bestand Deutschland aus einer bunten Mischung von Königreichen, Fürstentümern, Grafschaften, Herzogtümern, Großherzogtümern, Kurfürstentümern und freien Städten. In seinem Text forderte Geibel ein Deutschland, das als eine Nation unter einem deutschen Kaiser vereint ist. Ähnliches hatte 50 Jahre zuvor bereits Ernst Moritz Arndt in seinem *Rachelied der Deutschen* gefordert. Den Wunsch der Dichter teilten viele Deutsche, und tatsächlich erfüllten sich die Sehnsüchte von Arndt, Geibel und anderen im Jahr 1871, als unter der Herrschaft des preußischen Kaisers Wilhelm das Deutsche Reich gegründet wurde. Verspätet war Deutschland nun doch zu einer Nation geworden, und die Begeisterung über die endlich errungene Einheit war groß.

Dass Deutschland über weite Strecken des 19. Jahrhunderts keine geeinte Nation gewesen war, so wie England, Frankreich oder andere europäische Staaten, hatte zu einem nationalen Minderwertigkeitsgefühl geführt. Deutsche intellektuelle Kreise hatten versucht, das dadurch auszugleichen, dass sie behauptet hatten, die Deutschen seien geistig und moralisch allen anderen weit überlegen. Nach der Reichsgründung konnten die Deutschen nun zum ersten Mal das empfinden, was sie so lange hatten entbehren müssen: Stolz auf ihr Land. Und das taten sie mit umso größerer Vehemenz. Zwar wurden Nationalstolz und Patriotismus auch in den benachbarten europäischen Ländern gepflegt und geschürt, nicht zuletzt wegen der kolonialistischen Interessen der einheimischen Politik und Wirtschaft. Aber aufgrund der vorangegangenen Entwicklung war das deutsche Nationalgefühl von einer besonderen Qualität: Es war, vor allem in kultureller Hinsicht, extrem arrogant. Ein Beleg dafür ist die Vorstellung, dass »am deutschen Wesen die Welt genesen« solle. Emanuel Geibel hatte allerdings gedichtet: »es *mag* am deutschen Wesen einmal noch die Welt genesen.« Dass die Welt am deutschen Wesen genesen *soll*, diese Forderung stellte die deutsche Politik erst jetzt auf, nachdem der Zusammenschluss der zersplitterten deutschen Teilstaaten erreicht war. Ein weiteres Merkmal des deutschen Nationalgefühls war die Sehnsucht nach Einheit. Zwar war die Einheit Deutschlands mit der Kaiserproklamation vom 18. Januar 1871 vollzogen, die Sehnsucht nach Einheit war deshalb aber nicht erloschen. Sie erstreckte sich nun über die Grenzen des Landes hinaus.

Es gehe darum, Europa zu einen, hieß es. Und nach Europa – die Welt. Um das zu bewerkstelligen, müsse sich die überlegene deutsche Kultur mit ihren Wertmaßstäben auch anderswo durchsetzen. Man behauptete, dass nur die Deutschen in der Lage seien, die Welt zu einem besseren Ort zu machen. Die Völker im Osten und Süden Europas seien für diese Aufgabe zu »primitiv«, ebenso die Nordamerikaner. Als Nachfahren von proletarischen Auswanderern und Sklaven seien die US-Amerikaner unfähig, jemals das intellektuelle und moralische Niveau zu erreichen, das notwendig sei, um den höheren Zielen der Menschheit zum Durchbruch zu verhelfen. Auch den Ländern im Westen Europas fühlten sich die Deutschen überlegen. Ganz besonders betonten sie ihre Überlegenheit den Engländern gegenüber. Zwar regierten die Briten ein Weltreich, in kultureller Hinsicht aber war England aus deutscher Sicht ein peripheres Gebiet. Der Engländer, so hieß es, verwechsle »Wahrheit« mit »Tatsachen«, das »Gute« mit dem »Nützlichen«, »Liebe« mit »Solidarität« und die »menschliche Natur« mit »Engländer«. Wenn der Engländer von »Kultur« spreche, meine er »Komfort«.

Die Deutschen fühlten sich dazu berufen, die materialistische britische »Zivilisation« zu überwinden, und sahen sich selbst als Vorreiter einer heraufziehenden idealistischen Weltkultur.

Nach 1871 schwärmte man in Deutschland davon, dass in der neuen, von Deutschen inspirierten Weltkultur der menschliche Geist wahrhaftig regieren werde und dass dann endlich dessen Möglichkeiten voll ausgeschöpft werden könnten. Deutsche Philosophen und Intellektuelle wurden nicht müde, den Glauben an Deutschlands Auserwähltsein zu beschwören und zu behaupten, dass Deutschland »der Welt an geistiger Tiefe überlegen« sei. Der deutsche Geist zeichne sich aus durch den »Willen zum Unmöglichen« und die »Sehnsucht nach dem Licht«, hieß es. Den Drang der deutschen Politik, die Welt durch Kriege und Eroberungen zu einen und zu beherrschen, sahen die deutschen Intellektuellen durch die Überlegenheit der deutschen Kultur gerechtfertigt. Deutschland stand schließlich »über allem auf der Welt«, wie das auch die erste Strophe der deutschen Nationalhymne proklamierte. Die war allerdings 1841 entstanden, also zu der Zeit, als »Deutschland« noch ein sehnsüchtig erhofftes und unerreichtes Ziel gewesen war.

Dass das zersplitterte Deutschland im 19. Jahrhundert in wirtschaftlicher Hinsicht der Entwicklung der anderen westlichen Nationen hinterhergehinkt war, betrachtete man nach der erreichten Einheit sogar als einen Vorteil: Dadurch sei Deutschland das Schicksal der Dekadenz und des kulturellen Niedergangs zum großen Teil erspart geblieben, den man in Frankreich und England auszumachen glaubte. Im Jahr 1914 hatte Deutschland allerdings wirtschaftlich mächtig aufgeholt. Die elektrische und die chemische Industrie Deutschlands hatten die britischen Industrien an Produktivität bereits überholt, und Deutschland war auf dem besten Weg, mehr Stahl zu produzieren als England.

Als die Gefahr eines Weltkrieges näher rückte, sahen die intellektuellen Kreise im Deutschland des beginnenden Jahrhunderts darin keinen Nachteil, im Gegenteil: Ein möglicher Krieg wurde als eine »notwendige Reinigung« der europäischen Kulturen begriffen, die als vergiftet und verunreinigt angesehen wurden. Im »Stahlbad der Nationen« sollte sich die »dekadente Friedenswelt« grundlegend wandeln. Viele Intellektuelle waren der Moderne überdrüssig, viele sahen im Krieg die Hoffnung auf eine Erlösung aus der »Hohlheit eines gemächlichen Lebens«. Der Krieg versprach eine große unbekannte heldenhafte Erfahrung und ein »reinigendes Feuer«, das den »innersten Glutkern« Deutschlands offenbaren würde. Drei Monate nach dem Beginn des Krieges veröffentlichte die *Frankfurter Zeitung* am 1.11.1914 einen Artikel von Dr. Leopold Ziegler, in dem es hieß: »Wie wir in diesem Kampf um unsere deutsche Menschlichkeit Kräfte entfesseln werden, deren wir uns nie vorher bewußt waren und nicht bewußt sein durften, – so wird aus den Wolkendünsten fiebernder Schlachten das reine Gestirn eines noch ungedachten Weltgedankens glanzreich emporsteigen. Und wie es auch kommen mag: Wir werden nach diesem Krieg anders sein, und mit uns wird die Welt ein neues Gesicht empfangen haben.«

Die Hoffnung auf Gebietsgewinne in Europa oder darauf, dass Deutschland Kolonien erobern könnte und dass das Land dann endlich den ihm zustehenden »Platz an der Sonne« erhalten werde, war für die deutschen Intellektuellen erst in zweiter Linie von Bedeutung. In ihren Augen war der Krieg vor allem deshalb »gerecht« und »notwendig«, weil es ein »Krieg der Kulturen« war. Bei diesem »Krieg der Ideen« werde sich entscheiden, ob das 20. Jahrhundert ein deutsches oder ein britisches Jahrhundert werden würde. Dabei stand Deutschland für Freiheit: Freiheit vom Imperialismus des Westens und von der Barbarei des Ostens. Man war angetreten zu dem großen Kampf um den zivilisatorischen Fortschritt. Deutsche Kultur und Weisheit gegen französische Oberflächlichkeit und Dekadenz. Deutschlands idealistische Helden gegen Englands selbstsüchtige Materialisten.

Der deutschen Bevölkerung wurde der Krieg als ein Kampf zwischen »Händlern« und »Helden« präsentiert. Dabei waren die Briten die gierigen Händler, die nur auf materiellen Gewinn aus waren, während die deutschen Helden die idealistischen Werte deutscher Kultur verteidigten.[1] Nach dem gewonnenen Krieg sollte dann auf der Basis der deutschen Ideale ein fortschrittliches und geeintes Europa entstehen.

Als der Krieg tatsächlich ausbrach, gab es unter den deutschen Intellektuellen, ebenso wie im gesamten Land, an einem deutschen Sieg nicht den geringsten Zweifel. Es galt als ausgemacht, dass am Ende die Nation mit der bedeutenderen Kultur siegen würde. Der deutschen Metaphysik, so glaubte man, konnten weder der britische Empirismus noch der französische Irrationalismus etwas Ebenbürtiges entgegensetzen. In dem bereits erwähnten Artikel der *Frankfurter Zeitung* vom 1.11.1914 heißt es dazu: »Dann ist die Zeit erfüllet und das Reich ist nah herbeigekommen. Dann wird das schlecht verwaltete Gut in reine Hände übergehen müssen, so und so. Das ist die bittere Alternative dieses Krieges, um ihretwillen ist er kein politischer Krieg. Er wird die Entscheidung bringen über Wert und Unwert, Sinn und Unsinn, Kraft und Ohnmacht dieser Welt.«

Intellektuelle Kräfte wurden nicht nur in Deutschland für den Krieg mobilisiert. Auch in Frankreich, England und zunehmend auch in den USA wurden die eigenen Ziele verklärt und es wurde gegen die Deutschen gehetzt. Die Gewaltrhetorik blieb dort allerdings vorwiegend auf die Publizistik beschränkt. In Deutschland wurde die gesamte kulturelle Sphäre zum essenziellen Teil der Kriegsanstrengungen.

Insbesondere die Literatur wurde von der deutschen Politik für den Krieg instrumentalisiert. Sie verstand sich aber auch selbst als Teil der Teil der kulturellen Mobilmachung.[2] In seinem Buch *Die geistige Mobilmachung. Die deutschen Intellektuellen und der Erste Weltkrieg* (2000) zählt Kurt Flasch 13.000 Titel, die dieser Thematik zuzurechnen sind.

Der Erfolg dieser Bemühungen war enorm und die Begeisterung der Massen war bei Ausbruch des Krieges im August 1914 grenzenlos. Man sprach allgemein vom »Augusterlebnis«. In *Mein Kampf* hat Hitler dem Gefühl, das damals unzählige junge Männer teilten, Ausdruck verliehen. Über den Moment, in dem der Ausbruch des Krieges verkündet wurde, schreibt er: »Ich schäme mich auch heute nicht, es zu sagen, daß ich, überwältigt von stürmischer Begeisterung, in die Knie gesunken war und dem Himmel aus übervollem Herzen dankte, daß er mir das Glück geschenkt, in dieser Zeit leben zu dürfen.«[3] Ähnliches müssen Franz Marc, Max Ernst, Alfred Döblin, Ernst Ludwig Kirchner, Oskar Kokoschka, August Macke und viele andere deutsche Künstler empfunden haben, die sich begeistert freiwillig zum Dienst an der Front meldeten. Zwar haben neuere Forschungen belegt, dass die große Begeisterung vor allem in den Großstädten zu Hause war und auf dem flachen Land oft vollständig fehlte. Aber dort, wo die Fotografen Bilder machten, in den Städten, standen Menschenmengen Spalier und umjubelten die Truppen, die in den Krieg zogen. In blumengeschmückten Zügen fuhren junge Männer, die sich zu Tausenden freiwillig zum Kriegseinsatz gemeldet hatten, singend und feiernd an die Front, so als folgten sie der Einladung zu einem gewaltigen Fest. Die einzige Befürchtung, die sie beherrschte, war die Angst, zu spät an die Front zu kommen, und dass der Krieg siegreich beendet sein könnte, bevor sie ihren Kampfesmut unter Beweis gestellt hatten. »Der Krieg mußte es uns ja bringen, das Große, Starke, Feierliche. Er schien uns männliche

Tat, ein fröhliches Schützenfest auf blumigen, blutbetauten Wiesen.« So beschrieb Ernst Jünger die Stimmung im Nachhinein 1920 in seinem Roman *In Stahlgewittern*.

Als Hitler in den 20er-Jahren den Versailler Vertrag als Beleg für den moralischen Tiefstand der Alliierten zitierte und erneut die Überlegenheit Deutschlands beschwor, appellierte er an dieselben Gefühle, die seine eigene Generation singend in die Todesgräben des Ersten Weltkrieges hatte marschieren lassen. Mit dem Versprechen, die Fesseln des Versailler Vertrages zu sprengen und Deutschland den ihm zustehenden Platz in der Welt zu sichern, gelang es Hitler, immer größere Teile der Bevölkerung für seine Person und seine Politik einzunehmen.

Nach der Machtübernahme trug ihm die Tatsache, dass er es vermocht hatte, die politisch zersplitterte Nation hinter sich zu einen, auch den Beifall derjenigen ein, die seine Ideen zuvor vehement abgelehnt hatten. Die tief sitzende deutsche Sehnsucht nach Einheit hatte in Hitlers Person ihren Kristallisationspunkt gefunden. Zugleich hatte es Hitler vermocht, trotz verlorenem Krieg und wirtschaftlicher Misere das vertraute Gefühl deutscher Überlegenheit erneut zu vermitteln. Die Begeisterungsstürme und euphorischen Bekundungen, die seine Auftritte nach 1933 auslösten, erinnerten dann auch an das »Augusterlebnis« von 1914. Die »Macht der Begeisterung« ist »ein Rausch und ist in diesem Zustande weiter zu erhalten«, hat Hitler in *Mein Kampf* geschrieben. Die Begeisterung sei ein »Feuer«, das man schüren müsse. »Um dieses Eisen in Wärme zu halten« (...) (müsse man alles tun, d. Verf.) »um die Siedehitze der Leidenschaft zu steigern«.[4]

Gelungen ist Hitler das nur teilweise. Als der stürmisch gefeierte Kanzler sechs Jahre nach seinem Machtantritt den Angriff auf Polen befahl und die Westmächte Deutschland den Krieg erklärten, hielt sich die Begeisterung der

Deutschen in sehr engen Grenzen. Unter der Bevölkerung herrschten vor allem Betroffenheit und die Angst vor einem kommenden Weltkrieg. Ein Angehöriger der US-Botschaft beschrieb die Stimmung in Berlin unmittelbar nach dem Angriff auf Polen wie folgt: »Die Leute, die ich getroffen habe, wirken ruhig, traurig und resigniert.«[5] Zwar ging es erneut, wie schon im Ersten Weltkrieg, um Einheit in Europa unter der Vorherrschaft Deutschlands[6] und wieder war es ein Krieg der Ideen. Aber die Idee der Rasse war den Deutschen wenig vertraut, und die Euphorie von 1914 ließ sich damit nicht wiedererwecken.

Erst nach den Erfolgen der Wehrmacht in Frankreich stellte sich dann doch so etwas ein wie Begeisterung. In Berlin wurde Hitler von Hunderttausenden jubelnder Menschen gefeiert und General Keitel erklärte ihn zum »größten Feldherrn aller Zeiten«. Aber trotz alledem erreichte die Kriegsbegeisterung im Dritten Reich nie wieder das Ausmaß, welches zu Beginn des Ersten Weltkrieges geherrscht hatte. Aus eigener Erfahrung konnten sich zu viele Deutsche noch zu gut dran erinnern, was ein Krieg wirklich bedeutet.

GOLDZIER

Zu der Zeit, als der junge Hitler in Wien lebte, veröffentlichte der Wiener Privatgelehrte Hans Goldzier (Pseudonym: Th. Newest) acht kleine Bände mit dem Titel *Einige Weltprobleme* (1908). Dass Hitler die Schriften Goldziers ausgiebig studiert hat, geht aus den Aufzeichnungen von Otto Wagener hervor.[1]

Der jüdisch klingende Name »Goldzier«, der neben dem Pseudonym auf der Titelseite stand, scheint Hitler nicht gestört zu haben, was seine undifferenzierte Einstellung zum Judentum während der Wiener Jahre bestätigt. In seinen Schriften vertrat Goldzier exzentrische pseudo-wissenschaftliche Theorien und eigenwillige philosophische Auffassungen. Unter anderem bezeichnete er die Gravitationsgesetze Newtons als »Irrtum«; er behauptete, dass der Mond aus Eisen bestehe, dass sich die Wiege der Menschheit am heutigen Nordpol befunden habe und dass es schädlich sei, Kinder zu küssen, da man ihnen damit Lebensenergie entziehe.

In Band sechs der *Weltprobleme* findet sich Goldziers Entwurf für eine neue Moral: »Die arterhaltende und artverbessernde Lebensweise des Einzelnen oder der Gesellschaft ist gut. Alles Gegenteilige ist schlecht.«[2] Goldzier behauptete, dass diese neue »naturgesetzliche« Moral eine grundsätzliche Veränderung im Leben der Völker zur Folge haben werde, sollte sie sich durchsetzen. »Im Hinblick auf eine solche, nunmehr auf ein Naturgesetz fundierte Moral, die sich die notwendige Anerkennung auf Grund ihrer Selbstverständlichkeit erzwingt, könnte eine unabsehbare Wandlung im Leben der Kulturvölker hervorgerufen werden«.[3]

Goldziers Idee einer naturgesetzlich begründeten Moral hat Hitler möglicherweise von ihm übernommen. Gegenüber seinem Wirtschaftsberater Otto Wagener begründete Hitler die Notwendigkeit, »unwertes Leben« (Behinderte) zu »beseitigen«, mit Goldziers These. Aber nicht nur die »biologische Moral« Goldziers scheint bei Hitler auf fruchtbaren Boden gefallen zu sein, auch andere Ideen des Wiener Exzentrikers fand Hitler »beeindruckend«.

Hitlers Wertschätzung von Goldziers Ideen belegt seine Sympathie für »Wahrheitsforscher«, die im Gegensatz zur »Katheder-Wissenschaft« standen. Sich selbst sah Hitler als einen genialen Querdenker, und er hatte daher immer auch ein offenes Ohr für die Ideen anderer Querdenker. Größtes Interesse zeigte er später für die »Welteislehre« des Hanns Hörbiger, in der Hörbiger die Entstehung der Planeten durch das Eindringen eines Eisplaneten in eine massenreiche Ursonne erklärte. Auch die »Hohlwelttheorie«, die ein US-amerikanischer Arzt erdacht hatte, soll Hitlers Interesse gefunden haben. Die »Hohlwelttheorie«, oder »Innenwelttheorie«, besagt, dass die Erde hohl ist und sich das Universum im Inneren der »Erde« befindet und nicht außerhalb.

Nach seinen Misserfolgen in der Schule und der Ablehnung durch die Kunstakademie sah sich Hitler als verkanntes Genie und zeigte sich zeitlebens aufgeschlossen für die Ideen von Außenseitern, gerade auch dann, wenn sie den wissenschaftlichen Erkenntnissen widersprachen. »Wenn ich einen Forscher finde, der einen neuen Weg sucht, werde ich ihm helfen, gegen die exakte Wissenschaft, die ja ohnehin alles Neue ablehnt«, sagte Hitler 1942 laut dem Gedächtnisprotokoll von Heinrich Heim.[4]

OBERSALZBERG

Blühende Almwiesen, Enzian und Edelweiß, schroffe Gebirgslandschaften mit Steinadlern, bewaldete Täler und tiefblaue Seen ... Von der Landschaft um Berchtesgaden wird behauptet, es sei die schönste in Deutschland. Lange bevor Hitler hierherkam, schrieb der Dichter Ludwig Ganghofer von dieser Gegend: »Herr, wen du lieb hast, den lass fallen in dieses Land.«

Hitler kam zum ersten Mal Anfang 1923 nach Berchtesgaden. Er besuchte Dietrich Eckart, den Mann, der zu Beginn seiner Karriere eine herausragende Rolle gespielt hatte und der, indem er Hitler mit diesem Ort vertraut machte, dessen Leben auch in diesem Punkt entscheidend beeinflusste. Eckart war in der Pension Moritz am Obersalzberg abgestiegen. Dort hatte er sich als Dr. Hoffmann angemeldet. Er wurde von der Polizei gesucht, da er im *Völkischen Beobachter* Friedrich Ebert, den Reichspräsidenten, beleidigt hatte. »Didi, der Wolf ist da«, soll Hitler geflüstert haben, als er an Eckarts Zimmertür klopfte. Die beiden Männer hatten viel zu besprechen, und so stieg Hitler ebenfalls in der Pension Moritz ab. Von seinem Zimmer aus konnte er zu dem Massiv des Untersbergs hinübersehen.[1]

Der Untersberg, der auch als Mitternachtsberg oder Wotansberg bezeichnet wird, ist seit jeher Gegenstand vieler Sagen und Legenden. Unter dem Berg befinden sich kilometerlange Höhlen und Wasserläufe, die bis heute noch nicht restlos erforscht sind. Sie sind wohl der Ausgangspunkt für viele dieser Geschichten gewesen. Die Legenden berichten von Palästen, Kirchen und Klöstern, die sich im Inneren des »heiligen« Untersberg befinden sollen. Diese unterirdische Welt sei von Riesen und Zwergen bewohnt, und nachts höre man aus dem Inneren des Berges den Lärm von

Schlachten. Wenn die Riesen um Mitternacht zum Gipfel des Berges emporsteigen, sei er von Feuerflammen umgeben. Der Untersberg sei ein wissender Berg, heißt es. Große Ereignisse würden von ihm prophezeit. So soll am 31. August 1939 lange Zeit ein blutrotes Nordlicht über seinem Gipfel gestanden haben. Wenige Stunden später befahl Hitler den Angriff auf Polen und löste damit den Zweiten Weltkrieg aus. Eine Sage erzählt, dass Karl der Große einst in den »Wunderberg« hinein verzaubert wurde. Gemäß einer anderen Version war es Kaiser Barbarossa. Im Auftrag des Kaisers umkreisen Raben den Gipfel des Berges. Sie sind beauftragt, zu melden, wann der Zeitpunkt für den Kaiser gekommen ist, um wieder in der Welt zu erscheinen. Die Zwerge aus dem Inneren des Berges, heißt es, würden den Kaiser dann in Rüstung und mit Waffen begleiten.[2] Guido von List, Vater der rassistisch-esoterischen Lehre der Ariosophie, vermutete in der Barbarossa-Sage heidnische Wurzeln. Die Raben, so List, deuteten darauf hin, dass ursprünglich Wotan, der höchste Gott der Germanen, im Untersberg residierte. In einer Prophezeiung von 1911 brachte List den von ihm erwarteten deutschen Erlöser mit dem Untersberg in Verbindung: »(...) dessen Tor sich öffnen muß für den Auszug des Wiedergeborenen, für den ›Starken von Oben‹«.[3] Da Hitler nach seinem ersten Besuch immer wieder in diese Gegend zurückkam, wurde in esoterisch gesinnten nationalen Kreisen geraunt, dass nun der Zeitpunkt gekommen sei, an dem sich die Prophezeiung des Guido von List bewahrheiten würde.

Während seiner Aufenthalte am Obersalzberg wohnte Hitler meistens in der Pension Moritz, die von den Besitzern später in Hotel Platterhof umgetauft wurde und wo seine Freunde Dietrich Eckart und Hermann Esser gerne nächtliche Zechgelage veranstalteten. Nach seiner Haft in Landsberg zog sich Hitler am Obersalzberg in eine Hütte zurück, die später als Kampfhäusl in die Geschichte seiner Partei eingehen sollte. Kampfhäusl wurde der Ort deshalb genannt, weil Hitler hier die Arbeit an *Mein Kampf* abschloss.

1928 erfuhr Hitler, dass in der Nähe der Pension ein Haus zu vermieten war. Das *Haus Wachenfeld* hatte einen fantastischen Blick auf den Untersberg und war zwölf Jahre zuvor von einem Fabrikanten aus Buxtehude im alpenländischen Stil erbaut worden. Hitler ließ das Haus für 100 Mark Monatsmiete von seiner Halbschwester Angela Raubal anmieten, die ihm auch den Haushalt führte. Als Hitler das Haus dann am 26. Juni 1933 für 40.000 Goldmark inklusive Gummibaum, Vogelbauer und Standuhr von der Witwe des verstorbenen Erbauers kaufte, fiel es ihm nicht schwer, den Kaufpreis zu bezahlen. War er doch inzwischen Bestseller-Autor geworden. Von seinem Buch *Mein Kampf* hatten sich zu diesem Zeitpunkt weit über eine Million Exemplare verkauft. Als Hitler im *Haus Wachenfeld* noch zur Miete gewohnt hatte, war es ihm immer wichtig gewesen zu betonen, dass er nicht der Besitzer sei und dass bei ihm von »irgendwelchen Bonzenallüren, so wie bei anderen ›Parteigrößen‹, keine Rede sein könne«.[4] Das änderte sich nun. Jetzt legte Hitler Wert drauf, dass seine Gäste erfuhren, dass er der Eigentümer des Hauses war und dass er es mit selbst verdientem Geld erworben hatte.

Das Leben in Hitlers Haus auf dem Obersalzberg ist von vielen Zeitzeugen beschrieben worden. Zu nennen sind hier die Erinnerungen von Albert Speer, Rochus Misch, Christa Schroeder, Traudl Junge, Fritz Wiedemann, Heinrich Hoffmann, Reinhard Spitzy, Ernst Hanfstaengl, Karl Wilhelm Krause, Baldur von Schirach, Henriette von Schirach, Otto Dietrich, Nicolaus von Below, Julius Schaub und Heinz Linge. Darüber hinaus gibt es über das Leben auf dem *Berghof* persönliche Aufzeichnungen, Interviews und Aussagen vor Gerichten. Unter anderen von: Hannelore Morell, Karl Brandt, Anni Brandt, Margarete Speer,

Hanskarl von Hasselbach, Erna Hoffmann, Maria von Below, Herta Schneider-Ostermayer, Gretl Braun, Hans Junge und Johanna Wolf. Sowohl bei den mündlichen Aussagen als auch in der Erinnerungsliteratur finden sich zur selben Thematik häufig vollkommen gegensätzliche Versionen. Der weitaus überwiegende Teil der Darstellungen ist geprägt vom Versuch der jeweiligen Zeitzeugen, sich selbst und ihre Nähe zu Hitler zu rechtfertigen. Folglich wird das, was auf dem *Berghof* geschah, von ihnen verurteilt und abgewertet. Einige, sehr wenige Darstellungen lassen auch im Nachhinein noch eine blinde Treue zu Hitler erkennen und schildern die Vorgänge dementsprechend verklärend. Die große Ausnahme sind Berichte, die weder in die eine noch in die andere Kategorie fallen.

Ich habe mir die Freiheit genommen, die große Fülle des vorhandenen Materials zusammenzufassen und nur diejenigen Darstellungen, oder Teile davon, zu berücksichtigen, die mir nach Abwägung aller mir bekannten Umstände aufrichtig vorkamen. Um den Text übersichtlich zu halten, habe ich Quellen nur dort benannt, wo mir das wichtig erschien.

Hitlers Sekretärin Traudl Junge war gerade einmal 25 Jahre alt, als sie das Ende ihres »Chefs« im Berliner Bunker miterlebte. Von den Alliierten als »Mitläuferin« eingestuft, wurde sie nicht angeklagt. Im Jahr 1947 schrieb sie ihre Erinnerungen auf, sah jedoch davon ab, den Text zu veröffentlichen. So lag dieses Zeitdokument mehr als 50 Jahre in ihrer Schublade, bis die österreichische Journalistin Melissa Müller anlässlich eines Interviews im Jahr 2000 von der Existenz des Textes erfuhr. Junge, die an Krebs erkrankt war und mit ihrem baldigen Ableben rechnen musste, stimmte einer Veröffentlichung zu. Als das Buch im Jahr 2002 erschien, starb Junge nur wenig später. Da der Text unmittelbar nach den Geschehnissen abgefasst ist und da aus ihm weder eine Verklärung noch eine Selbstrechtfertigung herausgelesen werden kann, wird dieser Bericht von der Forschung heute als eine der wenigen authentischen Darstellungen der Vorgänge auf dem *Berghof* gewertet. Ein weiterer wichtiger Zeitzeuge, auf dessen Angaben Teile meiner Darstellung beruhen, ist Hitlers Adjutant Fritz Wiedemann. Auch dessen Bericht wird von der akademischen Forschung als weitgehend glaubwürdig eingeschätzt.

Von anderen Arbeiten über die Vorgänge auf dem *Berghof* unterscheidet sich meine Zusammenfassung dadurch, dass ich bemüht war, die Darstellung nicht durch persönliche Wertungen zu verzerren. Wenn es darum geht, Hitlers Verhalten im Privaten darzustellen, darf die persönliche Einstellung des Autors zu den Taten des Politikers Hitler keine Rolle spielen. Nur dann ist es möglich, zu einer Darstellung zu gelangen, die den tatsächlichen Gegebenheiten nahekommt. Ich habe mich also bemüht, ein Bild von Hitlers Leben auf dem *Berghof* zu vermitteln, das nicht gefärbt ist vom Wissen um die Ereignisse und Taten, für die er als Politiker die Verantwortung trägt. Den Sarkasmus und die negativen Wertungen, welche die Beschreibung der Vorgänge auf dem *Berghof* üblicherweise begleiten, habe ich bewusst unterlassen. Der Leser wird feststellen, wie ungewohnt, ja provokant eine Darstellung wirkt, die sich der üblichen Wertungen enthält. An seiner eigenen Reaktion kann der Leser ermessen, wie auch bei ihm selbst durch ein über Jahrzehnte beständig wiederholtes und von negativen Bewertungen geprägtes Bild eine Erwartung entstanden ist, die, falls sie nicht erfüllt wird, automatisch eine Abwehr provoziert.

Das Leben auf dem *Berghof* ist (auch) das Leben, das Hitler als Privatmann geführt hat. Geht es darum, die Person Hitlers erfahrbar zu machen und zu verstehen, wie er auf die Menschen in seiner Umgebung gewirkt hat, dann ist dieser Teil seines Lebens von großer Bedeutung. Es wird daher in diesem Kapitel sehr ausführlich behandelt.

Nach der Machtübernahme 1933 wurde Hitlers Haus auf dem Obersalzberg zur Pilgerstätte von Volksgenossen aus ganz Deutschland. Bis zu 5.000 »Wallfahrer« kamen an manchen Tagen nach Berchtesgaden, worauf das verträumte Alpennest in keiner Weise vorbereitet war. Stundenlang harrten die Besucher aus, bis dann endlich der Führer erschien. Er winkte von seiner Terrasse herab oder mischte sich unters Volk und gab Autogramme. Rasch kam mit den von Hitler signierten Papieren ein schwunghafter Devotionalienhandel in Gang. Steine, über die er gegangen war, wurden gesammelt, und wem er die Hand geschüttelt hatte, der wusch sie sich danach oft tagelang nicht. Fotografieren war strengstens verboten, denn ablichten ließ sich der Führer nur vom ›Reichsbildberichterstatter‹ Heinrich Hoffmann, seinem Leibfotograf. Da die Nachfrage nach Hitler-Bildern auch im Ausland sehr groß war und Hoffmann die Preise diktieren konnte, wurde er rasch zum Millionär. Aber auch Hitler verdiente, denn 10% aller entsprechenden Einkünfte Hoffmanns erhielt er.[5]

Hoffmanns Bildbände mit den Fotos vom Obersalzberg trugen Titel wie »Hitler in seinen Bergen« (1935), »Hitler, wie ihn keiner kennt« (1936), »Hitler abseits vom Alltag« (1937) oder »Hitler erobert das deutsche Herz« (1938) und erschienen in Millionenauflagen. Dabei stammten die Fotos nicht nur von Hoffmann, sondern auch von Hitlers 23 Jahre jüngerer Geliebten, Eva Braun. Mit ihrem Fotoapparat und ihrer Schmalfilmkamera war sie immer zur Stelle, um Hitler am Obersalzberg zu fotografieren. Das war nicht einfach, da er gestellte Fotos ablehnte und »ungekünstelt« und »natürlich« aufgenommen werden wollte. Die Fotos, die Eva Braun von ihrem Geliebten gemacht hatte, wurden ihr dann von Hoffmann für fürstliche Honorare abgekauft. Eva Brauns Fotos vom *Berghof* haben maßgeblich das Image des Führers als volksnahem Naturliebhaber und Tierfreund geprägt und spielten insofern eine wichtige Rolle für die NS-Propaganda.[6]

Das *Haus Wachenfeld* war nach Meinung von Albert Speer das »klischeehaft alpenländische Konstrukt eines großbürgerlichen Industriellen«.[7] Als Hitler 1935 den *Berghof* auf der Grundlage eigener Planungen errichten ließ, wurde das »Konstrukt« als Anbau integriert. Der *Berghof* war ein gewaltiges Gebäude mit alpenländischer Fassade und lang gezogenen Seitenflügeln, das auf zwei Etagen dreißig Räume umfasste. Die Grundfläche von Haupthaus und Wirtschaftsgebäude betrug mehr als 1000 Quadratmeter, angegliedert waren Unterkünfte für Adjutanten und Personal. Neben Wohn- und Schlafräumen für Hitler und seine Gäste gab es Aufenthaltsräume für Personal und Sicherheitsleute. Außerdem waren dort untergebracht: Konferenz-, Arbeits- und Aufenthaltsräume sowie eine Küche mit einem Speisesaal. Im Souterrain gab es Vorratsräume und eine Kegelbahn mit dazugehöriger Bar sowie eine Garage.

Hitlers Schlafzimmer und das Schlafzimmer von Eva Braun befanden sich im 1. Stock des ehemaligen *Haus Wachenfeld* und waren über ein paar Stufen mit dem Neubau des *Berghof* verbunden. Ein großes Badezimmer verband die Schlafzimmer des Paares. Daneben lagen ein Zwei-Zimmer-Apartment für Hitlers Diener und eine Bügelkammer für die Zofen von Eva Braun. Am Ende des Ganges befand sich hinter einer Flügeltür Hitlers geräumiges Arbeitszimmer mit Sitzecke und Schreibtisch. Offizielle Gäste wurden entweder im 15 Kilometer entfernten *Schloss Klessheim* untergebracht oder im *Berchtesgadener Hof*, dem besten Hotel am Platz. Manche wohnten auch in der ehemaligen Bechstein-Villa, die Hitler erworben hatte und die unterhalb des *Berghofs* lag.[8] Wer dazu eingeladen war, auf dem *Berghof* zu übernachten, der konnte sicher sein, dass er sich der ganz besonderen Wertschätzung Hitlers erfreute. Jedes Gästezimmer war mit einem Marmorbad ausgestattet. Eingerichtet waren die Zimmer eher spartanisch: Bett, Schrank und Tisch. Über dem Bett hing ein

Porträt des Führers, und während zu dieser Zeit in deutschen Hotels auf dem Nachtisch oft eine Bibel lag, befand sich hier ein Exemplar von *Mein Kampf*.

Der Name »Berghof« erinnerte an Monarchisches. Und in der Tat knüpfte Hitler an diesem Ort mit seinem »Privathaus« und einem entsprechenden Lebensstil an die aristokratische Tradition von vor 1918 an. Dementsprechend waren bei der Ausstattung des *Berghofs* nur die besten Materialien verwendet worden. Die Treppen, Säulen und Kaminsimse des Hauses waren aus Carrara-Marmor gefertigt, Decken und Wände waren zum großen Teil mit Zirbelholz vertäfelt. Viele der Lüster, Wandlampen und Möbel waren ebenfalls aus Zirbelholz. Die Fenster waren bleiverglast, die Holzböden mit dicken Teppichen belegt. Ausgewählte Gemälde aus Hitlers privater Gemäldesammlung hingen hier, unter anderem ein *Nanna* betiteltes Gemälde von Anselm Feuerbach. Zu dem Bild des Mädchens mit dem melancholischen Blick habe Hitler eine ganz besonders innige Verbindung gehabt, berichtet seine Sekretärin Traudl Junge in ihrem Buch *Bis zur letzten Stunde* (2002). Das Bild hing in der Wohnhalle des *Berghofs*, ebenso wie das Porträt von Hitlers »großer Liebe« Geli, die 1931 in München Selbstmord verübt hatte; es wurde täglich von der Hausdame mit frischen Blumen geschmückt.

Die gewaltige Wohnhalle war das Zentrum des »Grand Hotel«, wie Eva Braun den *Berghof* genannt hat. An die Halle grenzte ein geräumiges Wohnzimmer, die ›Stube‹, an. Dort gab es einen grünen Kachelofen mit rundumlaufender Sitzbank und eine Sitzecke. Gegenüber befand sich ein Bücherschrank mit Lexika, Enzyklopädien, Werken der Weltliteratur, Reisebeschreibungen und natürlich *Mein Kampf*. Jeder Gast konnte sich in dieser Gäste-Bibliothek mit Lesestoff versorgen. Vom Wohnzimmer aus gelangte man in einen Wintergarten mit Blumen und Pflanzen, Sesseln, Sofas und kleinen runden Tischen und von dort aus zu der Terrasse:

eine quadratische Fläche mit Steinbrüstung, belegt mit Solnhofer Platten, die auf vielen *Berghof*-Fotos dokumentiert ist.

Rund um den *Berghof* hatte Hitlers Vermögensverwalter und Sekretär Martin Bormann im Auftrag Hitlers einen Naturpark anlegen lassen. Von der Terrasse aus konnte man über Wiesen, Wälder und Wildbäche zum Untersberg sehen, der genau gegenüber emporragte. Bei klarem Himmel war das Gipfelkreuz des Berges zu erkennen, und wenn man zur Seite blickte, war in der Ferne Salzburg zu erahnen mit seiner auf einem Felsen gelegenen Burg. Die Terrasse war für alle Gäste ein beliebter Treffpunkt, denn hier war das Rauchen erlaubt, was in den Räumen, in denen der Führer sich aufhielt, absolut tabu war.

Die Wohnhalle, das Zentrum des Hauses, war von dem Wohnzimmer, von dem aus man auf die Terrasse gelangte, durch einen schweren Samtvorhang getrennt. Die Halle war mit dicken Teppichen, Gobelins und antiken Möbeln ausgestattet. Die Ausmaße der Halle waren gewaltig und demonstrierten, dass sich hier das Private mit dem Offiziellen vermischte. Dominiert war die Wohnhalle von einem elektrisch versenkbaren Panoramafenster, das mit seinen 32 Quadratmetern erheblich größer war als das Zimmer, das Hitler noch wenige Jahre zuvor in der Münchner Thierschstraße bewohnt hatte. Das Fenster gab den Blick frei auf den Untersberg und die imposante Gebirgskulisse. Hinter einem Wandteppich war eine Kinoleinwand verborgen, und hinter der Holzverschalung befand sich in der Wand eine Musikanlage. Ebenfalls in der Wand verborgen waren Hunderte von Schallplatten, die in langen Reihen hintereinander aufgestellt waren. Gegenüber war ein offener Marmorkamin mit einer Sitzgruppe. In dem Raum gab es noch zwei weitere Sitzgruppen, außerdem ein Klavier und einen gewaltigen beleuchteten Globus aus Glas. An einer Seite des Raumes stand ein langer Tisch mit Bestuhlung, dessen sechs Meter lange Tischplatte aus einem einzigen Stück Marmor gefertigt war. Dieser Tisch kam bei offiziellen Essen und Besprechungen im größeren Kreis zum Einsatz. Vor dieser Kulisse aus hochherrschaftlichem Ambiente und naturgegebener Macht, repräsentiert durch die majestätisch aufragenden Berge, empfing Hitler Könige und Künstler, Botschafter und Präsidenten. Hier verlieh er Orden an seine Soldaten, und hierher zog er sich mit seinen engsten Beratern zurück, wenn er wichtige Entscheidungen zu treffen hatte.

Seinen Gästen präsentierte sich Hitler mit seinen Gemälden als sachverständiger Kunstsammler und Staatsmann in einer Person, ganz so wie der von ihm hochverehrte Friedrich der Große. Auf Spaziergängen rund um den *Berghof,* den er als seine »Gralsburg« bezeichnet haben soll, erläuterte Hitler seinen Ministern, Botschaftern und Militärs, was er von ihnen erwartete. Benito Mussolini war ein oft und gerne gesehener Gast, Neville Chamberlain wurde hier von Hitler auf den deutschen Einmarsch ins Sudentenland vorbereitet, und der österreichische Kanzler Kurt Schuschnigg wurde auf den *Berghof* zitiert, um Hitlers Machtansprüche in Österreich abzusegnen. So wurde der *Berghof* neben der Reichskanzlei in Berlin rasch zu Hitlers zweitem Regierungssitz, wo er etwa ein Drittel seiner Regierungszeit verbrachte.[9] Sekretärinnen, Adjutanten, Ordonanzen und Leibgardisten folgten Hitler auf seinen Berg, und die modernsten Mittel der Kommunikation vernetzten dieses zweite Machtzentrum des Reichs mit der Außenwelt. Die »Bergeinsamkeit«, die die Fotos vom *Berghof* dem Volk suggerierten, suchte man hier vergebens.

Neben dem turbulenten Regierungsalltag spielte sich auf dem *Berghof* aber gleichzeitig auch Hitlers Privatleben ab. In Berlin ließen die Amtsgeschäfte und permanenten Repräsentationspflichten einen entspannten Rückzug ins Private kaum zu, und seine Münchner Wohnung besuchte Hitler nur dann, wenn er auf dem Weg von Berlin zum *Berghof* einen Zwischenstopp einlegte, die Oper in München besuchte oder wenn er in der Stadt Gäste empfing. Dementsprechend erschien die Münchner Wohnung seinen Besuchern auch nicht wie ein privates Zuhause, sondern mehr wie eine komfortable Hotelsuite. Der *Berghof* war anders. Hier herrschte trotz der palastartigen Ausstattung und trotz des vielen Personals dennoch eine gewisse familiäre Atmosphäre. Besucher konnten spüren, dass Hitler an diesem Ort auch als Privatmann zu Hause war.

Für Hitler hatte der *Berghof* den Vorteil, dass er, aufgrund seiner räumlichen Entfernung zu Berlin, eine natürliche Distanz schuf zu seinen Staatssekretären, Ministern und Militärs, die ihm ihre Anliegen vortragen wollten oder Entscheidungen benötigten, die nur er als Staatsoberhaupt treffen konnte. Auf dem *Berghof* gelang es ihm, den lästigen Routinepflichten der Regierungstätigkeit zu entgehen und zumindest zeitweise so etwas wie ein Privatleben zu führen. In der Tat klagten selbst seine wichtigsten politischen Mitstreiter oft darüber, dass der Führer auf dem *Berghof* für sie unerreichbar war. Vor allem im Sommer blieb der Reichskanzler der Hauptstadt oftmals über Wochen hinweg fern und zog es vor, das Reich von seinem *Berghof* aus zu regieren. Als es dann immer häufiger vorkam, dass Regierungsmitarbeiter am *Berghof* vorstellig wurden, um den Chef in dringenden Angelegenheiten sprechen zu können, ließ Hitler auch dieser Praxis einen Riegel vorschieben. Sämtliche Ministerien erhielten ein Rundschreiben, das besagte, dass Hitler einen Besuch ohne »eine besondere festgelegte Einladung« nicht wünsche. Der *Berghof* sei »Privatwohnung und Privathaushalt des Führers«, der sich dort aufhalte, »um ungestört und in Ruhe arbeiten zu können«.[10]

Dass der *Berghof* keine bescheidene Almhütte war, sondern eine hochherrschaftliche Angelegenheit, wurde von der Propaganda nicht verschwiegen. Im Gegenteil: Das versenkbare

Fenster war allgemein bekannt, und mehrere Bildbände zeigten den Führer in seinen Gemächern und Hallen, umgeben von wertvollem Mobiliar und kostbaren Gemälden. Aber auch auf der Terrasse war der Führer zu sehen oder auf einer Wiese seines Naturparks, beim Stöckchenwerfen mit seinem Hund oder mit blond bezopften kleinen Mädchen, denen er liebevoll übers Haar strich, immer mit den majestätischen Bergen im Hintergrund. Volksnah und herrschaftlich präsentierte er sich. Mächtig und menschlich – so sollte ihn sein Volk wahrnehmen. Natürlich gab es auch damals schon Menschen, die das alles »unbegreiflich« fanden. Die nicht aufhören konnten zu fragen, wie dieser »Niemand« aus der hintersten österreichischen Provinz in so eine Position gelangt war. Aus Hitlers Sicht war die Antwort ganz einfach. Er war ein Genie. Punkt. Wem das nicht genügte, der sollte ruhig weiterhin Fragezeichen über Fragezeichen auftürmen und damit dazu beitragen, dass das Geheimnis um seine Person den »Hitler-Mythos« weiter befeuerte.

Die Bedeutung, die Hitlers Anwesenheit diesem Ort im Gebirge verlieh, führte dazu, dass in der Nähe des *Berghofs*, auf dem Obersalzberg, eine nicht enden wollende Bautätigkeit begann. Rasch wurde in der Nachbarschaft ein Bereich für Partei und Regierung hochgezogen. Auf dem Obersalzberg entstanden Straßen, Hotels mit unterirdischen Schießständen für die Wachmannschaften, eine Theaterhalle, Verwaltungsgebäude, Werkstätten, Wohnsiedlungen für Angestellte, ein Kindergarten und eine Schule. Martin Bormann, der die Arbeiten beaufsichtigte, beschäftigte mehr als 5.000 Bauarbeiter, und Hitler musste ihm, um Ruhe zu finden, die fortwährenden Sprengungen während seiner Anwesenheit untersagen. Im nahe gelegenen Berchtesgaden wurde eine ›kleine Reichskanzlei‹ erbaut und der Ort erhielt ein repräsentatives neues Bahnhofsgebäude. Außerdem wurde ein Regierungsflughafen angelegt. Parteisekretär Martin

Bormann baute auf dem Obersalzberg auch für sich selbst ein Haus, ebenso wie Hitlers Architekt Albert Speer und Luftwaffenchef Hermann Göring. Bormann bewirtschaftete außerdem einen Gutshof mit Molkerei, Pferdezucht, Gärtnerei und einer Apfelsaftfabrik. Speer unterhielt hier ein Atelier, und Göring besaß einen Pool. Neben seinem Haus ließ Göring ein Gehege errichten – für seinen zahmen Löwen »Caesar«.

Vom *Berghof* aus war aber von alledem nichts zu sehen. Hier gab es nur Gebirgslandschaft und »Natur pur«. Mit dem Geld der *Adolf Hitler Stiftung der deutschen Industrie* kaufte Bormann 100 Hektar Wald und 80 Hektar landwirtschaftlich genutzte Flächen aus Privatbesitz zusammen. Das Ganze war ›Besitz des Führers‹, wurde im Grundbuch aber auf Bormanns Namen eingetragen. Gehöfte, welche die Aussicht vom *Berghof* störten, wurden nach dem Kauf abgerissen, und ehemals landwirtschaftlich genutzte Flächen wurden erneut der Natur überlassen. So war der *Berghof* bald nur noch umgeben von Almwiesen und Wäldern. Wild durfte hier nicht gejagt werden, und Hunde, auch Hitlers Blondi, durften nur angeleint ins Freie. Eine Ausnahme hatte lediglich Eva Braun erwirkt. Ihre Terrier durften ohne Leine herumlaufen. Sie wurden aber, sobald sie sich auf die Jagd machen wollten, von Eva Braun immer sofort zurückgepfiffen. Rehe, Eichhörnchen und Hasen gewöhnten sich rasch an die paradiesischen Zustände und kamen oft bis zum *Berghof*, wo sie sich von den Gästen fotografieren, füttern und streicheln ließen.

Geld war auf dem Spendenkonto Hitlers überreichlich vorhanden, und so musste bei der Entschädigung der Grundbesitzer rund um Hitlers Anwesen nicht gespart werden. Mancher Bergbauer war froh, den kargen Boden so günstig losschlagen zu können, und auch die meisten Ferienhausbesitzer akzeptierten gerne das großzügig bemessene Angebot Bormanns, für das sie sich anderswo ein wesentlich luxuriöseres Anwesen leisten konnten. Auch die Villa der Hitler-Vertrauten Helene Bechstein wurde 1935 Hitlers Grundbesitz einverleibt. Wer nicht freiwillig weichen wollte, dem soll von Bormann mit Enteignung gedroht worden sein. Als sich Heinz Jager, ein Bauer, weigerte, seinen Hof zu verkaufen, wurde er angeblich von sechs SS-Männern in ein Auto verfrachtet und zum *Berghof* gefahren. Dort soll ihn Bormann empfangen und zum Führer höchstpersönlich geführt haben. Hitler habe ihm freundlich die Hand gereicht und ihn gebeten, Platz zu nehmen. »Warum wollen Sie nicht verkaufen?«, fragte er sanft. Jager erwiderte, dass der Hof sein Zuhause sei. Schon seine Vorfahren hätten ihn bewirtschaftet. Er liebe den Ort und wolle nicht woanders leben müssen. Hitler nickte schweigend und schien Verständnis zu zeigen. Dann blickte er Jager unvermittelt in die Augen und sagte bestimmt: »Ich bitte Sie hiermit, Ihren Hof zu verkaufen. Deutschland zuliebe!« Doch Jager ließ sich nicht umstimmen und blieb bei seinem »Nein«. Da stand Hitler unvermittelt auf, verließ den Raum und sagte im Hinausgehen zu Bormann: »Tun Sie, was Sie müssen.« Jager, so heißt es, wurde direkt vom *Berghof* ins KZ nach Dachau gebracht. Dort sei er mehr als zwei Jahre lang interniert gewesen. Sein Hof sei während dieser Zeit enteignet worden und seine Frau habe eine lächerlich geringe Entschädigungssumme erhalten.[11]

Diese und ähnliche Geschichten werden in der Literatur in unterschiedlichen Versionen wiedergegeben. Sie erscheinen glaubwürdig, da sie das negative Hitler-Bild der Selbstrechtfertigungsliteratur bestätigen. Ob sich Geschichten dieser Art aber tatsächlich zugetragen haben, ist ungeklärt. Belege gibt es dafür keine. Natürlich ist vorstellbar, dass der übereifrige Bormann unwillige Grundstücksbesitzer enteignen ließ. Ob derartige eventuelle Enteignungen aber mit Wissen und im Auftrag Hitlers erfolgten, ist fraglich. Schließlich legte Hitler allergrößten Wert darauf, als bescheidener Diener seines Volkes wahrgenommen zu werden und nicht als ein korrupter Potentat, der seine Macht missbraucht, um seine persönlichen Interessen zu befördern. Übereinstimmend und unabhängig voneinander haben zwei Zeitzeugen erklärt, dass Hitler Enteignungen auf dem Obersalzberg sogar explizit untersagt hat. Kammerdiener Heinz Linge berichtet in seinen Erinnerungen, dass Bormann von Hitler ausdrücklich davor gewarnt wurde, seine Macht beim Aufkauf der Immobilien auf dem Obersalzberg zu missbrauchen.[12] Ernst Kempka, Hitlers Chauffeur, berichtet Ähnliches in seinen Memoiren. Diese wurden allerdings erheblich überarbeitet und besitzen daher nur eine eingeschränkte Glaubwürdigkeit.

Tatsache bleibt, dass Bormann große Teile des Obersalzbergs in kürzester Zeit zusammengekauft hat. Das Land wurde zum Führersperrgebiet erklärt und mit kilometerlangen Schutzzäunen umgeben. Der *Berghof* erhielt zusätzlich einen zwei Meter hohen Sicherheitszaun und wurde im inneren Sperrkreis von Beamten des Reichssicherheitsdienstes kontrolliert. Zutritt erhielten nur Inhaber eines Sonderausweises, ausgestellt von der ›Verwaltung Obersalzberg‹, die Bormann unterstellt war. Im Inneren des Obersalzbergs entstand während des Krieges ein drei Kilometer langes System von unterirdischen Bunkeranlagen und Gängen. Als die Russen 1945 auf Berlin vorrückten, gab es Überlegungen, das Führerhauptquartier in die ›Alpenfestung‹ nach Berchtesgaden zu verlegen. Hitler entschied sich aber dagegen und blieb in Berlin. Von Bomben blieb der *Berghof* während der Kriegszeit verschont. Das lag daran, dass bei Fliegeralarm das gesamte Berchtesgadener Tal künstlich vernebelt wurde. Flächendeckend waren Nebelfässer aufgestellt worden, die das Gebiet innerhalb von Minuten in eine dicke Suppe tauchten.[13] Erst wenige Tage vor dem Ende des Krieges, am 25. April 1945, fünf Tage vor Hitlers Selbstmord, wurden die Gebäude des Obersalzbergs, einschließlich des *Berghofs*, von 359 britischen Lancaster-Bombern angegriffen. Ein Bombenteppich pflügte das Gelände um, 28 Menschen fanden den Tod, viele Gebäude wurden fast vollständig zerstört, der *Berghof* allerdings nur schwer beschädigt.[14]

Hitlers Sekretärin Christa Schroeder erinnerte sich später, dass Hitlers Adjutant Julius Schaub nach dem Angriff auftauchte und im Auftrag Hitlers auf der Terrasse des *Berghofs* alle Akten und Unterlagen aus Hitlers Panzerschrank verbrannte. Am 22. April hatte Hitler Schaub in Berlin bereits seine Safe-Schlüssel ausgehändigt und ihm den Auftrag gegeben, die in Berlin, München und im *Berghof* lagernden persönlichen Dokumente zu vernichten. In Berlin hatte Schaub Hitlers Befehl sofort in die Tat umgesetzt, aber dann hatte Hitler gezögert und Schaub erst am 26. April den endgültigen Befehl gegeben, Berlin zu verlassen. Mit dem letzten intakten Wagen aus Hitlers Fuhrpark fuhr Schaub durch das umkämpfte Berlin vorbei an Bomben-, Granattrichtern und Schutt, vorbei an brennenden und einstürzenden Häusern, sowie an Pferde- und Menschenleichen bis zum Flugplatz Gatow, von dem niemand wusste, ob er bereits in russischer Hand war oder nicht. Unter einer Transportmaschine fand Schaub deren Besatzung in Decken eingehüllt liegen und befahl den verdutzten Soldaten, die Ju 52 für den Flug nach München klarzumachen. Trotz russischem Infanteriefeuer gelang es dem Piloten, das schwerfällige Flugzeug von der zerbombten Startbahn abheben zu lassen und dann im Tiefflug über ganz Deutschland hinweg zu fliegen, ohne von feindlichen Jagdflugzeugen entdeckt zu werden oder in das Feuer von Flaks zu geraten. Als Schaub in München eintraf, stand der Einmarsch der US-Armee dort kurz bevor, ebenso wie in Berchtesgaden, wohin sich Schaub begab, unmittelbar nachdem er die Dokumente aus Hitlers Münchner Safe vernichtet hatte. Dass es Schaub tatsächlich gelang, diesen letzten Befehl Hitlers im buchstäblich allerletzten Moment wie geplant auszuführen, grenzt an ein Wunder.[15] Die Tatsache, dass zeitgleich mit Hitlers Ableben alle wichtigen persönlichen Dokumente vernichtet waren, hat die Legende, die um Hitler in späteren Jahren entstand, entscheidend gefördert.

Nicht betroffen von dem britischen Luftangriff und daher unversehrt blieb auf dem Obersalzberg lediglich das Kehlsteinhaus, das von den Amerikanern auf den Namen Eagles Nest (Adlerhorst) getauft wurde. Das Kehlsteinhaus hatte Hitler zum 50. Geburtstag im Jahr 1939 von seiner Partei als Geschenk erhalten. Es war ein Häuschen auf der Spitze des 1.834 Meter hohen Kehlstein, dessen Erbauung 30 Millionen Reichsmark gekostet hatte. Am Rand einer Felswand, die 150 Meter in die Tiefe abfällt, war eine Straße in den Felsen gestemmt worden, die den *Berghof* mit dem Kehlsteinhaus verband und die auch heute noch die steilste Gebirgsstraße Deutschlands ist. Auf 1.700 Metern Höhe endet die Straße und führt dann als Fußweg weiter in einen etwa 130 Meter langen Stollen. Am Ende des Stollens befindet sich ein kreisrunder Raum mit einer Tür aus glänzendem Messing. Wenn sich die Tür öffnet, kann man einen Aufzug betreten, der bis zu zwanzig Personen aufnimmt und dessen gold-glänzende Messing-Kabine mit Bleikristallspiegeln versehen ist. Den Besuchern von heute wird vom Aufzugführer stolz erklärt, dass der Motor des Lifts seit der Erbauung noch niemals getauscht werden musste. Und so gleitet man heute genauso lautlos im Inneren des Berges hinauf wie zur der Zeit, als der Lift noch einen ganz anderen Fahrgast beförderte. 130 Meter sind es bis nach oben ins Kehlsteinhaus. Dort ist heute ein Ausflugslokal untergebracht, das sich bei den internationalen Hitler-Touristen, die am Obersalzberg Zeitgeschichte hautnah erleben wollen, größter Beliebtheit erfreut. Weiter unten, wo das Führersperrgebiet mit dem *Berghof* angesiedelt war, sind alle Bauten aus der NS-Zeit verschwunden. Nach dem Abzug der Amerikaner ließ der bayerische Staat auch noch die letzten verbliebenen Reste aller Bauten sprengen. Am

30. April 1952, auf den Tag genau sieben Jahre nach Hitlers Tod, sprengte der bayerische Staat die Ruine des *Berghofs*. Das Gelände wurde aufgeforstet, und Mauerreste, die zuvor von Besuchern als Reliquien davongetragen worden waren, wurden im Zuge dieser Aktion vollständig beseitigt.

So ist das Kehlsteinhaus das einzige Gebäude, das noch im Originalzustand erhalten geblieben ist. Die Besucher können sich hier gegenseitig vor Hitlers dunkelrotem Marmor-Kamin ablichten. Draußen, auf der Sonnenterrasse, sind lange Brauereitische aufgestellt, und bei Leberkäs und Bier kann man einen grandiosen Ausblick genießen, hinunter zu den umliegenden Tälern mit dem Königsee und über die Berggipfel hinweg bis nach Österreich. Der Führer hat den Blick von hier oben zum Land seiner Ahnen allerdings kaum jemals genossen. Nur ein einziges offizielles Essen, das mit dem italienischen Außenminister Ciano, fand hier oben statt, hat Hitlers Adjutant Schaub berichtet.[16] Insgesamt nur zwölf Mal soll Hitler im Kehlsteinhaus gewesen sein. Die halsbrecherische Fahrt hinauf bis zum Stollen mit dem Aufzug hat sich der höhenempfindliche Hitler lieber erspart. Er zog es vor, jeden Mittag vom *Berghof* zu seinem »Teehaus« zu spazieren. Bergwanderungen hat er nicht unternommen. Ihm hat es genügt, die imposante Bergwelt von der Terrasse seines *Berghofs* oder durch das Panoramafenster der Wohnhalle »wie ein Gemälde« zu betrachten.

Der Berghof hat für Hitler, zumindest was dessen »privaten« Teil betrifft, eine geistige Erholung dargestellt. Das haben verschiedene Zeitzeugen übereinstimmend berichtet. Obwohl er sich am Obersalzberg körperlich nur wenig bewegte, sei er doch immer wie frisch erholt und aufgeladen mit neuer Energie nach Berlin zurückgekommen. Joseph Goebbels vermerkte zum Obersalzberg am 16. Juli 1936 in seinem Tagebuch: »Der Führer ist ganz glücklich. Hier ist er zu Hause.« Hitler selbst sagte dazu laut seinem Protokollanten Heinrich Heim:

»Nachts sehe ich oft stundenlang von meinem Schlafzimmer aus auf die Berge hinaus, da kommt die Klarheit.«[17]

Dass sich auf dem *Berghof* tatsächlich so etwas wie eine gewisse familiäre und ungezwungene Atmosphäre einstellte, war in erster Linie Eva Braun zu verdanken. Jedes Mal, wenn Hitler den *Berghof* besuchte, wurde er dort von ihr bereits erwartet. Begleitet war Eva Braun immer von ihren beiden schwarzen Terriern, Stasi und Negus. Die junge, lebenslustige Eva Braun war immer auffallend gut gekleidet und zurechtgemacht und wirkte, zumindest in den späteren Jahren, meistens unbeschwert, natürlich und unbefangen. Während ihrer ersten Jahre auf dem *Berghof* hat sie ihre anfängliche Unsicherheit wohl auch hinter einer gewissen Arroganz und Unnahbarkeit versteckt. Gäste und Personal sprachen sie an mit: »gnädiges Fräulein« und nannten sie das »Fräulein Braun«. Wenn Hitler den *Berghof* besuchte, fand sich zusammen mit ihm immer auch ein Kreis von engen persönlichen Freunden und langjährigen loyalen Gefolgsleuten ein, die oft auch ihre Familien und Freunde mitbrachten. Hitlers Einzelgängertum, das er vor dem Krieg und an der Front gepflegt hatte, war verschwunden. »Hitler liebte es, Gesellschaft zu haben«, erinnerte sich sein Leibwächter Rochus Misch. »Wenn er zum Obersalzberg fuhr, kam er niemals allein. Es kamen immer mindestens zwei oder drei Wagen hinter dem seinen, in denen Freunde und Bekannte saßen, die er eingeladen hatte. Auch beim Essen wollte er nicht allein sein, und es kam vor, dass sein Begleitkommando kurzfristig Tischgäste organisieren musste.«[18]

Ergänzt wurde der private *Berghof*-Kreis um Hitler durch Menschen, die dienstlich mit dem Reichskanzler zu tun hatten, die sich aber, da sie Hitlers Sympathie genossen, ebenfalls dem privaten Kreis zugehörig fühlen konnten. Diese nicht ganz kleine, aber doch überschaubare Gruppe von Personen blieb über die Jahre hinweg im Großen und Ganzen gleich, Fluktuationen gab es nur wenige. Dies war nicht nur in Hitlers privatem Kreis so, auch dienstlich verhielt es sich ähnlich. Hitler war beherrscht von einem ausgeprägten Gefühl von Kameradschaft, Treue und Dankbarkeit Freunden gegenüber, und auch gegenüber denjenigen Menschen, die für ihn arbeiteten. Sein Verhältnis zu alten Mitkämpfern und frühen Mitarbeitern überstand oft erhebliche Belastungsproben, bevor er sich endgültig von ihnen trennte, was nur höchst selten vorkam. So entstand auf dem *Berghof* um Hitler herum das Gefühl einer familiären Zusammengehörigkeit. Ähnlich wie die Mitglieder einer Familie feierten diese ›Stammgäste‹ des *Berghofs* Geburtstage, Hochzeiten und Silvester zusammen, unternahmen gemeinsame Ausflüge und fuhren gemeinsam in Urlaub. »In wechselnden Besetzungen waren sie auch auf den Tribünen der Reichsparteitage zu sehen.«[19] Inwieweit man diese Gruppe als »verschworene Gemeinschaft« bezeichnen kann, so wie manche Autoren das später getan haben, ist fraglich. Wie in einer Familie, so gab es auch hier Eifersüchteleien, Kompetenzgerangel und Machtkämpfe, womit die von vielen Autoren gewählte und meist abwertend gemeinte Bezeichnung der Gruppe als »Hitlers Ersatzfamilie« eher zutreffend erscheint. Passend hierzu zitiert Heike B. Görtemaker in ihrem Buch *Hitlers Hofstaat: Der innere Kreis im Dritten Reich und danach* (2019) Hitlers langjährige Sekretärin Christa Schroeder mit einer Aussage, die sie 1945 vor amerikanischen Militärs gemacht hat. Damals bekundete sie, dass sie »am Leben von Hitler mehr Anteil genommen habe als ein Familienangehöriger.«

Da sich also die meisten Personen, die diesem *Berghof*-Kreis angehörten, seit Jahren gut kannten, herrschte eine vertraute, ungezwungene und – eben – familiäre Atmosphäre. Heinz Linge, Hitlers Kammerdiener, nannte den Berghof ein »Urlaubsheim in herrlicher Landschaft«. Bei den Gästen habe sich der Tagesablauf zu einer »manchmal geradezu zwanglosen Geselligkeit« entwickelt. Auf gemeinsamen Picknickfahrten habe sich Hitler »witzig, kameradschaftlich und unproblematisch« verhalten. Hitler habe auf einer Decke zwischen seinen Gästen gelegen und »alles mitgemacht«. Den Führer habe er »ganz und gar abgestreift«.[20] Auf der Terrasse des *Berghofs* hüpften Kinder herum und spielten mit Eva Brauns kläffenden Hunden, Erwachsene sonnten sich, lasen Zeitschriften, spielten Tischtennis oder waren in Gespräche vertieft, wieder andere kamen von Spaziergängen zurück oder planten Bergtouren und Ausflüge in die Umgebung. Dazwischen war Eva Braun mit Filmen oder Fotografieren beschäftigt, plauderte mit ihren Freundinnen, empfing Neuankömmlinge und dirigierte das Hauspersonal, das Gebäck und Getränke servierte. Hitler hielt sich meistens im Hintergrund und gab sich jovial und bescheiden. So bat er Eva Braun immer um Erlaubnis, wenn er seinen Schäferhund Blondi zu sich holen wollte. »Darf die arme Blondi für ein halbes Stündchen zu uns kommen?«, fragte er dann. Die Hunde der beiden waren einander feindlich gesinnt, und so musste immer entschieden werden, wer bei ihnen sein durfte. Dabei genossen Eva Brauns Hunde das Privileg, im Haus frei herumlaufen zu dürfen, während Hitlers Blondi angeleint wurde oder im Zwinger lag. »Gäste hatten einen stimulierenden Einfluss auf Hitler«, erinnerte sich sein Leibwächter Rochus Misch. »Während er sonst manchmal auf seinem Stuhl einnickte, war er an Tagen, an denen besonders viele Gäste auf dem Berghof waren, immer besonders aufgekratzt und gesprächig.«[21]

Wurden Staatsgäste erwartet oder sonstige hochgestellte, offizielle Persönlichkeiten, verschwanden alle diejenigen aus der *Berghof*-Runde, die nicht dienstlich mit Hitler zu tun hatten, auf ihre Zimmer im oberen Stock des Hauses, auch Eva Braun. Da die offiziellen Empfänge meist lange im Vorhinein feststanden, begaben sich die Mitglieder der

»Ersatzfamilie« bei solchen Gelegenheiten oft gemeinsam auf einen Ausflug nach München oder Salzburg, oder man machte eine gemeinsame Bergwanderung oder fuhr an einen Badesee. Wenn Hitler an ›privaten Tagen‹ ohne offizielle Besuche nicht gerade in ein Buch oder eine Zeitung vertieft war oder sich in sein Arbeitszimmer zurückgezogen hatte, dann plauderte er während des Tages gerne mit seinen Gästen und verwickelte sie in Konversationen. An Ironie und Witzeleien ließ er es nie fehlen und legte es oft darauf an, seine Gesprächspartner zum Lachen zu bringen. Selbstironie freilich war nicht seine Stärke, und die eigene Person war niemals Gegenstand seiner Scherze.[22] Dafür liebte er es, seine Gäste zu necken, vor allem wenn sie weiblich, jung und hübsch waren. Er blieb dabei er aber immer charmant, zuvorkommend und respektvoll. Alles in allem wusste Hitler den Eindruck eines unbeschwerten und gut gelaunten Gastgebers zu vermitteln und trug so zu der allgemein heiteren und ungezwungenen Atmosphäre bei. Hitlers Adjutant Fritz Wiedemann und seine Sekretärin Traudl Junge haben die *Berghof*-Atmosphäre, neben anderen Zeugen, übereinstimmend in der vorgenannten Weise geschildert. Selbst noch während des Krieges soll die Atmosphäre auf dem *Berghof* vorwiegend heiter gewesen sein.

Wie aber stimmt diese Darstellung mit dem heute allgemein vorherrschenden *Berghof*-Bild überein, das von einer bleiernsteifen Atmosphäre berichtet? Zeitgenössische Autoren schildern Hitler meist als eine unnahbare, »von allen wesentlichen persönlichen Beziehungen abgeschnittene« Person, ein steifer und humorloser Zeitgenosse, in dessen Nähe eine entspannte Heiterkeit einfach nicht aufkommen wollte und dessen Anwesenheit den *Berghof* in einen trostlosen Ort mit einer düsteren und bedrückenden Atmosphäre verwandelte. Dieses Bild ist zum einen wohl damit zu erklären, dass sich unter den vielen Gästen, die Hitler permanent einlud, nicht wenige befunden haben mögen, die bei der Begegnung mit diesem lebenden Mythos in eine lähmende Steifheit verfielen. Wenn Hitler dann Fragen an sie richtete, waren sie nur imstande, diese brav zu beantworten, um danach wieder zu schweigen, was sicherlich zu unangenehm-angespannten Momenten geführt hat. Bei den gemeinsamen Essen fühlten sich manche Gäste ebenfalls oft nicht frei, und nicht selten geschah es, dass sie dem asketischen Führer »nach dem Munde aßen« und auf Fleisch und Alkohol verzichteten, obwohl sie niemand dazu aufgefordert hatte. Diese von einer artigen Befangenheit geprägte Atmosphäre mag sich bei manchen Zeitzeugen ins Gedächtnis eingegraben haben. Vor allem aber ist das heutige Hitler- und *Berghof*-Bild der umfangreichen Selbstrechtfertigungsliteratur geschuldet. Diejenigen, die während Hitlers Herrschaft mit dem unmittelbaren Zentrum der Macht Kontakt gehabt hatten, wollten später, als andere Mächte das Sagen hatten, beweisen, dass sie ihre Geschichte »gegenwartstauglich« verarbeitet hatten. Allen voran ist hier Albert Speer zu nennen, dessen *Erinnerungen* (1969) große Auflagen erzielt haben. Während seine Frau Margarete das Zusammensein mit Hitler »faszinierend« fand, wollte Speer später dieselben Momente als »entsetzlich langweilig«, »lähmend«, »drückend«, »ermüdend«, »quälend« und »leer« empfunden haben. Laut Albert Speer war Hitler ein gefühlskalter Mensch »ohne Humor«. Vollkommen in sich verschlossen sei er gewesen und habe sich seinen Freunden und insbesondere auch Eva Braun gegenüber misstrauisch, rücksichtslos und zynisch verhalten. Speers Darstellung Hitlers als zwischenmenschlichem und gesellschaftlichem Versager kommt dem Wunsch entgegen, in ihm einen Versager auf jedem Gebiet sehen zu können. Und so ist es kein Wunder, dass das von Speer gezeichnete Bild des Lebens auf dem *Berghof* mehr als alle anderen Darstellungen Eingang in die allgemeine Wahrnehmung gefunden hat und diese bis heute prägt.

Wer sich dem illustren *Berghof*-Kreis zugehörig fühlen durfte, dieser Fürstensuite des Dritten Reiches, der bekleidete nicht notwendigerweise ein wichtiges Amt. Hermann Göring beispielsweise, dem zweitmächtigsten Mann in Hitlers Staat, blieb der Zugang zum *Berghof*-Kreis zeitlebens verwehrt. Auch andere namhafte Figuren der NS-Elite erhielten von Hitler nur bei offiziellen Anlässen eine Einladung zu einem Besuch auf dem *Berghof*. Der ›Führerstellvertreter‹, der schrullige Rudolf Heß oder Heinrich Himmler, der als ›Reichsführer-SS und Chef der Deutschen Polizei‹ den Terror und die Vernichtung organisierte, reisten immer nur zu zeitlich eng begrenzten Visiten an. Auch der allgemein unbeliebte und arrogante Joachim von Ribbentrop, der das Dritte Reich als Botschafter und Außenminister vertrat, erschien ausschließlich in offizieller Mission. Dass Hitler mit den »sturen Strohköpfen« vom Militär privat nichts zu tun haben wollte, hat er in kleiner Runde mehrfach geäußert. Hohe Militärs waren von daher auch kaum jemals als Gäste eingeladen. Während des Krieges kamen die Generäle nur zu Arbeits- und Lagebesprechungen und mussten den *Berghof* danach wieder verlassen.[23]

Wer also verfügte über diesen einzigartigen direkten Zugang zum Machthaber? Wen wollte Hitler »privat« in seiner Nähe haben? Wer erfreute sich dessen Zuneigung und Sympathie? Hatte Hitler wirklich nur »machiavellistische oder beutehungrige Kleinbürger« und »ungebildete Trittbrettfahrer« um sich versammelt, wie Joachim Fest »Hitlers Hofstaat« charakterisiert hat? Der viel gelesene Biograf meinte, Hitler habe »das unkritische, dumpfe Milieu schlichter Menschen« gesucht, das er von seiner Kindheit her kannte. Guido Knopp, der über lange Jahre sein Hitler-Bild im »Histotainment«-Stil im öffentlich-rechtlichen Fernsehen präsentierte, hat behauptet, Hitlers »Ersatzfamilie« habe ausschließlich aus »unterwürfigen Leibärzten, Leibfotografen, Leibwächtern, Sekretärinnen und Adjutanten« bestanden.

In ihren Büchern *Eva Braun: Leben mit Hitler* (2011) und *Hitlers Hofstaat: Der innere Kreis im Dritten Reich und danach* (2019) hat die Historikerin Heike B. Görtemaker die persönlichen Verhältnisse auf dem *Berghof* genauer unter die Lupe genommen. Bei den Personen, die zum innersten Kreis um Hitler gehörten und die ihm auf dem *Berghof* täglich begegneten, unterscheidet sie drei Gruppen mit getrennten Funktionen: erstens das Personal, zu dem die Sekretärinnen, Ärzte, Adjutanten, Leibwächter, Ordonanzen und Diener gehörten, zweitens Vertreter von Regierung, Militär und Partei und drittens Hitlers persönlich-sozialer Zirkel mit seiner heimlichen Geliebten, seinen Freunden, alten politischen Wegbegleitern und deren Familien. Dabei gab es Überschneidungen, und H. B. Görtemaker kommt zu dem Schluss, dass die Grenzen »zwischen dem sozialen Zirkel und den Funktionsgruppen durchaus fließend (waren, der Verf.). Je nach Gunst oder Grad des jeweiligen Vertrauensverhältnisses zu Hitler, der ja das Zentrum bildete, auf das all diese Personen fixiert waren, verschwammen die Trennlinien.«[24]

Betrachtet man den Kreis von Hitlers Vertrauten näher, so fällt auf, wie unterschiedlich sie alle von ihrer Herkunft, ihrem Intellekt und ihrer Persönlichkeit her waren. Wer in der Runde fast niemals fehlte, war Heinrich Hoffmann, Hitlers Leibfotograf: ein lebensfroher Genießer und Kunstliebhaber, der mit seinen Anekdoten für Stimmung sorgte und der mit seinen Alkoholexzessen, seiner Vorliebe für erlesene Speisen und seinen liberalen Ansichten das genaue Gegenteil von Hitler verkörperte. Hoffmann besaß eine einmalige Vertrauensstellung und durfte sich als »Hofnarr« Freiheiten herausnehmen, um die ihn viele beneideten. Kurzzeitig war Hoffmann Stadtrat in München gewesen, hatte sich für politische Ämter aber nie besonders interessiert, im Gegensatz zu dem vom Ehrgeiz getriebenen Martin Bormann, der ebenfalls immer dann auf dem *Berghof* erschien, wenn sich Hitler angesagt hatte. Bormann, ein despotischer Workaholic, verwaltete Hitlers privates Vermögen und trieb als oberster Verwaltungsbeamter des Staates die Verfolgung und Vernichtung von Juden, Sinti und Roma entscheidend voran. Da er in Berlin den Zugang zum »Chef« kontrollierte, gelang es ihm mit den Jahren, immer mehr Macht anzusammeln. Zum *Berghof*-Kreis gehörte auch Albert Speer, Hitlers Architekt und Rüstungsminister, ein geistreicher Intellektueller, mit dem sich Hitler stundenlang über Architektur und Kunst austauschen konnte und zu dem er als »verwandte Künstlernatur« ein besonders inniges Verhältnis hatte. Eine ähnlich innige und kunstversessene Freundschaft hat Hitler mit Ernst Hanfstaengl verbunden. Den weltgewandten Harvard-Studenten und promovierten Historiker kannte Hitler seit den frühen 20er-Jahren. Als sich nach 1934 die Beziehung der beiden abkühlte, wurden die Besuche Hanfstaengls auf dem Obersalzberg seltener, bis sie nach 1937 völlig ausblieben, da Hanfstaengl nach England geflohen war. Ein häufiger Gast auf dem *Berghof* war auch Joseph Goebbels, der promovierte Minister für Propaganda und Manipulation, ein schlagfertiger, spitzzüngiger und intelligenter Unterhalter. Ein weiterer Gast, der sich häufig sehen ließ, war Hermann Esser, ein Revolverblatt-Journalist, Redner-Talent und Schürzenjäger, ein Duzfreund Hitlers, ein »Landsknechtstyp« aus der Frühzeit der NSDAP.[25] Esser war 11 Jahre jünger als Hitler und wirkte mit seinem ähnlich geschnittenen Oberlippenbart wie dessen jüngeres Double. Von Goebbels wurde er daher »der kleine Hitler« genannt. Das war kein Kompliment, denn Goebbels konnte Esser nicht ausstehen. Da Esser aber mit Hitler schon seit 1919 eng befreundet war und Hitler »alten Kameraden« gegenüber grundsätzlich eine unzerstörbare Treue an den Tag legte, musste Goebbels gute Miene zum bösen Spiel machen. Im NS-Regime war Esser in unterschiedlichen eher unbedeutenden Funktionen tätig, unter anderem als Staatssekretär für Fremdenverkehr. Am 24. Februar 1945 verlas er Hitlers letzte Rede im Radio.[26] Hitlers Adjutant Wilhelm Brückner überragte seinen Chef um Haupteslänge und war eine gepflegte Erscheinung, zurückhaltend und gebildet. »Er (...) versorgte Hitler mit Informationen, koordinierte Besucher und entschied mit darüber, wer überhaupt vorgelassen wurde (...) und verteilte Geldgeschenke an Personen aus dem privaten Umfeld Hitlers.«[27] Brückner, ein gelernter Volkswirt, war mit Hitler seit 1919 bekannt, war Ende 1922 Parteimitglied geworden und hatte 1923 am Putschversuch teilgenommen. Er beendete seinen Dienst 1940, wohl auch deshalb, weil er es niemals verstanden hatte, ein freundschaftliches Verhältnis mit Eva Braun herzustellen. Julius Schaub war ebenfalls seit den ersten Tagen an Hitlers Seite. Im ersten Weltkrieg war er an beiden Beinen verletzt worden und war Hitler während dessen ersten Versammlungen wegen seiner Krücken aufgefallen. Als Hitler erfuhr, dass der gelernte Drogist wegen seiner Anhängerschaft seine Arbeit verloren hatte, nahm er ihn als Begleiter in seine Dienste. Im Jahr 1925 wurde Schaub offiziell Hitlers persönlicher Adjutant. Danach blieb er, von Urlauben und Erkrankungen abgesehen, ununterbrochen an Hitlers Seite, bis ihm dieser am 26. April 1945 den Befehl gab, den Bunker in Berlin zu verlassen, um seine privaten Dokumente in München und am Obersalzberg zu vernichten.[28] Schaub war immer zur Stelle, wenn Hitler etwas benötigte, sei es eine Information oder ein Getränk. Er meldete Besucher an, bezahlte Rechnungen, kaufte Geschenke ein, bereitete Reisen vor und kümmerte sich, oft gemeinsam mit seiner Ehefrau Wilma, um jede Kleinigkeit in Hitlers Leben. Als »alter Kämpfer« konnte er der Loyalität Hitlers sicher sein. Dass sich Schaub als Krüppel nur mühsam vorwärtsbewegen konnte, war niemals ein Grund für Hitler, ihn gegen einen anderen Adjutanten auszutauschen.

Unter dem Vorwand, dringend dienstlich mit dem Chef sprechen zu müssen, gelang es auch Reichspressechef Otto Dietrich hin und wieder, auf den *Berghof* eingeladen zu werden. Dietrich, ein promovierter Höfling und Opportunist, der Hitler bei Gesprächen die passenden Stichworte zuwarf, war sich für keine Schmeichelei zu schade. Mit Goebbels war Dietrich in niemals endende dienstliche Kompetenzstreitigkeiten verwickelt. In seinem Buch über *Die philosophischen Grundlagen des Nationalsozialismus* (1935) vertrat Dietrich die Auffassung, dass die Nationalsozialisten die »Frage nach dem Seienden (...) radikal neu stellen« müssten. Dieser Versuch Dietrichs, mit philosophischen Erkenntnissen zu brillieren, war von Goebbels sofort abgekanzelt worden (»Edelquatsch«).

In der obersten Etage des »Hofes« bewegte sich auch Hitlers Leibarzt, Theo Morell, ein übergewichtiger Prominenten-Arzt, mit angeblich mangelhafter Körperhygiene. Morell befand sich von 1936 bis zum Kriegsende im Bunker ständig in Hitlers Nähe. Hitlers Furcht vor Krankheiten aller Art in Verbindung mit seiner Treue Bediensteten gegenüber ließ ein enges persönliches Verhältnis entstehen. In die Behandlungsmethoden des Berliner Prominentenarztes hatte Hitler unbegrenztes Vertrauen. Seine Magen-Darm-Probleme und andere Leiden kurierte der Mediziner mit einem Cocktail von Medikamenten, der Dutzende unterschiedlicher Wirkstoffe enthielt. Täglich schluckte Hitler in großen Mengen Pillen und Kapseln und erhielt zudem Injektionen von Traubenzucker und Vitaminen. Nach dem Attentat im Juli 1944 behandelte Morell seinen Patienten außerdem noch mit Hormonen. Belegt sind laut Charité-Direktor H.J. Neumann und dem Historiker H. Eberle 82 unterschiedliche Medikamente, die Hitler während seiner Regierungszeit eingenommen hat. In ihrem Buch *War Hitler krank?* (2009) haben die beiden Autoren Hitler als Patient akribisch erforscht. Hinweise auf eine Abhängigkeit von Suchtdrogen konnten sie nicht entdecken.

Zum *Berghof*-Kreis gehörten auch die Chirurgen Karl Brandt und Hanskarl von Hasselbach. Sie waren in Hitlers Nähe, um sofort eingreifen zu können, sollte er durch ein Attentat oder einen Unfall verletzt werden. Brandt war, ähnlich wie Speer und Hoffmann, in Kunstfragen versiert und daher oft Hitlers bevorzugter Gesprächspartner. Seine attraktive junge Frau, die berühmte Rekordschwimmerin Anni Rehborn, genoss ebenfalls Hitlers besondere Sympathie und war bei den Mittagessen häufig dessen Tischdame.

Mochten Räume, Ausstattung und der Name des *Berghofs* an monarchische Vorbilder erinnern, bei der Gesellschaft, die Hitler um sich versammelte, war das nicht Fall. Dienern und Kammerzofen ist das gesellige Beisammensein mit dem Monarchen üblicherweise nicht gestattet. Das war bei Hitler anders. Die Adjutanten und Diener Julius Schaub (1925 bis 1945), Wilhelm Brückner (1930–1940), Karl Krause (1934 bis 1939), Hans Junge (1937–1943) und Heinz Linge (1939–1945) waren von Hitler immer eingeladen, an den gemeinsamen privaten Runden teilzunehmen, ebenso wie seine Sekretärinnen Johanna Wolf (seit 1933), Christa Schroeder (seit 1933), Gerda Daranowski (seit 1937) und Traudl Junge (seit 1942). Mit von der Partie waren oft auch der aus einem liberal-progressiven Elternhaus stammende Reichsjugendführer und Gauleiter von Wien Baldur von Schirach mit seiner Frau sowie Franz Xaver Schwarz, eine korrekte Beamtenseele, der die Finanzen der NSDAP verwaltete. An Hitlers Tafelrunde trafen auch so unterschiedliche Persönlichkeiten zusammen wie der gebildete Aristokrat und Luftwaffenadjutant Nicolaus von Below und der volkstümlich-charmante Sepp Dietrich, der als ranghöchster Offizier der Waffen-SS und ehemaliger Leibwächter seit vielen Jahren mit Hitler befreundet war.

Dass der 29-jährige von Below bereits vier Wochen nach

seinem ersten Einsatz als Adjutant am 23. Juni 1937 zum privaten *Berghof*-Kreis zählte, lag an dessen von Hitler sofort entdecktem Interesse für klassische Musik. Am 27. Juli lud er von Below spontan, zusammen mit dessen 19-jähriger Ehefrau Maria, zu den Wagner-Festspielen nach Bayreuth ein.[29] Kurz drauf waren die von Belows nicht nur Hitlers Gäste auf dem *Berghof*, sondern wurden von ihm auch zu Staatsempfängen in die Reichskanzlei eingeladen. Ebenso wie andere aus dem *Berghof*-Kreis habe sie das Gefühl gehabt, »schöner und glücklicher kann es im Leben nicht werden«, kommentierte Maria von Below ihr damaliges Leben viele Jahrzehnte später.[30]

Waren die genannten Herren schon von ihrer Herkunft, ihrer Bildung und ihrem Charakter her extrem unterschiedlich, so wurde der *Berghof*-Clan durch deren Ehefrauen noch bunter. Auf den ausdrücklichen Wunsch Hitlers hin waren diese immer mit dabei. Die Ehepaare durften auch weitere Familienangehörige mitbringen, und wenn Kinder mitkamen, dann war Hitler das immer recht. Dass Hitlers Interesse für Kinder keinesfalls nur eine Behauptung der Propaganda war, hat Egon Hanfstaengl berichtet. Der Sohn des Ernst »Putzi« Hanfstaengl war ein Patenkind Hitlers und wurde in verschiedenen TV-Dokumentationen zu seinen Erinnerungen befragt.[31] An den »Onkel Führer« konnte sich Hanfstaengl auch noch nach Jahrzehnten sehr gut erinnern. Das lag daran, dass sich Hitler, laut Hanfstaengl, von allen anderen Erwachsenen grundlegend unterschied. Beim Spielen sei Hitler so zentriert gewesen, dass er alles ›Erwachsene‹ hinter sich gelassen habe und in diesen Momenten selbst zum Kind geworden sei. Eine Sympathie für Hitler und sein Regime ist bei Egon Hanfstaengl ausgeschlossen. Nach der Flucht des Vaters studierte er in Harvard, trat 1941 freiwillig in die US-Armee ein und lehrte später Geschichte am Brooklyn College in New York.

Die Familien von Hitlers Freunden und Bekannten ließen den *Berghof*-Kreis auf eine nicht unerhebliche Anzahl von Personen anwachsen. Die Beziehungen zwischen den Mitgliedern des *Berghof*-Kreises waren sehr unterschiedlich. Manche waren eng miteinander befreundet, so wie die Ehepaare Brandt, Speer und von Below, andere gingen einander aus dem Weg. Das Verhältnis zwischen Hitlers militärischem Begleitarzt Karl Brandt und seinem Leibarzt Theo Morell verschlechterte sich während der Kriegsjahre bis zu dem Punkt, an dem Brandt Morell vorwarf, Hitler mit Strychnin vergiften zu wollen. Aber Hitlers Vertrauen in Morell war nicht zu erschüttern, und so entließ er den Chirurgen Karl Brandt am 10. Oktober 1944. Auch unter den »Frauen vom *Berghof*« gab es Rivalitäten genauso wie enge Freundschaften, so wie die Freundschaft zwischen der sportbegeisterten Eva Braun und Anni Brandt, die als achtfache deutsche Meisterin im Schwimmen eine nationale Berühmtheit war. Zu den »Frauen vom *Berghof*« zählten außer den Ehefrauen der ›Stammgäste‹ auch die Malerin Sofie Stork sowie Gretl Braun, eine der beiden Schwestern von Eva, später auch Ilse, deren zweite Schwester und Eva Brauns Freundinnen Marianne (Marion) Schönmann und Herta Schneider-Ostermayer sowie weitere Jugendfreundinnen, die Eva Braun abwechselnd einlud. Zu der »festen« *Berghof*-Gemeinschaft kam häufig auch noch derjenige »Ehrengast«, den Hitler, oft auch mit dessen Begleitung, zusätzlich auf den *Berghof* eingeladen hatte. Ehrengäste waren Filmstars, Sportler, Opernsänger, Theater- und Filmregisseure, Dirigenten, Pianisten, Bildhauer und Maler, Schriftsteller, Wissenschaftler und überhaupt alle Menschen, die Hitler persönlich kennenlernen wollte oder deren Arbeit er schätzte.

Alles in allem war es also ein relativ großer und alles andere als homogener Kreis, den sich Hitler als seine nächste Umgebung erkoren hatte, und es handelte sich dabei keinesfalls nur um »ungebildete Trittbrettfahrer« (Fest) oder »unterwürfige Bedienstete« (Knopp). Eher könnte man Hitlers persönlichen Kreis als eine »Volksgemeinschaft im Kleinen« bezeichnen, in der alle Altersstufen, Charaktere und Bildungsniveaus vertreten waren.

Hitlers letzter Besuch auf dem *Berghof* endete am 16. Juli 1944, nach einem viermonatigen Aufenthalt. Seine Lebensgewohnheiten auf dem *Berghof* haben sich über die Jahre kaum geändert, ebenso wenig wie seine Mützen und Jacken, die er jahrelang in dergleichen unmodernen Form trug, woran auch die wiederholte Kritik von Eva Braun nichts zu ändern vermochte. So blieb Hitlers Tagesablauf auf dem *Berghof* im Großen und Ganzen immer der gleiche. Nachts frönte er seiner Leidenschaft: dem ungebremsten Verschlingen von Büchern aller Themenbereiche. Bis in die frühen Morgenstunden hinein soll Hitler oft ein Buch nach dem anderen gelesen haben.[32] Das hatte zur Folge, dass er in der Regel erst gegen ein oder zwei Uhr nachmittags aufstand. Dann gesellte er sich zu seinen Gästen, die ihr Frühstück bereits vor langer Zeit zu sich genommen hatten, und wartete bei gemeinsamen Plaudereien auf das Mittagessen. Als Hitlers Diener erschien und rief: »Mein Führer, das Essen ist angerichtet«, war es so weit. Der Diener ging dann zu Frau Goebbels, Frau Brandt oder einer anderen Tischdame und sagte zu ihr: »Gnädige Frau, der Führer wird Sie zu Tisch begleiten.« Zur gleichen Zeit wurden die übrigen Gäste von einem Adjutanten über die Tischordnung informiert. Hitler ging dann mit seiner Tischdame, gefolgt von Eva Braun an der Seite von Martin Bormann, zu Tisch. Danach folgten die übrigen Paare, und man begab sich gemeinsam in den Speisesaal. Hitler nahm an der Breitseite des Tisches in der Mitte Platz, gegenüber vom Fenster. Links neben ihm saß Eva Braun, dann folgte Martin Bormann. Gegenüber von Hitler und Eva Braun saß jeweils der Ehrengast oder der höchste Dienstrang mit seiner

Begleitung. Dieses Tischritual wurde über die Jahre hin bis zu Hitlers letztem Aufenthalt auf dem Berghof unverändert beibehalten.

Gegessen wurde von Tellern aus handbemaltem Porzellan. Das Geschirr aus massivem Silber wurde nur bei Staatsbesuchen aufgefahren. Hitler erhielt extra auf seine Diät zugeschnittene Speisen. Er ernährte sich von Haferschleimsuppen, Müslis, Bratkartoffeln, Gemüsesäften und verschiedenen anderen vegetarischen Diätgerichten. Alle übrigen Gäste wurden von Adjutanten nach ihren Wünschen befragt und mit »normalem« Essen, d.h. auch mit Fleischgerichten, versorgt. Gerne machte sich Hitler während des Essens über die Menschen lustig, die es niemals übers Herz bringen würden, ein Tier zu töten, die aber überhaupt kein Problem damit hatten, ihr Gulasch oder ihr Entrecôte in der Metzgerei einzukaufen. Getränke konnten die Gäste nach Belieben bestellen, Alkohol war nicht tabu, Hitler selbst begnügte sich aber immer mit einem Mineralwasser. Eva Braun achtete auf ihre Linie und aß meistens nur wenig.

Die anwesenden Gäste wurden während des Essens von Hitler oft in humorvolle Konversationen verwickelt. Wenn Hitler selbst etwas erzählte, so hatten seine Schilderungen meistens amüsante Begebenheiten zum Inhalt. Manchmal erzählte er von Streichen aus seiner Schulzeit, von kuriosen Begebenheiten aus der »Kampfzeit« oder von grotesken Absonderlichkeiten, die ihm als Reichskanzler begegnet waren. Unterstützt von seiner Fähigkeit, andere Menschen zutreffend in Tonfall, Mimik, Gestik und Dialekt nachzuahmen, löste er mit seinen Darbietungen oft große Heiterkeit aus, die keinesfalls nur seinem Rang geschuldet war. Auch Witze hat Hitler gerne erzählt, wobei ihm sein phänomenales Gedächtnis erlaubte, viele davon auf Abruf vorrätig zu haben. Im Gegensatz zu seinem Leibfotografen Hoffmann gab er aber niemals schlüpfrige Geschichten oder zotige

Witze zum Besten. Es konnte allenfalls vorkommen, dass er im Scherz unverheiratete Mitglieder der Runde zu verkuppeln versuchte. Hitlers Kammerdiener Heinz Linge erinnerte sich, dass die Gespräche am Mittagstisch meist zwanglos und lebhaft verliefen und »von den Damen beeinflusst« waren. Bei Streitfragen, die die Damen gelegentlich in verschiedene Lager spalteten, wurde Hitler als »oberster Richter« angerufen. Mit Humor habe er sich dieser »Funktion« entledigt.[33] Auch Hitlers Sekretärin Traudl Junge hat berichtet, dass am Mittagstisch nicht nur Hitler sprach. Vor allem die Ehrengäste und deren Begleiter habe Hitler durch Fragen dazu aufgefordert, etwas zur Unterhaltung beizutragen, oder mit ihm oder anderen Gästen eine Konversation zu führen, an der alle teilhaben konnten. Gerne lauschte Hitler auch den Erzählungen seines Hausintendanten Arthur Kannenberg, die dieser mit Berliner Mutterwitz vortrug. Hitler schlug sich dann oft lachend auf die Schenkel oder hielt die Hand vor seine lachenden Augen und seinen Mund.

Nach dem Essen, das üblicherweise etwa eine Stunde dauerte, hob Hitler die Tafel auf. Martin Bormann ließ sich dann immer sofort entschuldigen, um wieder an seine Verwaltungsarbeit zu gehen. Verließ der unnahbare Bormann die Runde, so war niemand deswegen betrübt, am wenigsten wohl Eva Braun. Sie habe die Gegenwart dieses ihr gegenüber unterwürfigen, ansonsten aber herrschsüchtigen Mannes nur schwer ertragen, hat Ernst Hanfstaengl berichtet.

Nach dem Essen begab sich jeder kurz auf sein Zimmer und dann nach draußen, wo Hitler auf dem abgesperrten Gelände des *Berghofs* den »Vorbeimarsch« (Wiedemann) von Tausenden von »Wallfahrern« abnahm. Dieses Ritual wurde von Hitler bis zum Beginn des Krieges eisern zelebriert, egal ob es regnete oder die Sonne vom Himmel brannte. Danach nahm Hitler seinen Hund an die Leine, um mit einem Spazierstock zum »Teehaus« zu wandern, das am Mooslahner Kopf lag, etwa zwanzig Gehminuten vom *Berghof* entfernt. Die Gäste wurden von den Ordonanzen gefragt, ob sie am Spaziergang Hitlers teilnehmen wollten. Damen waren dabei sehr erwünscht, da sich Hitler in weiblicher Gegenwart am besten entspannen konnte, wie er des Öfteren gesagt hat. Es wurde aber immer darauf geachtet, dass auch eine ausreichende Anzahl von Herren mitging, damit eine ausgeglichene Gesellschaft zustande kam. Bei schlechtem Wetter ließ sich Hitler in einem schwarzen VW-Cabriolet von einem Chauffeur mit seinem Diener und Blondi zum Teehaus fahren. Auch für die Gäste standen, bei schlechtem Wetter, Fahrzeuge bereit. Eva Braun zog sich nach dem Mittagessen zurück, um ihre Garderode zu wechseln, und machte dann mit ihren beiden Hunden, ihrer Freundin Herta, ihrer Schwester Gretl und, falls vorhanden, weiteren Freundinnen einen ausgedehnten Spaziergang, bevor sie ebenfalls den Weg zum Teehaus einschlug. Dort traf sie meistens erst lange Zeit nach Hitler ein. Das Arbeitstier Martin Bormann, der dem Small Talk der *Berghof*-Runde nichts abgewinnen konnte, ließ sich meistens entschuldigen.

Das Teehaus lag auf einem kleinen Felsplateau. Es war ein Rundbau, in dem der große runde ›Teeraum‹ sowie Wirtschaftsräume und Räume für Wachen untergebracht waren. Der ›Teeraum‹ war mit Marmor ausgekleidet und hatte sechs Fenster, von denen aus man wie von einem Aussichtsturm zu der imponierenden Gebirgslandschaft hinaussehen konnte. Weit unten floss die Berchtesgadener Ache in vielen Windungen hinunter ins Tal. Ein gewaltiger runder Tisch stand in der Mitte des Raumes, und um ihn herum waren etwa zwanzig bequeme Polstersessel platziert. Gegenüber der marmorgerahmten Fenster gab es einen offenen Kamin. Hier standen ausladende Sessel mit bequemen Lehnen für den Hausherrn und seine Gäste bereit. Kaffeeduft erfüllte den Raum, wenn Hitler mit seinen Besuchern hier eintraf. Während Hitler und Eva Braun ihre festen Plätze auf den Sesseln am Kamin hatten, gab es hier ansonsten keine vorgeschriebene Sitzordnung. Jeder setzte sich, wohin er wollte, einige Stühle blieben meist unbesetzt. Kaum hatten die Gäste Platz genommen, wurde serviert. Es gab starken schwarzen Tee und natürlich Kaffee. Hitler selbst nahm nur Apfelschalentee oder Kümmeltee zu sich, nie etwas anderes. Dazu gab es Hefegebäck, Apfelkuchen oder Kekse. Hitler, der Süßes sehr schätzte, ließ seinen Teller immer wieder aufs Neue befüllen.

Die Gespräche kreisten, wie beim Mittagessen, um Privates und Belangloses. Filme, Fotografie, Musik, Inneneinrichtung, Operetten und Mode waren die Themen dieser zwanglosen Nachmittagsunterhaltung. Man tauschte Erinnerungen aus, Hitler erkundigte sich nach diesem und jenem oder er führte, falls ein Ehrengast anwesend war, mit diesem ein Gespräch. Auch Eva Brauns Gespräche mit ihren Freundinnen kreisten um Privates: um deren Kinder, um neue Kleider und Schuhe, um persönliche Erlebnisse und um die Planung von Ausflügen und Reisen sowie um sportliche und gesellschaftliche Aktivitäten. Der Plauderton änderte sich auch nicht nach Kriegsbeginn. Im Gegenteil: Jetzt war das allgemeine Bedürfnis nach Small Talk, der nicht von den bedrückenden Gedanken an die Ereignisse an der Ostfront belastet war, besonders groß. Der Unterschied zur Unterhaltung am Mittagstisch bestand darin, dass hier, wegen der Raumaufteilung, kaum jemals ein Gespräch aller Anwesenden zustande kam. Die Unterhaltungen fanden in Gruppen oder zu zweit statt. Ein bekanntes Archivbild zeigt Hitler in einem Sessel schlafend neben Eva Braun. Der schlafende Hitler war im Teehaus ein durchaus üblicher Anblick. Irgendwann während des Nachmittages im Teehaus konnte es passieren, dass der Führer plötzlich verstummte und einnickte. Die Anwesenden unterhielten sich weiter, so als sei nichts geschehen, und alle, die sich schon die ganze Zeit nach einer Zigarette gesehnt hatten, nutzten die Gelegenheit, um nach draußen zu stürmen. Nach einiger Zeit, wenn Hitler von seinem Nickerchen wieder erwachte, tat er so, als habe er nur kurz mit geschlossenen Augen nachgedacht und klinkte sich sofort in die Gespräche um ihn herum wieder ein. Gegen sechs Uhr war die Runde beendet. Hitler ließ sich dann in dem VW-Cabriolet mit Hund und Diener zum *Berghof* zurückbringen. Auch für die Gäste standen Fahrzeuge bereit, aber bei gutem Wetter machten sich die meisten zu Fuß auf den Weg. Danach zog sich Hitler zurück und die meisten Gäste gingen ebenfalls auf ihre Zimmer.

Gegen acht Uhr abends wurden alle per Telefon zum Essen gerufen und es wiederholte sich das Ritual vom Mittag. Die Damen hatten nun ihre Abendkleider angelegt und auch die Herren erschienen in festlicher Kleidung. Eva Braun hatte sich ebenfalls erneut umgezogen. Sie erschien niemals in derselben Robe, immer war sie anders gekleidet als am Vortag, am Mittagstisch oder im Teehaus. Sie war immer sorgfältig geschminkt und trug dezent-kostbaren Schmuck. Zum Abendessen gab es für die Gäste meist kalte Platten mit Salaten, Eiern und Fleisch, während sich Hitler strikt an seine vegetarische Kost hielt, die in erster Linie aus Eintopf- und Kartoffelgerichten bestand, kombiniert mit frischem Gemüse aus den Treibhäusern von Bormanns bio-dynamischer Gärtnerei.

Da Hitler die leichte Unterhaltung bevorzugte, waren die Gespräche auch jetzt, ebenso wie beim Mittagessen oder im Teehaus, ohne Tiefgang. Unterhaltsam waren sie wohl dennoch, vor allem wenn Hitler das Wort übernahm. Traudl Junge erinnerte sich, dass Hitler ein ebenso charmanter wie geistreicher Unterhalter und witziger Erzähler sein konnte. Maria von Below berichtete 1985, dass Hitler gerade in den ersten Jahren alle überzeugt habe, »weil er sie faszinierte«. Mit seiner Persönlichkeit und seinem »wirklich phänomenal(en)

Wissen« über »Geschichte und Kunst« habe Hitler alle gefesselt.[34] Die Historikerin H. B. Görtemaker kommentierte die Erinnerung von Maria von Below wie folgt: »Maria von Below, 1938 bei Weitem die Jüngste in jener halb dienstlich, halb privaten Runde um Hitler, verteidigte folglich in der Rückschau von mehr als vierzig Jahren ebenso entschieden und fast mit den gleichen Worten wie Margarete Speer die gemeinsame Zeit in diesem Kreis.«[35] Die Begeisterung der Gutsbesitzerstochter Maria von Below, die sie wohl mit den meisten anderen aus dem *Berghof*-Kreis geteilt hat, lässt sich leicht nachvollziehen. Hitlers enzyklopädisches Wissen, das er sich beim Lesen von unzähligen Büchern angeeignet hatte und das er, unterstützt von seinem fotografischen Gedächtnis, präzise wiedergeben konnte, muss ja in der Tat beeindruckend gewesen sein. Vor allem aber er in den Jahren vor dem Krieg nicht nur in Deutschland, sondern auch von vielen ausländischen Prominenten als ein genialer Staatsmann gefeiert. Mit jedem Jahr wurde er mächtiger und populärer, und die Begegnung mit diesem Selfmade-Bestseller-Millionär und Star der internationalen Politik, dem Macht und Erfolg nur so in den Schoß zu fallen schienen, war für diejenigen, die dieses »strahlende Wesen«[36] aus nächster Nähe erlebten, mit Sicherheit eine erhebende und, eben, »faszinierende« Erfahrung.

Nach dem Abendessen schloss sich bis zum Kriegsbeginn ein zwangloses Beisammensein in der Wohnhalle an, wo noch ein wenig geplaudert wurde, bis die Filmvorführung des Abends begann. Es gab auch Musikabende. Hatte Hitler einen Pianisten eingeladen, spielte dieser oft ein wenig Klavier. An manchen Abenden stellte Hitler auch ein Konzert seiner Lieblings-Schallplatten zusammen. Da wurden Operetten von Lehar, Stücke von Richard Strauß, Hugo Wolf und Richard Wagner gespielt, was bei der Abendgesellschaft, folgt man Traudl Junges Bericht, wenig Begeisterung auslöste. »Ja, meine Begleitung ist nicht sehr musikalisch«, habe Hitler dann resigniert gesagt, und so blieben Schallplattenabende die Ausnahme. Bei den Filmabenden führte Eva Braun Regie. Zunächst gab es meist Farbfilme zu sehen, die sie selbst mit ihrer Schmalfilmkamera aufgenommen hatte. Diese Filme stellten so etwas dar wie den dokumentarischen ›Vorfilm‹, der in deutschen Kinos zu dieser Zeit vor dem eigentlichen Film, dem ›Hauptfilm‹, gezeigt wurde. ›Hauptfilme‹ waren die neuesten deutschen Produktionen. Eva Braun oblag die Auswahl der Filme. Diese kamen direkt vom Propagandaministerium, waren unzensiert und entweder in dieser unzensierten Fassung oder überhaupt in deutschen Kinos oft (noch) nicht zu sehen. Auch ausländische Filme wurden gezeigt, die in deutschen Kinos wegen der Zensur nicht vorgeführt wurden. Da Hitler ein großer Film-Fan war, wurden oft mehrere Filme hintereinander gezeigt. Harmlose Gesellschafts-, Liebes- oder Unterhaltungsfilme gefielen Hitler am besten. Und er schätzte Revuefilme mit viel nacktem Bein. Lil Dagover, Olga Tschechowa, Heinz Rühmann, Henny Porten und Jenny Jugo waren seine Lieblingsschauspieler. Aber auch für Filme aus den USA konnte sich Hitler begeistern. Für Charlie Chaplin hatte er laut seinem Leibwächter Misch eine besondere Vorliebe. *Vom Winde verweht* habe Hitler so gut gefallen, dass er den Film gleich dreimal vorführen ließ.[37]

Nach dem Film folgte die nächtliche Plauderrunde in der Wohnhalle. Im Kamin brannte inzwischen ein Feuer, und jeder aus der Abendgesellschaft begab sich zu einem der breiten Sessel, die rund um den Kamin gestellt worden waren. Hitler hatte seinen Platz rechts neben dem Kamin, Eva kuschelte sich mit angezogenen Beinen in den Sessel daneben. Auf dem Kaminsims flackerten Kerzen, die Stimmung war heimelig und vertraut. Damit sich Hitlers Blondi und die Hunde von Eva Braun nicht in die Haare gerieten, gab es zwischen den Hunden einen beständigen fliegenden Wechsel. Hitler trank

Tee, die Gäste konnten bestellen, worauf sie Lust hatten, und orderten Sekt, Cognac, Wein, Bier, oder Schnaps. Dazu wurden belegte Brote, Gebäck oder Apfelkuchen gereicht.

Das gedämpfte Licht, die schallschluckenden dicken Teppiche, die entfernt stehenden Sessel und das Knistern der Holzscheite machten eine allgemeine Konversation mühsam. So hingen die meisten Gäste ihren Gedanken nach oder waren in Zwiegespräche vertieft, während sich Hitler entweder mit Eva Braun oder mit einer auf der anderen Seite neben ihm sitzenden Dame unterhielt. Später am Abend kam es oft zu einem der berüchtigten »Führermonologe«. Irgendein Thema, über das Hitler gerade ein Buch gelesen hatte, es konnte sich um Gartenbau handeln oder um eine Reisebeschreibung vom Himalaya, machte er zum Ausgangspunkt eines langen Selbstgespräches, dem seine schläfrigen Gäste aufgrund der schlechten Akustik nur mit größter Anstrengung zu folgen in der Lage waren. Alle waren froh, nicht eingeschlafen zu sein, wenn Hitler sich dann irgendwann endlich erhob, allen die Hand schüttelte, eine gute Nacht wünschte und verschwand.

Nachdem sich das Kriegsglück in Stalingrad gewendet hatte, hatte es sich Hitler verboten, wie in den Jahren zuvor allabendlich Filme zu konsumieren. Es sei nicht angemessen, Filme zu sehen zu einer Zeit, wo sein Volk so schwere Opfer bringe und wo er selbst seine Augen schonen müsse, um Karten und Frontberichte lesen zu können, hatte er seine Gäste wissen lassen. Auch Theater und Opernhäuser besuchte Hitler – von einer Aufführung der *Götterdämmerung* in Bayreuth abgesehen – während der gesamten Kriegszeit nicht mehr. Mit dem Beginn des Krieges war Hitler auch nicht mehr wie zuvor mehrmals im Monat auf dem Obersalzberg. Wechselte er als Oberbefehlshaber der Wehrmacht seinen Wohnort, so erforderte das jetzt die Verlegung des gesamten ›Führerhauptquartiers‹ inklusive Sicherheitsleuten, Ordonanzen, SS-Begleitkommando sowie dem ›Führerbegleitbataillon‹. »Zwar gab es bis Kriegsende weiterhin ausgedehnte Aufenthalte (auf dem *Berghof*, d. Verf.), doch sie wurden seltener und fanden nicht mehr spontan statt, da sie sich nach der militärischen Lage richteten. Unvermittelte Reisen mit wenigen Vertrauten gehörten nun endgültig der Vergangenheit an.«[38]

Während der gesamten Kriegszeit diente der *Berghof* bei Hitlers Anwesenheit nun, zumindest während der morgendlichen und abendlichen Lagebesprechung, als Führerhauptquartier. Nachdem General Friedrich Paulus Ende Januar 1943 in Stalingrad in russische Gefangenschaft geraten war, siedelte Hitler im Frühjahr mit seinem riesigen Militär-Apparat auf den Obersalzberg über und blieb dort drei Monate lang, bis Ende Juni. Der Chef des Oberkommandos der Wehrmacht, Wilhelm Keitel, und Generaloberst Alfred Jodl, Hitlers wichtigste militärische Berater, waren in der wenige Kilometer entfernten Kleinen Reichskanzlei in Berchtesgaden untergebracht. Der Wehrmachtsführungsstab arbeitete in einem Sonderzug auf dem Salzburger Bahnhof. Zu Mittag gegessen wurde auf dem *Berghof* jetzt immer dann, wenn die Generäle und Offiziere gegen 14:00 nach der morgendlichen Lagebesprechung wieder abfuhren, und anstatt abends einen Film anzusehen, empfing Hitler jetzt nach dem Abendessen die Militärs erneut und verschwand mit ihnen in der Wohnhalle, um dort die abendliche »Lage« abzuhalten. Eva Braun zog sich dann mit interessierten Damen und Herren in den Keller zurück, wo die Kegelbahn zum Kino umfunktioniert worden war. Dort konnten bis zu maximal zehn Personen den von ihr ausgewählten Film anschauen. Gab es freie Plätze, lud Eva Braun auch Küchenpersonal, Zimmermädchen und Wachmänner dazu ein. Manchmal, wenn die »Lage« nicht lange dauerte, beorderte Hitlers Diener die Gäste in die Wohnhalle, während der Film noch lief. Die Filmvorführung musste dann abgebrochen werden. Eva Braun und einige andere Damen nutzten diesen Moment, um ihr Makeup aufzufrischen, andere stürmten ins Freie und rauchten eine Zigarette. Danach versammelten sich alle in der Halle vor dem Kamin, in dem das Feuer bereits brannte. Nun schloss sich dasselbe Ritual an wie vor dem Krieg: die Kaminrunde.

In ihrem Buch *Bis zur letzten Stunde* (2002) berichtet Traudl Junge, dass sich Hitler immer »wie ein Kind« auf die nächtliche Kamingesellschaft gefreut habe. »Ich habe niemals Ferien«, habe er zu seiner Sekretärin gesagt, »ich kann nicht irgendwohin fahren und ausspannen. So teile ich meinen Urlaub in Stunden auf, die ich hier mit meinen Gästen am Kamin verbringe.« Die meisten Gäste des *Berghofs* haben diese Stunden aber, vor allem wohl nach Beginn des Krieges, anders erlebt als ihr Gastgeber. Aufgrund der abendlichen Lagebesprechung verschob sich der Zeitplan oft erheblich nach hinten, sodass der Kaminabend häufig erst zu einer Zeit beginnen konnte, zu der sich viele Gäste am liebsten zur Ruhe begeben hätten. Nach den anfänglichen Erfolgen der Wehrmacht wurde auch rasch immer klarer, dass der Krieg einen ungünstigen Verlauf zu nehmen begann. Die ständig zunehmenden Bombenangriffe auf die Städte in Deutschland sprachen ihre eigene Sprache. Obwohl das Thema »Krieg« in Hitlers privatem Kreis kaum jemals thematisiert wurde und sich Hitler immer heiter und unbeeindruckt zeigte, war er zu eng verbunden mit dem, was sich jenseits der Gebirgsidylle des *Berghofs* zutrug, als dass seine Gäste das vollständig hätten ausblenden können. Die Faszination, die Hitler bei seinen Gästen während der ersten Jahre seiner Herrschaft auszulösen vermocht hatte, stellte sich nun seltener ein, und die Abende am Kamin wurden von den Gästen zunehmend als eine unangenehme Pflichtübung empfunden. Traudl Junge berichtet, dass sie des Öfteren versucht habe, den als eintönig empfundenen Kaminabenden zu entfliehen, und dass es anderen Gästen ähnlich erging. Sie beschreibt, wie sich die »Fahnenflüchtigen« im angrenzenden Wohnzimmer trafen und sich dort offenbar sehr viel besser amüsierten als in der Gegenwart des Führers. Und dass der Führer oft mit einem vor sich hin dösenden Morell, seinem Diener, dem diensthabenden Adjutanten und Eva Braun allein am Kamin zurückblieb. Hitlers Diener musste dann ins Wohnzimmer kommen und rufen, dass der Führer seine Gesellschaft vermisse. Widerwillig seien, laut Junge, dann alle wieder zum »Dienst« am Kaminfeuer angetreten. Zwischen Gesprächen über belanglose Themen und den Monologen des Gastgebers, die ebenfalls um Belangloses kreisten, krochen die Stunden dahin, und manchmal war es vier oder fünf Uhr morgens geworden, als Hitler sich endlich erhob, um sich per Handschlag von seinen Gästen zu verabschieden. Kaum hatte Hitler die Halle verlassen, zeigte der viele Kaffee, den alle zu sich genommen hatten, seine Wirkung. Die Gäste erwachten aus ihrer Betäubung, es wurde geraucht, Eva Braun mixte Cocktails, Tanzmusik wurde aufgelegt und es wurde gezecht, oft weit bis in den kommenden Tag hinein.

Dass sich bei Hitlers Abwesenheit das Verhalten Eva Brauns sofort änderte, davon hat auch sein Leibwächter (ab 1940) Rochus Misch berichtet. »Man hätte die Limousinen noch die Serpentinen hinabfahren sehen können, da wurden schon die ersten Vorbereitungen für mancherlei Amüsements getroffen. Gerade noch sittsam wie eine Gouvernante, stellte sie nun alles auf den Kopf. Und fröhlich wurde sie dann, fröhlich und ausgelassen, beinahe kindisch.«[39] Den Foxtrott, der aus den USA stammte und vom NS-Regime als »fremdländischer Negertanz« geächtet war, liebte Eva Braun ganz besonders. Man tanzte ihn eng an den Partner geschmiegt und die Damen machten Spreizschritte, bei denen sie die Beine hoch in die Luft warfen. Körperhaltungen wie diese hätten wohl nur wenige Deutsche mit »der Frau an der Seite des Führers« verbunden, hätten sie von deren Existenz überhaupt gewusst. Das Verhalten seiner heimlichen Geliebten kann Hitler nicht verborgen geblieben sein. Eva Braun wurde, wegen ihrer Auslandsreisen, nicht nur von Himmler überwacht, sondern stand aufgrund ihrer besonderen Stellung unter der permanenten Beobachtung aller auf dem *Berghof* Beschäftigten. Dass sich Eva Braun dennoch die Freiheit herausnahm, auf ihre Art zu feiern, wenn ihr danach zumute war, kann nur heißen, dass dies mit der Duldung ihres heimlichen Geliebten geschah und dass dieser ihr gegenüber eine bemerkenswerte Toleranz an den Tag gelegt hat. Oft wird Eva Brauns Verhalten in der Weise gedeutet, dass sie Freude nur in Abwesenheit von Hitler erleben konnte, da dieser nicht in der Lage gewesen sei, eine heitere Stimmung zu verbreiten. Richtig ist sicherlich, dass Tanzen für Hitler nicht infrage kam und dass er sich für Schlager und Tanzmusik nicht hat begeistern können. Aber dass in seiner Gesellschaft viel gelacht wurde und dass er durch die Auswahl seiner privaten Gäste auf dem *Berghof* eine familiär-entspannte Atmosphäre zu kreieren wusste, darüber kann kaum ein Zweifel bestehen. Jedenfalls gelangt man zwangsläufig zu dieser Einschätzung, wenn man den Aussagen der von der Forschung als überwiegend glaubwürdig eingeschätzten Zeitzeugen folgt und die Selbstrechtfertigungstexte ausklammert.

Da die Selbstrechtfertigungsliteratur das Hitler-Bild aber über Jahrzehnte geprägt und verformt hat, ist eine davon abweichende Darstellung gewöhnungsbedürftig. Die Erwähnung des Umstandes, dass es auch auf dem *Berghof* hin und wieder »nach Kaffee duftete« und dass es Eva Braun erlaubt war, Foxtrott zu tanzen, wirkt ohne die obligatorische Portion Sarkasmus wie ein Sakrileg. Selbst die neutrale Beschreibung der Landschaft oder der Ausstattung des *Berghofs* erscheint als Kitsch oder Schlimmeres. Vor allem aber ist es geradezu unmöglich, sich einen heiteren und entspannten Hitler inmitten einer Runde von bunt zusammengewürfelten Freunden vorzustellen. Ein derartiges Porträt wirkt wie eine

Parodie, nicht aber wie die Darstellung der tatsächlichen Gegebenheiten. Das hat natürlich auch etwas mit Hitlers martialischen öffentlichen Auftritten zu tun. Aber dass Hitler diese Rolle in seinem Privatleben weitergespielt hätte, das hat nicht einmal Albert Speer behauptet. Das von Hitlers Architekten maßgeblich miterschaffene Bild von Hitlers Leben auf dem *Berghof* hat sich aber im kollektiven Bewusstsein eingebrannt, und es besagt, dass hier ein primitiver Mephisto inmitten von simplen Geistern in einem ungemütlich-monumentalen Gebäude eine eisige, steife und düstere Atmosphäre um sich herum verbreitet habe. Diese Darstellung von Hitlers Privatleben ist von dem Kinderglauben beseelt, dass Schwerverbrecher von teuflisch-schwefelhaltigen Ausdünstungen umgeben sind. Zum Erwachsenwerden gehört es aber auch, lieb gewonnene Vorstellungen aufzugeben, sogar wenn man dann akzeptieren muss, dass ein Massenmörder und dessen Umfeld privat durchaus sonnig-sympathische Züge aufweisen können. Auch dass ein von sich selbst, seiner Mission und deren Erfolg zutiefst überzeugter Mensch auf seine Umgebung »langweilig«, »düster« und »unnahbar« wirkt, ist schwer nachvollziehbar. Glaubwürdiger ist, dass so ein Mensch einen »inspirierenden«, »strahlenden« und »faszinierenden« Eindruck macht. So haben aber nur diejenigen Zeitzeugen den privaten Hitler beschrieben, deren Aufzeichnungen kaum jemals eine breitere Öffentlichkeit erreicht haben, weil sie beschuldigt wurden, auch noch nach dem Krieg »hartnäckig an ihren Vorstellungen festzuhalten«.

Die angeblich düstere Atmosphäre auf dem *Berghof* verbindet sich mit der Behauptung vieler bedeutender Biografen, die besagt, dass Hitler nicht in der Lage gewesen sei, ein erfülltes Privatleben zu leben. Als Privatmann habe er nicht existiert, sein Leben sei emotional leer, ohne Liebe, Freude und Leidenschaft gewesen, heißt es. Ian Kershaw zum Beispiel hat behauptet, Hitlers Privatleben habe nur aus

»leeren Ritualen« bestanden.[40] Joachim Fest bescheinigte Hitler eine »Unfähigkeit zum Alltag«.[41] Der Mensch Hitler sei ganz im Politischen aufgegangen, behauptet seine auflagenstarke Hitler-Biografie. Sebastian Haffner hat Hitlers Privatleben in seinen *Anmerkungen zu Hitler* (1978) nur einige wenige Sätze gewidmet. Haffner glaubte bei Hitler eine auffällige Diskrepanz »zwischen dem ungewöhnlich dürftigen persönlichen Leben und dem ungewöhnlich intensiven politischen Leben« ausmachen zu können. Er stellte eine auffällige »Eindimensionalität« seiner politischen Leidenschaft fest, bei einem sonst »inhaltslosen Leben«, »ohne alles, was einem Menschenleben normalerweise Wärme und Würde gibt, Bildung, Beruf, Liebe und Freundschaft, Ehe und Vaterschaft.« Diese Sichtweise hat das Hitler-Bild bis heute geprägt, und die meisten Biografen beschreiben Hitler auch heute noch als einen Menschen ohne Privatleben. Es ist ein Leben, das sich leicht wegwerfen lässt und das, folgt man dieser Sichtweise, Hitlers Bereitschaft zum Selbstmord erklärt. Auch die Alles-oder-nichts-Politik, die Hitler bis zur totalen Niederlage verfolgte, wird gerne als Folge dieses inhaltslosen Privatlebens gedeutet.

Dass man, wenn man einen Weltkrieg beginnt und ein Millionenheer befehligt, Abstriche bei seinen Hobbys machen muss, kann aber nicht als Beleg dafür dienen, dass man unfähig ist, als Privatmensch glücklich zu sein. Selbst nach dem Beginn des Krieges, als Hitler auf Opernbesuche und Filme weitestgehend verzichtet hat, scheint das Militärische nicht das Einzige gewesen zu sein, wofür er sich noch interessierte. So kritisierte Generalstabsoffizier Gerhard Boldt: »Auf der anderen Seite fand er genügend Zeit, sich mit den unwichtigsten Dingen zu beschäftigen. Staatsgeschäfte und militärische Entscheidungen über Leben und Tod von Tausenden mussten liegenbleiben, wenn es sich darum handelte, einen neuen Orden zu zeichnen. (...) Auch konnte er sich stundenlang mit seinen phantastischen Plänen für den Umbau der Reichshauptstadt und anderer deutscher Großstädte beschäftigen.«[42] Dass sich Hitler mit seiner Leidenschaft, der Architektur, während der gesamten Kriegszeit intensiv beschäftigt hat, berichtete auch Hermann Giesler, der seit 1940 mit der städtebaulichen Gestaltung von Linz beauftragt war. Am 14. Oktober 1941 sagte Hitler laut Heinrich Heim zu seinen Generälen: »Dann kann ein Augenblick kommen, wo mich die Kriegsführung im Osten überhaupt nicht mehr beschäftigt. (...) und ich wende mich, während es dort weitergeht, ganz anderen Dingen zu. (...) Vor dem Schlafengehen beschäftige ich mich mit Architektur, ich schaue Bilder an oder begebe mich auf sonst ein Gebiet, das ganz woanders liegt.«[43] Seine kreativen Interessen haben Hitler bis zu seinen letzten Stunden beschäftigt. Seine Sekretärin Christa Schroeder berichtete, dass er in den Bunker ein Skizzenbuch mit Aquarellen und Bücher über Opernhausarchitektur mitgenommen habe.[44] Die Behauptung, Hitler habe keine privaten Interessen gehabt, rührt möglicherweise daher, dass sich die Biografen von Hitlers Propaganda-Image als aufopferndem und allen Lebensfreuden abholden Kämpfer haben in die Irre führen lassen. Vor allem aber hat auch hier die Selbstrechtfertigungsliteratur die tatsächlichen Begebenheiten »zurechtgerückt«. Hitler, der unnahbare Mephisto, war von »zwischenmenschlicher Leere« umgeben und konnte daher zwangsläufig so etwas wie ein Privatleben nicht haben. Wenn man dann in privater Runde mit ihm beisammen saß, beziehungsweise »sitzen musste«, konnte man sich nicht schuldig gemacht haben. Neben dem »vollkommen in sich gekehrten« Hitler war man ja nur ein Statist und als solcher ohne Bedeutung und ohne Verantwortung. Mancher Biograf war darüber hinaus möglicherweise auch von dem Wunsch geleitet, den Massenmörder posthum zu privatem Unglück verdammen zu wollen. Doch dieses private Unglück hat es, nach allem, was wir wissen, nicht gegeben. Angesichts anregender Konversationen mit attraktiven Damen, einer engen, vierzehn Jahre währenden Beziehung zu einer Frau, die ihn liebte und loyal zu ihm stand, Gesprächen mit Künstlern, die ihn begeisterten, der Möglichkeit, Arbeit und Privates vor dem Hintergrund einer traumhaften Naturkulisse zusammenzuführen, angesichts regelmäßiger Treffen mit einem großen Freundeskreis, umgeben von seiner über alles geliebten Kunstsammlung, in einem von ihm selbst entworfenen und gestalteten Haus, angesichts von Filmvorführungen, Opernbesuchen, intensiver Beschäftigung mit Literatur und bildender Kunst, dem begeisterten Sammeln von Gemälden sowie eigenem kreativem Schaffen auf dem Gebiet der Inneneinrichtung, der Bühnengestaltung, der Architektur und der Städteplanung kann dieses Privatleben so unerfüllt nicht gewesen sein.

Nach der Veröffentlichung des Buches von Heike B. Görtemaker *Hitlers Hofstaat: Der innere Kreis im Dritten Reich und danach* (2019) waren der Presse erstaunte Kommentare zu entnehmen, weil eine ernstzunehmende historische Untersuchung erstmals zu belegen schien, dass Hitler offenbar doch ein Privatleben hatte. Eine Erkenntnis, die dazu beitragen mag, das Hitler-Bild in dieser Hinsicht zu korrigieren. Was Heike B. Görtemaker außer dieser seit Langem überfälligen Korrektur in ihrem Buch noch beschäftigt, ist, die vermutete »Mitwisserschaft« derjenigen Mitglieder des *Berghof*-Kreises aufzudecken, die keine politischen Ämter innehatten. Das waren in erster Linie die zahlreichen Frauen. Übereinstimmend und auch noch viele Jahrzehnte nach dem Ende des Krieges haben alle *Berghof*-Gäste aber immer wieder erklärt, dass die Gespräche mit Hitler »unpolitisch« gewesen seien und dass über Politik, wenn überhaupt, nur sehr oberflächlich, so wie in jeder deutschen Familie, gesprochen wurde. So unterschiedlich die Darstellungen der Vorgänge auf dem

Berghof auch gewesen sein mochten – in diesem Punkt waren sich alle Zeitzeugen einig.

Auch Traudl Junge bestätigt die Darstellung der anderen Zeitzeugen, nämlich dass Politik bei den Gesprächen der *Berghof*-Runde keine Rolle gespielt habe. Selbst im Frühjahr 1943, nur wenige Monate nach der Niederlage von Stalingrad, seien die Gespräche, laut Junge, »oberflächlich und heiter« gewesen. Trotz der Bekundung auch ernst zu nehmender Zeitzeugen wie Traudl Junge besteht aber die große Mehrheit der Autoren, die sich mit der *Berghof*-Thematik beschäftigt haben, darauf, dass es eine »unpolitische« private *Berghof*-Runde nicht gegeben haben kann, und bezichtigt die privaten Gäste Hitlers des »Mitwissertums« oder lässt zumindest erhebliche Zweifel an deren Darstellung erkennen.

In diesem Punkt mögen auch diejenigen Darstellungen, die der Gattung Selbstrechtfertigungsliteratur zuzurechnen sind, ausnahmsweise der Wahrheit entsprechen. Denn: Ist der Wunsch Hitlers nicht allzu verständlich, dass die Gespräche in seiner privaten Runde eben gerade nicht um diejenigen Themen kreisten, die er als Kanzler und Oberbefehlshaber der Wehrmacht täglich mit seinen Mitarbeitern zu erörtern hatte? Zumal er sich doch selbst, wie er immer wieder bekundet hat, im Grunde seines Herzens als Künstler begriff? Ist es nicht geradezu selbstverständlich, dass dieser Mann in seinen privaten Unterhaltungen lieber über Kunst sprach als über Politik? Dass er sich in privater Runde frei machen wollte von den Gedanken zu Entscheidungen, die er als oberster Machthaber täglich zu treffen hatte? Dass die Gespräche auf dem *Berghof* von Small Talk geprägt waren, da der Gastgeber das nach eigenem Bekunden als »entspannend« empfand? Dass Hitler im privaten Kreis politische Staatsgeheimnisse ausgeplaudert haben soll, passt weder zu seiner verschwiegenen Persönlichkeit noch zu der Aussage, die Albert Speer in seinen *Erinnerungen* (1969) gemacht hat, wo es heißt, dass es für den »privaten Kreis um Hitler« keine »Verpflichtung zur Verschwiegenheit« gab, was Hitler bei Frauen ohnehin für »zwecklos« gehalten habe. Wie wahrscheinlich ist es, anzunehmen, dass Hitler seine private Runde in seine Kriegspläne einweihte? Dass er den versammelten Damen und Herren seinen Angriff auf Polen, den Einfall deutscher Truppen in Holland, Belgien und Luxemburg am 10. Mai 1940 und den geheimen Plan, die Sowjetunion anzugreifen, mitteilte, bevor er die entsprechenden Befehle gab? Kann man sich vorstellen, dass er Freunden und Bekannten bei Apfelstrudel und Kümmeltee seine Ausrottungsprogramme im Osten erläuterte? Dass er sich bei den versammelten Damen mit seinen Plänen zur Ermordung geistig Behinderter beliebt machen wollte? »Hitler habe die ›Treue‹ seiner Umgebung schließlich nicht gewonnen, ›indem er sie in seine Mordpläne einweihte‹«, hat Maria von Below einer hartnäckig nachfragenden Journalistin überzeugend geantwortet.[45] Albert Speer, der sich in seinen Selbstrechtfertigungstexten als ein äußerst unzuverlässiger Zeitzeuge erwiesen hat, darf man nach dem Abwägen aller zur Verfügung stehenden Informationen in diesem Punkt wohl Glauben schenken. Bei einem Verhör durch amerikanische Offiziere im Jahr 1945 erklärte der Architekt und Rüstungsminister des Dritten Reiches, Hitler habe sich seine Gesellschaft auf dem *Berghof* »nach persönlicher Sympathie ausgewählt und nur diejenigen eingeladen, die nicht durch politische Gespräche seine Gedanken störten.«[46]

Die vermutete Mitwisserschaft derjenigen, die privat zum *Berghof*-Kreis zählten, hat Autoren, die sich mit der Thematik des Obersalzbergs auseinandergesetzt haben, häufig beschäftigt. Andere haben den Schwerpunkt ihrer Arbeit dem Versuch gewidmet, negative Charaktereigenschaften herauszuarbeiten, die den Privatmann Hitler angeblich ausgemacht haben. Wieder andere haben die vermeintlich düstere *Berghof*-Atmosphäre in den Mittelpunkt ihrer Schilderungen gestellt. Hitlers kritisch denkende Zeitgenossen beschäftigte vorrangig eine andere Frage. Wie konnte es sein, hat man sich damals gefragt, dass dieser »Niemand« aus der hintersten österreichischen Provinz in der Lage war, in kürzester Zeit einen ganzen Berg in ein monarchisch geprägtes Zuhause zu verwandeln? Was war der Grund dafür, dass ausgerechnet dieser Mensch in so eine Position gelangt war? Aus Hitlers Sicht war die Antwort sehr einfach. Er war ein Genie. Punkt. Wem das nicht genügte, der sollte ruhig weiterhin Fragezeichen über Fragezeichen auftürmen und damit dazu beitragen, dass das Geheimnis um seine Person den »Hitler-Mythos« noch weiter befeuerte.

PROPHET

Unter den Teilen des Puzzles, die Hitlers Aufstieg entschlüsseln, nimmt der österreichische Schriftsteller Guido von List (1848–1919) einen wichtigen Platz ein. Seine Bedeutung geht weit über die Tatsache hinaus, dass er es war, der gegen Ende des 19. Jahrhunderts die Swastika in Österreich und in Deutschland unter dem Namen »Hakenkreuz« populär gemacht hatte.[1]

Guido von List ist der geistige Vater der »Ariosophie«. Mit diesem Begriff hatte List seine esoterische Lehre bezeichnet. Darin hatte er die Esoterik, die zur damaligen Zeit Okkultismus genannt wurde, mit der Rassenlehre der Eugenik verbunden. Beide Denkrichtungen hatten nichts miteinander zu tun, ja sie waren einander im Grunde entgegengesetzt. Die Eugenik behauptete, eine naturwissenschaftliche Disziplin zu sein, und wurde an Universitäten gelehrt und erforscht. Der Okkultismus stützte sich auf mystische und intuitive Erkenntnisse und sollte angeblich den Weg zu höheren Bewusstseinsebenen weisen. In seiner Ariosophie hatte List die Ideen der Eugenik mit gnostischen Elementen, germanischen Mythen und hinduistischen Vorstellungen verbunden. Das Resultat war eine mit Eugenik vermengte Spiritualität.

List behauptete, dass es in der Vorzeit am nördlichen Polarkreis eine hoch entwickelte Kultur gegeben habe. Diese Hochkultur hatte laut List dafür gesorgt, das eigene Blut rein zu erhalten. Alles habe diesem »heiligen« Zweck gedient, auch die Religion.[2] Durch eine Eiszeit seien die Ario-Germanen gezwungen gewesen auszuwandern und hätten Europa und andere Erdteile besiedelt. Dort seien die strengen Rassengesetze, nach denen die Auswanderer ursprünglich gelebt hatten, nicht mehr beachtet worden. Dies habe zu einer »Verunreinigung« ihres Blutes geführt, was schließlich den

Niedergang ihrer Kultur verschuldet habe. List glaubte, das alte Wissen der Armanen wiederentdeckt zu haben, die in der ario-germanischen Vorzeit Priester, Richter, Lehrer und Fürsten in einer Person gewesen seien. Um das verloren gegangene Wissen der Vorzeit wieder erfahrbar zu machen, propagierte List die Anwendung von Runenzeichen und anderen germanischen Symbolen in Visualisierungs-, Konzentrations- und Meditationsübungen.

Die Wiederentdeckung der Weisheit der Armanen wertete List als Beweis dafür, dass eine neue Phase in der Entwicklung der Menschheit bevorstehe.[3] Auf arisch-germanischer Grundlage werde es zu einer weltweiten »religiösen Wiedergeburt« kommen, verkündete er. Ausgelöst werde dieser Wandel durch eine geistige Umwälzung in den deutschsprachigen Ländern. »Eine geistige – sagen wir meinetwegen eine ›wissenschaftliche‹ – Revolution ist im Heranzug, der bald eine moralische Umwälzung in Ario-Germanien folgen wird, welche die soziale Frage ganz nach dem Wunsche der Soziologen, jedoch mit vollständig anderen Mitteln, als es sich die Sozialisten träumen lassen, lösen wird.«[4]

List wurde 1848 geboren. Als Vierzehnjähriger hatte er in einer Kirche eine »Schauung«. Dieses Erlebnis sollte ihn für den Rest seines Lebens prägen, denn danach begann er, sich mit den Germanen zu beschäftigen, eine Leidenschaft, die ihn bis zu seinem Tod nicht verließ. Als Zeichen seines arischen »Rasseadels« nannte sich der bürgerliche List »von« und »forschte«, indem er die Religion und die Gesellschaft der Ario-Germanen aufgrund »intuitiver« Erkenntnis beschrieb. Die Ergebnisse der archäologischen Forschung beachtete er nur dann, wenn sie bestätigten, was er »intuitiv geschaut« hatte.[5] Die Akademie der Wissenschaften in Wien verweigerte Lists »Forschungen« zwar die Anerkennung, aber das verhinderte nicht, dass überall in Österreich und in Deutschland Gruppierungen entstanden, die sich auf List beriefen und sich mit seiner »Weisheitslehre der Arier« beschäftigten. List gründete auch selbst verschiedene geheime spirituelle Orden und regte eine Reihe von Epigonen zur Gründung weiterer Orden und Vereinigungen an. Diese Vereinigungen folgten entweder der »reinen Lehre« von List, oder sie verbanden Lists Visionen mit Vorstellungen der Pythagoreer, der Neo-Platoniker, der russisch-britischen Mystikerin Madame Blavatsky, den Ideen der Rosenkreuzer, von Jakob Böhme, Paracelsus und anderen.[6] Von seinen Anhängern wurde List als ein Heiliger verehrt, und seine Bücher nannte man »heilige Schriften«.

List prophezeite, dass die Wiederauferstehung des »Wuotanismus« der Vorzeit in »zeitgemäßer Form« dazu führen werde, dass die Mischrassen, die sich in Europa gebildet hätten, wieder zur ursprünglichen arischen »Edelrasse« hochgezüchtet würden.[7] Er schreibt: »Der halbblütige Ario-Germane (...) bedarf der Führung durch ein ario-germanisches Rassengesetz – das deutsche Recht – das wiedererstehen wird, weil es wiedererstehen muss!«[8] List prophezeite auch einen ario-germanischen Weltkrieg. Dieser müsse geführt werden, »damit Ordnung geschaffen werde und der Herrenmensch wieder zu seinem ihm abgelisteten und abgegaunerten Herrenrecht gelange.«[9] Wie im hinduistischen Kastensystem, so wurde auch in Lists Arier-Gesellschaft jeder an dem Platz geboren, der ihm durch seine Taten in früheren Leben zukam.[10] Im Gegensatz zum Hinduismus diente das List'sche System aber einer »Höherentwicklung« der Arier nach den Prinzipien der Eugenik. In der bevorstehenden Phase der »arischen Erneuerung« würde im Laufe von vielen Wiedergeburten am Ende ein Arierstaat stehen, der nur noch aus Gottmenschen bestand. Völker, die außerhalb von Lists Ariergesellschaft lebten, waren dazu da, »unterworfen« zu werden, um Hilfsdienste zu leisten. Waren sie rassemäßig zu schwach, dann war ihnen die Ausrottung durch die Arier vorherbestimmt. Durch die Schriften Lists zieht sich auch eine Verachtung des »fremden Volkes« (der Juden). Lists Antisemitismus war allerdings eher verhalten, verglichen mit den gehässigen antijüdischen Äußerungen etwa des Wiener Bürgermeisters Lueger und anderer prominenter Wiener der damaligen Zeit.[11]

Die List'schen Visionen vom »Rassenstaat« und von »Rassengesetzen«, seine Vorstellung von der Gleichheit aller Ario-Germanen und die Betonung der gleichwertigen Ausbildung körperlicher und geistiger Fähigkeiten bei Jugendlichen finden sich im NS-Staat wieder. Dort wurde das dann »Volksgemeinschaft« und »Stählung des jugendlichen Körpers« genannt. Die von List propagierte Aufteilung eines zukünftigen Arier-Staates in »Gaue« wurde vom NS-Regime realisiert, und auch die Betonung der herausragenden Bedeutung der Familie für den Staat findet sich bei List ebenso wie in der Politik des Nationalsozialismus. Die Landwirtschaft wurde im Dritten Reich als »Reichsnährstand« bezeichnet; »Nährstand« war ein Begriff, den bereits List für die Landwirtschaft eingeführt hatte. Der »Marschall«, der laut List im Wuotanismus »direkt unter dem König stand«, wurde im Dritten Reich zum »Reichsmarschall« Göring, eine zuvor in Deutschland unbekannte Position.[12]

Die Übereinstimmungen zwischen den Wortkreationen und Vorstellungen des Guido von List mit gewissen Elementen, die den NS-Staat geprägt haben, sind auffallend. Einige Forscher haben daher vermutet, dass die Wurzeln von Hitlers Weltanschauung im Gedankengut der Ariosophen zu finden seien. Dass, mit anderen Worten, der Nationalsozialismus die politische Umsetzung der Rassenmystik des Guido von List darstellt. Die These wird dadurch gestützt, dass die Wahrscheinlichkeit groß ist, dass Hitler während seiner Wiener Jahre mit den Werken des Guido von List in Berührung kam. In *Hitlers Wien* (1996) schreibt Brigitte Hamann: »In Hitlers

Wiener Zeit erschienen Lists Hauptwerke in rascher Folge. Sie wurden in den *Alldeutschen Blättern* (die Hitler gelesen hat, der Verf.) so ausführlich behandelt, dass jeder Leser sich gründlich informieren konnte, ohne je ein Buch von ihm kaufen zu müssen.«[13] Hinweise darauf, dass Hitler Guido von Lists Ideen nicht nur aus der Zeitung kannte, sondern auch eines oder mehrere seiner Bücher gelesen hat, finden sich in den Erinnerungen seines Jugendfreundes Kubizek.[14]

Lists Vorstellung, dass Rassenmischung zur Degeneration führt, ist auch eine der grundlegenden Thesen von Hitlers *Mein Kampf*. List vertrat die Auffassung, dass allein der Arier fähig sei, Kulturen zu begründen. Hitler schreibt: »Es ist also kein Zufall, daß die ersten Kulturen dort entstanden, wo der Arier im Zusammentreffen mit niederen Völkern diese unterjochte und seinem Willen untertan machte.«[15] Auf dieser These beruht allerdings auch Houston Stewart Chamberlains Bestseller *Die Grundlagen des 19. Jahrhunderts* (1912). Vieles spricht dafür, dass sich Hitler seine Anregungen bei Chamberlain geholt hat und nicht bei Guido von List. Auch Lists Vision einer »weltlichen Religiosität«, einer Religiosität, die dem »Realismus huldigt«, findet sich bei Hitler. Bei ihm hieß das dann: »Kultus der Vernunft«[16]. Dass Hitler hier ein Stückchen List in sein Weltbild übernommen hat, ist möglich, wahrscheinlich ist es nicht. Sehr viel wahrscheinlicher ist auch hier, dass sich Hitler die entsprechende Inspiration von anderer Seite geholt hat. Der Ideengeber könnte der Mediziner und Philosoph Ernst Haeckel gewesen sein. Im 18. Kapitel seines Bestsellers *Die Welträthsel* (1899) hatte Haeckel über eine »Religion der Vernunft« nachgedacht. Dass der Vielleser Hitler mit Haeckels Werk vertraut war, ist sehr wahrscheinlich. Das Buch war der größte populärwissenschaftliche Erfolg der damaligen Zeit.

Die Annahme, dass sich Hitler seine Weltanschauung, oder Teile davon, bei Guido von List besorgt haben könnte, ist vor allem deswegen unwahrscheinlich, weil sich in Hitlers schriftlichen und mündlichen Äußerungen nicht ein einziger Beleg dafür findet, dass er sich für die esoterischen und altgermanischen Spekulationen der Ariosophen begeistert hat. Im Gegenteil. Mit seinen intuitiven Visionen war Guido von List geradezu der Inbegriff jenes »verzopften« Denkens »spiritueller Jenseitsforscher«, das Hitler wiederholt aufs Schärfste kritisiert hat. Eine Wiederbelebung des Germanenkults war Hitler ebenso fremd wie die in ariosophischen Kreisen verbreitete Modernitäts- und Technikfeindlichkeit. In seinen Reden, aber auch im privaten Kreis und in *Mein Kampf* hat Hitler häufig über »völkische Wanderscholaren« gespottet, die »von altgermanischem Heldentum, von grauer Vorzeit, Steinäxten, Ger und Schild schwärmen.«[17] Da es eine Reihe »wissenschaftlicher« Vordenker gab, welche dieselben eugenischen Ideen vertraten, die sich auch bei Hitler finden, ist die Wahrscheinlichkeit groß, dass er sich die entsprechenden Anregungen dort geholt hat und nicht bei Guido von List. Der Rassismus, der sowohl bei List als auch bei Hitler im Zentrum ihrer Weltanschauung stand, war im ausgehenden 19. und beginnenden 20. Jahrhundert weit verbreitet und nicht nur in ariosophischen Kreisen zu Hause. Entsprechende Inspirationen hat sich Hitler wohl vor allem bei den »wissenschaftlichen« Rassenideologen Gobineau und Chamberlain oder anderen Sozialdarwinisten besorgt.

Die Tatsache, dass gewisse Wortschöpfungen und Ideen Lists ihren Weg in den NS-Staat gefunden haben, muss nicht heißen, dass Hitler hier die Vermittlerrolle gespielt hat. Im Dritten Reich gab es genügend Führungskräfte mit mystisch-spirituellen Interessen, von denen man annehmen kann, dass sie mit Lists Visionen vertraut waren, und die aufgrund ihrer Position in der Lage waren, die entsprechenden Vorstellungen und Wortschöpfungen Lists dem NS-Staat einzuverleiben.

Autoren, die Guido von List als Ideengeber Hitlers zu

etablieren versuchen, verweisen gerne auf eine Widmung in einem Buch, das aus der Bibliothek Hitlers stammt und heute in der Library of Congress in Washington aufbewahrt wird. In dem Buch des indischen Philosophen Tagore findet sich folgende handschriftliche Widmung aus dem Jahr 1921: »Herrn Adolf Hitler, meinem lieben Armanenbruder B. Steininger«.[18] Laut N. Goodrick-Clarke war Dr. Babette Steiniger ein frühes Mitglied der NSDAP und offenbar in der weitverzweigten okkult-völkischen Szene zu Hause. Dass man Hitler in dieser Szene als einen »Bruder« betrachtet hat, liegt nahe. Kein einziger Beleg findet sich aber dafür, dass sich Hitler selbst der esoterisch-völkischen Szene zugehörig gefühlt hat. Im Kapitel *Okkultismus* ist dargestellt, dass Hitler für die völkischen Esoteriker keinesfalls brüderliche Gefühle hegte. Alle seine Äußerungen hierzu weisen in die entgegengesetzte Richtung. Der Grund dafür, dass der »Vater des Hakenkreuzes« für Hitler dennoch eine höchst bedeutsame Rolle gespielt hat, liegt anderswo.

Wichtig ist in diesem Zusammenhang der von List an verschiedenen Stellen zitierte Text der Völuspa-Prophezeiung aus der nordischen Edda-Überlieferung. Hier wird die Ankunft des »Starken von Oben« angekündigt, der kommen soll, um »den Streit zu schlichten«. Die Ankunft des »Starken von Oben«, den List als Deutschlands Erlöser bezeichnete, stehe unmittelbar bevor, hatte der völkische Prophet kurz vor seinem Tod im Jahr 1918 geweissagt. Hitlers Erscheinen schien Lists Prophezeiung zu bestätigen. Denn in der Tat schlichtete Hitler den Streit der verfeindeten ›vaterländischen‹ Gruppen, Grüppchen und Parteien und einte sie unter seiner Führung. Auch die Stimmen, die eine Trennung des katholischen Südens vom protestantischen Norden Deutschlands gefordert hatten, waren zunehmend leiser geworden, und Hitler hatte Separatisten ebenso wie Kommunisten für seine Partei gewinnen können. Als Hitler 1933 zum Reichskanzler gewählt wurde, präsentierte er sich als der Mann, der »den Streit geschlichtet hatte« und dem die Einigung des vom Zerfall bedrohten Deutschland gelungen war. Dabei hatte seine Religionszugehörigkeit, die ihm persönlich nichts bedeutete, eine wichtige Symbolkraft. Hitler, der Katholik, regierte das Reich vom protestantischen Berlin aus. Er schien nicht nur über den Parteien zu stehen, sondern auch über den Konfessionen. Für die Esoteriker innerhalb der NS-Parteispitze (Himmler, Rosenberg, Heß, Darre) muss die Machtergreifung der letzte Beweis dafür gewesen sein, dass Hitler tatsächlich der von List geweissagte Erlöser war.

Aber auch bereits die allerersten Erfolge Hitlers wurden durch die Prophezeiungen des Guido von List in einer Weise gefördert, die kaum überschätzt werden kann. Das hat seinen Grund darin, dass Lists Visionen ohne Zweifel die Art und Weise geprägt haben, in der Hitler unmittelbar nach dem Ersten Weltkrieg von den Mitgliedern ariosophischen Thule-Gesellschaft in München wahrgenommen wurde. Hier findet sich der entscheidende Zusammenhang zwischen dem völkischen Esoteriker und Hitlers Karriere. Im weiteren Verlauf des Buches wird darauf näher eingegangen.

AUSLAND

John F. Kennedy notierte im Sommer 1945 Folgendes in sein ›Europäisches Tagebuch‹: »Nach dem Besuch dieser beiden Orte (Berchtesgadens und des Kehlsteinhauses am Obersalzberg) kann man sich leicht vorstellen, wie sich Hitler in ein paar Jahren aus dem Hass erheben wird, der ihn im Moment umgibt – als eine der bedeutendsten Persönlichkeiten, die jemals gelebt hat. Er hatte grenzenlose Ambitionen für sein Land, die ihn zu einer Gefahr für den Weltfrieden machten, aber sowohl sein Leben als auch sein Tod waren von einem Geheimnis umgeben, das lebendig bleiben und wachsen wird. Er war aus jenem Holz geschnitzt, aus dem Legenden gemacht sind.«[1]

Kennedys Tagebucheintrag ist vor allem deshalb bemerkenswert, weil er immer noch existiert. Denn: Positives wollte in den Jahren nach 1945 niemand über Hitler gesagt haben, und wer diesen Fauxpas begangen hatte, der unternahm normalerweise alles, um entsprechende Äußerungen verschwinden zu lassen. Briefe, Artikel, Tagebücher und Interviews wurden überarbeitet oder vernichtet, sodass positive Stellungnahmen der Vergessenheit anheimfallen konnten. In den Biografien von Prominenten, die Hitler positiv eingeschätzt hatten, wurden deren Ansichten nicht erwähnt, und auch die Geschichtswissenschaft hat sie größtenteils übergangen. War ein Eliminieren derartiger Äußerungen nicht möglich, weil sie an allzu prominenter Stelle erfolgt waren, so wurde versucht, das Ganze mit später abgegebenen Bekundungen zu relativieren, die Äußerung als Ironie umzudeuten oder auf andere Weise zu entkräften.

Während der Jahre der nationalsozialistischen Herrschaft hatte öffentliche Kritik am Führer in Deutschland gravierende negative persönliche Auswirkungen. Öffentliche Kritik wurde daher in Deutschland, wenn überhaupt, nur in verschlüsselter Form geäußert. Im Ausland war die Situation anders. Viele bedeutende ausländische Publikationen und Prominente standen Hitler auch schon vor dem Ausbruch des Krieges äußerst kritisch gegenüber. Je mehr Hitler in den Jahren nach seinem Ableben zur Inkarnation des Bösen wurde, umso häufiger waren Kommentare von ausländischen Prominenten zu lesen, die sich während Hitlers Herrschaft negativ über ihn geäußert hatten und sich nun gerne damit brüsteten. So ist der Eindruck entstanden, dass ausschließlich die damals lebenden »verblendeten Deutschen« etwas Positives an Hitler entdecken konnten. Das Ausland, so scheint es, »hatte es immer gewusst«. Dort hatte man über Hitler schon immer die Nase gerümpft und ihn boykottiert.

Dass dies so nicht zutrifft, kann man in den Memoiren von Fritz Wiedemann nachlesen. Wiedemann war während des Ersten Weltkrieges Hitlers Vorgesetzter gewesen. Als Hitler an die Macht gekommen war, kehrte sich das Verhältnis um und Wiedemann wurde Hitlers Adjutant. Während des Zweiten Weltkrieges entwickelte sich Wiedemann zum Gegner Hitlers, knüpfte Kontakte zu den Geheimdiensten der Alliierten und wird von der Geschichtswissenschaft heute als überwiegend glaubwürdiger Zeitzeuge angesehen. In seinen Memoiren schreibt Wiedemann: »Heute will niemand etwas mit Hitler zu tun gehabt haben. Wenn ich jedoch die Liste derjenigen Leute durchsehe, die zu meiner Zeit aus dem Ausland kamen, um Hitler zu sehen, dann habe ich nicht den Eindruck, als ob er damals in der europäischen Völkerfamilie nicht als Staatsoberhaupt anerkannt gewesen wäre. Den Herzog von Windsor, den (amerikanischen, d. Verf.) Präsidenten Hoover, Lord Rothermere, Horthy, Chamberlain, Daladier habe ich schon genannt. Dazu kommen noch: Lord Simon, der englische Schatzkanzler, Außenminister Anthony Eden, Aga Khan, das Oberhaupt der indischen Mohammedaner, das Mitglied der englischen Labour Party Lord Allan of Hardwood, der Marquis von Lothian, der britische Luftfahrtminister Lord Londonderry, Lord Redesdale, der Vater der Unity Mitford, der berühmte Ozeanflieger Charles Lindbergh, der frühere englische Premierminister Lloyd George, das bekannte Mitglied der Labour Party Landsburry, Lord Halifax, der englische General und Führer der Boy Scouts Hamilton, General Fuller, der polnische Außenminister Beck, Prinzregent Paul von Jugoslawien, König Boris von Bulgarien, König Carol von Rumänien, der König von Schweden, der französische General Guillemin und noch viele andere, deren Namen mir nicht mehr gegenwärtig sind. Alle diese Besuche fallen in die Zeit vor 1939, als Hitler noch nicht Herr Europas war und fremde Staatsoberhäupter vor sich antreten lassen konnte. Liest man diese Namen, hat man nicht den Eindruck, dass Hitler und sein Regime vom Ausland boykottiert wurden.«[2]

Die politische Elite der Welt wertete Hitler aber nicht nur durch Staatsbesuche auf. Hitlers Politik, seine Reden und seine Person wurden im Ausland nicht selten in einer Weise beschrieben, die sich von den euphorischen Bekundungen, die im offiziellen Deutschland kursierten, kaum unterschieden. Zwar ist aufgrund der zuvor dargestellten Umstände die Mehrzahl positiver Kommentare aus dem Ausland verschwunden und heute nicht mehr verfügbar. Aber die Fülle der positiven ausländischen Kommentare, auf die man auch heute noch stößt, lässt erahnen, dass Hitler zu seinen Lebzeiten keineswegs nur auf seine »blinden« Landsleute Eindruck gemacht hat.

David Lloyd George, der britische Premierminister von 1916–1922, äußerte sich im Londoner *Daily Express* am 17.9.1936 folgendermaßen: »Mit Recht hat er (Hitler, d. Verf.) in Nürnberg erklärt, seine Bewegung habe in vier Jahren ein neues Deutschland geschaffen. Es ist nicht das Deutschland des ersten Jahrzehnts nach dem Krieg, gebrochen, mutlos und niedergebeugt in Sorge und Ohnmacht. Es ist jetzt voller Hoffnung und Vertrauen, voll eines neuen Gefühls der Entschlossenheit, sein eigenes Leben ohne jede Einmischung fremder Einflüsse zu führen. Zum ersten Mal nach dem Krieg herrscht ein allgemeines Gefühl der Sicherheit. Die Menschen sind fröhlicher. Über das ganze Land verbreitet sich die Stimmung allgemeiner Freude. Es ist ein glücklicheres Deutschland. Überall habe ich das gesehen, und Engländer, die ich während meiner Reise traf und die Deutschland gut kannten, waren von dem Wandel sehr beeindruckt. – Dieses Wunder hat ein Mann vollbracht. Er ist der geborene Menschenführer. Eine magnetische, dynamische Persönlichkeit mit einer ehrlichen Absicht, einem entschlossenen Willen und einem unerschrockenen Herzen. Er ist nicht nur dem Namen nach, sondern tatsächlich der nationale Führer. Er hat die Deutschen gegen potenzielle Feinde, von denen sie umgeben waren, gesichert. (...) Die Alten vertrauen ihm, die Jungen vergöttern ihn. Es ist nicht die Bewunderung, die einem populären Führer gezollt wird, es ist die Verehrung eines Nationalhelden (...) Er ist der George Washington Deutschlands.«

George Ward Price, britischer Journalist und Kriegsberichterstatter in Frankreich, interviewte Hitler in den 30er-Jahren mehrfach für die britische *Daily Mail*. Er schrieb: »Vor 150 Jahren veränderte die Französische Revolution die Geschicke Europas. Heute werden sie von Hitler verändert. Er hat der Zivilisation einen neuen Weg gewiesen.«[3]

Der französische Außenminister Louis Barthou erklärte im Jahr 1933 in einem Gespräch mit dem US-Journalisten Hubert R. Knickerbocker: »Wenn es auf der ganzen Welt einen Mann gibt, der heute den Frieden will, dann ist es Hitler.«[4]

William Harbutt Dawson, britischer Journalist und Deutschland-Experte: »Was Hitler getan hat, ist Folgendes: Er hat den ersten Versuch seit 1919 gemacht, Europa wieder zum normalen Zustand zurück zu führen.«[5]

Bertrand de Jouvenel, französischer Intellektueller und Auslandskorrespondent: »Er hat es sich nicht vorgenommen, gewisse Ideen zu propagieren, sondern er will zeigen, wie jeder einzelne leben soll.«[6]

Charles Augustus Lindbergh, der US-Pilot, dem 1927 die erste Alleinüberquerung des Atlantik gelungen war: »Hitlers Rede (über die Besetzung der Rest-Tschechei am 2.4.1936, d. Verf.) wird in den Morgenzeitungen gebracht (...) eine der besten politischen Reden, die ich je gelesen habe. Und doch bringt eine der englischen Zeitungen (...) auf der Titelseite die Schlagzeile: ›Hitler hat die Hosen voll‹. Die Presse führt die Öffentlichkeit wie üblich in die Irre und erweckt einen völlig falschen Eindruck.«[7]

Arnold Joseph Toynbee, ein britischer Historiker, der im selben Jahr wie Hitler geboren war, berichtete im Jahr 1967 über ein Treffen mit Hitler, das im Februar 1936 in der Reichskanzlei stattfand. »Während dieser zweieinviertel Stunden entwickelte Hitler sein Thema mit meisterhafter Logik und Klarheit. Ich kann mir nicht vorstellen, dass irgendeiner der Professoren, die ich gehört habe, so lange ununterbrochen hätte sprechen können, ohne den Faden zu verlieren.«[8]

G.-E.-O. Knight, britischer Publizist: »Alles zusammengenommen hat Herr Hitler Wunder für das neue Deutschland vollbracht.«[9]

George Bernard Shaw, Theaterautor, im Londoner *Observer* am 5.11.1933: »Es war offensichtlich, dass Deutschland nur einen entschlossenen und klaren Kopf brauchte, (...) der sich weigert, unter dem Vorwand von Reparationen und »Kriegsschuld« entwaffnet, geplündert und gezüchtigt zu werden (...) Jetzt bleibt nur noch abzuwarten, wie das Ergebnis der bevorstehenden Wahlen in Deutschland ausfallen wird. Es ist undenkbar, dass auch nur eine einzige Stimme gegen ihn abgegeben wird, selbst vom wütendsten deutschen Juden oder vom wütendsten deutschen Kommunisten.«

Lord Londonderry, britischer Luftfahrtminister, am 26. Juni 1933 in der *London Times:* »Die Deutschen haben einen Schicksalsschlag erlitten, wie wir ihn nie gekannt haben. Wir sollten die von Herrn Hitler der Welt gemachten Vorschläge nicht im Geist der Kleinlichkeit aufnehmen.«

Sir Eric Phipps, britischer Botschafter in Berlin, im November 1933: »Zahlreiche schlechte Gesetze werden in einer der Allgemeinheit zugute kommenden Weise geändert. Gewohnheitsverbrecher werden hinter Schloss und Riegel gebracht. Tatsächlich kann Hitler manches tun, tut es auch, was das Land braucht, was aber bisher unter der Parteienherrschaft nicht gelingen konnte.«[10]

Leitartikel der Londoner *Daily Mail* vom 14.11.1933 über die Reichstagswahl und Volksabstimmung vom 12.11.1933 in Deutschland: »Hitlers Sieg bei den deutschen Wahlen ist eines der bedeutendsten Ereignisse unserer Zeit. Mit etwas über 40 Millionen gegenüber 2 Millionen haben seine Landsleute ihm ihr volles Vertrauen ausgesprochen. Diesen »unvergleichlichen Sieg« hat Hitler durch unzweifelhafte Führungseigenschaften errungen. Er bezeichnet das Ende einer Revolution, die mit weniger Blutvergießen und Aufruhr durchgeführt worden ist als irgendeine andere gleichartige Bewegung in der Geschichte.«

Clifford Sharp, Herausgeber von *The New Statesman and Nation:* »Hitler wird von der gesamten politischen und offiziellen Intelligenz (Deutschlands, d. Verf.) als ein außerordentlich begabter Mann angesehen.«[11]

Der französische Schriftsteller Alphonse de Chateaubriand in seinem Bericht »La Gerbe de Force« aus dem Jahr 1938: »Er (Hitler, d. Verf.) besitzt eine unbezähmbare Lebenskraft, Nerven aus Stahl, ist jeder Situation gewachsen und lässt sich durch keine Krise unterkriegen.«[12]

Sir Arthur Wynne Morgan Bryant, britischer Historiker: »Der Zauber seiner Persönlichkeit und seines Namens hat an seine Sache Männer mit einer Hingebung gebunden, die nur selten einem Führer gewährt wird. Nie hat eine Partei leidenschaftlichere Mitarbeiter gehabt.«[13]

Anthony Eden (1897–1977), britischer Außenminister: »Trotz seiner sonderbaren Uniform gab er eine smarte, beinahe elegante Erscheinung ab. Während der Besprechung gewann ich den Eindruck, dass Hitler weit mehr war als nur ein Demagoge. Hitler gibt sich sehr einfach und hat Sinn für Humor.«[14]

Daily Mail, London, 20.5.1938: »Er hat es geschafft, zur höchsten Machtposition in Deutschland aufzusteigen, und dabei wurde kaum Blut vergossen oder menschliches Leben geopfert in einem Land von 68 Millionen Einwohnern. Österreich wurde annektiert, ohne dass ein einziger Schuss gefallen wäre.«

Herbert Hoover, US-Präsident 1929–1933:»Hitler machte Eindruck, schien hochintelligent, ließ ein bemerkenswertes und zuverlässiges Gedächtnis erkennen, zeigte sich gründlich unterrichtet und war fähig zu klarer Darstellung.«[15]

General John Edward Bernard Seely, erster Lord Mottistone, Mitglied des Oberhauses im Jahr 1936: »Ich habe viele Unterredungen mit Hitler gehabt. Ich glaube, ein jeder, der mit diesem bedeutenden Manne in wirkliche Berührung gekommen ist, wird mit mir in einem Punkte übereinstimmen, sosehr wir auch in anderen Punkten vielleicht verschiedener Meinung sein mögen – das ist die Tatsache, dass er absolut vertrauenswürdig, aufrichtig und selbstlos ist. In diesem Punkte stimmen alle überein, auch diejenigen, die Hitlers Politik an sich für falsch halten.«[16]

Percy Wyndham Lewis, britischer Schriftsteller: »Wie seine Bewegung eine Volksbewegung ist, so ist auch Hitler der typische deutsche Mann aus dem Volke.«[17]

»Als der Maharadscha von Mysore den Besuch bei Hitler hinter sich hatte, ließ er mich sofort holen. Der alte Herr befand sich in einer zwar ernsten, aber gehobenen Stimmung. ›Your president‹, sagte er, ›is a great man, believe me.‹ ›Ich habe seine Augen gesehen‹, fuhr er fort, ›ich habe sie sehr genau beobachtet, ich habe seine Bewegungen genau kontrolliert – ich sage Ihnen, seien Sie froh, dass Gott Ihnen einen solchen Mann gegeben hat – und seien Sie seiner würdig.‹«[18]

Der britische Premierminister Neville Chamberlain, sagte über ihn: »Es ist unmöglich, von der Kraft dieses Mannes (Hitler, der Verf.) nicht beeindruckt zu sein.«[19]

Lieutenant-Colonel Sir Thomas Moore, britischer Publizist und Politiker: »Wenn ich nach meiner persönlichen Kenntnis von Herrn Hitler urteilen darf, so sind Friede und Gerechtigkeit der Schlüssel zu seiner Politik.«[20]

Grigol Robakidse, georgischer Schriftsteller: »Adolf Hitler hat Großdeutschland geschaffen: er ist sein souveräner Stifter. Wiewohl seine geschichtliche Tat noch nicht vollendet ist, prägt schon die Geschichte seinen Namen in Mythenrunen ein.«[21]

David Lloyd George, britischer Premierminister von 1916 bis 1922: »Hitler wäre ein Verbrecher gewesen, wenn er angesichts der Lage nichts zum Schutze Deutschlands unternommen hätte.«[22]

William Harbutt Dawson, britischer Journalist und Deutschland-Experte: »Er hat schon Deutschland aus der Verwirrung und dem Zusammenbruch gerettet; wie, wenn es sich erweisen würde, dass er Europa vor dem gleichen Schicksal bewahrte?«[23]

Horace Gundry Alexander, britischer Publizist: »Wahrscheinlich hat keine Regierung in Westeuropa heute eine so weitverbreitete, unbedingte und begeisterte Unterstützung wie die augenblickliche deutsche Regierung (...) in diesem Sinne kann sie sicherlich den Anspruch erheben, eine ›demokratische‹ Regierung zu sein.«[24]

Winston Churchill, britischer Premierminister 1940–1945, in der Londoner *Times* vom 7.11.1938: »Wenn Großbritannien besiegt würde, so hoffe ich, dass wir einen genauso unbeugsamen Kämpfer finden, der uns wieder Mut gibt und uns auf unseren Platz unter den Nationen zurückführt.«[25]

André François-Poncet, 1931–1938 französischer Botschafter in Deutschland: »Im Herbst 1936 waren unsere Beziehungen so gut, dass er mich einlud, mit ihm allein auf dem Berghof in Berchtesgaden zu frühstücken.«[26]

Lieutnant Colonel Sir Arnold Talbot Wilson, konservativer britischer Parlamentarier und Diplomat: »Hitlers erstes Kabinett umfasste elf Männer, von denen nur drei aus körperlichen Gründen nicht an der Front gestanden hatten, fünf waren verwundet worden. Welches Kabinett in Europa kann so etwas aufweisen? Sie wissen, was Krieg bedeutet. Warum soll man ihren Wunsch, ihn zu vermeiden, anzweifeln?«[27]

Prof. Dr. Arthur Pillans, britischer Chemiker und Parlamentskandidat der liberalen Partei: »Die großartige Rede des Führers hat dem Kriegsballon, den die Presse mit Giftgas angefüllt hatte, die Luft rausgelassen. Deutschland bedroht keine Nation mit Krieg, die Kriegsängstlichkeit der kleineren Nationen Europas ist nicht deutschem Handeln geschuldet, sondern der Unsicherheit, ob nicht wir es sind, die einen Krieg provozieren wollen, sowie der Furcht vor unserer hysterischen und balancelosen Demokratie, denn sie wissen, dass Großbritannien gefährlich ist, wenn es voll der moralischen Entrüstung über die Sünden seiner Nachbarn ist.«[28]

George Ward Price, britischer Journalist und Kriegsberichterstatter in Frankreich: »Jetzt, da alle europäischen Regierungen größere Zerstörungskräfte als jemals zuvor aufbauen, mag daran erinnert werden, dass der deutsche Kanzler im Jahr 1934 eine allgemeine Begrenzung der Rüstungen vorschlug. Wenn das durchgeführt worden wäre, hätte man sich riesige Ausgaben und viel Aufregung erspart.«[29]

Die politisch einflussreiche US-Regional-Zeitung *Courier Journal* vom 23. Mai 1935 zu Hitlers Rede vom 21. Mai 1935, in der er seine Außenpolitik darlegte: »Als einer aufrichtigen Erklärung über die Ziele und Bestrebungen des Dritten Reiches mangelt es ihr (der Rede, d. Verf.) an nichts. Sie bietet eine Basis für Versöhnung und Verständigung, vorausgesetzt, dass die anderen Mächte Deutschland als Gleichberechtigten und nicht als Nachrangigen akzeptieren. (...) Sie bietet den Weg zu einem gerechten und dauerhaften Frieden.«

Lord Rennel of Rodd im Oberhaus des britischen Parlaments im Jahr 1936: »Uns wird heute eine anscheinend sehr große Möglichkeit geboten: In dem Bewusstsein, die ganze Nation in Übereinstimmung hinter sich zu haben, fordert der von einem großen Volk, das so viel zur Kultur der Menschheit beigetragen hat, anerkannte Führer uns auf, die Vergangenheit zu vergessen, die Streitaxt zu begraben, Misstrauen und Argwohn beiseitezulegen und am runden Tisch Platz zu nehmen, um einen Plan zu beraten, der den Frieden der Welt sichert.«[30]

Gertrude Stein, amerikanische Schriftstellerin, Kunstsammlerin und Verlegerin wird am 6.5.1934 vom *New York Times Magazin* mit folgenden Worten zitiert: »Ich sage, dass Hitler den Friedensnobelpreis bekommen soll, weil er aus Deutschland alle Elemente des Kampfes und der Zwietracht beseitigt. Indem er die Juden und das demokratische und linke Element ausmerzt, tilgt er alles das aus, was zu Umtrieben führt. Und das bedeutet Frieden (...) Durch die Unterdrückung der Juden (...) machte er aller Zwietracht in Deutschland ein Ende.« [31] In späteren Jahren gab es eine hitzige Diskussion um die Deutung dieses Zitats. Die Auffassung, dass die Äußerung selbstverständlich ironisch und keinesfalls wörtlich zu verstehen sei, liegt nahe. Schließlich war Stein selbst Jüdin und eng befreundet mit bedeutenden Malern der Moderne, die Hitler als »entartet« verurteilte.

Auf der anderen Seite hat sich Stein auch an anderer Stelle positiv über Hitler geäußert. Auch ihr Eintreten für das Vichy-Regime gibt zu Zweifeln Anlass. Die Nominierung Hitlers für den Friedensnobelpreis erfolgte dann im Jahr 1939 tatsächlich. Vorgeschlagen hatte Hitler der schwedische Parlamentsabgeordnete Erik G. Ch. Brandt. Mehrere Monate später, als Hitler den Zweiten Weltkrieg begann, nahm Brandt seinen Vorschlag wieder zurück und behauptete, das Manöver sei ironisch gemeint gewesen.

George Frost Kennan, US-Diplomat und Historiker: »Hitler zerstampft nun die letzten Reste von Parlamentarismus und Klassenbewusstsein. Dass er dabei alles auf den niedrigsten und gemeinsten gemeinsamen Nenner bringt, ist unerheblich. Die deutsche Einheit ist eine Tatsache. Hitler mag gehen, aber die Einheit wird bleiben.«[32]

Subhas Chandra Bose, neben Ghandi und Nehru Anführer der indischen Unabhängigkeitsbewegung, in einer Ansprache an freiwillige Mitglieder der indischen Legion der Wehrmacht: »Hitler ist euer Freund, der Freund der Arier, und ihr werdet nach Indien als die Befreier des Mutterlandes zurückkehren.«[33]

André François-Poncet, 1931–1938 französischer Botschafter in Deutschland im Jahr 1936: »Gerechterweise muss man anerkennen, dass Adolf Hitler während seiner dreijährigen Herrschaft stets, was Frankreich betrifft, eine korrekte Haltung eingenommen hat.«[34]

William Harbutt Dawson, britischer Journalist und Deutschland-Experte: »Die Forderung des deutschen Kanzlers an die Staatsmänner von Europa war, obwohl in der Art der Überbringung zu plötzlich, zum Mindesten neu und empfahl sich dadurch. dass sie eine Herausforderung nicht zum Krieg, sondern zum Frieden darstellte. Diese bedeutsame Tatsache sollte ständig im Auge behalten werden.«[35]

Sir Eric Phipps, britischer Botschafter in Deutschland 1933–1937: »Mir ist bei der Rundfunkansprache des Kanzlers vom 14. Oktober eine Aufrichtigkeit im Ton aufgefallen, und ich glaube an die Behauptung meiner deutschen Freunde, dass die jetzige deutsche Regierung keinen Krieg will.«[36]

George Bernhard Shaw, irischer Dramatiker und Sozialist am 9.9.1939, unmittelbar nach dem deutschen Angriff auf Polen, im *New Statesman and Nation*: »So dick wir auch ein Geschwätz von Freiheit, Demokratie und all dem, was wir zu Hause gerade abgeschafft haben, darüber streichen. Wie der Erzbischof zugibt, haben wir alle das Unheil angerichtet, wir und die Franzosen, als wir in Versailles siegestrunken waren. Hätte Hitler dieses Unrecht nicht wieder gutzumachen gehabt?«

Sir Arthur Wynne Morgan Bryant, britischer Historiker: »Die Machtübernahme Adolf Hitlers an der Spitze einer Bewegung, die Deutschland seine Stellung in der Welt, wenn nötig mit Waffengewalt, wiedergeben sollte, ist in diesem Lande kaum verstanden worden. Denn das englische Volk, das nichts von den deutschen Leiden seit dem Krieg wusste, verfehlte vollständig, die Ursachen und die soziale Seite der Nazi-Revolution zu erkennen.«[37]

James L. Garvin, britischer Journalist und Zeitungsherausgeber in einem Artikel im Londoner *Observer* im Jahr 1935: »Im vergangenen Mai kehrte ich (nach Deutschland, d. Verf.) zurück und brachte meine Familie nach zwei Jahren in anderen europäischen Ländern zu einem weiteren Aufenthalt zurück. Ich habe ein Deutschland vorgefunden, das seit 1933 auf wundersame Weise voranschreitet. Ich fand politische Solidarität, ein gesundes Miteinander im Leben von Stadtbewohnern und Landbewohnern. Die Lebenshaltungskosten waren erheblich gesunken und überall zeigte sich mir ein unverkennbarer Optimismus. Überall erhielt ich die gleiche Antwort auf meine Frage: ein unerschütterlicher Glaube an die Genialität des Führers, Liebe und Bewunderung für ihn als Individuum. Meine Beobachtungen umfassen eine breite

Palette sozialer Schichten: Ich habe mit den bescheidensten Arbeitern gesprochen, mit Kaufleuten und Berufstätigen. In der Frage der Loyalität zum Führer habe ich keine einzige abweichende Stimme gehört. Meine beiden kleinen Töchter besuchen deutsche Schulen und erhalten eine Ausbildung, deren Gründlichkeit nur von wenigen Ländern erreicht wird.«

Der Chefkorrespondent der Hearst-Mediengruppe K.H. Wiegand in *Cosmopolitan* im April 1939: »Hitler hat ohne Krieg erreicht, was jahrhundertelang kein anderer Mensch erreicht hat.«[38]

Am 27.11.1939, zwei Monate nach dem Einmarsch deutscher Truppen in Polen, berichtete die *New York Times*: »In der jährlichen Umfrage, die von *The Daily Princetonian* durchgeführt wurde, haben die Erstsemester von Princeton erneut Adolf Hitler zur ›bedeutendsten lebenden Person‹ gewählt. Der deutsche Kanzler erhielt 93 Stimmen, gegenüber 27 für Albert Einstein und 15 für Neville Chamberlain auf den folgenden Rängen.«

André François-Poncet, 1931–1938 französischer Botschafter in Deutschland: »Wenn man beobachtet, wie er von der Theorie zur Praxis übergeht, um seine Lehre zu verwirklichen, hat es fast etwas Packendes, zu sehen, wie kalt er alles niederstößt, was ihm im Weg steht.«[39]

Sir Neville Chamberlain, britischer Premierminister 1937–1940: »Ich gewann den Eindruck, es hier mit einem Mann zu tun zu haben, auf dessen Wort man sich verlassen kann.«[40]

William Lyon Mackenzie King, Kanadas Ministerpräsident während 22 Jahren, bemerkte nach einem Besuch bei Hitler im Jahr 1937: »(Er war, d. Verf.) ruhig, gelassen und man konnte verstehen, warum besonders die einfachen Menschen diesen Mann so innig lieben. Als ich mit ihm sprach, musste ich an Jeanne d'Arc denken …«[41]

Sven Hedin, schwedischer Entdeckungsreisender und Schriftsteller in einem Nachruf, der am 2.5.1945 in der größten schwedischen Tageszeitung, *Dagens Nyheter*, erschien: »Ich bewahre eine tiefe und unauslöschliche Erinnerung an Adolf Hitler und betrachte ihn als einen der größten Männer, welche die Weltgeschichte aufzuweisen hat. Nun ist er tot.«

BUDDHA

Als Autor dieses Buches möchte ich meinen Lesern nicht vorenthalten, was mich persönlich mit Hitler und der Nazizeit verbindet. Ich bin sieben Jahre nach dem Ende des Zweiten Weltkrieges geboren, und die Verbindung zum letzten deutschen Reichskanzler bestand für mich, bevor ich mit meiner Hitler-Recherche begann, aus den Geschichten, die in Sachbüchern, Zeitungen, Zeitschriften und im Fernsehen über Hitler verbreitet werden. Wie im Kapitel *Hintergrund* bereits erwähnt, werden »Hitler-Geschichten« seit Jahrzehnten von den deutschen Medien in einem derartigen Ausmaß breitgetreten, dass jedes Interesse daran früher oder später erstirbt. Bei vielen Deutschen, mit denen ich persönlich bekannt bin, ist der Sättigungsgrad an Hitler-Geschichten schon lange überschritten. Sobald in einer Überschrift oder einer Programmankündigung das Wort »Hitler« auftaucht, blättern sie automatisch weiter oder schalten auf einen anderen Kanal. Mir selbst ging es genauso. Erst nachdem ich begonnen hatte, wegen Hitler zu recherchieren, habe ich dann doch hin und wieder »Hitler-Geschichten« der deutschen Medien konsumiert. Das Ganze war aber nur eine Pflichtübung und mein Interesse war äußerst begrenzt. Vollkommen anders war das mit den Erzählungen meiner Eltern über die Nazizeit. Diese Geschichten haben mich immer sehr interessiert, allerdings kam das Gespräch in unserer Familie nur selten auf dieses Thema. Verständlicherweise, denn das alles lag ja lange zurück, und wenn man sich schon an Vergangenes erinnerte, dann lieber an Angenehmes. Als ich aber mit meinen Recherchen zu Hitler begann, habe ich das Thema häufiger bewusst angesprochen und habe, sowohl von meiner Mutter als auch von meinem Vater, viele interessante Details dazu erfahren.

Während der »besonderen Zeit« der Hitler-Jahre lebten sowohl mein Vater als auch meine Mutter nicht irgendwo auf dem Land oder in einer Kleinstadt, weit entfernt von den Geschehnissen. Nein, meine beiden Eltern lebten in der Hauptstadt des Reiches, in Berlin, also mitten im Zentrum. Meine Mutter ist 1923 geboren, mein Vater war sechs Jahre älter. Im April 1939, an Hitlers 50. Geburtstag, war mein Vater 22 Jahre alt. Er hatte damals gerade seinen Arbeitsdienst abgeleistet und war zum Wehrdienst eingezogen worden. 40.000 Soldaten sind anlässlich von Hitlers Geburtstag an dessen Ehrentribüne vorbeimarschiert. Mein Vater war einer von ihnen. Als ein paar Monate später mit dem Einmarsch deutscher Truppen in Polen der Zweite Weltkrieg begann, gehörte die Einheit meines Vaters zu den ersten Verbänden, die die polnische Grenze überquerten. Er war genau im richtigen Alter, um vom Polenfeldzug an Hitlers gesamten Krieg mitzumachen. Außer in Polen war mein Vater in der Ukraine, in Russland, in Italien und in Frankreich eingesetzt.

Militärischen Ehrgeiz hat er nicht entwickelt. An Orden und Medaillen hat mein Vater nur ein Verwundetenabzeichen aus dem Krieg mitgebracht. Das hatte er für diejenige Verwundung erhalten, die ihn davor bewahrt hatte, in Stalingrad eingesetzt zu werden. Seine Verletzung war vergleichsweise leicht gewesen: Ein Granatsplitter hatte seine Schulter gestreift. In einem Feldlazarett in Russland war er zusammen mit anderen Verwundeten von einem Arzt begutachtet worden, der die Soldaten in zwei Gruppen einteilte. Wer als »tauglich« eingestuft wurde, kam nach Stalingrad, war man »untauglich«, wurde man in die Heimat geflogen. Mein Vater gehörte zu den »Tauglichen«. Als ein Offizier verkündete, dass die Untauglichen zum Flugplatz gebracht werden sollten, gelang es meinem Vater, sich unter diesen Haufen zu mischen. Vor dem Besteigen des Flugzeugs überprüfte der Offizier noch einmal die Papiere der Soldaten. Als er erkannte, dass mein Vater nicht für den Heimat-Transport vorgesehen war, stutzte er. Mein Vater hat mir erzählt, dass sein Herz in diesem Moment aufgehört habe zu schlagen. Aber dann sagte der Offizier nur: »Grüß mir die Heimat«, und winkte meinen Vater weiter.

Aufgrund seiner Ausbildung hätte meinem Vater die Offizierslaufbahn offen gestanden. Doch die Privilegien eines Offizierslebens haben ihn nicht gelockt. Sein ganzes Leben lang ist er im tiefsten Grunde seines Herzens ein radikaler Anti-Militarist gewesen, und so ist er während der gesamten Kriegszeit Gefreiter geblieben. Alles, was mit Militär zu tun hatte, war meinem Vater verhasst. Als Kind habe ich erlebt, dass er für alles, was ihn auch nur im Entferntesten an Soldatentum erinnerte, nichts als Verachtung übrighatte. Camping war für ihn eine »Einsatzübung«. Sport nannte er »Wehrertüchtigung«, und längere Spaziergänge waren für ihn »Fußmärsche«. Einzelheiten vom Krieg hat er mir jahrzehntelang nicht erzählt. Das hat sich erst geändert, als er sich bereits in einem vorgerückten Alter befand und in mehreren TV-Dokumentationen als Zeitzeuge zu seinen Erfahrungen als Soldat im Zweiten Weltkrieg befragt wurde. Erst in diesen Dokumentationen hörte ich meinen Vater von seinen Kriegserlebnissen berichten. Erst jetzt erfuhr ich, wie er der Hölle von Stalingrad entgangen war und dass er einer derjenigen Soldaten gewesen ist, die ich in den Fernsehberichten über Hitlers 50. Geburtstag beim Vorbeimarsch an dessen Tribüne bereits unzählige Male im Fernsehen gesehen hatte. Auch die dramatischen Einzelheiten seiner Desertation während der letzten Kriegstage in Frankreich erfuhr ich erst jetzt.

Die Geschichte meiner Mutter im Zusammenhang mit dem Nazi-Regime ist anders verlaufen als die meines Vaters. Das lag natürlich vor allem daran, dass sie als Frau keinen Kriegsdienst zu leisten hatte. Aber auch der Altersunterschied spielte eine entscheidende Rolle. Als Hitler 1933 an die Macht kam, wurde meine Mutter zehn Jahre alt. Mein Vater war sechzehn, und als er das Gymnasium verließ, war Hitler gerade einmal zwei Jahre lang an der Macht. So effektiv die Nationalsozialisten auch waren im Umkrempeln des Erziehungssystems, die zwei Jahre Gymnasium während der allerersten Hitlerzeit haben es nicht vermocht, meinen Vater ideologisch auf Hitler und seinen Staat einzuschwören. Das war bei meiner Mutter anders. In dem von den Nazis rasch reformierten Bildungssystem wurde meine Mutter mithilfe von linientreuen Lehrern und Lehrbüchern, die »arische« Werte priesen, zu einer »rassebewussten Volksgenossin« erzogen. Da sie als Jugendliche natürlich keine Vergleichsmöglichkeiten hatte, nahm sie an, dass die nationalsozialistische Weltanschauung die einzig mögliche und richtige war. Selbstverständlich glaubte sie damals, dass die Deutschen ein »Volk ohne Raum« seien und dass Juden, Zigeuner und Slawen eine Gefahr für den deutschen Volkskörper darstellten. Das hatte sie schließlich in der Schule gelernt.

Dass Sport und Körperübungen in der nationalsozialistischen Erziehung eine besonders wichtige Stellung einnahmen, kam meiner sportbegeisterten Mutter sehr entgegen. Auch die Lagerfeuer, das gemeinsame Singen und die Wanderungen in der Natur, die sie als Mitglied des BDM (Bund deutscher Mädchen) unternahm, waren nach ihrem Geschmack. Gut möglich, dass aus meiner Mutter tatsächlich eine überzeugte rassebewusste Volksgenossin geworden wäre, hätte »dieser Hitler« nicht den Krieg verloren. Das hat ihm meine Mutter niemals verziehen. Denn der verlorene Krieg war schuld daran, dass sie ihren Traum aufgeben musste, Ärztin zu werden. In den letzten Kriegsmonaten war meine Mutter als Flakhelferin eingesetzt gewesen und hatte ihr Medizinstudium abbrechen müssen. Als der Krieg vorbei war, hatte ihre vormals sehr wohlhabende Familie ihren gesamten Besitz verloren und meine Mutter musste »bei null« anfangen. Den Luxus eines Studiums konnte sie sich nicht mehr erlauben. Schwer getroffen hat meine Mutter als junges Mädchen vor allem auch der frühe Tod ihres Lieblingsbruders. Bei einem weihnachtlichen Fronturlaub sah sie ihn zum letzten Mal. Am Ende des Urlaubs hatte sie ihn zum Bahnhof gebracht, wo ein Zug voller Soldaten wartete. Ihr Bruder hatte sich schon von ihr verabschiedet, da drehte er sich noch einmal zu meiner Mutter um und sagte: »Wir sehen uns nicht wieder«. Dann stieg er in den Zug, fuhr an die Front und in seinen Tod. Dass sie ihren über alles geliebten Bruder auf diese grausame Weise verlieren musste, hat meine Mutter noch Jahrzehnte später beschäftigt. »Die jungen Männer,« hat sie gesagt, »die zu Millionen in Zügen und Lastwagen von diesem Verbrecher (Hitler) an die Front gekarrt wurden, nur um dort jämmerlich zugrunde zu gehen – sind die nicht genauso Opfer dieses Mörderregimes gewesen wie die Menschen, die in den Lagern gestorben sind?« Diese Frage hat sie sich selbst und mir oft gestellt.

Das Soldatenleben meines Vaters war in regelmäßigen Abständen unterbrochen von Studienaufenthalten in Berlin. Dort studierte er Journalismus, das Fach, das der Hohepriester der Propaganda, Joseph Goebbels, als das bedeutsamste aller Studienfächer gepriesen hatte. Angehende Journalisten hatten das Privileg, den Kriegsdienst zeitweilig an den Nagel hängen zu dürfen, um zu studieren und erste journalistische Arbeiten zu verfassen. Einige Zeitungsartikel meines Vaters sind aus dieser Zeit noch erhalten. Sie wurden zunächst in einer großen Berliner Tageszeitung veröffentlicht und erschienen dann, aufgrund der Gleichschaltung der Medien, überall in ganz Deutschland. Bei den Artikeln meines Vaters handelt es sich vor allem um Filmkritiken, die damals »Filmbetrachtungen« hießen, denn »kritisieren« war als angeblich typisch jüdische Eigenart unerwünscht.

Mein Vater war kein unpolitischer Mensch, Politik hat ihn sein Leben lang interessiert. Wer aber während der NS-Zeit als politischer Journalist arbeiten wollte, der bewegte sich als kritischer Geist in einem Minenfeld von Verdächtigungen und Beschuldigungen. Die Unfreiheit, die damals in den deutschen Redaktionsstuben herrschte, hat meinen Vater veranlasst, beim Feuilleton unterzukommen. Der Druck von oben war hier deutlich geringer. Zu spüren war er dennoch. In einer Ansprache vor den Intendanten der deutschen Rundfunkanstalten hatte Goebbels die Parole ausgegeben, dass die politische Propaganda alles, bis ins Kreuzworträtsel hinein, zu durchdringen habe.

Ob mein Vater damals Hitlers Politik, insbesondere seine aggressive Außenpolitik, abgelehnt hat, das konnte ich nie so richtig aus ihm herausbekommen. Einen großen inneren Widerstand hat diese Politik bei ihm aber wohl nicht ausgelöst, sonst hätte er sich sicherlich daran erinnert. Mein Vater war auch nicht in erster Linie aus politischen Gründen ein Feind der Hitler-Diktatur. Verhasst war ihm vor allem das kulturelle Beiwerk. Die Aufmärsche, die gemeinsamen Chöre, das Fahnenschwenken – für all das konnte sich mein individualistischer Vater nicht begeistern. Als Kind habe ich es oft erlebt, dass er nicht den Mund aufbekam, wenn in der Kirche oder bei anderen Gelegenheiten ein gemeinsames Lied angestimmt wurde. Es erinnere ihn einfach zu sehr an die Nazizeit, hat er mir damals anvertraut. Dass einem der Staat verschreiben konnte, welche Musik man zu hören hat, war für meinen Vater unerträglich. Er war ein begeisterter Anhänger des Swing und ein talentierter Stepptänzer, alles Dinge, die von den Nazis als »artfremde Kulturschande« verurteilt und schließlich als »wehrkraftzersetzend« verboten wurden. Der Swing vermittelte eine unmittelbare Lebensfreude und ein Gefühl des beschwingten »American Way of Life« und entsprach damit der lebensbejahenden

Grundhaltung meines Vaters sehr viel mehr als der Einheitsdrill und die Marschmusik der Hitlerzeit. Es war auch nicht die politische Propaganda der Engländer, die meinen Vater veranlasst hat, während des Krieges heimlich englische »Feindsender« zu empfangen. Alles, was er wollte, war, »seine« Musik zu hören, auch wenn er damit Gefängnis und Schlimmeres riskierte.

Seinen Unmut über die herrschenden Zustände hat mein Vater dann auf seine Art geäußert. Er wurde Mitglied einer Kabaretttruppe, die an der Front für die Unterhaltung der Kameraden sorgte. Mit ihren politischen Witzen, sagte er mir, seien sie immer bis an die Grenzen dessen gegangen, wovon sie annahmen, dass dies vom Regime gerade noch geduldet sei. Als daraufhin »von oben« keine Reaktion kam, hätten sie die selbst gesetzten Grenzen immer weiter ausgedehnt. Aber so weit sie auch gingen mit ihrer Kritik an den herrschenden Zuständen, niemals hatten mein Vater oder die anderen Mitglieder seiner Kabaretttruppe deswegen unter disziplinarischen Konsequenzen oder anderen Nachteilen zu leiden. Auch noch lange nach Ende des Krieges hat sich mein Vater darüber gewundert, welche erstaunlichen Freiheiten seine Kameraden und er sich auf der Bühne der Diktatur gegenüber hatten herausnehmen können. Offenbar, so hat mein Vater vermutet, waren die zuständigen Nazis klug genug gewesen, um zu erkennen, dass der Druck einer Diktatur ein Ventil braucht und dass man gut daran tut, wenn man den Menschen das Lachen nicht auch noch verbietet.[1]

Als Redner hat mein Vater Hitler niemals persönlich erlebt, weder als Journalist noch als Teilnehmer an einer Großkundgebung, was in Berlin leicht möglich gewesen wäre. Natürlich habe ich das bedauert, denn die Einschätzung von Hitlers Auftritt durch meinen Vater hätte mich sehr interessiert. Aber sich freiwillig einzureihen in die begeisterten Massen, das entsprach einfach nicht seinem Naturell. Der einzige führende Nazi, dem mein Vater persönlich begegnet ist, war sein oberster Boss, der Reichsminister für Volksaufklärung und Propaganda: Joseph Goebbels. Anlässlich einer Filmpremiere durfte mein Vater als blutjunger Journalist dem Minister sogar die Hand schütteln. Dass mein Vater kein Parteimitglied war, ist niemandem aufgefallen. Im Grunde war das nicht möglich, denn die Freiheit, ohne Parteimitgliedschaft Journalist sein zu können, wurde nur einigen wenigen renommierten und altgedienten Medienleuten zugestanden. Für einen jungen, angehenden Journalisten wie meinen Vater war die Mitgliedschaft in der Partei die Grundvoraussetzung dafür, dass er seinen Beruf ausüben konnte. War man nicht in der Partei, dann war man in derselben Position wie Juden und Regimegegner, denen die Mitgliedschaft verwehrt war. Meinem Vater war die Mitgliedschaft aber nicht verwehrt worden. Er hatte es nur unterlassen, sie zu beantragen. Irgendwie sei es ihm gelungen, durch das feinmaschige Netz des NS-Überwachungsstaates zu rutschen, hat mir mein Vater später erzählt. Und ganz sicher wäre er brav in die Partei eingetreten, wenn er ansonsten das Recht verloren hätte, seiner Arbeit nachgehen zu können. Als Widerstandskämpfer hat sich mein Vater nie verstanden. Er war auch nicht in erster Linie aus politischen Gründen der NSDAP ferngeblieben, sondern deshalb, weil es ihm als Individualist grundsätzlich widerstrebte, Mitglied irgendeiner Partei zu sein.

Seine Ehrlichkeit in diesem Punkt habe ich meinem Vater immer hoch angerechnet, war es doch im Deutschland der Nachkriegszeit allgemein üblich, dass sogar ehemals führende Nazis behaupteten, dass sie während der NS-Zeit heimliche politische Gegner gewesen seien. Angeblich waren diese Leute in die »innere Emigration« gegangen und hatten »geistigen Widerstand« geleistet. Die allgemeine Verlogenheit und Scheinheiligkeit, die im Deutschland der Nachkriegszeit in dieser Hinsicht an der Tagesordnung war, machte mein Vater nicht mit. Dass er kein Parteimitglied war, hatte er, wie er sagte, nur seinem »Glück« zu verdanken. Dieses Glück verhalf ihm nach dem Krieg, als die Amerikaner händeringend nach Journalisten suchten, die sich nicht vom Regime hatten vereinnahmen lassen, zu leitenden Positionen in dem damals im Aufbau befindlichen *Bayerischen Rundfunk*. Als Chef der Nachrichtenabteilung bekleidete er einen der wichtigsten Posten in einem Land, das nach Hitler-Wahn und Kriegs-Katastrophe langsam wieder zur Besinnung kommen musste.

Sowohl mein Vater als auch meine Mutter haben mir von vielen interessanten Beobachtungen, Begebenheiten und Erlebnissen aus der Zeit der Hitlerherrschaft erzählt. An dieser Stelle möchte ich mich auf ein einziges Thema beschränken: auf die Verfolgung der Juden, Sinti, Roma und Slawen. Unter Holocaust wird heute meistens ausschließlich die Vernichtung der Juden verstanden. Die Vernichtung der Sinti, Roma und Slawen war aber nicht weniger grausam und wurde mit denselben rassistischen Motiven begründet. Von daher sehe ich keinen Grund dafür, warum die Vernichtung dieser Völker nicht auch von dem Begriff Holocaust umfasst sein sollte. Auch die Euthanasie, die planmäßige Ermordung von Behinderten, ist für mich in dem Begriff Holocaust enthalten. Auch hier schuf die rassistische Philosophie der Eugenik die geistigen Grundlagen für grausame Verbrechen.

Ich bin sicher, dass alle Angehörigen meiner Generation ihre Eltern irgendwann einmal gefragt haben: »Habt ihr davon gewusst?« Auch ich habe natürlich meinen Eltern diese Frage gestellt. Meine Mutter wusste darauf nur wenig zu sagen. »Das ist doch erst passiert, als sowieso schon alles zu spät war«, war ihre Antwort. »In Berlin haben die Häuser gebrannt, kleine Kinder sind auf der Straße verendet wie Tiere – und Ärzte gab es keine.« »Und die Deportationen?« habe ich gefragt. »Wir hatten damals weiß Gott andere Sorgen.

Und von irgendwelchen Transporten habe ich nie etwas mitbekommen.« »Bist du sicher?« »Natürlich. Ich weiß nicht, wie viele Zigeuner es in Berlin gab. Viele bestimmt nicht. Und die Juden, von denen waren die meisten doch schon lange vorher emigriert. Wie viele Deportationen kann es da noch gegeben haben?« Das Thema habe ich im Lauf der Jahre immer wieder einmal angesprochen. Die Antwort meiner Mutter war immer dieselbe. Heute kann man sich mit ein paar Klicks darüber informieren, dass Berlin während des Krieges etwa 4,4 Millionen Einwohner hatte. Rund 50.000 Berliner Juden sind zwischen 1941 und 1945 in die Lager transportiert worden, heißt es auf einer Webseite des Berliner Bezirksamtes. Etwa ein Prozent der Berliner Bevölkerung wurde also, aufgeteilt in Dutzende von Transporten, über vier Jahre hinweg deportiert, wobei die ausführenden Behörden darauf bedacht waren, kein Aufsehen zu erregen. Dass die Bombenangriffe, die während dieser Zeit immer gnadenloser wurden, mit dazu beitrugen, die Aufmerksamkeit der Berliner in eine andere Richtung zu lenken, kann man sich leicht vorstellen. Unter Berücksichtigung dieser Umstände kann man wohl davon ausgehen, dass die meisten Berliner, die zwischen 1941 und 1945 in der Stadt lebten, von den Deportationen tatsächlich nichts mitbekommen haben und dass die Spielfilme, die man zu diesem Thema gesehen hat, hier oft einen Eindruck vermitteln, welcher der Realität so nicht entspricht.

Mein Vater erzählte, dass er während seiner Schulzeit, also in der Zeit von 1923 bis 1935, eine Diskriminierung jüdischer Mitschüler nicht erlebt habe. Er konnte nicht einmal sagen, ob es unter seinen Klassenkameraden überhaupt Juden gegeben hatte. Juden seien einfach kein Thema gewesen, sagte er. Was während seiner Schulzeit aber sehr wohl ein Thema gewesen sei, das waren die Katholiken. Die wenigen Katholiken seien von der protestantischen Mehrheit der Schüler ausgegrenzt und gehänselt worden. Und auch manche Lehrer hätten die Katholiken verspottet. Nachdem Hitler die Macht übernommen hatte, sei von offizieller Seite zwar gegen Juden gehetzt worden, aber dadurch habe sich während seiner letzten zwei Jahre im Gymnasium nichts geändert.

Während der ersten Hitlerjahre habe man selbstverständlich gewusst, dass der Staat versuchte, die Juden zur Ausreise zu zwingen, indem er sie diskriminierte und schikanierte. Bekannt war aber auch, dass Rassendiskriminierung in den USA zu dieser Zeit ebenfalls Triumphe feierte. In der Presse sei häufig über die »rassebewussten« und daher »fortschrittlichen« USA berichtet worden. Als vorbildlich wurde bezeichnet, dass die Schwarzen dort von der Geburt bis zum Tod wie Aussätzige behandelt wurden, denen in Bussen, Bahnen und Restaurants extra Abteile zugewiesen waren und die weder ein Wahlrecht noch Bildungsmöglichkeiten besaßen. Berichtet wurde auch, dass Tausende von Schwarzen in den USA zu Opfern von Lynchmorden wurden und dass die Schwarzen dort, genauso wie die Chinesen, in Gettos zusammengepfercht waren, während man die Indianer in Reservate sperrte.

Die Diskriminierung der Juden in Deutschland sei vor allem durch die staatliche Propaganda bekannt gewesen. Persönlich sei man damit meistens nur dann konfrontiert gewesen, wenn man jüdische Freunde oder Familienmitglieder hatte. Das war aber nur selten der Fall, da die Juden eine winzige Minderheit darstellten. In der Tat waren laut N. Cohn, dem Autor von *Warrant for Genocide* (1967), im Jahr 1933 nur 0,77% der deutschen Bevölkerung Juden; ein Bevölkerungsanteil, der sich durch die Emigration in den folgenden Jahren weiter drastisch verringerte.

Als nach 1941 Juden in Arbeitslager gebracht wurden, sei das kein Geheimnis gewesen, sagte mein Vater. Begründet wurden diese Maßnahmen damit, dass es Juden nicht erlaubt sei, im deutschen Heer zu dienen und dass es nicht sein könne, dass Deutsche ihr Leben und ihre Gesundheit an der Front aufs Spiel setzten, während sich die Juden zu Hause ein schönes Leben machten. Die Juden müssten jetzt, wo Krieg sei, ebenso wie alle anderen etwas für Deutschland leisten, und da sie nicht kämpfen dürften, müssten sie wenigstens arbeiten, was ohnehin sehr viel ungefährlicher und angenehmer sei als der Kriegsdienst. Dass das Leben im Arbeitslager angenehm sei, habe er der NS-Propaganda nicht abgenommen, sagte mein Vater. Aber dass Heinrich Himmler und seine SS die Juden planmäßig und im großen Stil ermorden würden, ebenso wie Sinti, Roma und Slawen, das habe er sich nicht träumen lassen. Niemals wäre er auf die Idee gekommen, dass die SS mitten im Krieg Menschen ermorden würde, die kriegswichtiges Material produzieren sollten. Auch von der Ermordung der Behinderten hätten sie erst nach dem Krieg erfahren, sagten sowohl mein Vater als auch meine Mutter.

Als meine Mutter das Gymnasium besuchte, war Rassismus zwar ein zentraler Bestandteil ihrer schulischen Ausbildung, an die Diskriminierung jüdischer Mitschüler konnte sich meine Mutter aber nicht erinnern. Ich hatte immer meine Zweifel daran, und möglicherweise hat ihr Erinnerungsvermögen hier tatsächlich Einiges geschönt. Es mag aber auch sein, dass es während ihrer Schulzeit keine jüdischen Mitschüler mehr gab. Viele Mitglieder der kleinen jüdischen Minderheit waren nach Hitlers Machtübernahme emigriert, und ab 1938 war jüdischen Kindern generell der Zugang zu öffentlichen Schulen verwehrt.

Wenn mein Vater nach den blutigen Erlebnissen an der Front endlich seinen Arbeitsurlaub in Berlin antreten konnte, wollte er nur etwas von den angenehmen Dingen des Lebens wissen. Mit Deportationen und Ähnlichem wollte er sich nicht befassen müssen. Er hätte davon wohl auch nichts erfahren, hätte es in seiner Familie nicht zwei Vorfälle gegeben, die beide mit der Juden-Deportation zu tun hatten. Einmal war da die Geschichte seines Onkels väterlicherseits. Der Onkel war ein hoher Beamter, ganz oben in der Hierarchie des Reichsministeriums für Wissenschaft, Erziehung und Volksbildung. Eines Tages standen unangemeldet zwei SS-Männer vor seiner Tür. Sie seien gekommen, um seine jüdische Frau abzuholen und sie in ein Arbeitslager zu bringen, sagten sie. Da baute sich der Mann in seiner ganzen Größe und mit seiner ganzen behördlichen Autorität vor ihnen auf und erklärte, dass er es ihnen untersage, auch nur einen einzigen Schritt in seine Wohnung zu tun. Er sei deutscher Staatsbeamter, und wenn sie seine Frau mitnehmen wollten, dann müssten sie ihn ebenfalls mitnehmen. Die SS-Männer verschwanden und die jüdische Frau überlebte die Naziherrschaft in Berlin, ohne dass die SS noch einmal bei ihr vorstellig geworden wäre.

Die andere Geschichte hat ein trauriges Ende. Es ist die Geschichte von Frau Kosolovsky. Sie war Jüdin, wohnte in demselben Mietshaus wie die Eltern meines Vaters und war eine Freundin meiner Großmutter. Frau Kosolovsky war Rentnerin und lebte in bescheidenen Verhältnissen. Eine Emigration kam für sie schon aus finanziellen Gründen nicht infrage. Sie glaubte wohl auch, dass sich der Zorn des Regimes vor allem gegen die wohlhabenden Juden richtete, die das Land ja auch tatsächlich in großer Anzahl verlassen hatten. Was sollten die Nazis einer armen Rentnerin schon anhaben wollen? Das dachte Frau Kosolovsky bis zu dem Tag, an dem zwei SS-Männer bei ihr klingelten und ihr erklärten, dass sie fünfzehn Minuten Zeit habe, um das Nötigste zusammenzupacken, da sie in ein Arbeitslager gebracht werde. Ihre Wohnungseinrichtung werde für sie verwahrt. Frau Kosolovsky bat darum, einen Stock tiefer zu ihrer Freundin gehen zu dürfen, um sich von ihr zu verabschieden. Beim Abschied von meiner Großmutter drückte sie ihr heimlich ihren Wohnungsschlüssel in die Hand und bat sie, nach ihrer Abreise ein paar Gegenstände aus der Wohnung zu holen, die für sie persönlich von Bedeutung waren. Meine Großmutter solle sie für sie aufbewahren, bis sie aus dem Lager wieder zurück nach Hause komme. Meine Großmutter willigte ein und holte, wie von Frau Kosolovsky gewünscht, ein paar Bilder, ein Silberbesteck und eine kleine holzgeschnitzte Figur aus der Wohnung. Als in dem Mietshaus einige Zeit später die Bomben einschlugen und meine Großmutter zu Verwandten aufs Land floh, ließ sie die Bilder und das Besteck von Frau Kosolovsky zurück. Die kleine Holzfigur, die sie »Buddha« getauft hatte, nahm sie mit. Wenigstens den Buddha wollte sie ihrer Freundin beim Wiedersehen zurückgeben können. Der Krieg ging zu Ende und der Buddha wartete auf Frau Kosolovsky. Er wartete vergeblich. Frau Kosolovsky kam nicht mehr zurück. Der Buddha war kein lachender Buddha. Es war ein Chinese mit einem strengen Gesicht. Am Ende des Buches findet sich seine Abbildung.

Nach dem Tod meiner Großmutter wanderte der Buddha auf das Bücherregal meines Vaters und erhielt dort einen Ehrenplatz. Heute steht er erneut an einem zentralen Platz zwischen Büchern. Es sind meine Bücher. Und der Buddha ist mein ganz persönliches Holocaust-Denkmal.

KRIEG

»Ohne das Heer wären wir alle nicht da; wir sind einst alle aus dieser Schule gekommen«, hat Hitler zu seinen Mitstreitern gesagt.[1] Es gibt keinen Grund, an dieser Einschätzung zu zweifeln. Die Erfahrungen des Ersten Weltkrieges haben Hitler und seine Generation entscheidend geprägt. Millionen junger Männer, von denen kaum einer jemals zuvor eine Waffe in der Hand gehalten hatte, sollten auf einmal ihnen völlig unbekannte Menschen ermorden. Wer nicht lernte, die instinktive Scheu vor dem Töten zu überwinden, der lief Gefahr, selbst getötet zu werden, oft mit dem Bajonett im blutigen Zweikampf. Zugleich wurden die Soldaten Mittäter und Zeugen bei einem industriellen Massenmord, den es in dieser Dimension noch niemals zuvor in der Menschheitsgeschichte gegeben hatte. Maschinengewehre, Panzer, Flugzeuge und moderne Artillerie machten dieses industrielle Morden möglich. Whitney Harris, rechte Hand des US-Chefanklägers in den Nürnberger Prozessen, sagte in einem Interview: »Ich bin absolut davon überzeugt: Adolf Hitler war nur ein Name, der für den totalen weltweiten Zusammenbruch der Moral im 20. Jahrhundert stand. Der begann 1914 mit dem Ersten Weltkrieg, als jeder jeden tötete und es keine moralischen Standards mehr gab. Rache war an der Tagesordnung, jede Entschuldigung recht.«[2]

Auch Hitler sah im Ersten Weltkrieg *das* zentrale Ereignis seines Lebens. Seine Kriegserfahrung deutete er allerdings anders als Harris. In den ersten Jahren seiner Regierung behauptete er, die Erfahrung des Krieges habe ihn zu einem Politiker des Friedens gemacht. Schließlich habe er den Horror eines Krieges selbst erlebt und wisse daher nur zu gut, dass Krieg keine Option sei. Die Aufrüstung des deutschen Heeres, die er mit großem Eifer betrieb, diente nach seiner Darstellung lediglich dazu, dass Deutschland sichergehen müsse, von seinen europäischen Nachbarn ernst genommen zu werden. Nur als gleichberechtigter Partner könne Deutschland gemeinsam mit den übrigen Nationen den unseligen Versailler Vertrag auf friedliche Art und Weise neu gestalten. Auf dieser Basis könne dann langfristig ein stabiler europäischer Frieden geschaffen werden. Das alles widersprach freilich seiner vom Sozialdarwinismus geprägten Weltsicht, die besagte, dass »das Leben ein dauernder grausamer Kampf ist.«[3]

Als Hitler schließlich, dieser Weltsicht folgend und seinen Friedensbekundungen zum Trotz, einen Krieg begann, glaubte er, über Kriegsführung mehr zu wissen als seine Generäle. Schließlich hatte er selbst an der Front gedient, während die Generäle Meilen dahinter Karten studiert hätten, sagte er. Um den Kampf dieses Mal zu gewinnen, sei er entschlossen, aus den Fehlern des Ersten Weltkrieges zu lernen. Wiederholen werde er sie auf gar keinen Fall. Eine wichtige Lehre sei, dass die Propaganda des Feindes der eigenen niemals überlegen sein dürfe. Eine andere, dass Befehlsverweigerer, Deserteure und Saboteure nicht mit Samthandschuhen angefasst werden dürften und dass mit diesen Verrätern kurzer Prozess zu machen sei. Außerdem müsse das Heer Partisanenangriffe mit prompter Vergeltung beantworten. Für jeden gefallenen Soldaten müsse umgehend eine Vielzahl an Zivilisten hingerichtet werden. Vor allem aber glaubte Hitler, dass Juden und Kommunisten die Niederlage des Ersten Weltkrieges herbeigeführt hätten und dass Deutschland niemals einen Krieg gewinnen könne, solange es Juden und Kommunisten erlaubt war, in der Heimat ihr Unwesen zu treiben und dort die Kriegsbemühungen zu sabotieren. Folglich ließ er nach dem Beginn des Krieges Juden und Kommunisten, die trotz aller Schikanen noch immer in Deutschland lebten, ins KZ deportieren. Dieses Vorgehen hatte Hitler lange vor dem

Zweiten Weltkrieg in *Mein Kampf* angekündigt. Im Krieg, heißt es dort, sei es die »Pflicht einer besorgten Staatsregierung (die, d. Verf.) Verhetzer des Volkstums unbarmherzig auszurotten. Wenn an der Front die Besten fielen, dann konnte man zu Hause wenigstens das Ungeziefer vertilgen.« Man müsse »rücksichtslos die gesamten militärischen Machtmittel einsetzen zur Ausrottung dieser Pestilenz.«[4]

Hitlers Kriegserfahrungen waren auch ein zentraler Teil der Propaganda im Dritten Reich. Hier wurde die Frontgemeinschaft beschworen und die Kameradschaft, die als Vorbilder der jetzt zu schaffenden »Volksgemeinschaft« dargestellt wurden. In der von Hitler propagierten Gemeinschaft war jede Zersplitterung der Gesellschaft aufgehoben, und alle Deutschen waren vereint im Kampf für ein großes gemeinsames Ziel.

Volksgemeinschaft, Kameradschaft, Blut und Opfertod – das war der Geist von Hitlers Partei, der NSDAP, ein Geist, der aus der Erfahrung des Ersten Weltkriegs geboren war. Ziel war eine neue Welt. Ein neues Zeitalter, begründet auf einem Staat der Gleichen, welche durch Kameradschaft verbunden waren, so wie die Soldaten des »Großen Vaterländischen Krieges«. An der Front hatte die Nähe des Todes tatsächlich alle Unterschiede und alles Trennende zwischen den einzelnen Soldaten verschwinden lassen. Zumindest für Momente waren die Soldaten so zu »einer einzigen großen Gemeinschaft« geworden. Hitler muss diese Momente während des Krieges besonders eindringlich empfunden haben. Eine Heimat hatte er nicht, da er sich in dem »Rassengemisch« Österreich-Ungarns nicht zu Hause fühlte, und eine Familie hatte er auch nicht. Seine Eltern lebten nicht mehr, und die Kontakte zu seiner Schwester Paula und der Halbschwester Angela waren bereits vor dem Ausbruch des Krieges abgerissen. Die wenigen Bekannten, die Hitler in München kennengelernt hatte, hatten ihm anfangs noch Briefe und

Päckchen geschickt, aber ab Mitte 1915 brachen auch diese Kontakte ab. Sein Regiment ersetzte ihm alles: Freunde, Heimat und Familie. Das Gefühl, dass sein Regiment »alles« war, war sicherlich ein Grund dafür, dass Hitler während zwei langer Kriegsjahre auf den ihm zustehenden Urlaub freiwillig verzichtete. Sein Aufenthalt an der Front lag weit über dem Durchschnitt anderer Soldaten.[5] Aus dem kauzigen Wiener Kunstmaler war ein Mustersoldat geworden. Der Tagträumer, der sein Leben in erster Linie mit Bücherlesen verbracht hatte, lernte, sich selbst zu disziplinieren und Befehle zuverlässig auszuführen. »Aus dem jungen Kriegsfreiwilligen war ein alter Soldat geworden«, kommentierte Hitler seine Entwicklung in *Mein Kampf*.[6]

Eine entscheidende Rolle haben Hitlers Kriegserfahrungen auch zu Beginn seiner politischen Karriere gespielt. Die Bedeutung des Krieges für seine persönliche Entwicklung stellte der aufstrebende Parteichef allerdings zu diesem Zeitpunkt in vollkommen anderem Licht dar als später der sich friedfertig gebende Reichskanzler. Der Erste Weltkrieg sei die »unvergesslichste und größte Zeit meines irdischen Lebens gewesen«, schrieb Hitler in *Mein Kampf*.[7] »Das Schicksal« habe ihm »gnädig erlaubt«, am »Heldenkampf unseres Volkes« teilzunehmen. Vier Jahre lang habe er in den mörderischen Schlachten des Stellungskriegs an der deutsch-französischen Front der Nation gedient. Unbeirrt von den größten Gefahren, sei er damals seinen Weg gegangen. »Hunger leidend und Entbehrungen ertragend«, habe er »sein Leben aufs Spiel gesetzt« und angesichts des Todes gezeigt, wer er wirklich war. Am Ende habe sein »Pflichtbewußtsein« über den »Trieb zur Selbsterhaltung« triumphiert. »Der Wille war endlich restlos Herr geworden«, beschreibt Hitler in *Mein Kampf* seine Entwicklung. »Konnte ich die ersten Tage mit Jubel und Lachen mitstürmen, so war ich jetzt ruhig und entschlossen. Dieses aber war das

Dauerhafte. Nun erst konnte das Schicksal zu den letzten Proben schreiten, ohne daß die Nerven rissen oder der Verstand versagte.«[8] Nach Hitlers Darstellung hatte der Krieg den Helden in ihm zum Leben erweckt.

Dass Hitler während des gesamten Krieges »nur« Gefreiter geblieben war, hatte in erster Linie wohl damit zu tun, dass er selbst an einer Beförderung nicht interessiert war. Das haben jedenfalls seine Vorgesetzten Fritz Wiedemann und Max Amann nach 1945 übereinstimmend erklärt.[9] Ein Grund für Hitler, keine Beförderung anzustreben, mag darin gelegen haben, dass er dann zwar nicht zwingend, aber doch möglicherweise seine »Familie«, das legendäre List-Regiment, hätte verlassen müssen. Auch seine Tätigkeit als Meldegänger hätte er nach einer Beförderung nicht mehr ausführen können. Nach dem Krieg erwies sich Hitlers Mannschaftsrang als gewaltiger Vorteil, wurden die Offiziere doch allgemein als die Architekten der Niederlage gesehen. Mehr als jeder Feldherr konnte Hitler behaupten, als »einer von Millionen« berechtigt zu sein, für eine ganze Generation von Kriegsheimkehrern zu sprechen. Und auch für die Kriegstoten glaubte er sprechen zu dürfen. Schließlich sei auch er einer derjenigen gewesen, die sich »freiwillig zur Fahne stellten, bereit, sie zu schirmen mit dem letzten Tropfen Blutes.« Schließlich sei auch er ein Teil jener »eisernen Front des grauen Stahlhelms« gewesen, die, »nicht wankend und nicht weichend«, zum »Mahnmal der Unsterblichkeit« geworden sei. Die Millionen, die ihr Leben auf dem »Feld der Ehre« gelassen hatten, seien nicht für ein Mehrheitswahlrecht gestorben, sagte Hitler in seinen Reden. Die Millionen Toten hätten ihr Leben für ein starkes, geeintes Deutschland gegeben. Er sei gekommen, um dafür zu sorgen, dass diese Toten ihr Blut nicht umsonst vergossen hatten. Er werde diesen Millionen zu ihrem Recht verhelfen.

Zentrum sowohl von Hitlers Selbstdarstellung als auch des Bildes, das die Propagandamaschine der Partei und später des

Staates von ihm zeichnete, war sein selbstloses, aufopferndes Heldentum. Denn sein Anspruch, berufen zu sein, die Nation zu führen, war aufs Engste mit seinem Soldatentum verknüpft.

Ihm, der weder einen Beruf noch eine Ausbildung vorzuweisen hatte, verleihe sein heldenhaftes Verhalten während des Krieges die Legitimität des »unbestrittenen selbstverständlichen« Führers, ließ die Propaganda das Volk wissen. Bezeugt wurden Hitlers angeblich herausragende soldatische Tugenden von Angehörigen seines Regiments, die Hitler, ähnlich wie die Evangelisten, aus unterschiedlichen Blickwinkeln schilderten. In Zeitungsartikeln, Interviews und Biografien äußerten sich einfache Soldaten wie Balthasar Brandmayer, Jakob Weiß und Ernst Schmidt. Als Beleg dienten gemeinsame Fotos. Auch Hitlers Vorgesetzter Max Amann kam zu Wort. Zusammen mit den Darstellungen einiger weiterer, »kleinerer« Evangelisten verdichteten sich diese Aussagen zu dem Bild eines Soldaten, dessen Heldentum einzigartig gewesen war.

Da Hitlers soldatisches Heldentum in der Partei-Propaganda einen dermaßen bedeutenden Stellenwert einnahm, setzten seine politischen Gegner alles daran, dieses Narrativ zu erschüttern. Manche behaupteten, dass Hitler im Zivilleben ein berufsloser Herumtreiber gewesen sei, der sich zum Militär nur deshalb gemeldet habe, weil ihm dort Essen, Kleidung und Unterkunft vom Staat gestellt wurden und er sich als Soldat keine materiellen Sorgen machen musste. Ein anderer, oft wiederholter Vorwurf lautete, dass Hitler von Wien nach München übergesiedelt sei, weil er sich vor dem Kriegsdienst im österreichischen Heer habe drücken wollen. Andere Behauptungen liefen darauf hinaus, dass sich Hitler an der Front ein schönes Leben gemacht habe. Anstatt zu kämpfen, habe er mit »einer Maß Bier unterm schattigen Nussbaum« gesessen. Wieder andere wollten wissen, dass er in Wahrheit ein jämmerlicher Waschlappen gewesen sei, der sich immer gedrückt habe, wenn Freiwillige für gefährliche Aufgaben gesucht wurden.

Da Hitler seinem Soldatentum eine so entscheidende politische Bedeutung verliehen hatte, konnte er derartige Behauptungen nicht auf sich beruhen lassen. Nachdem er an der Macht war, waren Gestapo und SS dafür zuständig, dass an dem Bild von Hitlers soldatischem Heldentum nicht mehr gekratzt wurde. Vor seiner Machtübernahme ging er mit Prozessen gegen jeden vor, der seinen Behauptungen widersprach. Die besten Anwälte wurden engagiert, und die diversen Rechtsstreitigkeiten kosteten Hitlers Partei eine Menge Geld. Ein Prozess, den die NSDAP 1932 gegen die Hamburger Zeitschrift *Echo der Woche* führte und der in der Öffentlichkeit große Beachtung fand, endete mit einem juristischen Sieg Hitlers. Von der rechten Presse wurde das Urteil wie ein amtliches Siegel gefeiert, das die Heldenversion von Hitlers Soldatentum ein für alle Mal bestätigte. Alle Vorgesetzten und Kameraden von Hitlers Regiment, hieß es, stünden geschlossen hinter ihm.[10]

Hitlers heldenhaftes Soldatentum in Zweifel zu ziehen, war für seine Gegner vor allem aus einem Grund schwierig: Während der gesamten Kriegszeit hatte Hitler im Reserve-Infanterie-Regiment 16, dem sogenannten »List-Regiment« der bayerischen Armee gedient. Laut dem Gefechtskalender der Regimentschronik war das List-Regiment in 39 Stellungskämpfen und Schlachten an der Westfront im Einsatz. Yser, Messines, Ypern, Flandern, Neuve Chapelle, Arras, Artois, Frommelles, Somme, Ailette, Reims, Bapaume, Picardy, Champagne, Marne – das alles waren Namen legendärer Schlachten, die sich zur damaligen Zeit tief in das Bewusstsein der Bevölkerung eingegraben hatten. In allen diesen bedeutenden Schlachten des Weltkrieges war das List-Regiment zum Einsatz gekommen. Nach gewaltigen anfänglichen Verlusten wandelte sich die Einheit und wurde zu einer furchterregenden

Kampfmaschine. Bei den vielen heftigen Gefechten, die sich oft in den Gräben und im Nahkampf abspielten, machte das Regiment sehr viel mehr Gefangene als umgekehrt Soldaten des Regiments von den Feinden gefangen genommen wurden. Hatten die Gegner nach manchen Gefechten Tausende von Toten zu beklagen, so kamen die Soldaten des List-Regiments oft mit vergleichsweise geringen Verlusten davon. Gewaltig waren die Verluste des Regiments am Ende aber dennoch. Als das RIR 16 einrückte, zählte es 3.000 Mann. Vier Jahre später, im November 1918, waren einschließlich der Soldaten, die Gefallene ersetzt hatten, 3.754 Regimentsangehörige gefallen.[11] Nur eine Handvoll derjenigen, die am 10. Oktober 1914 blumengeschmückt und begleitet vom Jubel der Bevölkerung an die Front gezogen waren, waren am Ende des Krieges noch am Leben. Dass Hitler zu den wenigen Überlebenden seines Regiments gehörte, mag bei ihm den Glauben gestärkt haben, dass er vom Schicksal verschont worden war, weil es noch Großes mit ihm vorhatte.

Hitlers Regiment war von einem ganz besonderen Mythos umgeben, und zwar schon lange bevor es von der NS-Propaganda zur »Urquelle deutschen Heldentums« verklärt worden war. »Welch besonderen Ruf das Regiment List an der Front und in der bayerischen Armee hatte«, ist in der Chronik des Regiments nachzulesen. Weiter heißt es dort: »Keine bayerische Truppe hat unser Regiment an Heldenmut und Opfersinn übertroffen (...) Das Regiment brachte größere Blutopfer wie die meisten Regimenter, größere wie die Schwesterregimenter der eigenen Division, größere wie selbst das ruhmreiche Leibregiment.(...) Noch während des Krieges hat denn auch die dankbare Stadt München dem Regiment List ein besonderes Denkmal gesetzt, die Gedächtnisfenster im Rathaus (...)« In der Tat können noch heute Glasfenster im Münchner Rathaus besichtigt werden, auf denen Soldaten dargestellt sind, unter denen geschrieben steht: »dem 16. Bayerischen Reserve Infanterie Regiment List zur Erinnerung an seine Heldenkämpfe 1914 bis 1918.«[12]

Das Denkmal im Münchner Rathaus wurde, wohlgemerkt, bereits während des Ersten Weltkrieges geschaffen, also lange bevor sich die Öffentlichkeit für Hitler zu interessieren begann. Der Ruhm des List-Regiments hatte seine eigene Geschichte. Mit Hitler hatte dieser Ruhm nichts zu tun. In der Chronik des Regiments, die 1932 erschien, spielt der Soldat Hitler denn auch keine besondere Rolle. Er wird dort nur am Rande erwähnt. Zu seiner Person heißt es: »Das Bild des Regiments List wäre nicht vollständig ohne den Hinweis auf die geschichtliche Tatsache, dass in seinen Reihen der Kriegsfreiwillige Adolf Hitler vier Jahre an der Westfront stand, der später der Gründer und Führer einer der stärksten politischen Parteien Deutschlands wurde.«[13]

Die nüchterne Erwähnung Hitlers ist nicht der einzige Hinweis darauf, dass der Chronist der Regimentsgeschichte, der Archivar Fridolin Solleder, alles andere war als ein NS-Sympathisant. In der Einleitung führt Solleder die deutsche Niederlage auf den Kriegseintritt der USA zurück und widerspricht damit der im rechten Lager verbreiteten Version, dass Verräter in der Heimat dem »siegreichen Heer« den »Dolch in den Rücken« gestoßen hätten. So unbedeutend die Rolle Hitlers in der Regimentschronik ist, so wenig spielt Hitler hier als Kunstmaler eine Rolle. Die Chronik ist versehen mit Gefechts- und Stellungsskizzen verschiedener Regimentsangehöriger, aber nicht eine einzige stammt von Hitler. Und das, obwohl dieser während seiner Zeit an der Front viele ähnliche Zeichnungen angefertigt hat. In der Weimarer Zeit war der Chronist Solleder Mitglied einer links-liberalen Partei, bis diese 1933 aufgelöst wurde. Nach 1945 war er aktiv am Aufbau der Demokratie in der Bundesrepublik Deutschland beteiligt. Dieser Hintergrund verleiht Solleders Darstellung des RIR 16 ein besonderes Gewicht. Wenn Solleder schreibt,

»keine bayerische Truppe hat unser Regiment an Heldenmut und Opfersinn übertroffen«, so wird man das ernst nehmen müssen. Offenbar kam dem RIR 16 ein außergewöhnlich ruhmreicher Platz innerhalb der bayerischen Armee und damit im gesamten deutschen Heer zu, und zwar vollkommen unabhängig von der Propaganda der NSDAP. Zwar hat Thomas Weber in seinem Buch *Hitler's First War* (2010) nachgewiesen, dass es im RIR 16, je länger der Krieg dauerte, zu einem dramatischen Stimmungsverfall kam, der sich in Desertationen, Selbstverstümmelungen und Befehlsverweigerungen äußerte. Dem Heldenmythos, der das RIR 16 umgab, konnte die Kriegsmüdigkeit einzelner Soldaten aber offenbar nichts anhaben. Dieser Heldenmythos des RIR 16 war es, den Hitler für seine Selbstdarstellung genutzt hat und der in den Jahren 1925 bis 1933 zu einem festen Bestandteil seiner Rhetorik wurde.[14]

Dass Hitler seinen Kriegsdienst in einer allgemein hoch angesehenen Elite-Einheit geleistet hat, ist ein wichtiger Aspekt seiner Biografie, den man nicht unbeachtet lassen kann, denn er erklärt, wie Hitler sich selbst sah und wie er sich nach dem Krieg seinen Wählern gegenüber präsentieren konnte. Darauf, dass er in einer Einheit gedient hatte, die schon während des Krieges von einem legendären Heldenmythos umgeben war, hatte der spätere Parteichef keinerlei Einfluss. Wäre Hitler zu einer Einheit abkommandiert worden, die irgendwo weit entfernt von den großen Schlachten des Krieges eingesetzt war, etwa in Istrien oder Galizien, oder wäre er zu einer Versorgungseinheit gekommen oder zu einem Regiment, das besetzte Gebiete verwaltete – sein Mythos als »Kriegsheld« wäre kein so strahlender gewesen. Dass es Hitler bestimmt war, ausgerechnet in diesem legendären Regiment Dienst zu tun, das hat er selbst sicherlich als einen (weiteren) Fingerzeig des Schicksals gedeutet.

Da sich die Kollektivbiografie des List-Regiments, die von unübertroffenem »Heldenmut« und »Opfersinn« geprägt war, kaum in Zweifel ziehen ließ, wurde das von Hitlers Gegnern auch erst gar nicht versucht. Ihre Angriffe zielten auf Hitlers ganz persönliches Verhalten während des Krieges. Das lässt sich zweifelsfrei nicht rekonstruieren. Die offiziellen Unterlagen zu Hitler, die sich im Kriegsarchiv in München befinden, wurden während des Dritten Reiches vermutlich des Öfteren durchforstet und sind äußerst dürftig.[15] Darüber hinaus gibt es lediglich ein paar Briefe und Postkarten, Hitlers Militär-Ausweis, einige Fotos, seine militärischen Auszeichnungen sowie seine eigenen Bekundungen und die Bezeugungen seiner »Evangelisten«. Mehr ist an Belegen nicht vorhanden. Hitlers Verhalten während seiner Militärzeit lässt sich daher nicht eins zu eins abbilden und kann in jeder beliebigen Art und Weise ausgemalt werden. Von dieser Möglichkeit haben sowohl Hitlers Evangelisten als auch seine politischen Gegner und später die Biografen ausgiebig Gebrauch gemacht.

Verbürgt ist, dass die größte Angst der Soldaten, die 1914 zusammen mit Hitler in Zügen an die Front geschafft wurden, darin bestand, dass der Krieg beendet sein könnte, bevor sie auch nur den ersten Schuss abgegeben hätten. Gerüchte wollten wissen, dass die deutsche Armee kurz vor den Toren von Paris stand und dass der Krieg so gut wie beendet sei. Sechs Wochen lang hatten Hitler und seine Kameraden Marschieren und Salutieren geübt und sie hatten gelernt, wie man Patronen in ein Gewehr steckt. Alle brannten darauf, mit dem Feind endlich auf, wie sie meinten, ritterliche Art die Kräfte messen zu können. Die jungen Männer hofften, dass es ihnen vergönnt sein möge, mit einem Schmiss an der Wange zurückkehren zu dürfen, was ihren Sex-Appeal bei den Damen ganz sicher erhöht hätte. Bei der ersten Feindberührung des RIR 16 in Ypres zeigte sich aber rasch, wie sehr sich die unerfahrenen jungen Männer bei ihrer Einschätzung der Lage getäuscht hatten. Mit »Hurra«-Rufen stürmten sie mit ihren Wachstuchmützen über Hügel und Felder und versuchten, die feindlichen Positionen zu überrennen. Dabei kam es zu einem blutigen Nahkampf mit einem kriegserfahrenen britischen Regiment. Mit ihren Bajonetten und Gewehrkolben stachen und prügelten die Soldaten des List-Regiments verzweifelt auf ihre Gegner ein. Nur wenigen gelang es, am Leben zu bleiben. 349 Soldaten verloren am ersten Tag ihr Leben. Die folgenden Tage waren nicht weniger blutig. Am Ende der ersten Schlacht von Ypres, etwa einen Monat später, waren von den 3.000 Soldaten des List-Regiments nur noch 775 am Leben. Die Zahl der Offiziere war von 25 auf 4 geschrumpft.[16] Auch der Regimentskommandeur Julius List war gefallen. Um die Regimentsnummern geheim zu halten, hatte man zu Beginn des Krieges die Regimenter nach ihren Kommandeuren benannt. Zu Ehren des gefallenen Kommandanten behielt das RIR 16 den Namen »List« auch während der ganzen Kriegszeit bei.

Elf Tage nach seinem ersten Gefecht wurde Hitler als ›Meldegänger‹ eingesetzt, eine Aufgabe, die er bis zum Ende des Krieges erfüllte. Meldegänger waren dem Regimentsstab zugeteilt und mussten die Befehle der Führung des Regiments zu den Bataillonsstäben bringen, die sich in der Regel hinter den vordersten Linien befanden. Viele Gegner Hitlers setzten hier an mit ihrem Versuch, Hitlers soldatisches Heldentum zu bestreiten. Meldegänger waren die Hälfte der Zeit im Regimentshauptquartier untergebracht, was im Vergleich zu dem Leben in den Gräben der Front komfortabel genannt werden kann. Auch die Verpflegung war besser als die der Soldaten, die in den Gräben Dienst taten. Inwieweit die Aufgabe der Meldegänger weniger gefährlich war als diejenige der »Frontschweine«, war immer wieder Anlass von heftig geführten Debatten. Während Hitlers Gegner behaupteten, dass sich Meldegänger die meiste Zeit weit hinter der Front und damit vorwiegend außerhalb der eigentlichen

Gefahrenzone bewegten, behaupteten Hitler und seine Partei, dass die Meldegänger im Gegenteil eine der gefährlichsten Aufgaben im Regiment zu erfüllen hatten. Frontsoldaten wurden regelmäßig ausgewechselt und durften Ruhepausen einlegen, oder sie wurden auf längere Zeit für Transporte und Reparaturen weit hinter der Front eingesetzt. Meldegänger dagegen waren ununterbrochen im Einsatz. Sie hatten immer drei Tage Dienst im Quartier des Regimentsstabes und drei Tage im Bataillonsstab, der hinter den meist mehrfach gestaffelten Schützengräben lag. Hitler hätte Meldungen aber nicht nur zu den hinter der Front liegenden Bataillonsstäben gebracht, sondern oft auch direkt zu den vordersten Linien, behaupteten seine Verteidiger. Während die Gräben immerhin einen gewissen Schutz boten, musste ein Meldegänger auf jeglichen Schutz verzichten, wenn er seine Meldungen durch feindliches Artilleriefeuer und feindliche Luftangriffe mit Splitterbomben und Maschinengewehrfeuer nach vorne brachte. Partisanenangriffen waren Meldegänger hilflos ausgesetzt, und immer wieder geschah es, dass Meldegänger hinterrücks von Partisanen getötet wurden. Da niemals sicher war, ob ein Meldegänger sein Ziel auch erreichte, war es übliche Praxis, zwei oder mehr Meldegänger mit derselben Nachricht nach vorne zu schicken, in der Hoffnung, dass wenigstens ein Meldegänger sein Ziel erreichte. Auch diese Tatsache wurde als Beweis für die Gefahr angeführt, die sich mit der Tätigkeit des Meldegängers verband.

Dass auch der Gefechtsstand des Regimentskommandos keine verlässliche Sicherheit bot, erwies sich bereits eine Woche nach Hitlers erstem Einsatz als Meldegänger. Kurz nachdem Hitler am 17. November 1914 den Gefechtsstand verlassen hatte, wurde dieser von einer schweren Granate getroffen. Sieben Offiziere waren sofort tot, der Kommandeur überlebte, wurde aber schwer verwundet. Zwei Tage zuvor war Hitler ebenfalls dem Tod im Gefechtsstand des

Regimentskommandos nur knapp entgangen, als ein Granatsplitter den Regiments-Adjutanten schwer verletzte und den Divisionsarzt tötete.

In diesen und ähnlichen Momenten mag in Hitler der Glaube gewachsen sein, dass er unter einem ganz besonderen Schutz der Vorsehung stand und daher jedes Wagnis eingehen konnte. Dass er täglich im »wochenlangem Wirbelsturm des Trommelfeuers« sein Leben aufs Spiel gesetzt hatte, so wie er und sein Propagandaapparat das später behauptetet haben, war natürlich eine Fiktion. Aber dass er sich nur deshalb als Meldegänger verpflichtet hatte, weil er als »Etappen-Hengst« hinter den Schützengräben ein ungefährdetes Dasein führen wollte, erscheint ebenso unglaubwürdig. Diese Darstellung findet sich in verschiedenen Nachkriegs-Biografien, die Hitlers Verklärung seiner Militärzeit ins Gegenteil verkehrt haben und in denen der »Held« zum »Feigling« wurde. Auch die letzte große populärwissenschaftlicheVeröffentlichung zu diesem Thema *Hitler's First War* (2010) von Thomas Weber steht in dieser Tradition. Über weite Strecken seines Buches erweckt der Autor den Eindruck, Hitler habe sich in der Etappe vor den Gefahren der Schützengräben gedrückt. Trotzdem schreibt Weber aber dann doch: »Hitlers Aufgabe als Meldegänger war sehr gefährlich, ebenso wie alle Aufgaben in seinem Regiment.«[17] Weber erwähnt auch die Aussage von Michael Schlehuber, die dieser anlässlich des Prozesses wegen Hitlers missglücktem Putsch gemacht hat. Schlehuber war während des gesamten Krieges in Hitlers Regiment bzw. Division. Seine Aussage unterscheidet sich von den Aussagen anderer Angehöriger von Hitlers Regiment insofern, als diese je nach ihrer politischen Einstellung für oder gegen Hitler Partei ergriffen haben. Als überzeugter Sozialdemokrat war Schlehuber alles andere als ein politischer Sympathisant Hitlers. Dennoch gab er zu Protokoll, dass er niemals beobachtet habe, dass sich Hitler »irgendwie vom Dienst gedrückt oder der Gefahr entzogen hätte.« Er sei politisch völlig anderer Ansicht als Hitler, habe jedoch die größte Hochachtung vor ihm als Kriegskamerad.[18]

Hätte sich Hitler tatsächlich nur außerhalb der Gefahrenzone herumgedrückt, wäre kaum zu erklären, warum er zweimal verwundet wurde: das eine Mal im Herbst 1916 während der Schlacht an der Somme durch eine Granate, das andere Mal gegen Ende des Krieges durch einen Gasangriff. Unerklärt blieben dann auch seine diversen militärischen Tapferkeitsauszeichnungen. Am 2.12.1914 erhielt Hitler das Eiserne Kreuz II. Klasse, am 17.9.1917 das Militärverdienstkreuz III. Klasse mit Schwertern, am 9.5.1918 das Regimentsdiplom für hervorragende Tapferkeit, am 18.5.1918 das Verwundetenabzeichen in Schwarz, am 4.8.1918 das Eiserne Kreuz I. Klasse und am 25.8.1918 die Dienstauszeichnung III. Klasse.

Als Reichskanzler und oberster Befehlshaber der Wehrmacht hat Hitler immer nur das Eiserne Kreuz I. Klasse getragen. Das EK I war in der Tat eine ganz besondere Auszeichnung. Es war die höchste Tapferkeitsauszeichnung, die alle Dienstgrade im Ersten Weltkrieg erwerben konnten. Eine gerne wiederholte Behauptung von Hitlers Gegnern lautete, dass das EK I am Ende des Ersten Weltkriegs inflationär verteilt worden sei und dass damals »jeder Bahnhofsvorstand« ein EK I erhalten habe. Das entspricht aber nachweislich nicht den Tatsachen. Auch die Behauptung, dass Hitler sein EK I nur deshalb erhielt, weil er als Meldegänger enge Kontakte zu den Offizieren im Regimentsstab hatte, kann die Verleihung nicht hinreichend erklären. Schließlich hatten auch Dutzende anderer gemeiner Soldaten dieselben Kontakte wie Hitler, dennoch wurde keinem von ihnen diese höchste und außergewöhnlich seltene Auszeichnung zuteil.

Das EK I wurde fast ausschließlich an Offiziere verliehen, und eine Verleihung an einen Soldaten im Mannschaftsrang, so wie es bei Hitler geschah, war höchst selten. Als Hitler im Sommer 1918 das EK I verliehen wurde, hatten von den mehr als 13 Millionen Soldaten, die im deutschen Heer Kriegsdienst leisteten, lediglich 472 Soldaten im Mannschaftsrang diese höchste Auszeichnung erhalten. Im List-Regiment dienten, inklusive derjenigen, die getötete und verwundete Soldaten ersetzt hatten, während des gesamten Krieges etwa 16.000 Soldaten.[19] Aufgrund seiner Einsätze in den großen Schlachten des Krieges wurden die Soldaten des List-Regiments sehr viel häufiger ausgezeichnet als Angehörige anderer Regimenter. Von den insgesamt 16.000 Soldaten erhielten 85 Offiziere das EK I. Nur zwei Stück gingen an Soldaten im Mannschaftsrang, eines davon erhielt Hitler.[20] Diese Zahlen belegen, dass Hitlers Auszeichnung ohne jeden Zweifel eine außergewöhnliche war. In den Augen derjenigen, die über die Verleihungspraxis Bescheid wussten, also vor allem der Militärs der damaligen Zeit, war ein in dieser Weise ausgezeichneter Gefreiter etwas ganz Besonderes.

Zu den Umständen der Verleihung hat sich Hitler selbst nie geäußert. Es ist spekuliert worden, dass er das Eingeständnis vermeiden wollte, dass er seine Auszeichnung ausgerechnet dem Vorschlag eines Juden verdankte, dem Leutnant Hugo Gutmann. Aktuelle Forschungen allerdings widerlegen, dass Gutmann bei der Verleihung tatsächlich eine entscheidende Rolle gespielt haben könnte, sodass der Grund für Hitlers Schweigen nach wie vor unerklärt bleibt und man beim Anlass für die Verleihung auf Spekulationen angewiesen ist.[21] Vielleicht wollte Hitler aber auch genau das mit seinem Schweigen erreichen: die Phantasie seiner Anhänger anregen, die ihm dann alle möglichen ruhmreichen Taten unterstellen würden. In den Schulen des Dritten Reiches lernten die Kinder, dass Hitler das EK I erhalten hatte, weil er eigenhändig mit seiner Pistole 15 französische Soldaten gefangen genommen hatte. Andere Darstellungen sprachen von 20 und mehr Gefangenen. Dafür haben sich aber keine Belege finden lassen. Es wird heute allgemein davon ausgegangen, dass der Anlass für die Verleihung des EK I ein freiwilliger Meldegang war, bei dem Hitler eine Nachricht durch schweres Artilleriefeuer brachte und damit den Beschuss eigener Stellungen verhinderte. Der Antrag zur Verleihung kam vom stellvertretenden Regiments-Kommandeur des RIR 16, Emmerich von Godin. Der Zufall wollte es, dass ausgerechnet sein Bruder, Michael von Godin, diejenige Münchner Polizeitruppe befehligte, deren Schüsse Hitlers Putschversuch von 1923 zum Scheitern brachten. Emmerich von Godins Antrag hatte folgenden Wortlaut: »Hitler ist seit Ausmarsch beim Regiment und hat sich in allen mitgemachten Gefechten glänzend bewährt. Als Meldegänger leistete er sowohl im Stellungskrieg als auch im Bewegungskrieg Vorbildliches an Kaltblütigkeit und Schneid und war stets freiwillig bereit, Meldungen in den schwierigsten Lagen unter größter Lebensgefahr durchzubringen. (...) Ich halte Hitler für vollends würdig zur Auszeichnung mit dem EK I.«[22]

Zu behaupten, dass Hitler ein soldatischer Feigling gewesen sei, war aber nicht nur aufgrund seiner Tapferkeitsauszeichnungen schwierig. Nach dem Krieg hatte Hitler als junger Parteiführer bewiesen, dass es ihm nicht an Mut fehlte, wenn es darum ging, sich an gewalttätigen Auseinandersetzungen zu beteiligen, und dass er jederzeit bereit war, sein Leben und seine Gesundheit auf Spiel zu setzen. Wenn während der »Kampfzeit« bei seinen Reden die Kommunisten versuchten, sein Podium zu stürmen, oder wenn Straßenkämpfe auszufechten waren – immer war Hitler bereit gewesen, sich an den Kämpfen zu beteiligen. Am 8. November 1923 war er mit gezogener Pistole in den voll besetzten Münchner Bürgerbräukeller gestürmt, hatte in die Decke geschossen und hatte, trotz der Anwesenheit zahlreicher bewaffneter Offiziere, zusammen mit einer

Handvoll Gefolgsleuten, mehrere prominente Politiker als Geiseln genommen. Am nächsten Tag war er in der ersten Reihe einer Gruppe von Putschisten durch Münchens Straßen marschiert. Als eine Polizeitruppe das Feuer eröffnete, fielen die Männer, die rechts und links von Hitler marschiert waren, von tödlichen Schüssen getroffen auf Hitler, der, geschützt durch die Körper der tödlich Verwundeten, nur leichte Verletzungen davontrug. Aus dem Verhalten Hitlers ein »feiges Drückebergertum« herauszulesen, fällt schwer. Sehr viel eher lässt sich ein halsbrecherisches Draufgängertum erkennen, das er ja auch später in seinem Agieren als Politiker an den Tag gelegt hat.

Dass Hitlers politische Gegner trotz der Lage der Dinge nichts unversucht ließen, um ihm »Kaltblütigkeit und Schneid« abzusprechen, welche ihm sein zweiter Regimentskommandant bescheinigt hatte, erstaunt nicht. Heute freilich stellt sich eine ganz andere Frage, die für das Begreifen des Phänomens ›Hitler‹ wichtig ist: Wie hat Hitler den Ersten Weltkrieg erlebt?

Um diese Selbstwahrnehmung nachvollziehbar zu machen, ist es notwendig, den Stil dieser Abhandlung für einen Moment zu verlassen und Hitlers innere Welt von seinem eigenen Standpunkt aus darzustellen. Exakt abbilden lässt sich diese subjektive Wahrnehmung natürlich nicht. Aber Hitlers inneres Erleben ist nicht nur reine Spekulation. Sein maßloser Konsum von Wagners »Drogen-Kunst«, seine eigenen Äußerungen und seine Entwicklung unmittelbar nach dem Ersten Weltkrieg machen es möglich, hier einer Antwort zumindest in Umrissen nahe zu kommen. Nähert man sich Hitlers innerer Welt, so begegnet man dabei dem Pathos, von dem diese Welt erfüllt war. Seine Wagner-Sucht hatte bei Hitler ein bombastisches Selbstbild entstehen lassen, welches, analog zum dramatischen Vorbild, in einer Selbstüberhöhung bestand, die jedes menschliche Maß überstieg.

Genauso wie in Wagners Kunstwerken wurden in Hitlers innerem Erleben Emotionen wie Leid, Hass, Liebe, Verzweiflung, Freude, und Kampfeslust in einer gigantisch übersteigerten Form lebendig.

Im Sommer 1914, als der Erste Weltkrieg ausbrach, lebte Hitler in München. Das verhasste Wien hatte er ein Jahr zuvor verlassen. In München würde sein Künstler-Genie endlich im verdienten Glanz erstrahlen. Das hatte er gehofft, denn so musste es sein. Hans Makart, Richard Wagner – auch bei ihnen hatte München die entscheidende Wende gebracht. Doch bei Hitler wollte sich »das Große« nicht einstellen. Niemand nahm ihn wahr. Niemand interessierte sich für ihn. Nichts änderte sich. Genau wie in Wien bewegte er sich in der spießigen Welt der kleinen Leute, teilte sich ein Untermietzimmer und war gezwungen, rasch hingeworfene Postkartenkopien in Massen zu produzieren, um sich finanziell über Wasser halten zu können. Er hatte geplant, sich an der Münchner Akademie zu bewerben. Aber dann hatte er diesen Schritt doch nicht getan. Der Götterhimmel der ganz großen Malergenies rückte in eine immer unerreichbarere Ferne.

Wie mag es da in ihm ausgesehen haben? Lag es an ihm?, mag er sich gefragt haben. War sein Talent vielleicht doch nicht groß genug? Woher kam dieser plötzliche Zweifel? Er wusste doch: er war aus demselben Holz geschnitzt wie ein Rubens, ein Rembrandt! Oder war er vielleicht gar kein Kunstmaler? War er Architekt? Sollte er als genialer Architekt Bauten für die Ewigkeit erschaffen? War das seine Bestimmung? Aber das ließ diese kleingeistige Gesellschaft nicht zu. Architekten mussten ein Studium vorweisen. Ihm war das verwehrt. Weil er die Schule abgebrochen hatte. Weil er sich dem mentalen Fleischwolf eines Gymnasiums verweigert hatte. Ganz bewusst. Nachholen? An einer höheren Schule behäbig Vorurteile wiederkäuen? Er, der als Autodidakt unendlich viel mehr Wissen angehäuft hatte als jeder dieser Katheder-Wissenschaftler? Nein. Niemals. Eine von oben verordnete Gehirnwäsche kam nicht infrage. Nicht für ihn. Das würde alles Geniale in ihm auf immer vernichten. Existenzielle Verzweiflung. Trostlose Realität. Heilmann & Littmann, das Bauunternehmen, suchte Architektur-Zeichner. Das hatte er in den *Münchner Neuesten Nachrichten* gelesen. Sollte er sich bewerben? Ketzerische Gedanken. Sollte er tun, was er immer abgelehnt hatte? Einen »Brotberuf« ausüben? Niemals! Aber was dann? Postkarten abmalen? Ein Leben lang? Pfadloses Irren. Doch dann plötzlich: die heilige Speisung. Richard Wagner. Das Große. Parzifal. Das Edle. Der Gral. Reines Licht. Selbstoffenbarung des Weltgeheimnisses. Heiles Wunder. Münchner Erstaufführung. Bayreuth ist zu ihm gekommen! Nach München! Bruno Walter, der Operndirektor. Der Schüler von Gustav Mahler. Dem Größten. Auch Walter hatte Wien den Rücken gekehrt. Genauso wie er! Erlösung dem Erlöser! Zweimal Parzifal. Dreimal. Viermal. Fünfmal. Sechsmal. Siebenmal. Achtmal ... Dann ist Krieg. Erlösung.

»Ein Freiheitskampf war angebrochen, wie die Erde noch keinen gewaltigeren bisher gesehen.«, jubelt Hitler in *Mein Kampf*.[23] Erlösung aus der lähmenden Empfindung von Unsicherheit. Befreiung von der »Hohlheit des gemächlichen Lebens«[24]. Getragen von der allgemeinen Ekstase vom August 1914, fährt Hitler mit dem Zug an die Front. Sein unbedeutendes kleines Leben bleibt hinter ihm zurück. Aus der Zeit bricht das Große hervor. Das Erhabene. Das Reine. Das Edle. Das Heilige. Nun ist er selbst Darsteller. Selbst Held. Feuertaufe in Ypres. Die Gemeinschaft der Gralsritter. Angetreten im fremden Land. Sie werden der Wahrheit zum Sieg verhelfen. Unerschrocken und grausam. Im Gralswald die Schlacht. Zum Raum wird jetzt die Zeit. Blut – adeliges, reines Blut. Und Tod. Wie Opfertiere geschlachtet, bleiben die meisten zurück auf dem Feld der Ehre. Er lebt.

Weil das Schicksal es will. Es hat ihn erwählt. Im Kampf soll er die Wahrhaftigkeit seiner Gesinnung bekunden. Sehnsucht, die sich erfüllt. Klarheit. Alle Spielerei ist zu Ende. Die unerbittliche Hand der Schicksalsgöttin hat ihm seinen Platz zugewiesen: im Helden-Regiment List. Stolzes Glück. Im Gottesdienst des ewigen Richters darf er als Zeuge antreten. Die nachträglich gewährte Gnade. Eins werden mit der Nation. Im Kampf.

Gefühle, die Hitler bisher nur aus dem Stehparkett kennt, werden jetzt aus ihm selbst heraus lebendig. Er sieht sich als Zentrum einer überdimensionalen Inszenierung, Teil eines gewaltigen göttlichen Schauspiels - wie im Rausch erlebt er den Krieg. Euphorische Hochgefühle nach jedem Sieg. Todesängste, wenn er die entscheidende Botschaft durch das Artilleriefeuer bringt. »Gegenüber den Ereignissen dieses gewaltigsten Ringens fiel alles Vergangene in ein schales Nichts zurück.«, schreibt Hitler in *Mein Kampf*.[25] Sein Vorgesetzter Fritz Wiedemann beschrieb Hitler nach dem Zweiten Weltkrieg als einen Soldaten, der in seiner Freizeit entweder malte oder las. Ein »besonders ruhiger, bescheidener und zuverlässiger Untergebener«.[26] Aber was in ihm brodelt, das weiß nur er selbst. In ihm brennt die heimliche Sehnsucht der Helden von Richard Wagner: der Wunsch, den heiligen Opfertod sterben zu dürfen! Im Tod wird er sein Volk erlösen und sich selbst. Erlösung dem Erlöser. Allumfassende Reinigung. Auflösung in kosmischer Ektase. Das ewige Leben.

Dann, an der Somme, die Granate: von Erlösung keine Spur. Nur Schmerzen, jämmerliche Schmerzen und der Rücktransport in die Heimat. Zeit, viel Zeit für Reflexion.

Tief verändert - still geheiligt - kehrt er zurück an die Front. Läuterung. Reinheit. Entschlossenheit. Bereit für »das Große«, bereit für den einen Moment, den Moment, an dem sich alles entscheidet. »Ein großes Bildungserlebnis«, ein »gewaltiger Eindruck« und »überwältigend« nennt er 1941 den Ersten Weltkrieg, und er wird mit den Worten zitiert: »Ich bin doch maßlos glücklich, daß ich den Krieg in dieser Weise erlebt habe.«[27] Auf einmal ist es so weit. Das »Große« geschieht. Er ist der Mittelpunkt. Wie im Fiebertraum nimmt er das Eiserne Kreuz erster Klasse entgegen. Er, der Gefreite! An diesem 4. August 1918 weiß er: Die Welt hat Kenntnis genommen von ihm. Er hatte es immer gewusst. Jetzt wissen es alle. Sein Genie erstrahlt im verdienten Glorienschein.

Auch nach dem Ersten Weltkrieg hat Hitler im Grunde niemals wirklich aufgehört, Soldat zu sein. Als er am 31. März 1920 die Armee verließ, baute er bereits, zusammen mit Ernst Röhm, seine Privatarmee, die SA, auf. Kaum war er an der Macht, steuerte er zielstrebig auf den Zweiten Weltkrieg zu. Vorstellbar ist, dass er auf der Suche war nach seinen traumatischen, aber wagnerianisch überhöhten Erlebnissen des Ersten Weltkrieges. Möglicherweise war es diese Sehnsucht, die ihn bei seinen politischen Entscheidungen – unbewusst – antrieb. Möglicherweise war er, wie manche Psychologen vermuten, einem »Wiederholungszwang« (repetition compulsion) ausgesetzt.[28] Dass aus der innigen Verbindung seiner Kriegserfahrungen mit Wagners Kunst ein heldenhaftes Selbstbild entstehen konnte, erscheint einleuchtend. Auch, dass dem Gefreiten sein EK1 bei weiten Teilen der Bevölkerung und insbesondere beim Militär Akzeptanz verschaffte, ist verständlich. Was Hitlers Teilnahme am Ersten Weltkrieg aber nicht erklären kann, ist die Begeisterung, die er auszulösen vermochte.

Männer, Frauen und Kinder heben eine Grube aus. Als sie fertig sind, wird ihnen befohlen, sich am Rand aufzustellen. SS-Leute nehmen ihre Maschinenpistolen hoch und feuern. Sie schießen die Menschen »in die Grube hinein«. So nennen sie das. Auf die schreienden und sterbenden Menschen werfen sie Handgranaten. Es kracht. Immer wieder. Bis alles still ist.[1]

Die Tat lässt uns sprachlos zurück. Und es ist nicht die einzige. Bei Weitem nicht. Eine perfekt organisierte Tötungsmaschine, die vorwiegend aus Einsatzgruppen der SS und Polizeibataillonen bestand, hat im Osten Europas ganze Landstriche entvölkert. Hinter den Linien der kämpfenden deutschen Soldaten hat Hitler einen zweiten Krieg geführt. Seinen Krieg. Seinen Rassenkrieg. Ein Krieg gegen die Wehrlosen und Schwachen. Gegen Kinder, alte Menschen und Frauen. Es ist hier, an dieser Stelle, wo Hitler zum »absolut Bösen« wird.

In unzähligen Abhandlungen und TV-Dokumentationen wurde versucht, eine Antwort auf die Frage zu finden, wie Hitler zum »absolut Bösen« werden konnte. Forscher der unterschiedlichsten Fachgebiete haben Hitlers Eigenschaften, seine Vorstellungen und seine Erfahrungen detailliert untersucht. Und obwohl die Forschung zu dem Thema inzwischen ganze Bibliotheken füllt, konnte sie dieses düstere Rätsel bis heute nicht befriedigend lösen. In ihrer Erklärungsnot greifen die Forscher zu den absonderlichsten Theorien. Mal war der Vater der Grund für das »absolut Böse« in Hitler, mal die Mutter, mal waren es die politischen Vorbilder aus Wien, mal bestimmte Rassentheoretiker, Philosophen oder Komponisten. Andere vermuten, dass Hitlers Erfahrungen als Soldat, die Folgen einer Hypnose, eine Geisteskrankheit oder Rauschgift der Grund dafür waren, dass Hitler zum »absolut Bösen«

wurde. Wieder andere behaupten, dass »die Deutschen« die absolut Bösen waren und Hitler ein »Niemand«, der dem kollektiv bösen Deutschland als Projektionsfläche diente. Darüber hinaus gibt es eine Unmenge von weiteren Hypothesen, wie die, dass Hitler von »Hintermännern« gesteuert war und dass Großkapitalisten, Schwarzmagier, Außerirdische oder der Teufel höchstpersönlich ihn für ihre Zwecke benutzt haben.

Nun ist die Qualität einer Antwort immer abhängig von der Qualität der gestellten Frage. Wer die falschen Fragen stellt, der tut sich schwer, richtige Antworten zu erhalten. So ist es auch hier.

Versuchen wir einmal, uns einen Menschen vorzustellen wie Hitler – ein Mensch mit denselben Vorstellungen, Erfahrungen und Eigenschaften wie er, der nicht die Macht besitzt, die der Reichskanzler Adolf Hitler besaß, den wir kennen. Dieser (machtlose) Hitler wäre nicht »der Führer« gewesen, sondern nur der »Herr von nebenan«, der »Herr Hitler« eben. Wie hätte das Leben dieses Menschen ausgesehen? Auch der »Herr Hitler« hätte keine Skrupel gehabt, zu lügen, wenn es ihm zweckdienlich erschienen wäre. Auch er wäre in gewissen Momenten unbeherrscht und jähzornig gewesen. Er hätte geglaubt, das menschliche Leben sei ein biologisches Phänomen, bei dem es darum geht, dass der Stärkere überlebt. Auch unser »Herr Hitler« wäre davon überzeugt gewesen, dass der Kommunismus eine finstere jüdische Verschwörung sei und er selbst ein Genie. Auch er hätte die Auffassung vertreten, dass Behinderte, Juden, Sinti, Roma, Slaven und Kommunisten in dieser Welt keine Daseinsberechtigung hätten. Er hätte sehr viel gelesen und ein hervorragendes Gedächtnis gehabt. Genau wie sein Doppelgänger hätte auch »Herr Hitler« die Malerei von Hans Makart geliebt und eine Überdosis von Richard Wagners Opern konsumiert. Auch er wäre vom Vater geschlagen und von der Mutter verwöhnt worden, hätte im Ersten Weltkrieg das EK I erhalten, hätte für die Malerei der Moderne nur Verachtung übriggehabt, und natürlich hätte auch »Herr Hitler« geglaubt, dass die Juden an allem schuld seien und dass die arischen Deutschen den Osten Europas von Slaven »reinigen« müssten, weil sie »Lebensraum« brauchen. Ohne Macht – was wäre aus unserem »Herrn Hitler« geworden? Was wüssten wir heute von ihm? Nichts. »Herr Hitler« hätte ein Leben gelebt wie Millionen andere Menschen auch. »Herr Hitler« hätte Ideen, Überzeugungen und Visionen gehabt, menschenverachtende – ganz sicher, aber er hätte sie nicht verwirklichen können. Vielleicht hätte »Herr Hitler« ein paar Sinti, Roma, Juden oder Kommunisten erschlagen und wäre dafür ins Gefängnis gewandert. Vielleicht hätte er dadaistische Kunstwerke zerstört. Vielleicht hätte er seine wagnerianische Erlösung durch einen glorreichen Tod herbeigesehnt und hätte sich mit einem Fahrzeug voller Passagiere einen Abhang hinuntergestürzt. Grausam wäre das gewesen, ohne Zweifel. Aber zum »absolut Bösen« hätte das nicht gereicht. Nicht einmal eine Fußnote wäre der Geschichtsschreibung unser »Herr Hitler« wert. Denn der Grund für das »absolut Böse« ist nicht Hitlers Charakter, es sind nicht seine Überzeugungen und Ideen und es ist auch nicht seine Ideologie – es ist die grenzenlose Macht, über die er verfügte. Ohne diese Macht hätte es das »absolut Böse« niemals gegeben. Erst diese Macht ist es, die Auschwitz und Stalingrad möglich gemacht hat.

Daher führt die Frage nach dem »absolut Bösen« in die Irre. Wonach wir stattdessen fragen müssen, ist: Wo liegt der Ursprung von Hitlers Macht? Was war der Grund dafür, dass »Herr Hitler«, also der Mann mit den zuvor geschilderten Erfahrungen, Eigenschaften und Vorstellungen, die gesamte Macht eines modernen Industriestaates zu Füßen gelegt bekam?

WERVIK

»Hat man sich überhaupt bemüht, Verschwiegenheit als männlich wertvolle Tugend hinzustellen?«, fragt Hitler in *Mein Kampf*, und nach Angabe seiner Sekretärin Christa Schroeder hat er zu ihr gesagt: »Ein Geheimnis, das zwei wissen, ist kein Geheimnis mehr«. Tatsächlich hat Hitler, als er starb, viele Geheimnisse mit in sein Grab genommen. Besonders Dinge, die ihn privat betrafen, hat Hitler mit dem Schleier eines Geheimnisses umgeben und für sich behalten. Nach jahrzehntelanger akribischer Forschung sind viele dieser Geheimnisse heute gelüftet. Das »Geheimnis von Pasewalk« aber blieb lange Zeit unbeachtet. Unbeachtet deshalb, weil niemand hinter Hitlers Aufenthalt in dem Lazarett von Pasewalk ein Geheimnis vermutete. Die Akten, die Licht auf diese dunkle Stelle in Hitlers Biografie hätten werfen können, sind verschwunden bzw. wurden beiseitegeschafft. Erst 2003/2004 haben drei Autoren bruchstückhafte Erkenntnisse der historischen Forschung ergänzt, bzw. neu interpretiert, und damit eine breitere Öffentlichkeit auf diesen wichtigen Moment in Hitlers Leben aufmerksam gemacht.[1] Im Oktober 2011 berichtete dann der Historiker Thomas Weber (*Hitler's First War*, 2010) in einem Interview mit dem britischen *Independent* über die Entdeckung weiterer Dokumente, welche diese dunkle Stelle in Hitlers Biografie erhellen. Diese Belege, die von Weber als »ausschlaggebend« bezeichnet werden, stellen in der Tat *das* entscheidende Indiz dar in einer langen Kette von Indizien, die alle in dieselbe Richtung deuten: Die Verletzung, die Hitler in den letzten Kriegstagen des Ersten Weltkriegs erlitt, hatte sehr viel gravierendere Auswirkungen als allgemein angenommen.

Bei einem britischen Angriff mit Giftgas (wahrscheinlich Lost-Gas) bei Wervik in Flandern wurde Hitler in den frühen

Morgenstunden des 14. Oktober 1918 verwundet. Das Giftgas löste eine temporäre Erblindung aus und Hitler wurde, zusammen mit anderen Verwundeten, von Hermann Heer, dem einzigen Soldaten, der noch etwas sehen konnte, hinter den Linien in Sicherheit gebracht.[2] Danach wurden Hitler und seine Kameraden im Feldlazarett Nr. 53 in Oudenaarde, südlich von Gent, ärztlich behandelt.[3] Das Lazarett war auf Kriegsverletzungen spezialisiert und durchaus in der Lage, Soldaten, die bei Gasangriffen Verletzungen erlitten hatten, zu versorgen. Die Verletzten aus Wervik blieben denn auch alle zur Behandlung in Oudenaarde – alle bis auf einen: Hitler. Der wurde mit dem Zug über Gent zirka tausend Kilometer durch ganz Deutschland transportiert, bis nach Pasewalk, einem kleinen Ort nahe der polnischen Grenze. Die Frage ist: warum? Warum wurde Hitler von seinen Kameraden getrennt, wo doch alle Soldaten dieser Gruppe gleiche Verletzungen erlitten hatten und gleicher Behandlung bedurften? Wozu der enorme Aufwand einer mehrtägigen Reise zu einem Zeitpunkt, zu dem Tausende sehr viel schwerer Verwundete einen Transport in die Heimat gebraucht hätten?

Die Erklärung findet sich im Erlass des Kriegsministeriums vom 29.1.1917. Diese Vorschrift bestimmte, dass es Militärärzten nicht erlaubt war, Soldaten zu behandeln, die als »Kriegsneurotiker« diagnostiziert waren. Diese Soldaten mussten von anderen Verwundeten umgehend getrennt werden und waren in spezielle Einrichtungen zu überweisen.[4] »Kriegsneurotiker«, »Kriegshysteriker« oder »Kriegszitterer« wurden Soldaten genannt, die die Erlebnisse an der Front psychisch nicht verkraftet hatten. »Kriegszitterer« deshalb, weil Zitteranfälle am ganzen Körper oder an einzelnen Gliedmaßen ein häufiges Symptom darstellten. Es gab aber auch eine große Anzahl weiterer Symptome, unter anderem Erblinden, Ertauben und Verstummen. Heute würde man diese psychischen Erkrankungen als posttraumatische Belastungsstörungen bezeichnen.

Mit der Aufgabe, Tausende psychisch kranker Kriegsopfer zu behandeln, war das deutsche Psychiatriewesen vollkommen überfordert. Allein, eine Diagnose zu stellen, war eine aufwändige Angelegenheit. Von der militärischen Führung wurden »Kriegsneurotiker« aber als eine gefährliche Bedrohung angesehen und mussten umgehend ausgesondert werden. Man befürchtete, dass sich die »Kriegsneurose« wie eine Epidemie ausbreiten könne und dass am Ende dadurch möglicherweise die Kampfmoral sämtlicher Verwundeter eines Lazaretts zerstört werde. Daher wurde befohlen, dass »Kriegsneurotiker« strikt von den übrigen Verwundeten zu trennen seien. Ein weiterer Grund für deren Isolierung war, dass festgestellt werden musste, ob die Soldaten psychische Symptome nur vortäuschten, um dem Dienst an der Front zu entgehen. Um aus den Simulanten wieder gefügige Soldaten zu machen, wurden sie Elektroschocks ausgesetzt und in anderer Weise bestraft. Diese Sonderbehandlung konnten die überlasteten Kriegslazarette nicht leisten, und so wurden »Kriegsneurotiker« in spezielle psychiatrische Lazarette eingewiesen. Diese befanden sich üblicherweise in entlegenen ländlichen Gebieten.

Der Verletzte Hitler kam nach Pasewalk, eine kleine Ortschaft mit etwa 10.000 Einwohnern am östlichen Rand Deutschlands, 20 Kilometer von der polnischen Grenze entfernt. Er traf dort am 21. Oktober ein, sieben Tage nach seiner Verwundung in Wervik. Die »Kriegsneurotiker« waren vermutlich im sogenannten »Schützenhaus« untergebracht. Vor dem Krieg hatte das Gebäude als Schießstand und Varietébühne gedient und war von der Armee requiriert worden.[5] Ob im »Schützenhaus« tatsächlich »Kriegsneurotiker« behandelt wurden, ist mit letzter Sicherheit nicht mehr feststellbar. Die Akten, die die Zuordnung vom »Schützenhaus« innerhalb des Hospitals von Pasewalk betreffen, sind nicht mehr auffindbar. Die Tatsache, dass die Station mit dem

Neurologen Dr. Kroner und dem hoch qualifizierten Marine-Stabsarzt und Professor der Psychiatrie, Dr. Forster, besetzt war, lässt allerdings kaum einen anderen Schluss zu, als dass es sich beim »Schützenhaus« um eine psychiatrische Spezialstation gehandelt haben muss.[6]

Ebenso wie die internen Unterlagen des Lazaretts von Pasewalk, so ist auch die Krankenakte des Patienten Hitler verschwunden. Über die Art seiner Behandlung und über seine Diagnose sind keine schriftlichen Belege mehr vorhanden. Hitlers Transfer nach Pasewalk lässt aber darauf schließen, dass er von den Ärzten in Oudenaarde als »Kriegsneurotiker« eingestuft wurde. Zu diesem Schluss kam auch der US-Nachrichtendienst OSS (Office of Strategic Services), der Vorgänger der heutigen CIA. Unter der Nummer N 31963 legte der Nachrichtendienst während des Zweiten Weltkrieges eine psychologische Studie über Hitler an. Im Zusammenhang mit dieser Studie wurde im März 1943 der deutsche Neurologe Dr. Karl Kroner im isländischen Reykjavik von amerikanischen Agenten zu der Behandlung von Hitler befragt. Dr. Kroner war in Pasewalk tätig gewesen, als man Hitler dort vom 21. Oktober 1918 bis zum 19. November 1918 behandelte. Wegen seiner jüdischen Abstammung war Kroner nach Hitlers Machtergreifung nach Finnland emigriert. Kroner sagte aus, dass er selbst Hitler nicht behandelt habe. Er sei aber bei Hitlers Aufnahmeuntersuchung dabei gewesen und könne sich daran erinnern, dass die anschließende Behandlung von Dr. Edmund Forster durchgeführt wurde. Forster, ein erfahrener Militärpsychiater, war auf psychische Störungen spezialisiert, die zur damaligen Zeit unter dem Begriff »Hysterie« zusammengefasst wurden. Laut Kroner habe Forster Hitler als »Psychopath mit hysterischen Symptomen« diagnostiziert.[7] Die Diagnose wurde von Balduin Forster, dem Sohn von Edmund Forster, bestätigt. Anlässlich einer Befragung durch den

Hitler-Forscher Rudolph Binion sagte Forster, sein Vater habe erwähnt, dass Hitler in Pasewalk von ihm als »hysterisch« diagnostiziert worden sei.[8]

Es fällt nicht schwer, sich vorzustellen, was eine Veröffentlichung der Diagnose Forsters für die Karriere des aufstrebenden Politikers Hitler bedeutet hätte. Wäre in den 20er-Jahren in Deutschland bekannt geworden, dass Hitler ein ehemaliger Psychiatriepatient war, hätte man ihn sicherlich anders eingeschätzt und die Weltgeschichte hätte möglicherweise einen anderen Verlauf genommen.[9] Verständlicherweise hat Hitler niemals eine psychiatrische Behandlung als Folge seiner Gasverletzung erwähnt. In *Mein Kampf* ist von einer zeitweiligen Erblindung die Rede. Seine Krankenakte war verschwunden und in Hitlers Kriegsstammrolle findet sich lediglich der Eintrag »gaskrank«.[10]

Die Aussage Kroners gegenüber dem US-Geheimdienst war der erste konkrete Hinweis darauf, dass hinter Hitlers Aufenthalt in Pasewalk sehr viel mehr stecken könnte als die Genesung von einer Augenverletzung. Die Akten des US-Geheimdienstes waren der Öffentlichkeit aber erst ab 1973 zugänglich. Zuvor waren sie, wie andere Geheimdienstakten auch, dreißig Jahre lang unter Verschluss gehalten worden. Als die Aussage Dr. Kroners veröffentlicht wurde, nahm die historische Forschung davon kaum Notiz. Zum einen war man in den 70er-Jahren davon überzeugt, dass über das Leben Hitlers keine grundlegend neuen Erkenntnisse mehr zu erwarten seien. Außerdem war die Geschichtsforschung zu dieser Zeit mehr daran interessiert, das gesellschaftliche Umfeld zu erforschen, das den Aufstieg Hitlers ermöglicht hatte, als die Person Hitler selbst. Ein weiterer Grund für das geringe Interesse der Forschung war die Quellenlage. Und die war, abgesehen von der Aussage des Neurologen, unverändert dürftig. Die Akten des Lazaretts waren nach wie vor verschwunden, ebenso wie die Krankenakte Hitlers. Es gab also keinerlei zusätzliches Material, das die Aussage Kroners gestützt hätte. So wurde Kroners Bericht auch in den folgenden Jahren kaum Beachtung geschenkt, was sich in der 1998 erschienenen großen Hitlerbiografie von Ian Kershaw widerspiegelt.[11] Kershaw deutet nicht einmal die Möglichkeit einer psychiatrischen Behandlung von Hitler in Pasewalk an. Wie in *Mein Kampf*, so ist auch bei Kershaw im Zusammenhang mit Pasewalk nur von einer Augenverletzung die Rede. Auch die bedeutenderen Lebensbeschreibungen Hitlers, die nach Kershaws Werk erschienen sind (zuletzt die Biografien von Volker Ullrich von 2013 und Peter Longerich von 2015) messen Hitlers Gasverletzung keine entscheidende Bedeutung bei.

Im Jahr 2004 wurde das Buch *Hitler in Pasewalk* veröffentlicht. Der Autor Bernhard Horstmann hatte für sein Buch umfangreiche Recherchen angestellt und neues Quellenmaterial zutage gefördert, das eine psychiatrische Behandlung Hitlers sehr wahrscheinlich erscheinen lässt. Am Ende seines Buches behauptet Horstmann dann aber, dass Hitler in Pasewalk von Dr. Forster mit Hypnose therapiert worden sei. Diese Therapie sei nicht ordnungsgemäß beendet worden, und daher habe Hitler sein ganzes weiteres Leben lang unter posthypnotischem Einfluss gehandelt. Mit anderen Worten: Forster habe mit gewissen unter Hypnose gegebenen Befehlen unabsichtlich den »Führer« in Hitler erweckt. Als Beleg für diese abenteuerliche Hypothese konnte Horstmann lediglich den Roman eines deutschen Exilschriftstellers aus dem Jahr 1940 anführen, der die Hypnosebehandlung eines fiktiven A. H. beschreibt.[12]

Verständlicherweise wurde Horstmanns These von der historischen Forschung unbeachtet gelassen, was aber auch dazu führte, dass man den Ergebnissen seiner umfangreichen Recherchen kaum Aufmerksamkeit schenkte. Dabei hat Horstmann viele eindrucksvolle Belege gesammelt, die darauf schließen lassen, dass Hitler alles vernichten ließ, was mit seiner Gasverletzung im Zusammenhang stand. Wäre Hitler in Pasewalk aber, wie er in *Mein Kampf* behauptete, wegen einer Verletzung der Augen behandelt worden, dann hätte es für ein Verwischen von Spuren keinerlei Anlass gegeben. Hitlers Bemühungen um die Beseitigung von Spuren machen nur Sinn, wenn er damals tatsächlich Psychiatriepatient gewesen ist.

Der Kronzeuge der Geschehnisse, Dr. Forster, leitete nach dem Krieg die psychiatrische Universitätsklinik in Greifswald. Falls Hitler wirklich bei ihm in psychiatrischer Behandlung gewesen ist, fällt es nicht schwer sich vorzustellen, mit welchen Gefühlen der Ordinarius den rasanten politischen Aufstieg seines ehemaligen Patienten verfolgt hat. Dr. Forster muss bewusst gewesen sein, wie gefährlich das Wissen war, über das er verfügte. Aber was sollte er tun? Hätte er sein Wissen preisgegeben und damit den Aufstieg Hitlers jäh gebremst, hätte er sein Leben aufs Spiel gesetzt. Hitlers Mitkämpfer waren dafür bekannt, dass sie mit ihren Gegnern nicht gerade zimperlich umgingen. Außerdem unterlag Forster der ärztlichen Schweigepflicht. Hätte er die Behandlung Hitlers in Pasewalk publik gemacht, dann hätte er sich damit selbst seines Amtes enthoben. Dr. Forster blieb nichts anderes übrig, als zu schweigen und zuzusehen, wie sich Hitler mit Riesenschritten der Macht näherte.

Während seines Aufstiegs in den 20er-Jahren hatte Hitler nicht nur Anhänger. Er hatte auch mächtige Gegner. Einer dieser Gegner, Generalmajor Kurt von Schleicher, der letzte Reichskanzler vor Hitler, musste von der psychopathologischen Episode Wind bekommen haben. Aufgrund welcher Umstände von Schleicher auf diese Angelegenheit aufmerksam wurde, ist nicht mehr feststellbar. Die Recherchen von Bernhard Horstmann haben aber ergeben, dass in Schleichers Familie ausführlich über das Thema gesprochen wurde. Der General war sich offenbar bewusst, dass er sich größter Gefahr aussetzte, wenn er versuchte, die Krankenakte Hitlers in die Hände zu bekommen. Dennoch beauftragte von Schleicher 1932 einen engen Freund, den Geheimdienstoffizier Oberst Ferdinand von Bredow, die Akte von Hitlers Behandlung in Pasewalk zu konfiszieren. Bis zu diesem Zeitpunkt war die Akte in einem Armee-Archiv, dem Krankenbuchlager Berlin, verwahrt worden.[13] So verschwand Hitlers Krankenakte Ende 1932 aus dem Berliner Archiv. Zu einer Veröffentlichung der Diagnose des Dr. Forster kam es aber nicht mehr. Wenige Wochen nach der Beschlagnahme der Akte wurde Hitler Reichskanzler.

Im Juni 1934 wurden Kurt von Schleicher, dessen Frau und Ferdinand von Bredow von der SS erschossen.[14] Der Schriftsteller Hans Rudolf Berndorff, der mit von Schleicher und dessen Frau befreundet war, berichtete in einem 1959 erschienenen Buch, dass Hitler die beiden Offiziere ermorden ließ, weil sie im Besitz seiner Krankenakte aus dem Lazarett Pasewalk gewesen seien.[15]

Die Morde an Schleicher und Bredow wurden in der »Nacht der langen Messer« verübt, der Mordserie, die Hitler im Sommer 1934 befohlen hatte und bei welcher der Führer der SA, Ernst Röhm, sowie mehrere seiner Gefolgsleute und andere politische Gegner umgebracht wurden.[16] Eine Stunde nach dem Bekanntwerden des Mordes an Schleicher informierte Hermann Göring, in seiner Funktion als kommissarischer Innenminister, die Presse. Er gab bekannt, dass Schleicher mit Röhm konspiriert habe und deshalb verhaftet werden sollte. Da er bei der Verhaftung mit der Waffe Widerstand geleistet habe, sei er erschossen worden. Erste Ermittlungen der Mordkommission bezüglich der Umstände von Schleichers Tod wurden auf Druck der Regierung hin eingestellt. Damit war der Fall für Hitler aber noch nicht ausgestanden. Schließlich genossen Schleicher und Bredow als hochrangige Wehrmachtsoffiziere innerhalb der Armeeführung großes Ansehen, und ihre Ermordung war für Hitler äußerst gefährlich. Die Behauptung, dass zwei führende Offiziere der Wehrmacht ausgerechnet mit dem Anführer der konkurrierenden SA gemeinsame Sache gemacht haben sollten, erschien absurd.

Tatsächlich wurden in den auf die Mordaktion folgenden Tagen und Wochen Stimmen im Offizierskorps immer lauter, die sich darüber empörten, dass die beiden Offiziere beschuldigt wurden, Landesverrat begangen zu haben. Für den Vorwurf gab es keinerlei Belege, und es wurde eine Untersuchung gefordert. Dass sich Hitler dem Risiko einer Konfrontation mit der Führung der Wehrmacht aussetzte, zeigt, wie wichtig es ihm gewesen sein muss, alle Spuren, die nach Pasewalk wiesen, zu beseitigen. Um die Wogen zu glätten, gestattete Hitler, dass die Ermordeten auf die Ehrentafeln ihrer Regimenter gesetzt werden durften. Außerdem wurden ihre Familienangehörigen mit Renten versorgt. Hitler gelang es, die Spitzen der Wehrmacht zu besänftigen, und eine Untersuchung der Morde blieb aus. Bei einer Untersuchung, die nach dem Zweiten Weltkrieg in Gang kam, gelang es weder, die Täter zu ermitteln, noch die Motive der Morde zu klären.

Max Amann, Chef der Reichspressekammer (und Vorgesetzter Hitlers im Ersten Weltkrieg) sagte während der Nürnberger Prozesse aus, dass Hitlers Krankenakte aus der Wohnung Schleichers oder Bredows von der SS entwendet worden sei, nachdem man die beiden ermordet hatte. Nach dem Tod des Reichprotektors für Böhmen und Mähren, Reinhard Heydrich, habe man die Pasewalk-Akte laut Amann in dessen Panzerschrank aufgefunden. Sein Nachfolger Ernst Kaltenbrunner habe sie an sich genommen. Seither habe sie niemand mehr gesehen.[17] Andere Berichte besagen, dass Hitler persönlich die Öffnung von Heydrichs Panzerschrank anordnete. Dort seien zwanzig kompromittierende Akten über NS-Größen gefunden worden, darunter seine eigene. Seine Akte habe Hitler sofort wütend verbrannt.[18] Was auch immer mit dem Inhalt von Heydrichs Panzerschrank geschehen sein mag, die Krankenakte Hitlers ist bis heute verschwunden.

Außer der belastenden Akte gab es aber auch noch den Kronzeugen der Geschehnisse: Dr. Forster. Gegen den Ordinarius der Greifswalder Universitätsklinik wurden, nachdem Hitler am 30. Januar 1933 an die Macht gekommen war, von der Gestapo Ermittlungen aufgenommen. Forster wurde beschuldigt, sich abfällig über das NS-Regime geäußert zu haben. Außerdem wurden ihm ›lockeres Leben in der Klinik‹ und Experimente mit Patienten auf einem ›Kipptisch‹ zur Last gelegt. Am 1. September 1933 wurde Forster vom Dienst an der Klinik in Greifswald suspendiert.[19] Am 5. September sandte Forster ein Rücktrittsgesuch an das zuständige Ministerium. Seiner Frau sagte Forster, dass er nicht glaube, dass die Sache damit ausgestanden sei. Laut Auskunft seines Sohnes Balduin habe er befürchtet, von der Gestapo verhaftet zu werden.[20] Am 11. September wurde Dr. Forster von seiner Frau tot im Badezimmer seines Hauses aufgefunden. Er hatte sich mit einer Pistole erschossen. Gegenüber der Polizei erklärte Frau Forster, dass sie die Waffe, die ihr Mann bei dem Selbstmord verwendet hatte, zuvor niemals bei ihm gesehen hatte. Die Herkunft der Waffe konnte von der Polizei nicht aufgeklärt werden, dennoch wurde der Fall als Selbstmord zu den Akten gelegt. Als Grund für den Selbstmord nennt der Polizeibericht eine schwere Depression.[21] Der zum Todeszeitpunkt seines Vater dreizehneinhalbjährige Balduin Forster beschrieb seinen Vater dagegen anlässlich einer Befragung durch den amerikanischen Hitler-Forscher Rudolph Binion als »beherrscht und bedächtig«.[22]

Fünf Tage nach Forsters Tod, am 16. September 1933, erschien im *Neuen Tagebuch*, einer Pariser Emigrantenzeitung, ein Beitrag des Chefredakteurs Leopold Schwarzschild. Dort hieß es: »Vor etwa zwei Monaten kam Professor Förster (sic!) zu einem kurzen Aufenthalt nach Paris. Im Gespräch mit einem Mitarbeiter des *NTB* äußerte er resigniert, dass nun wohl auch an ihn ›bald die Reihe kommen werde‹, und verwies dabei auf das Schicksal von zwei anderen Hitleropfern, ›die auch sterben mussten, weil sie zu viel wussten.‹«[23] Die Geschichte des Ordinarius Karl Wilmanns und dessen Assistent Hans Walter Gruhle, die in den 30er-Jahren an der Universität Heidelberg als Psychiater lehrten, verlief unblutig, sie zeigt aber, dass Hitlers Begegnung mit der Psychiatrie in Fachkreisen nicht unbekannt war. Wilmanns hatte in einer Vorlesung von Hitlers Pasewalk-Diagnose berichtet. Aufgrund dieser Äußerung wurde der Professor nach Hitlers Machtergreifung mitsamt seinem Assistenten entlassen.[24]

Trotz der vielen Indizien, die eine psychische Störung Hitlers infolge seiner Verwundung bei Wervik nahelegen, ist die Geschichtswissenschaft dem Thema bislang konsequent ausgewichen und es wird bis in die jüngste Zeit die Auffassung vertreten, dass in dieser Frage »größte Zurückhaltung« geboten sei.[25] Das Gebot der Zurückhaltung wird damit begründet, dass eine psychische Störung Hitlers zur Folge haben könnte, dass ihm möglicherweise eine mangelnde Schuldfähigkeit attestiert werden müsste. Ob diese Befürchtung bei einer Person, die aufgrund ihres Ablebens nicht mehr zur Rechenschaft gezogen werden kann, nicht selbst schon wieder paranoide Züge aufweist, mag dahingestellt bleiben. Gewichtiger erschien da schon das Argument, dass die Krankenakte Hitlers fehlt und dass daher die These von Hitlers psychischer Erkrankung reine Spekulation sei. Aufgrund der erdrückenden Menge von Indizien kann von einer »reinen Spekulation« zwar keine Rede sein, aber zutreffend war, dass es einen »letzten Beweis« bislang nicht gab.

Seit dem 21. Oktober 2011 hat sich die Lage in dieser Hinsicht allerdings entscheidend geändert. An diesem Tag hat der Historiker Thomas Weber in einem Interview mit dem britischen *Independent* erklärt, dass ihm ein Beleg vorliegt, der es so gut wie unmöglich macht, Hitlers Begegnung mit der Psychiatrie in das Reich der Spekulation zu verweisen. In dem Interview berichtet Weber, dass sich nach der Veröffentlichung seines Buches *Hitlers First War* (2010) der Sohn eines verstorbenen amerikanischen Neurologen bei ihm gemeldet habe. Er habe einen Briefwechsel der beiden US-Neurologen Victor Gonda und Foster Kennedy aus dem Jahr 1943 präsentiert. In zwei dieser Briefe findet sich ein Hinweis auf Otfried Förster (nicht zu verwechseln mit Edmund Forster). Förster war ein renommierter deutscher Neurologe, der acht Jahre lang den Vorsitz der Gesellschaft deutscher Nervenärzte innehatte und der 1922 zu Lenins Behandlung nach Moskau gerufen wurde. Förster verstarb 1941 in Deutschland an Tuberkulose. Seinem amerikanischen Kollegen hatte Förster mitgeteilt, dass er Hitlers Krankenakte aus dem Krankenhaus Pasewalk von 1918 eingesehen habe. Und zwar offenbar kurz bevor sie von Oberst von Bredow Ende 1932 aus dem Krankenbuchlager Berlin entnommen wurde. Ein Brief hält fest: »Förster sagte mir 1932, dass er interessiert sei, den medizinischen Befund eines aufsteigenden Politikers mit Namen Adolph(sic) Hitler im deutschen Kriegsministerium einzusehen. Er stellte fest, dass die Diagnose ›Hysterische Blindheit‹ lautete.«

Dass der Briefwechsel der beiden US-Neurologen der ausschlaggebende Beweis in dieser Angelegenheit ist, hat folgenden Grund: Die Briefe der amerikanischen Ärzte stammen aus dem Jahr 1943. Zu diesem Zeitpunkt war der Geheimdienstbericht, der Hitlers psychische Störung zum Inhalt hat, in der Öffentlichkeit nicht bekannt. Dass die beiden Ärzte in ihrem privaten Briefwechsel eine solche Störung erfunden haben könnten, ist ausgeschlossen. Weder hätten sie dafür ein Motiv gehabt, noch besaßen sie das notwendige Wissen über Hitlers Aufenthalt in Pasewalk und den damit verbundenen Hintergrund. Der in den Briefen erwähnte Vorsitzende der Gesellschaft deutscher Nervenärzte, Dr. Förster, hatte demnach Hitlers Krankenakte eingesehen. Der Befund, den die Krankenakte laut Dr. Förster enthielt, attestierte Hitler eine psychische Störung. Das bestätigt die Aussage, die Dr. Kroner elf Jahre später anlässlich seiner Vernehmung durch den OSS gemacht hat. Die Möglichkeit, dass Dr. Förster im Jahr 1932 seinem US-Kollegen gegenüber falsche Angaben gemacht haben könnte, ist auszuschließen, denn dafür fehlt jedes Motiv. Wenn aber ein renommierter Psychiater wie Dr. Förster erklärt, er habe die Krankenakte Hitlers eingesehen und diese habe einen psychiatrisch relevanten Befund enthalten, dann hat das ein kaum geringeres Gewicht als das tatsächliche Auffinden der Akte.

Der Briefwechsel der beiden US-Psychiater ist das gewichtigste Indiz in einer langen Kette von Indizien, die alle zur selben Schlussfolgerung führen: Hitler wurde in Pasewalk psychiatrisch behandelt. Der »letzte Beweis«, der bislang gefehlt hatte, liegt mit dem Briefwechsel jetzt vor. Hitlers psychiatrische Behandlung am Ende des Ersten Weltkriegs ist damit keine »reine Spekulation« mehr, sondern als Tatsache zu werten. Die Folgen dieser Erkenntnis sind schwerwiegend. Und zwar nicht, weil der Massenmörder posthum von einer Schuldfähigkeit freigesprochen werden könnte. Die schwerwiegenden Folgen liegen anderswo, Das wird in den folgenden Kapiteln näher ausgeführt.

KOERBER

Hitler's Secret Autobiography lautete der Titel einer Pressemitteilung, welche die University of Aberdeen am 7. Oktober 2016 herausgab. In der Mitteilung hieß es, dass Hitler bereits vor *Mein Kampf* eine Autobiografie veröffentlicht habe. Und zwar unter falschem Namen. Das klang nach einer echten Sensation. Eine Sensation im Zusammenhang mit einem Medien-Produkt (Hitler), das sich zwar nach wie vor hervorragend verkauft, dem es aber schon seit geraumer Zeit an neuem, sensationellem Stoff mangelt. Die Medien der Welt sprangen sofort darauf an. Die *New York Times*, *Der Spiegel*, *Focus*, *Die Welt*, die *Frankfurter Allgemeine Zeitung*, *Die Presse*, *CNN*, die *Deutsche Welle* – alle berichteten umgehend und ausführlich über die sensationelle Nachricht. In einem südafrikanischen Archiv, hieß es, habe der Hitler-Forscher Thomas Weber »compelling evidence« dafür entdeckt, dass das 1923 erschienene Buch *Adolf Hitler, sein Leben, seine Reden* nicht von Adolf-Viktor von Koerber verfasst worden sei, sondern von Hitler höchstpersönlich. Den als konservativ geltenden von Koerber habe Hitler als Strohmann vorgeschoben. Dadurch habe Hitler seiner Selbstdarstellung im konservativen Milieu der Weimarer Republik Akzeptanz verschaffen wollen.

Die Nachricht, dass es ein Buch geben sollte, das *Mein Kampf* auf Platz zwei verwies, war erst wenige Tage alt, da meldete sich Othmar Plöckinger zu Wort. Plöckinger ist Mitherausgeber der deutschen Neuauflage von *Mein Kampf*, dessen Nachdruck im Januar 2016, nach dem Erlöschen des Urheberschutzes, in Deutschland möglich geworden war. Dass die von Plöckinger herausgegebene Edition mit mehr als 3.500 Anmerkungen versehen war, die Hitlers falsche Behauptungen, seine Irrtümer und seine Fehlschlüsse zum

Inhalt hatten, tat dem Verkaufserfolg keinen Abbruch. Erneut wurde Hitler zum Bestsellerautor und hielt sich mit seinem Werk monatelang in den deutschen Bestseller-Listen. Seinem Kollegen warf Plöckinger vor, dass er bei der vermeintlichen Entdeckung einer ersten, früheren Autobiografie Hitlers wissenschaftlich unsauber gearbeitet habe. Es kam zu einem Gelehrtenstreit, in den sich dann auch noch andere Historiker einschalteten und über den die Presse genüsslich berichtete. Inzwischen hat sich der Sturm im Wasserglas gelegt, und übriggeblieben ist von Webers Entdeckung in Südafrika, was der deutsche Historiker und Journalist Sven Felix Kellerhof in der *New York Times* als »a small but important advance in researching Hitler's biography« bezeichnet hat.[1]

Aufgrund seiner Forschungen über den jungen Hitler wird der Historiker Thomas Weber, der an der Universität von Aberdeen lehrt, in diesem Buch mehrfach erwähnt. Im Hinblick auf Koerbers Veröffentlichung besteht das Verdienst Thomas Webers vor allem darin, dass er die Aufmerksamkeit der Öffentlichkeit auf einen Text gelenkt hat, der den mit Hitlers Frühzeit vertrauten Historikern zwar seit jeher bekannt war, der aber allgemein in Vergessenheit geraten war. Weder Ian Kershaws Biografie von 1998 noch die Biografie von Volker Ullrich (2013) oder jene von Peter Longerich (2015) enthalten einen Hinweis auf Koerbers Buch.

Adolf Hitler, sein Leben, seine Reden wurde zunächst mit 10.000 Exemplaren aufgelegt. Innerhalb von nur fünf Monaten erreichte der Text eine Auflagenhöhe von 70.000 Stück. Am 19.3.1924 ordnete ein Gericht dessen Beschlagnahme mit der Begründung an, dass die abgedruckten Hitler-Reden zahlreiche Passagen enthielten, in denen die Republik verächtlich gemacht und deren führende Repräsentanten beleidigt würden.[2] Bis dahin hatte das Buch durch seine weite Verbreitung nicht unwesentlich mit dazu beigetragen, Hitler als Führungsfigur des völkischen Lagers in ganz Deutschland zu etablieren. Der Text gibt verschiedene Reden Hitlers wieder, denen eine Lebensbeschreibung vorausgeht, eben jene *Secret Autobiography.*

Koerbers Buch erschien im Oktober 1923, also nur wenige Tage vor Hitlers versuchtem Putsch. Wäre der Umsturz geglückt und wäre Hitler dadurch schon 1923 an die Spitze des Staates katapultiert worden, dann hätte das Buch von Koerber/Hitler als einzige existierende Hitler-Biografie den Platz von *Mein Kampf* eingenommen. Das Buch wäre dann in Hitlers Augen sicherlich das gewesen, was der Text auf Seite 13 von sich selbst behauptet: eine »Bibel der Gegenwart«. Ob es Zufall war, dass das Erscheinen des Buchs und der Putschversuch beinahe zeitgleich erfolgten, oder ob Hitler, als er die Veröffentlichung des Textes in die Wege leitete, bereits plante, sich damit als einer der Hauptbeteiligten des Umsturzes einer breiteren Öffentlichkeit zu präsentieren, das bleibt Spekulation. Auf jeden Fall war Hitler klug genug, dieses Werk nicht unter eigenem Namen zu veröffentlichen. Von Überhöhungen und Übertreibungen konnte er sich so immer leicht distanzieren. Gegenüber der Reichsschrifttumskammer des Dritten Reiches hat von Koerber später angegeben, dass der Text unter »Mitwirkung« und »Kontrolle« von Hitler zustande gekommen sei und dessen »Zustimmung« gehabt habe.[3] Etwas anderes ist schon aus urheberrechtlicher Sicht kaum vorstellbar. Immerhin besteht der Hauptteil des Buches aus der wörtlichen Wiedergabe verschiedener Hitler-Reden. Auch die Ausgestaltung von Hitlers Biografie, die »inhaltlich fast zur Gänze« der späteren Darstellung in *Mein Kampf* entspricht[4], ist ohne eine Mitwirkung Hitlers nicht denkbar.

Ob Hitlers »Mitwirkung« so weit ging, dass der biografische Teil aus seiner Feder stammte, wie Thomas Weber behauptet, oder ob der Text lediglich unter Verwendung von mündlichen oder schriftlichen Angaben Hitlers entstand, wie Winfried Meyer in seiner »Kritischen Sichtung einer vermeintlichen Entdeckung« im Jahr 2017 ausführlich dargelegt hat, ist an dieser Stelle von zweitrangiger Bedeutung.[5] Worauf es hier ankommt, ist, dass in dem Text von Koerber/Hitler ein »Wunder« beschrieben wird. Als »Wunder« bezeichnet der Text eine mystisch-religiöse Erfahrung Hitlers. Diese Erfahrung habe er nach seiner Verwundung in den letzten Tagen des Ersten Weltkrieges gemacht. Eine religiös-mystische Erfahrung hat Hitler nach dem Erscheinen des Buches niemals wieder erwähnt. Bis zu diesem Zeitpunkt hat er aber mehrfach von einer solchen Erfahrung berichtet. Entsprechende Belege finden sich in den Aussagen mehrerer Zeitzeugen und in verschiedenen Zeitungsartikeln.

Karl H. von Wiegand, Chefkorrespondent des *Hearst International News Service* in Mitteleuropa während der 20er- und 30er-Jahre, berichtete 1939 in der US-Ausgabe der Zeitschrift *Cosmopolitan* über ein Gespräch, das er mit Hitler 1921 oder 1922 geführt hatte. »In einfachen Worten erzählte er (Hitler, d. Verf.) mir einmal, wie der göttliche Auftrag zu ihm kam. Es war genau bei Kriegsende im November 1918, als er, nach einem Gasangriff an der Front erblindet, im Pasewalker Lazarett lag. ›Und als ich dort lag, überkam es mich, daß ich das deutsche Volk befreien und Deutschland groß machen würde.‹«[6] Ernst Hanfstaengl, der nach dem Ersten Weltkrieg eng mit Hitler befreundet war und später zu dessen Gegner wurde, berichtete Ähnliches: »Hitler machte schon früh publik, daß er im Lazarett in Pasewalk von einer anderen höheren Welt den Befehl bekommen hatte, sein unglückliches Land zu retten. Diese Berufung kam in Form einer übernatürlichen Vision zu Hitler. Er beschloß auf der Stelle, Politiker zu werden. Er glaubte, er habe die Mission Deutschland zu befreien.«[7] Im März 1923 berichtete Ludwell Denny, der Europa-Korrespondent des US-Journals *The Nation,* in einem Artikel über den aufstrebenden Politiker: »Im Krieg wurde er verwundet oder erblindete durch Angst oder Schock. Im

Lazarett war er anfällig für ekstatische Visionen von einem siegreichen Deutschland, und bei einem dieser Anfälle wurde sein Augenlicht wiederhergestellt.«[8] Die französische Zeitschrift *L'Eclair* berichtete in einem Artikel vom 27.2.1923: »Er (Hitler) hat tapfer seine Pflicht getan, wurde schwer verwundet und lag lange Zeit im Lazarett. Er war damals fast blind geworden, aber wie man das öfters bei Blinden beobachten kann, dass sie sich ganz mystischen Ideen hingeben, erhellten glänzende Visionen, von denen er ganz mitgenommen wurde, das Dunkel seiner Augen. [...] Geheilt und befreit warf sich Adolf Hitler auf die Politik.«[9] In der 6. Ausgabe vom 9.1.1923 zitiert die *Münchner Post* auf Seite 3 einen Bericht über Hitler, der dem *Politischen Wochenbrief* des Berliner Ring Verlages entnommen ist, welcher laut *Münchner Post* nur »vertraulich« versandt wird. In dem Bericht heißt es: »Er lag während der Revolutionszeit beschädigt im Lazarett. Man spricht von einer Art Blindheit, von der er befallen war, und aus der ihn eine innere Ekstase befreite, die ihm einen Weg zur Befreiung seines großdeutschen Volkes von der materialistischen Versklavung durch Marxismus und Kapitalismus verhieß. Ihm, Hitler, schien die Aufgabe gestellt, der Befreier seines Volkes zu werden. Das ganze Wollen dieses Mannes wird von dem Glauben an seine messianische Sendung getragen und die Sicherheit seiner Geste wird nur dadurch (!) erklärt!«

In dem Koerber/Hitler-Buch ist die mystische Erfahrung Hitlers näher beschrieben. Dort heißt es: »Und es vollzieht sich ein Wunder. Dieser der ewigen Nacht Geweihte, der sein Golgatha durchlitten in dieser Stunde, seelische und körperliche Kreuzigung, erbarmungslosen Kreuzestod bei wachen Sinnen, der Ärmsten einer aus der gewaltigen Schar zerbrochener Helden – dieser wird *sehend*. Der Krampf seiner Züge glättet sich. Und in einer Ekstase, die einzig dem sterbenden Seher eigen, erfüllt neues Licht seine toten Augen, neuer Glanz, neues Leben! – Ein stummer erblindeter Waffenloser ward eingeliefert in das Lazarett des pommerschen Landstädtchens. Ein hochaufgerichteter Kämpfer schreitet hinaus in die entdeutschte deutsche Welt. Er ist gewaffnet bis an die Zähne mit dem Rüstzeug des Glaubens, des Willens und der Siegesgewißheit! Unüberwindliche Waffen!«[10]

Zeitzeugen, die Hitler vor dem Ende des Ersten Weltkriegs kennenlernten, wussten nichts Außergewöhnliches über ihn zu berichten. Er wurde als ein introvertierter Bücherwurm und Stubenhocker beschrieben. Kein besonderes Talent zeichnete ihn aus. Die Aquarelle und Zeichnungen, mit denen Hitler seinen Lebensunterhalt verdiente, waren von durchschnittlicher Qualität, trotzdem sah sich Hitler selbst als ein künstlerisches Genie. Aber auch diese Selbstüberschätzung war nicht besonders speziell. Den Glauben an die Größe des eigenen Genies teilte der junge Hitler mit der überwiegenden Mehrheit junger Künstler und Möchtegern-Künstler aller Epochen. Er war auch kein begnadeter Redner. Im Gegenteil: Rudolf Häusler, mit dem Hitler vor dem Ersten Weltkrieg in München ein Zimmer teilte, klagte über seine langatmigen und einschläfernden Monologe. Auch seinen Kriegskameraden war Hitlers Vorliebe für lange Monologe aufgefallen. Aber auch während der Zeit an der Front konnte sich niemand daran erinnern, dass Hitler mit seinen weitschweifigen Vorträgen so etwas wie Begeisterung auszulösen vermocht hätte.

Hitler zeigte eine gewisse Starrheit im Denken, aber da er intelligent und kreativ war, hätte er es sicher vermocht, ein Universitätsstudium zu absolvieren, hätte er nicht frühzeitig die Schule verlassen und sich damit eine akademische Laufbahn verbaut. Seine Wiener Bekannten attestierten ihm einen Hang zur Rechthaberei und ein jähzorniges Temperament; negative Eigenschaften, sicherlich, aber in keiner Weise ungewöhnlich. Mit dem traurigen Schicksal, in der Kindheit von einem tyrannischen Vater misshandelt worden zu sein, war Hitler ebenfalls nicht allein. Dass Hitler Vorurteile hatte, insbesondere was die Angehörigen anderer Völker betraf, war auch nichts Besonderes. Vorurteile dieser Art waren im Wien der Jahrhundertwende genauso zu Hause wie heute überall auf der Welt. Hitler verehrte seine Mutter, er liebte Tiere und machte sich in Wien viele Gedanken darüber, wie das soziale Elend der unteren Schichten gelindert werden könnte. Frauen himmelte er aus der Ferne an und zog es ansonsten vor, näheren Kontakten mit dem weiblichen Geschlecht aus dem Weg zu gehen. Er interessierte sich für Architektur und die Malerei des 19. Jahrhunderts, er hatte eine Vorliebe für exzentrische Theorien über die Entstehung des Universums, er vergötterte das Deutschtum und Richard Wagner, saß tagelang in Bibliotheken und liebte Süßspeisen. Die einzige Besonderheit, die ihn auszeichnete, war sein fotografisches Gedächtnis und die damit verbundene Fähigkeit, sich ganze Buchseiten auswendig merken zu können. Dieser Mann wurde 1938 vom *Times Magazine* zum »Mann des Jahres« erklärt.[1] Und die Londoner *Evening Post* vom 22. Oktober 1936 zitierte den ehemaligen britischen Premierminister David Lloyd George mit den Worten: »Hitler ist einer der größten der vielen großen Männer, die ich getroffen habe.«

Sir Alan Bullock, der renommierte britische Autor einer frühen Hitler-Biografie, erklärte dazu: »Für meinen Teil muss ich sagen, dass es mir umso schwerer fällt, das Geschehene zu erklären, je mehr ich über Adolf Hitler erfahre. Die Ursachen reichen nicht aus, um das Ausmaß der Wirkungen zu erklären. Unsere Vernunft weigert sich glauben zu müssen, dass der junge Hitler der Stoff war, aus dem (…) die Cäsars und Bonapartes gemacht sind. Und dennoch: die historischen Aufzeichnungen sind da und beweisen, dass wir Unrecht haben.«[2]

Bullock hat sich nicht gescheut zu bekennen, dass er Hitlers Entwicklung nicht verstehen kann. Das ist ihm hoch anzurechnen, denn so offen wie Alan Bullock gestehen Wissenschaftler kaum jemals das Versagen ihrer Erklärungsmodelle ein. Ungereimtheiten versteckt die Wissenschaft üblicherweise hinter komplexen Hypothesen, oder sie werden als »unbedeutend« abgetan.

Hitler ist 56 Jahre alt geworden. Dass es über die ersten 30 Jahre seines Lebens nichts Besonderes zu berichten gibt, spiegeln sämtliche Biografien wider. Nur 165 Seiten seiner 2312 Seiten umfassenden Hitler-Biografie widmet der britische Biograf Ian Kershaw der ersten Hälfte von Hitlers Leben. Joachim Fest beschäftigt sich damit gerade mal 125 Seiten lang, während sein Werk insgesamt 1198 Seiten umfasst. Volker Ullrich fasst Hitlers erste Lebenshälfte auf 57 von 1650 Seiten zusammen, und Peter Longerich, dessen Biografie 2015 erschien, widmet Hitlers erster Lebenshälfte nur einen Prolog von 40 Seiten seines 1017 Seiten umfassenden Textes. In der Überschrift ist die Quintessenz dieses Prologes zusammengefasst. »Ein Niemand« heißt es da.[3]

Dass hier etwas nicht stimmen kann, ist offensichtlich. Doch keiner von Hitlers Biografen hat das so ehrlich bekannt wie Alan Bullock. Stattdessen hat man sich bemüht, den frappierenden Bruch zwischen dem »Niemand« der ersten Lebenshälfte und dem »Jemand« der zweiten nicht zum Thema zu machen. Verständlicherweise möchte kein Biograf nach einem »Warum« fragen, auf das er keine vernünftige Antwort weiß. Eine einleuchtende Erklärung dafür, warum ein Mensch, der die erste Hälfte seines Lebens als ein »Niemand« verbringt, plötzlich, in der zweiten Lebenshälfte, in der Lage ist, die ganze Welt auf den Kopf zu stellen, fehlt.

Derselbe Hitler, dessen Bekanntenkreis während fünf langer Jahre in Wien ausschließlich aus gescheiterten Existenzen – Männerheimbewohnern und Obdachlosen – bestand, wurde nach dem Ersten Weltkrieg innerhalb weniger Monate zu einem begehrten Mittelpunkt der gesellschaftlichen Elite Münchens. Die Veranstaltungen, auf denen Hitler nach dem Krieg sprach, waren in kürzester Zeit so überfüllt, dass selbst die größten Festsäle Münchens, die über 3.000 Menschen fassten, zu klein waren und Hitler gezwungen war, in eine Zirkusarena auszuweichen, wo 6.000 Zuhörer Platz fanden.[4] Dabei war das, was Hitler in seinen Reden von sich gab, nicht originell. Viele andere völkisch-nationale Agitatoren verbreiteten dieselbe Mischung aus Vorurteilen, Phobien und Heilserwartungen wie er.[5] Es war aber auch nicht das, *was* er sagte, was die Zuschauer in Massen anzog. *Wie* er es sagte, war entscheidend. Der »Niemand« war plötzlich von einer Aura des »Besonderen« umgeben. Dieses »Besondere« führte dazu, dass Hitlers Partei unter den 50 (!) aktiven politischen Parteien in München zunehmend wahrgenommen wurde. Das Publikum spürte, dass Hitler anders war als die Führer anderer Parteien. Sie wirkten schwach und unsicher, während Hitler seinen Weg mit unbeirrbarer Gewissheit zu gehen schien. Hitler konnte das Gefühl vermitteln, dass er keinerlei Zweifel hatte an der Erreichung eines »großen, leuchtenden, gemeinsamen Ziels«.[6]

Auffallend ist auch der Aktionsdrang, der Hitler plötzlich erfasst hatte. Vor dem Krieg hatte er als Kunstmaler und Postkartenkopierer ein gemächliches Leben gelebt. Seine Tage hatte er in Bibliotheken und Kaffeehäusern mit Lesen verbracht. Aber jetzt auf einmal war er wie ausgewechselt. Er tippte Versammlungseinladungen und verteilte sie, hielt Besprechungen mit Mitstreitern ab, traf sich mit einflussreichen Geldgebern, schmiedete Koalitionen mit möglichen Verbündeten, baute eine politische Partei nach seinen Vorstellungen um, stellte eine paramilitärische Einheit auf, wurde Verleger, kaufte eine Zeitung, organisierte deren Redaktion und schrieb Artikel. Nicht zuletzt jagte er von einem Rede-Termin zum nächsten. »Im Jahre 1920 trat er allein einundzwanzigmal als Hauptredner in Münchener Parteiversammlungen auf. In mindestens sieben weiteren Versammlungen in München war er Diskussionsredner. Darüber hinaus sind neben einem Vortrag (...) in

Stuttgart - elf auswärtige Reden für die Partei (...) bezeugt, ferner vier Reden im Frühherbst im österreichischen Wahlkampf.«[7]

Bekannt sind die zahllosen Bekundungen seiner Zuhörer, die die hypnotische Kraft betonten, die Hitler auf sie ausübte. Hier, als Beispiel für viele, die Darstellung von Kurt Lüdecke, einem frühen Anhänger Hitlers, der später ins Ausland floh: »Augenblicklich waren meine kritischen Fähigkeiten ausgeschaltet. (...) allein durch die Macht seines Glaubens hielt er die Massen und mich mit ihnen gefangen unter einem hypnotischen Bann. (...) Ich weiß nicht, wie ich die Gefühle beschreiben soll, die mich durchdrangen, als ich diesen Mann hörte. (...) Ich erlebte ein Hochgefühl, das sich nur mit einer religiösen Bekehrung vergleichen lässt.«[8] Was Ilse Heß über die erste Begegnung ihres Mannes mit Hitler berichtet, erinnert ebenfalls an eine religiöse Bekehrung: »Er war wie ein neuer Mensch, lebendig, strahlend, nicht länger niedergeschlagen und bedrückt. Irgendetwas völlig Neues, etwas Erschütterndes mußte ihm widerfahren sein.«[9] Auch der Schwiegersohn von Richard Wagner, der rassistische Bestsellerautor Houston Stewart Chamberlain, muss wohl bei seiner ersten Begegnung mit Hitler im Jahr 1923 etwas Ähnliches empfunden haben. In Hitler sei »eine Gewalt am Werke, deren Wesen es ist, Kosmos zu gestalten«, schrieb er.[10] Max Amann, ein Vorgesetzter Hitlers im Ersten Weltkrieg, wurde während der Nürnberger Prozesse gefragt, ob der spätere Führer schon während des Krieges als Redner aufgefallen sei. Amann verneinte. »Aber nach dem Krieg, 1919/20«, sagte Amann, »da kannte ich ihn nicht mehr. Es brannte ein unbekanntes Feuer in ihm.«[11] Hitlers ehemaliger Vorgesetzter Fritz Wiedemann machte anlässlich eines Regimentstreffens in den frühen 20er-Jahren eine ähnliche Erfahrung: »Daß er inzwischen ein anderer geworden war, konnte ich auf den ersten Blick feststellen.«[12] Auch Hitler selbst war seine

Verwandlung bewusst: »Ich glaube«, sagte er 1930 beim Jahrestag der Revolution von 1918, »ich hätte vor diesem Jahr (1918, d. Verf.) nicht vor zwanzig Menschen sprechen können, ohne um Worte verlegen zu sein.«[13]

Das hatte sich nun grundlegend geändert.[14]

Es besteht nicht der geringste Zweifel: Nach dem Ende des Ersten Weltkrieges war aus Hitler ein anderer Mensch geworden. Am 12. September 1919 sprach Hitler im Rahmen einer Diskussionsrunde im Sterneckerbräu zum ersten Mal öffentlich und hatte 43 Zuhörer. Einen Monat später hielt er im Hofbräukeller am Wiener Platz eine Rede. Er war immer noch völlig unbekannt, genauso wie seine Partei, die DAP. Dennoch erschienen an diesem Abend bereits 131 Menschen. Und als er einen Monat später im Eberlbräukeller sprach, da interessierten sich schon 300 Zuhörer für ihn. Drei Monate später verkündete er vor 2000 Zuhörern das Programm seiner Partei. Hitlers Rednertalent alleine kann den enormen Zuwachs an Zuhörern in kürzester Zeit nicht erklären. Rednertalent, das beweisen die Karrieren von unzähligen Politikern in aller Welt, verschafft einem nicht automatisch die Aufmerksamkeit einer breiten Öffentlichkeit. Wie in jeder Karriere, so ist auch in der Politik der Anfang das Schwierigste. Ein politischer Redner, auch der talentierteste, braucht Jahre und oft Jahrzehnte, um sich mit harter Knochenarbeit überhaupt öffentlich bemerkbar zu machen. Für Hitler galt das nicht. Die Mitgliederzahl seiner Partei wuchs innerhalb von 4 Jahren von 55 auf über 55.000 (!) Mitglieder an.[15]

Ein Wunder. Es fällt schwer, ein Wort zu finden, das diesen kometenhaften Aufstieg aus dem völligen Nichts besser beschreibt. Das Wort »Wunder« findet sich auch in der Koerber/Hitler-Biografie von 1923. Ein »Wunder« habe sich nach Hitlers Verletzung in den letzten Kriegstagen ereignet, heißt es da. Wie Jesus habe der verletzte Gefreite den Tod durchlitten und sei wieder auferstanden. Dadurch sei er zum

»Seher« geworden. Die groteske Darstellung von Koerber/Hitler diente einzig und allein einem Zweck: Selbstbeweihräucherung, Selbstüberhöhung und Selbststilisierung. Hitlers angebliches Erweckungserlebnis war der Versuch, einen Mythos zu stricken. So jedenfalls lautet die Deutung dieses Textes durch die Geschichtswissenschaft. Aber was ist, wenn man dieser Annahme nicht folgt? Wenn man stattdessen die Darstellung von Koerber/Hitler von ihrer Übersteigerung und Verklärung befreit? Auf seinen Kerngehalt reduziert, besagt der Text, dass Hitler nach seiner Verletzung eine starke psychische Erschütterung erlebt hat und dass ihn dieses Erlebnis grundlegend verwandelte. Ist es plausibel anzunehmen, dass dies der Fall war? Ganz sicher. Warum sonst hätte Hitler in Pasewalk einer psychiatrischen Behandlung bedurft? Dass das Erleben eines psychischen Traumas von dem Patienten mit religiösen Metaphern beschrieben wird, ist keine Seltenheit. Es ist eher die Regel. Auch die Identifikation mit Jesus ist bei Psychosen häufig. Dass eine derartige Erfahrung einen Menschen grundlegend verändern kann – und zwar dauerhaft – bestätigt die Psychiatrie ebenfalls. Für den Psychiater handelt es sich dabei nicht um ein »Wunder«, sondern um ein vertrautes Krankheitsbild.

Hitlers Psychotrauma muss in Wervik bzw. in Oudenaarde zum Ausbruch gekommen sein. Als der Soldat im Feldlazarett Nr. 53 in Oudenaarde untersucht wurde, war sein psychischer Zustand offenbar derart gravierend, dass die Ärzte seine umgehende Überweisung nach Pasewalk veranlassten. Der Auslöser von Hitlers Störung mag ein schwerer Schock gewesen sein, eventuell in Kombination mit der Wirkung des Giftgases.[16] Der Soldat mag zusätzlich zu seiner Verletzung auch übernächtigt gewesen sein oder entkräftet durch die mangelnde Ernährung während der letzten Kriegstage. Eventuell war es eine Kombination dieser Faktoren, die das Trauma ausgelöst hat. Was immer aber der äußere Auslöser war, die Ergebnisse der historischen Forschung lassen keinen anderen Schluss zu, als dass in Hitlers Psyche zu diesem Zeitpunkt etwas Dramatisches geschehen ist. Dass solch ein inneres Geschehen von Arzt und Patient unterschiedlich beurteilt wird, liegt in der Natur der Sache. Während die Ärzte eine schwere psychische Störung diagnostizierten, glaubte der Patient, eine göttliche Mission empfangen zu haben.

Nach einem schweren Psychotrauma zeigen Patienten beinahe zwangsläufig auch noch viele Jahre nach dieser Erfahrung ein gesteigertes Interesse an religiöser und spiritueller Thematik. Im Gegensatz zu den Esoterikern beruht ihr Interesse für Spiritualität aber nicht auf dem Wunsch, eine spirituelle Erfahrung zu machen. Sie haben ja bereits eine innere Erfahrung gemacht, die so tief greifend war, dass sie ihr ganzes Leben aus der Bahn geworfen hat. Aber religiöse und spirituelle Thesen helfen ihnen, das Erlebte zu interpretieren und ihre Stellung in der Welt vor diesem Hintergrund zu verstehen.[17] Es liegt nahe zu vermuten, dass Hitlers intensive Beschäftigung mit religiös-spiritueller Literatur, die Timothy W. Ryback in seinem Buch *Hitlers Private Library* (2009) nachgewiesen hat, hier ihre Erklärung findet.[18]

Analysiert man die Persönlichkeit Hitlers vor und nach der Erfahrung von Wervik, so stellt man fest, dass sich zwischen »vorher« und »nachher« weder an seinem Charakter noch an seinen Überzeugungen etwas verändert hat. Sein Rassismus, sein Antisemitismus (der wohl erst im letzten Kriegsjahr zum Ausbruch kam), seine Gegnerschaft zur Demokratie, seine Ablehnung internationaler Organisationen und seine übersteigerte Liebe zum »Deutschtum« – all das war auch schon vor dem »Wunder« vorhanden, genauso wie sein Jähzorn, sein Hang zur Rechthaberei, sein Geniewahn, seine Begeisterung für Richard Wagner und die im Krieg gewonnene Überzeugung, dass »die Vorsehung« auf seiner Seite ist. Der Unterschied zwischen »vorher« und »nachher« bestand nicht darin, dass Hitler plötzlich neue Gedanken dachte oder neue charakterliche Eigenschaften entwickelte. Hitler war nach seinem »Erwachen« dieselbe Person, die er vorher gewesen ist. Allerdings mit einem entscheidenden Unterschied: Das, was zuvor eine Annahme war, das war ihm nun zur absoluten Gewissheit geworden. Vorher »glaubte« er, ein Genie zu sein, jetzt »wusste« er es. Zuvor »glaubte« er, dass die Vorsehung ihn schützte, jetzt war das für ihn eine unabänderlich feststehende Gewissheit geworden. Auch aus seiner politischen Überzeugung war mit einem Mal eine »unverrückbare Wahrheit« geworden. Mit dieser absoluten Gewissheit besaß Hitler plötzlich das, was ihm zuvor gefehlt hatte: den archimedischen Fixpunkt, von dem aus er die Welt aus den Angeln heben konnte. Diese Sicherheit verlieh ihm das Charisma, mit dem er als Gottgesandter seine »Lehre« verbreiten konnte.

Mit einer nie zuvor gekannten Vehemenz vertrat er nun seine Ansichten. Und mit derselben Vehemenz kamen jetzt auch seine charakterlichen Eigenschaften zum Vorschein. Es ist, als habe sich das matte Licht, das zuvor durch den »Niemand« hindurchschien und ihm seine Konturen gab, in eine gleißende Sonne verwandelt. Die Energie dieser Sonne verdichtete sich in Hitlers felsenfester Überzeugtheit und floss zu seinen Anhängern, die diese Energie durch ihre Begeisterung wieder auf ihn zurückprojizierten. Potenziert strömte diese »Glaubens-Energie« wieder zurück zu den Anhängern, deren Begeisterung sich ebenfalls potenzierte, und so fort – bis zu den Szenen von wahnhafter Raserei der Massen, die bei Hitlers Erscheinen in einen hysterischen Taumel verfielen. Der bereits erwähnte Kurt Lüdecke, der Hitler im Frühjahr 1922 kennenlernte, hat berichtet, dass man sich unter den ersten Anhängern erzählte, dass Hitler im Krieg »von Giftgas zeitweilig erblindet war, er dafür aber eine innere Vision gehabt hatte, die besagte, dass er uns gegen eine feindliche Welt zur Freiheit führen werde«.[19]

Wenn Hitler in der ersten Zeit nach dem Krieg von seinem Erweckungserlebnis berichtete, dann behauptete er, dass er diese Erfahrung in Pasewalk gemacht habe. Die »Erfahrung« muss er aber in Wervik bzw. in Oudenaarde gemacht haben, da er dort bereits die entsprechenden Symptome gezeigt hat. Der Grund dafür, dass Hitler den Ort seiner mystischen Erfahrung nach Pasewalk verlegt hat, ist wohl darin zu suchen, dass er bestrebt war, die enge Verbindung zwischen seinem persönlichen Schicksal und dem Schicksal Deutschlands zu betonen. Was konnte da näher liegen, als dass seine Begegnung mit Gott in genau dem Moment stattfand, als die »Novemberverbrecher« dem siegreichen Heer den Dolchstoß versetzten, indem sie in der Heimat eine Revolution anzettelten und in Compiègne einen verräterischen Waffenstillstand unterzeichneten? Nur: Als die Revolution ausbrach und der Waffenstillstand unterzeichnet wurde, war Hitler bereits mehrere Wochen in Pasewalk. Dass der von Hitler behauptete Zeitpunkt seiner Erweckungserfahrung nicht stimmen kann, beweist die Chronologie der Ereignisse.

Da der von Hitler falsch angegebene Zeitpunkt sehr nach einer zweckdienlichen Erfindung roch, fühlten sich die Historiker in ihrer Auffassung bestärkt, dass das Erweckungserlebnis eine Erfindung Hitlers darstellte und sich keinesfalls wirklich ereignet hatte. Und so hat sich denn auch die historische Forschung mit dem Bericht Hitlers über sein »Erwachen« niemals ernsthaft auseinandergesetzt. Die einzige prominente Ausnahme ist der US-Historiker Rudolph Binion. In seinem Buch *... daß ihr mich gefunden habt* (1978) vertritt er die Auffassung, dass Hitlers traumatische Halluzinationen nach der Verletzung von Wervik den auslösenden Faktor für seinen Weg in die Politik darstellten. Als Binions Buch veröffentlicht wurde, stand es aber im Schatten der viel gelesenen Biografie von Joachim Fest, die wenige Jahre zuvor erschienen war. Binions Buch wurde und wird zwar rezipiert, blieb aber vielen Lesern und Forschern fremd, auch weil Binions Freud'sche Persönlichkeitsanalyse die sexuelle Komponente besonders betont. Zudem war vieles von dem, was im Zusammenhang mit Hitlers Aufenthalt in Pasewalk steht, zu dem Zeitpunkt, als Binion sein Buch verfasste, noch nicht erforscht, und so konnte Binion für seine These nur Hitlers eigene Äußerungen als Beweis anführen. Binions These, dass das Trauma der Gasverletzung ausschlaggebend ist für das Verständnis der Persönlichkeit Hitlers, blieb eine Außenseitermeinung. Die von Hitler behauptete angebliche Begegnung mit dem Übersinnlichen ernst zu nehmen, erschien den meisten Forschern absurd, und kein Wissenschaftler wollte seine Reputation riskieren, indem er Hitlers »Selbstbeweihräucherung« dadurch bekräftigte, dass er sich näher damit auseinandersetzte. Für die Vernachlässigung dieser bedeutenden Stelle in Hitlers Biografie gibt es aber auch noch weitere Gründe.

Einen entscheidenden Beitrag dazu, dass sich die Geschichtswissenschaft mit den Folgen seiner Gasverletzung nicht eingehender beschäftigt hat, hat Hitler selbst geliefert. Denn ab einem gewissen Zeitpunkt hat er plötzlich nicht mehr von seiner Begegnung mit dem Göttlichen gesprochen. In einer frühen Biografie aus dem Jahr 1936 erwähnt Rudolf Olden eine Aussage, die Hitler in den Vorverhören zu seinem Putsch-Prozess gemacht hat, die aber nicht erhalten geblieben ist. »Sicher scheint«, berichtet Olden, »daß Hitler in Pasewalk nervös, zerrüttet, verwirrt war. Er hörte ›Stimmen‹, und die Stimmen forderten ihn auf, Deutschlands Retter zu sein.«[20] Rudolf Oldens Erwähnung dieser Aussage ist der letzte Hinweis auf eine Bekundung der Erweckungserfahrung durch Hitler. Im Prozess ist dann von »Stimmen« oder von einer »göttlichen Mission« nicht mehr die Rede. Dort erklärte Hitler nun lediglich, dass er, nachdem er in Pasewalk von der Revolution erfahren hatte, die Entscheidung getroffen habe, Politiker zu werden.[21] Ähnlich abgeklärt beschreibt Hitler diesen sechs Jahre zurückliegenden Moment im Jahr 1924 auch in *Mein Kampf*. Im Lazarett von Pasewalk sei er von seiner gasbedingten Blindheit geheilt worden, schreibt er, und dort habe er auch von der Revolution und der Kapitulation erfahren. Die Passage gipfelt in den Worten: »Ich aber beschloß, Politiker zu werden«.[22] So nüchtern der Satz »Ich aber beschloß, Politiker zu werden« auch klingt, in verschlüsselter Form gibt er doch Auskunft darüber, wie entscheidend das Erlebnis war, das im Zusammenhang mit seiner Gasverletzung stand. Denn ohne den Entschluss, Politiker zu werden, hätte er niemals zu dem werden können, für den er sich hielt: zum Retter Deutschlands. Dass Hitler intensiv daran gefeilt hat, wie er seine Verletzung und deren Konsequenzen in *Mein Kampf* schlussendlich darstellt, geht aus den Konzeptblättern zu *Mein Kampf* hervor, die Hitler im Frühjahr/Sommer 1924 verfasst haben muss und die im Herbst 2006 bei einer Versteigerung in München auftauchten.[23]

Nun stellt sich natürlich die Frage, warum Hitler weder in seinem Prozess noch in *Mein Kampf* den göttlichen Auftrag erwähnt hat, von dem er in den Jahren zuvor immer wieder berichtet hatte. Warum entschied sich Hitler, diese bedeutende Erfahrung auf einmal nicht mehr zu erwähnen? Die Antwort darauf ist in einem Leitartikel zu finden, der am 27. Januar 1923 in der *Frankfurter Zeitung* zu lesen war: »(...) daß Hitler während der Revolutionszeit kriegsbeschädigt und von einer Art Blindheit befallen gewesen sei, aus der ihn eine innere Ekstase befreit habe, die ihm die Aufgabe stellte, der Befreier seines Volkes zu werden. Es handelt sich danach um einen beachtenswerten Fall der Kriegsneurotik. Zweifellos ist es diesen Leuten gegeben, in ihrer Monomanie stark zu wirken, da die Wahnidee jede Kompliziertheit beseitigt, und schon das imponiert sehr in unserer selbst so willensschwachen Zeit. Diesen Menschen fehlt es allerdings nicht an Aktivität, vielmehr an Sinn und Wert der Ziele, auf die sich ihr Wille richtet – und deshalb sind sie in ihrer Besessenheit für die Volksgesamtheit so gefährlich. Aus diesem Holze ist der Führer des Nationalsozialismus geschnitzt.«[24] Hitlers Behauptung, dem Göttlichen begegnet zu sein, hatte auch schon vor der Veröffentlichung des Kommentars der *Frankfurter Zeitung* zu Spekulationen über den Zustand seiner geistigen Gesundheit geführt. So war in der *Münchner Post* vom 9.1.1923 Folgendes zu lesen: »Bei dieser Gelegenheit soll auch der auffällige Umstand Erwähnung finden, daß in rechtsparteiischen Äußerungen die Urteile über Adolf Hitler sich mehren, in denen eine gewisse Zurückhaltung seiner Person gegenüber oder eine skeptische Beurteilung seiner politischen Zukunftsmöglichkeiten zutage tritt. Zwischen den Zeilen kann man Andeutungen lesen, als hielte man Hitler geistig nicht für ganz normal, mindestens aber psychopathisch veranlagt. (Es folgt die im Kapitel *Koerber* zitierte Wiedergabe seiner Erweckungserfahrung, d. Verf.) (...) Wir können und wollen die Richtigkeit dieser Mitteilungen nicht nachprüfen; aber wir gehen wohl nicht fehl in der Annahme, daß man auch in rechtsgerichteten Kreisen bisher die Ekstatiker, bei denen doch stets die Gefahr besteht, daß sie eines Tages die Herrschaft über sich verlieren, nicht gerade als das geeignetste Menschenmaterial für die Auslese politischer Führer angesehen hat.«

So wenig vorteilhaft die beiden Zeitungsartikel für Hitler auch waren, sie haben ihn zunächst nicht veranlasst, seine Erweckungserfahrung zu verschweigen. Offenbar hat er ja noch Monate später, Ende 1923, während der Voruntersuchung zu seinem Prozess, von seiner Begegnung mit dem Göttlichen berichtet. Auch die Veröffentlichung des Koerber/Hitler-Buches, die neun Monate nach den Artikeln der *Münchner Post* und der *Frankfurter Zeitung* erfolgte, hat er nicht gestoppt. Von dem Koerber/Hitler-Text konnte er sich allerdings jederzeit distanzieren. Schließlich war er ja nicht als Verfasser genannt. Wenn er aber in seinem Prozess öffentlich bekundet hätte, dass er in Pasewalk »erwacht« sei, dann hätte er damit eine Untersuchung seiner psychischen Gesundheit geradezu provoziert. Und er hätte seine Gegner mit der Nase auf diejenige Begebenheit gestoßen, welche er vor der Öffentlichkeit unbedingt geheim halten musste: seine psychiatrische Behandlung als »Kriegsneurotiker« in Pasewalk.

Während Hitler in Untersuchungshaft saß, muss ihm klar geworden sein, dass er seine Karriere aufs Spiel setzte, wenn er seine ›Erfahrung‹ auch weiterhin in der bisherigen Art und Weise darstellte. Im Prozess und später in *Mein Kampf* berichtete er über diesen entscheidenden Moment seiner Biografie dann auch mit betonter Sachlichkeit. Zwar betonte er noch immer, dass er zu dem Zeitpunkt, als die »Novemberverbrecher« dem »unbesiegten Heer den Dolch in den Rücken stießen«, ein anderer, nämlich ein Politiker, geworden sei, aber »das Wunder« war aus seiner Schilderung verschwunden. »Ich aber beschloß, Politiker zu werden« – das klang zwar immer noch nicht wie ein normaler Berufswunsch, sondern wie ein Heilsversprechen, und der behauptete Zeitpunkt seiner Entscheidung demonstrierte noch immer die enge Verbindung seines persönlichen Lebens mit dem Schicksal Deutschlands. Seine Wandlung war aber jetzt angeblich ausgelöst worden durch seine Verzweiflung über die Kapitulation und hatte damit einen nachvollziehbaren Hintergrund. Indem Hitler seine Begegnung mit dem Übersinnlichen in einen rational nachvollziehbaren Entschluss umgedeutet hat, hat er Wahres und Unwahres geschickt kombiniert. Seinen Gegnern war der Wind aus den Segeln genommen und seine Biografie bot an dieser Stelle keine Angriffsfläche mehr. Das heißt aber natürlich nicht, dass Hitler selbst nicht nach wie vor fest daran glaubte, dass er nach seiner Verletzung dem Göttlichen begegnet war und eine »Mission« erhalten hatte. Daran kann nach allem, was wir über Hitler wissen, nicht der geringste Zweifel bestehen. Rudolf Olden beschreibt das in seiner Biografie von 1936 wie folgt: »... daß aber das Gefühl einer Berufung ihn vorwärts zwingt, ihn durch das Dorngebüsch von Schwierigkeiten leitet, ihn in Niederlagen stützt und aufrecht hält, das beweist seine Laufbahn unwiderlegbar.«[25]

Seit seinem Prozess im Jahr 1924 war Hitler darauf bedacht, »das Wunder« nicht mehr zur Sprache zu bringen. In den folgenden zwei Jahrzehnten bis zu seinem Tod lässt sich keine einzige öffentliche Äußerung mehr nachweisen, in der Hitler noch einmal von seinem »Erwachen« berichtet hätte. Ja, es gibt nicht einmal einen Hinweis darauf, dass er diese Erfahrung, von der er ja bis zum Jahr 1924 wiederholt berichtet hatte, selbst im privaten Kreis jemals wieder auch nur erwähnt hat. Als Hitler am 25. Oktober 1932 auf einer Wahlkampfreise nach Pasewalk kam, waren viele seiner Anhänger sicherlich sehr gespannt auf das, was er an diesem historischen Ort sagen würde. Und es ist in der Tat bemerkenswert, was man in der Pasewalker Zeitung über Hitlers Rede nachlesen kann: »Leider hat er in derselben die Tatsache, daß er einmal in Pasewalk von schwerer Kriegsgasvergiftung Heilung gefunden hat, mit keiner Silbe erwähnt.«[26]

Hitler konnte die Angelegenheit nachträglich totschweigen, er war aber nicht in der Lage, seine frühen Schilderungen ungeschehen machen. Vielen Parteigenossen der ersten Stunde waren seine diesbezüglichen Äußerungen gut in Erinnerung geblieben. Der Mythos vom religiösen Erweckungserlebnis des Führers bestand fort, und das Lazarett von Pasewalk wurde zu einer Pilgerstätte von spirituell gesinnten Anhängern. Als Hitler an die Macht gekommen war, veranlasste er, dass alle Spuren seines Aufenthalts in Pasewalk beseitigt wurden. Im Jahr 1934 wurden sämtliche Gebäude des Lazaretts abgerissen und dem Erdboden gleichgemacht. Die wild wuchernde Heiligenverehrung konnte das aber nicht unterbinden, und auch nach dem Abbruch der Gebäude wurde der Ort von Pilgerscharen besucht. Hitler entschloss sich, die Heiligen-Verehrung in Bahnen zu lenken, die seinem Ideal einer »kühlen Wirklichkeitslehre« entsprachen. Er ließ einen Aufmarschplatz anlegen und einen Versammlungssaal sowie eine Weihehalle errichten. Zum Jahrestag seiner Einlieferung in das Reservelazarett am 21. Oktober 1937 wurden die neu errichteten Bauten durch Rudolf Heß dem Gau Pommern feierlich übergeben. In der Weihehalle wurde eine bronzene Hitler-Büste aufgestellt. Darüber stand in gehämmertem Erz der Satz: »Ich aber beschloß, Politiker zu werden«.[27]

Hitlers Kehrtwende bei der Erwähnung seines »Erwachens« hat es der Geschichtswissenschaft erheblich erleichtert, einer genaueren Untersuchung dieser Begebenheit aus dem Weg zu gehen. Die Zurückhaltung der Historiker ist in erster Linie wohl darauf zurückzuführen, dass man Hitlers »Legende« kein zusätzliches Gewicht verleihen wollte, indem man eine Behauptung genauer untersuchte, die nach übereinstimmender Auffassung aller führenden Hitlerforscher als Selbststilisierung zu werten war. Wenn man Hitlers frühe Schilderungen aber nicht als ein selbstgestricktes Märchen abtut, sondern ein Psychotrauma als gegeben akzeptiert, dann ist die darauf folgende Persönlichkeitsveränderung kein Rätsel mehr. Dass sich ein »Niemand« in einen »Jemand« verwandelt, ist nach einer traumatischen Erfahrung zwar nicht zwangsläufig der Fall, aber vom Standpunkt der Neurologie/Psychiatrie/Psychologie aus durchaus möglich und nachvollziehbar.

Trotzdem ist der Widerstand, Hitlers traumatische Erfahrung als Fakt zu akzeptieren, gewaltig. Entfällt die

Möglichkeit, die »Erweckung« als Fabrikation zu übergehen, dann führt das zu einer grundlegend neuen Sichtweise von Hitlers Person. Und das hat, man ahnt es, weitreichende Folgen. Die Angst davor, dass Hitler posthum seine Schuldfähigkeit verlieren könnte, ist dabei noch die unbedeutendste Konsequenz.

Hier wird eine Katze aus dem Sack gelassen, die hinterher kaum mehr einzufangen ist, ein Flaschengeist entkommt, den man möglicherweise nie mehr wieder in die Flasche zurückzaubern kann. Die Befürchtung, hier eine Büchse der Pandora zu öffnen, mag bei der Zurückhaltung der Geschichtswissenschaft an dieser Stelle eine nicht zu unterschätzende Rolle gespielt haben.

Gerade deutsche Historiker empfinden, wenn sie sich mit dem Thema ›Hitler‹ beschäftigen, eine besondere Verantwortung. Das ist verständlich. Aber darf eine derartige Befindlichkeit für Historiker eine Rolle spielen? Sind sie als Wissenschaftler nicht dazu verpflichtet, diejenigen Gedanken zu denken, die dazu führen, die Zusammenhänge korrekt deuten zu können? Indem man dem Gedanken, dass Hitler in Wervik tatsächlich eine entscheidende innere Erfahrung gemacht haben könnte, jahrzehntelang konsequent aus dem Weg gegangen ist, musste man an anderer Stelle dafür bezahlen. Denn: Wer es sich als Wissenschaftler verbietet, einen möglicherweise richtigen Gedanken zu denken, der muss in Kauf nehmen, dass die Folge davon möglicherweise ein falsches Ergebnis ist. Alles deutet darauf hin, dass hier der Grund dafür zu suchen ist, dass Hitler für die Historikerzunft auch heute immer noch ein »mysterium tremendum et fascinosum«[28] darstellt. Durch ihre Zurückhaltung an dieser Stelle hat die Geschichtswissenschaft möglicherweise das Mysterium selbst erschaffen.[29]

REVOLUTION

An einem Tag im November des Jahres 1918 fuhr Hitler mit dem Zug über Berlin nach München. Am 19. November, hatte man ihn aus dem Lazarett in Pasewalk entlassen. Die Zustände im Lazarett während der letzten Kriegstage waren chaotisch gewesen, genauso chaotisch wie die Zustände im ganzen Land. Eine Woche vor Hitlers Entlassung, am 11. November, hatte Deutschland den Waffenstillstand unterzeichnet. Der Krieg war zu Ende und in Deutschland regierte die Revolution. Wenn Hitler während der Zugfahrt über sein persönliches Schicksal und über das Geschehen in Deutschland nachgedacht hat, so muss ihm aufgefallen sein, dass beides auf eigentümliche Weise miteinander verbunden zu sein schien. Später hat er behauptet, dass die Verbindung darin bestand, dass er, als er von der Revolution erfuhr, den Entschluss fasste, Politiker zu werden. Diese Darstellung kann aber, wie im vorherigen Kapitel ausgeführt, aufgrund der Chronologie der Ereignisse nicht zutreffen. Auch die Konzeptblätter von *Mein Kampf* belegen die literarisch-fiktionale Natur dieser Darstellung.[1] Sie hat jedoch einen wahren Kern. Die Verbindung zwischen Hitlers persönlichem Schicksal und dem Schicksal Deutschlands hat es tatsächlich gegeben. Sie bestand darin, dass sich das nationale Trauma und Hitlers persönliches Trauma zur selben Zeit ereigneten. Auch in Hitlers Psyche war eine »Revolution« ausgebrochen. Dass diese innere Revolution beendet war, als man Hitler während des allgemeinen Chaos als »geheilt« aus dem Lazarett entließ, ist wenig wahrscheinlich. Sehr viel wahrscheinlicher ist, dass der Umbruch in seinem Inneren andauerte, genauso wie der Umbruch in ganz Deutschland. Um die inneren Entwicklungen nachvollziehbar zu machen, wird in diesem Kapitel mehrfach der Erzählstil gewechselt. Hitlers Selbstwahrnehmung kann natürlich nur annäherungsweise beschrieben werden. Grundlage dafür bilden spätere Äußerungen Hitlers sowie Erkenntnisse der Psychiatrie über Prozesse, die beim Verarbeiten traumatischer Erlebnisse auftreten können.

Während Hitler mit dem Zug von Pasewalk nach München unterwegs war, versuchten in vielen deutschen Städten revolutionäre Arbeiter-und Bauernräte Macht auszuüben, während ihre Gegner ihnen diese Macht zu entreißen versuchten. Kaiser Wilhelm II. war nach Holland geflohen, der bayerische König war für abgesetzt erklärt worden und die anderen Landesfürsten dankten einer nach dem anderen ab. Einzelne Fraktionen wie Rechte und Linke, Preußen und Bayern, Protestanten und Katholiken begannen gegeneinander zu kämpfen. Das Deutsche Reich zerfiel und in Hitlers Psyche war etwas Ähnliches geschehen: Sein ›Ich‹ war zerfallen. Folgt man der Annahme, dass Hitler sein Trauma in dem überfüllten Kriegslazarett von Pasewalk nicht adäquat verarbeiten konnte, dann hat er auf der Reise nach München noch immer unter dem Eindruck der gewaltigen psychischen Erschütterung gestanden, die er erfahren hatte. Auf sich allein gestellt und ohne therapeutischen Beistand, musste er nun versuchen, mit dieser inneren Revolution klarzukommen. So wie Deutschland sich neu formieren musste, musste sich auch Hitler neu formieren. Um die ›Erfahrung‹, die er gemacht hatte, in seine Geschichte integrieren zu können, musste er sie mit Sinn erfüllen. Er musste lernen, sich zu erklären, was diese ›Erfahrung‹ mit der Geschichte zu tun hatte, die besagte, wer er war – mit der Geschichte, die sein ›Ich‹ war. Dieses ›Ich‹ musste, wenn es nicht zugrunde gehen wollte, zu einer neuen Person werden. So wie das Reich zu einem neuen Reich werden musste.

Die Zukunft des Reiches erschien katastrophal, genauso wie die Zukunft Hitlers. Es gab kein vertrautes Leben, in das er zurückkehren konnte. Er hatte keine Familie, die ihn erwartete, und keine Freunde. Der Krieg, der ihn vier Jahre lang seine unbedeutende Existenz hatte vergessen lassen, war verloren. Er hatte die höchste Tapferkeitsauszeichnung erhalten, aber was nutzte ihm sein EK I jetzt? Frontsoldaten, die ihr Leben für das Vaterland eingesetzt hatten, wurden auf offener Straße verhöhnt. Offiziere wurden bespuckt, weil man sie für die Leiden der Bevölkerung in der Heimat verantwortlich machte. Das glorreiche List-Regiment würde aufgelöst werden, und die Kriegskameraden, die ihm die Familie ersetzt hatten, würden sich in alle Himmelsrichtungen zerstreuen. Alles, was Hitler blieb, war, wieder dort anzuknüpfen, wo er vor vier Jahren aufgehört hatte: Er konnte versuchen, sich erneut als Maler von Münchner Stadtansichten durchzuschlagen. Aber ob er damit in dem von Hunger und Not heimgesuchten München Geld verdienen würde, das stand auf einem anderen Blatt. Der Neunundzwanzigjährige, der im November 1918 mit dem Zug nach München fuhr, war in einer Lage, die jämmerlicher kaum hätte sein können.[2]

Jämmerlich war Hitlers Lage allerdings nur von außen betrachtet. In seinem Inneren sah es anders aus. Folgen wir der Selbstwahrnehmung, die der Koerber/Hitler-Text beschreibt, dann hatte es einen Moment gegeben, in dem war er gestorben. Sein ›Ich‹ hatte sich aufgelöst und es hatte nichts mehr existiert außer dem ›Glanz‹. Er, Deutschland, der ›Glanz‹ – alles war eins gewesen! Aber dann – plötzlich – war er wiederauferstanden. Und da wusste er es: Genauso wie er selbst würde auch Deutschland wiederauferstehen. Er war der lebende Beweis! Im Kampf war er, der Held, eins geworden mit der Nation. In der Niederlage war er mit ihr gestorben. Und nun war er wiederauferstanden, damit das Land, sein Deutschland, wiederauferstehen konnte. Er war die Inkarnation des deutschen Schicksals! Er war Deutschland! Das musste er der Welt mitteilen! In Pasewalk hatte er es versucht. Aber Dr. Forster, sein Arzt, war ein verbohrter Kathederwissenschaftler und

Kleingeist gewesen. Er hatte ihm einzureden versucht, dass er einer Halluzination aufgesessen sei und dass er von einer Hysterie befallen war. Aber das war nicht der Fall! Er war dem Heiligsten, dem Größten begegnet! Er hatte etwas erlebt, was realer war als alles, was man allgemein mit »Realität« bezeichnet. Doch das hatte er diesem Dr. Forster nicht klarmachen können. Das war unmöglich gewesen. Die Sprache war zu begrenzt für das Grenzenlose, das er erfahren hatte. Und so waren nur sinnlose Worte aus ihm herausgesprudelt. Die Psychiatrie kennt diesen Zustand. Nach einem Trauma sind die Betroffenen oft Ideen-inkontinent, oder, wie der Volksmund sagt, »nicht ganz dicht«. Psychiater sprechen von der Durchlässigkeit der Patienten für Äußerungen des Unbewussten. Die Filterfunktion, die diese Äußerungen normalerweise abmildert oder unterdrückt, wenn sie sozial inopportun sind, ist zu schwach, um sich dem Zwang zur Mitteilung des Erlebten zu widersetzen. Oft kommt es in diesen Zuständen auch zu unbeherrschten Handlungen und die Patienten handeln Affekt-inkontinent, sind also nicht mehr in der Lage, ihre Handlungen zu steuern. Um den Betroffenen vor sich selbst ebenso wie seine Mitmenschen vor ihm zu schützen, wird er isoliert. Die Psychiatrie versucht dann, so gut sie kann und mit den Methoden ihrer Zeit, den Betroffenen ruhigzustellen. Zu Beginn des zwanzigsten Jahrhunderts verwendete man: Zwangsjacke, Gummizelle und Elektroschocks. Will der Betroffene eine derartige Behandlung vermeiden, dann muss er den Mund halten. So schwer ihm das auch gefallen sein mag, genau das musste Hitler in diesem Moment tun: den Mund halten. Die ›Erfahrung‹, die er gemacht hatte und die er am liebsten in die Welt hinausgeschrien hätte, musste er für sich behalten. Nur so konnte er eine erneute Einweisung in eine psychiatrische Institution vermeiden. Seine ›Erfahrung‹ musste er jetzt erst einmal verdauen. Reden würde er irgendwann schon wieder können.

Am 21. November 1918 meldete sich Hitler in München beim 2. Infanterieregiment, das in einer Schule untergebracht war. Dabei muss ihm erneut bewusst geworden sein, wie die äußere Welt das widerspiegelte, was in seinem Inneren geschah. Im Außen war alles genauso aufgewühlt wie in ihm selbst. Auch in München war alles durcheinandergeraten. Psychotische Wahnwahrnehmungen sehen häufig so aus: Die Grenze zwischen innen und außen verschwimmt, und Ereignisse, die sich im Außen ereignen, werden von dem Kranken mit inneren psychischen Vorgängen verwechselt und umgekehrt. In diesem Fall allerdings spiegelte sich Hitlers aufgewühlter innerer Zustand tatsächlich in dem Zustand seiner Umgebung wider. Auch in München stand alles auf dem Kopf, war alles ver-rückt. Alle sprachen von »der Revolution«, und niemand wusste genau, was damit gemeint war. Jeder verstand etwas anderes darunter. Im Landtag regierte ein Journalist-Philosoph-Pazifist-Literat-Sozialist mit dem Namen Kurt Eisner. Er hatte Bayern zum Freistaat erklärt und führte nun als erster Ministerpräsident dieses Freistaats die Regierung. In der Armee hörten die Mannschaften nicht mehr auf die Befehle der Offiziere. Alles sollte jetzt von Mannschaften und Offizieren gemeinsam beschlossen werden. »Soldatenräte«, in denen Mannschaften und Offiziere gleichermaßen vertreten waren, übten die Befehlsgewalt aus. Das List-Regiment war noch nicht wieder heimgekehrt, aber Ernst Schmid war da, ein Kamerad, der mit Hitler als Meldegänger gedient hatte und der als Verletzter ebenfalls früher von der Front heimgekehrt war. Gemeinsam mit Schmid ließ sich Hitler nach Traunstein abkommandieren. Dort sollten sie ein Lager bewachen, in dem französische und russische Gefangene zusammengepfercht waren.

Traunstein war ruhiger als München, aber auch hier regierte das Chaos. Lebensmittel, Hygieneartikel und Disziplin waren Mangelware. Hitler und Schmid waren erst ein paar Tage in

Traunstein, da kam die Botschaft aus München, dass sich dort die machthabenden Revolutionäre gespalten hatten. Im Kampf gegen die Monarchie waren sie Verbündete gewesen, aber nun standen sie einander zunehmend unversöhnlich gegenüber: Auf der einen Seite waren das die Sozialisten und Konservativen, die eine parlamentarische Demokratie forderten, auf der anderen Seite die Kommunisten, Anarchisten und Bolschewisten, die ein System von Arbeiter- und Bauernräten durchsetzen wollten. In Berlin kam es zwischen den verfeindeten Revolutionären zu Straßenkämpfen. Verschärft wurde die Situation durch bewaffnete, privat finanzierte Freikorps, die teilweise für die Wiedereinführung der Monarchie kämpften, während sich andere Freikorps-Einheiten mit der parlamentarischen Fraktion verbündet hatten. Teile der Armee schlossen sich sowohl der einen als auch mit der anderen Seite an und griffen in die Kämpfe mit ein. Der Schriftsteller Oscar Maria Graf (1894–1967), der zu dieser Zeit in München lebte, berichtete: »In Berlin tobte offener Krieg. Grausige Nachrichten liefen ein: Kanonen donnerten auf den Straßen, Flammenwerfer arbeiteten, Maschinengewehre knatterten.«[3] Die chaotischen Kämpfe zwischen Freikorps, Kommunisten, Reichswehr, Konservativen und Sozialdemokraten kosteten Tausenden von Menschen das Leben. Auch in München war die Lage zunehmend explosiv, zu Straßenkämpfen kam es aber – vorerst – nicht. In hitzig geführten Debatten setzten sich im bayerischen Landtag schließlich die Vertreter des Parlamentarismus durch, und am 12. Januar 1919 fanden in Bayern, zum ersten Mal unter Einbeziehung der Frauen, freie Parlamentswahlen statt. Die großen Verlierer der Wahl waren die regierenden linken Revolutionäre. Von den 190 Sitzen im Landtag erhielt Eisners Partei nur 3 Mandate.

Zwei Wochen nach der Wahl wurden die Kriegsgefangenen aus dem Lager in Traunstein entlassen und Hitler und Schmid kehrten nach München zurück. Dort hatte sich die politische

Lage etwas entspannt. Aber nur wenig später, am 21. Februar 1919, geschah etwas, das erneut alles verändern sollte. Kurt Eisner, der Führer der linken Revolutionsregierung, war auf dem Weg zum Landtag gewesen, um seinen Rücktritt zu erklären. Da zog ein Rechtsradikaler seine Pistole und ermordete den Ministerpräsidenten mit mehreren Schüssen.

Auf einmal hatte die Revolution einen Märtyrer. Eisner erschien plötzlich als der Vorkämpfer eines politischen Paradieses und erhielt ein triumphales Begräbnis, an dem 100.000 Menschen und 20 Musikkapellen teilnahmen. Alle Kirchen Münchens, die protestantischen ebenso wie die katholischen, läuteten ihre Glocken, und es wurde eine dreitägige Staatstrauer angeordnet. In allen Betrieben legte man die Arbeit nieder, und die Geschäfte blieben geschlossen. Als es dann im Landtag zu einer Racheaktion kam, bei der drei Abgeordnete niedergeschossen wurden, hatte auch die bisher eher unblutig verlaufende Münchner Revolution mit einem Mal gewalttätige Züge angenommen. Überall klebten plötzlich Plakate, die zu Vergeltungsmaßnahmen für Eisners Mord aufriefen, und Eisners Partei weigerte sich, die Macht an diejenigen abzugeben, die die Wahl gewonnen hatten. Eisners Partei zensierte die bürgerliche Presse, während Anhänger Eisners Zeitungsdruckereien stürmten, Papierrollen auf die Straße zerrten und anzündeten. Geschäfte wurden geplündert und Straßen blockiert. Währenddessen lieferten sich im Landtag die verschiedenen politischen Fraktionen chaotische Rededuelle. Am 17. März wurde dann schließlich eine SPD-geführte Minderheitenregierung an die Macht gewählt.

Als dann, ein paar Tage später, in München bekannt wurde, dass in Ungarn mit Belá Kun eine bolschewistische Revolutionsregierung an die Macht gekommen war, gab das den radikalen Linken in der Stadt Auftrieb. Am 7. April verkündete der kommunistische Literat Ernst Toller zusammen mit dem Poeten und Anarchisten Erich Mühsam und dem Philosophen und Anarchisten Gustav Landauer den Sturz der demokratisch gewählten Regierung. Die Regierung floh nach Bamberg, und die drei Künstler-Politiker nahmen »brüderliche Verbindungen« zu Russland und Ungarn auf. Eine Zusammenarbeit mit dem parlamentarischen System in Berlin lehnten sie ab und riefen die »Räterepublik Bayern« aus. Ähnlich den Hippies der 60er-Jahre träumten die Revolutionäre von einer »Gesellschaft ohne Zwang«. Sie wollten einen Staat verwirklichen, in dem die »freie Entfaltung der Individuen« das höchste Rechtsgut darstellte. Landauer verkündete: »Jeder arbeitet, wie er es für gut hält; das Unterordnungsverhältnis wird aufgehoben, das juristische Denken hat hiermit aufgehört.«[4] Ein radikales Dekret löste das andere ab. Aber da staatliche Macht dem Selbstverständnis der Anarchisten widersprach, konnten die meisten Dekrete mangels eben dieser »Staatsmacht« nicht durchgesetzt werden. Die gewalt- und hierarchiefreie Welt des Anarchismus blieb ein schöner Traum. Dafür herrschte in allen Bereichen des täglichen Lebens Chaos. Immer mehr deutsche Städte stellten den Telefonverkehr mit München ein. Züge verkehrten keine mehr, was die Versorgung mit Lebensmitteln zusätzlich erschwerte. Vor den Banken bildeten sich lange Schlangen von Menschen, die ihr Konto leerräumen wollten. Für ein Stück Brot musste man ebenfalls stundenlang anstehen. Milch und Fleisch waren in München nicht mehr zu haben, und die Restaurants blieben geschlossen.

Die Republikanische Schutztruppe, die loyal zu der Regierung in Bamberg stand, verhaftete am 13. April mehrere Mitglieder des regierenden Zentralrates, darunter auch Erich Mühsam. Doch in der Nacht besetzte ein bewaffneter »Aktionsausschuss« der Anarchisten alle öffentlichen Gebäude. Auch die Quartiere der Republikanischen Schutztruppe wurden besetzt. Damit war der Putschversuch gescheitert, aber nun wurde eine zweite Räteregierung ausgerufen. Sie stand unter der Führung von Eugen Leviné und Max Levien, die eine bolschewistische Herrschaft nach russischem Vorbild anstrebten. Lenin persönlich schickte aus Moskau ein Telegramm und beglückwünschte die Kommunisten zu ihrem Erfolg. Johann Dosch, ein steckbrieflich gesuchter Krimineller, wurde Münchens neuer Polizeipräsident. Ein letzter Versuch von Resten der Republikanischen Schutztruppe, das Blatt doch noch zu wenden, scheiterte. Beim Versuch, den Bahnhof zu erstürmen, blieben 21 Tote und 80 Verletzte zurück. Die Versorgungslage wurde jetzt absolut katastrophal, und Müll stapelte sich auf den Straßen. Unter dem Vorwand, Hausdurchsuchungen durchführen zu müssen, entwendeten Rotgardisten Lebensmittel aus Haushalten, Krankenhäusern und Klöstern. Der Betriebsrat der Firma Parcus am Münchner Promenadeplatz druckte 20-Mark-Scheine mit Originaldruckplatten und verschaffte der Regierung damit das dringend benötigte Geld für die Bezahlung der Roten Armee. Der neue Polizeipräsident nahm auf eigene Faust Hausdurchsuchungen vor und beschlagnahmte Gegenstände im Wert von rund 100.000 Mark. Milch wurde laut Dekret nur noch an »schwer kranke Kleinkinder« ausgegeben.

Hitlers Verhalten während dieser chaotischen Zeit hat die historische Wissenschaft intensiv beschäftigt. In *Mein Kampf* hätte Hitler an dieser Stelle Gelegenheit gehabt, sich selbst darzustellen als heroische oder wahlweise auch besonnene oder entschlossene Kraft inmitten eines kommunistischen Chaos. Aber von dieser Möglichkeit hat Hitler keinen Gebrauch gemacht. Von sich selbst und seinem Verhalten erzählt er an dieser Stelle so gut wie nichts. Er erwähnt nur beiläufig den angeblichen Versuch seiner Verhaftung durch »drei Burschen«. Als Grund führt er an, dass er sich das »Mißfallen des Zentralrates« zugezogen habe. Mehr verrät er nicht. Hätte Hitler den Grund dieses angeblichen

Verhaftungsversuches erläutert, so hätte er damit seine vaterländische Gesinnung demonstrieren können. Aber das unterließ er. Während Hitler alle anderen Stationen seines Lebens in *Mein Kampf* detailliert beschreibt, übergeht er die politisch hochbedeutsamen fünf Monate nach seiner Entlassung aus Pasewalk eilig und mit wenigen Sätzen. Hitlers Schweigen ist den Forschern natürlich aufgefallen, und allgemein wird vermutet, dass Hitler hier etwas habe verbergen wollen. Aber was? Aus Zeitdokumenten und den Aussagen verlässlicher Zeugen lassen sich Hitlers Handlungen während dieses Zeitraums nur bruchstückhaft und vage rekonstruieren. Aber so viel scheint klar: Sein Verhalten während der chaotischen Tage in München steht nicht im Einklang mit den politischen Überzeugungen, die er in Wien und im Ersten Weltkrieg vertrat und die er nur wenige Wochen später mit einer nie zuvor gekannten Vehemenz äußern würde.

Während des politischen Chaos in München war die Reichswehr den wechselnden anarchistisch-kommunistischen Regierungen unterstellt. Viele national gesinnte Soldaten verließen die »rote« Reichswehr und schlossen sich rechtsradikalen Freikorps an. Auch Hitler hätte das tun können. Doch er blieb bei der Armee und ordnete sich damit den links-revolutionären Befehlshabern unter. Warum? Warum verhielt er sich nicht wie unzählige andere aus dem rechten Lager? Rote Armbinden und Fahnen hat Hitler später immer nur angewidert als »Fetzen« bezeichnet. Aber er selbst musste in diesen Tagen und Wochen auch brav einen solchen Fetzen getragen haben, denn die rote Armbinde war seit der Eingliederung seiner Truppe in die Rote Armee zwingend vorgeschrieben. Um dieses höchst sonderbare Verhalten Hitlers zu begründen, hat die historische Forschung unterschiedliche Hypothesen aufgestellt. Hitler sei damals in der Armee geblieben, weil das für ihn bequemer gewesen sei, meinten die einen. Er sei ein opportunistischer Wendehals gewesen und sei zu den Sozialdemokraten übergelaufen, versuchten andere zu belegen. Wieder andere behaupteten, Hitler habe zu diesem Zeitpunkt noch keine feste politische Einstellung besessen und sei daher ohne jede Orientierung gewesen. Da es keine gesicherten Erkenntnisse über Hitlers politische Einstellung während dieser Zeit gibt, bestehen alle diese unterschiedlichen Positionen nebeneinander.[5] Hitlers gesamte folgende politische Laufbahn zeigt aber weder eine Tendenz zu politischer Orientierungslosigkeit, noch hat er sich später als ein opportunistischer Wendehals offenbart. Auch Bequemlichkeit war sicherlich kein leitendes Motiv seiner späteren Aktivitäten. Sämtliche bislang vorliegenden Erklärungsversuche sind Hypothesen, die im Widerspruch zu seinem späteren Verhalten stehen.

Eine Möglichkeit, Hitlers Verhalten während der Münchner Revolution in stimmiger Weise zu erklären, wurde bislang außer Acht gelassen. Sie besteht in der Annahme, dass er, anstatt sich einem Freikorps anzuschließen, der völkisch-nationalen Agenda gedient hat, indem er als Spion tätig gewesen ist. Dass also seine Zugehörigkeit zur Bayerischen Roten Armee nur vorgetäuscht war und er in Wahrheit Informationen über die internen Vorgänge und Pläne an rechts-nationalistische Verschwörer wie etwa die Münchner Thule-Gesellschaft weitergeleitet hat.

Die entscheidende Frage, die diesen Zeitraum betrifft, ist aber eine andere: Wie ist Hitlers eigene, innere Revolution abgelaufen? Wie sah es während dieser Zeit in seiner Psyche aus? Ein tiefes Trauma hat das Potenzial, alles in der Psyche des Betroffenen zu sprengen. Die Vorstellungen von der Welt und dem ›Ich‹ lösen sich auf. Einen Moment lang steht der Betroffene buchstäblich vor dem »Nichts«. Danach lassen sich nur Bruchstücke des früheren Selbst wahrnehmen. Vor der alles überstrahlenden ›Erfahrung‹ von Wervik mussten die Bruchstücke von Hitlers Identität jetzt zu einem neuen Bild, zu einem neuen ›Ich‹, zusammenfinden. Dieses neue ›Ich‹ – wie sah es aus? Seine einfache Herkunft, wie war die zu vereinbaren mit der Größe dessen, was er erlebt hatte? *Musste* er vielleicht aus einfachen Verhältnissen stammen? Ja, war das nicht geradezu eine Vorbedingung für jemanden, der auserwählt war eine derartige Erfahrung zu machen? War nicht auch Jesus in einem ärmlichen Stall geboren worden? War nicht auch Parsifal aus dem Nichts gekommen? Und dann – der Ort seiner Geburt – war das nicht ebenfalls ein deutlicher Hinweis? »Als glückliche Bestimmung gilt es mir heute, daß das Schicksal mir zum Geburtsort gerade Braunau am Inn zuwies. Liegt doch dieses Städtchen an der Grenze jener zwei deutschen Staaten, deren Wiedervereinigung mindestens uns Jüngeren als eine mit allen Mitteln durchzuführende Lebensaufgabe erscheint!« Mit diesen Worten beginnt *Mein Kampf*.[6] Schon der Ort seiner Geburt war mit dem Schicksal Deutschlands aufs Engste verknüpft! So hatte es begonnen und so war es weiter gegangen. Alle Stationen seines bisherigen Lebens waren ein wunderbar von der »Vorsehung« vorgezeichneter Weg!

Die »fünf Jahre Elend«, die er in Wien hatte erdulden müssen – das war keine unverdiente Strafe gewesen, nein, diese Zeit hatte er der »Weisheit der Vorsehung« zu verdanken, die »den Widerstrebenden hineinwarf in die Welt des Elends und der Armut und ihn so die kennenlernen ließ, für die er später kämpfen sollte.«[7] Und das Schicksal hatte nicht lockergelassen. Er war einem inneren Drang gefolgt und war nach München gegangen. »... ich musste hinaus in das große Reich, das Land meiner Träume und meiner Sehnsucht.«[8] »Ich glaube«, hat Hitler gesagt, »daß es auch Gottes Wille war, von hier (Österreich, d. Verf.) einen Knaben in das Reich zu schicken...«[9] Und dann: die große, unendliche Gnade! Vier Jahre Krieg! Vier Jahre im Heldenregiment List! Vier Jahre Heldentum »im Gottesdienst des ewigen Richters.«[10]

Immer klarer zeichnete sich vor Hitlers Augen ab, dass er all die Jahre, ohne es zu wissen, vom Schicksal geführt worden war. Das Schicksal hatte ihn einen mühsamen Einweihungsweg gehen lassen, der im »Kreuzestod bei wachen Sinnen« (Koerber/Hitler-Biographie) gegipfelt hatte. Die ›Erfahrung‹ von Wervik war jetzt von allerhöchster Bedeutung erfüllt. Es war der Höhepunkt seines Lebens, war ihm doch in diesem Moment der Sinn seines Daseins offenbart worden. Zurückgeblieben war in ihm dieser »Glanz«, von dem er jetzt ganz und gar erfüllt war. Das gab ihm eine Sicherheit, die durch nichts zu erschüttern war, denn sie war »nicht von dieser Welt«.

Dass es Hitler in den Tagen des politischen Chaos in München gelungen sein muss, die traumatische Erfahrung von Wervik ›sinnvoll‹ in seine Biografie zu integrieren, zeigt die Tatsache, dass sein Realitätsbezug im praktischen Handeln erhalten blieb. Um das Zentrum der Erweckungserfahrung herum hatten sich die Elemente seines Lebens in einem verbindenden Narrativ neu geordnet und den Dissonanzen seines Lebens einen sinnvollen Platz zugewiesen. Sein Leben war – erneut – zu einer Geschichte geworden, die sich zusammenhängend erzählen ließ, und aus der Vermischung von symbolischem Gehalt und faktischer Wirklichkeit war eine Heldengeschichte voller Bedeutung entstanden: Sein Schicksal und das Schicksal Deutschlands waren untrennbar miteinander verbunden. Nichts ließ vermuten, dass der Protagonist einen psychischen Schaden davongetragen haben könnte. Auffälligkeiten zeigte Hitler keine – außer der Messias-Rolle, in der er sich sah.

Wie sich Hitler gefühlt hat, nachdem er die ›Erfahrung‹ verarbeitet hatte, berichtet der Koerber/Hitler-Text von 1923: »Ein hochaufgerichteter Kämpfer schreitet hinaus in die entdeutschte deutsche Welt. Er ist gewaffnet bis an die Zähne mit dem Rüstzeug des Glaubens, des Willens und der

Siegesgewissheit. Unüberwindliche Waffen!«[11] Und tatsächlich: Plötzlich wird aus dem unauffälligen Soldaten, den zuvor niemand wahrgenommen hatte, ein anderer. Der Gefreite, der bis dahin nur brav seine Pflicht erfüllt hatte und den seine Kameraden als einen etwas gehemmten Eigenbrötler wahrgenommen hatten, tritt zum ersten Mal aus den Reihen der Namenlosen heraus. Mitte Februar 1919 stellt sich Hitler der Wahl zum »Vertrauensmann« seiner Einheit - und wird gewählt. Und im April wählen ihn seine Kameraden zum »Bataillonsrat«.[12] Zum ersten Mal in seinem Leben ist Hitler ein »Führer«. Sein Erfolg muss ihn darin bestätigt haben, dass der »Glanz«, der ihn innerlich erfüllte, real war, denn offenbar konnten auch andere Menschen einen kleinen Funken davon wahrnehmen.

Während Hitler und seine Kameraden den Münchner Hauptbahnhof bewachten, bauten die bolschewistischen Herrscher von München die Rote Armee weiter aus, bis sie schließlich 20.000 Mann zählte. Diese Verstärkung war dringend notwendig, denn die Regierung in Bamberg hatte Truppen aus Preußen und Württemberg angefordert, die sich gemeinsam mit Freikorps-Einheiten formiert hatten, um zum Marsch auf München anzutreten. Schließlich griffen die preußischen und württembergischen Truppen gemeinsam mit den Freikorpseinheiten die Rote Armee mit 35.000 Mann an. Die Rote Armee war inzwischen wieder auf etwa 10.000 bis 12.000 Kämpfer geschrumpft. Zu Beginn der Kämpfe konnte die Rote Armee noch Erfolge verzeichnen, aber schon nach kurzer Zeit war ihre Unterlegenheit offensichtlich. München wurde erstürmt, und nach schweren Kämpfen, die zwischen 600 und 800 Todesopfer forderten, eroberten die »Weißen« am 2. Mai 1919 die Stadt. Hitler und seine Truppe griffen in die Kämpfe nicht ein und blieben neutral.

Als die Waffen endlich ruhten, mussten alle Soldaten in der Stadt unter Androhung der Todesstrafe ihre Gewehre abgeben. Plakate verkündeten, dass die parlamentarische Regierung »den Kriegszustand und das Standrecht verhängt« habe, und tagelang herrschte in München blutiger Terror. Wirkliche und vermeintliche Kommunisten wurden gejagt und durch Schüsse in die Genitalien und auf andere Weise qualvoll ermordet. Getötete Rotgardisten knüpfte man zur Abschreckung an Laternenpfählen in der Innenstadt auf. Als die Racheaktionen abflauten, wurden die Soldatenräte aufgelöst und rechte Militärs übernahmen die Macht im Heer und in der Stadt.

Um das Heer von linken Revolutionären zu säubern, wurden von der Armee Untersuchungskommissionen gebildet, die das Verhalten der Soldaten während der Revolutionszeit überprüften. Als Ex-Bataillonsrat der Bayerischen Roten Armee muss Hitler eigentlich im Verdacht gestanden haben, mit linken Ideen zu sympathisieren. Aber er wurde nicht vor eine Kommission zitiert, sondern es gelang ihm im Gegenteil, acht Tage nach dem Sturz der roten Regierung selbst zum Mitglied einer Säuberungs-Kommission zu werden.[13] Diese erstaunliche Tatsache könnte für die Hypothese seiner Spionagetätigkeit sprechen. Denn als Spion hätte er mit den neuen Machthabern ja schon zuvor in Verbindung gestanden. Denkbar ist natürlich auch, dass es Hitler gelang, ausgestattet mit dem »Rüstzeug des Glaubens, des Willens und der Siegesgewissheit«, die neuen Herrscher von seiner vaterländischen Gesinnung zu überzeugen. Was aber auch immer der Grund für seine Berufung in eine der Kommissionen gewesen ist, fest steht, dass sich der »hochaufgerichtete Kämpfer« nun zum Herren über Leben und Tod aufgeschwungen hatte. Mehr als 2000 Unterstützer der Revolution verurteilten die Kommissionen in den folgenden Wochen zum Tod oder zu langen Haftstrafen.

Seit ihn dieses »neue Leben« erfüllte, war Hitler nicht mehr der Alte. Er war nicht mehr der in sich gekehrte, stille und pflichteifrige »Niemand«, als den ihn seine Kameraden während der vier Jahre an der Front kennengelernt hatten. Als Soldaten gesucht wurden, die sich nicht scheuten, im Mittelpunkt zu stehen, um eine Rede zu halten, meldete sich Hitler sofort. Er wurde Mitglied einer Propagandaeinheit, die aus Mannschaften und Offizieren bestand und von einem Hauptmann geleitet wurde. Als »antibolschewistische Aufklärer« sollten die Mitglieder der Nachrichtenabteilung Ib/P links-revolutionäre Ideen im Heer durch Gegenpropaganda bekämpfen. Zusammen mit anderen »Aufklärern« wurde Hitler an der Münchner Universität im Schnellverfahren zum Redner ausgebildet. Der Kurs dauerte fünf Tage und hatte deutsche Geschichte, weltanschauliche, wirtschaftliche, sowie innen- und außenpolitische Themen zum Inhalt.[14] Im August 1919 sprach Hitler zum ersten Mal vor Soldaten, die aus der Kriegsgefangenschaft zurückgekehrt waren.[15] Dabei fiel er als »hervorragender und temperamentvoller« Redner auf, was aus den Berichten verschiedener Teilnehmer hervorgeht. Die Reaktion der Soldaten konnte Hitler als Bestätigung dessen werten, was er inzwischen mit absoluter Sicherheit »wußte«: Das Schicksal hatte ihn auserwählt, die Wiederauferstehung Deutschlands in die Wege zu leiten. Vor seinen Augen fügte sich jetzt alles zusammen: die seit jeher in ihm vorhandene Ahnung von seiner Genialität und das Wissen von der Größe der Wagner'schen Heldenreise, auf der er sich befand.

Am 12. September 1919 besuchte Hitler eine Versammlung der kleinen, unbedeutenden Splitterpartei DAP (Deutsche Arbeiterpartei). Dort hielt er eine spontane Rede, in der er zum ersten Mal öffentlich wahrgenommen wurde. Tatsächlich löste Hitler mit seinen Worten bei seinen Zuhörern große Begeisterung aus. Der *Spiegel*-Redakteur Heinz Höhne hat Hitler als Redner wie folgt beschrieben: »Er konnte attackieren, höhnen und kreischen wie ein Demagoge. Er konnte durch mimische Extempores seine Gegner karikieren und das Publikum zu Lachsalven animieren. Er konnte sich im Stil von Erweckungspredigern in einen Gebetston steigern wie in seinen Prophetien über das kommende deutsche Reich der Größe und der Ehre und der Kraft und der Herrlichkeit und der Gerechtigkeit. Amen. Hitler wusste Menschenmassen zu Tränen zu rühren. Er konnte die Menge geißeln ob ihrer Selbstsucht und Kleinmütigkeit, dass sie sich wie unter Peitschenhieben duckte, und sie zu Hass- und Beifallsorgien hinreißen, die ihnen gaben, was sie am schmerzlichsten vermissten: das Wir-Erlebnis, ein Gefühl nationaler Gemeinschaft und Zusammengehörigkeit.«[16] In *Mein Kampf* hat Hitler geschrieben, dass er einen »Sturm heißer Leidenschaft« in seinem Inneren trug. Deshalb konnten seine Worte, »Hammerschlägen ähnlich die Tore zum Herzen des Volkes öffnen«, denn: »der Himmel« hatte ihn ausersehen, zum »Verkünder seines Willens« zu werden.[17]

THULE

Dass es Hitler innerhalb weniger Jahre gelang, die absolute Macht in Deutschland auf sich zu vereinen, war nur möglich, weil er eine Partei hinter sich hatte: die NSDAP (Nationalsozialistische Deutsche Arbeiterpartei). Als Hitler im Herbst 1919 zum ersten Mal an einer Sitzung der Partei teilnahm, hieß sie noch DAP (Deutsche Arbeiterpartei). Fünf Monate später taufte er die Partei in NSDAP um.

Den Moment seiner ersten Begegnung mit der Partei hat Hitler in *Mein Kampf* anschaulich beschrieben: »Der Gasthof, in dem die bewußte Sitzung stattfinden sollte, war das ›Alte Rosenbad‹ in der Herrnstraße; ein sehr ärmliches Lokal, in das sich nur alle heiligen Zeiten jemand zu verirren schien. (...) Im Zwielicht einer halb demolierten Gaslampe saßen an einem Tisch vier junge Menschen (...) Es wurde nun das Protokoll der letzten Sitzung verlesen und dem Schriftführer das Vertrauen ausgesprochen. Dann kam der Kassenbericht an die Reihe – es befanden sich in dem Besitze des Vereins insgesamt 7 Mark und 50 Pfennig –, wofür der Kassier die Versicherung allseitigen Vertrauens erhielt. Dies wurde wieder zu Protokoll gebracht. Dann kamen vom 1. Vorsitzenden die Antworten auf einen Brief aus Kiel, einen aus Düsseldorf und einen aus Berlin zur Verlesung, alles war mit ihnen einverstanden. Nun wurde der Einlauf mitgeteilt: ein Brief aus Berlin, einer aus Düsseldorf und einer aus Kiel, deren Ankunft mit großer Befriedigung aufgenommen zu werden schien. Man erklärte diesen steigenden Briefverkehr als bestes und sichtbares Zeichen der um sich greifenden Bedeutung der ›Deutschen Arbeiterpartei‹, und dann – dann fand eine lange Beratung über die zu erteilenden neuen Antworten statt. Fürchterlich, fürchterlich. Das war ja eine Vereinsmeierei allerärgster Art und Weise. In diesen Klub sollte ich eintreten?«[1]

Diesem »Klub« ist Hitler beigetreten, und zwar kurz nach der von ihm geschilderten Sitzung als 55. Mitglied. »Es war der entscheidendste Entschluß meines Lebens«, kommentiert er seinen Eintritt in die Partei in *Mein Kampf*. Die Frage ist: warum? Warum hat sich Hitler als Sprungbrett für seine Karriere ausgerechnet eine Gruppierung erkoren, die vom Mief eines Kaninchenzüchtervereins umweht war? Seinen Kontakt zur DAP hat Hitler in *Mein Kampf* mit einem Befehl der Reichswehr begründet, die daran interessiert gewesen sei, zu erfahren, »was es für eine Bewandtnis mit einem anscheinend politischen Verein habe, der unter dem Namen Deutsche Arbeiterpartei in den nächsten Tagen eine Versammlung abzuhalten beabsichtige«. Hitler behauptete also, rein ›zufällig‹ auf die DAP gestoßen zu sein. Und die Biografen haben ihm das geglaubt. Jedenfalls folgen alle bedeutenden Biografien Hitlers Darstellung. Aber kann man Hitlers Behauptung für bare Münze nehmen? Kann man tatsächlich glauben, dass Hitler so unbedarft gewesen ist, dass er den »wichtigsten Entschluß seines Lebens« fällte, nur weil er den Befehl erhalten hatte, irgendeinen x-beliebigen, »anscheinend politischen Verein« zu besuchen? Wenn Hitler schon keine eigene Partei gründen wollte, warum hat er sich nicht wenigstens auf eine ›Shoppingtour‹ begeben, um sich bei den 15 (!) anderen rechtsradikalen Parteien umzusehen, die es zu jener Zeit in München gab?[2]

In seinem Buch *Becoming Hitler: The Making of a Nazi* (2017)[3] berichtete der Historiker Thomas Weber von einem bisher unbeachtet gebliebenen Dokument, demzufolge Hitler, kurz bevor er der DAP beitrat, auch Interesse am Beitritt zu einer anderen Partei gezeigt hatte: Er habe in die Deutschsozialistische Partei (DSP) eintreten wollen, hatte deren damaliger Vorsitzender, der Verleger Hans Georg Grassinger, später erklärt. Verschiedene Pressemitteilungen, welche die Veröffentlichung von Webers Buch begleiteten, interpretierten den Archivfund dahingehend, dass Hitler im Herbst 1919 noch nicht so recht wusste, wohin er eigentlich wollte. »Fast wäre Hitler doch kein Nazi geworden«, titelte zum Beispiel *Die Welt*. Tatsächlich weist Webers Fund aber in die entgegengesetzte Richtung: Er legt nahe, dass Hitler nur allzu genau gewusst hat, warum er sich ausgerechnet für diese beiden Parteien interessierte und für keine anderen. Webers Quellenfund ist ein Indiz dafür, dass Hitler offenbar Informationen besaß, die im Jahr 1919 nicht jedem zugänglich waren. Denn damals wussten in München nur wenige Eingeweihte, dass sowohl hinter der DAP als auch hinter der DSP ein und dieselbe Gruppierung stand: die Thule-Gesellschaft.[4] Dass der Gefreite Hitler über ein derartiges Hintergrundwissen verfügte, mag sich dadurch erklären, dass ihm als V-Mann im Gruppenkommando IV nachrichtendienstliche Informationen der Reichswehr zugänglich waren.[5] Von der Patenschaft der Thule-Gesellschaft bei DAP und DSP könnte Hitler aber auch durch seinen Vorgesetzten bei der Reichswehr, den Hauptmann Karl Mayr, erfahren haben. Der hatte wenige Monate zuvor eng mit der Thule-Gesellschaft zusammengearbeitet.[6] Möglicherweise hatte aber auch Hitler bereits während der Zeit der Münchner Revolution Kontakte zur Thule-Gesellschaft gehabt und hatte für sie Spionagedienste in der Roten Armee geleistet. Woher aber auch immer Hitler gewusst haben mag, dass der von ihm auserkorene Türöffner zur Macht, die DAP, ein Geschöpf der Thule-Gesellschaft war, man muss davon ausgehen, dass er dieses Wissen besaß. Würde Hitlers Behauptung zutreffen und wäre der Zufall für seinen Kontakt zu dieser Schöpfung der Thule-Gesellschaft verantwortlich gewesen, dann wäre der Zufall verantwortlich für das Dritte Reich. Denn Hitlers Entscheidung, der DAP beizutreten und dadurch einen direkten Kontakt zur Thule-Gesellschaft herzustellen, war in der Tat nicht nur »der entscheidendste Entschluß« von Hitlers

Leben. Diese Entscheidung hat auch die Zukunft Deutschlands, Europas und der Welt bestimmt. Wäre Hitler anstatt in die DAP in eine Partei eingetreten, die keine direkte Verbindung zur Thule-Gesellschaft hatte, dann hätte es einen Reichskanzler Hitler möglicherweise niemals gegeben.

Was aber war die Thule-Gesellschaft? Und worin bestand ihre besondere Bedeutung für Hitler? Die Thule-Gesellschaft war eine Gemeinschaft von ›Strippenziehern‹. In dieser Vereinigung hatten sich Hintermänner aus den höheren und höchsten gesellschaftlichen Kreisen zusammengeschlossen, die politischen Einfluss ausüben wollten, ohne dabei persönlich in Erscheinung treten zu müssen. Es war der klassische Fall einer kleinen Elite, deren Ziel darin bestand, politische Institutionen zu nutzen beziehungsweise zu erschaffen, um mithilfe von Marionetten den Staat und die Gesellschaft in Bahnen zu lenken, die ihren Interessen entsprachen. Ihren Einfluss übte die Thule-Gesellschaft auf mehrfache Weise aus: offiziell und geheim. Der offizielle Teil ihrer Tätigkeit war im Münchner Vereinsregister nachzulesen. Dort war die Thule-Gesellschaft eingetragen als eine Studiengruppe, die deutsche Altertumsforschung betrieb.

Bevor Hitler im Herbst des Jahres 1919 mit der DAP und damit indirekt mit der Thule-Gesellschaft in Kontakt kam, hatte die Vereinigung bereits mehr als ein Jahr lang Vorträge zu unterschiedlichen Themen aus dem keltischen und germanischen Kulturkreis organisiert. Die Vorträge waren öffentlich, und auch Nichtmitglieder hatten Zutritt. Sie fanden statt in den Räumen der Niederlassung der Thule-Gesellschaft im Münchner Nobel-Hotel Vier Jahreszeiten, dem ersten Haus am Platz. Hier befanden sich im 1. Stock ihre Vereinsbüros. Außerdem hatte die Thule-Gesellschaft in dem Hotel Säle angemietet, die für dreihundert Personen Platz boten. Nach den Vorträgen wurden hier Soireen veranstaltet mit Klaviermusik oder Gesangsdarbietungen, begleitet von einem Harmonium. Es wurden Sekt und Häppchen gereicht, und bei einem zwanglosen Beisammensein bestand die Möglichkeit zum näheren Kennenlernen, zum Philosophieren, zur Pflege bestehender Geschäftskontakte und zum Anbahnen zukünftiger Verbindungen. So hatte sich die Thule-Gesellschaft das Image eines kulturell-elitären Netzwerks von Münchens besseren Kreisen erworben. Was niemand ahnte, war, dass hinter dieser offiziellen Kulisse geheime Aktivitäten stattfanden.

Hinter ihrer großbürgerlichen Fassade war die Thule-Gesellschaft nach heutigen Begriffen eine politische Terrororganisation. Äußerste Verschwiegenheit war absolutes Gebot. Denn bei den subversiven Aktivitäten der Thule-Gesellschaft handelte es sich um politischen ›Hochverrat‹, und der konnte mit dem Tod bestraft werden. Daher waren immer nur diejenigen Mitglieder der Thule-Gesellschaft in die jeweiligen konspirativen Aktionen eingeweiht, die an diesen Aktionen auch selbst beteiligt waren. Bei geheimen Treffen betraten die daran beteiligten Mitglieder das in der Münchner Maximiliansstraße gelegene Hotel Vier Jahreszeiten durch einen Dienstboteneingang, der sich in der Marstallstraße befand. Alle angemieteten Räume hatten geheime Ausgänge, sodass sie im Fall einer polizeilichen Durchsuchung rasch verlassen werden konnten.

Politisch verfolgte die Thule-Gesellschaft völkisch-nationalistische Ziele und war streng antibolschewistisch und antisemitisch ausgerichtet.[7] Als im November 1918 linke Revolutionäre die Macht in München übernahmen, war die neue Regierung sofort der erklärte Feind der Thule-Gesellschaft. Von nun an unternahm die »Studiengruppe« alles in ihrer Macht Stehende, um die linke Regierung zu stürzen. Am Anfang konzentrierte sich die Thule-Gesellschaft darauf, Verbindungen herzustellen zwischen den vielen unterschiedlichen regierungsfeindlichen Vereinigungen, die in München bzw. in Bayern beheimatet waren. Egal, ob die Gruppierungen völkisch-national, rechtskonservativ, antibolschewistisch, antirepublikanisch, antidemokratisch, antiinternationalistisch oder antisemitisch ausgerichtet waren – auf alle konterrevolutionären Gruppierungen wirkte die »Studiengruppe« wie ein Magnet auf Eisenspäne. In kürzester Zeit war die Thule-Gesellschaft in einer einmaligen Schlüsselposition. Als Zentrum des regierungsfeindlichen Lagers waren die Thule-Leute in alles eingeweiht, was völkische, nationalistische und konterrevolutionäre Gruppen in München planten.[8]

Um über die Pläne der roten Regierung und ihrer Roten Armee informiert zu sein, baute die Thule-Gesellschaft so etwas wie einen eigenen ›Geheimdienst‹ auf. Über ein Netz von Bekanntschaften wurden von Sekretärinnen, von Mitarbeitern der Münchner Verwaltung und von Gewährsleuten in der Roten Armee Informationen über die Pläne der linken Regierung eingeholt und ausgewertet. In einer gut ausgerüsteten Fälscherwerkstatt wurden Ausweise der Roten Armee, der Kommunistischen Partei und anderer linker Organisationen gefälscht, um den Gegner mit eigenen Leuten infiltrieren und ausspionieren zu können. Den verbündeten Gruppierungen stellte die Thule-Gesellschaft ihre Informationen zur Verfügung. Und nicht nur das: Verbündete Regimegegner versorgte sie außerdem mit gefälschten Papieren und auch mit Waffen. Dadurch war die Thule-Gesellschaft der Kristallisationspunkt und zugleich der Motor des Kampfes gegen die linke Regierung. Im Dezember 1918 geriet die Thule-Gesellschaft kurzzeitig in das Fadenkreuz des roten Regimes, und es kam zur Durchsuchung ihrer Geschäftsräume im Vier Jahreszeiten. Die dort gelagerten Waffen konnten jedoch rechtzeitig beiseitegeschafft werden, und der Leiter der Thule-Gesellschaft, Rudolf von Sebottendorff, wurde nach kurzer Haft wieder entlassen.

Während die Thule-Gesellschaft alle regierungsfeindlichen Kräfte in München unterstützte, wo immer sie konnte, war sie auch noch an anderer Stelle aktiv: Am 5. Januar 1919 gründete sie eine politische Partei. Karl Harrer, ein Thule-Mann, der als Sportreporter bei der konservativen *Münchner-Augsburger Abendzeitung* tätig war, übernahm zusammen mit dem Eisenbahnschlosser Anton Drexler den Vorsitz. Zur Gründungsversammlung im Gasthaus Fürstenfelder Hof erschienen zwei Dutzend Eisenbahnbauer. Der Name der Partei lautete: Deutsche Arbeiterpartei (DAP).[9] Da die Partei die Aufmerksamkeit der herrschenden Kommunisten nicht auf sich lenken wollte, hielt sie in den folgenden Monaten keine öffentlichen Versammlungen ab. Die Kontakte zwischen den Mitgliedern der Partei blieben auf wöchentliche geheime Sitzungen beschränkt, die in den verrauchten Hinterzimmern einfacher Wirtschaften stattfanden.[10] Auch der *Münchner Beobachter*, die Zeitung, die Rudolf von Sebottendorff im Juni 1918 für die Thule-Gesellschaft erworben hatte, agierte im Geheimen. Um die Zensurmaßnahmen der Regierung zu umgehen, wurde die Zeitung als ›Sportblatt‹ getarnt und Hinweise auf die Koordination regierungsfeindlicher Aktivitäten waren zwischen Nachrichten über Pferderennen und Fußballspiele versteckt. Da weder die Zeitung noch die Partei wegen der Unterdrückungsmaßnahmen der Regierung öffentlich auftreten konnten, setzte die Thule-Gesellschaft ihre erheblichen finanziellen Ressourcen anderswo ein: Sie begann damit, eine Kampftruppe aufzubauen, die von ihr trainiert, ausgerüstet und bewaffnet wurde. Der Thule-Kampfbund war am Stadtrand von München, in Eching, stationiert und führte Terror- und Sabotageakte gegen die Rote Armee durch.[11]

Am 21. Februar 1919 erschoss Anton Graf von Arco-Valley den bayerischen Ministerpräsidenten Kurt Eisner. Zuvor war ihm wegen seiner jüdischen Vorfahren die Mitgliedschaft in der Thule-Gesellschaft verweigert worden. Später wurde vermutet, dass Graf Arco mit seiner Tat beweisen wollte, dass er trotz seiner jüdischen Herkunft eine vaterländische Gesinnung besaß. Andere Darstellungen besagen, dass Arco im Auftrag der Thule-Gesellschaft gehandelt habe. Welchen Hintergrund die Tat tatsächlich hatte, konnte zweifelsfrei nie geklärt werden. Fest steht, dass die Thule-Gesellschaft ihre konterrevolutionären Aktivitäten nach Eisners Ermordung erheblich ausweitete. Die immer radikaleren kommunistischen Regierungen, die in München an die Macht kamen, wurden von der Thule-Gesellschaft zunehmend mithilfe ihrer paramilitärischen Einheit, dem Thule-Kampfbund, bekämpft. Der Kampfbund führte vermehrt Sabotageakte durch und verteilte zudem Tausende von regierungsfeindlichen Flugblättern. Außerdem kaufte die Thule-Gesellschaft große Mengen von Waffen und militärischer Ausrüstung auf.[12] Am 19. April 1919 wurde der Thule-Vorsitzende Sebottendorff von der demokratisch gewählten Exil-Regierung in Bamberg ermächtigt, ein Freikorps aufzustellen. Daraufhin richtete er ein Rekrutierungsbüro im Hotel Deutscher Kaiser in Nürnberg ein, während Thule-Mitglieder in München in großem Umfang freiwillige paramilitärische Kämpfer anwarben. Außerdem unterstützte die Thule-Gesellschaft auch die Milizionäre anderer rechter Organisationen und koordinierte die Zusammenarbeit mit ihnen. In den Thule-Räumen im Vier Jahreszeiten wurde nun konkret geplant, wie der Sturz der Münchner Regierung mit militärischer Gewalt zu bewerkstelligen sei. In ihrer Fälscherwerkstatt ließ die Thule-Gesellschaft Ausweise herstellen, mit denen die freiwilligen Kämpfer zu Hunderten in Zügen nach Eichstätt in Franken geschleust wurden. Dort schlossen sie sich mit den Mitgliedern des Thule-Kampfbundes zu einem Freikorps zusammen. Während andere Freikorps meist nach ihren Kommandeuren benannt waren (Erhardt, Rossbach, Epp, etc.) hielt man es bei der Thule-Gesellschaft auch hier mit der üblichen Anonymität und taufte das Freikorps »Oberland«. Gemeinsam mit anderen Freikorps-Verbänden und Einheiten der Reichswehr war das Freikorps Oberland dann an der Erstürmung und Eroberung von München beteiligt. Inwieweit dessen Rolle tatsächlich von entscheidender Bedeutung war, wie hinterher vielfach behauptet wurde, oder ob es sich dabei nur um eine nachträglich erfundene Legende handelt, ist nicht mehr feststellbar.

Unbestritten ist, dass der Sturz der linken Regierung die politische Landschaft in München mit einem Schlag grundlegend veränderte. Die gewählte Regierung kehrte aus Bamberg zurück, aber de facto wurde die Stadt jetzt von rechts-nationalistischen Elementen der Reichswehr beherrscht. Die Zeitung der Thule-Gesellschaft, der *Münchner Beobachter,* legte die Tarnung als Sportblatt ab und erschien ab August 1919 unter dem Namen *Völkischer Beobachter.*[13] Auch die DAP brauchte das Licht der Öffentlichkeit jetzt nicht mehr zu scheuen und organisierte Vorträge und Diskussionsabende. Die Hintermänner der elitären Thule-Gesellschaft blieben aber der von ihnen kreierten Arbeiter-Partei nach wie vor fern und vermieden es, Mitglieder zu werden. Sie traten dort aber als Redner auf. Gottfried Feder, Alfred Rosenberg und Dietrich Eckart hielten Vorträge.[14] Das Freikorps Oberland wurde am 21. Oktober 1919 zwar formal aufgelöst, es bestand aber inoffiziell auch nach diesem Termin weiter und änderte nur seinen Namen.

Unter dem Schutz rechts-nationaler Elemente der Reichswehr hatte die Thule-Gesellschaft nun, nach dem gelungenen Umsturz, die beste Ausgangsposition dafür, auch weiterhin die Politik in München und damit in Bayern aus dem Verborgenen heraus steuern zu können. Sie verfügte über das umfangreichste Netzwerk persönlicher Verbindungen innerhalb der völkisch-nationalen Szene und hatte außerdem auch enge Kontakte zu allen anderen nicht-linken politischen Kreisen. Darüber hinaus besaß sie ein Sprachrohr, den *Völkischen Beobachter*, eine politische Partei, die DAP, und sie verfügte über einen »militärischen Arm«, das Freikorps Oberland. Als Speerspitze des rechts-nationalen Widerstandes hatte die Thule-Gesellschaft an dem Sturz der Kommunisten in München einen entscheidenden, wenn nicht vielleicht sogar *den* entscheidenden Anteil gehabt. Die Hintermänner der Thule hätten Anlass genug gehabt, in der gewohnt gediegenen Atmosphäre des Vier Jahreszeiten bei Sekt und Häppchen zu feiern. Doch trotz all dieser erhebenden Umstände war den Thule-Mitgliedern nicht nach Feiern zumute. Im Gegenteil: In der Thule-Gesellschaft wurde erbittert gestritten. Grund der heftigen Auseinandersetzungen war eine Katastrophe, die sich zeitgleich mit dem Sturz der Kommunisten ereignet hatte.

Am 26. April 1919, wenige Tage vor dem Angriff der Konterrevolutionäre auf die Bayerische Rote Armee, war es im Vier Jahreszeiten erneut zu einer Hausdurchsuchung gekommen. Dabei waren Hinweise auf die Identitäten einzelner Thule-Mitglieder entdeckt worden, was zur Verhaftung von sieben Mitgliedern sowie dreizehn weiteren Verdächtigen führte.[15] Als am 30. April die Freikorps-Verbände zusammen mit der Reichswehr in den Vororten Münchens einmarschierten, kamen bei den Kämpfen Dutzende von Angehörigen der Roten Armee ums Leben. Aus Rache wurden noch in derselben Nacht die sieben gefangenen Thule-Leute von der Roten Armee hingerichtet.

Dass bei der Eroberung Münchens einzelne Kämpfer ihrer Oberland-Truppe fallen würden, darauf waren die Hintermänner der Thule-Gesellschaft vorbereitet gewesen. Aber dass Mitglieder aus den eigenen Reihen ihr Leben lassen würden, damit hatten die honorigen ›Strippenzieher‹ niemals gerechnet. Nun war genau das passiert, was die anonym agierenden Hintermänner auf jeden Fall hatten vermeiden wollen: Die Identität einiger Mitglieder war dem Feind bekannt geworden und das war ihnen prompt zum Verhängnis geworden. Die ermordeten Geiseln, die ihren Gegnern zufällig ins Netz gegangen waren, geben einen Hinweis darauf, aus welchen Gesellschaftsschichten sich die Mitglieder der Thule-Gesellschaft rekrutierten. Unter den Ermordeten waren drei Künstler, ein Beamter, ein Freiberufler, ein Milizionär und ein Mitglied der Hochfinanz. Vier der Ermordeten waren Aristokraten.[16]

Unter den Aristokraten sticht ein Name besonders hervor: Gustav Franz Maria, Prinz von Thurn und Taxis. Bevor Prinz Gustav auf dem Schulhof des Münchner Luitpold-Gymnasiums von den Soldaten der Roten Armee erschossen wurde, hatte er in den Palästen seiner Familie gelebt, unter anderem in dem 500-Zimmer Schloss St. Emmeram in Regensburg, dem Stammschloss der Familie. Die Fürsten von Thurn und Taxis waren die größten privaten Grundbesitzer Deutschlands, Prinz Gustav war Erbe eines der größten Privatvermögen Europas und zählte zur obersten Elite des internationalen Geldadels. Mit der Person des Prinzen war den amateurhaft agierenden Rotgardisten ausgerechnet der dickste Fisch ins Netz gegangen. Zwar hatte die Thule-Gesellschaft viele wohlsituierte Mitglieder, aber mit den unermesslichen Besitztümern der Thurn und Taxis konnte es niemand aufnehmen. Bei dem Prinzen dürfte es sich um *den* entscheidenden Hintermann der Thule-Gesellschaft gehandelt haben. Wer ein solches Mitglied in seinen Reihen wusste, der brauchte sich wegen der Finanzierung subversiver politischer Unternehmungen keine Sorgen zu machen. Auch die Ausrüstung und Bewaffnung von Milizen war mit einer derartigen Unterstützung ein Kinderspiel. Aber genauso wie die Mitgliedschaft des Prinzen für den Leiter der Thule-Gesellschaft, Rudolf von Sebottendorff, von gewaltigem Nutzen gewesen war, so wurde nun dessen Ermordung für ihn zu einem entsetzlichen Problem. Der Mord schlug hohe und höchste Wellen, und Sebottendorff wurde dafür verantwortlich gemacht, dass die streng vertraulichen Mitgliederlisten in die Hände der Roten Armee fallen konnten. In dem Moment, als die verhassten Kommunisten gestürzt wurden, also zur Stunde seines größten Triumphs, erlebte Sebottendorff zugleich seine größte Niederlage. Verzweifelt versuchte er, sich gegen die Vorwürfe zu wehren, legte aber schließlich doch sein Amt nieder und ernannte Hanns Dahn, einen Rechtsanwalt, zu seinem kommissarischen Nachfolger als Leiter der Thule-Gesellschaft. Nach dem 22. Juni 1919 nahm Sebottendorff an keiner Thule-Veranstaltung mehr teil.[17]

Als Hitler im September 1919 Mitglied der DAP wurde, war die hinter der Partei stehende Thule-Gesellschaft noch immer mit schweren internen Auseinandersetzungen beschäftigt. Die Wunde, die der Schock über das Blutbad unter den Strippenziehern gerissen hatte, wollte nicht heilen. Der Streit um die Person des Rudolf von Sebottendorff, der die Thule-Gesellschaft während der Münchner Revolution so außerordentlich erfolgreich geleitet hatte, hatte die einstmals verschworene Gemeinschaft in ihren Grundfesten erschüttert. Dass die Thule-Gesellschaft als Organisation in den größten Schwierigkeiten steckte, änderte aber nichts daran, dass einzelne Personen aus dem Thule-Kreis im nachrevolutionären München nach wie vor als machtvolle politische Beweger im Hintergrund agierten. Diese Hintermänner der Thule-Gesellschaft waren das wertvollste Kapital der DAP. Hellmuth Auerbach hat den Aufstieg der DAP genauer untersucht. Er schreibt: »Die neue Partei, die völkisch-nationale Gedanken und antisemitische Parolen unter den kleinen Leuten, Arbeitern, Soldaten, Angestellten und kleinen Geschäftsleuten verbreitete, erfreute sich überhaupt der zunehmenden Förderung durch die Honoratioren der

Thule-Gesellschaft und des Deutschvölkischen Schutz- und Trutzbundes. In den Anwesenheitslisten fast aller DAP-Veranstaltungen dieser Zeit (1919–1923) tauchen einige ihrer Namen auf.«[18] Der Deutschvölkische Schutz- und Trutzbund war zu einem Auffangbecken für verbitterte Thule-Leute geworden. Eine direkte Verbindung bestand über Kurt Kerlen, ein Thule-Mitglied, der in Nürnberg die bayerische Sektion dieses Verbandes leitete. Im September 1919 rief er eine Münchner Ortsgruppe ins Leben, die sich rasch zu einer Art »antisemitischem mittelständischem Honoratioren-Verein« entwickelte und die zahlreichen Mitgliedern der zerstrittenen Thule-Gesellschaft eine neue Heimat bot.[19]

Der Zugang zu den märchenhaften finanziellen Ressourcen der Vergangenheit war durch die Ermordung von Prinz Gustav zwar nun versperrt, aber unter den Thule-Leuten gab es genügend vermögende Paten, die »ihrer« Partei gerne unter die Arme griffen. Waren die gewaltigen Anfangserfolge der DAP-NSDAP ohne Frage Hitler zuzuschreiben, so wären sie ohne materielle Unterstützung nicht möglich gewesen. Zwar wurde bei den öffentlichen Veranstaltungen der Partei meist ein kleines Eintrittsgeld fällig, aber das änderte nichts daran, dass politische Kundgebungen ein Zuschussgeschäft waren. Sowohl die kleineren Versammlungen in Wirtshäusern als auch die Großveranstaltung mit 3.000 und mehr Zuhörern mussten finanziert werden. Irgendjemand musste für die Anmietung der Säle bürgen, die Plakate und Handzettel, die Hitlers Veranstaltungen publik machten, mussten bezahlt werden, der Saalschutz musste organisiert, trainiert und verpflegt werden, und auch für die sonstigen operativen Kosten, die bei der Organisation derartiger Versammlungen anfielen, musste jemand aufkommen. Das konnte weder der mittellose Hitler noch der Parteivorsitzende Drexler, der als Werkzeugschlosser bei der Eisenbahn arbeitete. Zuwendungen einzelner spendabler Sponsoren nahm Hitler gerne entgegen und leitete sie an seine Partei weiter, allerdings ohne jegliche Kontrolle, da er zwischen sich selbst und der Partei keinen Unterschied machte und keine Spendenbelege ausstellte. Als ein Spender einmal von Hitler einen Beleg erbat, soll er ihm stattdessen ein Flugblatt mit dem Parteiprogramm in die Hand gedrückt haben. Die Namen derer, die der Partei die lebensnotwendigen Finanzspritzen gaben, konnten von der historischen Forschung niemals eindeutig festgestellt werden. Joachim Fest schreibt dazu: »Die Nationalsozialisten selber haben den abenteuerlichsten Vermutungen durch die hysterische Heimlichtuerei Raum verschafft, mit der sie die Frage ihrer Finanzierung zu vernebeln versuchten. Die Unterlagen der zahlreichen Beleidigungsprozesse, die in den Weimarer Jahren aufgrund immer neuer Anschuldigungen zum Austrag kamen, wurden nach 1933 beiseite geschafft oder vernichtet, und seit Anfangszeiten galt allgemein die Regel, über materielle Zuwendungen keine Belege aufzubewahren.«[20]

In begrenztem Umfang hat wohl auch Hitlers Vorgesetzter bei der Reichswehr, der damalige Nationalist Karl Mayr, die Partei unterstützt. Allein die Tatsache, dass sich Hitler überhaupt als Parteiredner betätigen konnte, hatte er dem Entgegenkommen von Mayr zu verdanken. Bis zum 31. März 1920, dem Tag seines Ausscheidens aus der Reichswehr, erhielt Hitler ja noch seinen Sold als Gefreiter beim Reichswehrgruppenkommando IV. Ohne die Zustimmung seines vorgesetzten Offiziers wären seine ersten Auftritte als Redner nicht möglich gewesen. Außer der Reichswehr muss es in dieser frühen Phase aber auch noch andere Geldquellen gegeben haben. Dass die DAP-NSDAP von einzelnen Mitgliedern der Thule-Gesellschaft finanziell unterstützt wurde, liegt nahe. Schließlich teilten die ehrenwerten Herren aus dem Vier Jahreszeiten Hitlers Vision von ›Deutschlands Erneuerung‹ und der Aufrichtung eines mächtigen Reiches ebenso wie seinen Antisemitismus. Auch die »hysterische Heimlichtuerei« bezüglich der Finanzen, von der Joachim Fest berichtet hat, deutet auf die Thule-Gesellschaft, deren Mitglieder ja grundsätzlich aus dem Verborgenen heraus agierten.

Das persönliche Netzwerk verschiedener Thule-Leute erstreckte sich weit über Münchens Grenzen hinaus und konnte die Türen zu einflussreichen Persönlichkeiten in ganz Deutschland öffnen. Von diesen Verbindungen hat Hitler ausgiebig Gebrauch gemacht und konnte damit seine Agenda entscheidend voranbringen. Einige dieser Kontakte seien hier beispielhaft erwähnt. Durch den Thule-Mann Dietrich Eckart lernte Hitler dessen Thule-Kollegen Alfred Rosenberg kennen. Dieser machte Hitler mit dem Deutschbalten Max Erwin von Scheubner-Richter bekannt, der im November 1920 in die NSDAP eintrat. Scheubner-Richter wiederum stellte Verbindungen zu vermögenden russischen Emigrantenkreisen her. Außerdem knüpfte er Kontakte zwischen Hitler und mächtigen Vertretern der deutschen Großindustrie.

Wie Hitler den für ihn gerade in der Anfangszeit wichtigen Reichswehrhauptmann Ernst Röhm kennengelernt hat, ist mit letzter Sicherheit nicht belegt, da Röhms Aufzeichnungen nach dessen Tod zum größten Teil vernichtet wurden. Möglicherweise haben sich Hitler und Röhm in der Wohnung des Freikorpsführers Beppo Römer kennengelernt. Dieser gehörte der von der Thule-Gesellschaft gegründeten Oberland-Truppe an. Sicher ist, dass Hitler Ernst Röhm zu der Zeit seines Parteieintritts kennengelernt haben muss. Röhm, einer der wenigen Duzfreunde Hitlers, wurde schon 1919 Mitglied der DAP. Als Verbindungsoffizier der Reichswehr legte der »Maschinengewehrkönig« unter Umgehung der Bestimmungen des Versailler Vertrages geheime Waffenlager an und war in der Folgezeit ein wichtiger Türöffner für Hitler bei bayerischen Militärs und Politikern. Röhm war auch mit Münchens Polizeipräsident Pöhner und dem Freikorps-Mythos Franz Ritter von Epp persönlich bekannt, ebenso wie mit dem bayerischen Kronprinzen Rupprecht, einem hochdekorierten Feldmarschall.[21] Der Kontakt zu Thule-Leuten wie Ernst Pöhner, dem Münchner Polizeipräsidenten und Wilhelm Frick, der als Oberamtmann die Abteilung der politischen Polizei leitete, war für Hitler von größter Bedeutung, da beide ihre schützende Hand über Hitlers Partei hielten. Anzeigen gegen die NSDAP wegen übler Hetze, Haus- oder Landfriedensbruch wurden nicht verfolgt und entsprechende Verfahren erst gar nicht eingeleitet. Schließlich beteiligten sich Pöhner und Frick sogar an Hitlers Putschversuch.[22]

Eine herausragende Bedeutung hatte für Hitler seine Bekanntschaft mit dem führenden General des Ersten Weltkrieges, Erich Ludendorff. Diese persönliche Verbindung wertete den ehemaligen Gefreiten enorm auf, und der daraus resultierende Prestigegewinn war gewaltig. Über den Beginn der Beziehung kursieren in der Literatur die verschiedensten Versionen. Ludendorff selbst schreibt: »Auch kam – es war wohl in jenen Tagen [Mai 1921] – Herr Rudolf Heß, ein frischer, jugendlicher Mann zu mir. Er erzählte mir von der Nationalsozialistischen Deutschen Arbeiterpartei, die seit kurzem gegründet worden sei, und von ihrem Freiheitswillen und bat mich, auch ihren Führer, Herrn Adolf Hitler, zu empfangen. Ich willigte ein und bald darauf lernte ich Herrn Adolf Hitler in meinem Hause mit seinem drängenden Willen kennen und habe ihn dann in weiten Kreisen empfohlen ...«[23] Rudolf Heß, der laut Ludendorff die Verbindung hergestellt hatte, war ebenfalls ein Mitglied der Thule-Gesellschaft.

Die finanzielle Unterstützung und die wertvollen Kontakte gewisser Mitglieder der Thule-Gesellschaft waren die besten Voraussetzungen für den Start einer großen politischen Karriere im München der damaligen Zeit. Für die Verwirklichung seiner Vision von einer umfassenden, großen »Bewegung«, die über eine einzelne Partei weit hinausreichte, konnte sich Hitler keine besseren Partner wünschen als die verschwiegenen und hervorragend vernetzten Herren aus dem Vier Jahreszeiten. Schließlich hatten die Thule-Leute die erfolgreiche Gegenrevolution angeführt und als einigende Kraft die unterschiedlichen völkischen Gruppen, antisemitischen Vereine, antibolschewistischen Parteien und nationalistischen Milizen zu einer konterrevolutionären Macht zusammengeschweißt. Von großem Wert waren auch die Kontakte der Thule-Leute zu allen anderen Gegnern der Kommunisten: den Konservativen, den Anti-Republikanern, Anti-Internationalisten, den nationalen Demokraten, den Anti-Demokraten, usw. usw. Dass die Thule-Gesellschaft durch die ›Geiselmorde‹ nun auch noch mit Märtyrern aufwarten konnte, wertete sie zusätzlich auf. Das Thule-Blatt, der *Völkische Beobachter,* konnte zu einer täglich erscheinenden Zeitung ausgebaut werden und als Sprachrohr für rechts-nationale Ideen dienen. Neben der DAP, die zu Hitlers NSDAP werden sollte, gab es noch die überregionale DSP, die Deutschsozialistische Partei, die ihr Entstehen ebenfalls der Thule-Gesellschaft verdankte. Die Partei, der sich Hitler möglicherweise ebenfalls hatte anschließen wollen, ging später in der NSDAP auf.[24] Nicht zuletzt war da auch noch die nicht unbedeutende paramilitärische Truppe der Thule-Gesellschaft, die durch zahlreiche persönliche Verbindungen eng mit ihr verbunden war: das Freikorps Oberland. Und auch zur Reichswehr, die München ja nun de facto beherrschte, bestanden durch die Thule-Gesellschaft beste Verbindungen. Dass das Wehrbereichskommando sein Hauptquartier nach der Besetzung Münchens ebenfalls im Hotel Vier Jahreszeiten aufschlug, kann man als Hinweis auf die hervorragende Qualität dieser Beziehung werten.

In seinem Buch *Bevor Hitler kam* (1933) schrieb Rudolf von Sebottendorff später, dass Hitler von der Thule-Gesellschaft seine »Rüstung« erhalten habe.[25] Und in der Tat: Die Parteigründungen der Thule-Gesellschaft, die DAP und die DSP machte Hitler zu seiner NSDAP und die Zeitung der Thule-Gesellschaft, den *Völkischen Beobachter*, kaufte er Ende 1920 von Sebottendorff und machte ihn zum Kampfblatt seiner Bewegung. Viele Mitglieder des von der Thule-Gesellschaft gegründeten Freikorps Oberland bildeten den Kern der im Entstehen begriffenen bayerischen Sturmabteilung (SA). Als paramilitärischer Teil der NSDAP und als Hitlers Privatarmee hatte die SA einen maßgeblichen Anteil an seinem Aufstieg. Viele hochrangige NS-Führer und nahe Vertraute Hitlers gingen aus dem Freikorps Oberland hervor, unter vielen anderen: Heinrich Himmler (Reichsführer SS), Sepp Dietrich (SS-Leibstandarte und Generaloberst) und Emil Maurice (Leibwächter, Vertrauter und Duzfreund Hitlers).[26] In der Thule-Gesellschaft hatte man sich mit ›Heil und Sieg‹ begrüßt, lange bevor Hitler ›Sieg-Heil‹ als ›Deutschen Gruß‹ einführte. Dass sich Hitler bei dieser Grußformel von der Thule-Gesellschaft inspirieren ließ, wie Sebottendorff behauptet hat, ist nicht nachgewiesen, aber durchaus möglich.[27] Laut Sebottendorff hat Hitler auch das Hakenkreuz von der Thule-Gesellschaft übernommen. Das Hakenkreuz (mit Strahlenkranz und Schwert) war das Symbol der Thule-Gesellschaft, und alle Räume, welche die Thule-Gesellschaft im Vier Jahreszeiten angemietet hatte, waren mit Hakenkreuzen in den Farben Schwarz, Weiß und Rot dekoriert, die von dem Thule-Mitglied Arthur Griehl angefertigt worden waren. Zwar war das Hakenkreuz zur damaligen Zeit auch anderswo in der völkisch-nationalen Szene verbreitet, aber die Personen, die mit der Wahl und Gestaltung dieses Symbols als Zeichen der NSDAP in Verbindung gebracht werden, standen alle in enger Verbindung zur Thule-Gesellschaft, sodass sich hier eine direkte Entstehungslinie nachweisen lässt.[28] Wenn Sebottendorff also schreibt, dass Hitler der Thule-Gesellschaft seine »Rüstung« verdankte, so ist diese Darstellung kaum zu bestreiten.

Mitglieder in Hitlers Partei wurden die meisten Thule-Leute allerdings nicht. Sie zogen es vor, wie gewohnt im Hintergrund zu bleiben. Es gab aber auch Ausnahmen: Einige Thule-Leute bekannten sich von Anfang an offen zu Hitler. Andere gaben später ihre Ressentiments gegen die »Kleine-Leute-Partei« später auf und traten dann als Mitglieder in Hitlers NSDAP ein. Im NS-Staat haben mehrere Thule-Leute später Karriere gemacht und übten dort zum Teil bedeutende Funktionen aus. Das Problem bei alledem ist, dass sich mit letzter Sicherheit nicht sagen lässt, wer ein Voll-Mitglied der Thule-Gesellschaft war, wer dort den Status eines »Gastes« hatte oder den »Freundschaftsgrad« besaß (den auch Frauen erwerben konnten) und wer lediglich enge Verbindungen zu dem Thule-Kreis pflegte. Die Thule-Gesellschaft war eine Geheimgesellschaft, und deshalb fehlen überprüfbare Belege. In seinem Buch »Bevor Hitler kam« führt Sebottendorff 220 Thule-Mitglieder namentlich auf. Es gibt aber gute Gründe, die Vollständigkeit und Exaktheit dieser Liste anzuzweifeln.[29] Die im Folgenden aufgeführten Personen waren mit großer Sicherheit Mitglieder, bzw. sehr eng mit dem Thule-Kreis verbunden:

- Rudolf Heß (Stellvertreter des Führers),
- Alfred Rosenberg (Ideologischer Beauftragter Hitlers),
- Dr. Rudolf Buttmann (Vorsitzender der bayerischen NSDAP),
- Franz Gürtner (NS-Justizminister),
- Karl Fiehler (ab März 1933 Oberbürgermeister von München),
- Wilhelm Frick (Innenminister 1933–1943),
- Hans Frank (Hitlers Rechtsanwalt, ab 1939 Generalgouverneur von Polen),

- Dietrich Eckart (Chefredakteur des *Völkischen Beobachters*),
- Hanns Bunge (Mitglied des Volksgerichtshofs, NSDAP-Abgeordneter),
- Heinz/Heinrich Jost (SS-Brigadeführer),
- Ernst Pöhner (Polizeipräsident von München bis zu seinem ungeklärten Unfalltod im Jahr 1925)

Möglich ist, dass einige Thule-Leute in Hitler nur ein »Werkzeug« sahen, dessen sie sich bedienen wollten, um mit seiner Hilfe ihre eigene Vision einer »Erneuerung Deutschlands« zu verwirklichen. Von diesen Thule-Leuten wurde die »Rüstung«, welche die Thule-Gesellschaft geschaffen hatte, möglicherweise nur als eine Leihgabe betrachtet. Die DAP, den *Völkischen Beobachter*, das Hakenkreuz, die Begrüßungsrituale und die Kämpfer des Oberland-Freikorps hat Hitler der Thule-Gesellschaft aber sehr rasch abgenommen und für seine eigene Agenda vereinnahmt. Dass ihm das so einfach gelang, hatte sicherlich auch damit zu tun, dass er gerade in dem Moment auf der Bildfläche erschien, als die Thule-Gesellschaft in einer schweren inneren Krise steckte, von der sie sich auch in den Folgejahren nicht mehr erholte. Nachdem Sebottendorff seine Ämter niedergelegt hatte, folgte eine Reihe rasch wechselnder Vorsitzender, was auf fortdauernde innere Auseinandersetzungen schließen lässt. In den folgenden Jahren versank die Thule-Gesellschaft in politischer Bedeutungslosigkeit und nur noch ihre Fassade als schöngeistiger Zirkel blieb erhalten. Ihre Tätigkeit erschöpfte sich in der Organisation von Lesungen, Vorträgen, Musikveranstaltungen und Ausflügen. Als am 6. Februar 1926 der letzte Vortrag gehalten wurde, war die Mitgliederzahl auf 5 Personen geschrumpft. Durch eine Verfügung des Registergerichts wurde die Thule-Gesellschaft im Juni 1930 aus dem Vereinsregister gelöscht.

Nach dem Triumph Hitlers im Jahr 1933 erwachte die Thule-Gesellschaft kurzzeitig zu neuem Leben. In den historischen

Räumlichkeiten des Hotels Vier Jahreszeiten feierte Rudolf von Sebottendorff gemeinsam mit 75 ehemaligen Mitgliedern am 9. September 1933 ein Weihefest und gründete die Thule-Gesellschaft erneut. Sebottendorff hatte München nach 1919 verlassen und seit 1923 in der Schweiz, der Türkei, den USA und in Zentralamerika gelebt. In einem Brief an Schulrat Rohmeder schrieb er 1920, dass er erst dann wieder »nach München komme, wenn die Hakenkreuzfahnen in Deutschland den Sieg der Bewegung künden werden.«[30] Nun hatte sich die kühne Prophezeiung Sebottendorffs erfüllt, und er war wieder da. Im Vier Jahreszeiten organisierte er erneut Thule-Versammlungen und gab eine Zeitschrift mit dem Namen *Thule-Bote* heraus. Außerdem veröffentlichte er ein Buch mit dem Titel *Bevor Hitler kam* (1933). Die erste Auflage von 3.000 Stück war umgehend verkauft. Als Sebottendorff eine 2. Auflage von 5.000 Stück drucken ließ, wurden die Bücher noch in der Druckerei von der Gestapo beschlagnahmt und Sebottendorff kam ins KZ. Ihm war zum Verhängnis geworden, dass er in seinem Buch daran erinnert hatte, dass Hitlers Bewegung auf Fundamenten beruhte, welche von der Thule-Gesellschaft geschaffen worden waren. Hitler aber hatte die Thule-Gesellschaft niemals mit den Anfängen seiner Bewegung in Verbindung gebracht. Weder in *Mein Kampf* noch an anderer Stelle hat er sie jemals erwähnt. Als Hitler dann doch einmal auf die Thule-Gesellschaft zu sprechen kam, und zwar am 12. Februar 1936 in einer Rede in Schwerin, ging es ihm um roten Terror und um die Münchner Geiselmorde, dem die erschossenen Thule-Leute zum Opfer gefallen waren. Durch die umfangreiche Zeitungsberichterstattung über die Münchner Geiselmorde war die Existenz der Thule-Gesellschaft in der Öffentlichkeit bekannt. Dort wurde sie aber immer nur als idealistische Vorkämpferin einer nationalen Erneuerung dargestellt, niemals als Wegbereiterin der Hitler-Bewegung. In dem von Hitler unermüdlich wiederholten Aufstiegs-Mythos seiner Bewegung war für die Thule-Gesellschaft kein Platz. Denn dieser Mythos besagte, dass Hitler das »Wunder« des Aufstieges »aus kleinsten Anfängen« ganz alleine vollbracht hatte. Es erstaunt nicht, dass Sebottendorffs Korrektur dieser Darstellung bei Hitler auf wenig Gegenliebe stieß.

Die zweite Blüte der Thule-Gesellschaft war mit der Verhaftung Sebottendorffs rasch beendet und die Vereinigung entschlief erneut, diesmal für immer. Über Sebottendorffs weiteres Schicksal gibt es widersprüchliche Darstellungen. R. H. Phelps zitiert Sebottendorffs Verleger H. G. Grassinger, der behauptet hatte, dass Sebottendorff auf einen Befehl Hitlers hin ermordet worden sei. N. Goodrick-Clarke berichtet, dass Sebottendorff aus dem KZ freikam und über die Schweiz in die Türkei ausreiste. H. Rittlinger, Chef der deutschen Abwehr in Istanbul, berichtete in seinem Buch *Geheimdienst mit beschränkter Haftung* (1973), dass Sebottendorff von 1942 bis 1945 sowohl für die deutsche Abwehr als auch für den britischen Geheimdienst tätig gewesen sei. Nach der Niederlage soll Sebottendorff Selbstmord begangen haben. Seine Leiche sei im Bosporus gefunden worden.

Hitlers Verhältnis zur Thule-Gesellschaft war von Anfang an zwiespältig. Auf der einen Seite war die enge Verbindung zu einzelnen Thule-Mitgliedern am Anfang seiner Karriere von einer alles entscheidenden Bedeutung. Die »Rüstung« der Thule-Gesellschaft hatte seinem kometenhaften Aufstieg eine zusätzliche und nicht zu unterschätzende Schubkraft verliehen. An einer direkten Zusammenarbeit mit der Thule-Gesellschaft war Hitler aber zu keiner Zeit interessiert. Eine Teilung der Macht mit den Hintermännern aus dem Vier Jahreszeiten kam für ihn nicht infrage. Zwei Monate nach seinem Eintritt in die DAP ließ Hitler eine Geschäftsordnung niederlegen, in der es hieß: »(...) schließt jede Form der Bevormundung (des Parteiausschusses, Anm. d. Verf.) durch eine Über- oder Nebenregierung, sei es Zirkel oder Loge, ein für allemal aus (...)«[31] Damit war klar, wer bei der DAP die Zügel in der Hand hielt. Der Thule-Mann Karl Harrer trat als DAP-Vorsitzender zurück und der Einfluss der Thule-Gesellschaft auf die DAP war beendet. Hitler brauchte die Thule-Gesellschaft nicht mehr. Als Kristallisationspunkt seiner ersten Gefolgsleute und als Lieferant seiner »Rüstung« hatte die Thule-Gesellschaft entscheidende Dienste geleistet. Aber damit war ihre Aufgabe erfüllt. Eine »Nebenregierung« hätte Hitler nur im Weg gestanden. Dass Hitler die Macht in der DAP übernommen hatte, wurde am 24. Februar 1920 deutlich, also nur wenige Monate nachdem er der Partei beigetreten war. An diesem Tag verkündete er im Münchner Hofbräuhaus vor 2.000 Zuhörern sein 25 Punkte umfassendes Parteiprogramm sowie seinen Entschluss, die Partei in NSDAP umzubenennen.

Dass Hitler die Thule-Gesellschaft niemals mit seiner Person oder mit den Anfängen der NS-Bewegung in Zusammenhang gebracht hat, liegt aber nicht nur am Mythos vom »Wunder« der Entstehung der NS-Bewegung »aus kleinsten Anfängen«. Es gab für Hitler noch ein weiteres und möglicherweise sehr viel wichtigeres Motiv, die Thule-Gesellschaft zu verschweigen. Hinter der Fassade eines schöngeistigen Traditionsvereins steckte nämlich nicht nur eine politische Terrororganisation. Hinter dieser Fassade verbarg sich noch etwas anderes. Dieses »Andere« deutete der Name »Thule« zwar an. Aber nur wenige Eingeweihte wussten davon.

Für die meisten Menschen, die zu Beginn des 20. Jahrhunderts lebten, hatte das Wort »Thule« einen unverdächtigen Klang. Man dachte dabei an die Expeditionen des Polarforschers Knud Rasmussen. Der Däne hatte seine Forschungsstation in Nordgrönland »Thule« getauft und seine Entdeckungsreisen waren unter dem Namen Thule-Expeditionen bekannt. Seit dem Jahr 1912 berichteten viele Zeitungen und Zeitschriften der westlichen Welt ausführlich darüber. Von der geheimen Bedeutung des Namens ›Thule‹ wussten die meisten Menschen nichts. Die bezog sich auf ›Ultima Thule‹, das Land des Nordens. In der Vorzeit, so hieß es, als die Erde noch jünger war und von ihrem Kern eine größere Hitze ausging, hatten am Polarkreis optimale Lebensbedingungen geherrscht. Begünstigt durch eine Atmosphäre, die an den Polen nur wenig Veränderung erfuhr, habe es dort einen immerwährenden Frühling gegeben mit einem idealen Klima für Fauna und Flora. Unter diesen exzellenten Voraussetzungen habe sich hier in vorgeschichtlicher Zeit eine Zivilisation entwickelt. Deren technische Möglichkeiten seien den Errungenschaften des wissenschaftlichen Zeitalters weit überlegen gewesen. Die Technik der Vorzeit habe das psychische Energiepotenzial des Menschen genutzt. Mit der psychischen Energie habe man Veränderungen auf der materiellen Ebene bewirkt. Das alte Wissen von ›Ultima Thule‹ könne man mithilfe von gewissen Konzentrations- und Meditationstechniken wieder erfahrbar machen, hieß es.[1]

So abenteuerlich das alles klingt, der Glaube an ›Ultima Thule‹ war bei Weitem nicht die einzige abenteuerliche Vorstellung der honorigen Hintermänner aus dem Vier Jahreszeiten. In ihrem innersten Kern war die Thule-Gesellschaft eine spirituelle Gemeinschaft. »Als ich Hitler 1921 und 1922 in

München zum ersten Mal begegnete, stand er in Verbindung mit einem Kreis von Leuten, die fest an die Macht der Sterne glaubten«, hat der prominente US-Journalist Karl Henry von Wiegand im Jahr 1939 in einem Interview geäußert.[2] Der Kreis, von dem Wiegand berichtet, kann, nach allem, was wir über Hitler wissen, nur die Thule-Gesellschaft gewesen sein. Die Thule-Loge war die bayerische Sektion des Germanenordens, einer Vereinigung von Ariosophen, die 1912 in Leipzig von dem Esoteriker und Antisemiten Theodor Fritsch ins Leben gerufen worden war. Anlässlich einer Weihefeier im Dezember 1917 war Rudolf von Sebottendorff in Berlin zum Großmeister der bayerischen Ordensprovinz ernannt worden.[3]

Sebottendorff war 1875 in Hoyerswerda als Sohn eines Lokomotivführers unter dem Namen Adam Alfred Rudolf Glauer auf die Welt gekommen. Der Religionswissenschaftler Nicolas Goodrick-Clarke von der University of Exeter hat dessen Leben in dem Buch *The Occult Roots of Nazism* (1985) genauer recherchiert.[4] Glauer-Sebottendorff hatte auf Schiffen gearbeitet und sich dann in der Türkei niedergelassen. Dort hatte er begonnen, sich mit Spiritualität und Mystik zu beschäftigen. Dabei war er mit verschiedenen Sufi-Orden in Kontakt gekommen. Die mystische Lehre der Sufis hat ihre Wurzeln in den Überlieferungen islamischer Gelehrter des 8. Jahrhunderts, im Schamanismus Zentralasiens und in frühchristlicher Mystik. In einigen Orden praktizieren Derwische einen Tanz um die eigene Achse. Diese Sufis tragen hohe Hüte und Hosenröcke und drehen sich beim Tanz bis zur Ekstase, um damit zu einer Erfahrung der »höchsten Realität« zu gelangen. Aber auch wochenlange Hungerkuren, Schlafentzug, Atemtechniken und andere Methoden werden von den Derwischen angewendet. Regelmäßig treffen sich die Ordensmitglieder zu geheimen Sitzungen, wo sie stufenweise in höhere Erkenntnisse eingeweiht werden. Neben seinen

Kontakten zu Sufis knüpfte Sebottendorff auch Verbindungen zu türkischen Freimaurern, zu Rosenkreuzern und Kabbalisten. Im Jahr 1910 gründete er seine eigene mystische Loge in Konstantinopel. Ein Jahr später ließ er sich von Baron Heinrich von Sebottendorff adoptieren und wurde so selbst zu einem Baron. 1913 kehrte er nach Deutschland zurück, heiratete die Tochter eines Berliner Kaufmanns und übernahm vier Jahre später die Leitung der Thule-Gesellschaft in München.

Die Verbindung zwischen Hitler und dem politischen Arm der Thule-Gesellschaft (DAP, DSP, *Völkischer Beobachter*, Freikorps Oberland) ist durch die akademische Forschung zweifelsfrei belegt. Die konterrevolutionären Aktivitäten der Thule-Leute während der Revolutionszeit in München sind detailliert untersucht und dokumentiert. Der spirituelle Hintergrund dieser Geheimgesellschaft ist von der Geschichtsschreibung eindeutig nachgewiesen. Er wird aber kaum beachtet und oft nicht einmal erwähnt. Da der Zusammenhang zwischen der Thule-Gesellschaft und den Anfängen der NS-Bewegung unumstritten ist, die Thule-Gesellschaft aber erwiesenermaßen auch eine okkulte Loge war, tut sich hier ein unendliches Feld möglicher Spekulationen auf.

Im Jahr 1960 veröffentlichten Louis Pauwels und Jaques Bergier ein Buch mit dem Titel *Le Matin des Magiciens*. Der Text beschäftigte sich unter anderem mit vermuteten spirituellen Praktiken der Thule-Gesellschaft und deren Bedeutung für die Anfänge der NS-Bewegung. Das Buch wurde in viele Sprachen übersetzt und entwickelte sich zu einem weltweiten Mega-Bestseller. Es war gleichsam der Startschuss für eine Lawine von ›Nazi-Okkult‹-Büchern, die folgte und die sich hauptsächlich mit dem spirituellen Aspekt der Thule-Gesellschaft beschäftigen. Viele Nazi-Okkult-Autoren kommen zu dem Schluss, dass die Wurzeln von Hitlers Ideologie in esoterischem Gedankengut zu suchen sind. Dass die Behauptung in dieser verkürzten Form mit großer Sicherheit nicht zutrifft, ist im Kapitel *Prophet* dargestellt. Die überwiegende Mehrheit der wissenschaftlich arbeitenden Autoren teilt diese Auffassung, und so hat sich die Geschichtswissenschaft mit den Theorien der Nazi-Okkult Autoren niemals ernsthaft auseinandergesetzt. Das allerdings ändert nichts daran, dass die Menge derartiger Publikationen inzwischen eine eigene Realität erschaffen hat.[5] In der Nazi-Okkult-Theorie wird der Nationalsozialismus zu einem Phänomen, das von höheren Mächten gesteuert ist. Einige Autoren behaupten, Hitler sei von den Thule-Leuten für ihre Zwecke »benutzt« worden. Verborgene »Meister« der Thule-Gesellschaft hätten Hitler mit Hilfe von Telepathie (oder durch Mittelsmänner) gelenkt. Gleichsam ferngesteuert habe er die Befehle von Thule ausgeführt, sei also im Grunde nichts weiter gewesen als ein Medium. Andere Autoren behaupten, Hitler habe durch die Thule-Gesellschaft eine Einweihung in magische Praktiken erhalten. Aber weder auf die esoterische Machtzentrale, die Hitler gelenkt haben soll, noch auf magisch-spirituelle Aktivitäten von Hitler gibt es auch nur den geringsten Hinweis.[6] Manche Autoren sind der Meinung, dass die Thule-Leute auf Hitler mithilfe ihrer magischen Rituale gestoßen seien. Die Esoteriker, so lautet die These, hätten Hitler gleichsam »in ihre Mitte meditiert«. Auch diese Behauptung bleibt natürlich jeden Beweis schuldig.

Begibt man sich auf den Boden der belegbaren Tatsachen, so wird deutlich, dass nicht die Thule-Leute Hitler benutzt haben, sondern dass es umgekehrt war: Hitler hat die esoterisch gesinnten Geheimbündler für seine Zwecke benutzt. Wenn es ihm dienlich war, hat er die entsprechenden Kontakte gepflegt und zu seinem Vorteil genutzt. Ansonsten hat er die Esoteriker übergangen oder als »germanische Wanderscholaren« abgekanzelt und sich über sie lustig gemacht. Dass es einen Zusammenhang zwischen dem Entstehen der

NS-Bewegung und der Thule-Gesellschaft gab, hat Hitler niemals auch nur mit einem einzigen Wort erwähnt. Das hatte seinen Grund wohl darin, dass er seine Bewegung nicht durch die Verbindung zu einer obskuren Logenbrüderschaft in Misskredit bringen wollte. Dass altgermanisch-esoterische Aktivitäten auf die Mehrheit der Bevölkerung lächerlich wirken, hat Hitler nicht nur in *Mein Kampf* geschrieben, sondern auch an anderer Stelle betont. Durch sein Schweigen hat Hitler suggeriert, die Thule-Gesellschaft habe für ihn und die Anfänge seiner Bewegung keinerlei Bedeutung gehabt. Zu dem Eindruck, den Hitler erweckt hat, stehen die Fakten aber in deutlichem Widerspruch. Schließlich ist es sehr wahrscheinlich, dass er das Hakenkreuz und möglicherweise auch den »Heil-Gruß« von der Thule-Gesellschaft übernommen hat. Vielfach belegt und unzweifelhaft ist, dass er den wohlhabenden Strippenziehern aus dem Vier Jahreszeiten seine Partei, seine Privatarmee und seine Propagandawaffe zu verdanken hatte. Trotzdem wird die Thule-Gesellschaft in der akademischen Literatur, die sich mit der Entstehung des Nationalsozialismus befasst, nur am Rande erwähnt.

Die Mehrheit der Historiker ist Hitlers unermüdlich vorgetragener Darstellung vom Beginn der Bewegung »aus kleinsten Anfängen« gefolgt, und in Hitlers Erzählung spielt die Thule-Gesellschaft ja tatsächlich nicht die geringste Rolle. Es hat sich auch kein ernst zu nehmender Historiker gefunden, der sich eingehender mit den spirituellen Vorstellungen des Thule-Netzwerkes beschäftigt hätte. Das erschien entbehrlich, da ja in der Tat alles darauf hindeutet, dass Hitlers Weltbild nicht von esoterischen Vordenkern stammt. Die Kenntnis des geistigen Hintergrunds der Thule-Gesellschaft ist aber aus einem anderen Grund von größter Bedeutung: Nur wenn man die Ideenwelt der Thule-Mitglieder kennt, erschließt sich, warum die Thule-Esoteriker nicht nur eine wichtige, sondern *die* entscheidende Rolle für Hitlers Aufstieg gespielt haben. Dann wird auch klar, warum das esoterische Thule-Netzwerk *den* zentralen Platz in dem Hitler-Puzzle einnimmt. Der Geschichtswissenschaft ist an dieser Stelle ein gravierendes Versäumnis unterlaufen. Denn der Beginn von Hitlers Karriere kann nur dann wirklich verstanden werden, wenn man den geistigen Hintergrund der Thule-Gesellschaft kennt.

Die Vorstellungswelt der Thule-Gesellschaft zu erhellen, ist nicht ganz einfach, da von den Mitgliedern hierüber nichts zu erfahren ist. »Ich gelobe, mich allezeit freiwillig unterzuordnen, sowie getreu und schweigepflichtig in den Dienst des Ordens zu stellen«, mussten die Mitglieder in ihrem Aufnahmeantrag erklären.[7] An das Schweigegebot haben sie sich gehalten, und so drang über die geistigen Grundlagen der »Studiengruppe« nichts nach außen. Trotz der Verschwiegenheit der Logenbrüder gibt es aber doch Einiges an belegbaren Nachweisen, die es ermöglichen, hier, zumindest in verschiedenen wichtigen Bereichen, zu einem relativ exakten Bild zu kommen. Dieses Bild ist nicht umfassend, es kann aber in wichtigen Punkten präzise Auskunft geben.

›Germanische‹ Geheimgesellschaften von ähnlicher Art wie die Thule-Gesellschaft waren in Österreich und Deutschland seit der Mitte des 19. Jahrhunderts verbreitet. Mit Hilfe des generellen Wissens über diese Gruppierungen sowie dem, was über den Germanenorden, die Mutter der Thule-Gesellschaft, bekannt ist, lassen sich Rückschlüsse auf die Thule-Gesellschaft ziehen. Einen weiteren wichtigen Beitrag zur Aufklärung der Ideenwelt der Thule-Gesellschaft liefern nicht zuletzt auch die schriftlichen und mündlichen Äußerungen ihres geistigen Vaters, des Esoterikers Guido von List. Seine Weltanschauung, die »Ariosophie«, war beim Germanenorden und dessen Ableger, der Thule-Gesellschaft, das Zentrum der spirituellen Ausrichtung. Während es vielen ariosophischen Gemeinschaften ausschließlich um die Bewusstseinsentwicklung ihrer Mitglieder ging, entwickelten andere darüber hinaus auch politische Visionen. Das war auch beim Germanenorden der Fall. In seiner Organisation, seinen Ritualen und der Terminologie ähnelte der Germanenorden den Freimaurern, und es gab, wie bei den Freimaurern, unterschiedliche Grade geheimer Einweihungen. Zwar lehnten die Ariosophen die Freimaurer wegen ihrer angeblich »jüdischen Unterwanderung« strikt ab, sie kopierten aber ganz bewusst deren Strukturen, um sie mit ihren eigenen Waffen zu schlagen.

Dass die »jüdisch-internationalistischen« Freimaurer bei der Entstehung der Vereinigten Staaten von Amerika einen maßgeblichen Einfluss ausgeübt hatten, galt für die politisch orientierten Ariosophen als ausgemachte Sache. Das »Auge der Vorsehung« im Siegel der Vereinigten Staaten, aber auch die Pyramide und andere Symbole auf dem Dollarschein wurden als Hinweise auf die Freimaurer gedeutet und als Beweis für deren Einfluss angeführt. Ebenso wie die Freimaurer angeblich als Geburtshelfer der USA verantwortlich zeichneten, genauso gedachten die politisch orientierten Ariosophen ihren Beitrag zu leisten bei der Entstehung eines germanisch-europäischen Großreichs der Zukunft. Ein solches zukünftiges Reich hatte Guido von List prophezeit. Dieses Reich werde laut List dann entstehen, wenn der »Starke von Oben«, ein deutscher Erlöser, in Erscheinung treten würde. Dessen unmittelbar bevorstehende Ankunft hatte List ebenfalls vorhergesagt.

> »Noch fliegen zwar die Raben um den Untersberg, in dem der Armanengeist seiner Wiedergeburt entgegensieht, aber die Zeichen mehren sich, woraus es zu erkennen ist, daß die Zeit nahe ist, in welcher dessen Tor sich öffnen muß für den Auszug des Wiedergeborenen, für den ›Starken von Oben‹, der da kommen wird, um

> mit schlichtenden Schlüssen den Streit zu beenden, um das erneute Armanenrecht allen Völkern zu geben für die werdende kommende Zeit.«[8]

Die Worte, mit denen Guido von List sein Buch *Die Armanenschaft der Ario-Germanen* (1908) beschließt, geben die Stimmung wieder, die am Anfang des 20. Jahrhunderts in den ariosophischen Kreisen Deutschlands und Österreichs verbreitet war. Sehnsüchtig erwartete man dort »Seine« Ankunft.[9]

Nach dem verlorenen Krieg sehnten sich nicht nur die Ariosophen nach einem »starken Mann«. Der wirtschaftliche Niedergang, das Machtvakuum, das der geflohene Kaiser hinterlassen hatte, eine durch Reparationsforderungen strangulierte Volkswirtschaft und die rechthaberischen Streitereien der Parlamentarier im Reichstag erzeugten ein politisches Chaos, das nicht zur Ruhe kommen wollte. Die gewohnten Koordinaten der gesellschaftlichen Realität waren abhandengekommen. Die Wirklichkeit bot keinen Halt mehr, und man klammerte sich an Fiktionen. Man beschwor die Notwendigkeit einer »deutschen Jeanne d'Arc« und hielt Ausschau nach einem »neuen Karl dem Großen« oder einem »deutschen Napoleon«. Die Konservativen hofften auf einen »neuen Bismarck«, die Protestanten auf den »neuen Luther« und die Deutsch-Nationalen blickten sehnsüchtig nach Italien, wo der Duce-Kult im Entstehen war. Auch Joseph Goebbels suchte, ebenso wie der Held seines Tagebuch-Romans *Michael*, denjenigen, der »einen Weg wisse«. Bevor Goebbels Hitler kennenlernte, beklagte er, nirgendwo sei »das starke Genie, das aus dem Chaos der Zeit auf neuen Wogen zu neuen Zeiten führt«, und er sehnte den Mann herbei, der »der deutschen Zwietracht den Dolch mitten ins Herz hineinstößt«.[10] Dass die Hoffnung auf das Erscheinen eines mächtigen Retters nach dem verlorenen Krieg weit verbreitet war, bestätigt der Bericht des Chefkorrespondenten des *Hearst International News Service*. »Es wurde viel geflüstert über das Kommen eines neuen Charlemagne und eines neuen Reichs«, erinnerte sich Karl H. von Wiegand im Jahr 1939 an die Zeit unmittelbar nach dem Ersten Weltkrieg.[11]

Während sich aber die meisten Deutschen nach einer starken politischen Autoritätsfigur sehnten, ging die Erwartung der Ariosophen weit darüber hinaus. Die spirituellen Anhänger des Guido von List erwarteten mehr als einen normalen Sterblichen. Bei den Ariosophen glaubte man an das unmittelbar bevorstehende Erscheinen des »deutschen Messias«. Das war nicht als Metapher gemeint, sondern wortwörtlich. Man glaubte an das Erscheinen eines Individuums mit übermenschlichen Qualitäten. So wie die Muslims den Mahdi erwarten, die Buddhisten den Maitreya, die Juden den Messias und die Christen die Wiederkunft Christi, so erwarteten die Ariosophen den »Starken von Oben«. Das Kommen dieses Verkünders der »alten Weisheit in neuem Gewande« stehe unmittelbar bevor, hatte List prophezeit und von ihm geschrieben, er »drängt nun mit erstarkten Kräften zu erneuter Wiedergeburt und ist eben daran, sich einen erneuten Leib, nämlich eine erneute Erscheinungsform zu schaffen, und das ist eben ›Der Starke von Oben‹, von dem die *Völuspa* singt und sagt:

> Und es kommt zum Ringe der Rater
> der Starke von Oben zu enden den Streit.
> Mit schlichtenden Schlüssen entscheidet er Alles.
> Währen wird ewig was er gebaut.«[12]

Die *Völuspa*, auf die List sich bezieht, ist Teil der alten nordischen Dichtung *Edda*. Die Zeit sei nun gekommen, so List, in der sich die Verheißung der *Völuspa* erfüllen werde. Der »germanische Erlöser«, prophezeite der österreichische

Esoteriker, werde als »Gottmensch« regieren und eine neue Weltordnung aufrichten, in der ein »Pangermanisches Reich« die Weltherrschaft ausüben werde.[13]

Die Mitglieder der Thule-Gesellschaft führten während der Herrschaft der Kommunisten die Konterrevolution an und hatten im nachrevolutionären München mit schweren internen Auseinandersetzungen zu kämpfen. Für okkulte Rituale kann da kaum Zeit geblieben sein. Das ändert aber nichts daran, dass das Milieu der Thule-Gesellschaft in besonderem Maß von den Prophezeiungen des Thule-Vordenkers Guido von List geprägt war. Kurz vor seinem Tod, am 17. Mai 1919, hatte List eine letzte Prophezeiung gemacht. Die Niederlage im Krieg, hatte er erklärt, sei eine erforderliche Läuterung gewesen. Darauf werde nun notwendigerweise die endgültige Errettung der arischen Deutschen folgen. Das Erscheinen des »Erlösers« stehe unmittelbar bevor.[14] Verschiedene Hinweise belegen, dass die Erwartung der Ankunft dieser übermächtigen Führergestalt im Netzwerk der Thule-Mitglieder ein zentrales Thema gewesen sein muss. Im Sommer 1919 kündigte der Thule-Mann und Publizist Dietrich Eckart in seiner Zeitschrift *Auf gut Deutsch* »den deutschen Mann« an. Der »noch Namenlose« werde schon bald den Kampf gegen die Lüge aufnehmen, prophezeite er.[15] Seiner Erwartung gab Eckart in einem Gedicht Ausdruck, welches er ebenfalls im Sommer 1919 verfasste, wenige Wochen bevor er zum ersten Mal mit Hitler zusammentraf. Das Gedicht hat folgenden Wortlaut:

> »Doch hält die Wacht, die treue Wacht, ein Großer.
> Der Tronjer nicht, ein anderer ist uns nah.
> Vertraut und fremd zugleich, ein Namenloser,
> den jeder fühlt und doch noch keiner sah (...)
> Schon ist's als käm's herauf mit hellem Scheine –
> Geduld! Geduld!«[16]

In einem Flugblatt des Thule-Mitglieds Fritz von Trützschler vom Juni 1919 findet sich folgender Satz:

> »Niemand weiß heute, wer dieser Mann ist und wann er kommen wird. Aber wenn das Feld bearbeitet ist, wird er erscheinen. Das ist unser Glaube!«[17]

Dass der Retter gerade jetzt, nach der Niederlage, also in der dunkelsten Stunde, erscheinen würde, stand im Einklang mit Lists hinduistisch inspirierter Philosophie vom permanenten Werden und Vergehen. Nach Lists Auffassung war im Untergang des Alten immer auch schon der Keim des Neuen enthalten. So war er, der »alte« Prophet, denn auch gestorben, vier Monate bevor der »neue« geweissagte »Retter« Hitler im Sterneckerbräu zum ersten Mal in der Öffentlichkeit auftrat.[18]

Als Hitler den Thule-Leuten begegnete, muss er ihnen mit dem »Sturm heißer Leidenschaft«, die er in sich trug, und seinen Worten, die »Hammerschlägen ähnlich die Tore zum Herzen des Volkes öffnen« konnten, als »Gottmensch« erschienen sein. »Gottmenschen«, hatte List erklärt, »(...) sind es, welche den Fortschritt bedingen, begeistert und begeisternd die Menge zu höheren Zielen führen.«[19] Auch in Hitlers Herkunft könnten manche Ariosophen eine Bestätigung seiner Besonderheit erkannt haben. List hatte nämlich behauptet, dass sich Reste der reinen ariogermanischen Rasse in entlegenen Gegenden erhalten hätten, und zwar in »Alt Sachsenland, in den Elbeniederungen, in Niederösterreich, in den Tälern der Krems, des Kamp und der Isper.« Der Kamp fließt durch das Waldviertel, woher sämtliche Ahnen Hitlers stammen.

Die Anhänger des Guido von List wussten, dass es in dessen Leben einen Moment gegeben hatte, wo dieser zeitweilig erblindet war. Für List war dieser Moment von höchster

Bedeutung gewesen, da sich ihm im Zustand der Blindheit das Geheimnis der Runen »offenbart« hatte, wie er später berichtete. Falls Hitler von seiner Erblindung und dem damit verbundenen »Wunder« erzählt hat, dann hat auch das bei den Thule-Leuten ganz sicher eine entsprechende Wirkung gezeigt. Aus der Sicht der Thule-Ariosophen konnte kein Zweifel daran bestehen, dass Hitler all jene »göttlichen« Eigenschaften besaß, die List in seinen »heiligen Schriften« aufgeführt hatte. »Das Innerlichkeitsgefühl, das Bewußtsein, seinen Gott mit allen seinen Eigenschaften in sich eingeschlossen zu tragen, erzeugte jenes hohe Selbstvertrauen in die Macht des eigenen Geistes, welches Wunderkraft verleiht, welche Wunderkraft allen Menschen innewohnt, die starken Geistes zweifellos überzeugt an dieselbe glauben.«[20] Hitler schien jenen »Gottmenschen« zu verkörpern, der »in hoher Begeisterung seine Anhänger mit sich fortreißt, nicht rechts, nicht links ausweichend, geradeaus seinem Sonnenziele entgegenstürmt.«[21] Hitler entsprach exakt dem Bild, das Guido von List von den »Armanen« gezeichnet hatte. Armanen waren laut List diejenigen Menschen, welche »ihr Schicksal und dessen unabweisbare Notwendigkeit erkennen und es einfügen in das Schicksal des Alls, und daher zu jener grauenhaften Größe emporzuwachsen vermögen, indem sie im Bewusstsein ihrer Göttlichkeit alles Kleinmenschliche in sich überwunden haben und das Schicksal selber geworden scheinen.«[22]

Als Hitler im nachrevolutionären München zuerst vor Soldaten im Auftrag der Reichswehr und dann im Sterneckerbräu seine ersten Reden hielt, hatte er das Trauma von Wervik erfolgreich in sein Selbstbild integriert. Er war erfüllt von seinem »neuen Leben«, das in einem nie zuvor gekannten »Glanz« erstrahlte, und auch sein ganzes bisheriges Leben war »neu«. Plagte ihn doch jetzt nicht mehr der geringste Zweifel: Seit der Erfahrung von Wervik wusste er mit absoluter Sicherheit, dass er sich auf einem heroischen Lebensweg befand. Diesen Weg konnte er mit schlafwandlerischer Sicherheit gehen, denn er wusste, dass er vom Schicksal vorgezeichnet war. Alle seine Entscheidungen waren endgültig. Zu widerrufen brauchte er nichts. Denn alles war vom Schicksal bestimmt. Als die Thule-Leute Hitler begegneten und zu erkennen glaubten, dass derjenige, der da in Fleisch und Blut vor ihnen stand, tatsächlich der war, auf den sie mit ihrer ganzen Sehnsucht gehofft hatten, und Hitler wiederum wahrnahm, dass er es war, auf den sich die messianischen Hoffnungen der Thule-Leute richteten – da muss das für die Beteiligten ein unvergleichlicher Moment gewesen sein.

Ob Hitler »der Starke von oben« war oder dessen Verkünder, darüber waren sich wohl nicht alle vollkommen im Klaren, Hitler eingeschlossen. In seinen erhalten gebliebenen Äußerungen aus der Frühzeit seiner Karriere finden sich sowohl Vergleiche mit Jesus als auch Bekundungen, mit denen er sich als eine Art Johannes auswies, der berufen war, als »Trommler« für denjenigen zu wirken, der nach ihm kommen sollte.[23] Ob Hitler den Johannes nur spielte und sich in Wahrheit immer schon als Erlöser gesehen hat, worauf Einiges hindeutet[24], das ist in diesem Zusammenhang von nebensächlicher Bedeutung. Für die Thule-Leute war entscheidend, dass Hitler ohne jeden Zweifel das »Besondere« anhaftete, das »Göttliche«, von dem List gesprochen hatte. Die Eigenschaften der fiktiven Figur des Schriftstellers List wurden von den Thule-Leuten nun einem Menschen aus Fleisch und Blut angedichtet. Und Hitler konnte sich in seinem neuen Selbstbild bestätigt sehen. Seine Fiktion war auf den mangelnden Realitätssinn von Menschen getroffen, die sich an Fiktionen klammerten. Zum ersten Mal nahm nun nicht nur er selbst diesen »göttlichen Glanz« wahr, der ihn seit der Erfahrung von Wervik erfüllte.

Als Hitler auf das Netzwerk der Thule-Esoteriker traf, stand er plötzlich mit seiner Vorstellung, ein Auserwählter mit göttlichem Auftrag zu sein, nicht mehr allein gegen die Welt, sondern die Welt um ihn herum begann, seine Vorstellung zu teilen. Der kleine, aber einflussreiche Kreis der Esoteriker von Thule nahm ihn als »Erwachten« ernst und verehrte ihn in tiefster Gläubigkeit. Die Resonanz, die Hitler bei seinen ersten ›Jüngern‹ fand, war es, die ihn in seinem Glauben an seine ›Wahrheit‹ bestärkte. So bildete der kleine Kreis von gläubigen Jüngern den Resonanzkörper, der die fiktive Gestalt, die es zunächst nur in Hitlers Vorstellung gegeben hatte, reale Formen annehmen ließ.

Die Dynamik zwischen dem Glauben seiner ersten Jünger und dem Glauben, den Hitler selbst zu vermitteln wusste, führte dazu, dass sich die Gewissheit darüber, dass er in der Tat im Auftrag einer »höheren Macht« handelte, auf beiden Seiten in eine »unerschütterliche Wahrheit« verwandelte. Durch das dynamische Zusammenspiel zwischen Hitler und seinen ersten Anhängern wurde aus einer spirituellen Verschwörung eine politische Massenbewegung.[25] Auch zur Legendenbildung haben die Thule-Spiritisten ganz sicher das Ihre beigetragen. Wenn sie raunten, dass mit Hitler ein »Erwachter« gekommen sei, eine »Lichtgestalt«, ein »Gottmensch«, so half das, die Bierkeller mit Neugierigen zu füllen. Das »Wunder der Bewegung«, das Hitler später immer wieder von Neuem beschwören sollte, nahm hier seinen Anfang.[26]

Um den alles entscheidenden Funken zu erzeugen, der die Dynamik der gegenseitigen Bestätigung im Glauben in Gang setzte, brauchte es einen ersten fanatischen Gläubigen. Dann einen zweiten und einen dritten. Dann hatte eine Entwicklung begonnen, die nichts mehr aufhalten konnte. Wer aber war dieser entscheidende erste Jünger? Vieles deutet auf Dietrich Eckart. Eckarts enge Verbindungen zur Thule-Gesellschaft sind erwiesen, ebenso sein Interesse an Esoterik und sein frühes Zusammentreffen mit Hitler. Bereits nach seiner ersten Begegnung mit Hitler 1919 soll Eckart in ihm den »kommenden Mann Deutschlands« gesehen haben.[27] Im November 1919 schrieb Eckart den prophetischen Satz: »Es bedarf nicht mehr viel und das ganze Volk sieht.«[28] 1920 bezeichnete er Hitler in einem Artikel als den »neuen Mensch«.[29] Hitler wiederum nannte Dietrich Eckart »meinen getreuen Ekkehard«.[30] Hitlers Sekretärin bezeichnete Eckart als »einzigen großen Freund« Hitlers.[31]

Dietrich Eckart war ein belesener Intellektueller, dessen Zynismus vor nichts und niemandem Halt machte. Zugleich war er aber auch ein suchender spiritueller Poet, der sich intensiv mit Arthur Schopenhauer, mit hinduistischen Schriften, mit Angelus Silesius und mit anderen Mystikern beschäftigte. Ein Gedicht von Eckart, dass sich in Alfred Rosenbergs Buch *Dietrich Eckart. Ein Vermächtnis* (1935) findet, deutet auf fernöstliche Einflüsse hin.

> »Bedenke jederzeit, die Welt ist nur ein Nichts.
> Ein Traumgebilde bloß des inneren Gesichts.
> Wer aber sieht so falsch? Du kannst nur sagen: Ich.
> Erwache! Und Du fühlst zum Gott geworden Dich.«[32]

Eckarts Mystizismus war auf eigenwillige Weise verquickt mit seiner Vorliebe für rhetorische Verunglimpfungen und Handgreiflichkeiten. Bei Auseinandersetzungen mit weltanschaulichen Gegnern verließ den dichtenden Esoteriker jedes Gefühl für angemessenes Verhalten. Aber auch wenn ihn seine Feinde nicht attackierten, sondern nur totschwiegen, konnte das den streitsüchtigen Mystiker in eine blindwütige Rage versetzen.[33] Als Dramatiker war Eckart mit einer Nachdichtung von Ibsens Peer Gynt bekannt geworden, und er war ein gerne gesehener Gast in Münchens besseren und besten Kreisen. »Er war ein glänzender Gesellschafter, witzig, anregend, um eine geistreiche oder sarkastische Bemerkung nie verlegen.«[34] Dass Hitlers *Mein Kampf* mit der Ehrung von Dietrich Eckart endet, ist ein Hinweis auf die bedeutende Rolle, die Eckart für Hitler gespielt haben muss. Aber warum Eckart von so großer Bedeutung gewesen ist, darüber schweigt sich Hitler in *Mein Kampf* aus. Zu Eckart heißt es dort nur allgemein, dass er sein Leben »dem Erwachen seines, unseres Volkes gewidmet hat.«[35] War der trinkfeste Antisemit tatsächlich der alles entscheidende erste Jünger? War der bajuwarische Bohémien, den Hitler seinen »Polarstern« genannt hat, mehr als »Hitlers Ideengeber« oder »Hitlers Mentor«, als der er in der Literatur häufig bezeichnet wird? Möglich, aber nicht belegt, ist, dass der suchende Mystiker als Erster Hitler »mein Führer« genannt hat. Fest steht, dass der morphiumabhängige Netzwerker Hitler die Türen öffnete zu den Reichen und Einflussreichen in Bayern, wo er ihn mit den Worten vorstellte: »Das ist der Mann, der einmal Deutschland befreien wird.«[36] Eckart wohnte nur wenige Häuser von Hitler entfernt in der Münchner Thierschstraße, er machte Hitler mit dem Obersalzberg bekannt, beim Kauf des *Völkischen Beobachters* griff er dem 21 Jahre jüngeren Hitler finanziell unter die Arme, er half ihm, sich zum Alleinherrscher über die NSDAP aufzuschwingen, er prägte den Schlachtruf »Deutschland Erwache«, machte den Begriff vom »Dritten Reich« schon im Jahr 1919 in der rechten Szene bekannt, und als Chefredakteur des *Völkischen Beobachters* feierte er Hitler wiederholt als »Erlöser«. Möglich ist es, dass Eckart tatsächlich der entscheidende erste Jünger gewesen ist. Möglicherweise war es aber auch ein anderer. Wir wissen es nicht. Aber: Einer muss es gewesen sein. Nur weil es diesen einen gab, konnten Millionen folgen. So wie die Dinge liegen, wäre es höchst seltsam, wäre dieser ›Erste‹ nicht aus den Reihen der Thule-Leute gekommen. Denn hier war der Glaube an denjenigen beheimatet, für den Hitler sich hielt: der Glaube an den »Auserwählten«, an den Mann mit der »Mission einer höheren Macht.«[37]

In der Nazi-Okkult-Literatur findet sich der Vergleich der Thule-Gesellschaft mit dem Vatikan. Natürlich ist dieser Vergleich, wie das meiste, was die Nazi-Okkult-Literatur hervorgebracht hat, weit hergeholt. Aber bei dem Versuch, sich das Spannungsverhältnis zwischen Hitler und der Thule-Gesellschaft zu vergegenwärtigen, mag diese Metapher hilfreich sein. Stellt man sich vor, dass sich die von der katholischen Kirche prophezeite Wiederkunft Christi tatsächlich ereignet und eine Christus-Figur in Fleisch und Blut auf der Bildfläche erscheint, wie würde der Vatikan reagieren? Einige Kardinäle werden wohl die allerersten Jünger und überzeugten Anhänger dieser Christus-Gestalt werden. Genauso wie Dietrich Eckart und andere Thule-Männer zu Hitlers Gefolgsleuten der ersten Stunde wurden. Andere werden den angeblichen Jesus als Scharlatan denunzieren, so wie Thule-Mitglied Karl Harrer, der Hitler als größenwahnsinnig beschimpfte und drei Monate nach Hitlers Eintritt in die DAP als Vorsitzender der Partei von allen Parteiämtern zurücktrat. Wieder andere werden versuchen, den wiedergekommenen Christus als katholischen Heiligen zu etablieren, um ihn damit auf ein Maß zurechtzustutzen, das eine Koexistenz mit der Kirche zulässt. Mit der Enge katholischer Glaubensvorstellungen wird ein Christus aber in Konflikt geraten. Zu einem Gebet mit dem Rosenkranz wird man ihn nicht nötigen können.

Dass es zwischen Hitler und gewissen Mitgliedern der Thule-Gesellschaft zu einer ähnlichen Auseinandersetzung gekommen sein muss, darauf deutet eine Passage aus *Mein Kampf* hin, in der Hitler über die Monate nach seinem Eintritt in die DAP berichtet. In dieser Zeit habe die »innere Formgebung der jungen Bewegung stattgefunden«, schreibt er. Zwar wird die Thule-Gesellschaft namentlich nicht erwähnt, Hitler berichtet aber über Konfrontationen mit »bezopften völkischen Theoretikern«. In der DAP waren zu diesem Zeitpunkt in erster Linie Eisenbahnbauer und kleine Angestellte organisiert, wohl kaum ein Tummelplatz für die besagten »Theoretiker«. Auch eine »zu verachtende Anonymität«, die Hitler scharf kritisiert, war in der DAP nicht an der Tagesordnung. Schließlich trat die Partei seit der Niederwerfung der Kommunisten öffentlich auf und machte ihre Versammlungen mit Tausenden von Handzetteln und Plakaten publik. Hitlers Schilderung lässt sich aber als ein Hinweis auf eine Auseinandersetzung mit gewissen Elementen innerhalb der völkischen Logenbruderschaft deuten. Hitler kritisiert die »Wortklauberei und Spiegelfechterei (...) bezopfter völkischer Theoretiker«, das »Herumwerfen mit besonders altgermanischen Ausdrücken«, und er unterstreicht seine Ablehnung von »deutschvölkischen Wanderscholaren (...) Wehe aber, wenn man solchen Leuten eine junge Bewegung ausliefert! (...) Auf die breite Masse aber wirken sie lächerlich (...) Besonders bei den sogenannten religiösen Reformatoren auf altgermanischer Grundlage habe ich immer die Empfindung, als seien sie von jenen Mächten geschickt, die den Wiederaufstieg unseres Volkes nicht wünschen. (...) Nur die feigen Schwindler, die ihre Arbeit in der ›Stille‹ preisen und sich mithin in den Schutzmantel einer zu verachtenden Anonymität hüllen, taugen zu gar nichts und dürfen im wahrsten Sinne des Wortes als Drohnen bei der Wiedererhebung unseres Volkes gelten.«[38] Das sind deutliche Worte, die keinen Zweifel lassen: Von den esoterischen Vorstellungen der Glaubensbrüder von Thule wollte Hitler nichts wissen.

Was sich an dieser Stelle entschlüsselt, ist Hitlers seltsam widersprüchliche Verbindung zur Esoterik, die im Kapitel *Okkultismus* aufgezeigt ist. Vor dem Wissen darum, wie Hitler von esoterisch »Vorgebildeten« wahrgenommen wurde, ist die große Anzahl spirituell gesinnter Mitstreiter in seinem engsten Umfeld alles andere als erstaunlich. Verständlich wird aber auch, warum sich Hitler selbst in keiner Weise als Esoteriker sah und größten Wert darauf legte, hier klare Grenzen zu ziehen. Er, der Auserwählte, war einmalig. Ohne Rituale, Einweihungen oder sonstige Hilfsmittel, derer sich Esoteriker bedienen, war er zum »Höchsten« gelangt. Er stand, so hat er das auch in seinen Reden verschiedentlich anklingen lassen,[39] in einer Sonderbeziehung zu Gott. Seine esoterischen Mitstreiter dagegen waren normale Sterbliche, die von Hitler aus gesehen im Dunkeln tappten.

Ein Messias und die Menschen, die an ihn glauben, brauchen einander. Die Gläubigen brauchen den Messias, damit sie ihre Erwartungen und Hoffnungen auf ihn projizieren können. Der Erlöser braucht Resonanz. Fehlt die Resonanz, erzielt der Messias keine Wirkung. In der Thule-Gesellschaft hatten sich Menschen zusammengefunden, die den Erlöser erwarteten und Hitlers Glauben an sein Auserwähltsein teilten. Damit erzeugten sie die Resonanz, die Hitler in seinem Glauben bestätigte. Der durch diesen Resonanzkörper vielfach potenzierte »felsenfeste Glaube« war der Ursprung von Hitlers Wirkkraft. Hier, an dieser Stelle, findet sich der alles entscheidende Beitrag des Netzwerks von Thule für die gesamte weitere Entwicklung.

GLAUBE

Hitler propagierte eine »kühle Wirklichkeitslehre«,[1] er forderte die »Pflege des Natürlichen«[2] und stützte sich auf »schärfste wissenschaftliche Erkenntnisse«.[3] Er war ein Vertreter der »kalten«[4], »klaren«[5] und »gesunden«[6] Vernunft. Auf der Basis dieser Vernunft musste der Mensch nach Hitlers Auffassung der »nüchternen«[7], »praktischen«[8], »herben«[9] und »harten«[10] Wirklichkeit begegnen. Als technikbegeisterter Politiker hatte er während der Wahlkämpfe ganz Deutschland mit dem Flugzeug bereist. Als Kanzler plante und verwirklichte er den Bau von Autobahnen und förderte großzügig wissenschaftliche Forschungsprojekte. An den neuesten technischen Entwicklungen, insbesondere auf dem Gebiet der Luftfahrt, des Automobilbaus und der Telekommunikation, zeigte er größtes Interesse. Die Technisierung, Industrialisierung und Rationalisierung der Gesellschaft unterstützte er in jeder Hinsicht. Er war ein kühler Kopf an der Spitze einer modernen Industrienation. So präsentierte sich Hitler der Welt.

Wenn er aber in seinen nächtlichen Monologen in Fahrt kam oder sich bei seinen Auftritten vor den Massen in Rage geredet hatte, dann passierte es ihm: Er verriet sich. Auf einmal äußerte er das, was er nun nicht mehr bewusst zurückhalten oder gezielt verfälschen konnte: den intimsten Bereich seines Selbstbildes. Da wurde er dann zum Verkünder »göttlicher Wahrheit«[11], zum Werkzeug der »allmächtigen Vorsehung«[12] und zum dankbaren Befehlsempfänger des »allmächtigen Gottes«.[13] Der hatte ihm befohlen, die »Wiederauferstehung«,[14] die »Erlösung«[15] und das »neue kommende Reich«[16] zustande zu bringen. Dabei stand er »unter dem Schicksalsgebot, alles innerhalb eines einzigen Menschenlebens zu vollenden.«[17] Falls er seiner

Pflicht nicht nachkomme, solle man ihn »kreuzigen«[18], forderte er. Er war der Vollender der Werke Gottes, er war derjenige, der dem Willen Gottes Form und Gestalt gab. »Er hat dieses Volk gebildet, nach seinem Willen ist es geworden und nach *unserem* Willen (Hervorhebung d. Verf.) soll es bleiben und nimmer mehr vergehen«[19], sagte er in einer Rede. Die Vergöttlichung seiner selbst und die der Nation waren aufs Engste verbunden. Seine nationalsozialistische Bewegung werde »des deutschen Volkes Auferstehung« in die Wege leiten, hat Hitler am 9.9.1934 gesagt.[20] Und während der desolaten wirtschaftlichen und politischen Lage in der Weimarer Republik fragte er, »ob der Kelch des Leidens schon vollkommen geleert ist.«[21] Seine Feinde waren dieselben wie die des ersten Erlösers. Denn »vor 2000 Jahren wurde auch ein Mann denunziert von der gleichen Rasse, die heute überall verleumdet und verlästert (...) Der Mann wurde vor Gericht geschleift, und damals hieß es auch: ›Er wiegelt das Volk auf.‹«[22] Jesus sei »die größte Kampfnatur« gewesen, sagte Hitler, ein Vorkämpfer, der in seinem »ungeheuren Kampf (...) gegen das jüdische Gift (...) am Kreuze verbluten mußte.«[23] Im Jahr 1926, acht Jahre nach Wervik, verkündete Hitler anlässlich einer Weihnachtsfeier, er wolle »die Ideale (von, d. Verf.) Christus zur Tat werden lassen. Das Werk, welches Christus angefangen hatte, aber nicht beenden konnte, werde er (Hitler, d. Verf.) zu Ende führen.«[24] In einer Rede von 1921 rief er seinen Anhängern zu: »Wir (die NSDAP, der Verf.) sind zwar klein, aber einst stand auch ein Mann auf in Galilea und heute beherrscht seine Lehre die ganze Welt.«[25] Vergleiche mit Jesus finden sich, je länger die Erfahrung von Wervik zurücklag, immer weniger. Dafür sprach Hitler in späteren Jahren vermehrt davon, ein Werkzeug des Schicksals zu sein. »Es gibt eine höhere Bestimmung«, sagte er 1938 in einer Rede, »und wir alle sind nichts anderes als ihre Werkzeuge.«[26] Während eines privaten Besuchs Hitlers bei Leni

Riefenstahl im Jahr 1938 fragte ihn die Regisseurin, woher er seine Überzeugung nehme. Hitler antwortete: »Es ist meine Berufung, die ich täglich in mir spüre, ein innerer Zwang, der mich so und nicht anders handeln läßt.«[27] So etwas wie einen Zweifel an der Richtigkeit seines politischen Weges hat es für ihn nicht gegeben, jedenfalls lässt sich dafür in seiner penibel untersuchten zweiten Lebenshälfte von immerhin 26 Jahren kein Beleg finden. Alles, was er tat, war richtig, glaubte er. In seinem ostpreußischen Hauptquartier soll Hitler bei einem nächtlichen Monolog erklärt haben: Es gehe »alles so, wie es gehen muß.« Eine »Allmacht«, die »Welten« erschaffe, habe »jedem einzelnen Wesen seine Aufgabe zugewiesen«.[28] Als Auserwählter handelte er in vollkommenem Einklang mit dieser »Allmacht«. Eine Unsicherheit konnte es für ihn, der er in unmittelbarer Beziehung zum Göttlichen stand, nicht geben.

Verschiedene Historiker haben darauf hingewiesen, dass Hitler unter den bedeutenden Gestalten der Geschichte einen besonderen Platz einnimmt. Zwar steht außer Zweifel, dass er die Weltgeschichte in ähnlicher Weise geprägt hat wie etwa Cäsar oder Napoleon, und auch, dass er Menschenleben genauso gering geachtet hat wie andere bedeutende Staatsmänner. Trotzdem – irgendwie will er nicht so recht zu den anderen »Heroen« der Geschichte passen. Was ihn von anderen kriegslüsternen Gewaltherrschern unterscheidet, das ist seine »Mission«, seine Vorstellung, eins geworden zu sein mit dem »Willen der Vorsehung«. Vor 300.000 Menschen verkündete er am 14. März 1936 auf der Münchner Theresienwiese: »Ich gehe mit traumwandlerischer Sicherheit den Weg, den mich die Vorsehung gehen heißt.«[29] Und sechs Monate später raunte Hitler: »Wenn wir uns hier treffen, dann erfüllt uns alle das Wundersame dieses Zusammenkommens. Nicht jeder von euch sieht mich und nicht jeden von euch sehe ich. Aber ich fühle euch und ihr fühlt mich! (...) So kommt ihr,

(…) um (…) einmal das Gefühl zu bekommen: Nun sind wir beisammen, sind bei ihm und er bei uns, und wir sind jetzt Deutschland!«[30] Selbst eine so profane Angelegenheit wie eine politische Wahl bekam eine religiöse Bedeutung. Die Reichstagswahl im November 1932 bezeichnete Hitler als ein »Gottesgericht«, er sprach von »heiligen Zeichen«, von einer »heiligen Wahl« und vom Wahltag als der »Wallfahrt der Nation«. Dass sein Glaube für seine Erfolge entscheidend war, hat Hitler des Öfteren betont. »Nur der Glaube hat diese Berge versetzen können«, rief er 1938 aus. »Ich bin einst im Glauben an das deutsche Volk ausgezogen und habe diesen unermeßlichen Kampf begonnen. Im Glauben an mich sind erst Tausende, dann Hunderttausende und endlich Millionen mir nachgefolgt.«[31] Immer wieder gab es Momente, da glichen Hitlers Versammlungen mehr »einer religiösen Erweckungsbewegung als einer normalen politischen Veranstaltung«.[32] William Teeling berichtete von einem riesigen Hitler-Foto auf dem Nürnberger Parteitag von 1937, unter dem stand: »Am Anfang war das Wort …«[33] 1936 sagte Hitler in einer Rede: »Wenn Wille und Glaube sich so inbrünstig vereinen, dann kann auch der Himmel seine Zustimmung nicht versagen.«[34] Dabei sei ihm das Gewissen »von Gott gegeben.«[35]

Gestützt auf Berichte von Zeitzeugen, Agenten und anderes Material hatte der US-Geheimdienst OSS, der Vorgänger der CIA, im Jahr 1943 ein psychologisches Profil von Adolf Hitler erstellen lassen. Hitlers Verhalten sagte der Bericht des Psychoanalytikers W.C. Langer präzise voraus: Hitler werde bis zum bitteren Ende kämpfen und sich dann umbringen. Eingehend befasste sich die psychologische Studie auch mit Hitlers Beschwörung des Göttlichen. Nach der Auswertung einer Fülle von Informationen kam Langer zu dem Schluss, dass Hitlers Sendungsbewusstsein nicht vorgetäuscht war. Überrascht konstatierte Langer, dass das vorliegende Material nur einen einzigen Schluss zulasse: Hitler glaube selbst an das, was er sage. Er scheine tatsächlich erfasst zu sein von einem tiefen Glauben an eine göttliche Macht – eine Macht, die sich in ihm selbst offenbare. Dass Hitler das glaubte, was er sagte, beweise die Tatsache, dass er gerade auch in Extremsituationen seinem Glauben gemäß lebe und handle. Die Übereinstimmung zwischen öffentlichen und privaten Äußerungen und die Geschlossenheit seiner religiösen Vorstellung über einen Zeitraum von mehr als zwanzig Jahren sprachen laut Langer ebenfalls dafür, Hitler beim Wort zu nehmen.[36]

Tatsächlich verkündete Hitler während der sechsundzwanzig Jahre seines öffentlichen Auftretens in dieser Hinsicht inhaltlich beständig dasselbe. Immer wieder beschwor er die »Allmacht«, die »Vorsehung«, das »Schicksal«, den »Herren«, »Gott«, oder das »göttliche Gesetz« und versicherte, dass er fest daran glaube, »vom Schicksal ausersehen« zu sein, und dass der »Allmächtige« in seinem Sinne entscheiden werde.[37] Niemals schwankend wurde Hitler in seinem Glauben daran, dass er zu Gott in einer Sonderbeziehung stand, vergleichbar mit der Beziehung zwischen Gott und Christus im Neuen Testament. Zugleich hatte Gott, wie der Gott Jahwe des Alten Testaments, mit Deutschland als auserwähltem Volk einen Bund geschlossen und den Heilsweg zur Erlösung Deutschlands vorgezeichnet. Anlässlich einer Weihnachtsversammlung im Jahr 1926 erklärte Hitler gemäß einem Polizeibericht, dass er berufen sei, das Werk Jesu zu Ende zu führen. »Der Nationalsozialismus sei nichts anderes als eine praktische Befolgung der Lehre Christi«, zitierte der Polizeibeobachter aus Hitlers Ansprache.[38]

1936 rief Hitler der Menge zu: »Das ist das Wunder unserer Zeit, daß ihr mich gefunden habt (hier unterbrach ihn langer Beifall), daß ihr mich gefunden habt unter so vielen Millionen! Und daß ich euch gefunden habe, das ist Deutschlands Glück!«[39] Und ein Jahr später konnte Hitler seinen

Anhängern versichern: »Wenn aber diese Allmacht ein Werk segnet, so wie sie unseres gesegnet hat, dann können Menschen es auch nicht mehr zerstören.«[40] Unter seiner Führung, versprach er, werde sich Deutschland verwandeln in ein »Reich der Größe und der Ehre und der Kraft und der Herrlichkeit und der Gerechtigkeit. Amen.«[41] Wie ein roter Faden ziehen sich Äußerungen dieser Art durch Hitlers Reden, und häufig klingt es, als spreche ein religiöser und nicht ein politischer Führer. »Ich habe dich glauben gelehrt«, ruft Hitler 1936 seinem Volk zu, »jetzt gib du mir deinen Glauben!«[42] Wenn eine zukünftige Geschichtsschreibung einmal die Entstehung des Nationalsozialismus untersuchen werde, prophezeite Hitler, so werde sie »wohl kaum an der Feststellung vorbeikommen, daß es sich hier um den wunderbarsten Sieg des Glaubens (...) gehandelt hat.«[43]

Vor dem Wissen um Hitlers Verbrechen wirkt die Beschwörung seines »Glaubens« wie ein zynisches öffentliches Schauspiel. Allerdings nur, solange man Hitlers Glauben von außen betrachtet. Versucht man zu begreifen, wie Hitler seinen Glauben selbst empfunden hat, ergibt sich ein anderes Bild. Alles, was die Forschung über Hitler in dieser Hinsicht bis heute zutage gefördert hat, bestätigt die psychologische Einschätzung des US-Geheimdienstes von 1943. Die Tiefe seines Glaubens hat Hitler keineswegs nur vorgetäuscht: Die göttliche Erkenntnis, von der er sich selbst erfüllt sah, unterschied sich in seiner persönlichen Wahrnehmung durch nichts von der Erkenntnis eines Mohammed oder eines Christus. Intensität und Wahrheitsgehalt empfand er selbst als identisch. Wer in den hypnotischen Sog dieser mit absoluter Unbedingtheit auftretenden Erlöserfigur geraten war, der wurde zu einem tiefgläubigen Anhänger. Und genauso wenig, wie tiefgläubige Christen oder tiefgläubige Muslime in der Lage sind, den Inhalt ihres Glaubens zu hinterfragen, genauso wenig waren die tiefgläubigen Hitler-Anhänger dazu imstande.

Baldur von Schirach, der Führer der Hitler-Jugend, beendete ein Gedicht mit den Worten »(...) Der reine Glaube, den du uns gegeben, durchpulst bestimmend unser Leben. Mein Führer, du allein bist Weg und Ziel.«[44] Tatsächlich überträgt sich Hitlers Glaube auf immer mehr Anhänger, die genauso felsenfest an ihn glauben wie er selbst daran, dass ihn eine höhere Macht lenkt. Die permanente Bestätigung, die Hitler von einer beständig wachsenden Zahl von gläubigen Anhängern erfährt, verhindert, dass bei ihm Zweifel aufkommen können an dem Bild, das er sich von seiner Person gemacht hat. Dabei war Hitler »offiziell« nichts weiter als ein normaler, einfacher Mann aus dem Volk. »Aus dem Volk bin ich gewachsen«, sagte er 1936 in einer Rede, »im Volk bin ich geblieben, zum Volk kehre ich zurück.«[45] Abgesehen von den Vergleichen mit Christus in den frühen Jahren, hat sich Hitler selbst nie als »Heiliger« oder »Gottmensch« bezeichnet. Alles, was er tat, war, in Momenten rednerischer Ekstase gewisse Hinweise zu geben. Es waren dann seine Anhänger, die das Heiligenbild kreierten, wobei die Propagandamaschine diese Kreation nach Kräften unterstützte.[46] Hitler schwieg zu dem Ganzen, unterband es aber auch nicht. Der Heiligenschein, der ihm angedichtet wurde, konnte seine Macht nur zementieren. Und in seiner Selbstwahrnehmung war dieser Heiligenschein ja auch keineswegs falsch. Hitler war nur klug genug, keine Dinge von sich selbst zu behaupten, mit denen er sich in einer vernunftbestimmten modernen westlichen Industrienation lächerlich gemacht hätte.

Seine Anhänger sahen diesen Führer, dessen Selbstvertrauen durch nichts zu erschüttern war, als »den Helfer, Erretter, als den Erlöser aus übergroßer Not.«[47] In ihren Augen war Hitler kein gewöhnlicher Politiker, sondern eine gottgesandte Figur. V. Corswant, der später Gauleiter von Pommern wurde, schrieb 1925, kurz nachdem Hitler aus dem Gefängnis in Landsberg entlassen wurde: »(...) Jetzt wird es sich zeigen, ob er von Gott geleitet ist oder nicht. Ist es so, wird er sich durchsetzen, trotzdem heute fast alle gegen ihn zu reden scheinen.«[48] Der *Völkische Beobachter* berichtete 1926, zwei Tage vor Weihnachten: »Der aufgehende Stern in der Weihnachtsnacht deutet auf den Erlöser (...) den neuen Erlöser, den Erretter des deutschen Volkes aus Schande und Not – unseren Führer Adolf Hitler.«[49] Der thüringische Kirchenrat Leutheuser war überzeugt:: »Christus ist zu uns gekommen durch Adolf Hitler.«[50] Bekundungen dieser Art waren nicht etwa die Ausnahme. Es war sozusagen das offizielle Glaubensbekenntnis. Der Leiter der Deutschen Arbeitsfront (Einheitsverband der Arbeitnehmer und Arbeitgeber), Robert Ley, sagte in einer Rede: »Wir glauben, dass der Nationalsozialismus der allein selig machende Glaube für unser Volk ist (...) Und wir glauben, dass dieser Herrgott uns Adolf Hitler gesandt hat.«[51] Der Reichsminister für kirchliche Angelegenheiten, Hanns Kerrl, erklärte: »Eine neue Autorität über das, was Christus und das Christentum wirklich sind, ist erstanden – Adolf Hitler. Adolf Hitler ist der wahre heilige Geist.«[52] Der Generalsekretär des katholischen Kolpingwerks, eines der größten Sozialwerke der katholischen Kirche, glaubte in Hitler »den Mann göttlicher Vorsehung sehen zu dürfen, der dem Herrn hilft, die Zeit neu zu gestalten.«[53] Die protestantischen »Deutschen Christen« verkündeten, der Geist, der sie beseele, »sei der Geist der Dankbarkeit für die Erweckung Seines Werkzeuges Adolf Hitler.«[54]

»Sieg des Glaubens« lautete der Titel des Films, den Leni Riefenstahl 1933 über den ersten Parteitag nach Hitlers Machtübernahme gedreht hatte. Je mehr Menschen an Hitler glaubten, umso selbstverständlicher verkörperte er den göttlichen Heilsbringer und umso unumschränkter wurde seine Macht. Hatte die gegenseitige Bestätigung im Glauben zu Beginn zwischen einigen wenigen Anhängern und ihrem Idol stattgefunden, so spielte sie sich nun zunehmend zwischen einem Mann und seinem Volk ab. Immer inniger glaubten immer größere Massen an Hitler und trugen damit dazu bei, dass sich bei ihm der Glaube an sein Selbstbild weiter verfestigte, komme was da wolle. Als kurz nach seinem Machtantritt auch noch eine Serie von schier unglaublichen politischen Erfolgen dazukam, gab es kein Halten mehr. Die Lawine des religiösen Fanatismus war jetzt durch nichts mehr aufzuhalten. Die gläubige Verehrung, die die Massen ihrem Führer spontan entgegenbrachten, nahm er sofort und ohne zu zögern an. Seine Erfolge wertete Hitler als ein sichtbares Zeichen Gottes, dass er auf dem rechten Weg sei. Jede Gefahr, die er überwand, jedes Attentat, das er überlebte, war ebenfalls ein Beweis.

Öffentliche Veranstaltungen und vor allem die Nürnberger Parteitage wurden in den Augen seiner Anhänger zu »heiligen« Ritualen. Quantitativ wie qualitativ unterschied sich der Führer-Kult von jeder anderen, aus der neueren Geschichte bekannten Verherrlichung von bedeutenden Monarchen, Staatsmännern oder Volkstribunen. Weder Friedrich der Große noch Napoleon noch Otto von Bismarck wurden in dieser exzessiven Form zum gottgesandten Idol verklärt. Weder Lenin noch Stalin in der Sowjetunion noch Mussolini in Italien waren von einer politischen Atmosphäre umgeben, die so vollkommen und ausschließlich erfüllt war vom Glanz ihres Ruhms. Das lag natürlich auch daran, dass Hitler sowohl Marx wie auch Lenin und Stalin gleichzeitig verkörperte und dass er weder König noch Papst neben sich dulden musste, so wie Mussolini. Entscheidend aber war der religiöse Aspekt der Verehrung, die Hitler entgegengebracht wurde. Das war einzigartig. Diese Verehrung teilten auch diejenigen, die das Heiligenbild den Massen vermittelten. Der Film *Triumph des Willens* über den Reichsparteitag von 1934 beginnt mit einer langen Einstellung, die Hitlers Flugzeug zeigt, das über den Wolken schwebt. Wie einen göttlichen Botschafter lässt die

Regisseurin Leni Riefenstahl Hitler »von oben herab«, aus einer höheren Dimension hinunter zu »seinem« Volk kommen. An international führenden Filmschulen gehört *Triumph des Willens* bis heute zum Unterrichtsmaterial und wird dort als ein epochemachendes Beispiel genialer Bilddramaturgie zitiert. Dass Leni Riefenstahl in der Lage war, diesen Film zu erschaffen, war neben ihrem Talent der Tatsache geschuldet, dass sie zu dem Zeitpunkt, als sie den Film drehte, zutiefst davon überzeugt war, dass es sich bei Hitler tatsächlich um eine einmalige, strahlende Lichtgestalt handelte. Auch Jahrzehnte später hat sich Leni Riefenstahl noch zu ihrer damaligen Überzeugung bekannt.[55]

»Der Weg der kleinen Bewegung von sieben Mann bis zur Übernahme der verantwortlichen Regierung am 30. Januar 1933«, verkündete Hitler, »war ein so wundersamer, daß nur die Vorsehung durch ihren Segen dies ermöglicht haben kann.«[56] Die Vorsehung war es, die ihn diesen Triumphzug hatte antreten lassen. »Daß die Vorsehung mich bestimmt hat, diese Handlung zu vollziehen, empfinde ich als die größte Gnade meines Lebens«, jubelte er nach der erfolgreichen Besetzung des Rheinlandes.[57] Den Moment, in dem er den Entschluss fasste, Österreich in das Deutsche Reich »heim zu holen«, beschreibt er so: »(...) da fühlte ich in dieser Sekunde, daß nun der Ruf der Vorsehung an mich ergangen war.«[58] Der Krieg, den er begonnen hatte, war ein heiliger Krieg, der im Auftrag des Höchsten unternommen wurde. Und nach der Einnahme von Paris wusste er: »Mein Leben wird nicht mit dem Tode enden, im Gegenteil, es wird dann erst beginnen.«[59]

Jeder Entschluss, den Hitler jetzt fasste, schien göttlichen Ursprungs zu sein. Alle Anführer der Jugend, alle Beamten und alle Soldaten mussten einen Eid auf den Mann ablegen, durch den »höhere Kräfte schicksalsmäßig wirken«: Adolf Hitler. So wurde ein ganzes Volk auf einen Mann eingeschworen, der das fleischgewordene Wort Gottes zu sein schien. Hatte es bei Hitler schon vorher keinen Selbstzweifel gegeben, war nun, nach seinem Machtantritt und der Kette von außenpolitischen und militärischen Erfolgen, dafür endgültig kein Platz mehr. »Die göttliche Vorsehung hat gewollt, daß ich die Vollendung der Deutschen Sendung durchführe«, sagte er.[60] Und am 11.12.1941 rief er aus: »Der Herr der Welten hat so Großes in den letzten Jahren an uns getan, daß wir in Dankbarkeit uns vor einer Vorsehung verneigen, die uns gestattet hat, Angehörige eines so großen Volkes sein zu dürfen.«[61] Die Schriftstellerin Auguste Supper antwortete mit dem Gedicht: »Nun schauen wir, geblendet, doch bereit, ins Morgenrot von Deutschlands größter Zeit. Der Retter, der ihr Bann brach, sei gesegnet! In seinem Kommen ist uns Gott begegnet.«[62] Das »Schwarze Korps«, das Kampfblatt der SS, schrieb: »Wenn du unseren Führer siehst, ist es wie im Traum; du vergisst alles um dich; es ist, als ob Gott zu dir kommt.«[63]

Die Begeisterung der Massen kannte keine Grenzen mehr, ebenso wenig wie Hitlers Glaube an seine Auserwähltheit. Wie im Rausch traf Hitler nun seine Entscheidungen. Egal, ob es um rechtliche Fragen ging, um Fragen der Kunst oder darum, wie ganze Städte umgebaut werden sollen – auf allen Gebieten sah er sich als die höchste Autorität. Überall hatte er das letzte Wort und niemand wagte es, seine Autorität infrage zu stellen. Im *Handwörterbuch der deutschen Rechtswissenschaft* aus dem Jahr 1937 hieß es: »Was der Führer von Gemeinschafts wegen als richtig oder umgekehrt als sittenwidrig und daher als Recht und Unrecht bezeichnet, das ist es, ohne daß es eines formalen Rechts bedarf.«[64] Damit stand Hitler nicht über dem Gesetz, sondern er verkörperte es. Er *war* das Gesetz.

Aus dem Mann ohne Schulabschluss war der oberste Gesetzgeber des Landes geworden und der Postkartenkopierer war der höchste Gutachter in Sachen bildender Kunst. Aus dem Gefreiten des Ersten Weltkriegs wurde der oberste strategische Planer der Armee. Aber nicht nur die Massen folgten Hitler blind. Auch seine allernächste Umgebung war von ihm wie verhext. SS-Chef Heinrich Himmler schrieb, dass in Hitler eine »der ganz großen Lichtgestalten ihre Inkarnation gefunden hat. Goethe war eine solche Gestalt auf dem Geistesgebiet, Bismarck auf dem politischen Sektor, der Führer ist es auf allen Gebieten, dem politischen, kulturellen und militärischen.«[65] Kein Wunder, dass Hitler zu der Auffassung kam: »Ich kann mich nicht täuschen. Was ich tue und sage, ist historisch.«[66] Geschützt durch seine Spezialbeziehung zum allmächtigen Schöpfer und Herrn der Vorsehung, konnte Hitler auch nichts passieren, denn: »Ich habe die Überzeugung, daß mir gar nichts zustößt, weil ich daran glaube, daß die Vorsehung mich für meine Arbeit bestimmt hat.«[67] Auch seiner Schwester Paula vertraute er seine »absolute Überzeugung« an, die da lautete, »daß unser Herrgott seine schützende Hand über mich hält.«[68]

Als sich die militärischen Niederlagen häuften, waren diese »Hammerschläge der Vorsehung« dafür da, um das Volk und ihn selbst zu »prüfen«.[69] Tatsächlich hat Hitler auch die schwersten Prüfungen unbeirrt glaubend und ohne jemals schwankend zu werden bestanden. Nach jeder Niederlage wurden seine Anstrengungen, seine »Mission« zu erfüllen, noch fanatischer, und sein Glaube trieb ihn trotz allem an, immer weiterzumachen, auch dann noch, als die Ausweglosigkeit vollkommen offensichtlich war. »Die Frage, ob der Angriff erfolgreich sein wird, kann niemand beantworten«, sagte Hitler im November 1943. »Alles hängt von der günstigen Vorsehung ab.«[70] In dem Glauben an seine göttliche Mission wurde er niemals wankend, nicht einmal ganz am Schluss, als buchstäblich die ganze Welt dagegen anrannte. Im Juli 1944 sagte er: »(…) Ich glaube, daß, wer den Naturgesetzen, die ein Gott geschaffen hat, entsprechend auf dieser Welt tapfer kämpft und nie kapituliert, daß er dann auch von dem

Gesetzgeber nicht im Stich gelassen wird, sondern daß endlich er doch den Segen der Vorsehung bekommt.«[71] Als das Attentat am 20. Juli 1944 misslang, sah Hitler darin »einen Fingerzeig der Vorsehung, daß ich mein Werk weiter fortführen muß und auch weiter fortführen werde.«[72] Das misslungene Attentat sei eine »Bekräftigung meines Auftrags«, sagte er. Denn: »Von dieser Pflicht kann mich nur der entbinden, der mich dazu berufen hat.«[73] Tatsächlich berichtete der Luftwaffenadjutant Nicolaus von Below nach dem Attentat von einem »lebhaften, fast frohen Gesichtsausdruck« und von einem »gesteigerten Sendungsbewußsein« Hitlers.[74] Die Sekretärin Traudl Junge, die Hitler unmittelbar nach der Explosion aufsuchte, berichtete, er habe sich »aufgerichtet und straff wie lange nicht« bewegt.[75]

Viele seiner engsten Vertrauten ließen sich bis zum Schluss von Hitlers felsenfestem Glauben mitreißen. So schrieb Goebbels vier Monate vor dem Ende des Dritten Reiches, am 31. Dezember 1944: »Wenn die Welt wirklich wüßte, was er (Hitler, der Verf.) ihr zu sagen und zu geben hat und wie tief seine Liebe über sein eigenes Volk hinaus der ganzen Menschheit gehört, dann würde sie in dieser Stunde noch Abschied nehmen von ihren falschen Göttern und ihm ihre Huldigung darbringen. Er ist die größte unter den Persönlichkeiten, die heute Geschichte machen; ihnen allen steht er weit voran in der Voraussicht der Dinge. Er überragt sie nicht nur an Genie und politischem Instinkt, sondern auch an Wissen, Charakter und Willenskraft. (…) Er ist die Wahrheit selbst. Man braucht nur in seiner Nähe zu weilen, um körperlich zu fühlen, wie viel Kraft er ausstrahlt, wie stark er ist und wie viel Stärke er anderen mitzuteilen weiß. Von ihm geht ein ununterbrochener Strom von Gläubigkeit und festem Willen nach Großem aus. Es gibt niemanden in seinem weiteren Umkreis, der davon nicht erfaßt würde.«[76] Am 30. Januar 1945 hielt Hitler seine letzte Rundfunkansprache, »durchdrungen von der heiligen Überzeugung«, dass ihn »der Allmächtige« nicht verlassen werde.[77] Im Februar 1945, als die sowjetischen Truppen schon an der Oder und die amerikanischen Verbände am Rhein standen, sagte Hitler zu seinem Sekretär Bormann: »Not und Unglück war für das deutsche Volk immer nur ein Umweg, die Geburtsstunde neuer Blüte.«[78] Noch in der letzten Ausgabe der Zeitung *Das Reich*, eine Woche vor Hitlers Selbstmord, schrieb der Journalist Herbert Hahn über Hitler: »(...) ist seine Zuversicht und der Glaube an seine Mission und die deutsche Zukunft so stark wie je. Selbst seine täglichen Begleiter und Mitarbeiter empfinden in der schicksalsschweren Gegenwart aufs Neue erstaunt und bestärkt die einsam-einmalige Größe des Mannes, der sich stärker erweist als das größte Unglück.«[79]

Tatsächlich glaubte Hitler bis zum allerletzten Moment, von »der Vorsehung« errettet zu werden. Der Ring um Berlin hatte sich schon fast geschlossen und die russischen Truppen waren nur noch wenige Kilometer von Hitlers Bunker entfernt, da starb US-Präsident Roosevelt am 12. April 1945. Hitler war davon überzeugt, dass sich nun das Schicksal auf wundersame Weise zu seinen Gunsten wenden würde. Sein Tagesbefehl an die Soldaten der Ostfront vom 16. April 1945 prophezeite: »(...) in dem Augenblick, in dem das Schicksal den größten Kriegsverbrecher aller Zeiten von dieser Erde weggenommen hat, wird sich die Wende dieses Krieges entscheiden.«[80] Am 20. April 1945, zehn Tage vor seinem Tod, telegrafierte er an Mussolini: »(...) Im Geiste zäher Todesverachtung werden das deutsche Volk und alle, die gleichen Geistes sind, diesen Ansturm zum Halten bringen (...)«[81] Generäle, die in den letzen Kriegstagen zu Hitler in den Bunker kamen, um ihm die aussichtslose Lage an der Front klarzumachen, wurden von ihm »bekehrt«. Diese kriegserfahrenen Männer waren gewiss nicht naiv. Aber eine Begegnung mit dem ganz und gar von seiner absoluten Glaubensgewissheit durchdrungenen

Hitler genügte und sie glaubten plötzlich auch wieder an den Endsieg. In ihren *Memoiren* (1987) berichtet Leni Riefenstahl von einem Telefonat, das sie Ende Februar 1945 mit einem befreundeten Kameramann führte, der als Soldat ins Führerhauptquartier abkommandiert war. Er rief Riefenstahl vom Obersalzberg aus an und war erschüttert, weil der Führer alle belogen hätte. Erst langsam wurde Riefenstahl klar, worum es ging. Hitler hatte seinen Tross auf den *Berghof* geschickt und behauptet, mit der nächsten Maschine nachzukommen. Doch nun hatten seine Mitarbeiter aus dem Radio erfahren, dass Hitler beschlossen hatte, in Berlin zu bleiben. »Wolltest du mit Hitler sterben?« fragte Riefenstahl. »Wir wollten alle mit Hitler sterben«, war die Antwort, »keiner wollte den Führer verlassen (...)«. Riefenstahl schreibt, dass ihr Bekannter keinesfalls ein überzeugter Nationalsozialist gewesen sei, sondern im Gegenteil ein »durch und durch liberal denkender Mensch«. Und sie fährt fort: »Was für suggestive Kräfte mußten noch immer von diesem so ausgezehrten Hitler ausgehen, wenn die Leute um ihn lieber mit ihm sterben wollten, als ihr Leben zu retten. Wir alle rechneten täglich mit einem Selbstmord Hitlers.«[82]

Hitlers Glaube an ein göttliches Wunder brach erst zusammen, als man im Führerbunker das Maschinengewehrfeuer der russischen Armee hören konnte. Auf einmal äußerte der »Gottmensch«, der alles »Kleinmenschliche« hinter sich gelassen hatte, einen menschlichen Wunsch: Er wollte heiraten. Nach der Hochzeit gab es ein kleines Festmahl, danach diktierte Hitler sein Testament. Sein Scheitern musste nun auch für ihn selbst offensichtlich gewesen sein. Aber konnte das »Werkzeug Gottes« irren? Offenbar nicht. Bis zu dem Pistolenschuss in die Schläfe, mit dem er sein Leben beendete, suchte Hitler die Schuld an seinem Untergang überall - bei den Generälen, die versagt hatten, seinen Mitkämpfern, die ihn »verraten« hatten, und bei seinem

Volk, das sich »als das schwächere erwiesen« hatte, aber nicht bei sich selbst. Er war bis zum bitteren Ende, so seltsam das scheint, im Einklang mit sich selbst.

Rational verstehbar ist Hitler nicht. Jedenfalls nicht, solange man nur rationale Faktoren akzeptiert. Ohne das nicht-rationale Erlebnis von Wervik ist Hitler nicht zu begreifen. Und noch ein weiterer nicht-rationaler Faktor ist für das Verständnis von grundlegender Bedeutung: der Glaube der Thule-Mitglieder. Nimmt man diese beiden Gegebenheiten nicht ernst, bleibt Hitler ein Mysterium. Denn rational verstehbar wird die Welt nicht, indem man ausklammert, was der Ratio nicht zugänglich ist. Nicht-Rationales ist nun einmal eine wichtige und nicht zu unterschätzende Antriebskraft menschlichen Handelns – gerade auch in der Politik.

MAYA

Wer bin ich?
Bin ich derjenige, der ich zu sein glaube?
Wenn das so ist, dann bin ›Ich‹ das, was ich mir selbst von mir erzähle.

Diese Ich-Erzählung ist fest in unserer Psyche verankert, denn sie wird durch den inneren Dialog, den wir permanent mit uns selbst führen, immer wieder von Neuem bestätigt. Erschüttert wird dieses ›Ich‹ in schweren psychischen Krisen. Eine traumatische Erfahrung, das heißt eine Extremsituation, die als existenzielle Bedrohung wahrgenommen wird, kann noch weiter gehende Folgen haben: Der innere Dialog reißt ab und die Ich-Erzählung löst sich auf. Wenn das geschieht, zerfällt das Bild, das sich das Individuum von sich selbst und der Welt gemacht hat. Das ›Ich‹ stirbt.

Wird dieser Tod bewusst erlebt, so sei dies ein Moment höchster Ekstase, heißt es. Die Auflösung des ›Ich‹ wird als größtmögliche Befreiung empfunden und das ekstatische Hochgefühl, das sich in diesem Moment einstellt, sei mit nichts zu vergleichen. Die paradoxe Erfahrung, dass eine Ekstase erlebt wird, nachdem/obwohl ›man‹ tot ist, liegt jenseits aller Begriffe. Dieser Moment ist im wahrsten Sinne des Wortes ›unbeschreiblich‹, denn Worte, die in der Lage wären, etwas zu beschreiben, das jenseits von allen Vorstellungen existiert, gibt es nicht. Also muss man sich hier an den viel zitierten Satz des Philosophen Ludwig Wittgenstein halten: »Wovon man nicht sprechen kann, darüber muss man schweigen.«

Was sich sehr wohl in Worte fassen lässt, das sind die Auswirkungen einer solchen ›Erfahrung‹. Der Betroffene identifiziert sich danach nicht mehr, wie zuvor, mit der eigenen

Ich-Erzählung. Das Selbstbild, mit dem er zuvor identifiziert war, wurde als mentales Konstrukt durchschaut, was zu der Erkenntnis führt, dass die Person, die er zu sein glaubte, kein Fakt war, sondern eine Fiktion. Diese Erkenntnis ist keine irgendwie geartete Meinung oder Überzeugung, sondern eine Erfahrung, die in dem paradoxen Zustand der Nichtexistenz gemacht wurde, also während der Erfahrung des ›Unbeschreiblichen‹. Gegenüber dieser ›Erfahrung‹ erscheint die Fiktion des ›Ich‹ und der ›Welt‹ als eine Illusion, eine Täuschung, oder *Maya*, wie sie der Hinduismus nennt. »Ich bin niemand«, sagt denn auch der hinduistische Heilige, wenn er gefragt wird, wer er sei. Bedeutung hat für ihn nicht mehr seine Erscheinungsform innerhalb der materiellen Welt, die er als Illusion durchschaut hat. Für den Heiligen zählt nur noch das ›Unbeschreibliche‹, mit dem er im Zustand der Ich-Auflösung als letzter und einziger Realität ›eins geworden‹ ist.

Die unbeirrbare Identifikation mit dem ›Unbeschreiblichen‹ verleiht dem Betreffenden eine begrifflich schwer fassbare Qualität. Es ist eine Sicherheit ganz besonderer Art, eine ›besondere Ausstrahlung‹, die sich vielleicht am besten mit dem Wort ›Charisma‹ umschreiben lässt. Maßgeblich mitbestimmt wird dieses Charisma danach, aber wohlgemerkt erst in einem zweiten Schritt, von dem Glauben bzw. der Einbildungskraft derjenigen Menschen, die dem Betroffenen begegnen. Ein weiteres Merkmal, das Menschen auszeichnet, welche die Erfahrung des ›Unbeschreiblichen‹ gemacht haben, ist eine extreme Persönlichkeitsveränderung. Die vollkommen neue Auffassung, die der Betroffene nach der ›Erfahrung‹ von der eigenen Person und der Welt hat, hat radikale Folgen. Denn: Ändert sich das Selbstbild, dann wird der Mensch ein anderer, und dann ändert sich buchstäblich alles in seinem Leben. Die Verwandlung des Saulus von Tarsus in Paulus ist wohl die im Westen bekannteste dieser

Persönlichkeitsänderungen. Aber auch bei vielen anderen Individuen aus dem religiösen Bereich wird von einer grundlegenden Metamorphose der Persönlichkeit berichtet. Buddha, Franz von Assisi, Jeanne d'Arc, Augustinus, Ignatius von Loyola, Theresa von Avila, Jakob Böhme, Sri Aurobindo, Osho und Eckhart Tolle seien hier als im Westen bekannte Namen beispielhaft genannt. Alle diese Personen waren gewöhnliche Menschen, von denen die Welt niemals etwas erfahren hätte, hätten sie nicht zu einem bestimmten Zeitpunkt diese eine ganz besondere ›Erfahrung‹ gemacht. Diese ›Erfahrung‹ war es, die sie selbst und danach durch ihr verändertes Handeln die Welt verändert hat. Manche brachten ihre ›Erfahrung‹ mit Bildern aus ihrer Glaubenstradition zum Ausdruck und wurden zu Heiligen innerhalb ihrer Religion, andere begründeten eine neue Lehre, deren Ziel es war, anderen Menschen die Erfahrung des ›Unbeschreiblichen‹ zu ermöglichen.

Mit der Erforschung eines Niemandslandes, das angeblich jenseits des menschlichen Bewusstseins existieren soll, tut sich die Wissenschaft, welche die menschliche Psyche zum Gegenstand hat, verständlicherweise schwer. Von der Psychiatrie/Neurologie wird die Erfahrung des ›Unbeschreiblichen‹ zu den Halluzinationen gerechnet, die ausgelöst werden durch chemische Veränderungen in gewissen Hirnregionen. Klassifiziert man die Erfahrung des ›Unbeschreiblichen‹ als Halluzination, so unterscheidet sich diese spezielle Halluzination allerdings von sämtlichen anderen bekannten Halluzinationen in grundlegender Weise. Der offensichtliche Unterschied besteht in ihrer Wirkungsmacht. Denn die Tatsache, dass diese besondere Art von Halluzination in der Vergangenheit gewaltige Auswirkungen für die gesamte Menschheit hatte, steht außer Frage.

Im Hinduismus, ebenso wie in den mystischen Traditionen anderer Religionen, existieren seit Jahrtausenden Techniken, mit denen versucht wird, die Erfahrung des ›Unbeschreiblichen‹ gezielt herbeizuführen. Im Westen untersucht die transpersonale Psychologie seit den 70er-Jahren dieses Phänomen und bedient sich dabei teilweise ebenfalls dieser Techniken. Schlafentzug, Fasten, Meditation, extreme körperliche oder geistige Anstrengungen, Schmerzempfindungen, besondere körperliche Bewegungen, monotone Gesänge … Das Einüben dieser Techniken ist immer mit einem intensiven, oft jahrzehntelangen Training verbunden, das dazu dient, das Individuum auf die ›Erfahrung‹ vorzubereiten.

In hinduistischen Schriften wird davor gewarnt, dass die unvorbereitete Begegnung mit dem ›Unbeschreiblichen‹ dazu führen kann, dass sich der Betroffene noch tiefer in die Welt der Illusion verstrickt, anstatt sich aus ihr zu befreien. Die Gefahr ist groß, heißt es, dass die ›Erfahrung‹ den Verstand des Betroffenen irreversibel schädigt. Tatsächlich befinden sich Menschen, welche von der ›Erfahrung‹ unvorbereitet überfallen werden, häufig in psychiatrischen Institutionen. Manche werden zu Anführern mörderischer Sekten, wie etwa Jim Jones, Shoko Asahara oder Marshall Applewhite. Hitler wurde zu ›Hitler‹.

ANHANG

ANMERKUNGEN

EINLEITUNG

1 F. Esposito, Tagungsbericht: HT 2016: »Hitler. Eine historische Vergewisserung 20.9.2016–23.9.2016«, in: H-Soz-Kult, Hamburg, 5.11.2016, hsozkult.de/conferencereport/id/tagungsberichte-6801

2 Siehe: Definition des »Mysterium Tremendum« und »Mysterium Fascinans« von Rudolf Otto in: »Das Heilige«, München 2014

HINTERGRUND

1 M. Nilsson, »Hitler redivivus: Hitlers Tischgespräche und Monologe im Führerhauptquartier – eine kritische Untersuchung«, in: Vierteljahrshefte für Zeitgeschichte 65 (2019), S.105–146

2 Schaub befand sich als Adjutant und Diener vom Anbeginn von Hitlers Karriere 25 (!) Jahre lang in dessen unmittelbarer Nähe. Die Erinnerungen von Schaub lassen erkennen, dass er den opportunen Gesinnungswandel vieler anderer Hitler-Vertrauter nach 1945 nicht mitgemacht hat. Aus Treue zu Hitler klammern Schaubs Aufzeichnungen aber gerade diejenigen Aspekte aus, die interessant sein könnten, und der Text erschöpft sich zum größten Teil in einer Aufzählung belangloser alltäglicher Vorkommnisse. Der Herausgeber des Buches, der Historiker Olaf Rose, ist NPD-Politiker. Daher werden die Erinnerungen Schaubs von der akademischen deutschen Geschichtsschreibung gemieden. Schaub ist aber zweifellos ein Zeitzeuge allerersten Ranges. Auf Hitlers Befehl hin hat Schaub 1945 sämtliche Schriftstücke, die in Tresoren in Berlin, München und im *Berghof* lagerten, verbrannt. Die Schilderung dieser Aktion, ebenso wie die wenigen anderen Stellen des Buches, die wissenswert erscheinen, sind hier zitiert – trotz der politischen Tätigkeit des Herausgebers.

3 Maria von Below, »Unveröffentlichte Aufzeichnungen über ihre persönlichen Erlebnisse im Kreis um Hitler«, Detmold 1986, in: Privatarchiv Claus Dirk von Below

4 H.B. Görtemaker, »Hitlers Hofstaat«, Kindle-Version 2019, Kindle-Position 4273

5 Der Vater des Autors, Dieter Fuss (1917–2014), hat nach dem Krieg viele Radiosendungen für den Bayerischen Rundfunk verfasst. Die Themen kreisten um Politisches und häufig auch um Vorgänge im Dritten Reich. So etwa die Sendung *Ein Volk, ein Reich, ein Rundfunk!* (1973), in der die journalistische Rundfunktätigkeit während des Dritten Reiches beschrieben wird.

INTELLEKT

1 Dieses Bild hat, neben anderen, Ian Kershaw geprägt. Siehe dazu: I. Kershaw, »Hitler 1889–1936«, Stuttgart 1998, S. 175ff

2 Siehe: D. Bavendamm, »Der junge Hitler«, Graz 2009, S.144

3 A. Kubizek, »Adolf Hitler, mein Jugendfreund«, Graz 1953, S.19

4 Siehe: D. Bavendamm, »Der junge Hitler«, Graz 2009, S.151

5 A. Kubizek, »Adolf Hitler, mein Jugendfreund«, Graz 1953, S.224–225

6 A. Kubizek, »Adolf Hitler, mein Jugendfreund«, Graz 1953, S.225

7 Siehe: B. Hamann, »Hitlers Wien«, München 1996, S.572

8 IFZ, MA-732, NSDAP Hauptarchiv, H. Lugauer, 5.2.1940

9 IFZ, MA-732, NSDAP Hauptarchiv, K. Lippert, 28.3.1940

10 IFZ, MA-732, NSDAP Hauptarchiv, Hans Bauer, 15.4.1940; J. Weiß, »Reichskanzler Adolf Hitler«, Freisinger Tagblatt, 26.3.1933

11 D. Bavendamm, »Der junge Hitler«, Graz 2009, S.144

12 H. Picker, »Hitlers Tischgespräche im Führerhauptquartier«, Wiesbaden 1983, am 17.2.1942, S.107

13 Siehe: A. Joachimsthaler (Hrsg.), »Er war mein Chef. Aus dem Nachlaß der Sekretärin von Adolf Hitler«, München 1985, S.75

14 H. Frank, »Im Angesicht des Galgens«, München 1953, S.46

15 R.G.L. Waite, »The Psychopathic God Adolf Hitler«, New York 1977, S. 56

16 H. Frank, »Im Angesicht des Galgens«, München 1953, S. 46f

17 O.J. Hale, »Adolf Hitler taxpayer«, in: The American Historical Review 60 (1955) S. 830–842

18 T.W. Ryback, The Atlantic Monthly, May 2003

19 Siehe zum Beispiel: Foto in F. Schaffing, E. Baumann, H. Hoffmann, »Der Obersalzberg«, München 1985, S. 105

20 K.W. Krause, »Zehn Jahre Tag und Nacht. Kammerdiener bei Hitler«, Hamburg 1949, S. 48f

21 Ph. Gassert, D.S. Mattern, »The Hitler Library«, Westport 2001, S. 1f

22 T.W. Ryback, »Hitler's Private Library«, London 2009, S. 6

23 »In November 1915 for a frontline corporal to pay four marks for a book on cultural treasures of Berlin, when cigarettes, schnapps and women were readily available for more immediate and palpable distraction, can be seen as an act of aesthetic transcendence.«, T.W. Ryback, »Hitler's Private Library«, London 2009, S. 6

24 E. Hanfstaengl, »Zwischen Weißem und Braunem Haus«, München 1970, S. 44

25 Bayerisches Hauptstaatsarchiv München, Karten und Pläne, Obersalzberg, Haus Wachenfeld, 5456

26 »Bück dich, Randolph«, Der Spiegel 35/1959, Hamburg, 26.8.1959

27 E. Hanfstaengl, »Zwischen Weißem und Braunem Haus«, München 1970, S. 44

28 K.E. Bohnenkamp (Hrsg.), »Hugo von Hofmannsthal, Rudolf Kassner und Rainer Maria Rilke im Briefwechsel mit Elsa und Hugo Bruckmann«, Göttingen 2014, S. 5

29 Hitlers Adjutant, Julius Schaub, berichtet, dass sich Hitler und Elsa Bruckmann »weit vor dem 9. November 1923« kennengelernt haben. Siehe: O. Rose (Hrsg.), »Julius Schaub. In Hitlers Schatten«, Stegen/Ammersee, 2010, S. 76. Andere Autoren datieren die erste Begegnung der beiden auf das Jahr 1924, als Elsa Bruckmann Hitler in der Haft in Landsberg besuchte.

30 Herbert Hoover, US-Präsident 1929–1933: »Hitler machte Eindruck, schien hochintelligent, ließ ein bemerkenswertes und zuverlässiges Gedächtnis erkennen, zeigte sich gründlich unterrichtet und war fähig zu klarer Darstellung.« Zit. in: E. Schwinge, »Bilanz der Kriegsgeneration«, Marburg 1978, S.10. Siehe auch: Kapitel *Ausland*. Der britische Historiker Arnold Joseph Toynbee berichtete im Jahr 1967 über ein Treffen mit Hitler, das im Februar 1936 in der Reichskanzlei stattfand: »Während dieser zweieinviertel Stunden entwickelte Hitler sein Thema mit meisterhafter Logik und Klarheit. Ich kann mir nicht vorstellen, dass irgendeiner der Professoren, die ich gehört habe, so lange ununterbrochen hätte sprechen können, ohne den Faden zu verlieren.« Zit. in: W. Maser, »Fälschung, Dichtung und Wahrheit über Hitler und Stalin«, München 2004, S.399. Siehe auch: Kapitel *Ausland*

31 Siehe: J.M. Charlier, J.D. Launay, »Eva Hitler, geb. Braun«, Essen 1978, S.28

32 Anthony Eden, britischer Außenminister 1931–1935: »Trotz seiner sonderbaren Uniform gab er eine smarte, beinahe elegante Erscheinung ab. Während der Besprechung gewann ich den Eindruck, daß Hitler weit mehr war als nur ein Demagoge. Hitler gab sich sehr einfach und hat Sinn für Humor.« Zit. in: P.W. Fabry, »Mutmaßungen über Hitler«, Düsseldorf 1969, S.208. Siehe auch: Kapitel *Ausland*.

OKKULTISMUS

1 Siehe: B. Hamann, »Hitlers Wien«, München 1996, S.285ff

2 Siehe: B. Hamann, »Hitlers Wien«, München 1996, S.285ff sowie: Kapitel *Prophet*

3 M. Kater, »Das Ahnenerbe der SS«, S.125, zit. in: D. Luhrssen, »Hammer of the Gods«, Washington 2012, Fußnote 29

4 1945 sollte die Wewelsburg auf Himmlers Befehl gesprengt werden, brannte aber nur teilweise aus.

5 Siehe: V. und V. Trimondi, »Hitler, Buddha, Krishna«, Wien 2002 und: M. H. Kater, »Das Ahnenerbe der SS«, Frankfurt/Main 1984

6 R. Spitzy, »So haben wir das Reich verspielt«, München 1986, S. 131, zit. in: B. Hamann, »Hitlers Wien«, München 1996, S. 319

7 O. Rose (Hrsg.), »Julius Schaub. In Hitlers Schatten«, Stegen/Ammersee 2010, S. 210 ff

8 T. W. Ryback, »Atlantic Monthly«, Mai 2003: »Sometimes writing along the side of a page is recognizably in Hitler's jagged cursive hand. For the most part, though, the marginalia are restricted to simple markings whose common ›authorship‹ is suggested by an intense vertical line in the margin and double or triple underlining in the text, always in pencil; I found such markings repeatedly both in the Library of Congress collection and in a cache of eighty Hitler books at Brown University. Hitler's handwritten speeches, preserved in the Federal German Archives, show an identical pattern of markings.«

9 Ryback berichtet von etwa 130 Titeln in der Library-of-Congress-Sammlung und mehr als einem Dutzend Titel in der John-Hay-Sammlung, die einen spirituellen oder religiösen Inhalt haben.

WAGNER

1 A. Hitler, »Mein Kampf«, München 1936, S. 406

2 W. Pyta, »Hitler: Der Künstler als Politiker und Feldherr. Eine Herrschaftsanalyse«, München 2015

3 H. R. Vaget, »Wehvolles Erbe – Richard Wagner in Deutschland. Hitler, Knappertsbusch, Mann«, Frankfurt am Main, 2017

4 A. Kubizek, »Adolf Hitler, mein Jugendfreund«, Graz 1953, S. 83

5 M. Stallknecht, »Richard Wagners verschollene Partituren«, Süddeutsche Zeitung, München, 12.7.2017

6 A. Kubizek, »Adolf Hitler, mein Jugendfreund«, Graz 1953, S. 83 f

7 Verlag für Musik (Hrsg.), »Richard Wagner, Sämtliche Briefe 1842–1849«, Leipzig 1967, S. 440

8 W.-D. Hartwich, »Richard Wagners ästhetische Herrschaftsform. Zur Soziologie der ›Bayreuther Idee‹«, in: R. Faber (Hrsg.), C. Holste (Hrsg.), »Kreise - Gruppen - Bünde«, Würzburg 2000, S. 307–328, hier S 314

9 J. M. Fischer, »Richard Wagners ›Das Judentum in der Musik‹. Eine kritische Dokumentation als Beitrag zur Geschichte des europäischen Antisemitismus«, Frankfurt/Main 2000, S. 73

10 Siehe: M. Gregor-Dellin (Hrsg.), D. Mack (Hrsg.), »Cosima Wagner, Tagebücher II«, München 1977, vgl. Briefstellen S. 235, 293, 454, 460, 599, 888

11 Siehe: U. Bermbach, »Houston Stewart Chamberlain, Wagners Schwiegersohn - Hitlers Vordenker«, Stuttgart 2015, S. 25

12 G. G. Field, »Evangelist of race. The Germanic vision of Houston Stewart Chamberlain«, New York 1981, S. 442

13 »Bayreuth: Die Götter dämmern«, Der Spiegel 10/1976, Hamburg 1.3.1976

14 H. R. Vaget, »Wehvolles Erbe. Richard Wagner in Deutschland. Hitler, Knappertsbusch, Mann«, Frankfurt am Main 2017

15 A. Kubizek, »Adolf Hitler, mein Jugendfreund«, Graz 1953, S. 195

16 H. R. Vaget, »Wehvolles Erbe. Richard Wagner in Deutschland. Hitler, Knappertsbusch, Mann«, Frankfurt am Main 2017

17 A. Hitler, »Mein Kampf«, München 1936, S. 177

18 A. Hitler, »Mein Kampf«, München 1936, S. 179

19 A. Hitler, »Mein Kampf«, München 1936, S. 178

20 A. Hitler, »Mein Kampf«, München 1936, S. 181

21 A. Hitler, »Mein Kampf«, München 1936, S. 225

22 H. Frank, »Im Angesicht des Galgens«, München 1953, S. 213

23 A. Platthaus, »Weltmodell Dirndl«, FAZ, 21.9.1995

24 Siehe: M. Domarus, »Hitler 1932–1945. Reden und Proklamationen«, Würzburg 1962, S. 2234. Siehe auch: H. Eberle (Hrsg.), M. Uhl (Hrsg.), »Das Buch Hitler, Geheimdossier des NKWD für Joseph Stalin, Moskau 1948/49«, Bergisch Gladbach 2005, S. 436

KREATIVITÄT

1 O. Rose (Hrsg.), »Julius Schaub. In Hitlers Schatten«, Stegen/Ammersee 2010, S. 53

2 A. Speer, »Erinnerungen«, Frankfurt am Main 2003, S. 69

3 Siehe: A. Speer, »Erinnerungen«, Frankfurt am Main 2003, S. 99

4 N. v. Below, »Als Hitlers Adjutant 1937–45«, Mainz 1980, S. 115

5 H. Linge, »Bis zum Untergang«, Naunhof 2019, S. 39 ff

6 August Eigruber, Besprechung in München am 27. April 1942, S. 2, Politische Akten, Schachtel 49, Oberösterreichisches Landesarchiv, vgl. I. Kershaw, »Hitler 1936–1945«, Stuttgart 2000, S. 659

7 G. Boldt, »Die letzten Tage der Reichskanzlei«, S. 32, zit. in: B. Schwarz, »Geniewahn: Hitler und die Kunst«, Wien 2009, S. 288

8 Siehe: A. Joachimsthaler (Hrsg.), »Er war mein Chef. Aus dem Nachlaß der Sekretärin von Adolf Hitler«, München 1985, S. 218

9 Siehe: E. Timm, »Hugo Ferdinand Boss (1885–1948) und die Firma Hugo Boss. Eine Dokumentation«, o. O. 1999. Siehe auch: R. Köster, »Hugo Boss, 1924–1945, Die Geschichte einer Kleiderfabrik zwischen Weimarer Republik und Drittem Reich«, München 2011 und: T. Veszelits, »Die Neckermanns«, Frankfurt 2005

NIETZSCHE

1 L. Riefenstahl, »Memoiren«, München/Hamburg 1987, S. 249

2 Siehe: C. C. Malzahn, »Die blödsinnigste Parole der Welt«, Spiegel Online, Kultur, Literatur, 24.6.2006

3 R. M. Lonsbach, »Friedrich Nietzsche und die Juden«, Bonn 1985, S. 53

4 Siehe: R. M. Lonsbach, »Friedrich Nietzsche und die Juden«, Bonn 1985, S. 42

5 Siehe: R. M. Lonsbach, »Friedrich Nietzsche und die Juden«, Bonn 1985, S. 47

6 R.M. Lonsbach, »Friedrich Nietzsche und die Juden«, Bonn 1985, S.55

7 Siehe: B.H.F. Taureck, »Nietzsche und der Faschismus«, Leipzig 2000 sowie: B. Eberan, »Luther, Friedrich der Große, Wagner, Nietzsche - Wer war an Hitler schuld?«, München 1983

8 R.M. Lonsbach, »Friedrich Nietzsche und die Juden«, Bonn 1985, S.89

9 Siehe: C. Diethe, »Nietzsches Schwester«, Hamburg 2001

GEDÄCHTNIS

1 Hitlers Gedächtnisleistungen finden sich in dem Buch »Homo Hitler« (1999) von Manfred Koch-Hillebrecht auf den Seiten 93ff

2 A. Kubizek, Adolf Hitler, mein Jugendfreund«, Graz 1953, S.226

3 A. Joachimsthaler (Hrsg.), »Er war mein Chef. Aus dem Nachlaß der Sekretärin von Adolf Hitler«, München 1985, S.76

4 München IfZ, ZS2242, von Prof. Marcel Prawy bestätigt. Zit. nach: B. Hamann, »Hitlers Wien«, München 1996, S.95

5 O. Rose (Hrsg.), »Julius Schaub. In Hitlers Schatten«, Stegen/Ammersee 2010, S.202

6 A. Reif (Hrsg.), A. Speer, »Technik und Macht«, Esslingen 1985, S.106f

7 A. Joachimsthaler (Hrsg.), »Er war mein Chef. Aus dem Nachlaß der Sekretärin von Adolf Hitler«, München 1985, S.77

8 H. Linge, »Bis zum Untergang«, Naunhof 2019, S.86

9 Siehe Anmerkung 1

10 Siehe Anmerkung 1

11 Siehe Anmerkung 1

12 Siehe Anmerkung 1

13 Siehe Anmerkung 1

14 Siehe Anmerkung 1

15 R. Misch, »Der letzte Zeuge«, München 2008, S.144

16 H. Guderian, »Erinnerungen eines Soldaten«, Stuttgart 2001, S.392

17 1789 hat der amerikanische Arzt Benjamin Rush die unerklärlichen Fähigkeiten eines Eidetikers zum ersten Mal beschrieben. Trotz intensiver Forschung gibt es bis heute keine wissenschaftliche Erklärung für das Phänomen.

18 Siehe: http://youngHitler.com/Jordan_Grafman.htm »Having a superior photographic memory usually comes at a cost. While one can remember the details of a circumstance with uncanny precision, they may have more trouble getting the gist of a situation (in essence, missing the forest through the trees)«.

SCHOPENHAUER

1 T. W. Ryback, »Hitler's private library«, New York 2008, S.105

2 Siehe: H. Frank, »Im Angesicht des Galgens«, München 1953, S.46

3 E. Hanfstaengl, »Zwischen Weißem und Braunem Haus«, München 1970, S.299

4 Siehe: M. Plewnia, »Auf dem Weg zu Hitler«, Bremen 1970, S.20, S.36, S.42–44, S.46, S.99, S.102, S.105, S.111

5 Siehe: L. Riefenstahl, »Memoiren«, München 1987, S.249

6 Siehe: A. Joachimsthaler (Hrsg.), »Er war mein Chef. Aus dem Nachlaß der Sekretärin von Adolf Hitler«, München 1985, S.77

7 O. Rose (Hrsg.), »Julius Schaub. In Hitlers Schatten«, Stegen/Ammersee 2010, S.197

8 Siehe: Breitkopf & Härtel (Hrsg.), »Briefwechsel zwischen Wagner und Liszt«, Bd. 2, Leipzig 1887, S.45

9 »Wir bekennen es vielmehr frei: Was nach gänzlicher Aufhebung des Willens übrig bleibt, ist für alle die, welche noch des Willens voll sind, allerdings Nichts. Aber auch umgekehrt ist Denen, in welchen der Wille sich gewendet und verneint hat, diese unsere so sehr reale Welt mit allen ihren Sonnen und Milchstraßen – Nichts.« A. Schopenhauer, »Die Welt als Wille und Vorstellung«,

Bd. 1, S. 508. – In: Werk- und Studienausgabe in elf Bänden, Zürcher Ausgabe, Zürich 1977
10 H. Picker, »Hitlers Tischgespräche im Führerhauptquartier«, Wiesbaden 1983, S. 186 f
11 A. Hitler, »Mein Kampf«, München 1936, S. 70
12 A. Hitler, »Mein Kampf«, München 1936, S. 335
13 W. Weimer, »Der Philosoph und der Diktator«, in: 84. Schopenhauer-Jahrbuch, Würzburg 2003, S. 163

AUGEN

1 A. Speer, »Erinnerungen«, München 1969, zit. in: M. Koch-Hillebrecht, »Homo Hitler«, München 1999, S. 122
2 Zit. in: »Nur ein bisserl Monarch«, FAZ am Sonntag, 3.10.2004, S. 8
3 Schwerin von Krosigk, S. 156, zit. in: R. Binion, »... dass ihr mich gefunden habt«, Stuttgart 1978, S. 160
4 K. G. W. Lüdecke, »I knew Hitler«, London 1938, S. 22 f
5 HSW Hoffmann, 46/2, zit. in: R. Binion, »... daß ihr mich gefunden habt«, Stuttgart 1978, S. 161
6 R. Fisk, »The premier who thought Hitler was a ›Joan of Arc‹«. His eyes impressed me most of all. There was a liquid quality about them which indicates keen perception and profound sympathy.« The Independent, London, 12.6.2010
7 HStA, AStA, Sonderabgabe I 1838, zit. in: R. Binion, »... daß ihr mich gefunden habt«, Stuttgart 1978, S. 237
8 Calic 116, zit. in: R. Binion, »... daß ihr mich gefunden habt«, Stuttgart 1978, S. 161
9 Siehe: M. Koch-Hillebrecht, »Homo Hitler«, München 1999, S. 122
10 R. Binion, »... daß ihr mich gefunden habt«, Stuttgart 1978, S. 159 f
11 Merkl 337, zit. in: R. Binion, »... daß ihr mich gefunden habt«, Stuttgart 1978, S. 237

12 Merkl 363, zit. in: R. Binion, »... daß ihr mich gefunden habt«, Stuttgart 1978, S. 237

13 Merkl 395, zit. in: R. Binion, »... daß ihr mich gefunden habt«, Stuttgart 1978, S. 237

14 Siehe: W. C. Schwarzwäller, »Hitlers Geld«, Wiesbaden 2001, S. 15

15 Siehe: B. Hamann, »Hitlers Wien«, München 1996, S. 576

EUGENIK

1 J. Osterhammel, »Kolonialismus: Geschichte, Formen, Folgen«, München 1995, S. 113

2 Siehe: A. Gobineau, »Versuch über die Ungleichheit der Menschenracen«, Stuttgart 1902–1904 (Band I, S. 42, 81, 284, Band II, S. 8, 13 und 185, Band IV, S. 319)

3 H. S. Chamberlain, »Die Grundlagen des 19. Jahrhunderts, Band 1, München 1912, S. 313

4 Siehe: H. v. Schirach (Hrsg.), »Anekdoten um Hitler«, Berg 1980, S. 155f

5 D. Gasman, »Haeckel's Monism and the Birth of Fascist Ideology«, New York 1998, S. 12

6 G. G. Field: »Evangelist of Race. The Germanic Vision of Houston Stewart Chamberlain«, New York 1981, S. 223

7 G. G. Field: »Evangelist of Race. The Germanic Vision of Houston Stewart Chamberlain«, New York 1981, S. 360

8 Siehe: C. Pollner, O. D. Gupta, »Blut muss fließen, viel Blut«, Süddeutsche Zeitung, 27.1.2009

9 Siehe: H. G. Zmarzlik, »Der Sozialdarwinismus in Deutschland«, Vierteljahrshefte für Zeitgeschichte 11 (1963), S. 259

10 R. A. Fando, »Die Anfänge der Eugenik in Russland«, Berlin 2014, S. 80ff

11 R. Walther, »Die seltsamen Lehren des Dr. Carrel«, Die Zeit, Hamburg, 31.7.2003

12 Siehe: M. Turda (Hrsg.), P.J. Weindling (Hrsg.), »Blood and Homeland«, Oxford 2007, Einleitung

13 In der Folge schlossen sich die nationalen Eugenik-Gesellschaften im Internationalen Eugenischen Komitee zusammen, welches nach Beendigung des Ersten Weltkrieges jährliche internationale Konferenzen organisierte (New York, Brüssel, Lund, Neapel, London, Paris).

14 Siehe: E. Black, »War against the weak«, Washington 2012

15 Siehe: D. Kevles, »In the Name of Eugenics«, New York 1985

16 A. Hitler, »Mein Kampf«, München 1936, S. 314

17 Siehe: D. Kevles, »In the Name of Eugenics«, New York 1985

18 Die Zwangssterilisation wurde in Schweden erst Mitte der 70er-Jahre abgeschafft.

19 M. Hawkins, »Social Darwinism in European and American Thought«, Cambridge 1997, S. 62, 292

20 In dem Verfahren Buch v. Bell hatte der Oberste Gerichtshof der Vereinigten Staaten (*US Supreme Court*) 1927 entschieden, dass der Staat Virginia das Recht besaß, alle diejenigen Menschen zwangssterilisieren zu lassen, die als untauglich (»unfit«) eingestuft waren. Ein positiver Bericht von Paul Popenoe über die Ergebnisse der Sterilisation in Kalifornien erschien in Buchform und wurde von der NS-Regierung als Beleg dafür zitiert, dass umfassende Sterilisationsprogramme realisierbar und zugleich menschlich waren. Siehe: M. Ladd-Taylor, »Eugenics, Sterilisation, and Modern Marriage in the USA: The Strange Career of Paul Popenoe«, in: Gender and History 13 (2001), Heft 2, S. 298–327

21 Siehe: E. Black, »War against the weak«, Washington 2012

22 D. Sklar, »American Eugenics and German Nazism«, Jewish Currents, Ausgabe Februar 2016: Joseph DeJarnette, head of Virginia's Western State Hospital in 1934 in the *Richmond Times*: »The Germans are beating us at our own game«. Leon Whitney, executive secretary of the American Eugenics Society, said of Nazism: »While we were pussy-footing around… the Germans were calling a spade a spade.«

23 Siehe: D. Kevles, »In the Name of Eugenics«, New York 1985

FRAUEN

1 H. Picker, »Hitlers Tischgespräche im Führerhauptquartier«, Wiesbaden 1983, S. 90

2 »Adolf Hitler, Aufriß über meine Person«, Der Spiegel, Heft 17/1973, Hamburg, 23.4.1973

3 »Adolf Hitler, Aufriß über meine Person«, Der Spiegel, Heft 17/1973, Hamburg, 23.4.1973

4 A. M. Sigmund, »Die Frauen der Nazis«, München 2013, S. 27

5 O. Wagener, »Hitler aus nächster Nähe«, Frankfurt 1978, S. 102

6 H. Linge, »Bis zum Untergang«, Naunhof 2019, S. 70

7 Siehe: J. M. Charlier, J. D. Launay, »Eva Hitler, geb. Braun«, Essen 1978, S. 36 ff

8 Siehe: J. Fest, »Die unbeantworteten Fragen«, Hamburg 2005, S. 60

9 A. Joachimsthaler (Hrsg.), »Er war mein Chef. Aus dem Nachlaß der Sekretärin von Adolf Hitler«, München 1985, S. 153

10 »Eva Braun. Leben mit Hitler«, Der Spiegel, Hamburg, 8.2.2010

11 A. Joachimsthaler (Hrsg.), »Er war mein Chef. Aus dem Nachlaß der Sekretärin von Adolf Hitler«, München 1985, S. 153

12 Siehe: H. Picker, »Hitlers Tischgespräche im Führerhauptquartier«, Wiesbaden 1983, S. 235

13 J. Goebbels, Tagebucheintragung vom 15. Februar 1931, in: E. Fröhlich (Hrsg.), J. Goebbels, »Tagebücher«, München 1993, Bd. 2 (1.1.1931–31.12.1936), S. 21 f

14 H. B. Görtemaker, »Eva Braun: Leben mit Hitler«, Kindle-Version 2017, Kindle-Positionen 1167–1173

15 H. B. Görtemaker, »Hitlers Hofstaat«, Kindle-Version 2019, Kindle-Position 1728

16 O. Rose (Hrsg.), »Julius Schaub. In Hitlers Schatten«, Stegen/Ammersee 2010, S. 90

17 Siehe: J. M. Charlier, J. D. Launay, »Eva Hitler, geb. Braun«, Essen 1978, S. 46

18 L. Riefenstahl, »Memoiren«, München/Hamburg 1987, S. 251

19 L. Riefenstahl, »Memoiren«, München/Hamburg 1987, S. 311

20 L. Riefenstahl, »Memoiren«, München/Hamburg 1987, S. 311f

21 Siehe: L. Riefenstahl, »Memoiren«, München/Hamburg 1987, S. 403

22 Siehe: R. Spitzy, »So haben wir das Reich verspielt«, München 1994, S. 128f, zit. in: H. B. Görtemaker, »Eva Braun: Leben mit Hitler«, Kindle-Version 2017, Kindle-Positionen 2213–2223

23 Siehe: H. B. Görtemaker, »Eva Braun: Leben mit Hitler«, Kindle-Version 2017, Kindle-Positionen 3068–3075

24 T. Junge, »Bis zur letzten Stunde«, München 2002, S. 74, S. 84: »Sie entsprach nicht dem Frauenideal aus der BDM-Werbung oder der Frauenschaft. Ihre Haare waren blondiert, das hübsche Gesicht sehr geschmackvoll geschminkt. Sie war nicht groß, hatte aber eine ausgesprochen wohlproportionierte Figur. Sie verstand sich ausgezeichnet in einem zu ihr passenden Stil zu kleiden. Ihr kostbarer Schmuck wirkte dezent und nie überladen. (...) Auf dem *Berghof* führte Eva Braun jeden Abend eine Modenschau vor und zeigte sich in den unterschiedlichsten eleganten Gewändern. Evas ganze Aufmerksamkeit und Leidenschaft gehörte ihrem Aussehen und ihrer Garderobe.«

25 Siehe: H. B. Görtemaker, »Eva Braun: Leben mit Hitler«, Kindle-Version 2017, Kindle-Positionen 2293–2298 und 3725–3730

26 Siehe: H. B. Görtemaker, »Eva Braun: Leben mit Hitler«, Kindle-Version 2017, Kindle-Positionen 226–239

27 Siehe: H. v. Schirach, »Der Preis der Herrlichkeit«, München 2016, S. 24

28 H. B. Görtemaker, »Eva Braun: Leben mit Hitler«, Kindle-Version 2017, Kindle-Positionen 290–293

29 O. Wagener, »Hitler aus nächster Nähe«, S. 99

30 Siehe: J. M. Charlier, J. D. Launay, »Eva Hitler, geb. Braun«, Essen 1978, S. 106

31 Siehe: H. B. Görtemaker, »Eva Braun: Leben mit Hitler«, Kindle-Version 2017, Kindle-Position 5043

32 Siehe: H. B. Görtemaker, »Eva Braun: Leben mit Hitler«, Kindle-Version 2017, Kindle-Positionen 933–936

33 Siehe: J.M. Charlier, J.D. Launay, »Eva Hitler, geb. Braun«, Essen 1978, S. 59ff

34 Siehe: E. Hanfstaengl, »Zwischen Weißem und Braunem Haus«, München 1970, S. 286f

35 Anni Winter, Interrogation by Capt. O.N. Norden, Munich, 6. November 1945, in: Donovan Nuremberg Trials Collection, Vol. IV, Subdivision 8/Hitler, Section 8.02, Cornell University, Law Library, zit. in: H.B. Görtemaker, »Eva Braun: Leben mit Hitler«, Kindle-Version 2017, Kindle-Positionen 1372–1375

36 Siehe: H.B. Görtemaker, »Eva Braun: Leben mit Hitler«, Kindle-Version 2017, Kindle-Positionen 1482–1484

37 H.B. Görtemaker, »Eva Braun: Leben mit Hitler«, Kindle-Version 2017, Kindle-Position 1712

38 Siehe: J.M. Charlier, J.D. Launay, »Eva Hitler, geb. Braun«, Essen 1978, S. 105

39 H.B. Görtemaker, »Eva Braun: Leben mit Hitler«, Kindle-Version 2017, Kindle-Positionen 941–943

40 Siehe: H. Picker, »Hitlers Tischgespräche im Führerhauptquartier«, Wiesbaden 1983, S. 89

41 BArch, NS 10/136, Persönliche Adjutantur Schriftwechsel mit RSD, Bd. 1, Januar–Dezember 1939, Bl. 97, zit. in: H.B. Görtemaker, »Hitlers Hofstaat«, Kindle-Version 2019, Kindle-Position 4961

42 H.B. Görtemaker, »Eva Braun: Leben mit Hitler«, Kindle-Version 2017, Kindle-Positionen 702–703 und Kindle-Positionen 3485–3489

43 O. Rose (Hrsg.), »Julius Schaub. In Hitlers Schatten«, Stegen/Ammersee, 2010, S. 286

44 Siehe: J.M. Charlier, J.D. Launay, »Eva Hitler, geb. Braun«, Essen 1978, S. 1159ff. Siehe auch: »Frauen um Hitler«, nach Materialien von Henriette von Schirach, München und Berlin 1983, S. 235, zit. in: H.B. Görtemaker, »Eva Braun: Leben mit Hitler«, Kindle-Version 2017, Kindle-Positionen 702–703 und Kindle-Positionen 6930–6931 und 3789–3790

45 Siehe: H.B. Görtemaker, »Eva Braun: Leben mit Hitler«, Kindle-Version 2017, Kindle-Positionen 3678–3680

46 Siehe: Traudl Junge, »Bis zur letzten Stunde«, München 2002, S.41

47 H.B. Görtemaker, »Eva Braun: Leben mit Hitler«, Kindle-Version 2017, Kindle-Positionen 3075–3081. Siehe auch: H.B. Görtemaker, »Eva Braun: Leben mit Hitler«, Kindle-Version 2017, Kindle-Positionen 3081–3087: »Ein knappes Vierteljahrhundert später, in seinen Erinnerungen, war von ›Liebe‹ als Empfindung Hitlers für Eva Braun allerdings nicht mehr die Rede. Zwanzig Jahre Gefängnis und der Einfluss seiner Berater Joachim Fest und Wolf Jobst Siedler hatten Speers Betrachtungsweise verändert. Der einst mächtige und bis zum Schluss machtbesessene Rüstungsminister achtete nun auf politischen und persönlichen Abstand zu dem Mann, dem er bis zum bitteren Ende mit voller Überzeugung gedient hatte. Er schilderte Hitler jetzt als einen stets unzugänglichen, gefühlskalten Menschen, der ›keinen Humor‹ besessen habe und sich seiner Geliebten gegenüber rücksichtslos, misstrauisch und zynisch verhalten habe.«

48 Siehe: J.M. Charlier, J.D. Launay, »Eva Hitler, geb. Braun«, Essen 1978, S.138ff

49 J.M. Charlier, J.D. Launay, »Eva Hitler, geb. Braun«, Essen 1978, S.106

50 Herta Ostermeier, zit. in: N.E. Gun, »Eva Braun-Hitler«, S.163, zit. in: H.B. Görtemaker, »Eva Braun: Leben mit Hitler«, Kindle-Version 2017, Kindle-Positionen 3965–3969

51 M. Enigl, S. Hofer, »Der Führer und sein Mädchen«, Profil, Wien, 3.2.2010

52 O. Rose (Hrsg.), »Julius Schaub. In Hitlers Schatten«, Stegen/Ammersee 2010, S.285

53 R. Misch, »Der letzte Zeuge«, München 2008, S.102

54 Herta Schneider, Aussage vom 23. Juni 1949, Öffentliche Sitzung der Hauptkammer München zur mündlichen Verhandlung in dem Verfahren gegen Herta Schneider, geb. Ostermeier, in: Spruchkammern, Karton 1670, Staatsarchiv München, zit. in: H.B.

Görtemaker, »Eva Braun: Leben mit Hitler«, Kindle-Version 2017, Kindle-Positionen 3142–3150

55 A. Joachimsthaler, »Hitlers Liste«, München 2003, S. 10

56 Siehe: Der Spiegel, Hamburg, Heft 43/1987, Hamburg, 1987

57 Siehe: Hanfstaengl, »Zwischen Weißem und Braunem Haus«, München 1970, S. 185

58 Konrad Heiden, »Adolf Hitler, Zeitalter der Verantwortungslosigkeit«, Zürich 1936, S. 76, zit. nach: A. Joachimsthaler, »Hitlers Liste«, München 2003, S. 24

KUNST

1 Dass der spätere Münchner Stadtrat auch Bordellbesitzer war, wie mehrere Autoren behaupten, ist möglich. Zumindest findet sich diese Behauptung in einer Aufzeichnung des Reichsfinanzministers Johann Ludwig Graf Schwerin von Krosigk, siehe: IfZ Arch. ZS A 0020-03-54. Weitere Belege scheint es für diese Behauptung allerdings nicht zu geben. Ob Weber tatsächlich im Mai 1945 in US-Gefangenschaft starb oder ob sein Tod vorgetäuscht war, ist nicht geklärt. Übereinstimmend haben verschiedene Zeugen erklärt, dass Weber korrupt und bei der Münchner Bevölkerung extrem unbeliebt war.

2 Siehe: D. Fuchsberger, »Nacht der Amazonen – Eine Münchner Festreihe zwischen NS-Propaganda und Tourismusattraktion«, München 2017

3 E. Fröhlich (Hrsg.), J. Goebbels, »Tagebücher«, München 1993, 6. Juni 1937

4 B. Bandinelli, »Dal di unborghese«, S. 172–193, in: B. Schwarz, »Geniewahn: Hitler und die Kunst«, Wien 2009, S. 15–20

5 Siehe: Kapitel *Bildung*

6 E. Fröhlich (Hrsg.), J. Goebbels, »Tagebücher«, München 1993, 25. Juni 1943

7 B. Schwarz, »Geniewahn: Hitler und die Kunst«, Wien 2009, S. 44

8 A. Hitler, »Eröffnungsrede für das Haus der deutschen Kunst« vom 18.7.1937 in: M. Domarus, »Hitler 1932–1945. Reden und Proklamationen«, Band I: Zweiter Halbband (1935–1938). Wiesbaden, 1973, S.706ff

9 A. Hitler, »Eröffnungsrede für das Haus der deutschen Kunst«, 18.7.1937, vom 18.7.1937 in: M. Domarus, »Hitler 1932–1945. Reden und Proklamationen«, Band I: Zweiter Halbband (1935–1938). Wiesbaden, 1973, S.706ff

10 Dietrich, »12 Jahre mit Hitler«, S.204f, zit. in: B. Schwarz, »Geniewahn: Hitler und die Kunst«, Wien 2009, S.213

11 B. Hamann, »Hitlers Wien«, München 1996, S.59

12 H. Picker, »Hitlers Tischgespräche im Führerhauptquartier«, Wiesbaden 1983, S.276

13 B. Schwarz, »Geniewahn: Hitler und die Kunst«, Wien 2009, S.46

14 A. Kubizek, »Adolf Hitler, mein Jugendfreund«, Graz 1953, S.119ff

15 A. Speer, »Erinnerungen«, Frankfurt am Main 2003, S.312

16 Siehe: Kapitel *Bildung*

17 Siehe: W. Jochmann (Hrsg.), H. Heim, »Adolf Hitler, Monologe im Führerhauptquartier 1941–1944«, Hamburg 1980, S.115

18 Heilmeyer, »Das Führerhaus in München«, zit. in: B. Schwarz, »Geniewahn: Hitler und die Kunst«, Wien 2009, S.203

19 Siehe: Kapitel *Swastika*

20 J. Fest, »Hitler. Eine Biographie«, Frankfurt 1973, S.726

21 B. Schwarz, »Geniewahn: Hitler und die Kunst«, Wien 2009, S.19

22 J. Goebbels, »Michael«, München 1929, S.21

23 B. Schwarz, »Geniewahn: Hitler und die Kunst«, Wien 2009, S.17

24 C.J. Burckhardt, »Meine Danziger Mission«, München 1962, S.269

25 Siehe: H.A. Turner, »Die Großunternehmer und der Aufstieg Hitlers«, München 1991, S.185. In seiner Steuererklärung gab Hitler 1932 ein Gesamteinkommen von 64.639 RM an. Davon stammten 62.340 RM aus den Tantiemen von *Mein Kampf*, 2.299 RM waren Einnahmen aus anderer schriftstellerischer Tätigkeit. Nach Abzug der Steuern verblieben 44.745 RM. Siehe: O.J. Hale, »Adolf Hitler:

Taxpayer«, zit. in: The American Historical Review 60 (1955), S.830–842, S.837ff

26 Siehe: Spruchkammerakt Max Amann, Nürnberg 30.10.47, Sonderregistratur S, München, zit. nach: A. Joachimsthaler, »Hitlers Weg begann in München 1913–1923«, München 2000, S.148. Siehe auch: W.C. Schwarzwäller, »Hitlers Geld«, Wiesbaden 2001, S.183

27 H.B. Görtemaker, »Eva Braun: Leben mit Hitler«, Kindle-Version 2017, Kindle-Positionen 269–271

28 H. Hoffmann, »Hitler wie ich ihn sah«, München/Berlin 1974, S.65f

29 B. Schwarz, »Geniewahn: Hitler und die Kunst«, Wien 2009, S.94

30 Siehe: B. Schwarz, »Geniewahn: Hitler und die Kunst«, Wien 2009, S.131

31 Siehe: A. Joachimsthaler (Hrsg.), »Er war mein Chef. Aus dem Nachlaß der Sekretärin von Adolf Hitler«, München 1985, S.75

32 W.C. Schwarzwäller, »Hitlers Geld«, Wiesbaden 2001, S.138

33 BstGS, Bibliothek: Slg. Hi 800/200/I und 200/2, zit. in: B. Schwarz, »Geniewahn: Hitler und die Kunst«, Wien 2009, S.262

34 Vergl. BArch R43II/1063a, 73, 76, 82/83, 97, zit. in: B. Schwarz, »Geniewahn: Hitler und die Kunst«, Wien 2009, S.159

35 Baur, »Ich flog Mächtige der Erde«, S.276, zit. in: B. Schwarz, »Geniewahn: Hitler und die Kunst«, Wien 2009, S.267

36 A. Joachimsthaler (Hrsg.), »Er war mein Chef. Aus dem Nachlaß der Sekretärin von Adolf Hitler«, München 1985, S.196

37 F 3098 Mü 12270, F3883, Mü 50151, vergl. auch BArchB 323/161 und B 323/159, zit. in: B. Schwarz, »Geniewahn: Hitler und die Kunst«, Wien 2009, S.120

38 Siehe: B. Schwarz, »Geniewahn: Hitler und die Kunst«, Wien 2009, S.213

39 A. Breker, »Im Strahlungsfeld der Ereignisse«, zit. in: B. Schwarz, »Geniewahn: Hitler und die Kunst«, Wien 2009, S.214

40 Dass diese Einnahmen, die sich Jahr für Jahr zu zweistelligen Millionenbeträgen summierten, in den Kulturfonds flossen,

hat Postminister Wilhelm Ohnesorge 1947 beim Verhör durch den stellvertretenden US-Hauptankläger Robert Kemper ausgesagt. Siehe: IFZ, ZS-1285-56. Die Behauptung, dass Hitler von der Reichspost für Persönlichkeitsrechte durch die Verwendung seiner Bilder Gelder erhielt, ist nicht nachgewiesen und beruht wohl auf einer Fehlinterpretation von Heinrich Hoffmann.

41 B. Schwarz, »Geniewahn: Hitler und die Kunst«, Wien 2009, S. 214

42 Die »Reichsfluchtsteuer« wurde bereits in der Weimarer Republik eingeführt (1931) und sollte die Kapitalflucht eindämmen. Von der NS-Verwaltung wurde sie danach gezielt zur Enteignungsgrundlage umgestaltet. Siehe: M. Friedenberger (Hrsg.), »Die Reichsverwaltung im Nationalsozialismus«, Bremen 2002

43 Morton, »Die Rothschilds«, S. 247ff, zit. in: B. Schwarz, »Geniewahn: Hitler und die Kunst«, Wien 2009, S. 247

44 W. C. Schwarzwäller, »Hitlers Geld«, Wiesbaden 2001, S. 221

45 Vergl. Fritz Wiedemann, »Liste von Ankäufen für den »Führerauftrag Linz«, BArch NS, 6/826, zit. in: B. Schwarz, »Geniewahn: Hitler und die Kunst«, Wien 2009, S. 310

46 L. Riefenstahl, »Memoiren«, München/Hamburg 1987, S. 396

47 Vergl. »Führerauftrag Monumentalmalerei«, Zitat nach einem Brief von Dr. Naumann, Reichspropagandaministerium, 6.4.1943, S. 243, zit. in: B. Schwarz, »Geniewahn: Hitler und die Kunst«, Wien 2009, S. 293

48 »Wie Hitler sich als Kunstmäzen aufführte«, Frankfurter Allgemeine Zeitung, 16.7.2016

49 Siehe: Haase, »Die Kunstsammlung Adolf Hitler«, S. 123–125, Kubin, »Sonderauftrag Linz«, S. 99ff, zit. in B. Schwarz, »Geniewahn: Hitler und die Kunst«, Wien 2009, S. 309

50 B. Schwarz, »Geniewahn: Hitler und die Kunst«, Wien 2009, S. 309ff

51 Siehe: B. Schwarz, »Geniewahn: Hitler und die Kunst«, Wien 2009, S. 299 und 311ff

FAMILIE

1 H. Slapnicka, »Hitler und Oberösterreich«, Grünbach 1998, S. 25 ff, siehe auch: B. Hamann, »Hitlers Wien«, München 1996, S. 73

2 CIC Einvernahme von Paula Hitler am 26. Mai 1945 in Berchtesgaden, Mikrofilm DJ13, University of Philadelphia, Library, zit. nach: A. Joachimsthaler, »Hitlers Liste«, München 2003, S. 41

3 Ausführungen Hitlers zu Christa Schroeder und Johanna Wolf, zit. nach: A. Joachimsthaler, »Hitlers Liste«, München 2003, S. 41

4 Siehe: B. Hamann, »Hitlers Wien«, München 1996, S. 70

5 H. Slapnicka, »Hitler und Oberösterreich«, Grünbach 1998, S. 102 ff

6 J. C. Fest, »Hitler. Eine Biographie«, Frankfurt/Main 1973, S. 29

7 H. Slapnicka, »Hitler und Oberösterreich«, Grünbach 1998, S. 25

8 Interview mit Karl Krause, MPR München 1998, zit. nach: A. Joachimsthaler, »Hitlers Liste«, München 2003, S. 45

9 Interview mit Dr. E. Bloch von J. D. Ratcliff, in: »Collier's«-Magazine vom 15. März 1941, zit. nach: A. Joachimsthaler, »Hitlers Liste«, München 2003, S. 44

10 Diese Beträge sind, unter der Berücksichtigung der damaligen Kaufkraft der Mark, großzügig bemessen, lassen aber auch keine Unangemessenheit erkennen.

11 W. Zdral, »Die Hitlers«, Frankfurt 2005, S. 224

12 Siehe: W. Zdral, »Die Hitlers«, Frankfurt 2005, S. 100 ff

13 N. F. Pötzl, »Wie der kleine Hitler dem großen Hitler den Krieg erklärte«, Spiegel Online, 16.2.2018

GEDANKENWELT

1 A. Hitler, »Mein Kampf«, München 1936, S. 316

2 A. Hitler, »Mein Kampf«, München 1936, S. 419

3 A. Hitler, »Mein Kampf«, München 1936, S. 419

4 A. Hitler, »Mein Kampf«, München 1936, S. 360

5 A. Hitler, »Mein Kampf«, München 1936, Schlusswort, S. 782
6 A. Hitler, »Mein Kampf«, München 1936, S. 314
7 H. Picker, »Hitlers Tischgespräche im Führerhauptquartier«, Wiesbaden 1983, am 13.12.1941, S. 81
8 A. Hitler, »Mein Kampf«, München 1936, S. 362
9 A. Hitler, »Mein Kampf«, München 1936, S. 317
10 A. Hitler, »Mein Kampf«, München 1936, S. 87
11 Siehe: A. Hitler, »Mein Kampf«, München 1936, S. 378 f, S. 501
12 A. Hitler, »Mein Kampf«, München 1936, S. 743
13 A. Hitler, »Mein Kampf«, München 1936, S. 360
14 A. Hitler, »Mein Kampf«, München 1936, S. 70
15 Im Kapitel *Glaube* ist eine Auswahl dieser Äußerungen Hitlers zusammengestellt.
16 Seit 1847 stand »Gott mit uns« auf den Koppelschlössern preußischer Soldaten.
17 A. Hitler, »Mein Kampf«, München 1936, S. 421 f
18 C. Vollnhals, IfZ (Hrsg.) »Hitler. Reden Schriften Anordnungen Februar 1925 bis Januar 1933«, München 1992, Polizeibericht 533 vom 12.3.1926,
19 C. Vollnhals, IfZ (Hrsg.) »Hitler. Reden, Schriften, Anordnungen Februar 1925–Januar 1933«, München 1992, Polizeibericht 533 vom 18.3.1926, Dok 112
20 A. Hitler, »Mein Kampf«, München 1936, S. 316
21 A. Hitler, »Mein Kampf«, München 1936, S. 127
22 O. Rose (Hrsg.), »Julius Schaub. In Hitlers Schatten«, Stegen/Ammersee 2010, S. 114
23 Zit. in: P. W. Fabry, »Mutmaßungen über Hitler«, Düsseldorf 1969, S. 116
24 M. Domarus, »Hitler. 1932–1945 Reden und Proklamationen«, Würzburg 1962, Rede vom 6.9.1938, S. 894
25 So schreibt Hitler in *Mein Kampf:* »Beide, jawohl, beide christlichen Konfessionen sehen dieser Entweihung und Zerstörung eines durch Gottes Gnade der Erde gegebenen edlen und einzigartigen Lebewesen (des Ariers, der Verf.) gleichgültig zu.« A. Hitler,

»Mein Kampf«, München 1936, S. 630. Dass es zwischen Hitlers Nationalsozialismus und dem Katholizismus einen unüberbrückbaren Gegensatz gab, hat sein Gegenspieler in Rom, Papst Pius XI., mehrfach deutlich gemacht. Am 28. Juli 1938 sagte er in einer Rede: »die Menschheit ist eine einzige große universelle Rasse (...) ohne Raum für unterschiedliche Rassen.« Die *Alliance Israelite Universelle* dankte ihm für diese Klarstellung. Im September desselben Jahres äußerte Pius XI. Folgendes vor belgischen Pilgern: »(...) Abraham ist unser Patriarch und Vorvater. Antisemitismus ist mit diesem erhabenen Gedanken nicht zu vereinbaren. Es ist eine Bewegung, mit der wir Christen nichts zu tun haben können. (...) Spirituell sind wir alle Semiten.« Zit. in: La Documentation catholique, Jg. 1936, 5. Dezember, S. 1460

26 Siehe Kapitel *Glaube*

27 M. Domarus, »Hitler 1932–1945. Reden und Proklamationen«, Würzburg 1962, Rede vom 27. Juni 1937, S. 704

28 H. Picker, »Hitlers Tischgespräche im Führerhauptquartier«, Wiesbaden 1983, am 11.11.1941, S. 76

29 H. Picker, »Hitlers Tischgespräche im Führerhauptquartier«, Wiesbaden 1983, am 8.2.1942, S. 105

30 Zitiert nach: B. Dusik (Hrsg.), K.A. Lankheit (Hrsg.), »Hitler. Reden, Schriften, Anordnungen Februar 1925–Januar 1933«, München 1994, Brief vom 25. Juli 1928, S. 24

31 Siehe: P.W. Fabry, »Mutmaßungen über Hitler«, Düsseldorf 1969, S. 92

32 Christa Schroeder an Johanna Nusser, »Wolfsschanze«, 6. Januar 1942, in: IfZ Arch, ED 524. Vgl. A. Joachimsthaler (Hrsg.), »Er war mein Chef. Aus dem Nachlaß der Sekretärin von Adolf Hitler«, München 1985, S. 126.

33 H. Picker, »Hitlers Tischgespräche im Führerhauptquartier«, Wiesbaden 1983, am 13.12.1941, S. 80

34 H. Picker, »Hitlers Tischgespräche im Führerhauptquartier«, Wiesbaden 1983, am 13.12.1941, S. 80

35 A. Hitler, »Mein Kampf«, München 1936, S. 385

36 A. Hitler, »Mein Kampf«, München 1936, S. 394ff; siehe auch: R. Spitzy, »So haben wir das Reich verspielt«, München 1986, S. 131, zit. nach: B. Hamann, »Hitlers Wien«, München 1996, S. 319

37 Siehe: A. Hitler, »Mein Kampf«, München 1936, S. 127

38 J. Goebbels: Erkenntnis und Propaganda, Rede vom 9. Januar 1928, in: Ders., »Signale der neuen Zeit. 25 ausgewählte Reden von Dr. Joseph Goebbels (1927–1934)«, München 1934, S. 44f

39 J. Goebbels, »Die Führerfrage«, zit. in: J. Goebbels: »Die zweite Revolution. Briefe an Zeitgenossen«, Zwickau 1926, S. 6

40 Tischgespräch, 23.9.1941, Heim, S. 67, zit. in: M. Rissmann, »Hitlers Gott«, Zürich/München 2001, S. 68

41 Tischgespräch, 20./21.2.1942, Heim, S. 285f, zit. in: M. Rissmann, »Hitlers Gott«, Zürich/München 2001, S. 67

42 Tischgespräch, 14.10.1941, Heim, S. 82, zit. in: M. Rissmann, »Hitlers Gott«, Zürich/München 2001, S. 66

43 M. Domarus, »Hitler 1932–1945. Reden und Proklamationen«, Würzburg 1962, Rede vom 6.9.1938, S. 894

WIEN

1 A. Hitler, »Mein Kampf«, München 1936, S. 21

2 Siehe: A. M. Sigmund, »Lebte Hitler je im Obdachlosenasyl?«, Wiener Zeitung, 26.2.2010

3 Siehe: B. Hamann, »Hitlers Wien«, München 1996, S. 227ff

BLOCKADE

1 W. Churchill, »The World Crisis«, London 1931, S. 686. «The British blockade treated the whole of Germany as if it were a beleaguered fortress, and avowedly sought to starve the whole population – men, women and children, old and young, wounded and sound – into submission.«

2 Siehe: M. Koch-Hillebrecht, »Hitler. Ein Sohn des Krieges«, München 2003, S. 27

3 A. Roerkohl, »Hungerblockade und Heimatfront«, Stuttgart 1991, S. 321 ff

4 Siehe: M. Gilbert, «In Search of Churchill«, New York 1994, S. 256 und: M. Koch-Hillebrecht, »Hitler. Ein Sohn des Krieges«, München 2003, S. 28. Siehe auch: R. J. Rummel, »Statistics of Democide: Genocide and Mass Murder since 1900«, New Brunswick 1998

5 S. L. Bane (Hrsg.), R. H. Lutz (Hrsg.), »The Blockade of Germany after the Armistice 1918–1919«, Stanford 1942, S. 791

6 »A committee of American women travelling through Germany by order of Herbert Hoover, chief of war relief and later president, reported in July 1919, ›If the conditions continue which we have seen in Germany, a generation will grow up in Central Europe which will be physically and psychologically disabled, so that it will become a danger for the whole of the world.‹« Zit. nach: E. Warburg (Hrsg.), M. Warburg, »Aus meinen Aufzeichnungen«, New York 1952, S. 57 ff, S. 80 ff. Siehe auch: »Die Hungerblockade und ihre Folgen«, Münchner Post Nr. 263 vom 5.11.1919

7 D. L. George, »The Great Crusade«, New York 1918, S. 16, zit. nach: A. Roerkohl, »Hungerblockade und Heimatfront«, Stuttgart 1991, S. 15

8 H. Schadewaldt, »Hungerblockade über Kontinentaleuropa«, Berlin 1941. Siehe auch: A. C. Bell, »Die Englische Hungerblockade im Weltkrieg 1914–1915«, eingeleitet durch V. Böhmert, Essen 1943

STURMABTEILUNG

1 Siehe: R. H. Phelps, »Hitler als Parteiredner im Jahr 1920«, Vierteljahrshefte für Zeitgeschichte 11 (1963), S. 281

2 Siehe: H. Auerbach, »Hitlers politische Lehrjahre und die Münchner Gesellschaft 1919–1923«, Vierteljahrshefte für Zeitgeschichte 25 (1977), Heft 1, S. 19

3 Siehe: H. Auerbach, »Hitlers politische Lehrjahre und die Münchner Gesellschaft 1919–1923«, Vierteljahrshefte für Zeitgeschichte 25 (1977), Heft 1, S. 36f

4 Siehe: H. Auerbach, »Hitlers politische Lehrjahre und die Münchner Gesellschaft 1919–1923«, Vierteljahrshefte für Zeitgeschichte 25 (1977), Heft 1, S. 36f. Siehe auch: I. Kershaw, »Hitler 1889–1936«, Stuttgart 1998, S. 221ff

5 K. G. W. Lüdecke, »I knew Hitler«, London 1938, S. 86

6 H. B. Görtemaker, »Hitlers Hofstaat«, Kindle-Version 2019, Kindle-Position 1071

7 Siehe: H. Auerbach, »Hitlers politische Lehrjahre und die Münchner Gesellschaft 1919–1923«, Vierteljahrshefte für Zeitgeschichte 25 (1977), Heft 1, S. 37

8 O. Rose (Hrsg.), »Julius Schaub. In Hitlers Schatten«, Stegen/Ammersee 2010, S. 38

9 Deuerlein, »Hitler-Putsch«, S. 53, zit. in: L. Gruchmann, »Hitlers Denkschrift an die bayerische Justiz vom 16. Mai 1923«, Vierteljahrshefte für Zeitgeschichte 39 (1991), Heft 2, S. 317

10 Siehe: R. Köster, »Hugo Boss, 1924–1945. Eine Kleiderfabrik zwischen Weimarer Republik und ›Drittem Reich‹« München 2005. Siehe auch: E. Timm, »Hugo Ferdinand Boss (1885–1948) und die Firma Hugo Boss. Eine Dokumentation«, o. O. 1999 und: T. Veszelits, »Die Neckermanns«, Frankfurt 2005

11 M.Domarus, »Hitler 1932–1945. Reden und Proklamationen«, Würzburg 1962, S. 108

12 Basler Nachrichten, 2. Extra-Blatt, Samstag, 30. Juni 1934, Ausgabe abends 8 Uhr, in: BArch, NS 26/2048, zit. in: H. B. Görtemaker, »Hitlers Hofstaat«, Kindle-Version 2019, Kindle-Positionen 2446–2448

13 Peter Longerich, der die Zahl der Opfer genau untersucht hat, zählt außer Ernst Röhm 191 weitere Ermordete: P. Longerich, »Die braunen Bataillone. Geschichte der SA«, München 2003, S. 219

14 The Times, London, 3.6.1934, zit. in: H. B. Görtemaker, »Hitlers Hofstaat«, Kindle-Version 2019, Kindle-Position 2508

15 Siehe: P.W. Fabry, »Mutmaßungen über Hitler«, Düsseldorf 1969, S.139

16 Siehe: P.W. Fabry, »Mutmaßungen über Hitler«, Düsseldorf 1969, S.134

17 R. Zitelmann, »Hitler. Selbstverständnis eines Revolutionärs«, Stuttgart 1987, S.107

18 Siehe: A. Joachimsthaler, »Hitlers Weg begann in München 1913-1923«, München 2000, S.299

TODFEINDE

1 Siehe: Hitlers Testament, zit. in: A. Joachimsthaler, »Hitlers Ende«, München 1995, S.192

2 Siehe: A. Julius, »Trials of the Diaspora: A History of Anti-Semitism in England«, London 2010, S.25ff

3 Siehe: G. Aly, »Europa gegen die Juden 1880-1945«, Frankfurt am Main 2007

4 Deutsches Volksblatt, 6.12.1905, S.1, zit. in: B. Hamann, »Hitlers Wien«, München 1996, S.489

5 Deutsches Volksblatt, 6.12.1905, S.6, zit. in: B. Hamann, »Hitlers Wien«, München 1996, S.490

6 Zusammenfassung des Berichtes von R. Hanisch, »I was Hitler's Buddy«, Teil I-III, New Republic, 5., 12., 19. April 1939, S.239-242, S.270-272, S.297-300, zit.in: I. Kershaw, »Hitler 1889-1936«, Stuttgart 1998, S.101

7 Zeitzeuge Karl Honisch, zit. in: I. Kershaw, »Hitler 1889-1936«, Stuttgart 1998, S.100

8 B. Hamann, »Hitlers Wien«, München 1996, S.498

9 F. Jetzinger, »Hitlers Jugend, Phantasien, Lügen - und die Wahrheit«, Wien 1956, S.145

10 Siehe: I. Kershaw, »Hitler 1889-1936«, Stuttgart 1998, S.100

11 Hitlers Jugendfreund Kubizek berichtet, dass Hitler dem künstlerischen Schaffen des jüdischen Operndirektors »größte

Bewunderung« entgegen brachte. Sogar in den Erinnerungen, die Kubizek im Auftrag der NSDAP verfasste, schrieb er zu Mahler: »(...) welcher wohl auch ein Jude war, trotzdem aber von Adolf Hitler geachtet wurde, weil Gustav Mahler sich der Musikdramen Richard Wagners annahm und dieselben in einer für die damalige Zeit geradezu blendenden Vollendung herausbrachte.«

12 Anonymus, »My friend Hitler«, S.11, in: »The story of Mein Kampf«, Wiener Library Bulletin 6 (1952), Nr. 5/6, S.31–32, Aronson, Shlomo, »Reinhard Heydrich und die Frühgeschichte von Gestapo und SD«, Stuttgart 1971, zit. in: I. Kershaw, »Hitler 1889–1936«, Stuttgart 1998, S.100

13 Der von Hitler bewunderte deutsch-völkische Politiker Georg von Schönerer hatte die Auffassung vertreten, die Menschheit sei »in Antisemiten, Juden und Judenknechte« einzuteilen. »Judenknechte« waren Menschen, die mit Juden Geschäfte machten oder mit ihnen befreundet waren. Siehe: A. G. Whiteside, »Georg Ritter von Schönerer«, Graz 1981, S.109

14 A. Hitler, »Mein Kampf«, München 1936, S.69

15 B. Hamann, »Hitlers Wien«, München 1996, S.385f

16 E. Jäckel (Hrsg.), A. Kuhn (Hrsg.), »Hitler. Sämtliche Aufzeichnungen 1905–1924«, München 1986, S.69

17 Porter, »Jerusalems«, S.119, zit. in: T. Weber, »Hitler's First War«, Oxford 2010, S.76

18 Siehe: F. Wiedemann, »Der Mann, der Feldherr werden wollte«, Velbert/Kettwig 1964

19 Siehe: T. Weber, »Hitler's First War«, Oxford 2010, S.177; siehe auch: A. Joachimsthaler, »Hitlers Weg begann in München 1913–1923«, München 2000, S.97 und 171 sowie R. Binion, »... daß ihr mich gefunden habt«, Stuttgart 1978, S.2

20 Siehe: O. Plöckinger, »Unter Soldaten und Agitatoren«, Paderborn 2013, S.17

21 »Hitler an Gemlich. München, 16. September 1919«, BayHstA, Abteilung IV Kriegsarchiv, Reichswehrgruppenkommando Nr. 314 zit. in: E. Deuerlein, »Hitlers Eintritt in die Politik und die

Reichswehr«, Vierteljahrshefte für Zeitgeschichte 7 (1959), Heft 2, Dokumente 10–12, S. 201 ff

22 H. Berding, »Moderner Antisemitismus in Deutschland«, Frankfurt 1988, S. 178

23 N. Cohn, »Warrant for Genocide«, London 1967, S. 126 ff

24 Nach der Niederlage fand die These von der Schuld der Juden am verlorenen Krieg nicht nur im völkischen Lager rasch Anhänger. Sogar Kaiser Wilhelm II. behauptete jetzt, dass die deutsche Niederlage auf eine jüdische Verschwörung zurückzuführen sei. Siehe: N. Cohn, »Die Protokolle der Weisen von Zion«, Köln 1969, S. 75. Dass viele Juden deutsche Patrioten waren und dass mehr als 12.000 von ihnen im Krieg gefallen waren, wurde von der rechten Propaganda übergangen. Siehe dazu: M. Gilbert, »Kristallnacht«, London 2006, S. 119

25 D. Eckart, »Von Moses bis Lenin. Zwiegespräch zwischen Adolf Hitler und mir«, München 1924, S. 3 ff

SYMBOL

1 Siehe: E. Neumann, »Herrschafts- und Sexualsymbolik«, Stuttgart 1980, S. 7

2 Guido von List führt die Swastika (Hakenkreuz) als ›geheime‹ achtzehnte Rune ein. Die Drehung erfolgt bei List gegen den Uhrzeigersinn (wie beim NS-Symbol). Laut List ist die Swastika, die geheime 18. Rune, durch die tatsächlich vorhandene achtzehnte Rune verdeckt, damit ihr Geheimnis (»das dreimal hoch-heilige Geheimnis steter Zeugung, steten Lebens und ununterbrochener Wiederkehr«) gewahrt bleiben kann. Siehe: G. von List, »Das Geheimnis der Runen«, Wien 1907, S. 21

3 Siehe: S. Heller, »The Swastika«, New York 2000, S. 8

4 U. Degreif, »Woher hatte Hitler das Hakenkreuz?«, Zeitschrift für Kulturaustausch 41 (1991), S. 310

5 Siehe: B. Hamann, »Hitlers Wien«, München 1996, S. 298

6 Siehe: U. Degreif, »Woher hatte Hitler das Hakenkreuz«, Zeitschrift für Kulturaustausch 41 (1991), S. 312

7 Siehe: Kapitel *Thule*

8 N. Goodrick-Clarke, »The Occult Roots of Nazism«, Wellingborough 1985, S 149–151

9 Gemäß der mündlichen und schriftlichen Aussagen von Friedrich Krohn, Josef Fuess, Karolina Ghar und Erna Hanfstaengl wurde die Starnberger Fahne von Frau Fuess, Frau Schüßler und Frau Haug genäht. Der Goldschmied Josef Fuess entwarf als DAP-Mitglied das Parteiabzeichen nach Vorlage der Fahne.Siehe: F. Willing, »Die Hitlerbewegung«, Hamburg 1962, S. 84

VERSAILLES

1 Von den sieben Millionen Deutschen, die plötzlich keine Deutschen mehr waren, flüchteten in den folgenden Jahren etwa eine Million zurück ins Reich, was die angespannte Versorgungslage dort weiter erschwerte.

2 Siehe: G. Krumeich, »Die unbewältigte Niederlage«, Freiburg im Breisgau 2018

3 T. Weber, »Wie Adolf Hitler zum Nazi wurde. Vom unpolitischen Soldaten zum Autor von Mein Kampf«, Berlin 2016

4 Von der Notwendigkeit eines Waffenstillstandes hatte Ludendorff bereits am 28.9.1918 gesprochen. Als dann kurze Zeit später die unangenehme Aufgabe der Unterzeichnung an Zivilisten abgetreten worden war, äußerte er sich vollkommen anders.

BEOBACHTER

1 S. Noller, »Die Geschichte des Völkischen Beobachters von 1920–1923«, Diss. phil. masch. München 1956, S. 232, zit. in: M. Plewnia, »Auf dem Weg zu Hitler«, Bremen 1970, S. 68

2 Siehe: Kapitel *Thule*

3 Zur Vorgeschichte des Völkischen Beobachters siehe A. Dresler, »Der Münchner Beobachter 1887–1938«, Würzburg-Aumühle 1940, siehe S. Noller, »Die Geschichte des Völkischen Beobachters von 1920–1923«, Diss. phil. masch. München, 1956, zit. in: M. Plewnia, »Auf dem Weg zu Hitler«, Bremen 1970, S. 68

4 Die hier wiedergegebene Zusammenfassung der weiteren Entwicklung des *Völkischen Beobachters* beruht auf einem Essay der Münchner Historikerin Dr. Sonja Noller, der in einem Artikel von *Der Spiegel* wiedergegeben ist. Siehe: S. Noller, H. von Kotze, »Facsimile-Querschnitt durch den Völkischen Beobachter«, München 1967, zit. in: »Mehr gesprochen«, Der Spiegel 15/1967, Hamburg, 3.4.1967

5 Zit. nach: »Mehr gesprochen«, Der Spiegel 15/1967, Hamburg, 3.4.1967

6 »Mehr gesprochen«, Der Spiegel 15/1967, Hamburg, 3.4.1967

7 H. D. Müller, »Hoch über Grab und Gram und Tod und Qual«, Der Spiegel 34/1964, Hamburg, 19.8.1964

8 Auf Hitlers persönlichem Konto beim Eher Verlag lagen zum Zeitpunkt seines Todes noch 7 Millionen Reichsmark, die er nicht mehr abgerufen hatte. Siehe: Spruchkammerakt Max Amann, Nürnberg 30.10.47, Sonderregistratur S, München, zit. in: A. Joachimsthaler, »Hitlers Weg begann in München 1913–1923«, München 2000, S. 148; siehe auch: W. C. Schwarzwäller, Hitlers Geld, Wiesbaden 2001, S. 183

9 H. D. Müller, »Hoch über Grab und Gram und Tod und Qual«, Der Spiegel 34/1964, Hamburg, 19.8.1964

TIERE

1 Siehe: Reichsministerium des Inneren (Hrsg.), »Reichsgesetzblatt Jahrgang 1933 Teil I«, Berlin 1933, S. 203 und 212

2 H. Göring, Rundfunkrede vom 28. August 1933

3 Siehe: Daily Telegraph, London, 16. 6.2006

4 Caspar, Tierschutz und Recht, S.272, zit. in: W.C.J. Eberstein, »Naturschutz und Nationalsozialismus«, Frankfurt 2005, S.86

5 S. Dirscherl, »Tier- und Naturschutz im Nationalsozialismus«, Göttingen 2012, S.93

6 Radke, 1942, S.32, zit. in: S. Dirscherl, »Tier- und Naturschutz im Nationalsozialismus«, Göttingen 2012, S.104

7 Radke, »Verordnung vom 19.1.1938«, 1942, S.195, zit. in: S. Dirscherl, »Tier- und Naturschutz im Nationalsozialismus«, Göttingen 2012, S.102

8 S. Dirscherl, »Tier- und Naturschutz im Nationalsozialismus«, Göttingen 2012, S.94

9 S. Dirscherl, »Tier- und Naturschutz im Nationalsozialismus«, Göttingen 2012, S.93

10 S. Dirscherl, »Tier- und Naturschutz im Nationalsozialismus«, Göttingen 2012, S.94

11 S. Dirscherl, »Tier- und Naturschutz im Nationalsozialismus«, Göttingen 2012, S.95 und S.98

12 H.J. und G. Wohlfromm, »Und morgen gibt es Hitlerwetter«, Köln, 2017, S.114

13 Roescheisen, »Der deutsche Naturschutzring«, 2005, S.54, zit. in: S. Dirscherl, »Tier- und Naturschutz im Nationalsozialismus«, Göttingen 2012, S.33

14 Reichs-Tierschutzblatt 8 (1):6, (1942), zit. in: J. Schäffer, L. König, »Der deutsche Tierschutz - ein Werk des Führers«, Tierärzteblatt, 9/2015, S.1244ff

15 K. Bubenzer, »Die Aufgaben des praktischen Tierarztes«, DTB 4(12), 1937, S.265–268, zit. in: J. Schäffer, L. König, »Der deutsche Tierschutz - ein Werk des Führers«, Deutsches Tierärzteblatt, 9/2015, S.1244ff

16 O. Rose (Hrsg.), »Julius Schaub. In Hitlers Schatten«, Stegen/Ammersee 2010, S.286

17 C. Cross, »Adolf Hitler«, London 1974, S.405

18 Schirach, »Ich glaubte an Hitler«, 1967, S. 130, zit. in: S. Dirscherl, »Tier- und Naturschutz im Nationalsozialismus«, Göttingen 2012, S. 81
19 H. J. und G. Wohlfromm, »Und morgen gibt es Hitlerwetter«, Köln, 2017, S. 119
20 Arluke-Sax, »Reinventing Biology«, 1995, S. 228, zit. in: S. Dirscherl, »Tier- und Naturschutz im Nationalsozialismus«, Göttingen 2012, S. 82
21 Proctor, 2002, S. 160, zit. in: S. Dirscherl, »Tier- und Naturschutz im Nationalsozialismus«, Göttingen, 2012 S. 82
22 Kersten, »Totenkopf und Treue«, 1953, S. 144 ff, zit. in: S. Dirscherl, »Tier- und Naturschutz im Nationalsozialismus«, Göttingen 2012, S. 83
23 E. Klueting, »Die gesetzlichen Regelungen der nationalsozialistischen Reichsregierung für den Tierschutz, den Naturschutz und den Umweltschutz«, in: W. C. J. Eberstein, »Naturschutz und Nationalsozialismus«, Frankfurt 2005, S. 86

JAHRESZEITEN

1 B. und H. Heiber (Hrsg.), »Die Rückseite des Hakenkreuzes«, Wiesbaden 2005, Dok. Nr. 432, S. 293
2 Siehe: Kapitel *Thule* und *Resonanz*
3 Siehe: Kapitel *Thule*

BEGEISTERUNG

1 W. G. Natter, »Literature at War 1914–1940: Representing the ›Time of Greatness‹ in Germany«, New Haven/London 1999, S. 123
2 W. G. Natter, »Literature at War 1914–1940: Representing the ›Time of Greatness‹ in Germany«, New Haven/London 1999, S. 9
3 A. Hitler, »Mein Kampf«, München 1936, S. 177

4 A. Hitler, »Mein Kampf«, München 1936, S.184

5 A. Nagorski, »Hitler Land - American Eyewitnesses to the Nazi Rise of Power«, New York 2012, S.266

6 J. Goebbels, Tagebucheintrag vom 9.6.1936: »Danach wieder Besprechung. Hauptsächlich Außenpolitik. Führer sieht ganz klar: Vereinigte Staaten von Europa unter deutscher Führung. Das wäre die Lösung«. R. G. Reuth (Hrsg.), J. Goebbels, »Tagebücher 1924–1945«, München 1999, Band 3, S.969

GOLDZIER

1 Siehe: H.A. Turner (Hrsg.), Otto Wagener, »Hitler aus nächster Nähe. Aufzeichnungen eines Vertrauten 1929–1932«, Berlin 1978

2 Th. Newest (Hans Goldzier), »Einige Weltprobleme«, Bd. 6: »Des Lebens Zweck und Urquell«, Wien 1908, S.192

3 Th. Newest (Hans Goldzier), »Einige Weltprobleme«, Bd. 6: »Des Lebens Zweck und Urquell«, Wien 1908, S.192

4 W. Jochmann (Hrsg.), H. Heim, »Adolf Hitler, Monologe im Führerhauptquartier 1941–1944«, Hamburg 1980, Aufzeichnung vom 20./21. 2. 1942, S.285

OBERSALZBERG

1 Siehe: »Der Höhenwahn«, Der Spiegel, Hamburg, 11.11.2011

2 Siehe: J. Neul, »Adolf Hitler und der Obersalzberg«, Rosenheim 1997; F.M. Beierl, »Hitlers Berg«, Berchtesgaden 2004; H.v.Capelle und A.P. v.d. Bovenkamp: »Der Berghof, Adlerhorst - Hitlers verborgenes Machtzentrum«, Wien 2007

3 G. von List, »Die Armanenschaft der Ario-Germanen«, Bd. I, Berlin 1922, S.70

4 Vergl. Phayre, »Hitler's mountain home«, S.195, zit. in: B. Schwarz, »Geniewahn: Hitler und die Kunst«, Wien 2009, S.155

5 Siehe: W.C. Schwarzwäller, »Hitlers Geld«, Wiesbaden, 2001, S. 174

6 Siehe: H.B. Görtemaker, »Eva Braun: Leben mit Hitler«, Kindle-Version 2017, Kindle-Positionen 383–387

7 A. Speer, »Erinnerungen«, Frankfurt am Main 2003, S. 59

8 O. Rose (Hrsg.), »Julius Schaub. In Hitlers Schatten«, Stegen/Ammersee 2010, S. 136

9 Vortrag F. Beierl, Berchtesgadener Anzeiger, Berchtesgaden 18.1.2018

10 M. Bormann (Reichsleiter/Verwaltung Obersalzberg) an Reichsminister Dr. Lammers, z. Zt. Berlin, den 5. Oktober 1938, in: BArch, R 43 II/957a, fol. 1, Bl. 38, zit. in: H.B. Görtemaker, »Hitlers Hofstaat«, Kindle-Version 2019, Kindle-Positionen 2890–2894

11 Siehe: W.C. Schwarzwäller, »Hitlers Geld«, Wiesbaden 2001, S. 202f

12 H. Linge, »Bis zum Untergang«, Naunhof 2019, S. 38

13 Siehe: R. Misch, »Der letzte Zeuge«, München 2008, S. 162

14 Vortrag F. Beierl, Berchtesgadener Anzeiger, Berchtesgaden 18.1.2018

15 Siehe: O. Rose (Hrsg.), »Julius Schaub. In Hitlers Schatten«, Stegen/Ammersee 2010, S. 300ff

16 O. Rose (Hrsg.), »Julius Schaub. In Hitlers Schatten«, Stegen/Ammersee 2010, S. 126

17 W. Jochmann (Hrsg.), H. Heim, »Adolf Hitler, Monologe im Führerhauptquartier 1941–1944«, 2./3. Jan. 1942, Hamburg 1980, S. 167

18 R. Misch, »Der letzte Zeuge«, München 2008, S. 114

19 H.B. Görtemaker, »Eva Braun: Leben mit Hitler«, Kindle-Version 2017, Kindle-Positionen 2391–2450

20 H. Linge, »Bis zum Untergang«, Naunhof 2019, S. 75ff

21 R. Misch, »Der letzte Zeuge«, München 2008, S. 106

22 Nach der Aussage von Hitlers Leibwächter Rochus Misch soll der Adjutant Fritz Darges am 18. Juli 1944 von Hitler entlassen und an die Ostfront versetzt worden sein, weil er lachte, als es Hitler misslang, ein störendes Insekt zu vertreiben.

23 R. Misch, »Der letzte Zeuge«, München 2008, S. 106

24 H.B. Görtemaker, »Eva Braun: Leben mit Hitler«, Kindle-Version 2017, Kindle-Positionen 2429–2434

25 Siehe: H.B. Görtemaker, »Eva Braun: Leben mit Hitler«, Kindle-Version 2017, Kindle-Positionen 2825–2832

26 H.U. Wehler: »Deutsche Gesellschaftsgeschichte. Bd. 4: 1914–1949«, München 2003, S. 907

27 H.B. Görtemaker, »Hitlers Hofstaat«, Kindle-Version 2019, Kindle-Positionen 2234–2241

28 O. Rose (Hrsg.), »Julius Schaub. In Hitlers Schatten«, Stegen/Ammersee 2010, S. 11, S. 21

29 Siehe: H.B. Görtemaker, »Eva Braun: Leben mit Hitler«, Kindle-Version 2017, Kindle-Position 4027ff

30 Siehe: H.B. Görtemaker, »Hitlers Hofstaat«, Kindle-Version 2019, Kindle-Position 3538

31 Siehe: Egon Hanfstaengl in der Internet Movie Database

32 Siehe: Kapitel *Bildung*

33 H. Linge, »Bis zum Untergang«, Naunhof 2019, S. 83

34 Maria von Below, zit. in: Sereny, »Albert Speer«, S. 140ff, zit. in: H.B. Görtemaker, »Eva Braun: Leben mit Hitler«, Kindle-Version 2017, Kindle-Positionen 2467–2471

35 H.B. Görtemaker, »Eva Braun: Leben mit Hitler«, Kindle-Version 2017, Kindle-Positionen 2467–2471

36 Siehe: Leni Riefenstahl in: R. Müller, »Die Macht der Bilder«, Dokumentarfilm, 197 Min.

37 Siehe: R. Misch, »Der letzte Zeuge«, München 2008, S. 108

38 H.B. Görtemaker, »Eva Braun: Leben mit Hitler«, Kindle-Version 2017, Kindle-Positionen 3630–3636

39 R. Misch, »Der letzte Zeuge«, München 2008, S. 111

40 I. Kershaw, »Hitler 1936–1945«, Stuttgart 2000, S. 22

41 J.C. Fest, »Hitler. Eine Biographie«, Frankfurt/Main 1973, S. 708

42 Boldt, »Die letzten Tage der Reichskanzlei«, S. 32, zit. in: B. Schwarz, »Geniewahn: Hitler und die Kunst«, Wien 2009, S. 288

43 W. Jochmann (Hrsg.), H. Heim, »Adolf Hitler, Monologe im Führerhauptquartier 1941–1944«, Hamburg 1980, S. 81

44 Siehe: A. Joachimsthaler (Hrsg.), »Er war mein Chef. Aus dem Nachlaß der Sekretärin von Adolf Hitler«, München 1985, S. 218

45 Siehe: Maria von Below, zit. in: Sereny, »Albert Speer«, S. 140 ff, zit. in: H. B. Görtemaker, »Eva Braun: Leben mit Hitler«, Kindle-Version 2017, Kindle-Positionen 2467–2471

46 Schlie (Hrsg.), »Albert Speer, Die Kransberg-Protokolle 1945«, S. 144, zit. in: H. B. Görtemaker, »Eva Braun: Leben mit Hitler«, Kindle-Version 2017, Kindle-Positionen 2424–2427

PROPHET

1 Siehe Kapitel: *Swastika*

2 Siehe: G. von List, »Das Geheimnis der Runen«, Wien 1907, S. 54: »Der hohe Sinn dieses Brauchtums (der Ario-Germanen, der Verf.) lag in der Absicht einer planmäßig vorbereiteten Zucht einer Edelrasse, welche dann durch strenge Sexualgesetze auch rassenrein erhalten wurde.« G. von List, »Die Armanenschaft der Ario-Germanen«, Bd. 1, Berlin 1922, S. 31

3 G. von List, »Die Armanenschaft der Ario-Germanen«, Bd. I, Berlin 1922, S. 46

4 G. von List, »Die Armanenschaft der Ario-Germanen«, Bd. I, Berlin 1922, S. 89

5 Laut List hatten auch die Arier ihre Erkenntnisse durch Intuition gewonnen: »Das intuitive Erkennen des organischen Wesens des Alls und damit der Naturgesetze bildet die unerschütterliche Grundlage der arischen Heilslehre oder ›Wihinei‹ (Religion, d. Verf.)« G. von List, »Das Geheimnis der Runen«, Wien 1907, S. 17

6 1907 gründete List eine Geheimgesellschaft, die er Armanenschaft nannte. Mit Hilfe des arischen Geheimwissens sollte die Armanenschaft die Speerspitze im »Rassenkampf« zur Errichtung eines neuen spirituellen Deutschland sein. Das Erkennungszeichen der Mitglieder der Armanenschaft war die Swastika. Im Jahr 1911 rief List den Hohen Armanen Orden (HAO) ins Leben, der

ähnliche Ziele wie die Armanenschaft verfolgte. Lists Geheimbünde unterhielten Verbindungen zum Ordo Novi Templi des Lanz von Liebenfels, zu den Artamanen, zum Bayreuther Kreis und zu anderen völkischen Gruppen und Logen im Deutschen Reich wie etwa dem Deutsch-Nationalen Handlungsgehilfenverband, dem Reichshammerbund, dem Germanenorden und der Thule-Gesellschaft. Die einzelnen ariosophischen Gruppen waren organisatorisch voneinander unabhängig, viele von ihnen waren jedoch durch persönliche Verbindungen und personelle Überschneidungen mehr oder weniger eng miteinander verbunden. Siehe: B. Hamann, »Hitlers Wien«, München 1996, S. 294

7 Siehe: G. von List, »Das Geheimnis der Runen«, Wien 1907, S. 53; ebenfalls: G. von List, »Der Übergang vom Wuotanismus zum Christentum«, Leipzig 1911, S. 31

8 G. von List, »Die Armanenschaft der Ario-Germanen«, Bd. I, Berlin 1922, S. 86

9 G. von List, »Die Armanenschaft der Ario-Germanen«, Bd. II, Wien 1911, S. 107

10 »Sowohl die verheißenen Himmels- oder Walhallafreuden wie die Leiden der anderen Seelenaufenthaltsorte erfüllen sich während der nächsten Wiedergeburt (...) nicht als Lohn oder Strafe, sondern als Wirkungen selbst geschaffener Ursachen.« G. von List, »Der Übergang vom Wuotanismus zum Christentum«, Leipzig 1911, S. 78

11 Verschiedene Autoren vermuten, dass List Teile der Lehre der englisch-russischen Mystikerin H. P. Blavatsky übernommen hat. Die Juden waren bereits von H. P. Blavatsky als »fehlgeleitet« bezeichnet worden. Die jüdische Religion hatte sie als »entartet« bezeichnet. Siehe: H. P. Blavatsky: »Die Geheimlehre«, 4 Bde., Nachdruck der Ausgabe von 1899, Den Haag o.J., Bd. 2, S. 491ff

12 Siehe: G. von List, »Die Armanenschaft der Ario-Germanen«, Bd. I, Berlin 1922, S. 33

13 B. Hamann, »Hitlers Wien«, München1996, S. 294

14 Siehe: B. Hamann, »Hitlers Wien«, München 1996, S. 299

15 A. Hitler, »Mein Kampf«, München 1936, S. 323

16 Guido von List, »Urgrund«, Berlin, Ohne Jahr, S. 12; Siehe dazu Hitlers Äußerung in: Tischgespräch, 23.9.1941, Heim, S. 67, zit. in: M. Rissmann, „Hitlers Gott", Zürich/München 2001, S. 68

17 A. Hitler, »Mein Kampf«, München 1936, S. 396

18 R. H. Phelps, »Die Hitler-Bibliothek«, in: Deutsche Rundschau 80 (1954), S. 925 zit. in: N. Goodrick-Clarke, »The Occult Roots Of Nazism«, Wellingborough 1985, S. 199

AUSLAND

1 J.F. Kennedy, »Prelude to Leadership«, Washington 1995, S.74: »After visiting these two places (Berchtesgaden and the Eagle's lair on Obersalzberg), you can easily understand how that within a few years Hitler will emerge from the hatred that surrounds him now as one of the most significant figures who ever lived. He had boundless ambitions for his country, which rendered him a menace to the peace of the world, but he had a mystery about him in the way that he lived and in the manner of his death that will live and grow after him. He had in him the stuff of which legends are made.«

2 F. Wiedemann, »Der Mann, der Feldherr werden wollte«, Velbert-Kettwig 1964, S.233f

3 G.W. Price, »I Know These Dictators«, London 1937, S.7

4 Zit. in: P.W. Fabry, »Mutmaßungen über Hitler«, Düsseldorf 1969, S.185

5 W.H. Dawson, »Hitler's Challenge«, zit. in: E.M. Hastings, »The Nineteenth Century and After«, London 1936, S.401f

6 Zit. in: P.W. Fabry, »Mutmaßungen über Hitler«, Düsseldorf 1969, S.179

7 Ch.-A Lindbergh, »Kriegstagebuch 1938–1945«, Wien 1970, S.106

8 Zit. in: W. Maser, »Fälschung, Dichtung und Wahrheit über Hitler und Stalin«, München 2004, S. 399

9 G.E.O. Knight, »In Defence of Germany«, London 1933

10 Zit. in: P.W. Fabry, »Mutmaßungen über Hitler«, Düsseldorf 1969, S. 1

11 C. Sharp in: The New Statesman and Nation, Nachdruck: Reader's Digest, September 1933

12 Zit. in: P.W. Fabry, »Mutmaßungen über Hitler«, Düsseldorf 1969, S. 209

13 A. Bryant, »Unfinished Victory«, London 1940, S. 246

14 Zit. in: P.W. Fabry, »Mutmaßungen über Hitler«, Düsseldorf 1969, S. 208

15 Zit. in: E. Schwinge, »Bilanz der Kriegsgeneration«, Marburg 1978, S. 10

16 »The Parlamentary Debates (Official Report 1936)«, Bd. 96, Spalte 1044, London 1936

17 Zit. in: W. Lewis, »Hitler und sein Werk in englischer Beleuchtung«, Berlin 1932, S. 25ff

18 Maharadscha Krishnaradsha Wadeyar von Maisur (Maharadja of Mysore), zit. in: F.C. Schaumburg-Lippe, »Zwischen Krone und Kerker«, Wiesbaden 1952, S. 213

19 Zit. in: P.W. Fabry, »Mutmaßungen über Hitler«, Düsseldorf 1969, S. 1

20 Zit. in: P.W. Fabry, »Mutmaßungen über Hitler«, Düsseldorf 1969, S. 213

21 G. Robakidse, »Adolf Hitler von einem fremden Dichter gesehen«, Jena 1939, S. 50

22 Zit. in: E. Schwinge, »Bilanz der Kriegsgeneration«, Marburg 1978, S. 8

23 W.H. Dawson, »Hitler's Challenge«, zit. in: E.M. Hastings, »The Nineteenth Century and After«, London 1936, S. 406

24 H.G. Alexander, »Whither Germany? Whither Europe?«, zit. in: The Contemporary Review Heft 144, London 1933

25 W. Churchill, »Step by Step«, London 1939, S. 143

26 »Ein Zeuge tritt ab«, Der Spiegel, 10/1955, Hamburg, 2.3.1955
27 A. Wilson, »Walks and Talks«, London 1934, S.149
28 A. Pillans, »The Case for Germany«, Berlin 1939, S.177
29 G.W. Price: »I know These Dictators«, London 1937, S.151 f
30 Zit. in: »The Parliamentary Debates« (Official Report), Great Britain Parliament, House of Lords (Hrsg.), London 1936, Band 100, Spalte 567
31 »I say that Hitler ought to have the peace prize, because he is removing all the elements of contest and of struggle from Germany. By driving out the Jews and the Democratic and Left element, he is driving out everything that conduces to activity. That means peace … By suppressing Jews … he was ending struggle in Germany.«
32 Zit. in: J. Toland, »Adolf Hitler«, Stuttgart/Hamburg/München 1977, S.42
33 Zit. in: V. und V. Trimondi, »Hitler, Buddha, Krishna«, Wien 2002, S.130
34 Zit. in: P.W. Fabry, »Mutmaßungen über Hitler«, Düsseldorf 1969, S.193
35 Zit. in: E.M. Hastings, »The Nineteenth Century and after«, London 1936, S.401 f
36 Zit. in: P.W. Fabry, »Mutmaßungen über Hitler«, Düsseldorf 1969, S.207
37 A. Bryant, »Unfinished Victory«, London 1940, S.17
38 K.H. von Wiegand, »Hitler foresees his end«, Cosmopolitan, New York, April 1939, S.153
39 Zit. in: B. Hamann, »Winifred Wagner oder Hitlers Bayreuth«, München/Zürich 2002, S.269
40 Zit. in: I. Kershaw, »Hitler 1936–1945«, Stuttgart 2000, S.105
41 R. Fisk, »The premier who thought Hitler was a ›Joan of Arc‹«, The Independent, London, 12.6.2010

BUDDHA

1 Dass die Erfahrungen meines Vaters keinen Einzelfall darstellen, belegen die Untersuchungen von M. Wöhlert, die in dem Buch *Der politische Witz in der NS-Zeit* (1997) zusammengefasst sind. Im Vorwort heißt es: »(...) dass die Führung des NS-Staates die Witze (...) in erstaunlich hohem Maße tolerierte.« Die Toleranz hatte freilich auch ihre Grenzen, was dann sogar den vom Regime propagierten Tierschutz aushebeln konnte. In einem Rundschreiben der Ministerialabteilung IA (Polizei) des Hessischen Staatsministeriums vom 23.7.1934 heißt es: »Es wird uns berichtet, dass von fahrenden Schaustellern dressierte Affen darauf abgerichtet sind, nach Beendigung der Schaustellung auf einen entsprechenden Befehl den deutschen Gruß nachzuahmen. Derartige Vorführungen sind geeignet den deutschen Gruß verächtlich zu machen und damit in der Öffentlichkeit Anstoß zu erregen. Wir beauftragen Sie deshalb, in Zukunft auf Jahrmärkten und bei sonstigen Gelegenheiten die fahrenden Schausteller eingehend in dieser Richtung unauffällig zu kontrollieren und bei festgestellten Verstößen die Abschlachtung der betreffenden Tiere zu veranlassen.« Zit. in: H.J. und G. Wohlfromm, »Und morgen gibt es Hitlerwetter«, Köln 2017, S.28

KRIEG

1 Zit. nach J.C. Fest, »Hitler. Eine Biographie«, Frankfurt/Main 1973, S.101

2 W. Harris, Interview mit Spiegel Online am 16. November 2005

3 W. Jochmann (Hrsg.), H. Heim, »Adolf Hitler, Monologe im Führerhauptquartier 1941–1944, Hamburg 1980, S.71, 25./26. September 1941

4 A. Hitler, »Mein Kampf«, München 1936, S.186f

5 Siehe: T. Weber, »Hitler's First War«, Oxford 2010, S.222

6 A. Hitler, »Mein Kampf«, München 1936, S.181

7 A. Hitler, »Mein Kampf«, München 1936, S. 179

8 A. Hitler, »Mein Kampf«, München 1936, S. 181

9 Einvernahme Max Amann in Nürnberg am 5.11.1947, Spruchkammerakt Max Amann, Sonderregistratur S., München, S., zit. in: A. Joachimsthaler, Hitlers Weg begann in München 1913–1923, München 2000, S. 158 und: F. Wiedemann, »Der Mann, der Feldherr werden wollte«, Velbert/Kettwig 1964, S. 76

10 Siehe: T. Weber, »Hitler's First War«, Oxford 2010, S. 283

11 F. Solleder (Hrsg.), »Vier Jahre Westfront. Geschichte des Regiments List R. I. R. [= Reserve Infanterie Regiment] 16«, München 1932, S. 8 und S. 387 (= Erinnerungsblätter deutscher Regimenter. Bayerische Armee. Hg. vom Bayerischen Kriegsarchiv. Bd. 76)

12 F. Solleder (Hrsg.), »Vier Jahre Westfront. Geschichte des Regiments List R. I. R. [= Reserve Infanterie Regiment] 16«, München 1932, S. 9 (= Erinnerungsblätter deutscher Regimenter. Bayerische Armee. Hg. vom Bayerischen Kriegsarchiv. Bd. 76)

13 F. Solleder (Hrsg.), »Vier Jahre Westfront. Geschichte des Regiments List R. I. R. [= Reserve Infanterie Regiment] 16«, München 1932, S. 9 (= Erinnerungsblätter deutscher Regimenter. Bayerische Armee. Hg. vom Bayerischen Kriegsarchiv. Bd. 76

14 Siehe: G. Bönisch, »Hitler-Mythen aus dem Ersten Weltkrieg«, Spiegel Online, Hamburg, 9.3.2011

15 Siehe: O. Plöckinger, »Unter Soldaten und Agitatoren«, Paderborn 2013, S. 20

16 F. Solleder (Hrsg.), »Vier Jahre Westfront. Geschichte des Regiments List R. I. R. [= Reserve Infanterie Regiment] 16«, München 1932, S. 62 (= Erinnerungsblätter deutscher Regimenter. Bayerische Armee. Hg. vom Bayerischen Kriegsarchiv. Bd. 76)

17 T. Weber, »Hitler's First War«, Oxford 2010, S. 92: »Private Hitler's assignment as dispatch runner for regimental HQ was very dangerous, as was any assignment in his regiment.«

18 Meyer, »Hitler«, S. 35, zit. in: T. Weber, »Hitler's First War«, Oxford 2010, S. 99

19 Siehe: T. Weber, »Hitler's First War«, Oxford 2010, S. 393, Fußnote 117

20 BHStA/IV RD6/Bd.104, E.K. II, April-Dezember, 1916, BHStA/IV RD6/Bd.112,1, A.Z.28, K.I., Nachweisungen, November 1914-Mai 1918; Kitchen, »Offensives«, 219, zit. in: T. Weber, »Hitler's First War«, Oxford 2010, S.214. Siehe auch: A.A. Purves, »The Medals, Decorations & Orders of the Great War 1914-1918«, London 1975, S.112

21 Siehe: O. Plöckinger, »Unter Soldaten und Agitatoren«, Paderborn 2013, S.17

22 Antrag des stellvertretenden Regiments-Kommandeurs des RIR 16, Freiherr von Godin, für die Verleihung des EK I an Hitler vom 31.7.1918, NSDAP Hauptarchiv, HIMC, File 47, Reel 2, zit. in: A. Joachimsthaler, »Hitlers Weg begann in München 1913-1923«, München 2000, S.168

23 A. Hitler, »Mein Kampf«, München 1936, S.177

24 A. Hitler, »Mein Kampf«, München 1936, S.20

25 A. Hitler, »Mein Kampf«, München 1936, S.179

26 F. Wiedemann, »Der Mann, der Feldherr werden wollte«, Velbert/Kettwig 1964, S.14

27 W. Jochmann (Hrsg.), H. Heim, »Adolf Hitler, Monologe im Führerhauptquartier 1941-1944«, Hamburg 1980, S.71, 25./26. September 1941

28 Siehe: T.L. Dorpat, »Wounded Monster«, New York 2002, S.107

MACHT

1 Siehe: K.-M. Mallmann u. a. (Hrsg.), »Die ›Ereignismeldungen UdSSR‹ 1941. Dokumente der Einsatzgruppen in der Sowjetunion«, Darmstadt 2011; siehe auch: K. Stoll: »Die Herstellung der Wahrheit. Strafverfahren gegen ehemalige Angehörige der Sicherheitspolizei für den Bezirk Bialystok«, Diss. Universität Bielefeld 2011, Reihe Juristische Zeitgeschichte/Abteilung 1, Band 22, Berlin/Boston 2012; siehe auch: E. Klee, W. Dreßen, V. Rieß, »Schöne Zeiten – Judenmord aus der Sicht der Täter und Gaffer«, Frankfurt am Main 1997

WERVIK

1 Siehe dazu: D. Lewis, »The man who invented Hitler«, London 2003; M. Koch-Hillebrecht, »Hitler. Ein Sohn des Krieges«, München 2003; B. Horstmann, »Hitler in Pasewalk«, Düsseldorf 2004

2 Briefe über Hermann Heer von Stadtverwaltung Rothenburg ob der Tauber 21.12.1970, Krankenbuchlager Berlin, 14.1.1971, Trudl Schmid, 22.1.1971, zit. in: R. Binion, »... daß ihr mich gefunden habt«, Stuttgart 1978, S. 20

3 Siehe: O. Plöckinger, »Unter Soldaten und Agitatoren«, Paderborn 2013, S. 27

4 Kriegsministerium, ›Grundsätze für die Behandlung und Beurteilung der sog. ›Kriegsneurotiker‹, Berlin 29.1.1917, UA Tübingen, 308-89, zit. in: P. Lerner, »Hysterical Men«, Ithaca/London 2003, S. 54; siehe auch: P. Riedesser, A. Verderber, »Maschinengewehre hinter der Front – Zur Geschichte der deutschen Militärpsychiatrie«, Frankfurt 1996, S. 27ff

5 By the time Hitler arrived the Schützenhaus was under the command of Dr. Wilhelm Schröder. Siehe: D. Lewis, »The man who invented Hitler«, London 2003, S. 17

6 Siehe: B. Horstmann, »Hitler in Pasewalk«, Düsseldorf 2004, S. 64

7 Siehe: B. Horstmann, »Hitler in Pasewalk«, Düsseldorf 2004, S. 26ff; siehe auch: D. Lewis, »Thirty days in the shooting house. The strange case of Dr. Edmund Forster and Adolf Hitler«, Archives of Clinical Psychiatry 33 (2006), S. 276–285

8 R. Binion, »... daß ihr mich gefunden habt«, Stuttgart 1978, S. 21 und Fußnote 40

9 »Where the German public was concerned, hysterical disorders reflected a ›weakness of the will‹ caused by either an ›inferior nervous system‹ or a ›degenerate brain‹.« Siehe: J. Brunner, »Psychiatry, Psychoanalysis and Politics«, Journal of the history of the Behavioral Sciences, Fredericton 27 (1991), S. 354, zit. in: D. Lewis, »The man who invented Hitler«, London 2003, S. 242

10 Siehe: E. Deuerlein, »Hitlers Eintritt in die Politik und die Reichswehr«, Vierteljahrshefte für Zeitgeschichte 7 (1959), S. 181

11 I. Kershaw, »Hitler 1889-1936«, Stuttgart 1998, S. 136ff

12 D. Lewis und B. Horstmann haben in ihren Untersuchungen die Hypothese aufgestellt, dass Hitler vom Psychiater Dr. Forster mithilfe von Hypnose behandelt worden sei. Tatsächlich war Forster Hypnosetherapeut, und Hypnose war zur damaligen Zeit eine nicht unübliche Behandlungsmethode, gerade auch im Fall von »Kriegsneurotikern«. Dass allerdings durch eine Hypnosebehandlung eine derart tief greifende und dauerhafte Wesensveränderung ausgelöst werden kann, wie das bei Hitler der Fall war, erscheint kaum glaubhaft.

13 Siehe: B. Horstmann, »Hitler in Pasewalk«, Düsseldorf 2004, S. 19

14 B. Horstmann, »Hitler in Pasewalk«, Düsseldorf 2004, S. 15ff

15 H. R. Berndorff, »General zwischen Ost und West«, Hamburg 1959, S. 151

16 Siehe: Kapitel *Sturmabteilung*

17 S. J. Hegner, »Die Reichskanzlei 1933-1945«, Frankfurt 1966, S. 182f, zit. in: B. Horstmann, »Hitler in Pasewalk«, Düsseldorf 2004, S. 21

18 Siehe: J. M. Charlier, J. D. Launay, »Eva Hitler, geb. Braun«, Essen 1978, S. 189

19 Siehe: Forster, Univ. Akte, Bl 63, zit. in: B. Horstmann, »Hitler in Pasewalk«, Düsseldorf 2004, S. 168

20 Gespräch mit Balduin Forster, 8.6.1973, in: R. Binion, »... daß ihr mich gefunden habt«, Stuttgart 1978, S. 27

21 Siehe: B. Horstmann, »Hitler in Pasewalk«, Düsseldorf 2004, S. 169 sowie D. Lewis, »The man who Invented Hitler«, London 2003, S. 286

22 Gespräch mit Balduin Forster, 18.6.1973, zit. in: R. Binion, »... daß ihr mich gefunden habt«, Stuttgart 1978, S. 26

23 Schwarzschild 273 (wo Forster fälschlicherweise Förster geschrieben wird), Gespräch mit Walter Mehring, 10.8.1975: Forster warnte ausdrücklich vor künftigen Berichten über seinen Selbstmord.

Ähnlich Sommer »Gesucht«, zit. in: R. Binion, »... daß ihr mich gefunden habt«, Stuttgart 1978, S. 25

24 P. Riedesser, A. Verderber, »Maschinengewehre hinter der Front. Zur Geschichte der deutschen Militärpsychiatrie«, Frankfurt/ Main 1996, S. 46

25 J. Armbruster, »Die Behandlung Adolf Hitlers im Lazarett Pasewalk 1918: Historische Mythenbildung durch einseitige bzw. spekulative Pathographie«, in: Journal für Neurologie, Neurochirurgie und Psychiatrie 10 (2009), Heft 4, S. 18–22.

KOERBER

1 D. Kraft, »Early Book Praising Hitler May Have Been Written by Hitler«, The New York Times, 6.10.2016

2 W. Meyer, »Eine Autobiographie Hitlers aus dem Jahr 1923?«, Zeitschrift für Geschichtswissenschaft 65 (2017), Heft 3, S. 10

3 W. Meyer, »Eine Autobiographie Hitlers aus dem Jahr 1923?«, Zeitschrift für Geschichtswissenschaft 65 (2017), Heft 3, S. 12

4 Siehe: O. Plöckinger »Frühe biographische Texte zu Hitler«, Vierteljahrshefte für Zeitgeschichte 58 (2010), Heft 1, S. 10

5 W. Meyer, »Eine Autobiographie Hitlers aus dem Jahr 1923?«, Zeitschrift für Geschichtswissenschaft 65 (2017), Heft 3

6 K.H. von Wiegand, Cosmopolitan, New York, April 1939, 28–29, zit. in: R. Binion, »... daß ihr mich gefunden habt«, Stuttgart 1978, S. 178

7 Hyde Park »Adolf Hitler«, (3XII42) 40, zit. in: R. Binion, »... daß ihr mich gefunden habt«, Stuttgart 1978, S. 179

8 L. Denny, »France and the German Counterrevolution«, *The Nation*, CXVI 1923, S. 295, zit. in: R. Binion, »... daß ihr mich gefunden habt«, Stuttgart 1978, S. 179

9 Übersetzung des Artikels vom 27.2.1923, in: BayHStA München, MA 100425, zit. in: O. Plöckinger, »Frühe biographische Texte zu Hitler«, Vierteljahrshefte für Zeitgeschichte 58 (2010), Heft 1

10 A.-V. von Koerber, »Adolf Hitler, sein Leben, seine Reden«, München 1923, S. 7

TRANSFORMATION

1 Siehe: Times Magazine, 2. Januar 1939, Bd. XXXIII, Nr. 1

2 Franz Jetzinger, »Hitler's Youth«, Vorwort der englischen Übersetzung, London 1958, S. 10, zit. in: R. G. L. Waite, »The Psychopathic God Adolf Hitler«, New York 1977, Vorwort

3 Kein einziger Biograf geht anders vor. In sämtlichen Hitler-Biografien ist dessen erste Lebenshälfte in auffälliger Weise unterrepräsentiert. Konrad Heiden: 95 Seiten von 788, Alan Bullock: 54 Seiten von 868, John Toland: 89 Seiten von 1031, Ernst Deuerlein: 43 Seiten von 179, Werner Maser: 52 Seiten von 176

4 Franz-Willing, S. 254, zit. in: M. Plewnia, »Auf dem Weg zu Hitler«, Bremen 1970, S. 73

5 15 (!) völkisch-nationalistische Münchner Parteien schürten dieselben Vorurteile wie Hitler. Siehe: H. Auerbach, »Hitlers politische Lehrjahre und die Münchner Gesellschaft 1919–1923«, Vierteljahrshefte für Zeitgeschichte 25 (1977), Heft 1, S. 14

6 H. Frank, »Im Angesicht des Galgens«, München 1953, S. 40

7 R. H. Phelps, »Hitler als Parteiredner 1920«, Vierteljahrshefte für Zeitgeschichte 11 (1963), S. 281

8 »Presently my critical faculty was swept away. (...) he was holding the masses, and me with them, under a hypnotic spell by the sheer force of his conviction. (...) I do not know how to describe the emotions that swept over me as I heard this man. (...) I experienced an exaltation that could be likened only to religious conversion.« K. G. W. Lüdecke, »I knew Hitler«, London 1938, S. 22f

9 Ilse Heß, »Gefangener des Friedens. Neue Briefe aus Spandau«, Leoni 1955, S. 5

10 Brief Chamberlains an Hitler vom 7.10.1923, zit. in: Hartmut Zelinsky, »Richard Wagner – ein deutsches Thema«, Berlin/Wien

1983, S.169f, zit. in: M. Rissmann, »Hitlers Gott«, Zürich/München 2001, S.106

11 Einvernahme Max Amann in Nürnberg am 5.11.1947, Spruchkammerakt Max Amann, Sonderregistratur, Bayr. Hauptstaatsarchiv, München, Bd. 1, Blatt 27, zit. in: B. Horstmann, »Hitler in Pasewalk«, Düsseldorf 2004, S.52

12 F. Wiedemann, »Der Mann, der Feldherr werden wollte«, Velbert/Kettwig 1964, S.54

13 BAK NS 26/52/88 (8. XI.30), zit. in: R. Binion, »... daß ihr mich gefunden habt«, Stuttgart 1978, S.16

14 Hitler »erhielt körbeweise bewundernde Briefe, in nationalistischen Kreisen ging die Rede von Hitler als dem deutschen Mussolini, man zog Vergleiche mit Napoleon.« I. Kershaw, »Hitler 1889–1936«, Stuttgart 1998, S.175

15 Siehe: A. Joachimsthaler, »Hitlers Weg begann in München 1913–1923«, München 2000, S.271, 295, 307

16 G. Hesse, »Hitler, wie ihn immer noch keiner kennt«, Berlin 2004, S.30: »Lost ist ein flüssiger, wenig flüchtiger Kampfstoff. (...) Nach heutigen Erkenntnissen können schon sehr geringe Mengen, die noch keine akute Symptomatik zu zeigen brauchen, toxische Reaktionen bewirken.«

17 Siehe: H. Picker, »Hitlers Tischgespräche im Führerhauptquartier«, Wiesbaden 1983

18 Siehe: Kapitel *Okkultismus*

19 »... gas temporarily blinded his eyes but gave him the inner vision that he would lead us to freedom, against a hostile world.« K.G.W. Lüdecke, »I knew Hitler«, London 1938, S.52

20 R. Olden, »Hitler«, Amsterdam 1936, S.62, zit. in: R. Binion, »... daß ihr mich gefunden habt«, Stuttgart 1978, S.181

21 E. Jäckel (Hrsg.) und Axel Kuhn (Hrsg.), »Hitler. Sämtliche Aufzeichnungen 1905–1924«, Stuttgart 1980, S.1064

22 A. Hitler, »Mein Kampf«, München 1936, S.225

23 F. Beierl, O. Plöckinger: »Neue Dokumente zu Hitlers Buch Mein Kampf«, Vierteljahrshefte für Zeitgeschichte 57 (2009), Heft 2,

S.286. Die Konzeptblätter bestehen aus fünf Manuskript- und achtzehn Entwurfsseiten von *Mein Kampf*. »Bemerkenswert erscheint, dass sich Hitler offenbar anfänglich nicht darüber klar war, wie weit er auf seine Gasvergiftung und seine Zeit im Lazarett in Pasewalk eingehen sollte. Er begann im Konzept mit der Datierung »November«, strich diese jedoch und begann dann neu mit »Oktober« (…) Zum Schluss des Kapitels führte Hitler noch eine Flut von Anschuldigungen an, die letztlich in dem bekannten Schlusssatz gipfelte: »Ich aber beschloss (nun), Politiker zu werden.« (217/225). Diese Selbststilisierung ist offenbar erst später eingefügt worden. Im Konzeptblatt findet sich kein Verweis auf seine Zukunftspläne, vielmehr schließt es vergleichsweise nüchtern mit dem Hinweis: »Ich versuche so gut es geht zu warnen.«

24 Frankfurter Zeitung vom 27.1.1923, zit. in: P.W. Fabry, »Mutmaßungen über Hitler«, Düsseldorf 1969, S.24; siehe auch: R. Binion, »… daß ihr mich gefunden habt«, Stuttgart 1978, S.178

25 R. Olden, »Hitler«, Amsterdam 1936, zit. in: B. Horstmann, »Hitler in Pasewalk«, Düsseldorf 2004, S.143

26 C.H. Hartmann (Hrsg.), K.A. Lankheit (Hrsg.), »Hitler. Reden, Schriften, Anordnungen«, Band V/2, Dok. 36, München 1998, S.109

27 Siehe: B. Horstmann, »Hitler in Pasewalk«, Düsseldorf 2004, S.204

28 Siehe *Einleitung*

29 In dem Buch *Young Hitler* (2010) hatte der Autor die Erfahrung von Wervik als *die* entscheidende Wende in Hitlers Leben dargestellt – als ein inneres Erleben, das Hitlers erstaunliche Transformation erklärt. Renommierte Psychiater und Neurologen aus dem englischen Sprachraum haben sich mit dem Text eingehend auseinander gesetzt. Unter anderen: Jordan Grafman (Nothwestern University, Chicago, USA), Les Lancaster (Liverpool John Moores University, GB), Michael Persinger (Laurentian University, Ontario, Canada) und Simon Wessely (King's College, London, GB). Ihre

Stellungnahmen, sowie die Einschätzungen weiterer Experten, finden sich in der Webseite des Buches. www.younghitler.com

REVOLUTION

1 F. Beierl, O. Plöckinger: »Neue Dokumente zu Hitlers Buch Mein Kampf«, Vierteljahrshefte für Zeitgeschichte 57 (2009), Heft 2, S.286

2 Als Hitler von Pasewalk nach München kam, belief sich sein »Vermögen« auf 15,30 R.M. Siehe dazu: Auszug aus Hitlers Bankguthaben in: A. Joachimsthaler, »Hitler in München«, München 1992, S.185

3 Zit. in: H. Kapfer, C.L. Reichert, »Umsturz in München«, München 1988, S.84

4 F. Willing, »Die Hitlerbewegung«, Hamburg 1962, S.25

5 R.-G. Reuth, »Hitlers Judenhass. Klischee und Wirklichkeit«, München 2009; O. Plöckinger, »Unter Soldaten und Agitatoren«, Paderborn 2013; T. Weber, »Wie Adolf Hitler zum Nazi wurde. Vom unpolitischen Soldaten zum Autor von Mein Kampf«, Berlin 2016

6 A. Hitler, »Mein Kampf«, München 1936, S.1

7 A. Hitler, »Mein Kampf«, München 1936, S.20

8 M. Domarus, »Hitler 1932–1945. Reden und Proklamationen«, Würzburg 1962, 7.4.1938, S.847

9 M. Domarus, »Hitler 1932–1945. Reden und Proklamationen«, Würzburg 1962, Rede vom 9.4.1938, S.849

10 A. Hitler, »Mein Kampf«, München 1936, S.179

11 A.-V. von Koerber, »Adolf Hitler, sein Leben, seine Reden«, München 1923, S.7

12 Siehe: O. Plöckinger, »Unter Soldaten und Agitatoren«, Paderborn 2013, S.30: Die Bildung von Soldatenräten war von der Obersten Heeresleitung OHL ausdrücklich geduldet worden. Keineswegs standen alle Soldatenräte auf der Seite der Revolution. Gerade in

Hitlers Regiment herrschten gemäßigte Strömungen vor. Die führenden Soldatenräte hatten ein hervorragendes Verhältnis zu der alten Führung des Regiments und standen der parlamentarisch-demokratischen Linie der MSPD-Mehrheits-Sozialdemokratie nahe.

13 Siehe: A. Joachimsthaler, »Hitlers Weg begann in München 1913–1923«, München 2000, S. 219: Hitler wird am 10.5.1919 zum Mitglied einer der Kommissionen ernannt.

14 Siehe: A. Joachimsthaler, »Hitlers Weg begann in München 1913–1923«, München 2000, S. 224

15 Hitler hält seine ersten Reden vom 19.8.1919 bis zum 25.8.1919 im Lager Lechfeld.

16 H. Höhne, »Gebt mir vier Jahre Zeit«, Berlin 1999, S. 38

17 Siehe: A. Hitler, »Mein Kampf«, München 1936, S. 116f

THULE

1 A. Hitler, »Mein Kampf«, München 1936, S. 240ff

2 Zu der Anzahl der rechtsradikalen Parteien in München siehe: H. Auerbach, »Hitlers politische Lehrjahre und die Münchner Gesellschaft 1919–1923«, Vierteljahrshefte für Zeitgeschichte 25 (1977), Heft 1, S. 14

3 Deutsche Ausgabe: T. Weber, »Wie Adolf Hitler zum Nazi wurde. Vom unpolitischen Soldaten zum Autor von Mein Kampf«, Berlin 2016

4 Die Thule-Gesellschaft war kurz nach dem Ende des Ersten Weltkrieges in München außerordentlich bedeutend. Innerhalb der völkisch-nationalen Bewegung in Deutschland und Österreich insgesamt spielte sie aber keine herausragende Rolle. Siehe: R. Sebottendorff, »Bevor Hitler kam«, München 1933, S. 171: »Aus der Thule-Gesellschaft gingen hervor und wurden selbstständig: der Deutsche Arbeiterverein, später Deutsche Arbeiterpartei (D.A.P.), und die Deutsch-Sozialistische Arbeitsgemeinschaft,

später Deutsch-Sozialistische Partei (D.S.P) mit ihrem Organ: Münchner Beobachter, später Völkischer Beobachter.« Die DSP war im Winter 1918–19 in Düsseldorf von Mitgliedern des Germanenordens gegründet worden. Der Germanenorden hatte auch die Thule-Gesellschaft gegründet, es bestand also eine enge Beziehung. In München wurde die DSP von den Thule-Leuten Hans Georg Müller, Max (Marc) Sesselmann und Rudolf von Sebottendorff unterstützt. Erster Vorsitzender der DSP war der Verleger Hans Georg Grassinger, der gleichzeitig auch ein Mitglied des Kampfbunds Thule war. Siehe: F. Willing, »Die Hitlerbewegung«, Hamburg 1962, S. 88–92

5 Die von den Biografen bisher angenommene Tätigkeit Hitlers als V-Mann ist aufgrund jüngerer Forschungen zweifelhaft, und es ist möglich, dass Hitler ab Juni 1919 tatsächlich nur für die propagandistische ›Aufklärungsabteilung‹ der Reichswehr tätig gewesen ist. Siehe: O. Plöckinger, »Unter Soldaten und Agitatoren«, Paderborn 2013, S. 118. Plöckinger weist darauf hin, dass Hitler in einem entsprechenden »Verzeichnis von Propagandaleuten« nicht als V-Mann geführt wurde.

6 O. Plöckinger, »Unter Soldaten und Agitatoren«, Paderborn 2013, S. 59f

7 Siehe: H. Gilbhard »Die Thule-Gesellschaft«, München 1994 – Wer im Germanenorden Mitglied werden wollte, der musste in seinem Aufnahmeantrag mit seiner Unterschrift Folgendes bezeugen: »Ich versichere (nach bestem Wissen und Gewissen) an Eides statt, daß in meinen Adern kein Tropfen jüdischen oder farbigen Rassenblutes fließt und sich auch unter meiner Frau, Eltern und Vorfahren keine Angehörigen der hebräischen Rasse befinden!«

8 Die nationalistischen Gruppen, die von der Thule-Gesellschaft zu konspirativen Treffen in das Vier Jahreszeiten eingeladen wurden, waren unter anderen: die Alldeutschen mit Julius Lehmann, Wilhelm Rohmeders Schulverein, Franz Dannehls Sektion des Reichshammerbundes, die Fahrenden Gesellen und der Deutschvölkische

Schutz- und Trutzbund. »In kurzer Zeit fanden alle wichtigen völkischen Versammlungen in den Vier Jahreszeiten statt. (...) es gab keinen Verein in München, der irgendwelche nationalen Belange vertrat, der nicht in Thule Unterkunft fand«, zit. in: R. Sebottendorff, »Bevor Hitler kam«, München 1933, S. 62

9 Die DAP ging aus einem ›politischen Arbeiter-Zirkel‹ hervor, den die Thule-Gesellschaft im Oktober 1918 ins Leben gerufen hatte. »In der Thule-Bruderschaft wurde Bruder Karl Harrer ausgewählt, um einen Arbeiterring zu bilden.«, zit. in: R. Sebottendorff, »Bevor Hitler kam«, München 1933, S. 73

10 Hauptsprecher auf den Sitzungen war Karl Harrer. In seinen Vorträgen behandelte er Themen wie: »Hätten wir den Krieg gewinnen können?«, »Wie es zum Krieg kam«, »Deutschlands größter Widersacher: Die Juden!« HA Koblenz N 76, zit. in: R. H. Phelps, »Before Hitler came«, Journal of Modern History 35 (1963), S. 255

11 Der Plan des Thule-Kampfbunds, den linken Ministerpräsidenten Kurt Eisner zu kidnappen, misslang und musste aufgegeben werden. Siehe: H. J. Kuron, »Freikorps und Bund Oberland«, Dissertation Univ. Erlangen 1960, S. 16–19; R. Sebottendorff, »Bevor Hitler kam«, München 1933, S. 106–13; H. Gilbhard, »Die Thule-Gesellschaft«, München 1994, S. 92

12 Inwieweit Berichte zutreffen, dass die Thule-Gesellschaft auch das 700 Mann starke Freikorps Epp mit Waffen ausgerüstet hat, lässt sich mit Sicherheit nicht nachweisen, da entsprechende Belege fehlen. Möglich ist es, da Sebottendorff und die Thule-Gesellschaft in dieser Zeit mit gewaltigen finanziellen Mitteln ausgestattet waren. Siehe: H. Gilbhard, »Die Thule-Gesellschaft«, München 1994; D. Luhrssen, »Hammer of the Gods«, Washington 2012

13 Im Frühjahr 1920 benannte Sebottendorff Hanns Georg Müller als Herausgeber. Die Redaktion wurde von den Thule-Mitgliedern Wilhelm Laforce und Marc Sesselmarin übernommen. Beide nahmen am Hitlerputsch teil, Laforce wurde später zu einem Sturmbannführer der Waffen-SS.

14 Siehe: F. Willing, »Die Hitlerbewegung«, Hamburg 1962, S.62f, siehe auch: N. Goodrick-Clarke, »The Occult Roots of Nazism«, Wellingborough 1985; H. Gilbhard, »Die Thule-Gesellschaft«, München 1994; D. Luhrssen, »Hammer of the Gods«, Washington 2012

15 R. Sebottendorff, Brief an Hering, 7. Dez. 1922, S.135–41 HA No. 1229, zit. in: R.H. Phelps, »Before Hitler came«, Journal of Modern History 35 (1963), S.245–261

16 Die ermordeten Thule-Mitglieder waren:
Heila Gräfin von Westarp, Sektretärin der Thule-Gesellschaft
Walter Nauhaus, Bildhauer,
Walter Deicke, Kunstgewerbezeichner,
Franz Karl Heinrich Maria Freiherr von Teuchert, Oberleutnant,
Anton Daumenlang, Bahnbeamter und Ahnenforscher,
Friedrich Wilhelm Freiherr von Seydlitz, Nachkomme und Namensvetter eines berühmten preußischen Generals, Kunstmaler, sowie
Gustav Franz Maria, Prinz von Thurn und Taxis, Hochfinanz.

17 N. Goodrick-Clarke, »The Occult Roots of Nazism«, Wellingborough 1985, S. l51

18 H. Auerbach, »Hitlers politische Lehrjahre und die Münchner Gesellschaft 1919–1923«, Vierteljahrshefte für Zeitgeschichte 25 (1977), Heft 1, S.12

19 Siehe: H. Auerbach, »Hitlers politische Lehrjahre und die Münchner Gesellschaft 1919–1923«, Vierteljahrshefte für Zeitgeschichte 25 (1977), Heft 1, S.10

20 J.C. Fest, »Hitler, eine Biographie«, Frankfurt 1973, S.240

21 »Seine (Röhms) Verbindungen und seine Möglichkeiten, Geld zu beschaffen, waren für Hitler und die NSDAP gerade in dieser Anfangszeit von unschätzbarem Wert«, H. Auerbach, »Hitlers politische Lehrjahre und die Münchner Gesellschaft 1919–1923«, Vierteljahrshefte für Zeitgeschichte 25 (1977), Heft 1, S.16. Siehe auch: H.B. Görtemaker: »Hitlers Hofstaat«, Kindle-Version 2019

22 Siehe: H. Wilhelm, »Dichter, Denker, Fememörder«, Berlin 1989, S.44f

23 General Ludendorff, »Vom Feldherrn zum Weltrevolutionär und Wegbereiter Deutscher Volksschöpfung, Meine Lebenserinnerungen von 1919 bis 1925«, München 1940, S. 161, zit. in: H. Auerbach, »Hitlers politische Lehrjahre und die Münchner Gesellschaft 1919–1923«, Vierteljahrshefte für Zeitgeschichte 25 (1977), Heft 1, S. 30

24 »Aus der Thule Gesellschaft gingen hervor und wurden selbstständig: der deutsche Arbeiter-Verein, später Deutsche Arbeiterpartei (D. A. P.) und die Deutsch-Sozialistische Arbeitsgemeinschaft, später Deutsch-Sozialistische Partei (D. S.P) mit ihrem Organ: Münchner Beobachter, später Völkischer Beobachter.« R. Sebottendorff, »Bevor Hitler kam«, München 1933, S. 171

25 R. Sebottendorff, »Bevor Hitler kam«, München 1933, S. 191

26 »Das Freikorps Oberland ist der Stamm der heutigen SA Hochland und der ersten deutschen SA-Abteilungen überhaupt.« R. Sebottendorff, »Bevor Hitler kam«, München 1933, S. 129. Sebottendorffs Schilderung wird bestätigt vom Nürnberger Thule-Mitglied Franz Müller, »Erfahrungen eines alten Vorkämpfers«, HA, Koblenz No. 1249. Siehe auch: R. Phelps, »Before Hitler came«, Journal of Modern History 35 (1963), S. 25

27 »›Das Heil und Sieg‹, den Gruß der Thule-Leute, machte Hitler zum ›Sieg-Heil‹ der Deutschen.« R. Sebottendorff, »Bevor Hitler kam«, München 1933, S. 191. F. Willing, »Die Hitlerbewegung«, Hamburg 1962, S. 87: »Der ›Heilgruß tauchte in der Münchner nationalsozialistischen Partei im Jahre 1920 allmählich auf. Bekannt war er bereits vor dem Ersten Weltkrieg in der völkischen Bewegung Österreichs, von der ihn die völkischen Verbände des Altreichs übernommen hatten.« H. Bühmann, »Der Hitlerkult«, Göttingen 2004, S. 123: »Die Grußformel ›Heil XY‹ stammte offenbar aus der Turnerbewegung, gehörte also zum traditionellen deutschen Brauchtum.«

28 Siehe: Kapitel *Swastika*

29 »Die Angaben im Personenregister von Sebottendorff, Bevor Hitler kam, S. 221 ff., sind nachweislich unvollständig und teilweise

falsch.« H. Auerbach, »Hitlers politische Lehrjahre und die Münchner Gesellschaft 1919–1923«, Vierteljahrshefte für Zeitgeschichte 25 (1977), Heft 1, S. 9, Fußnote 31. Siehe dazu auch: H. Gilbhard, »Die Thule-Gesellschaft«, München 1994; H. Wilhelm, »Dichter, Denker, Fememörder«, Berlin 1989, S. 45; P. Orzechowski, »Schwarze Magie – Braune Macht«, Zürich 1990, S. 20

30 R. Sebottendorff, »Bevor Hitler kam«, München 1933, S. 199

31 Entwurf einer Geschäftsordnung für die DAP vom Dezember 1919, BA Koblenz NS2627, zit. in: A. Joachimsthaler, »Hitlers Weg begann in München 1913–1923«, München 2000, S. 265

RESONANZ

1 Siehe dazu: N. Goodrick-Clarke, »The Occult Roots of Nazism«, Wellingborough 1985 D. Luhrssen, »Hammer of the Gods«, Washington 2012, H. Gilbhard, »Die Thule-Gesellschaft«, München 1994, K. R. H. Frick, »Licht und Finsternis«, Bd. 2, Wiesbaden 2005

2 K. H. von Wiegand, »Hitler foresees his end«, Cosmopolitan, New York, April 1939, S. 152

3 Siehe: P. G. J. Pulzer »Die Entstehung des politischen Antisemitismus in Deutschland und Österreich 1867–1914«, Gütersloh 1966. Pulzer bezeichnet Fritsch (1852–1934) als den »bedeutendsten Antisemiten vor Hitler«. Fritschs »Handbuch der Judenfrage« erlebte Dutzende von Neuauflagen.

4 N. Goodrick-Clarke, »The Occult Roots of Nazism«, Wellingborough 1985, S. 135 f

5 Eine Ausnahme macht M. Rissmann mit seinem Buch »Hitlers Gott« (2001). In dem Kapitel »Nationalsozialismus und Okkultismus« geht er auf die »Nazi-Okkult«-Literatur ein und erwähnt die Bücher von N. Goodrick-Clarke und H. Gilbhard als wissenschaftlich saubere Aufarbeitungen der Verbindungen zwischen der Thule-Gesellschaft und dem Beginn der NS-Bewegung.

6 Siehe: Kapitel *Okkultismus*

7 H. Gilbhard, »Die Thule-Gesellschaft«, München 1994, S. 41

8 G. v. List, »Die Armanenschaft der Ario-Germanen«, Bd. I, Berlin 1922, S. 70. »Waberlohe« ist ein Begriff aus der germanischen Mythologie. Damit wird ein Ring aus Feuer beschrieben, der nur von einem Helden überwunden werden kann.

9 Der Thule-Mann Julius F. Lehmann, ein Verleger, der in München rassistische und nationalistische Schriften herausgab, hatte bereits vor dem Ersten Weltkrieg erklärt, dass er erwarte, dass Deutschland einen Mann hervorbringen werde, der das Zeug haben würde, einen Kampf zu führen, »bei dem die Grundfesten erschüttert werden, einen Kampf, der die ganze Nation, ja die ganze Welt zwingt, zu den höchsten Fragen Stellung zu nehmen.« Siehe: D. C. Large, »Hitlers München«, München 1998, S. 28

10 J. Goebbels, »Aus meinem Tagebuch« 1923, BA Koblenz, NL 1 181126. In einer Rede von 1922 sagte Hitler: »Das ist das Gewaltigste, das unsere Bewegung schaffen soll: diesen breiten suchenden und irrenden Massen einen neuen festen Glauben, der sie in dieser Zeit der Wirrnisse nicht verläßt, auf den sie schwören und bauen, auf daß sie wenigstens irgendwo wieder eine Stelle finden, die ihrem Herzen Ruhe gibt. Und das bringen wir zuwege!« A.-V. von Koerber, »Adolf Hitler, sein Leben, seine Reden«, München 1923, S. 34

11 K. H. von Wiegand, »Hitler foresees his end«, Cosmopolitan, New York, April 1939, S. 152

12 G. von List, »Die Armanenschaft der Ario-Germanen«, Bd. 1, Berlin 1922, S. 47

13 G. von List, »Die Armanenschaft der Ario-Germanen«, Bd. I, Berlin 1922, S. 89

14 N. Goodrick-Clarke, »The Occult Roots Of Nazism«, Wellingborough 1985, S. 47

15 M. Plewnia, »Auf dem Weg zu Hitler«, Bremen 1970, S. 63

16 D. Eckart, zit. in: H. Wilhelm, »Dichter, Denker, Fememörder«, Berlin 1989, S. 104. M. Plewnia berichtet, dass dieses Gedicht am

2. Dezember 1919 erstmals in der Öffentlichkeit verbreitet wurde. Siehe: M. Plewnia, »Auf dem Weg zu Hitler«, Bremen 1970, S. 82

17 Fritz von Trützschler, Mitglied der Thule-Gesellschaft, in einer Flugschrift, zit. in: M. Plewnia, »Auf dem Weg zu Hitler«, Bremen 1970, S. 63

18 N. Goodrick-Clarke, »The Occult Roots Of Nazism«, Wellingborough 1985, S. 47

19 G. v. List, »Der Übergang vom Wuotanismus zum Christentum«, Leipzig 1911, S. 101

20 G. von List, »Das Geheimnis der Runen«, Wien 1907, S. 12

21 G. von List, »Die Armanenschaft der Ario-Germanen«, Bd. I, Berlin 1922, S. 15 f

22 G. von List, »Die Armanenschaft der Ario-Germanen«, Bd. I, Berlin 1922, S. 62

23 »Nicht aus Bescheidenheit wollte ich damals Trommler sein, sondern das ist das Höchste. Das andere ist eine Kleinigkeit«, sagte Hitler während seines Hochverratsprozesses am 27. März 1924. Siehe: »Adolf Hitlers Reden«, Ernst Boepple (Hg.), München 1934, S.118, zit. in: W.C. Langer, »Das Adolf-Hitler-Psychogramm«, Zürich 1972, S. 48

24 Für die Annahme, dass sich Hitler von Anfang an als Führer gesehen hat, spricht die Tatsache, dass er schon in den allerersten Monaten seiner politischen Tätigkeit damit begann, die Schlüsselpositionen in der Partei mit Leuten zu besetzen, die ihm treu ergeben waren. Den loyalen Max Amann machte Hitler 1921 zum Geschäftsführer der NSDAP und übertrug ihm am 1. April 1922 die Leitung des Franz Eher Verlages. Damit hatte er zwei entscheidende Felder der innerparteilichen Macht besetzt: die Propaganda und die Finanzen und damit seine eigene Spitzenposition in der Partei frühzeitig zementiert.

25 »Er hat geschaffen, was wir erstrebten; wir sammelten, er führte ans Ziel«, schrieb Thule-Großmeister Sebottendorff. Siehe: R. Sebottendorff, »Bevor Hitler kam«, München 1933, S.7–8

26 Das »Wunder der Bewegung« erwähnt Hitler in folgenden Reden: 25.10.1930 RSAIV/1, S.32, 2.8.1929 RSA III/2, S.332, 16.11.1930, RSA VI/1, S.120 f, 7.6.1931, Ebd. S.405, 6.9.1931, RSA IV/2, S.85, 9.2.1932, RSA IV/3, S.119, 10.7.1932, RSA V/1, S.214, zit. in: M. Rissmann, »Hitlers Gott«, Zürich/München 2001, S.46

27 Zoller, S.118, zit. in: M. Plewnia, »Auf dem Weg zu Hitler«, Bremen 1970, S.67

28 Vgl. Schermann, S.163, zit. in: M. Plewnia, »Auf dem Weg zu Hitler«, Bremen 1970, S.64

29 Vgl. Agd. 5/6, 1921 S.71f, zit. in: M. Plewnia, »Auf dem Weg zu Hitler«, Bremen 1970, S.71

30 Zoller, S.118, zit. in: M. Plewnia, »Auf dem Weg zu Hitler«, Bremen 1970, S.67

31 Vgl. Zoller, S.117, zit. in: M. Plewnia, »Auf dem Weg zu Hitler«, Bremen 1970, S.67

32 A. Rosenberg (Hrsg.), »Dietrich Eckart. Ein Vermächtnis«, München 1935, S.111

33 M. Plewnia, »Auf dem Weg zu Hitler«, Bremen 1970, S.42

34 Reich, D. E, S.24, zit. in: M. Plewnia, »Auf dem Weg zu Hitler«, Bremen 1970, S.71

35 A. Hitler, »Mein Kampf«, München 1936, S.781

36 Zit. in: M. Plewnia, »Auf dem Weg zu Hitler«, Bremen 1970, S.69

37 Thule-Großmeister Sebottendorff im Vorwort zu seinem Buch *Bevor Hitler kam* (1933): »Thule-Leute waren es, zu denen Hitler zuerst kam, und Thule-Leute waren es, die sich mit Hitler zuerst verbanden.«

38 A. Hitler, »Mein Kampf«, München 1936, S.394–400

39 Siehe Kapitel *Glaube*

GLAUBE

1 M. Domarus, »Hitler 1932–1945. Reden und Proklamationen«, Würzburg 1962, Rede vom 6.9.1938, S. 894

2 M. Domarus, »Hitler 1932–1945. Reden und Proklamationen«, Würzburg 1962, Rede vom 6.9.1938, S. 894

3 M. Domarus, »Hitler 1932–1945. Reden und Proklamationen«, Würzburg 1962, Rede vom 6.9.1938, S. 894

4 A. Hitler, »Mein Kampf«, München 1936, S. 59

5 A. Hitler, »Mein Kampf«, München 1936, S. 161

6 A. Hitler, »Mein Kampf«, München 1936, S. 169

7 A. Hitler, »Mein Kampf«, München 1936, S. 244

8 A. Hitler, »Mein Kampf«, München 1936, S. 281

9 A. Hitler, »Mein Kampf«, München 1936, S. 487

10 A. Hitler, »Mein Kampf«, München 1936, S. 673

11 30.11.1929, RSA III/2, S. 493, zit. in: M. Rissmann, »Hitlers Gott«, Zürich/München 2001, S. 47

12 M. Domarus, »Hitler 1932–1945. Reden und Proklamationen«, Würzburg 1962, Rede vom 27.6.1937, S. 704

13 12.3.1926, RSA I, S. 335, zit. in: M. Rissmann, »Hitlers Gott«, Zürich/München 2001, S. 47

14 Von »Wiederauferstehung« ist die Rede am 29.10.1927, RSA II/2, S. 524, 9.4.1929, RSA III/2, S. 194, 4.4.1932, RSA V/1, S. 21, zit. in: M. Rissmann, »Hitlers Gott«, Zürich/München 2001, S. 47

15 8.7.1925, RSA I, S. 112, zit. in: M. Rissmann, »Hitlers Gott«, Zürich/München 2001, S. 47

16 7.12.1929, RSA, III/2, S. 528, zit. in: M. Rissmann, »Hitlers Gott«, Zürich/München 2001, S. 47

17 25.2.1945 Bormann, S. 110, zit. in: M. Rissmann, »Hitlers Gott«, Zürich/München 2001, S. 61

18 M. Domarus, »Hitler 1932–1945. Reden und Proklamationen«, Würzburg 1962, Rede vom 24.2.1933, S. 214

19 30.7.1937, M. Domarus, »Hitler 1932–1945. Reden und Proklamationen«, Würzburg 1962, Rede vom 31.7.1937, S. 712. Und

genauso wie Hitler mit Gott vereint war, so war er auch eins mit seinen Gefolgsleuten. »Alles was ihr seid, seid ihr durch mich, und alles was ich bin, bin ich nur durch euch allein.« M. Domarus, »Hitler 1932–1945. Reden und Proklamationen«, Würzburg 1962, Rede vom 30.1.1936, S. 570

20 M. Domarus, »Hitler 1932–1945. Reden und Proklamationen«, Würzburg 1962, Rede vom 9.9.1934, S. 453

21 13.9.1930 RSA III/3, S. 414 ff, zit. in: M. Rissmann, »Hitlers Gott«, Zürich/München 2001, S. 33

22 12.4.1922 Aufz. S. 624; ähnlich: 28.7.1922 Ebd. S. 666, zit. in: M. Rissmann, »Hitlers Gott«, Zürich/München 2001, S. 45

23 12.4.1922, Aufz. S. 623, zit. in: M. Rissmann, »Hitlers Gott«, Zürich/München 2001, S. 30

24 E. Deuerlein, »Der Aufstieg der NSDAP«, Düsseldorf 1968, S. 266

25 E. Jäckel (Hrsg.), A. Kuhn (Hrsg.), »Hitler. Sämtliche Aufzeichnungen 1905–1924«, München 1986, Rede vom 21.4.1921 zum einjährigen Bestehen der Ortsgruppe Rosenheim, S. 366. – An anderer Stelle sagte Hitler: »Als ich vor ein paar Wochen nach Berlin kam (...) war ich (...) von dem (...) jüdischen Materialismus so durch und durch angeekelt, daß ich außer mir war. Ich kam mir beinahe wie Jesus Christus vor, als er zum Tempel Gottvaters kam und ihn von den Geldwechslern besetzt fand. Ich kann mir wohl vorstellen, was er gefühlt haben muß, als er nach einer Peitsche griff und sie hinausjagte.« Information von Ernst Hanfstaengl, zit. in: W. C. Langer, »Das Adolf-Hitler-Psychogramm«, Zürich 1972, S. 49

26 M. Domarus, »Hitler 1932–1945. Reden und Proklamationen«, Würzburg 1962, Rede vom 9.4.1938, S. 849

27 L. Riefenstahl, »Memoiren«, München/Hamburg 1987, S. 311

28 W. Jochmann (Hrsg.), H. Heim, »Hitler, Monologe im Führerhauptquartier, 1941–1944«, Hamburg 1980, S. 158

29 M. Domarus, »Hitler 1932–1945. Reden und Proklamationen«, Würzburg 1962, Rede in München 14.3.1936, S. 606

30 M. Domarus, »Hitler 1932–1945. Reden und Proklamationen«, Würzburg 1962, Rede vom 11.9.1936, S. 641

31 M. Domarus, »Hitler 1932–1945. Reden und Proklamationen«, Würzburg 1962, Rede vom 25.3.1938, S. 836

32 W. Carr, »Adolf Hitler, Persönlichkeit und politisches Handeln«, Stuttgart 1980, S. 17, zit. in: I. Kershaw, »Hitler 1889–1936«, Stuttgart 1998, S. 196

33 W. Teeling, »Know Thy Enemy!«, London 1939, S. 2, zit. in: W. C. Langer, »Das Adolf-Hitler-Psychogramm«, Zürich 1972, S. 71

34 M. Domarus, »Hitler 1932–1945. Reden und Proklamationen«, Würzburg 1962, Rede vom 6.10.1936, S. 651

35 O. Wagener, »Hitler aus nächster Nähe«, Kiel 1987, S. 142

36 W. C. Langer, »Das Adolf-Hitler-Psychogramm«, Zürich 1972, S. 49 f

37 K. Klee, C. Hartmann, K. A. Lankheit, »Adolf Hitler, Reden, Schriften, Anordnungen«, München 1994, Bd. V/1, S. 209

38 Lagebericht N/Nr. 54 der Münchener Polizeidirektion vom 4.2.1927, zit. in: K. Klee, C. Hartmann, K. A. Lankheit, »Adolf Hitler, Reden, Schriften, Anordnungen«, München 1994, Bd. II/1, Dok. 59, S. 105 f

39 M. Domarus, »Hitler 1932–1945. Reden und Proklamationen«, Würzburg 1962, Rede vom 13.9.1936, S. 643

40 M. Domarus, »Hitler 1932–1945. Reden und Proklamationen«, Würzburg 1962, Rede in Regensburg, 6.6.1937, S. 700

41 M. Domarus, »Hitler 1932–1945. Reden und Proklamationen«, Würzburg 1962, Rede vom 10.2.1933, S. 208

42 M. Domarus, »Hitler 1932–1945. Reden und Proklamationen«, Würzburg 1962, Rede vom 23.3.1936, S. 609

43 M. Domarus, »Hitler 1932–1945. Reden und Proklamationen«, Würzburg 1962, Rede vom 8.11.1943, S. 2050

44 H. Bühmann, »Der Hitlerkult«, Göttingen 2004, S. 122: »Wir hörten oftmals deiner Stimme Klang, und lauschten stumm und falteten unsre Hände, da jedes Wort in unsre Seelen drang. Wir alle: einmal kommt das Ende, das uns befreien wird aus Not und Zwang. Was ist ein Jahr der Zeitenwende! Was ist da ein Gesetz, was hemmen will – Der reine Glaube, den du uns gegeben, durchpulst bestimmend unser Leben. Mein Führer, du allein bist Weg und Ziel.«

45 M. Domarus, »Hitler 1932–1945. Reden und Proklamationen«, Würzburg 1962, Rede vom 20.3.1936, S. 609

46 Der Führer hatte, so suggerierte die Propaganda dem Volk, alles »Kleinmenschliche« hinter sich gelassen. Er hatte keine Schwächen. Niemals wurde Hitler auf veröffentlichten Fotos mit einer Brille gezeigt. Dass der Führer eine Freundin namens Eva Braun hatte, erfuhr das Volk erst nach seinem Tod. Und da er tatsächlich weder Alkohol trank noch rauchte und nicht einmal Fleisch aß, schien es, als sei er über alle menschlichen Leidenschaften erhaben.

47 Erklärung einer Hamburger Lehrerin, die im April 1932, nach einer von 120.000 Menschen besuchten Wahlversammlung, von Bildern »ergreifender Gläubigkeit« berichtet, zitiert nach: J. C. Fest, »Hitler, eine Biographie«, Frankfurt 1973, S. 458

48 H. Bühmann, »Der Hitlerkult«, Göttingen 2004, S. 121

49 *Völkischer Beobachter*, 23.12.1926, zit. in: J. C. Fest, »Hitler, eine Biographie«, Frankfurt/Main 1973, S. 354

50 Zit. in: P. W. Fabry, »Mutmaßungen über Hitler«, Düsseldorf 1969, S. 115

51 F. W. Doucet, »Im Banne des Mythos. Die Psychologie des Dritten Reiches«, Esslingen 1979, S. 68

52 Emily D. Lorrimer, »What Hitler wants«, London 1939, S. 6, zit. in: W. C. Langer, »Das Adolf-Hitler-Psychogramm«, Zürich 1972, S. 71

53 Müller, S. 54, zit. in: P. W. Fabry, »Mutmaßungen über Hitler«, Düsseldorf 1969, S. 110

54 Zit. in: P. W. Fabry, »Mutmaßungen über Hitler«, Düsseldorf 1969, S. 111

55 R. Müller, »Die Macht der Bilder«, Dokumentarfilm, 197 Min.

56 M. Domarus, »Hitler 1932–1945. Reden und Proklamationen«, Würzburg 1962, Rede vom 11.12.1941, S. 810

57 M. Domarus, »Hitler 1932–1945. Reden und Proklamationen«, Würzburg 1962, Rede vom 28.3.1936, S. 614

58 M. Domarus, »Hitler 1932–1945. Reden und Proklamationen«, Würzburg 1962, Rede vom 4.9.1938, S. 849

59 P.J. Huss, »The Foe We Face«, New York 1942, S.210, zit. in: W.C. Langer, »Das Adolf-Hitler-Psychogramm«, Zürich 1972, S.52

60 P.J. Huss, »The Foe We Face«, New York 1942, S.281, zit. nach: W.C. Langer, »Das Adolf-Hitler-Psychogramm«, Zürich 1972, S.46

61 M. Domarus, »Hitler 1932–1945. Reden und Proklamationen«, Würzburg 1962, Rede vom 11.12.1941, S.1811

62 Zit. in: K.H. Bühner (Hrsg.), »Dem Führer. Gedichte für Adolf Hitler«, Stuttgart 1939, S.29

63 Das Schwarze Korps, München, Folge 5, 30.1.1941

64 Zit. in: F.W. Doucet, »Im Banne des Mythos. Die Psychologie des Dritten Reiches«, Esslingen 1979, S.72ff

65 Zit. in: F. Kersten, »Totenkopf und Treue. Heinrich Himmler ohne Uniform«, Hamburg 1952, S.34

66 O. Strasser, »Hitler and I«, Buenos Aires 1940, S.67, zit. nach: W.C. Langer, »Das Adolf-Hitler-Psychogramm«, Zürich 1972, S.42

67 7.9.1932, RSA V/1, S.349, zit. in: M. Rissmann, »Hitlers Gott«, Zürich/München 2001, S.47

68 Besprechung zwischen Mr. Albrecht und Frl. Paula Hitler, Berchtesgaden, 26. Mai 1945, a.a.O., zit. in: H.B. Görtemaker, »Eva Braun: Leben mit Hitler«, Kindle-Version 2017, Kindle-Positionen 6549–6550

69 M. Domarus, »Hitler 1932–1945. Reden und Proklamationen«, Würzburg 1962, Rede vom 8.11.1935, S.520

70 M. Domarus, »Hitler 1932–1945. Reden und Proklamationen«, Würzburg 1962, Rede vom 8.11.1943, S.2058

71 M. Domarus, »Hitler 1932–1945. Reden und Proklamationen«, Würzburg 1962, Rede vom 5.7.1944, S.2117

72 M. Domarus, »Hitler 1932–1945. Reden und Proklamationen«, Würzburg 1962, Rede vom 20.7.1944, S.2129

73 A. Hitler, Rundfunkansprache am 30.1.1945

74 Vgl. Below, »Als Hitlers Adjutant«, a.a.O. S.382 u. 384, zit in: H.B. Görtemaker, »Eva Braun: Leben mit Hitler«, Kindle-Version 2017, Kindle-Position 4027ff

75 T. Junge, »Bis zur letzten Stunde«, München 2002, S.146

76 J. Goebbels, Das Reich, Nr. 53, 31.12.1944

77 A. Hitler, Rundfunkansprache vom 30.1.1945

78 4.2.1945, Bormann, S. 48, zit. in: M. Rissmann, »Hitlers Gott«, Zürich/München 2001, S. 72

79 H. Hahn, Das Reich, Berlin, April 1945, zit. in: H.D. Müller, »Hoch über Grab und Gram und Tod und Qual«, Der Spiegel 34/1964, Hamburg, 19.8.1964

80 Schramm, Band IV/8 S. 1589ff, zit. in A. Joachimsthaler, »Hitlers Ende«, München 1995, S. 134

81 M. Domarus, »Hitler 1932–1945. Reden und Proklamationen«, Würzburg 1962, S. 2226

82 L. Riefenstahl, »Memoiren«, München/Hamburg 1987, S. 405

QUELLEN- UND LITERATURVERZEICHNIS

G. Aly, »Europa gegen die Juden 1880–1945«, Frankfurt am Main 2007

S.L. Bane (Hrsg.), R.H. Lutz (Hrsg.), »The Blockade of Germany after the Armistice 1918–1919«, Stanford 1942

D. Bavendamm, »Der junge Hitler«, Graz 2009

F.M. Beierl, »Hitlers Berg«, Berchtesgaden 2004

A.C. Bell, »Die Englische Hungerblockade im Weltkrieg 1914–1915«, eingeleitet durch V. Böhmert, Essen 1943

H. Berding, »Moderner Antisemitismus in Deutschland«, Frankfurt 1988

U. Bermbach, »Houston Stewart Chamberlain, Wagners Schwiegersohn – Hitlers Vordenker«, Stuttgart 2015

H.R. Berndorff, »General zwischen Ost und West«, Hamburg 1959

R. Binion, »... daß ihr mich gefunden habt«, Stuttgart 1978

E. Black, »War against the weak«, Washington 2012

H.P. Blavatsky: »Die Geheimlehre«, 4 Bde., Nachdruck der Ausgabe von 1899, Den Haag o.J.

K.E. Bohnenkamp (Hrsg.), »Hugo von Hofmannsthal, Rudolf Kassner und Rainer Maria Rilke im Briefwechsel mit Elsa und Hugo Bruckmann«, Göttingen 2014

M. Brechtken, »Albert Speer. Eine deutsche Karriere«, München 2017

Breitkopf & Härtel, ,»Briefwechsel zwischen Wagner und Liszt«, Bd. 2, Leipzig 1887

A. Bryant, »Unfinished Victory«, London 1940

A. Bullock, »Hitler. Biographie 1898–1945«, Bechtermünz 2000

C.J. Burckhardt, »Meine Danziger Mission«, München 1962

H. Bühmann, »Der Hitlerkult«, Göttingen 2004

K.H. Bühner (Hrsg.), »Dem Führer. Gedichte für Adolf Hitler«, Stuttgart 1939

H.S. Chamberlain, »Die Grundlagen des 19. Jahrhunderts«, Bd. 1, München 1912

W. Churchill, »The World Crisis«, Bd. I–V, London, 1923–1931

W. Churchill, »Step by Step«, London 1939

J.M. Charlier, J.D. Launay, »Eva Hitler, geb. Braun«, Essen 1978

N. Cohn, »Die Protokolle der Weisen von Zion«, Köln 1969

N. Cohn, »Warrant for Genocide«, London 1967

C. Cross, »Adolf Hitler«, London 1974

C. Darwin, »On the Origin of the Species by Means of Natural Selection«, London 1859

E. Deuerlein, »Der Aufstieg der NSDAP«, Düsseldorf 1968

C. Diethe, »Nietzsches Schwester«, Hamburg 2001

O. Dietrich, »Die philosophischen Grundlagen des Nationalsozialismus«, Breslau 1935

S. Dirscherl, »Tier- und Naturschutz im Nationalsozialismus«, Göttingen 2012

M. Domarus, »Hitler 1932–1945. Reden und Proklamationen«, Würzburg 1962

T.L. Dorpat, »Wounded Monster«, New York 2002

F.W. Doucet, »Im Banne des Mythos. Die Psychologie des Dritten Reiches«, Esslingen 1979

B. Dusik, C. Goschler, L. Gruchmann, C. Hartmann, K. Klee, K.A. Lankheit, C. Vollnhals, R. Weber, G.L. Weinberg (alle Hrsg. im Auftrag des IfZ), »Hitler. Reden, Schriften, Anordnungen Februar 1925–Januar 1933«, 6 Bände in 13 Teilbänden, München 1991–2003

B. Eberan, »Luther, Friedrich der Große, Wagner, Nietzsche – Wer war an Hitler schuld?«, München 1983

H. Eberle (Hrsg.), M. Uhl (Hrsg.), »Das Buch Hitler, Geheimdossier des NKWD für Joseph Stalin, zusammengestellt aufgrund der Verhörprotokolle des Persönlichen Adjutanten Hitlers, Otto Günsche, und des Kammerdieners Heinz Linge, Moskau 1948/49«, Bergisch Gladbach 2005

W.C.J. Eberstein, »Naturschutz und Nationalsozialismus«, Frankfurt 2005

D. Eckart, »Von Moses bis Lenin. Zwiegespräch zwischen Adolf Hitler und mir«, München 1924

R. Faber (Hrsg.), C. Holste (Hrsg.), »Kreise – Gruppen – Bünde«, Würzburg 2000

P.W. Fabry, »Mutmaßungen über Hitler«, Düsseldorf 1969

R.A. Fando, »Die Anfänge der Eugenik in Russland«, Berlin 2014

J. Fest, »Die unbeantworteten Fragen«, Hamburg 2005

J.C. Fest, »Hitler. Eine Biographie«, Frankfurt/Main 1973

G.G. Field, »Evangelist of race. The Germanic vision of Houston Stewart Chamberlain«, New York 1981

J.M. Fischer, »Richard Wagners ›Das Judentum in der Musik‹. Eine kritische Dokumentation als Beitrag zur Geschichte des europäischen Antisemitismus«, Frankfurt/Main 2000

K. Flasch, »Die geistige Mobilmachung. Die deutschen Intellektuellen und der Erste Weltkrieg«, Berlin 2000

U. Fleischhauer, »Die echten Protokolle der Weisen von Zion«, Erfurt 1935

P. Fleischmann, »Hitler als Häftling in Landsberg am Lech 1923/24«, Neustadt an der Aich 2015

H. Frank, »Im Angesicht des Galgens«, München 1953

K.R.H. Frick, »Licht und Finsternis«, Wiesbaden 2005

M. Friedenberger (Hrsg.), »Die Reichsverwaltung im Nationalsozialismus«, Bremen 2002

E. Fröhlich (Hrsg.), J. Goebbels, »Tagebücher«, München 1993

D. Fuchsberger, »Nacht der Amazonen – Eine Münchner Festreihe zwischen NS-Propaganda und Tourismusattraktion«, München 2017

D. Gasman, »Haeckel's Monism and the Birth of Fascist Ideology«, New York 1998

Ph. Gassert, D. S. Mattern, »The Hitler Library«, Westport 2001

M. Gilbert, »In Search of Churchill«, London 1994

M. Gilbert, »Kristallnacht«, London 2006

H. Gilbhard, »Die Thule-Gesellschaft«, München 1994 (2015 erschien eine 2., überarbeitete Auflage des Titels, die Zitate sind aber der Ausgabe von 1994 entnommen)

A. Gobineau, »Versuch über die Ungleichheit der Menschenracen«, Stuttgart 1902–1904

J. Goebbels, »Die zweite Revolution. Briefe an Zeitgenossen«, Zwickau 1926

J. Goebbels, »Michael«, München 1929

J. Goebbels, »Signale der neuen Zeit. 25 ausgewählte Reden von Dr. Joseph Goebbels (1927–1934)«, München 1934

N. Goodrick-Clarke, »The Occult Roots of Nazism«, Wellingborough 1985

H. B. Görtemaker, »Eva Braun: Leben mit Hitler«, Kindle-Version 2017

H. B. Görtemaker, »Hitlers Hofstaat«, Kindle-Version 2019

L. Grebler, W. Winkler, »The Cost of the World War to Germany and Austria-Hungary«, New Haven 1940

M. Gregor-Dellin (Hrsg.), D. Mack (Hrsg.), »Cosima Wagner, Tagebücher II«, München 1977

H. Guderian, »Erinnerungen eines Soldaten«, Stuttgart 2001

E. Haeckel, »Die Welträthsel«, Bonn 1899

S. Haffner, »Anmerkungen zu Hitler«, München 1978

B. Hamann, »Hitlers Wien«, München 1996

B. Hamann, »Winifred Wagner oder Hitlers Bayreuth«, München/Zürich 2002

E. Hanfstaengl, »Zwischen Weißem und Braunem Haus«, München 1970

E.M. Hastings, »The Nineteenth Century and After«, London 1936

M. Hawkins, »Social Darwinism in European and American Thought«, Cambridge 1997

B. und H. Heiber (Hrsg.), »Die Rückseite des Hakenkreuzes«, Wiesbaden 2005

K. Heiden, »Der Fuehrer«, Boston 1944

S. Heller, »The Swastika«, New York 2000

I. Heß, »Gefangener des Friedens. Neue Briefe aus Spandau«, Leoni 1955

G. Hesse, »Hitler, wie ihn immer noch keiner kennt«, Berlin 2004

A. Hitler, »Mein Kampf«, München 1936

H. Hoffmann, »Hitler wie ich ihn sah«, München/Berlin 1974

H. Höhne, »Gebt mir vier Jahre Zeit«, Berlin 1999

W. Horn, »Führerideologie der NSDAP 1919–1933«, Düsseldorf 1972

B. Horstmann, »Hitler in Pasewalk«, Düsseldorf 2004

E. Jäckel (Hrsg.), A. Kuhn (Hrsg.), »Hitler. Sämtliche Aufzeichnungen 1905–1924«, München 1986

F. Jetzinger, »Hitlers Jugend, Phantasien, Lügen – und die Wahrheit«, Wien 1956

A. Joachimsthaler (Hrsg.), »Er war mein Chef. Aus dem Nachlaß der Sekretärin von Adolf Hitler«, München 1985

A. Joachimsthaler, »Hitler in München«, München 1992

A. Joachimsthaler, »Hitlers Ende«, München 1995

A. Joachimsthaler, »Hitlers Liste«, München 2003

A. Joachimsthaler, »Hitlers Weg begann in München 1913–1923«, München 2000

W. Jochmann (Hrsg.), H. Heim, »Adolf Hitler, Monologe im Führerhauptquartier 1941–1944«, Hamburg 1980

A. Julius, »Trials of the Diaspora: A History of Anti-Semitism in England«, London 2010

E. Jünger, »In Stahlgewittern«, 14. Auflage Berlin 1934

T. Junge, »Bis zur letzten Stunde«, München 2002

H. Kapfer, C. L. Reichert, »Umsturz in München«, München 1988

J. F. Kennedy, »Prelude to Leadership«, Washington 1995

M. H. Kater, »Das Ahnenerbe der SS«, Frankfurt/Main 1984

I. Kershaw, »Hitler 1889–1936«, Stuttgart 1998

I. Kershaw, »Hitler 1936–1945«, Stuttgart 2000

F. Kersten, »Totenkopf und Treue. Heinrich Himmler ohne Uniform«, Hamburg 1952

D. Kevles, »In the Name of Eugenics«, New York 1985

E. Klee, W. Dreßen, V. Rieß, »Schöne Zeiten – Judenmord aus der Sicht der Täter und Gaffer«, Frankfurt am Main 1997

G. E. O. Knight, »In Defence of Germany«, London 1933

M. Koch-Hillebrecht, »Hitler. Ein Sohn des Krieges«, München 2003

M. Koch-Hillebrecht, »Homo Hitler«, München 1999

R. Köster, »Hugo Boss, 1924–1945. Die Geschichte einer Kleiderfabrik zwischen Weimarer Republik und Drittem Reich«, München 2011

K. W. Krause, »Zehn Jahre Tag und Nacht. Kammerdiener bei Hitler«, Hamburg 1950

G. Krumeich, »Die unbewältigte Niederlage«, Freiburg im Breisgau 2018

A. Kubizek, »Adolf Hitler, mein Jugendfreund«, Graz 1953

H.J. Kuron, »Freikorps und Bund Oberland«, Dissertation Univ. Erlangen 1960

A. J. Langbehn [unter dem Pseudonym: Von einem Deutschen], »Rembrandt als Erzieher«, Leipzig 1890

W.C. Langer, »Das Adolf-Hitler-Psychogramm«, Zürich 1972

D.C. Large, »Hitlers München«, München 1998

P. Lerner, »Hysterical Men«, Ithaca/London 2003

D. Lewis, »The man who invented Hitler«, London 2003

W. Lewis, »Hitler und sein Werk in englischer Beleuchtung«, Berlin 1932

Ch. A Lindbergh, »Kriegstagebuch 1938–1945«, Wien 1970

H. Linge, »Bis zum Untergang«, Naunhof 2019

G. von List, »Das Geheimnis der Runen«, Wien 1907

G. von List, »Urgrund« , Berlin, o. J.

G. von List, »Der Übergang vom Wuotanismus zum Christentum«, Leipzig 1911

G. von List, »Die Armanenschaft der Ario-Germanen«, Bd. I, Berlin 1922

G. von List, »Die Armanenschaft der Ario-Germanen«, Bd. II, Wien 1911

P. Longerich, »Die braunen Bataillone. Geschichte der SA«, München 2003

P. Longerich, »Hitler – Biographie«, München 2015

R.M. Lonsbach, »Friedrich Nietzsche und die Juden«, Bonn 1985

V. Losemann, »Rassenideologien und antisemitische Publizistik in Deutschland im 19. und 20. Jahrhundert«, Düsseldorf 1984

K.G.W. Lüdecke, »I knew Hitler«, London 1938

D. Luhrssen, »Hammer of the Gods«, Washington 2012

K.-M. Mallmann u. a. (Hrsg.), »Die ›Ereignismeldungen UdSSR‹ 1941. Dokumente der Einsatzgruppen in der Sowjetunion«, Darmstadt 2011

W. Maser, »Fälschung, Dichtung und Wahrheit über Hitler und Stalin«, München 2004

R. Misch, »Der letzte Zeuge«, München 2008

A. Nagorski, »Hitler Land – American Eyewitnesses to the Nazi Rise of Power«, New York 2012

W.G. Natter, »Literature at War 1914–1940: Representing the ›Time of Greatness‹ in Germany«, New Haven/London 1999

J. Neul, »Adolf Hitler und der Obersalzberg«, Rosenheim 1997

E. Neumann, »Herrschafts- und Sexualsymbolik«, Stuttgart 1980

H.J. Neumann, H. Eberle, »War Hitler krank?«, Bergisch-Gladbach 2009

Th. Newest (Hans Goldzier), »Einige Weltprobleme«, Bd. 1 bis 8, Wien 1908

P. Orzechowski, »Schwarze Magie – Braune Macht«, Zürich 1990

J. Osterhammel, »Kolonialismus: Geschichte, Formen, Folgen«, München 1995

R. Otto, »Das Heilige«, München 2014

J. Petropoulos, »Kunstraub und Sammelwahn Kunst und Politik im Dritten Reich«, Berlin 1999

L. Pauwels, J. Bergier, »Le Matin des Magiciens«, Paris 1959

J. Petropoulos, »Kunstraub und Sammelwahn. Kunst und Politik im Dritten Reich«, Berlin 1999

H. Picker, »Hitlers Tischgespräche im Führerhauptquartier«, Wiesbaden 1983

A. Pillans, »The Case for Germany«, Berlin 1939

M. Plewnia, »Auf dem Weg zu Hitler«, Bremen 1970

O. Plöckinger, »Unter Soldaten und Agitatoren«, Paderborn 2013

G.W. Price, »I Know These Dictators«, London 1937

P.G.J. Pulzer, »Die Entstehung des politischen Antisemitismus in Deutschland und Österreich 1867–1914«, Gütersloh 1966

A.A. Purves, »The Medals, Decorations & Orders of the Great War 1914–1918«, London 1975

W. Pyta, »Hitler: Der Künstler als Politiker und Feldherr. Eine Herrschaftsanalyse«, München 2015

A. Reif (Hrsg.), A. Speer, »Technik und Macht«, Esslingen 1985

R. G. Reuth, »Hitlers Judenhass. Klischee und Wirklichkeit«, München 2009

R.G. Reuth (Hrsg.), J. Goebbels, »Tagebücher 1924–1945«, München 1999

P. Riedesser, A. Verderber, »Maschinengewehre hinter der Front – Zur Geschichte der deutschen Militärpsychiatrie«, Frankfurt 1996

L. Riefenstahl, »Memoiren«, München/Hamburg 1987

M. Rissmann, »Hitlers Gott«, Zürich/München 2001

H. Rittlinger: »Geheimdienst mit beschränkter Haftung«, Stuttgart 1973

G. Robakidse, »Adolf Hitler von einem fremden Dichter gesehen«, Jena 1939

A. Roerkohl, »Hungerblockade und Heimatfront«, Stuttgart 1991

O. Rose (Hrsg.), »Julius Schaub. In Hitlers Schatten«, Stegen/Ammersee 2010

A. Rosenberg, »Der Mythus des 20. Jahrhunderts«, München 1930

A. Rosenberg, »Die Protokolle der Weisen von Zion und die jüdische Weltpolitik«, München 1923

A. Rosenberg (Hrsg.), »Dietrich Eckart. Ein Vermächtnis«, München 1935

R.J. Rummel, »Statistics of Democide: Genocide and Mass Murder since 1900«, New Brunswick 1998

B. Russell, D. Russell, »The Prospects of Industrial Civilization«, London 1923

B. Russell, »Marriage and Morals«, London 1929

T. W. Ryback, »Hitler's Private Library«, London 2009

H. Schadewaldt, »Hungerblockade über Kontinentaleuropa«, Berlin 1941

F. Schaffing, E. Baumann, H. Hoffmann, »Der Obersalzberg«, München 1985

F.C. Schaumburg-Lippe, »Zwischen Krone und Kerker«, Wiesbaden 1952

G. Scheit, W. Svoboda, »Feindbild Gustav Mahler«, Wien 2002

H. v. Schirach (Hrsg.), »Anekdoten um Hitler«, Berg 1980

A. Schopenhauer, »Die Welt als Wille und Vorstellung«, Werk- und Studienausgabe in elf Bänden, Zürcher Ausgabe, Zürich 1977, Bd. 1

B. Schwarz, »Geniewahn: Hitler und die Kunst«, Wien 2009

W. C. Schwarzwäller, »Hitlers Geld«, Wiesbaden 2001

E. Schwinge, »Bilanz einer Kriegsgeneration«, Marburg 1978

R. Sebottendorff, »Bevor Hitler kam«, München 1933

A. M. Sigmund, »Die Frauen der Nazis«, München 2013

H. Slapnicka, »Hitler und Oberösterreich«, Grünbach 1998

F. Solleder (Hrsg.), »Vier Jahre Westfront. Geschichte des Regiments List R.I.R. 16«, München 1932

A. Speer, »Erinnerungen«, Frankfurt am Main 2003

K. Stoll, »Die Herstellung der Wahrheit. Strafverfahren gegen ehemalige Angehörige der Sicherheitspolizei für den Bezirk Bialystok«, Diss. Universität Bielefeld 2011, Berlin/Boston 2012

B. H. F. Taureck, »Nietzsche und der Faschismus«, Leipzig 2000

E. Timm, »Hugo Ferdinand Boss (1885–1948) und die Firma Hugo Boss. Eine Dokumentation«, Web-Publikation 1999

J. Toland, »Adolf Hitler«, Stuttgart/Hamburg/München 1977

V. und V. Trimondi, »Hitler, Buddha, Krishna«, Wien 2002

M. Turda (Hrsg.), P.J. Weindling (Hrsg.), »Blood and Homeland«, Oxford 2007

H.A. Turner, »Die Großunternehmer und der Aufstieg Hitlers«, München 1991

H.A. Turner (Hrsg.), Otto Wagener, »Hitler aus nächster Nähe. Aufzeichnungen eines Vertrauten 1929–1932«, Berlin 1978

V. Ullrich, »Adolf Hitler. Die Jahre des Aufstiegs 1889–1939. Biographie, Band 1«, Frankfurt am Main 2013

V. Ullrich, »Adolf Hitler. Die Jahre des Untergangs 1939–1945. Biographie, Band 2«, Frankfurt am Main 2018

H.R. Vaget, »Wehvolles Erbe – Richard Wagner in Deutschland. Hitler, Knappertsbusch, Mann«, Frankfurt am Main 2017

Verlag für Musik (Hrsg.), »Richard Wagner, Sämtliche Briefe 1842–1849«, Leipzig 1967

T. Veszelits, »Die Neckermanns«, Frankfurt 2005

N.v. Below, »Als Hitlers Adjutant 1937–45«, Mainz 1980

H.v. Capelle, A.P.v.d. Bovenkamp: »Der Berghof, Adlerhorst – Hitlers verborgenes Machtzentrum«, Wien 2007

A.-V. v. Koerber, »Adolf Hitler, sein Leben, seine Reden«, München 1923

O. Wagener, »Hitler aus nächster Nähe«, Kiel 1987

R.G.L. Waite, »The Psychopathic God Adolf Hitler«, New York 1977

E. Warburg (Hrsg.), M. Warburg, »Aus meinen Aufzeichnungen«, New York 1952

T. Weber, »Hitler's First War«, Oxford 2010

T. Weber, »Wie Adolf Hitler zum Nazi wurde. Vom unpolitischen Soldaten zum Autor von Mein Kampf«, Berlin 2016

H.U. Wehler, »Deutsche Gesellschaftsgeschichte. Bd. 4: 1914–1949«, München 2003

A.G. Whiteside, »Georg Ritter von Schönerer«, Graz 1981

F. Wiedemann, »Der Mann, der Feldherr werden wollte«, Velbert/Kettwig 1964

H. Wilhelm, »Dichter, Denker, Fememörder«, Berlin 1989

A. Wilson, »Walks and Talks«, London 1934

F. Willing, »Die Hitlerbewegung«, Hamburg 1962

M. Wöhlert, »Der politische Witz in der NS-Zeit«, Frankfurt am Main 1997

H.J. und G. Wohlfromm, »Und morgen gibt es Hitlerwetter«, Köln 2017

W. Zdral, »Die Hitlers«, Frankfurt 2005

R. Zitelmann, »Hitler. Selbstverständnis eines Revolutionärs«, Stuttgart 1987

G. zur Beek (Hrsg.), »Die Geheimnisse der Weisen von Zion«, Berlin 1920